LES ÎLES DU NORD-EST DE LA MER ÉGÉE
Pages 124-157

LE DODÉCANÈSE
Pages 158-203

LA CRÈTE
Pages 244-281

GUIDES VOIR

ÎLES GRECQUES

ΣΠΑΡΤΑΚΟΣ

GUIDES VOIR

ÎLES GRECQUES

hachette
TOURISME

hachette
TOURISME

Aussi soigneusement qu'il ait été établi,
ce guide n'est pas à l'abri des changements de dernière heure.
Faites-nous part de vos remarques
par e-mail à l'adresse suivante :
voir@hachette-livre.fr

HACHETTE TOURISME
43, quai de Grenelle, 75905 Paris Cedex 15

DIRECTION
Nathalie Pujo

DIRECTION ÉDITORIALE
Cécile Petiau

RESPONSABLE DE COLLECTION
Catherine Laussucq

ÉDITION
Émilie Lézénès et Adam Stambul

TRADUIT ET ADAPTÉ DE L'ANGLAIS PAR
Tina Calogirou, Véronique Dumon et Anne-Marie Terel
avec la collaboration d'Isabelle Guilhamon

MISE EN PAGES (PAO)
Maogani

CRÉATION GRAPHIQUE COUVERTURE
Laurent Muller

DK

CE GUIDE VOIR A ÉTÉ ÉTABLI PAR
Marc Dulin, Stéphanie Ferguson, Mike Gerrard,
Andy Harris, Tanya Tsikas

Publié pour la première fois en Grande-Bretagne
en 1997 sous le titre :
Eyewitness Travel Guides : The Greek Islands

IMPRIMÉ ET RELIÉ EN CHINE PAR L. REX PRINTING CO LTD.

DÉPÔT LÉGAL : janvier 2012
ISBN : 978-2-01-245210-7
ISSN : 1246-8134
Collection 32 - Édition 01
N° DE CODIFICATION : 24-5210-0

Le port de Réthymnon (Crète)

SOMMAIRE

Arrivée du prince ottoman Djem à Rhodes (XVe siècle)

PRÉSENTATION DES ÎLES GRECQUES

◁ **Pêcheurs dans le port de Mýkonos (Cyclades)**

LA GRÈCE ANTIQUE

Famille à scooter

LES ÎLES GRECQUES RÉGION PAR RÉGION

Tête de Gorgone, Eubée

Un plat de *garídes saganáki*

LES BONNES ADRESSES

Plage de Kámpos à Icarie (nord-est de la mer Égée)

RENSEIGNEMENTS PRATIQUES

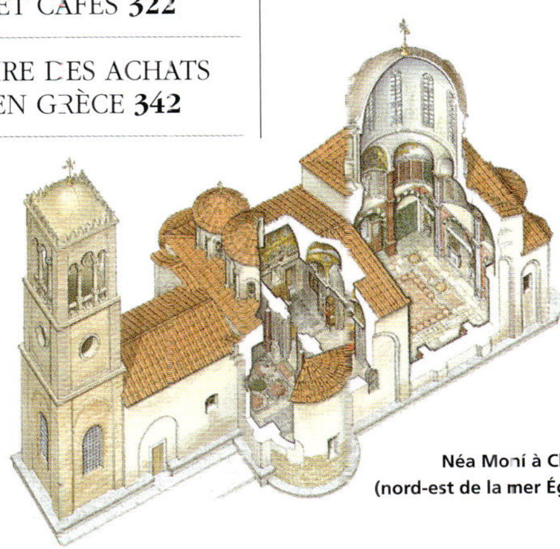
Néa Moní à Chíos (nord-est de la mer Égée)

COMMENT UTILISER CE GUIDE

Ce guide vous aidera à profiter de votre séjour dans les îles grecques. La *Présentation des îles Grecques* situe le pays dans son contexte géographique, historique et culturel, et comprend un tableau comparatif des îles : *Choisir une île à visiter*. Dans les sept chapitres consacrés aux régions, ainsi que dans *Visite d'Athènes*, plans, textes et illustrations présentent les principaux sites et monuments. *Les bonnes adresses* vous fourniront des informations sur les restaurants et les hébergements. Les *Renseignements pratiques* vous donneront des conseils pour la vie quotidienne.

LES ÎLES GRECQUES RÉGION PAR RÉGION

Ce guide divise les îles en six groupes faisant chacun l'objet d'un chapitre distinct.
La Crète est traitée dans un chapitre à part. Une carte des groupes d'îles figure sous le premier rabat de couverture.
À chaque groupe d'îles correspond une couleur.

1 Introduction
Une évocation des paysages, de l'histoire et de la personnalité de chaque groupe d'îles présente leur évolution au cours des siècles et ce qu'elles offrent aujourd'hui au visiteur.

Un repère de couleur correspond à chaque groupe d'îles.

Une carte de localisation indique la situation de chaque île.

2 La carte régionale
Elle offre une vue d'ensemble des îles du chapitre, donne les principaux itinéraires de ferrys et fournit des indications pour circuler.

Les îles d'un coup d'œil donne une liste alphabétique des îles, avec un renvoi aux pages correspondantes.

Itinéraires de ferrys, routes et moyens de transport figurent sur chaque carte.

Une carte de localisation indique la situation de chaque île.

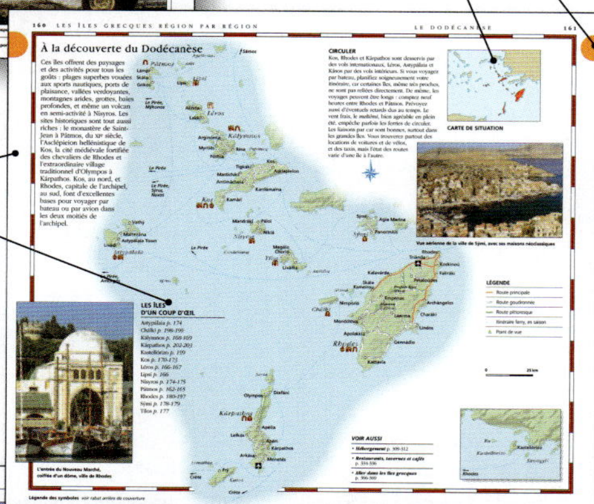

3 Renseignements détaillés
La plupart des îles sont décrites une par une. Des informations détaillées sont fournies sur tous les sites de chaque île. Pour les plus grandes, une carte indique les principaux villages, villes, sites et plages.

Des encadrés sont consacrés aux particularités des sites.

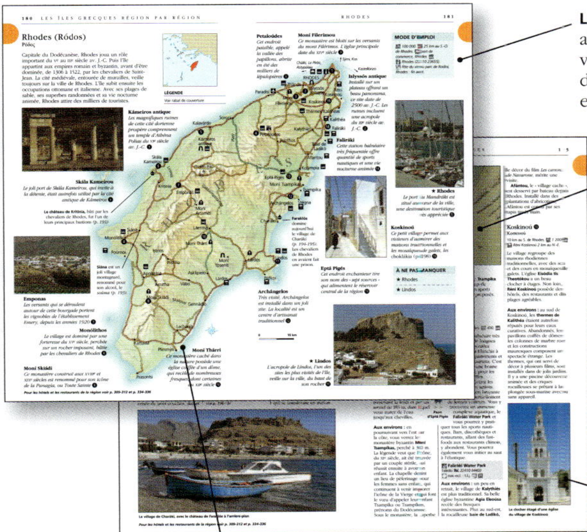

Le *Mode d'emploi* vous aide à organiser votre visite et fournit les dates des festivités locales et les jours de marché.

4 Les principales îles Grecques
L'introduction fournit une présentation historique, géographique et culturelle de l'île. Des numéros indiquent les principaux sites sur la carte, lesquels sont décrits dans les pages suivantes.

Les pages suivantes décrivent les îles plus en détail.

Les principaux itinéraires de ferrys, routes, moyens de transport et plages figurent sur chaque carte.

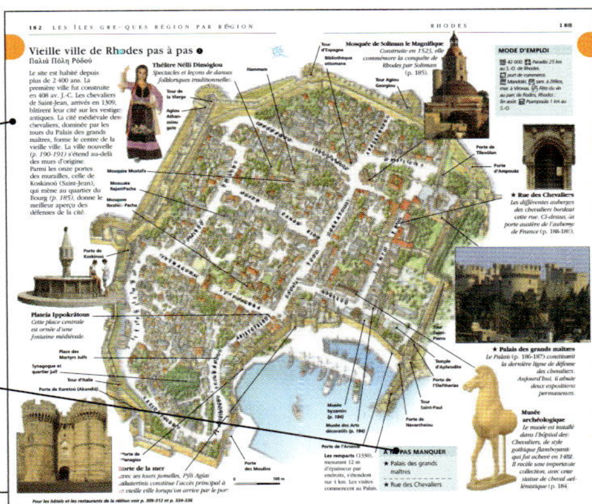

5 Plan pas à pas
Il offre une vue aérienne détaillée du cœur de chaque ville ou quartier présentant un intérêt particulier.

Des étoiles indiquent les sites à ne pas manquer.

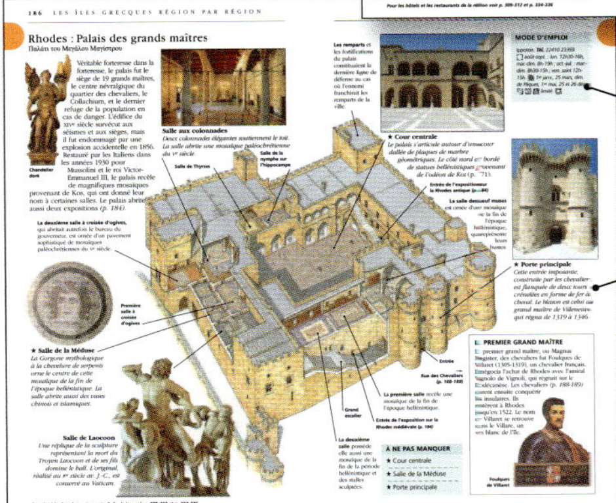

Le *Mode d'emploi* vous aide à organiser votre visite.

6 Les principaux sites
Une page, ou plus, leur est consacrée. La représentation en coupe dévoile l'intérieur des édifices. Les sites antiques sont représentés au moyen de plans ou de reconstitutions.

PRÉSENTATION DES ÎLES GRECQUES

DÉCOUVRIR LES ÎLES GRECQUES

Champs en terrasses, oliveraies, vignobles et pâturages arides où broutent les chèvres : les centaines d'îles dispersées dans les mers qui baignent la Grèce semblent à première vue identiques mais elles ont toutes une personnalité bien marquée. Stations balnéaires, hôtels de noctambules, retraites d'artistes ou temples et collines couvertes de fleurs séduisent les vacanciers par leur diversité. Divisée en six groupes plus la Crète, la plus grande île, cette section présente les principaux archipels en soulignant leurs curiosités majeures. Voir aussi *Choisir une île à visiter,* p. 12-13.

Orchidée singe, Crète

Plage et port d'Agios Nikítas à Leucade dans les îles Ioniennes

LES ÎLES IONIENNES

- **Majestueux paysages**
- **Stations balnéaires et vie nocturne trépidante**
- **Architecture vénitienne de Corfou**

Ces îles légendaires séduisent par leur sable doré et leurs eaux turquoise. Mythologie et randonnée vont de pair à **Ithaque** *(p. 86-87)*, l'île sauvage d'Ulysse. Visitez en bateau les étonnantes grottes bleues de **Zante** *(p. 90-91)* ou explorez le lac souterrain de la montagneuse **Céphalonie** *(p. 88-89)*, vedette du film *Capitaine Corelli*. Bondée en haute saison, **Corfou** *(p. 72-83)*, la plus vaste et la plus pittoresque des îles Ioniennes, offre ses longues plages et sa vie nocturne animée. D'élégants cafés ponctuent l'architecture vénitienne de la capitale. Non loin, la minuscule **Paxós** *(p. 84)* est un havre de paix, tandis que les baies abritées de **Leucade** *(p. 85)* attirent les véliplanchistes.

LES ÎLES ARGO-SARONIQUES

- **Ports élégants**
- **Beauté sauvage de Cythère**
- **Excursions à Athènes**

Sur les îles rocheuses d'**Égine** *(p. 96-99)*, **Póros** *(p. 100)* et **Hydra** *(p. 100-101)*, interdite aux véhicules, les ports sont bordés de majestueuses demeures néoclassiques qui rappellent l'époque où elles étaient riches. Tout au sud, au large de la pointe du Péloponnèse, **Cythère** – Kýthira – *(p. 102-103)* offre ses plages désertes, ses côtes déchiquetées et ses villages somnolents juchés sur les collines, loin des foules estivales des îles plus bruyantes. Proche du continent auquel elle est reliée par de nombreux ferrys, elle n'est qu'à quelques heures de l'Acropole et autres sites majeurs d'Athènes.

LES SPORADES ET EUBÉE

- **Plages exceptionnelles**
- **Skýros la traditionnelle**
- **Arrière-pays vierge d'Eubée**

Avec leurs longues baies étincelantes, leurs eaux cristallines et leurs ports pittoresques que fréquentent les yachts de luxe, les îles de **Skiáthos** *(p. 108-109)* et **Skópelos** *(p. 112-113)* sont très prisées. Sports nautiques, loueurs de bateaux, bars et tavernes sont florissants.

Les artistes apprécient **Skýros** *(p. 116-117)* la solitaire pour ses costumes traditionnels, ses villages à l'ancienne et ses troupeaux de poneys sauvages, tandis qu'avec ses rivages déserts et ses montagnes sauvages, **Eubée** – Évvoia – *(p. 118-123)* reste méconnue.

Le port d'Hydra bordé de maisons d'armateurs du XVIIIe siècle

◁ **Le port de Livádi surplombé par Chóra à Sérifos**

Les tours fortifiées du palais des Grands Maîtres à Rhodes

LES ÎLES DU NORD-EST DE LA MER ÉGÉE

- **Plages peu fréquentées**
- **Sites antiques et médiévaux**
- **Parfums d'Orient à Lesbos**

Curieusement épargné par le tourisme, cet archipel dispersé est riche en sites antiques, beautés naturelles et superbes plages isolées. À visiter : les « villages du Mastic » et le monastère byzantin de Néa Moní à **Chíos** *(p. 146-153)*, les temples antiques, forêts et cascades de **Samothrace** *(p. 132-133)*, le littoral rocheux et les vallées luxuriantes d'**Icarie** *(p. 153)*, les jolis villages de **Thásos** *(p. 128-131)*, sans oublier de déguster les vins de **Sámos** *(p. 154-157)*. Avec ses coupoles ottomanes, son bazar animé et ses thermes naturels, **Lesbos** *(p. 136-145)* baigne dans une ambiance orientale.

LE DODÉCANÈSE

- **Aller d'île en île**
- **Monastère de Saint-Jean**
- **Soleil, plage et sites de Rhodes**

Le Dodécanèse est le plus chaud de tous les archipels. Proches les unes des autres, ses îles se prêtent bien à un séjour combiné. Passez en ferry ou hydroglisseur de la grande île de **Kos** *(p. 170-173)* à **Pátmos** *(p. 162-165)*, la « Jérusalem de l'Égée », avec son monastère de Saint-Jean du XIe siècle. Poursuivez vers le calme absolu des minuscules **Lipsí** *(p. 166)*, **Sými** *(p. 178-179)* et **Tílos** *(p. 177)*. Un cratère volcanique est même en semi-activité à **Nísyros** *(p. 176)*.

Rhodes *(p. 180-197)* mérite une plus longue visite pour ses sites mondialement connus comme l'acropole de Líndos et le palais fortifié des Grands Maîtres. L'histoire s'y marie à des plages fabuleuses, une vie nocturne très animée et 300 jours de soleil par an.

LES CYCLADES

- **Charmants villages perchés**
- **Bars et discothèques élégants**
- **Temples antiques de Délos**

Vastes horizons et villages blancs, moulins à vent et églises aux coupoles bleues : cet archipel volcanique est typique des îles Grecques. Les noctambules se pressent dans les élégants hôtels et les night-clubs cosmopolites de **Mýkonos** *(p. 214-215)*, **Amorgós** *(p. 233)* et **Santorin** *(p. 238-241)* dont la caldeira est inondée par la mer, tandis que les amoureux de la nature pratiquent la randonnée à **Náxos** *(p. 230-233)* et la plongée à **Páros** *(p. 226-229)*. Au centre de l'archipel, la minuscule **Délos** *(p. 218-219)*, l'un des grands sites archéologiques grecs, est un immense musée en plein air.

Le palais minoen de Knossós, Crète, construit vers 1700 av. J.-C.

LA CRÈTE

- **Flore et faune printanières**
- **Palais minoens**
- **Randonnée dans les gorges de Samariá**

Avec ses nombreuses plages, ses excellents équipements et sa beauté naturelle – fleurs sauvages et oiseaux au printemps –, la plus grande île de Grèce a ses fidèles. On y explore des sites archéologiques comme les palais minoens de **Knossós** *(p. 272-275)* et de **Phaistos** *(p. 266-267)*, des ports animés et des musées. Avec leur parcours tortueux de 18 km bordé de superbes paysages de montagne, les **gorges de Samariá** *(p. 254-255)* séduisent les marcheurs.

Les eaux cristallines de Síkinos, une île typique des Cyclades

Choisir une île à visiter

Les intérêts et les activités très variées qu'offrent les îles Grecques sont leurs principaux atouts, mais il est parfois difficile de choisir l'île la plus adaptée au type de vacances souhaitées : actives, culturelles ou oisives (ou plusieurs à la fois). Ce tableau indique les points forts, attraits et prestations des îles présentées dans ce guide.

LÉGENDE

- Les îles Ioniennes
- Les îles Argo-Saroniques
- Les Sporades et Eubée
- Les îles du nord-est de la mer Égée
- Le Dodécanèse
- Les Cyclades
- La Crète

Kayaks à louer à Skiáthos dans les Sporades

LÉGENDE

- ★ Excellent
- • Disponible

	PLONGÉE SOUS-MARINE	PLONGÉE AVEC MASQUE ET TUBA	EXCURSIONS D'UNE JOURNÉE	SPORTS NAUTIQUES
LES ÎLES IONIENNES				
CORFOU/KÉRKYRA *(p. 72-83)*	•	•	★	★
PAXÓS *(p. 84)*				
LEUCADE/LEFKÁDA *(p. 85)*	•	•	★	★
ITHAQUE/ITHÁKI *(p. 86-87)*				
CÉPHALONIE/KEFALLONIÁ *(p. 88-89)*	•	•	•	•
ZANTE/ZÁKYNTHOS *(p. 90-91)*	•	•		•
LES ÎLES ARGO-SARONIQUES				
SALAMINE/SALAMÍNA *(p. 96)*			•	
ÉGINE/AÍGINA *(p. 96-99)*	•			
PÓROS *(p. 100)*	•			
HYDRA/YDRA *(p. 100-101)*	•			
SPÉTSES *(p. 101)*	•			•
CYTHÈRE/KÝTHIRA *(p. 102-103)*	•			
LES SPORADES ET EUBÉE				
SKIÁTHOS *(p. 108-109)*	•	•		•
SKÓPELOS *(p. 112-113)*	•	•		•
ALÓNISSOS *(p. 114-115)*				
SKÝROS *(p. 116-117)*				
EUBÉE/ÉVVOIA *(p. 118-123)*	•	•	•	•
LES ÎLES DU NORD-EST DE LA MER ÉGÉE				
THÁSOS *(p. 128-131)*		•		
SAMOTHRACE/SAMOTHRÁKI *(p. 132-133)*				
LEMNOS/LÍMNOS *(p. 134-135)*				
LESBOS/LÉSVOS *(p. 136-145)*				•
CHÍOS *(p. 146-153)*				•
ICARIE/IKARÍA *(p. 153)*				
SÁMOS *(p. 154-157)*			•	•
LE DODÉCANÈSE				
PÁTMOS *(p. 162-165)*		•	•	•
LIPSÍ *(p. 166)*				
LÉROS *(p. 166-167)*				
KÁLYMNOS *(p. 168-169)*		•	•	•
KOS *(p. 170-173)*			•	•
ASTYPÁLAIA *(p. 174)*				
NÍSYROS *(p. 174-176)*				
TÍLOS *(p. 177)*				
SÝMI *(p. 178-179)*		•	•	
RHODES/RÓDOS *(p. 180-197)*	•	•	★	•
CHÁLKI *(p. 198-199)*				
KASTELÓRIZO *(p. 199)*		★		
KÁRPATHOS *(p. 202-203)*				•
LES CYCLADES				
ANDROS *(p. 208-210)*				
TÍNOS *(p. 212-213)*				
MÝKONOS *(p. 214-215)*	•	•		•
DÉLOS *(p. 218-219)*				
SÝROS *(p. 220-223)*				
KÉA *(p. 223)*				
KÝTHNOS *(p. 224)*				
SÉRIFOS *(p. 224-225)*				•
SÍFNOS *(p. 225)*		•		
PÁROS *(p. 226-229)*	★	★	•	•
NÁXOS *(p. 230-233)*				
AMORGÓS *(p. 233)*	•	•		
IOS *(p. 234)*				
SÍKINOS *(p. 234-235)*				
FOLÉGANDROS *(p. 235)*				
MÍLOS *(p. 236-237)*				
SANTORIN/SANTORÍNI *(p. 238-241)*	•	•	•	•
CRÈTE/KRÍTI *(p. 244-281)*	★	★	★	•

CAMPING	ÉQUITATION	SPORTS DE PLAGE	NATATION	RANDONNÉES PÉDESTRES	PÊCHE	OBSERVATION DES OISEAUX	VOILE / LOCATION DE BATEAUX	FAUNE MARINE	BICYCLETTE	KAYAK	GOLF	ARCHÉOLOGIE	PLAGES FAMILIALES	PLAGES NATURISTES	VIE NOCTURNE	ÎLES PRÉSERVÉES	CLUBS GAYS ET LESBIENS	RESTAURANTS	VINS	ACHATS	PAYSAGES	SPA / HÔTEL DE LUXE	ART	MUSÉES	GRANDS AÉROPORTS
★	•	•	•	★	•	•	•		•	•	★		★	•	★			★	•	•	•	•	•	•	•
				•						•			•	•											
•		•	•	•	★		•		•	•			•	•											
	•		•	•						•		•				•									
•	•	•	•	•			•		•	•			•	•	•				•		•				
•		•	•				•	•					•	•	•										
			•																						
•												•						•							
										•				•											
															•		•	•		•			★		
			•																						
		•	•	•			•		•				•								•				
•	•	•	•	•			•		•				•	•	•		•	•		•					
		•	•	•			•		•				•	•											
			•	•		•		•	•							•									
														•							•		•		
•		•	•	•	•	•	•		•				•	•				•			•				
•	•	•	•	•			•		•				•	•	•										
			•	•					•			•				•					•				
			•	•								•	•	•		•	•		•						•
•		•	•	•	•	★	•		•	•			•	•		★				•			•	•	•
•		•	•	•			•		•				•	•							•			★	•
				•					•					•		•									
		•	•	•			•		•				•	•					•		•			•	•
•		•	•	•	•		•		•				•	•							•				
•			•											•											
•			•	•					•					•											
		•	•	•			•						•	•											
•		•	•				•						•	•	•										•
•			•													•									
				•					•							•									
			•	•					•				•	•		•									
			•	•	•									•				•							
•	•	•	•	•			•		•	•	•	•	•	•	★		•	•	•	★		•		•	•
			•											•		•									
				•												•					•				
		•	•	•	•		•	•	•	•				•		•					★				
•			•	★					★	•			•	★											
•			•	•												•								•	
•		•	•				•						•	★	★		★	•		★		★	•		•
•												★				★									
			•	•			•		•					•		•									•
•				•			•				•					•									
•				•												•									
•			•	★			•							•		•									
•			•											•				•							
•	•	•	•	•	•		•		•	•			•	•	★		•	•							•
•		•	•	•					•				•	•	•						•				•
•			•	★										•	★						★				
•		•	•				•							•											
•			•													★									
•			•	•																					
•			•	•					•	★				•		•					★				•
•		•	•				•					★		★			★	•	•	★	★	★	•	★	•
★	★	•	•	★	•	★	•	•	★	•	•	★	★	★	★		•	★	•	•	★	★	★	★	•

La Grèce dans son environnement

Située à la pointe méridionale de la péninsule balkanique, la Grèce compte quelque 2 000 îles qui s'égrènent de la mer Ionienne, à l'ouest, jusqu'à la mer Égée et à la Turquie, à l'est. Elle compte 10,9 millions d'habitants, dont plus d'un dixième vit dans les îles.

EUROPE ET AFRIQUE DU NORD
NORVÈGE
FINLANDE
SUÈDE
ESTONIE
FÉD. DE RUSSIE
DANEMARK
LETTONIE
LITUANIE
FÉD. RUSSIE
IRLANDE
ROYAUME-UNI
PAYS-BAS
BIÉLORUSSIE
POLOGNE
ALLEMAGNE
BELGIQUE
LUXEMBOURG
RÉP. TCHÈQUE
SLOVAQUIE
UKRAINE
MOLDAVIE
FRANCE
SUISSE
AUTRICHE
HONGRIE
SLOVÉNIE
CROATIE
ROUMANIE
BOSNIE HERZÉGOVINE
SERBIE
MONTÉNÉGRO
KOSOVO
BULGARIE
GÉORGIE
ESPAGNE
ITALIE
MACÉDOINE
ALBANIE
PORTUGAL
GRÈCE
TURQUIE
Athènes
CHYPRE
SYRIE
TUNISIE
IRAQ
MAROC
ISRAËL
JORDANIE
ALGÉRIE
LIBYE
ÉGYPTE
ARABIE SAOUDITE
UKRAINE
L'viv
Dnister
Chernivtsi
Prut
Siret
MOLDAVIE
CHISINAU
ROUMANIE
Braşov
Galati
BUCAREST
Constanţa
Olt
Dunărea
Varna
Iskür
SOFIA
Burgas
BULGARIE
Néstos
Mer Noire
Istanbul
Kavála
Alexandroúpoli
Thessaloníki
ECE
Vólos
Skiáthos
Lésvos
Mer Égée
Évvoia
ATHÈNES
Peiraiás
Izmir
Kuşadasi
Sámos
Tínos
Mýkonos
Pátmos
Bodrum
Kos
Marmaris
Dalaman
Rhódos
Santoríni
Kárpathos
Chaniá
Irákleio
Kríti
Agios Nikólaos
Eskişehir
ANKARA
Kizil Irmak
TURQUIE
Tuz Gölü
Konya
Antalya
Içel
SYRIE
Al-Lādiqīya
CHYPRE
NICOSIA
Lárnaka
Pafos
Lemesós
LIBAN
BEYROUTH
Hefa
ISRAËL
Alexandrie
ÉGYPTE
0 200 km
E40
E85
E471
E60
E81
E68
E581
E70
E79
E83
E772
E80
E773
E87
E84
E90
E95
E88
E96
E75
E65
E91

UNE IMAGE DES ÎLES GRECQUES

La Grèce est l'un des pays les plus visités d'Europe, mais aussi l'un des plus méconnus. Située à la croisée des chemins, elle allie des influences balkaniques, moyen-orientales et méditerranéennes. La fondation de l'État grec ne remonte qu'à 1830.

Vastes ou minuscules, les îles Grecques s'égrènent par milliers dans la Méditerranée. Elles ne sont qu'une centaine à être habitées de façon permanente, par à peine 10 % de la population grecque (un million d'habitants).

Prêtre grec

Deux îles éloignées de quelques encablures peuvent avoir un passé très différent. La plupart des îles situées sur les routes maritimes vers le Levant ont joué un rôle déterminant entre le déclin de Byzance et l'essor de la Grèce moderne. La Crète, les îles Ioniennes et les Cyclades ont été occupées par les Vénitiens et exposées aux influences culturelles italiennes. Au Moyen Âge, les Génois et les croisés ont dominé les îles du nord-est de la mer Égée et du Dodécanèse, tandis que des chrétiens albanais repeuplaient entièrement les îles Argo-Saroniques.

Malgré des années d'occupation et de conflits (sans compter la guerre civile entre 1967 et 1974), la Grèce continentale et insulaire moderne a subi des mutations importantes durant le XXe siècle. Le tourisme a entraîné une transformation rapide de l'économie insulaire. Jusque dans les années 1960, la plupart des îles de la mer Égée ne possédaient ni routes pavées ni infrastructures de base. Même sur les grandes îles, les moyens de transport se limitaient souvent à un seul car et à quelques taxis. Nombre d'insulaires étaient alors contraints de partir vivre à Athènes dans le meilleur des cas ou à l'étranger.

Pêcheurs réparant leurs filets à Páros, dans les Cyclades

◁ Ruelle d'Anógeia en Crète

Café de village sur le plateau du Lassíthi (Crète)

RELIGION, LANGUE ET CULTURE

Durant les siècles de dominations vénitienne et ottomane *(p. 40-41)*, l'Église orthodoxe a été le garant de la langue grecque, grâce à la liturgie et aux écoles, et par là même de l'identité nationale. La question *« Eísai Orthódoxos »* (« Êtes-vous orthodoxe ? ») est quasiment synonyme de *« Ellinas eísai ?»* (« Êtes-vous grec ? »). Malgré les mesures de sécularisation du premier gouvernement socialiste (1981-1985), l'Église orthodoxe conserve toujours aujourd'hui un pouvoir puissant sur la société civile. Rares sont les Grecs qui ne font pas baptiser leurs enfants. Toutefois, les mariages civils sont reconnus au même titre que les unions religieuses. Les messes du dimanche restent très fréquentées, surtout par les femmes, qui se retrouvent à l'église comme les hommes au traditionnel *kafeneío* (« café »).

Un saint, fresque du monastère de Saint-Jean, Pátmos

Reconnaissables à leurs grandes toques et à leurs longues barbes, les prêtres orthodoxes sont nombreux à être mariés et à exercer un second métier. Cette tradition a ainsi permis de maintenir le nombre d'ordinations. Toutefois, un phénomène de société surprenant est apparu ces dernières décennies : un nombre croissant de jeunes Grecs se tournent vers une vie de célibat monacal.

Belle et subtile, la langue grecque, autre pilier de l'identité nationale, a longtemps été une source de conflits entre les partisans de la *katharévousa* écrite, langue savante et figée définie à l'époque de l'indépendance, et ceux de la *dimotikí* (grec « démotique »), le grec de tous les jours, fruit d'une lente évolution.

La prédominance actuelle de la *dimotikí*, plus souple, ne surprend guère dans ce pays de culture orale. Les récits restent aussi appréciés qu'au temps des grandes épopées du poète

Maisons traditionnelles en bord de mer à Céphalonie (îles Ioniennes)

Ruelles escarpées et murs chaulés à Oía, sur l'île de Santorin (Cyclades)

des colonels, qui encouragèrent les projets de construction gigantesques et accordèrent généreusement les permis de construire. Heureusement, les bâtiments plus récents s'intègrent mieux à l'environnement. Mieux conçus, ils visent une clientèle plus large. L'État espère ainsi que les voyagistes, jusque-là spécialisés dans le tourisme de masse et à petit budget, vont désormais se tourner vers une clientèle plus haut

Homère, et, dans les *kafeneía*, les conversations vont bon train. La tradition des conteurs perdure grâce à des artistes comme Mános Eleftheríou, Níkos Gátsos et Apóstolos Kaldaras. Accessibles à tous, leurs œuvres ont largement contribué à la survie mais aussi à l'enrichissement de la *dimotikí*.

Durant les périodes de censure, imposées par la dictature ou les dominations étrangères, paroliers et chanteurs sont restés une importante source d'informations.

DÉVELOPPEMENT ET DIPLOMATIE

Depuis la fin des années 1960, le tourisme, qui est également la principale source de revenus des îles, joue un rôle moteur dans l'économie nationale. Cette expansion s'est accompagnée d'un vaste programme de construction. Cependant, de nombreux complexes touristiques, d'un goût douteux, datent de l'époque

Plage de Plakiás en Crète

de gamme, en provenance des pays de l'Europe centrale en expansion, mais aussi vers un autre type de tourisme. Les voyages thématiques et les pèlerinages panorthodoxes sont au goût du jour. Les infrastructures touristiques des îles (centres de cure, marinas, aéroports, télécommunications) ont été réaménagées pour accueillir ces nouveaux visiteurs.

Famille sur son scooter, à Kos

Stable par rapport à ses voisins balkaniques, la Grèce compte néanmoins parmi les parents pauvres de l'Union européenne. Elle traverse depuis 2009 une grave crise économique doublée d'une crise morale. Le pays souffre en effet d'un déficit record (13,4 % du PIB) et d'une dette publique qui s'élève à 120 % de la richesse

Moulins à vent à Olympos, sur l'île de Kárpathos (Dodécanèse)

nationale. L'économie grecque a deux points forts : le tourisme (18 % du PIB) – comme nous l'avons vu plus haut – et la marine marchande (11 % du PIB). Mais le pays souffre d'un service public inefficace et corrompu. Les domaines de la santé et de l'éducation sont particulièrement déficients. En outre, les effectifs pléthoriques de la fonction publique coûtent très cher à l'État et les dépenses militaires, plus élevées que dans les autres pays européens, grèvent encore le budget. Le passage à l'euro en mars 2002 a encore accentué la baisse de la compétitivité et les exportations sont faibles. Un autre problème de taille est la fraude fiscale, qui touche toutes les classes sociales, et l'évasion fiscale, pratiquée par les plus riches. Enfin, l'économie souterraine représenterait presque 10 % de l'économie officielle. L'État grec, largement discrédité, a ainsi bien du mal à faire rentrer des recettes. Georgios Papandréou, président du Mouvement socialiste panhellénique (PASOK) depuis 2004, est le Premier ministre de la Grèce depuis octobre 2009. Pour sortir le pays de la crise, il choisit de mener une politique d'austérité : diminution des investissements publics, suppression des primes des fonctionnaires, recul de l'âge de la retraite, création de nouveaux impôts. Mais les Grecs manifestent contre ces plans d'austérité et les marchés financiers s'emballent pariant sur la banqueroute de la Grèce. L'Union euro-

Enfants en habits de fête à Koskinoú (Rhodes)

Battage de la récolte dans les Cyclades

Pain de fête vendu au marché couvert de La Canée (Crète)

péenne a du mal à afficher sa solidarité, l'Allemagne, renâclant notamment à venir au secours de la Grèce. Finalement fin 2010, Papandréou obtient le soutien du FMI et de la zone euro avec un prêt de 110 milliards d'euros sur trois ans. Mais l'Europe exige une austérité accrue et une hausse de la fiscalité. Les classes populaires et les classes moyennes sont les plus touchées : la diminution de leur pouvoir d'achat entraînant automatiquement une diminution de la consommation. Compte tenu de l'extrême jeunesse de l'État grec (moins de 200 ans) et de l'instabilité politique depuis 1922, les Grecs n'accordent qu'une confiance limitée aux institutions étatiques. La vie quotidienne s'organise autour de réseaux de relations personnelles et de contacts officiels. Les concepts de « droite » et de « gauche » ne se sont imposés dans la vie politique que depuis les années 1930. La période d'après-guerre a été dominée par deux hommes politiques : Andréas Papandréou, décédé en 1996, (le père de l'actuel Premier ministre) le numéro un du PASOK qui fut trois fois Premier ministre ; et le conservateur Constantin Karamanlís, décédé en avril 1998, qui fut Premier ministre.

Le port de Pythagóreio, sur l'île de Sámos

La Grèce souhaite affirmer son identité balkanique. Ses relations avec ses voisins, notamment avec l'Albanie, se sont considérablement améliorées depuis la chute du communisme, en 1990.

LA VIE DE FAMILLE

La famille est l'unité de base de la société grecque. La répartition traditionnelle des terres dans les îles a permis le maintien des entreprises familiales. Officiellement interdits, les mariages arrangés et la pratique de la dot, quoique rares, perdurent. La plupart des jeunes vivent avec leurs parents ou un autre membre de la famille jusqu'à leur mariage ; hormis dans certaines villes universitaires, comme Rhodes, Héraklion ou Mytilène, l'union libre n'est pas entrée dans les mœurs. Dans les petites îles, les enfants doivent partir pour s'installer chez des parents le temps de faire leurs études.

Poissons du marché de Réthymnon (Crète)

Le taux de fécondité de la Grèce (1,28 enfant par femme) est l'un des plus bas de l'Union européenne. Dans les îles, bastion de la phallocratie, les femmes renoncent souvent à leur carrière pour s'occuper de leurs enfants.

Si les mentalités évoluent, surtout dans les villes, les Grecs restent attachés aux traditions et ne sont pas prêts à modifier leur façon de vivre.

Un homme et son âne dans les ruelles de Mýkonos (Cyclades)

L'architecture vernaculaire des îles grecques

Deux îles à peine éloignées de quelques encablures possèdent parfois une architecture très différente. Bien qu'il n'existe pas de bâtiments insulaires caractéristiques, on peut trouver des similitudes au sein d'un groupe d'îles, de même qu'entre les différents groupes. Les Vénitiens ont marqué l'architecture de la Crète, des Cyclades des îles Ioniennes et du Dodécanèse, à l'instar des Ottomans dans le nord-est de la mer Égée.

Dominée par le *kástro*, la localité de Chóra à Astypálaia (Dodécanèse)

Les maisons de ville crétoises de style vénitien *datent de l'occupation par Venise, du XVe au XVIIe siècle. Le rez-de-chaussée de ces édifices servait au stockage.*

Les *pýrgoi* de Lesbos *étaient des tours d'habitation fortifiées au centre d'une exploitation agricole. Les premières remontent au XVIIIe siècle, mais la plupart des édifices datent du XIXe siècle.*

Les *archontiká*, *ou maisons de ville, se trouvent à Kástro, Artemónas et Katavatí sur l'île de Sífnos. Contrairement aux maisons rurales, elles comportent deux niveaux.*

ARCHITECTURE DU KÁSTRO

Le *kástro*, ou forteresse, d'Antíparos date du XVe siècle. Dans les Cyclades, c'est l'exemple le plus réussi de cité vénitienne bâtie pour résister aux pirates.

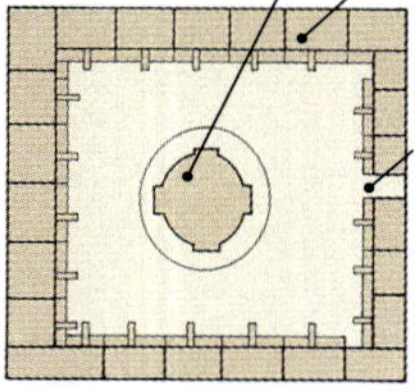

Plan d'un *kástro* à cour

Les façades du *kástro*, *avec leurs escaliers à angles droits, donnent soit sur une cour centrale, soit sur un labyrinthe de ruelles à l'accès restreint. Les murs tournés vers la mer sont percés de petites fenêtres. Vous trouverez des* kástra *à Síkinos, Kímolos, Sífnos, Antíparos et Folégandros.*

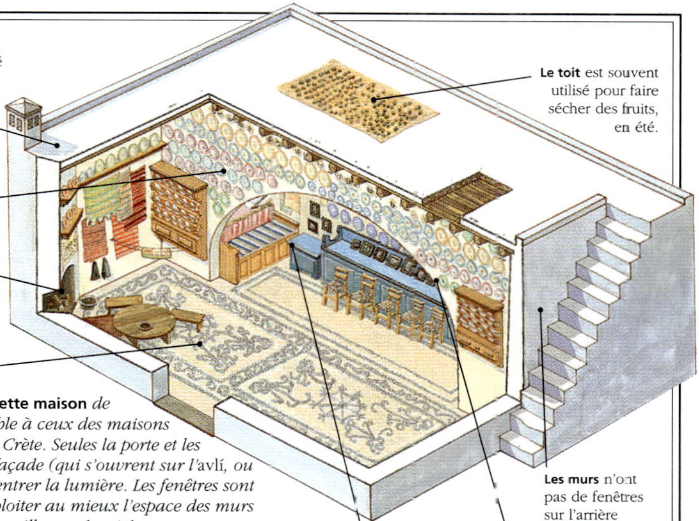

L'intérieur de cette maison *de Rhodes ressemble à ceux des maisons de Skýros et de Crète. Seules la porte et les fenêtres de la façade (qui s'ouvrent sur l'*avlí*, ou cour) laissent entrer la lumière. Les fenêtres sont rares, pour exploiter au mieux l'espace des murs et assurer une meilleure sécurité.*

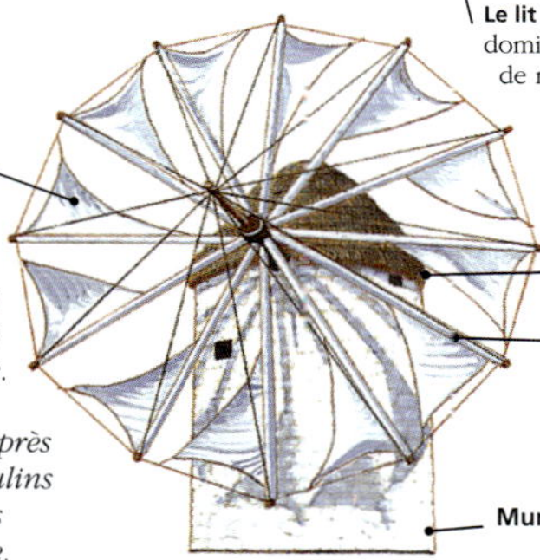

Des moulins *étaient utilisés dans la plupart des îles des Cyclades et du Dodécanèse. Ils fonctionnaient surtout entre juillet et septembre, après les récoltes. Hormis les moulins aménagés en musées, rares sont ceux encore en service.*

MÉTHODES ET MATÉRIAUX DE CONSTRUCTION LOCAUX

Les îles volcaniques de Lesbos, Lemnos, Nísyros et Mílos possèdent des constructions en lave. Polyvalent, le schiste est utilisé dans les Cyclades. Les édifices en lattes légères et en plâtre révèlent une influence ottomane ; vous en verrez à Sámos, à Lesbos, dans les Sporades et dans d'autres îles du Nord. Partout, le pisé est répandu pour les constructions modestes, de même que le *dóma*, ou toit en troncs d'arbres tapissés de roseaux couverts d'algues et de terre.

Mur de blocs de schiste, sans mortier

Maçonnerie de blocs volcaniques

Toit d'ardoises

Toit de tuiles, dans le Dodécanèse

Toit plat en terre, ou *dóma*

Arcs-boutants contre les séismes

La vie marine

Coquille de triton

Comparée aux océans, la Méditerranée est une petite mer enclavée, à faibles marées. Toutefois, les plantes et les oiseaux du littoral sont nombreux. La plongée avec tuba près des côtes et la plongée sous-marine dans les eaux cristallines permettent de découvrir une faune et une flore très riches. Des myriades de poissons minuscules et des petites limaces de mer aux tortues de mer géantes, en passant par les gros poissons et les araignées de mer imposantes, la mer recèle des surprises multiples.

La grande aiguille de mer, *au corps longiligne, peut se confondre avec des algues flottantes. Les plongeurs l'apercevront peut-être entre les rochers et les algues, en eaux peu profondes.*

L'araignée de mer, *gauche hors de l'eau, est agile et étonnamment rapide dans son élément. Ses longues pattes lui permettent de se déplacer facilement sur les sols rocheux.*

La pieuvre *se nourrit de crabes et de petits poissons qu'elle saisit avec les puissantes ventouses de ses huit bras. Elle peut également changer de couleur et se frayer un passage à travers les plus petits orifices.*

PLONGÉE SOUS-MARINE

Presque tout le littoral se prête à la plongée.

- Céphalonie et Zante : à l'occasion, vous verrez une tortue de mer *(p. 91)* au large de la côte orientale.
- Rhodes : grande variété de poissons près de Líndos sur la côte est, qui est abritée.
- Eubée : les eaux protégées de la côte ouest abritent des éponges.
- Santorin : la roche volcanique offre ses déclivités à explorer.

La tortue de mer, *ou caret, qui vient pondre ses œufs sur les plages, est l'une des victimes du tourisme. Les quelques lieux de reproduction restants sont protégés.*

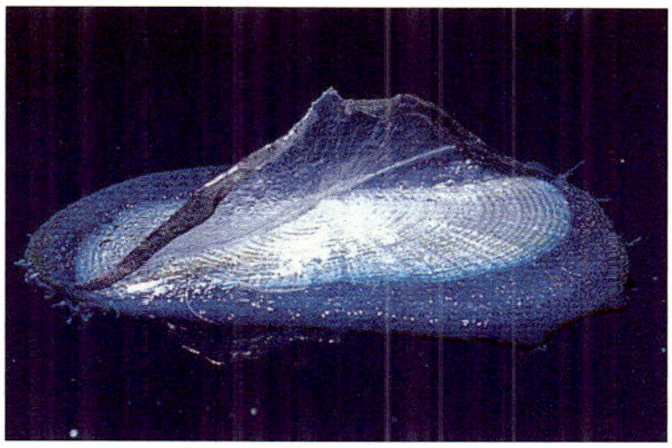

Cette vélelle *(méduse) se sert d'un flotteur pour prendre le vent et se déplacer. Les tempêtes amènent de nombreuses méduses sur les plages. Attention ! même les tentacules filiformes perdus par certaines espèces peuvent infliger des brûlures douloureuses.*

Les hippocampes *sont assez répandus dans les mers grecques. Ils vivent souvent dans les algues, autour desquelles ils enroulent leurs queues préhensiles. L'hippocampe s'occupe de ses petits, ce qui est atypique pour un poisson, et c'est le mâle qui porte les œufs dans sa grande poche incubatrice.*

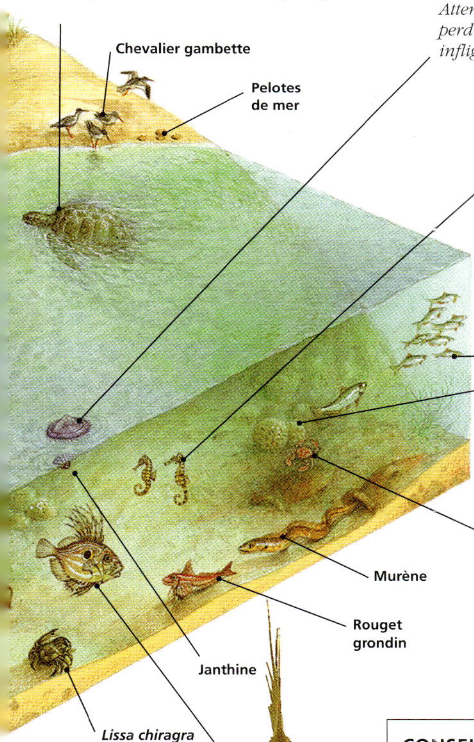

L'étrille, *dont les pincements sont parfois très douloureux, est l'un des crabes les plus agressifs. Elle nage grâce à ses pattes postérieures aplaties en palette.*

Le saint-pierre *se déplace majestueusement entre les rochers sous-marins. Son corps est plat et ovale, et sa nageoire dorsale comporte de longues rayures. Dans les régions où il n'est pas pêché, vous rencontrerez certains spécimens extrêmement confiants, voire curieux.*

CONSEILS DE SÉCURITÉ

- En Méditerranée, les tempêtes peuvent se lever subitement. Avant de partir en plongée, renseignez-vous sur la météo et l'état de la mer.
- Ne plongez pas si vous voyez des méduses.
- Emportez votre tuba et votre masque personnels : vous serez certain que le matériel vous va parfaitement
- Ne plongez jamais seul.
- Portez un T-shirt ou une combinaison pour éviter les coups de soleil.
- Évitez de plonger près des embouchures et des ports : l'eau y est trouble et parfois polluée, et les bateaux peuvent constituer un danger.

HISTOIRE DE LA GRÈCE

Alexandre le Grand, de Theófilos

Dès les premières heures, l'histoire a été marquée par des luttes intestines, depuis les cultures mycéniennes et minoennes jusqu'aux cités-États rivales nées au Ier millénaire av. J.-C. Cette histoire est celle d'une nation : pour les Grecs, leur nationalité ne se définit pas tant par des considérations géographiques que par la langue, la religion, les origines et les traditions.

Après la défaite des armées grecques devant Philippe II de Macédoine à Chéronée en 338 av. J.-C., la Grèce fut absorbée par l'empire d'Alexandre le Grand. Avec la défaite des Macédoniens devant les Romains en 168 av. J.-C., la Grèce devint une province romaine. Intégrée à l'Empire d'Orient, elle fut gouvernée depuis Constantinople, avant de devenir, au XIe siècle, une composante particulièrement puissante de l'Empire byzantin.

Malheureusement, en 1453, la prise de Constantinople par les Ottomans marqua la fin de la Grèce en tant qu'entité politique. Venise s'empressa d'ériger des forteresses, rivalisant avec les Ottomans pour contrôler les grandes routes commerçantes dans les mers Égée et Ionienne. Le sentiment national ne se développa qu'au XVIIIe siècle. Impulsée par les Grecs vivant en Occident, la guerre d'Indépendance débuta en 1821. En 1830, les puissances européennes instaurèrent un protectorat en Grèce, marquant la fin de la domination ottomane. Mais en 1832, le royaume de Grèce est confié à Otton Ier de Bavière.

Après presque un siècle d'incidents frontaliers, la Turquie battit la Grèce en 1922. Suivirent la dictature de Metaxás (1936-1941), les occupations italienne et allemande, puis les années de guerre 1940-1944. En réalité, l'État grec n'existe dans ses frontières actuelles que depuis 1948, année de la restitution du Dodécanèse par l'Italie. Démocratie solide, la Grèce est membre de l'Union européenne depuis 1981.

Carte de la Grèce tirée du *Theatrum Orbis Terrarum*, l'atlas d'Abraham Ortelius (1595)

◁ Les chevaliers de l'ordre de Saint-Jean, illustrant un récit du siège de Rhodes (XVe siècle)

La Grèce préhistorique

Broche mycénienne en or

L'âge du bronze vit naître en Grèce trois cultures différentes : la civilisation cycladique, au IIIe millénaire ; la civilisation minoenne, originaire de Crète, qui s'étendit aux îles de la mer Égée ; la civilisation mycénienne, installée sur le continent. L'influence de la civilisation mycénienne se propagea jusqu'en Crète vers 1450 av. J.-C., date du déclin des Minoens. Les cultures minoenne et mycénienne connurent toutes deux leur apogée à la période des palais, au IIe millénaire, époque à laquelle elles avaient une bureaucratie centralisée et une religion commune.

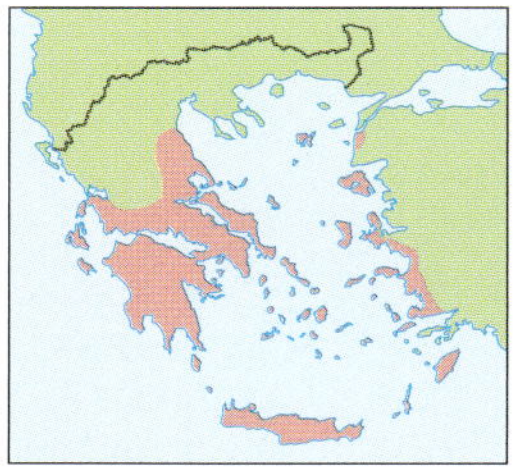

GRÈCE PRÉHISTORIQUE

Peuplement à l'âge du bronze

Tête du Néolithique
(3000 av. J.-C.)
Cette sculpture trouvée à Alónnisos, dans les Sporades, représente une déesse de la Fertilité, vénérée pour les récoltes. Cette représentation indique une certaine stabilité.

L'absence de murailles montre que la ville ne redoutait pas les attaques.

Maisons à plusieurs étages

Idole cycladique
De telles statues de marbre, réalisées à l'âge du bronze entre 2800 et 2300 av. J.-C., ont été trouvées dans nombre de tombes des Cyclades.

Sarcophage minoen
Ce type de cercueil, qui date de 1400 av. J.-C., est propre à l'art minoen. Il servait certainement pour les enterrements de notables.

CHRONOLOGIE

7000 Pratique de l'agriculture au Néolithique dans le Nord de la Grèce

3200 Apparition des cultures de l'âge du bronze dans les Cyclades et en Crète

2000 Arrivée des premiers locuteurs de la langue grecque en Grèce continentale

200000 av. J.-C. | **5000 av. J.-C.** | **4000 av. J.-C.** | **3000 av. J.-C.** | **2000**

200000 Vestiges de peuplements paléolithiques dans le Nord de la Grèce et en Thessalie

Objet en « poêle à frire », Sýros (2500-2000 av. J.-C.)

2800-2300 La culture de Sýros et celle de Kéros prospèrent (Cyclades)

2000 Première période des palais en Crète

Masque funéraire mycénien
Quantité d'objets en or ont été découverts dans le Péloponnèse à Mycènes, la cité antique d'Agamemnon. De tels masques couvraient les visages des défunts.

OÙ VOIR LA GRÈCE PRÉHISTORIQUE

Le musée des Cyclades et de l'Art grec ancien d'Athènes *(p. 291)* abrite la plus vaste collection de figurines en Grèce. Le Musée archéologique national *(p. 286)* expose des objets mycéniens en or et autres pièces préhistoriques. Dans les Cyclades, Akrotíri *(p. 241)* possède des édifices minoens, bien préservés. La ville de Phylakopi à Mílos *(p. 236-237)* conserve des murs mycéniens. En Crète, les palais de Knossós *(p. 272-275)*, de Phaistos *(p. 266-267)* et d'Agía Triáda *(p. 263)* sont des témoignages de la civilisation minoenne.

Collines boisées

Les habitants sont en bon terme avec les étrangers.

Bateaux à voile et à rames

SCÈNE MARINE MINOENNE

Les fresques murales de Santorin *(p. 238-241)* ont été préservées par l'éruption volcanique de la fin du XVIe siècle av. J.-C. Ici, des bateaux quittent une ville côtière. L'art minoen reflète une société stable, qui domina la mer Égée non pas par la conquête, comme les Mycéniens, mais par le commerce.

Murs cyclopéens
Les citadelles mycéniennes, comme celle de Tirynthe (Péloponnèse), étaient entourées de murailles si imposantes que les civilisations ultérieures crurent qu'elles avaient été construites par des géants. On ne sait pas si elles étaient défensives.

Amphore mycénienne
Cette décoration du XIVe siècle av. J.-C. épouse la forme du récipient. Formelle et symétrique, elle contraste avec les prototypes minoens plus souples.

1750-1700 Début de la seconde période des palais et âge d'or de la culture minoenne en Crète

1525 Éruption volcanique à Santorin qui dévaste la région

1250-1200 Probable destruction de Troie, après l'enlèvement d'Hélène *(p. 54)*

1450 Domination de Knossós par les Mycéniens

Hélène de Troie

1800 av. J.-C. | **1600** | **1400 av. J.-C.** | **1200 av. J.-C.**

1730 Destruction des palais minoens, fin de la première période des palais

1600 Début de l'apogée de Mycènes et de sa domination

Figurine minoenne d'une déesse-serpent, 1500 av. J.-C.

1370-1350 Seconde destruction du palais de Knossós en Crète

1200 Chute de la culture mycénienne

Les âges sombres et la période archaïque

Pièce d'argent athénienne

Vers 1200 av. J.-C., la Grèce entra dans une période appelée « Moyen Âge hellénique » ou « âges sombres » jusqu'en 800 av. J.-C., où l'émergence de cités-États puissantes s'accompagna d'une renaissance culturelle. Des implantations grecques eurent lieu jusque sur les rives de la mer Noire, dans l'actuelle Syrie, en Afrique du Nord et en Méditerranée occidentale. La Grèce se définissait alors comme l'ensemble des régions où vivaient des Grecs.

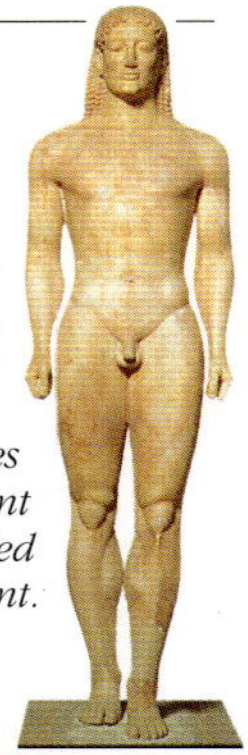

Kouros *(530 av. J.-C.)*
Les koúroi *sont des nus masculins monumentaux. Représentations plus stylisées que réalistes, ils s'inspirent des statues égyptiennes, dont ils adoptent la position, un pied vers l'avant.*

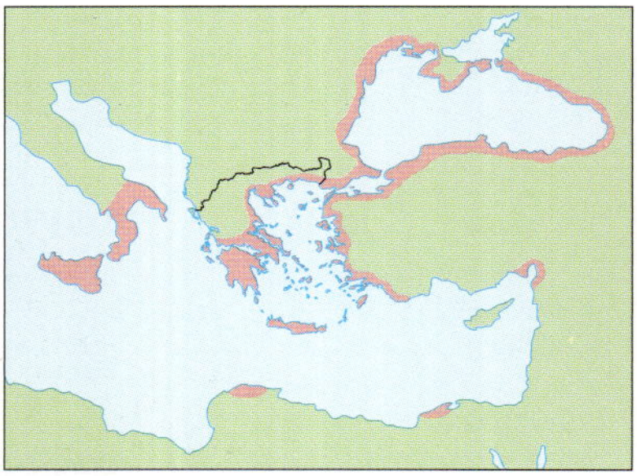

MÉDITERRANÉE ORIENTALE, 479 AV. J.-C.

Influence grecque

Plastron en bronze

Le joueur de double flûte marque la cadence des troupes.

Une cuirasse en bronze protège le corps.

GUERRIERS HOPLITES

Le vase de « Chigi », provenant de Corinthe et datant d'environ 750 av. J.-C., est l'une des plus anciennes représentations illustrant les styles guerriers nés à cette époque. Les hoplites (fantassins), parfaitement entraînés et lourdement armés, combattaient en formations massives, ou phalanges. La naissance de la cité-État est peut-être liée au fait que les hoplites étaient des citoyens qui se battaient pour les leurs.

Solon *(640-558 av. J.-C.)*
Élu archonte, Solon exerce les plus hautes fonctions. Ses réformes économiques, juridiques et politiques marquent le début de la démocratie à Athènes.

CHRONOLOGIE

Fragment de vase comportant des bandes de motifs géométriques caractéristiques

900 Apparition des premières poteries géométriques

1100 av. J.-C. | **1000 av. J.-C.** | **900 av. J.-C.**

1100 Invasions doriennes ou « retour des Héraclides »

1000-850 Formation des royaumes homériques

Vase du VIe siècle av. J.-C.
Ce cratère, qui servait à mélanger l'eau et le vin lors de fêtes, est un exemple précoce de la décoration des vases. Il représente des scènes héroïques et mythologiques.

OÙ VOIR LA GRÈCE ARCHAÏQUE

Vous verrez des *koúroi* au Musée archéologique national *(p. 286)* et au musée de l'Acropole *(p. 290)*, à Athènes. Le Musée archéologique abrite aussi la collection nationale de vases géométriques, à figures rouges et à figures noires. L'ancienne carrière de marbre de Náxos *(p. 230-233)* recèle des *koúroi*. À Sámos, vous découvrirez le tunnel d'Efpalíneio *(p. 155)* ainsi qu'une collection de *koúroi* *(p. 154)* et, à Délos, la terrasse des Lions archaïques *(p. 218)*. Le temple d'Aphaia, à Égine, est bien préservé *(p. 98-99)*. Palaiókastro, à Nísyros, possède des fortifications *(p. 175)*.

Casques en bronze

Lances pointées contre l'ennemi.

Les phalanges avançaient et reculaient pour former un bouclier protecteur sans faille. Cette technique se révéla efficace.

Décoration à tête de Gorgone

Boucliers ronds caractéristiques

Darius Ier
(règne de 522 à 486 av. J.-C.)
Ce relief de Persépolis représente le roi perse qui tenta de conquérir le monde grec et qui fut défait lors de la bataille de Marathon, en 490.

Retour du chasseur
(500 av. J.-C.)
La chasse était un sport aristocratique que les nobles pratiquaient à pied, accompagnés de leurs chiens, comme le montre l'intérieur de cette coupe.

776 Date traditionnelle de la première célébration des jeux Olympiques

675 Réformes de Lycurgue à Sparte

600 Construction des premières colonnes doriques, au temple d'Héra à Olympie

Chapiteau dorique

490 Les Athéniens battent les Perses à Marathon

800 av. J.-C. | **700** | **600 av. J.-C.** | **500 av. J.-C.**

750-700 L'*Iliade* et l'*Odyssée* d'Homère

770 Fondation des premières colonies grecques

Figurine votive spartiate

546 Les Grecs tombent sous la domination perse. Athènes prospère sous les règnes du tyran Pisistrate et de ses fils

630 La poétesse Sappho écrit à Lesbos

480 Destruction d'Athènes par les Perses ; victoire des Athéniens sur les Perses à Salamine

479 Victoire des Athéniens, des Spartiates et de leurs alliés sur les Perses à Platées

La Grèce classique

Amphore pour le commerce

La période classique constitue l'apogée de la civilisation grecque. De grands poètes tragiques, comme Eschyle, Sophocle et Euripide, et des philosophes, tels Socrate, Platon et Aristote, contribuèrent à un siècle et demi de créativité exceptionnelle dans la philosophie, les lettres, le théâtre et les arts. Toutefois, cette période fut aussi marquée par des conflits sanglants. La guerre du Péloponnèse, qui opposa Athènes et ses alliés à Sparte et ses alliés, domina le Ve siècle av. J.-C. Au siècle suivant, Sparte, Athènes et Thèbes s'affrontèrent, avant d'être défaites par Philippe II de Macédoine, en 338 av. J.-C.

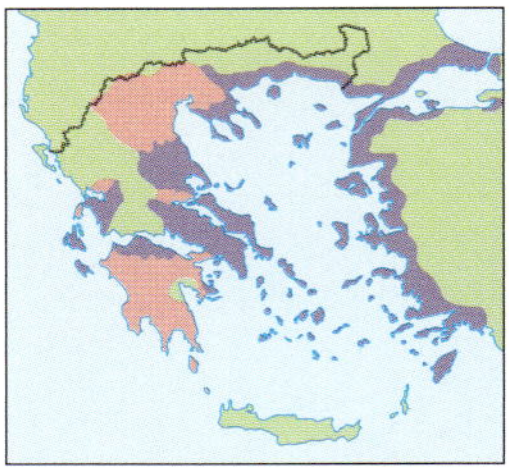

GRÈCE CLASSIQUE, 440 AV. J.-C.

Athènes et ses alliés

Sparte et ses alliés

Poissonnerie

Ce vase du IVe siècle av. J.-C. a été trouvé à Cefalù, en Sicile. L'île était en partie peuplée de Grecs, unis par une culture, une religion et une langue communes.

SANCTUAIRE DE DELPHES

Cette reconstitution de 1894 représente le sanctuaire du centre de la Grèce, qui a atteint son apogée politique aux Ve et IVe siècles av. J.-C. L'oracle du temple d'Apollon était d'une importance capitale : ses prophéties influençaient les décisions prises par Athènes ou Sparte. Les cités-États déposaient de riches offrandes dédiées aux dieux dans les trésors bordant la Voie sacrée.

Périclès

Périclès domina la vie politique athénienne pendant vingt ans, renforça la flotte grecque et lança un vaste programme de construction à Athènes, notamment des temples de l'Acropole.

CHRONOLOGIE

Détail de la frise du Parthénon

478 Création de la Ligue de Délos : Athènes domine d'autres cités grecques

475 av. J.-C.

461 À Athènes, les réformes d'Éphialtès ouvrent la voie à une démocratie plus radicale

461-429 À Athènes, Périclès devient célèbre et lance un vaste programme architectural

450 av. J.-C.

447 Début de la construction du Parthénon

431-404 Fin de la guerre du Péloponnèse avec la chute d'Athènes ; début de 33 années de domination spartiate

425

v. 420 Mort d'Hérodote, l'historien des guerres Médiques

Buste d'Hérodote, probablement d'origine hellénistique

Couronne de chêne en or de Vergína
Au IVe siècle av. J.-C., Philippe II de Macédoine domina le monde grec par la diplomatie et la guerre. Cette couronne provient de sa tombe.

OÙ VOIR LA GRÈCE CLASSIQUE

Athènes est dominée par l'Acropole et ses édifices religieux, comme le Parthénon, construits dans le cadre du projet architectural de Périclès *(p. 288-290)*. Lieu de naissance mythologique d'Artémis et d'Apollon, l'île de Délos était au centre de la Ligue de Délos, la première confédération maritime athénienne. Le site possède des sculptures du Ve siècle av. J.-C. *(p. 218-219)*. À Líndos *(p. 196-197)*, le temple d'Athéna, du IVe siècle, est bien conservé.

Jeune esclave *(400 av. J.-C.)*
Les esclaves, qui effectuaient tous types de travaux, étaient une composante essentielle de l'économie grecque. Beaucoup étaient étrangers, comme ce jeune Africain.

Athéna Lemnia
Copie romaine d'une statue du sculpteur Phidias (v. 490-430 av. J.-C.), qui supervisa les travaux de l'Acropole. La représentation de la déesse est très stylisée, ce qui est caractéristique du style classique.

400 av. J.-C. — **375 av. J.-C.** — **350 av. J.-C.**

399 Procès et mort de Socrate

387 Platon fonde l'Académie à Athènes

Sculpture de Platon

371 Thèbes défait Sparte à la bataille de Leuctres, ouvrant une décennie de domination thébaine dans la région

359 Philippe II devient roi de Macédoine

338 Défaite des Grecs par Philippe II de Macédoine lors de la bataille de Chéronée

337 Création de la Ligue panhellénique de Corinthe, légitimant le contrôle de Philippe II sur les cités-États grecques

336 Assassinat de Philippe II à Aigai ; son fils Alexandre lui succède

La Grèce hellénistique

Alexandre le Grand

Réalisant les ambitions de son père, Alexandre le Grand de Macédoine défit les Perses et créa un vaste empire qui s'étendait jusqu'à l'Inde et à l'Égypte. La période hellénistique joua un rôle déterminant dans la diffusion de la langue, la religion et la culture grecques dans les régions soumises. Après la mort d'Alexandre le Grand, en 323 av. J.-C., l'Empire se maintint un temps, puis les Romains entreprirent de le démanteler au IIe siècle av. J.-C. À la domination macédonienne succéda alors la période romaine, en 168 apr. J.-C.

Relief du Culte des héros *(v. 200 av. J.-C.) Le culte des héros faisait partie de la religion. Toutefois, Alexandre était déjà vénéré comme un dieu de son vivant.*

Victoire d'Alexandre sur Darius III
Cette mosaïque de Pompéi représente la défaite du roi perse à Issos, en 333 av. J.-C. Les soldats macédoniens sont armés de lances d'une efficacité redoutable.

Statue en terre cuite
Cette œuvre du IIe siècle av. J.-C. illustre la tendance hellénistique, préférant les scènes de la vie privée aux personnages publics.

CHRONOLOGIE

333 Alexandre le Grand défait Darius III, roi des Perses, et se proclame roi d'Asie

332 Fondation d'Alexandrie par Alexandre, après la conquête de l'Égypte

323 Mort d'Alexandre et de Diogène

322 Mort d'Aristote

325 av. J.-C.

301 La bataille d'Ipsos, qui oppose les rivaux à la succession d'Alexandre, conduit au démembrement de l'Empire en cinq royaumes

300 av. J.-C.

287-275 Pyrrhus, roi d'Épire, parvient à battre les Romains en Italie, mais il subit des pertes importantes

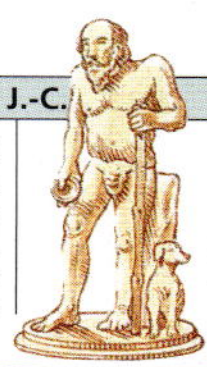

Diogène, philosophe hellénistique

275 av. J.-C.

268-261 Guerre de Khrémonidès, qui s'achève avec la capitulation d'Athènes face à la Macédoine

250 av. J.-C.

Rencontre des religions orientale et occidentale
La déesse grecque Niké et la divinité orientale Cybèle sont représentées dans un chariot tiré par des lions.

OÙ VOIR LA GRÈCE HELLÉNISTIQUE

Aux IIIe et IIe siècles av. J.-C., la mer Égée était dominée par les Ptolémées depuis l'ancienne Thíra de Santorin, où se trouvent des vestiges hellénistiques : le sanctuaire d'Artemídoros de Pergé, le portique royal et le temple de Ptolémée III *(p. 240)*. À Rhodes, l'hôpital des Chevaliers, l'actuel Musée archéologique *(p. 184)*, abrite une collection de sculptures hellénistiques. L'Asklepieíon de Kos *(p. 172)* est un sanctuaire qui accueillait des malades. La tour des Vents *(p. 287)*, à Athènes, a été construite par l'astronome macédonien Andronikos Kyrrestès.

Suse, capitale perse, fut prise en 331 av. J.-C. Les noces de Suse, unissant les capitaines d'Alexandre à des Asiatiques, eurent lieu en 324 av. J.-C.

Alexandre choisit son épouse Roxane parmi les prisonniers de Sogdiane, en 327 av. J.-C.

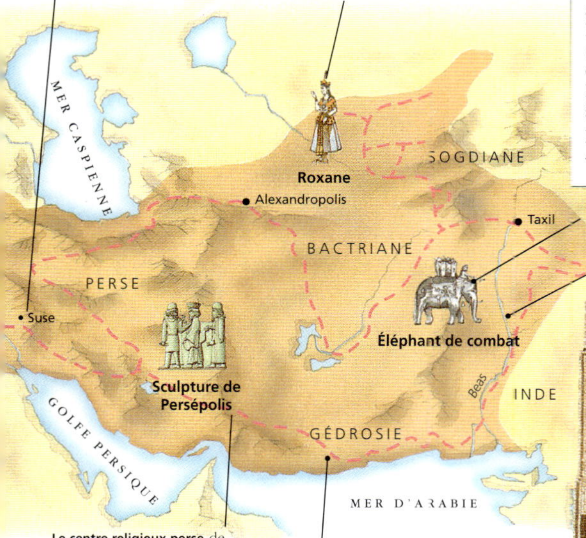

Des éléphants de combat furent utilisés contre le roi indien Poros, en 326 av. J.-C.

L'armée d'Alexandre rebroussa chemin à l'Indus.

Le centre religieux perse de Persépolis, aujourd'hui en Iran, tomba aux mains d'Alexandre en 330 av. J.-C.

L'armée d'Alexandre subit de grosses pertes dans le désert de Gédrosie.

L'EMPIRE D'ALEXANDRE LE GRAND

Alexandre parcourut des distances inouïes pour former son empire. Après avoir défait les Perses en Asie, il partit en Égypte et revint en Asie pour combattre Darius, puis ses assassins, en Bactriane. En 326 av. J.-C., ses troupes se rebellèrent en Inde. Il mourut en 323 av. J.-C.

Mort d'Archimède
Cette mosaïque de la Renaissance représente l'assassinat d'Archimède, grand mathématicien et penseur, perpétré en 212 av. J.-C.

227 Destruction du *Colosse* de Rhodes par un tremblement de terre

Colosse *de Rhodes*

197 Défaite de Philippe V de Macédoine ; les Romains déclarent la Grèce libérée

146 Sac de Corinthe par les Romains : la Grèce devient une province romaine

225 av. J.-C. | **200 av. J.-C.** | **175 av. J.-C.** | **150 av. J.-C.**

222 Victoire écrasante de la Macédoine sur Sparte

217 Paix de Naupacte, appelant les Grecs à régler leurs différends avant que « le nuage de l'ouest » ne s'abatte sur eux

Pièce romaine (196 av. J.-C.) commémorant la victoire romaine sur les Macédoniens

168 Les Macédoniens battent les Romains à Pydna

La Grèce romaine

Marc Antoine

Après le sac de Corinthe en 146 av. J.-C., les Romains prirent le contrôle de la Grèce, qui devint la capitale culturelle de l'Empire romain. La noblesse romaine envoyait ses fils dans les écoles de philosophie d'Athènes. Les guerres civiles romaines opposant des hommes d'État romains prirent fin sur le sol grec, lors de la bataille d'Actium en Thessalie en 31 av. J.-C. En 324 apr. J.-C., l'empereur Constantin fonda la nouvelle capitale orientale de Constantinople ; plus tard, l'Empire fut divisé entre l'Orient, de langue grecque, et l'Occident, de langue latine.

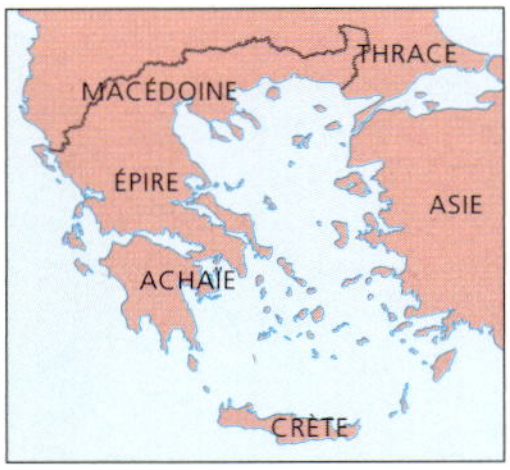

PROVINCES ROMAINES, 211 AV. J.-C.

Mithridate
Désireux d'étendre son territoire, ce roi du Pont, sur la mer Noire, prit la tête de la résistance contre Rome, en 89 av. J.-C. La paix lui fut imposée quatre ans plus tard.

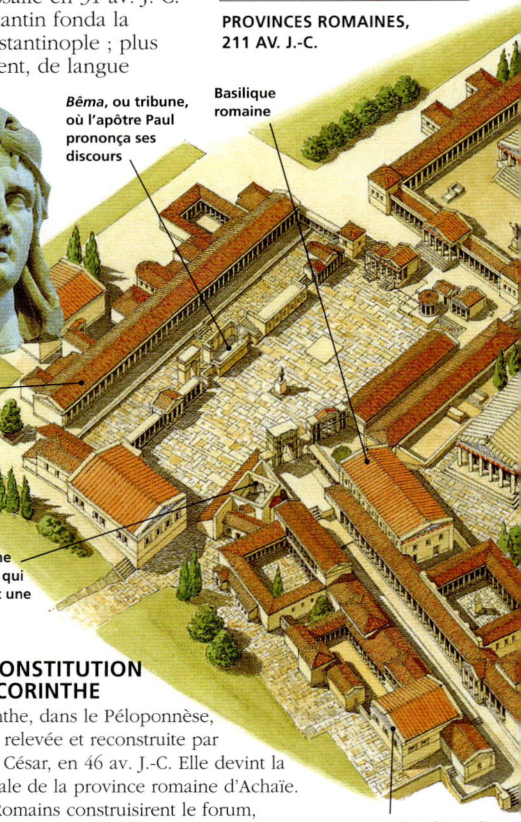

RECONSTITUTION DE CORINTHE
Corinthe, dans le Péloponnèse, a été relevée et reconstruite par Jules César, en 46 av. J.-C. Elle devint la capitale de la province romaine d'Achaïe. Les Romains construisirent le forum, le théâtre couvert et les basiliques. Saint Paul vint y prêcher en 50-51 apr. J.-C.

Notitia Dignitatum *(395 apr. J.-C.) Intégrée à l'Empire romain, la Grèce fut divisée en provinces. Cet insigne était utilisé par le proconsul de la province d'Achaïe.*

CHRONOLOGIE

Pièce à l'effigie de Cléopâtre, reine d'Égypte

49-31 Fin des guerres civiles romaines avec la défaite d'Antoine et de Cléopâtre à Actium, en Grèce

49-54 Saint Paul prêche le christianisme en Grèce

124-131 L'empereur Hadrien supervise un gigantesque projet architectural à Athènes

100 av. J.-C. | **1 apr. J.-C.** | **100**

86 Prise d'Athènes par le général romain Sylla

46 Refondation de Corinthe comme colonie romaine

Saint Paul prêchant

66-67 Néron libère la Grèce ; fin de l'Achaïe

Mosaïque
(180 apr. J.-C.)
Cette mosaïque, qui représente Dionysos chevauchant un léopard, provient de la maison des Masques à Délos.

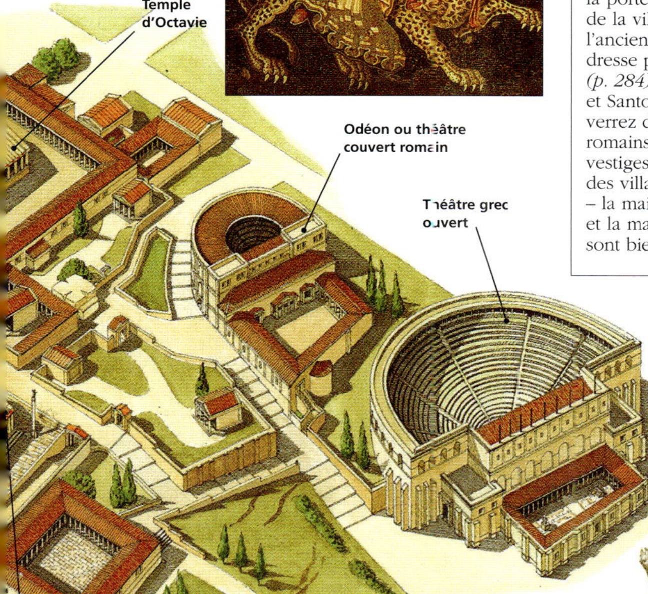

OÙ VOIR LA GRÈCE ROMAINE

À Athènes, l'odéon d'Hérode Atticus *(p. 288)*, érigé au pied de l'Acropole, est un exemple parfait d'architecture romaine. Au sud-est de l'Acropole, la porte d'Hadrien, qui mène de la ville romaine à l'ancienne ville grecque, se dresse près de l'Olympieion *(p. 284)*. À Sámos *(p. 155)* et Santorin *(p. 240)*, vous verrez des vestiges de bains romains et, à Délos, des vestiges de mosaïques dans des villas *(p. 219)*. Certaines – la maison des Dauphins et la maison des Masques – sont bien conservées.

Arc de Galère
Cet arc de Thessalonique commémore la victoire de l'empereur Galère sur les Perses. Ce relief le représente dans son char.

Apollon du Belvédère
Beaucoup de statues ne sont connues que grâce aux copies romaines d'originaux grecs, comme cette statue d'Apollon.

170 Pausanias achève un guide de la Grèce destiné aux voyageurs romains

267 Sac d'Athènes par les Hérules

324 Devenu seul maître de l'Empire romain, Constantin installe sa capitale à Constantinople

395 Les Goths dévastent Athènes et le Péloponnèse

380 Sous l'empereur Théodose Ier, le christianisme devient religion d'État

200 | **300 apr. J.-C.**

Pièce à l'effigie de l'empereur romain Galère

293 Sous Galère, Thessalonique devient la deuxième ville après Constantinople

393 Interdiction des jeux Olympiques

395 Mort de Théodose Ier, division formelle de l'Empire romain en Occident latin et Orient byzantin

La Grèce byzantine

Bracelet byzantin porté à la Cour

Rattachée à l'Empire byzantin, qui succéda à l'Empire romain d'Orient au IVe siècle, la Grèce devint orthodoxe et fut divisée en *themes* administratifs. À la prise de la capitale, Constantinople, par les croisés en 1204, la Grèce fut à nouveau divisée, entre les Vénitiens et les Francs. Constantinople et Mystrás furent reconquises par les Grecs byzantins en 1261. Mais la prise de Constantinople par les Ottomans, en 1453, sonna le glas de l'Empire byzantin, qui laissa en héritage des centaines d'églises et une profusion d'œuvres religieuses.

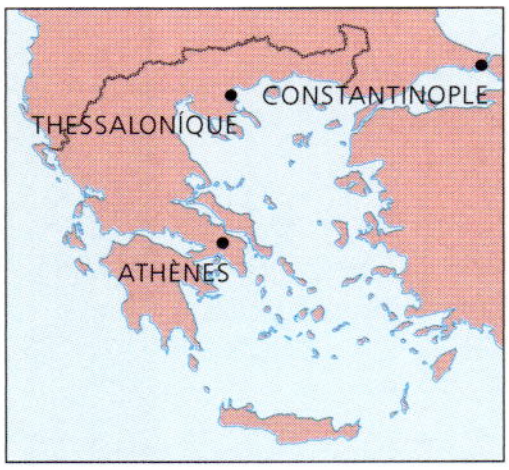

GRÈCE BYZANTINE AU Xe SIÈCLE

GRANDE LAVRA

Ce monastère, le plus ancien (963 apr. J.-C.) complexe religieux du mont Athos, au nord de la Grèce, a conservé une apparence byzantine malgré la reconstruction de certaines parties. Les monastères ont joué un rôle déterminant dans l'enseignement et l'art religieux.

Aigle à deux têtes

Dans le monde byzantin, l'empereur était aussi patriarche de l'Église. Cette double mission est symbolisée par l'aigle à deux têtes.

Défense de Thessalonique

La prise de Thessalonique par les Sarrasins, en 904, est une humiliation cuisante pour les Byzantins. À compter de cette date, quantité de villes grecques vont être fortifiées.

CHRONOLOGIE

400

529 Fermeture des écoles de philosophie d'Aristote et de Platon ; la culture chrétienne supplante la pensée classique

578-586 Invasion de la Grèce par les Avars et les Slaves

600

680 Les Bulgares traversent le Danube et s'installent dans le Nord de la Grèce

726 Adhésion du pape Léon III à l'iconoclasme (doctrine abandonnée en 843)

Pièce d'or de l'impératrice Irène de Byzance, qui régna de 797 à 802

800

841 Le Parthénon est converti en cathédrale

Constantin le Grand
Premier empereur d'Orient à reconnaître le christianisme, Constantin fonda Constantinople en 324. Il est représenté ici avec sa mère, Hélène.

OÙ VOIR LA GRÈCE BYZANTINE ET LA GRÈCE DES CROISADES

Le musée Benáki d'Athènes *(p. 291)* abrite des icônes, des bronzes, des sculptures et des tissus. À Pátmos, le trésor du monastère de Saint-Jean, du XIe siècle *(p. 164-165)*, est le plus riche en dehors du mont Athos. À Chíos, le sol du couvent de Néa Moní, du XIe siècle *(p. 150-151)*, est orné de mosaïques à fond d'or. L'architecture médiévale du palais des Grands Maîtres et de la rue des Chevaliers à Rhodes *(p. 186-189)* est à voir. Les édifices des Chevaliers à Kos *(p. 170-173)* valent le coup d'œil. À Páros, le palais vénitien *(p. 227)* date de 1260.

Christ Pantokrátor
Cette fresque du XIVe siècle, qui représente le Christ, se trouve au centre monastique de la cité byzantine de Mystrás.

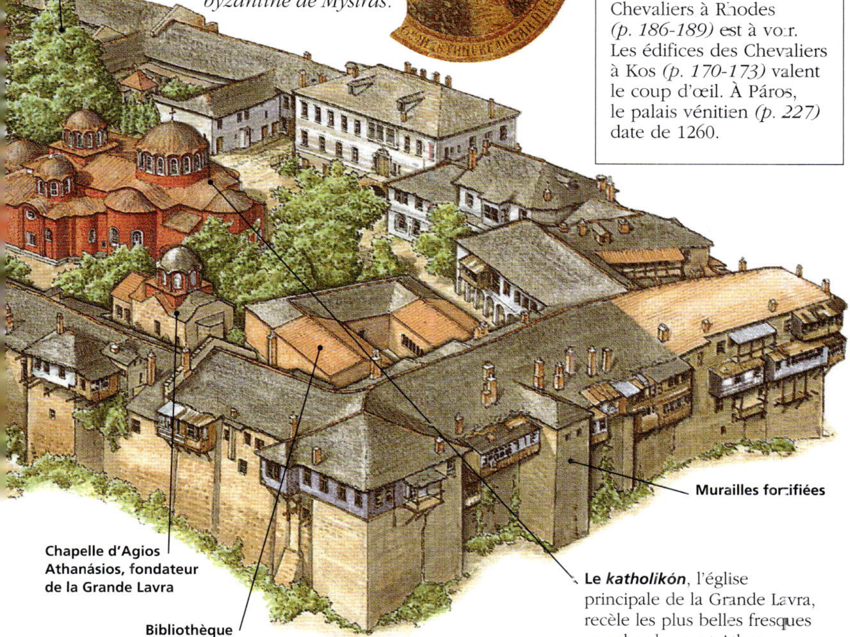

Le *katholikón*, l'église principale de la Grande Lavra, recèle les plus belles fresques murales du mont Athos.

1054 Le patriarche de Constantinople et le pape Léon IX s'excommunient mutuellement

Forteresse franque de Chlemoútsi

1081-1149 Invasion des îles et du continent par les Normands

1354 Entrée des Ottomans en Europe, par l'Italie et la Grèce

1390-1450 Prise de contrôle de la Grèce par les Ottomans

1000 | **1200** | **1400**

L'empereur byzantin Basile II, surnommé « le Bulgaroctone » (957-1025)

1204 Prise de Constantinople par les croisés ; l'occupation de l'Empire byzantin par les Francs et les Vénitiens mène à son effondrement

1210 Prise de la Crète par les Vénitiens

1261 Début de l'essor artistique et intellectuel de Mystrás

1389 Domination vénitienne sur une grande partie de la Grèce et des îles

La Grèce vénitienne et ottomane

Lion vénitien de Saint-Marc

Après la prise de Constantinople par les Ottomans, en 1453, la conquête de la quasi-totalité du territoire grec fut achevée en 1460 ; l'État grec cessa d'exister durant environ 350 ans. Capitale du vaste Empire ottoman, Constantinople n'en resta pas moins le plus grand peuplement grec et l'objet du rêve de renaissance grecque. Malgré la pauvreté et le dépeuplement des territoires formant aujourd'hui la Grèce moderne, des bandes de brigands rebelles et des milices privées se mirent à y sévir. Les îles Ioniennes, la Crète et quelques enclaves côtières furent longtemps occupées par les Vénitiens. Leur présence se fit davantage sentir que celle des Ottomans, plus tolérants, mais elle laissa toutefois un riche héritage culturel et architectural au pays.

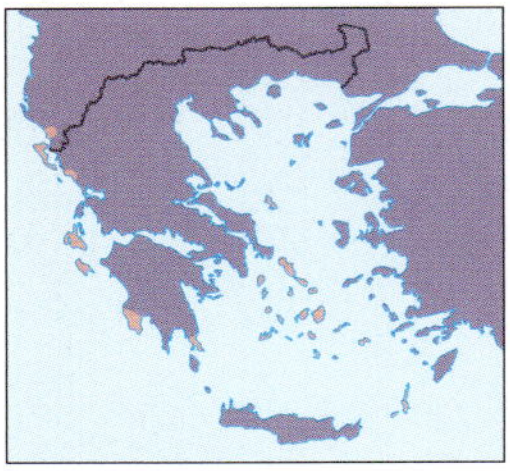

LA GRÈCE EN 1493

Occupation vénitienne

Régions occupées par les Ottomans

Bataille de Lépante *(1571)*
Sous le commandement de Don Juan d'Autriche, la flotte chrétienne mit en déroute les Ottomans au large de Naupacte, les empêchant de progresser vers l'ouest.

Peinture crétoise
Cette icône du XVe siècle illustre bien le style des artistes grecs de l'école crétoise, productive jusqu'à la prise de la Crète par les Ottomans en 1669.

ARRIVÉE DU PRINCE DJEM À RHODES

En 1481, le fils de Mehmet II, rebelle ottoman, s'enfuit à Rhodes, où il fut accueilli par les chevaliers de Saint-Jean *(p. 188-189)*. En 1522, les Ottomans prirent Rhodes après un siège.

CHRONOLOGIE

1453 Prise de Constantinople par Mehmet II ; la ville devient Istanbul, capitale de l'Empire ottoman

1456 Occupation d'Athènes par les Turcs ottomans

1460 Prise de Mystrás par les Turcs ottomans

1500

1503 Prise du Péloponnèse, hormis Monemvasía, par les Turcs ottomans

1522 Les chevaliers de Saint-Jean cèdent Rhodes aux Ottomans

1550

Cotte de mailles crétoise, du XVIe siècle

1571 Victoire des flottes vénitienne et espagnole sur les Turcs ottomans, à la bataille de Lépante

1600

Commerce
En 1800, des colonies marchandes grecques étaient installées dans tout l'Empire ottoman, aussi bien qu'à Londres ou à Odessa. L'influence turque transparaît dans les arts décoratifs, comme le montre cette broderie du XIXe siècle.

OÙ VOIR L'ARCHITECTURE VÉNITIENNE ET OTTOMANE

Les îles Ioniennes foisonnent d'édifices datant de l'occupation vénitienne, comme la vieille ville de Corfou *(p. 74-79)* dominée par ses deux forteresses vénitiennes, et la citadelle de Zante *(p. 90)*.
La Crète a elle aussi son héritage vénitien, avec le vieux port d'Héraklion *(p. 268-269)* et les ruelles de La Canée, résolument italiennes *(p. 252-253)*.
Le fort d'Héraklion résista au grand siège de 1648-1669.
À Thásos, il reste quelques maisons ottomanes *(p. 131)*.
Dans la vieille ville de Rhodes *(p. 182-189)*, vous pourrez admirer plusieurs mosquées et autres édifices ottomans, notamment une bibliothèque et un hammam.

Les chevaliers de Saint-Jean résistèrent aux Ottomans jusqu'en 1522.

Les puissantes fortifications finirent par tomber sous les tirs de l'artillerie ottomane.

Les chevaliers soutenaient le prince Djem, rebelle ottoman.

Repas dans une demeure grecque, en 1801
Près de quatre siècles de domination ottomane ont marqué la culture grecque, la composition ethnique de la population et la vie quotidienne. La cuisine intègre des plats turcs qui se retrouvent dans les régions de l'ancien Empire.

1687 Le Parthénon subit des dommages à la suite d'une attaque d'artillerie vénitienne contre un arsenal ottoman

1715 Reconquête du Péloponnèse par les Ottomans

Ali Pacha (v. 1744-1822), gouverneur de l'Empire ottoman

1814 La Grande-Bretagne prend possession des îles Ioniennes

1650	1700	1750	1800

Explosion du Parthénon

1684 Reconquête du Péloponnèse par les Vénitiens

1778 Ali Pacha devient vizir d'Ioánnina et fonde un État puissant en Albanie et en Grèce du Nord

1801 Lord Elgin retire la frise du Parthénon

1814 Fondation de Filikí Etaireía, mouvement grec de libération

La naissance de la Grèce moderne

Drapeau au symbole du Filikí Etaireía

La guerre d'Indépendance marqua la défaite des Ottomans et la naissance de la Grande Idée, projet ambitieux visant à réunir tous les Grecs sous un même drapeau *(Enosis)*. Dans un premier temps, les projets d'expansion furent couronnés de succès. Au cours du XIXe siècle, les Grecs doublèrent la superficie de leur territoire et affirmèrent de nouveau leur souveraineté sur la plupart des îles. Toutefois, après la Première Guerre mondiale, la tentative de prise de Constantinople par la force se solda par un échec. En 1922, des millions de Grecs furent expulsés de Smyrne, mettant fin à des siècles de présence grecque en Asie Mineure.

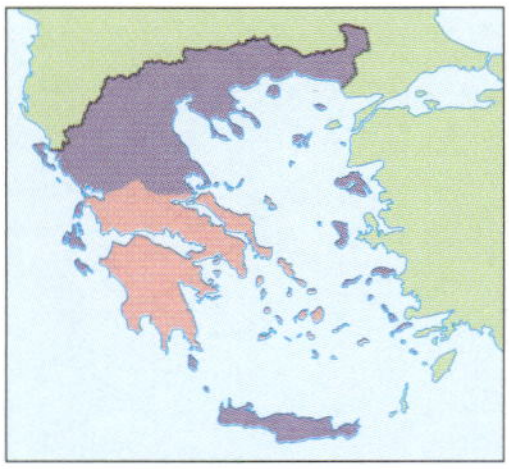

CRÉATION DE L'ÉTAT GREC

Grèce en 1832

Gains territoriaux 1832-1923

Massacre de Chíos
Ce détail du tableau de Delacroix, Scènes des massacres de Chíos, *évoque les événements de 1822, où les Turcs vengèrent l'assassinat de musulmans.*

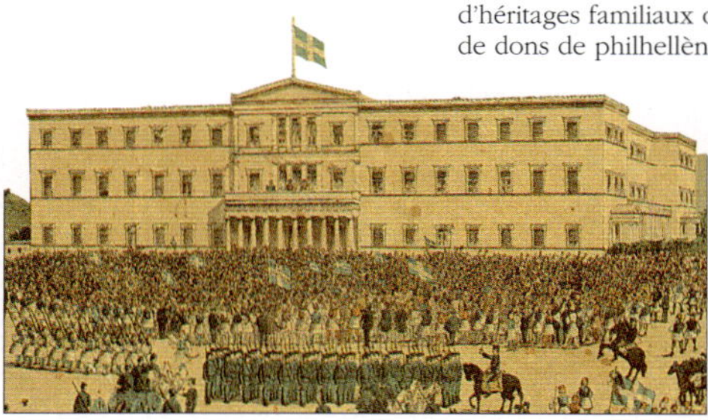

Adoption de la Constitution à Athènes
La Constitution fut adoptée en 1843 au Parlement grec, édifice de style néoclassique construit dans les années 1830 pour servir de palais royal au premier monarque grec, le roi Otton Ier.

Les klephtes (brigands des montagnes) constituaient la base du mouvement indépendantiste.

Les armes provenaient d'héritages familiaux ou de dons de philhellènes.

CHRONOLOGIE

1821 Le drapeau de l'indépendance est brandi le 25 mars ; les Grecs massacrent des Turcs en Morée

1824 Le poète Lord Byron meurt de la fièvre à Mesolóngi

1827 Bataille de Navaríno

1828 Ioánnis Kapodístrias devient le premier président grec

1831 Assassinat du président Kapodístrias

1832 Les grandes puissances instaurent un protectorat et une monarchie en Grèce

1834 Athènes devient la capitale de la Grèce

Le roi Otton régna de 1832 à 1862

1830 | 1840 | 1850 | 1860 | 1870

1862 La révolution chasse le roi Otton de Grèce

1864 La nouvelle Constitution fait de la Grèce une « démocratie couronnée » ; la religion grecque orthodoxe devient religion d'État

Heinrich Schliemann, archéologue allemand

1874 Heinrich Schliemann commence les fouilles à Mycènes

Vie à Athènes
En 1836, les Grecs des villes alliaient toujours le vêtement grec traditionnel aux habits occidentaux. L'héritage ottoman transparaît dans le fez porté par les hommes.

OÙ VOIR LA GRÈCE DU XIXe SIÈCLE

En Crète, Moní Arkadíou *(p. 260)* fut le théâtre d'un suicide collectif des combattants de la liberté en 1866. La tombe de Venizélos se trouve à Akrotíri *(p. 251)*. À Sýros *(p. 220)*, le port et ses bâtiments témoignent de l'importance de la flotte grecque au XIXe siècle.

PROCLAMATION DE LA RÉVOLUTION DE 1821

La société secrète Filikí Etaireía fut à l'origine d'une rébellion d'officiers grecs, qui conduisit à des soulèvements dans tout le Péloponnèse. L'archevêque Germanós de Pátra aurait brandi le drapeau rebelle, le 25 mars, marquant ainsi le début de l'insurrection.

Canal de Corinthe
Cette tranchée reliant la mer Égée à la mer Ionienne a été achevée en 1893.

Elefthérios Venizélos
Grâce à ce défenseur de la démocratie libérale, le territoire grec fut doublé à l'issue des guerres balkaniques (1912-1913). Il rejoignit les Alliés lors de la Première Guerre mondiale.

1893 Achèvement du canal de Corinthe

1896 Premiers jeux Olympiques modernes, à Athènes

1908 Union de la Crète et de la Grèce

1921 Offensive de la Grèce en Asie Mineure

1917 Destitution du roi Constantin ; entrée de la Grèce dans la guerre

1922 L'incendie de Smyrne par les Turcs marque la fin de la « Grande Idée »

1880 | **1890** | **1900** | **1910** | **1920**

Spyrídon Louis, vainqueur du marathon des premiers jeux Olympiques modernes

1899 Arthur Evans commence les fouilles à Knossós

1912-1913 Extension des frontières de la Grèce lors des guerres balkaniques

1920 Le traité de Sèvres accorde à la Grèce des gains territoriaux

1923 Le traité de Lausanne garantit l'intégrité territoriale de la Turquie : la Grèce perd la Thrace orientale

La Grèce contemporaine

Les années qui suivirent la défaite de 1922 face à la Turquie furent terribles. L'afflux massif de réfugiés accrut l'instabilité politique de l'entre-deux-guerres. La dictature de Metaxás fut suivie par une invasion du pays en 1940, puis par les occupations italienne, allemande et bulgare, et enfin par la terrible guerre civile de 1946 à 1949, avec son lot de divisions. La Grèce, qui a connu le problème chypriote dans les années 1950 et une dictature militaire de 1967 à 1974, est aujourd'hui une démocratie stable et appartient à l'Union européenne depuis 1981.

1947 Première exposition de Giánnis Tsaroúchis, reconnu à l'échelle internationale, à la galerie Romvos à Athènes

1938 Mort du sculpteur Giannoúlis Chalepás, dont l'œuvre la plus connue est *La Jeune Fille endormie*

1933 Mort du poète grec Constantine Cavafy

1945 Nikós Kazantzákis publie son roman *Alexis Zorba*, qui sera porté à l'écran

1946 Le gouvernement impose la « terreur blanche » contre les communistes

1958 L'URSS menace la Grèce de sanctions économiques en cas d'installation de missiles de l'OTAN

1957 Découverte de mosaïques au palais de Pella, datant de 300 av. J.-C.

1967 La junte, formée de colonels d'extrême droite, contraint le roi à l'exil

1925	1935	1945	1955	1965

1925	1935	1945	1955	1965

1932 Aristote Onassis achète ses six premiers bateaux et fonde son empire naval

1925 Naissance de Chatzidákis, qui composa la musique du film *Jamais le dimanche*, sorti en 1960

1939 La Grèce déclare sa neutralité au début de la guerre

1940 Invasion de la Grèce par l'Italie ; entrée de la Grèce dans la guerre

1944 Visite à Athènes de Churchill, qui manifeste son soutien au gouvernement grec face à la résistance communiste

1951 Entrée de la Grèce dans l'OTAN

1947 La Grèce s'agrandit du Dodécanèse

1955 Les Chypriotes grecs s'élèvent contre la présence britannique

1946-1949 Guerre civile entre le gouvernement et les communistes qui prennent les régions de montagne

1960 Indépendance de Chypre

1963 Élection de Geórgios Papandréou et de son gouvernement de centre-gauche

1973 À Athènes, les étudiants se révoltent contre la dictature et sont écrasés par les militaires, mais le pouvoir de la dictature est affaibli

1981 Melína Merkoúri est nommée ministre de la Culture ; début de la campagne visant à restituer à la Grèce la frise du Parthénon

1974 Chypre est divisée après l'invasion turque

1988 Huit millions de visiteurs en Grèce : le tourisme est en pleine expansion

1993 Andréas Papandréou remporte les élections générales pour la troisième fois

1994 La pollution *(néfos)* contraint Athènes à limiter la circulation automobile

2002 L'euro remplace la drachme début mars

2004 Jeux Olympiques à Athènes

1975	1985	1995	2005	2015

1975	1985	1995	2005	2015

1975 Mort d'Aristote Onassis

1974 Chute des colonels ; Constantin Karamanlís est élu Premier ministre

1973 Les évêques donnent leur bénédiction à la courte présidence du colonel Papadópoulos

1990 Arrivée au pouvoir de la nouvelle démocratie ; Constantin Karamanlís est élu Premier ministre

1981 Le PASOK, parti de gauche d'Andréas Papandréou, forme le premier gouvernement socialiste grec

1994 Sommet des chefs d'État européens à Corfou, sous la présidence grecque de l'UE

1998 Karamanlís meurt ; Kostis Stefanopoulos lui succède

1997 Athènes est nommée organisatrice des J.O.

1996 Mort d'Andréas Papandréou ; Kóstas Simítis lui succède

2004 La Grèce gagne l'Euro 2004 de football

2010-2011 Crise de la dette publique et plan d'austérité

2009 Le PASOK (mouvement socialiste panhellénique) remporte les éléctions ; Geórgios Papandréou devient Premier ministre

LES ÎLES GRECQUES AU JOUR LE JOUR

La vie des îles est gouvernée par les saisons, ponctuée par les fêtes des saints et de pittoresques célébrations religieuses, les *panigýria*. Pâques est la principale date du calendrier orthodoxe, mais certaines îles accueillent des carnavals animés, avant le carême. Alliant piété religieuse et joie de vivre, les Grecs célèbrent ces festivités avec enthousiasme. Certaines manifestations ont des origines païennes. D'autres fêtent les récoltes ou des produits locaux, comme le raisin, les olives ou le blé. D'autres encore commémorent des victoires remportées lors de la lutte de la Grèce pour l'indépendance.

Couronne du 1er mai

PRINTEMPS

Le printemps, qui en grec se dit *ánoixi* (« ouverture »), marque aussi le début de la saison touristique. Après avoir passé l'hiver à Athènes ou à Rhodes, hôteliers et commerçants partent pour leurs destinations insulaires. Les îles sont très belles au printemps, lorsque les arbres fruitiers sont en fleurs et qu'elles se couvrent d'un tapis de coquelicots, d'anthémis et de cyclamens. Les insulaires repeignent leurs barques de pêche et leurs maisons et s'apprêtent à accueillir les visiteurs. Jusqu'à fin avril, les îles plus au nord essuient encore des averses, mais en Crète, dans le Dodécanèse et dans les îles de l'ouest de la mer Égée, le temps est chaud et ensoleillé.

Petits Grecs vêtus du costume national

MARS

Beaucoup d'îles célèbrent des carnavals durant les trois semaines précédant l'**Apókries**, ou dimanche de carnaval (1er dimanche avant le carême), qui est le point culminant des festivités précédant le carême. À Agiásos (Lesbos) et à Kárpathos (Dodécanèse), elles sont somptueuses. Le **Katharí Deftéra**, « lundi propre », marque le début du carême sept dimanches avant Pâques. Les Grecs préparent alors du pain sans levain : le *lagána*. Ce lundi-là a aussi lieu un concours de cerfs-volants à Chalkída (Eubée).

LES FÊTES DE PÂQUES EN GRÈCE

Pâques est la fête religieuse grecque orthodoxe la plus importante. C'est aussi l'occasion de retrouvailles familiales. La Semaine sainte peut tomber jusqu'à trois semaines avant ou après les Pâques occidentales. C'est une bonne période pour visiter le pays et découvrir les messes et les processions. Les cérémonies et les symboles se rattachent au passé byzantin du pays, mais aussi à des croyances plus anciennes. Les célébrations atteignent leur point culminant le samedi de Pâques, à minuit, lorsque les prêtres entonnent *« Christ est ressuscité »*. Des feux d'artifice explosent, inaugurant un dimanche de fête. Le rôti dominical marque la fin du carême et symbolise l'idée du renouveau de la vie au printemps. Parmi les sites à visiter pour les processions de la Semaine sainte et les offices du vendredi et du samedi soir, citons Olympos, Ydra, Pátmos et tous les villages crétois.

Popes en habits d'apparat pour Pâques

Le cercueil du Christ, *couvert de fleurs et renfermant son effigie, sort de l'église lors d'une procession solennelle le Vendredi saint au crépuscule.*

Des cierges *sont allumés à la fin de la messe du samedi de Pâques ; dans l'obscurité, les cierges des fidèles s'enflamment progressivement.*

Manifestation des travailleurs à Athènes le jour de la fête du Travail, le 1er mai

Le 25 mars on célèbre l'anniversaire de la révolution grecque de 1821, signal du début du soulèvement contre les Ottomans. C'est la **fête nationale**. Le même jour, **Evangélismós**, l'une des fêtes religieuses des orthodoxes est celle de l'annonciation de l'archange Gabriel à la Vierge Marie. Fête des Evángelos et Evangelía.

AVRIL

La **Megáli Evdomáda**, Semaine sainte (avril ou mai), comprend le *Kyriakí ton Vaïón* (dimanche des Rameaux), le *Megáli Pémpti* (Jeudi saint), le *Megáli Paraskeví* (Vendredi saint), le *Megálo Sávvato* (samedi de Pâques) et la date la plus importante du calendrier orthodoxe : le *Páscha* (dimanche de Pâques). Le saint patron des bergers, **Agios Geórgios** (saint Georges), est fêté le 23 avril ; c'est aussi le début de la saison de la pâture.

Concours de cerfs-volants à Chalcis, Eubée

MAI

Protomagiá, fête des Fleurs et fête du Travail (1er mai). La tradition veut que l'on suspende des couronnes de fleurs sauvages et d'ail pour éloigner le mal. Dans les villes, les travailleurs se réunissent et manifestent. Tout le pays célèbre l'empereur **Agios Konstantínos kai Agía Eléni** et sa mère, les premiers souverains byzantins orthodoxes, le 21 mai. L'**Análipsi** (Ascension), qui a lieu 40 jours après Pâques, généralement en mai, est une fête nationale.

Les bals de Pâques, *réunissant toutes les générations, se tiennent en plein air après le déjeuner dominical.*

Les biscuits de Pâques *célèbrent la fin du carême. La mayerítsa, un autre plat pascal, est une soupe composée d'abats d'agneau qui se mange très tôt le dimanche de Pâques.*

Les grosses brioches de Pâques *(tsouréki)* *sont ornées d'œufs durs teints en rouge, symbolisant le sang du Christ. Des œufs semblables sont aussi un cadeau traditionnel offert le dimanche de Pâques.*

L'agneau *est traditionnellement cuit à la broche, pour le déjeuner du dimanche de Pâques. On boit* le retsina *de l'année précédente et, en dessert, on déguste des pâtisseries sucrées parfumées à la cannelle.*

Récolte de l'orge en juillet, à Folégandros

ÉTÉ

Les îles étouffent sous la canicule. Les loueurs de chambres attendent les vacanciers à l'arrivée des bateaux ; les prix s'envolent. Parfois, le *meltémi,* un vent fort du nord venu de la mer Égée, apporte un peu de fraîcheur. Imprévisible, il perturbe les horaires des ferrys mais il fait le bonheur des véliplanchistes.

En juin, les paysans récoltent le blé ; les cerises, les abricots et les pêches sont mûrs. En juillet débute la récolte des herbes aromatiques que l'on fait sécher, et les figues commencent à mûrir. Août voit déferler une vague d'Athéniens, surtout pour le 15 août. À la fin de l'été, les premiers raisins sont mûrs ; les températures culminent.

JUIN

Le **Pentikostí**, le dimanche de Pentecôte (sept semaines après la Pâques orthodoxe), est une fête orthodoxe importante célébrée dans tout le pays. L'**Agíou Pnévmatos**, le lundi de Pentecôte, correspond à la fête du Saint-Esprit. Athènes accueille un **festival** culturel avec théâtre, antique ou moderne, et musique, de mi-juin à mi-septembre. Le 24 juin, l'**Agios Ioánnis** (Saint-Jean) marque le début de l'été. Ce jour-là en Crète, notamment à Héraklion et à Réthymnon, les habitants font la fête et présentent des danses crétoises. Sur certaines îles, des feux de joie sont allumés la veille et l'on jette des couronnes de mai au feu. Le 28 juin se déroulent les célébrations d'**Agioi Apóstoloi Pétros kai Pávlos** dans les églises vouées aux saints Pierre et Paul, comme celle de la baie de Saint-Paul à Líndos *(p. 197)*. Le 30 juin sont fêtés les **Agioi Apóstoloi**, ou saints apôtres, mais aussi tous ceux qui portent le prénom de l'un des douze apôtres.

Pain pour les fêtes religieuses

JUILLET

Le 14 juillet se déroule, à Náxos, l'**Agios Nikódimos**, festival folklorique accompagné d'une procession pour le saint patron de la ville. Le 17 juillet, l'**Agía Marína** est largement célébrée dans les régions rurales. La sainte, vénérée comme protectrice des récoltes, soigne aussi les morsures de serpent. Fêtes dans toute la Crète et à Agía Marína (Léros). Du 18 au 20 juillet est célébré le **Profítis Ilías** dans les Cyclades, à Rhodes et à Eubée. Les chapelles dédiées au prophète sont installées au sommet des montagnes pour être plus proches de Dieu. Du 25 au 28 juillet, Tílos *(p. 177)* accueille le **Festival d'Agíou Panteleïmonos**. Trois jours de chants et de danses, au monastère Moní Agios Panteleímon. Les festivités culminent dans la « danse de la *koupa* », ou coupe, à Megálo Chorió et à Mesariá, en l'église de Taxiárchis *(p. 209)*. Célébrations aussi au monastère Moní Panachrántou, à Andros *(p. 209)*. Du 1er au 19 août, le Festival de Simonídeia, à Kéa, rend hommage au poète Simonide de Céos originaire de Syros. Spectacles, expositions et danse. En juillet et en août, **Festival de Réthymnon** : fête du Vin et foire Renaissance.

Fêtes pour Koímisis tis Theotókou, le 15 août, à Tinos

AOÛT

À Kos *(p. 170)*, l'**Ippokráteia**, festival culturel d'Hippocrate, propose expositions, concerts et films.

L'une des nombreuses fêtes religieuses locales de l'été, à Pátmos

Une cérémonie du serment d'Hippocrate a lieu à l'Asklepieion.

Le **Festival de Dionysia** (première semaine d'août) a lieu à Náxos. Danses folkloriques en costumes traditionnels, nourriture et vin à profusion.

La **Metamórfosi**, fête de la Transfiguration (6 août), est célébrée dans tout le pays. C'est une journée mouvementée dans le Dodécanèse, surtout à Chálki, où les habitants se jettent œufs, farine, yaourt et encre de calmar.

La principale date du calendrier orthodoxe après Pâques est la **Koímisis tis Theotókou**, l'Assomption (15 août). C'est aussi la fête des Maria, des Panayiota (féminin) et des Panayotis (masculin). Après la liturgie de la nuit du 14, l'icône de la Vierge sort des églises et les fidèles l'embrassent. Les célébrations (musique traditionnelle et danses improvisées) se poursuivent plusieurs jours. Célébrations à Olympos *(p. 203)* et à Tínos *(p. 212-213)*.

Femmes en habits de fête, Kárpathos

AUTOMNE

En septembre et en octobre, il fait encore très chaud dans le Dodécanèse, en Crète et dans les Cyclades, mais ces mois peuvent être pluvieux dans le Nord, et la mer y est parfois agitée. Octobre connaît une vague de chaleur, le « petit été de la Saint-Dimitrios », alors que l'on débouche le vin de l'année. C'est l'ouverture de la chasse et la saison de la pêche. Pigeons, perdrix et autres gibiers, brèmes et rougets barbets apparaissent sur les menus des restaurants. Fin octobre, beaucoup d'insulaires partent pour Athènes, prenant d'assaut les ferrys et se souhaitant *Kaló Chimóna* (« bon hiver »). Mais la vie traditionnelle des îles se poursuit, avec la récolte des olives et le séchage de l'ail, des oignons et des tomates pour l'hiver. Les moutons rentrent des montagnes, et les pêcheurs réparent leurs filets.

Premier vin de l'année

SEPTEMBRE

Le 8 est célébrée la **Génnisis tis Théotókou**, nativité de la Sainte Vierge. Le même jour a lieu la reconstitution de la bataille de Spétses (1822) dans le port de la ville *(p. 101)*, suivie d'un feu d'artifice et d'une fête.

L'**Ypsosis tou Timíou Stavroú**, « exaltation de la précieuse et vivifiante croix » (14 septembre), clôt la série des fêtes de l'été. Les festivités sont célébrées avec ferveur à Chálko.

Tomates séchant au soleil d'automne

OCTOBRE

Le 26 est célébrée une fête très populaire : l'**Agios Dimítrios**. C'est aussi le jour où traditionnellement on goûte le vin de l'année.

Le 28, le **Jour du non** commémore le célèbre non *(óchi)* du Premier ministre Metaxás à Mussolini, qui exigeait la capitulation de la Grèce en 1940. Défilés patriotiques dans les villes et beaucoup de bals.

Vétérans grecs, le Jour du non

NOVEMBRE

La **Ton Taxiarchón Michaíl kai Gavriíl** (8 novembre) est une fête importante dans toute la Grèce. Des cérémonies ont lieu dans beaucoup de monastères portant le nom des archanges Gabriel et Michel, comme celui de Panormítis à Sými *(p. 179)*.

L'**Eisódia tis Theotókou**, « entrée de la Mère de Dieu au Temple » (21 novembre), est l'une des principales dates du calendrier orthodoxe. C'est aussi la fête des Mariá et des Máry.

Fête de Theofánia, l'Épiphanie

HIVER

Battues par les vents et par les tempêtes, les îles peuvent s'avérer glaciales en hiver. Les *kafeneía* sont bondés d'hommes jouant aux cartes ou au trictrac. Les femmes s'adonnent à la broderie et au crochet. C'est l'époque des bonnes soupes mitonnées et des ragoûts. Les pêcheurs célèbrent leur saint patron : Agios Nikólaos. Puis arrive Noël. Les douze jours de fête débutent le 24 décembre, lorsque les *kallikántzaroi* (lutins malfaisants) s'apprêtent à jouer leurs mauvais tours, pour durer jusqu'à l'Épiphanie, où ils sont chassés. On tue le cochon pour le repas de Noël et on confectionne des gâteaux représentant les langes de l'Enfant Jésus. En Grèce, le Père Noël passe le premier de l'an. Ce jour-là, on déguste des gâteaux spéciaux, les *vasilópita,* contenant des pièces porte-bonheur.

Sablés aux amandes de Noël et Pâques

DÉCEMBRE

Le jour de l'**Agios Nikólaos** (6 décembre), saint patron des marins, des *panigýria* (cérémonies religieuses) sont célébrées dans les églises des ports et des processions de bateaux décorés et d'icônes se déroulent le long des plages. L'**Agios Spyrídon** (12 décembre) fête le saint patron de l'île de Corfou *(p. 72-75),* avec procession des reliques.

La fête de **Christoúgenna**, Noël, reste un événement majeur, malgré l'importance de Pâques. Pour la **Sýnaxis tis Theotókou**, réunion de l'entourage de la Sainte Vierge (26 décembre), des célébrations religieuses ont lieu dans tout le pays. Le 27 n'est pas férié, mais fête les Stéfanos et les Stefanía en commémoration du saint Agios Stéfanos.

JANVIER

L'**Agios Vasíleios** est également appelée *Protochroniá* (1er janvier). C'est un jour férié national qui célèbre ce saint, et on fête aussi le début de l'année. Les Grecs s'offrent des cadeaux et se souhaitent *Kalí Chroniá.* La **Theofánia**, Épiphanie (6 janvier), est un jour férié et une fête importante dans toute la Grèce. Dans les îles se déroulent des cérémonies de bénédiction de l'eau dans les localités côtières. Au port, un prêtre jette un crucifix à l'eau, puis des jeunes gens plongent à la recherche de la croix.

FÉVRIER

L'**Ypapantí**, Chandeleur (2 février), est célébrée dans tout le pays. Cette fête importante commémore la présentation de l'Enfant Jésus.

Popes en habits de cérémonie pour l'Ypapantí

PRINCIPAUX JOURS FÉRIÉS

Ces jours-là, sites et musées sont fermés.

Agios Vasíleios (1er janv.).
Evangelismós (25 mars).
Protomagiá (1er mai).
Megáli Paraskeví (Vendredi saint).
Páscha (dimanche de Pâques).
Christoúgenna (25 déc.).
Sýnaxis tis Theotókou (26 déc.).

LES FÊTES

Dans le passé, après l'âge de douze ans, la plupart des Grecs ne célébraient plus leur anniversaire mais leur *giortí*, le jour de la fête du saint dont ils portaient le nom. Le prénom revêt donc une grande importance. Les enfants portent généralement celui de l'un de leurs grands-parents. Les noms anciens, tirés de la mythologie ou de l'histoire, sont devenus aussi très courants. Le jour de la Saint-Georges ou de la Sainte-Hélène (21 mai), tout le pays est en fête ; les amis passent à l'improviste, avec des petits cadeaux, et se voient offrir des gâteaux et des boissons. Le jour de sa fête, un ami vous dira : « *Giortázo símera* » (« Je fête aujourd'hui »). Répondez : « *Chrónia pollá* « (« Beaucoup d'années »). Aujourd'hui, les Grecs fêtent aussi leur anniversaire, quel que soit leur âge.

Le climat des îles grecques

Les îles connaissent de longs étés secs, suivis par des hivers doux mais pluvieux. Dans le Dodécanèse, dans les Cyclades et sur le littoral crétois, un vent sec du nord, le *meltémi,* peut se lever brusquement de juin à septembre, modérant les températures élevées.

LES ÎLES IONIENNES

Mois	avr.	juil.	oct.	janv.
°C max	24	37	29	17
°C min	9	18	14	5
Soleil	8 h	14 h	7 h	5 h
Pluie	54 mm	0 mm	91 mm	153 mm

Température maximum, moyenne mensuelle

Température minimum, moyenne mensuelle

Durée moyenne d'ensoleillement quotidien

Moyenne mensuelle des précipitations

LES ÎLES DU NORD-EST DE LA MER ÉGÉE

Mois	avr.	juil.	oct.	janv.
°C max	23	34	26	17
°C min	5	17	10	0
Soleil	8 h	12 h	7 h	3 h
Pluie	28 mm	11 mm	50 mm	96 mm

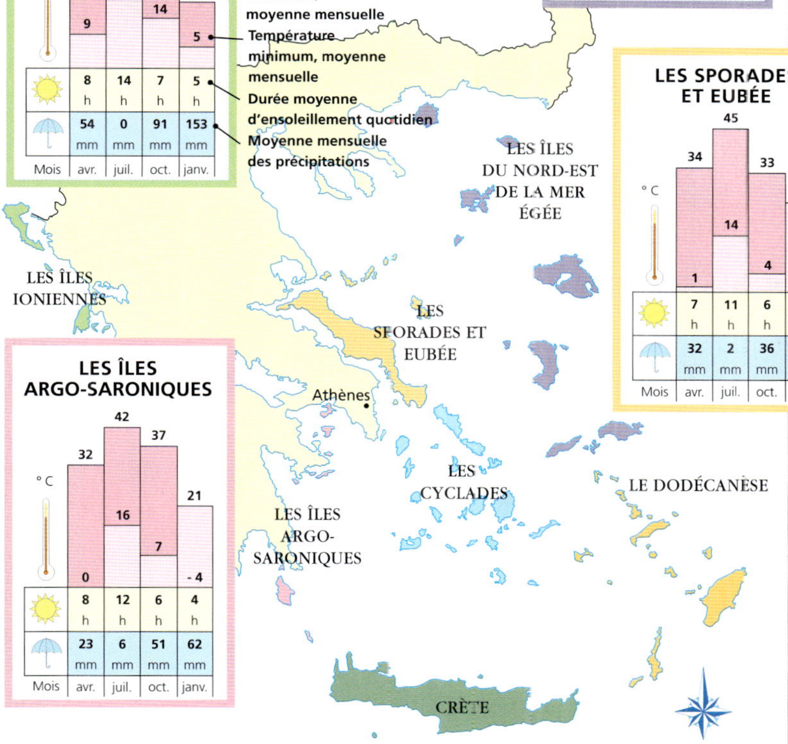

LES SPORADES ET EUBÉE

Mois	avr.	juil.	oct.	janv.
°C max	34	45	33	25
°C min	1	14	4	- 3
Soleil	7 h	11 h	6 h	3 h
Pluie	32 mm	2 mm	36 mm	41 mm

LES ÎLES ARGO-SARONIQUES

Mois	avr.	juil.	oct.	janv.
°C max	32	42	37	21
°C min	0	16	7	- 4
Soleil	8 h	12 h	6 h	4 h
Pluie	23 mm	6 mm	51 mm	62 mm

LES CYCLADES

Mois	avr.	juil.	oct.	janv.
°C max	27	33	29	19
°C min	10	20	13	6
Soleil	6 h	13 h	6 h	3 h
Pluie	19 mm	2 mm	45 mm	91 mm

LA CRÈTE

Mois	avr.	juil.	oct.	janv.
°C max	30	35	31	21
°C min	8	18	12	5
Soleil	8 h	13 h	6 h	3 h
Pluie	26 mm	1 mm	64 mm	95 mm

LE DODÉCANÈSE

Mois	avr.	juil.	oct.	janv.
°C max	31	40	33	22
°C min	5	15	7	- 4
Soleil	8 h	12 h	8 h	4 h
Pluie	25 mm	3 mm	61 mm	149 mm

LA GRÈCE ANTIQUE

Dieux, déesses et héros

Les mythes, qui racontent l'histoire des dieux, des déesses et des héros, remontent à l'âge du bronze, où ils étaient narrés par les poètes. Transcrits pour la première fois au début du VIe siècle av. J.-C., ils ont nourri la littérature occidentale. Liés à la religion, ils donnaient un sens aux événements imprévisibles de la nature. Les mythes racontent la création des dieux et des mortels et leur âge d'or, ainsi que la vie des héros semi-mythiques, comme Thésée et Héraclès, dont les exploits servent de modèle au commun des mortels. Dieux et déesses sont en proie aux mêmes désirs que les hommes et essuient les mêmes échecs qu'eux. Ils appartiennent à une famille divine présidée par Zeus, aux nombreux enfants légitimes et illégitimes, chacun possédant un rôle mythique.

Hadès et Perséphone *règnent sur le monde souterrain (pays des morts). Hadès a enlevé Perséphone à sa mère, Déméter, déesse de la Fertilité ; elle ne peut revenir sur Terre voir sa mère que six mois par an.*

Poséidon, *frère de Zeus, règne sur la mer. Le trident symbolise son pouvoir. Il est l'époux Amphitrite, déesse de la Mer, mais a de nombreuses amantes. Cette sculpture se trouve au Musée archéologique national d'Athènes* (p. 286).

Zeus, le père des dieux, règne sur eux du haut de l'Olympe.

Éris, déesse de la Discorde.

Clyméné, nymphe et fille d'Hélios, est la mère de Prométhée, créateur des mortels.

Héra, déesse du Mariage, est l'épouse de Zeus.

Athéna est la déesse de la Pensée, des Arts et des Sciences.

Pâris est prié d'offrir la pomme d'or à la plus belle des déesses.

Le chien de Pâris l'aide à garder les troupeaux sur le mont Ida, où le prince a grandi.

DISPUTE DIVINE

Ce vase représente les dieux sur le mont Ida, près de Troie. Héra, Athéna et Aphrodite se disputent la pomme d'or destinée par les dieux à la plus belle d'entre elles. Hermès leur suggère de s'en remettre au jugement d'un jeune pâtre, le prince troyen Pâris. Celui-ci choisit Aphrodite qui lui promettait l'amour d'Hélène. Pâris l'enlève à son mari, Ménélas, roi de Sparte, déclenchant la guerre de Troie *(p. 56-57)*.

Dionysos, *dieu de l'Ivresse et du Vin, est né de la cuisse de Zeus. Cette coupe du VIe siècle av. J.-C., peinte par Exékias, le représente allongé dans un bateau dont le mât s'est transformé en vigne.*

Artémis, *déesse de la Chasse, est la fille de Zeus et la sœur jumelle d'Apollon. On la reconnaît à son arc et à ses flèches ; elle est escortée de chiens et de nymphes qui vivent avec elle dans les bois. Dédiée à la chasteté, elle est aussi, paradoxalement, la déesse de la Fécondité.*

Le Bonheur, personnifié ici par deux déesses, attend le vainqueur pour lui remettre des feuilles de laurier dorées. Ces couronnes récompensaient les gagnants de tournois d'athlétisme.

Hélios, dieu du Soleil, traverse chaque jour le ciel sur un char traîné par quatre chevaux.

Aphrodite, déesse de l'Amour née de l'écume de la mer, est représentée ici avec son fils Éros (Cupidon).

Hermès est le messager des dieux.

Apollon, *dieu de la Beauté, de la Lumière, des Arts et de la Divination, est le fils de Zeus et le frère d'Artémis. Il est représenté ici avec une lyre.*

LES TRAVAUX D'HÉRACLÈS

Héraclès (Hercule chez les Romains) est le plus célèbre des héros grecs. Fils de Zeus et d'Alcmène, une mortelle, il est doué d'une force surhumaine. Il accède à l'immortalité en accomplissant les douze travaux que lui imposa Eurysthée, roi de Tirynthe. Sa première tâche consiste à tuer le lion de Némée, qu'il dépèce pour porter sa peau.

Tuer l'hydre de Lerne *est sa deuxième mission. À peine coupées, les têtes multiples de ce monstre fabuleux repoussaient immédiatement. Comme pour tous les autres travaux, Héraclès est aidé par Athéna, sa protectrice.*

Le sanglier d'Érymanthe *est capturé ensuite et porté vivant au roi Eurysthée. Ce dernier est si terrifié qu'il se cache dans une jarre.*

Le cinquième des travaux consiste à **tuer les oiseaux du lac Stymphale**. *Héraclès débarrasse le lac de ces oiseaux dévoreurs d'hommes. Après les avoir effrayés avec une crécelle de bronze, il les tue avec une fronde.*

La guerre de Troie

Ajax portant la dépouille d'Achille

L'histoire de la guerre de Troie fut écrite pour la première fois dans l'*Iliade*, poème d'Homère du VIIIe siècle av. J.-C. Elle raconte comment les Grecs vengèrent l'enlèvement d'Hélène, épouse de Ménélas, roi de Sparte, ravie par le prince troyen Pâris. Le poète latin Virgile reprit ce récit dans l'*Énéide,* qui narre le sac de Troie et la fondation de Rome. La découverte d'une ville identifiée à la Troie antique indique que ce mythe pourrait avoir un fondement historique. Beaucoup de sites antiques du Péloponnèse, comme Mycènes et Pylos, sont le berceau des héros de la guerre de Troie.

Achille panse les plaies de son ami Patrocle

LE RASSEMBLEMENT DES HÉROS

Après l'enlèvement d'Hélène par Pâris *(p. 54),* le roi Ménélas réunit une armée de rois et de héros grecs pour venger ce crime. Son frère, le roi Agamemnon de Mycènes, prit la tête de l'armée qui comptait dans ses rangs le jeune Achille, destiné à mourir à Troie. Mais, à Aulis, des vents contraires retardèrent le départ. Seul le sacrifice d'Iphigénie, la plus jeune fille d'Agamemnon, à Artémis permit le départ de la flotte.

LA GUERRE DE TROIE

Au début de l'*Iliade,* l'armée grecque entamait sa dixième année de siège aux portes de Troie. Las des combats, mais espérant toujours une victoire décisive, le camp grec était déchiré par la fureur d'Achille : Agamemnon avait décidé de lui ravir sa captive Briséis. Le héros se retira sous sa tente et refusa de combattre.

Privés de leur meilleur guerrier, les Grecs furent repoussés par les Troyens. Désespéré, Patrocle convainquit son ami Achille de lui prêter son armure et prit la tête des Myrmidons, les soldats d'Achille. Les Grecs reprirent le dessus, mais Patrocle fut tué par Hector, fils de Priam, roi de Troie, qui le prit pour Achille. Rongé par le remords au décès de son ami, Achille reprit le combat et tua Hector.

Priam supplie Achille de lui restituer la dépouille de son fils

PATROCLE EST VENGÉ

Refusant d'exaucer le souhait d'Hector mourant, qui voulait que sa dépouille soit rendue aux siens, Achille l'attacha à son char par les pieds et le traîna autour des murailles de Troie. Puis il ramena le corps dans le camp grec. Les funérailles de Patrocle furent somptueuses : gigantesque bûcher, sacrifices d'animaux et de prisonniers et jeux funèbres. Sa haine toujours inassouvie, Achille traîna la dépouille d'Hector autour du tombeau de Patrocle. Attristés, les dieux finirent par intervenir pour apaiser Achille.

LA VISITE DE PRIAM À ACHILLE

Sur les ordres de Zeus, Priam partit dans le camp grec pour racheter la dépouille de son fils. Avec l'aide du dieu Hermès, il se rendit à la tente d'Achille sans être vu. Il supplia ce dernier de penser à son propre père et de prendre pitié. Achille s'adoucit et consentit au retour de la dépouille d'Hector à Troie.

Quoique supérieurs aux mortels, les héros grecs étaient dépeints comme des êtres faillibles aux émotions humaines et en proie à des dilemmes moraux universels.

Vêtus d'armures de bronze, Grecs et Troyens s'affrontent

Le cheval de Troie, représenté sur un vase en argile du VIIe siècle av. J.-C.

ACHILLE TUE LA REINE DES AMAZONES

Penthésilée était la reine des Amazones, une tribu de guerrières qui se coupaient le sein droit pour mieux tirer à l'arc. Les Amazones vinrent à la rescousse des Troyens. Au cours du combat, Achille se trouvant face à face avec Penthésilée lui asséna un coup fatal. Selon l'une des versions du récit, leurs yeux se croisèrent au moment de sa mort et ils tombèrent amoureux. Quelque 2 000 ans plus tard, Freud et Jung s'intéressèrent à l'idée grecque de l'amour et de la mort.

Achille tue Penthésilée, reine des Amazones

UN CHEVAL EN BOIS

Conformément à la prédiction, Achille *(p. 83)* fut tué à Troie par une flèche décochée par Pâris, et plantée dans son talon. Affaiblis militairement, les Grecs décidèrent de recourir à la ruse. Ils construisirent un grand cheval en bois, dans lequel ils cachèrent leurs meilleurs guerriers. Puis ils lancèrent la rumeur qu'il s'agissait d'une offrande à la déesse Athéna : si le cheval entrait dans la ville, elle ne serait jamais prise. Malgré leurs inquiétudes, les Troyens laissèrent entrer le cheval. La nuit tombée, les soldats sortirent de leur cachette et la ville fut incendiée. Priam et de nombreux autres Troyens furent assassinés. Parmi les survivants se trouvait Énée qui s'enfuit en Italie et fonda Rome. L'*Odyssée,* poème épique en vingt-quatre chants, raconte les aventures des héros sur le chemin du retour chez eux *(p. 87).*

LA MORT D'AGAMEMNON

En l'absence de son époux Agamemnon, roi légendaire de Mycènes et d'Argos, Clytemnestre régna durant dix ans avec Égisthe, son amant. Désireuse de venger la mort de sa fille Iphigénie, Clytemnestre réserva à son époux un accueil triomphal à son retour de Troie, puis l'assassina avec l'aide d'Égisthe. Par son destin, Agamemnon réalisa la malédiction qui frappait son père, Atrée. Il fut vengé par le meurtre d'Égisthe et Clytemnestre, perpétré par les enfants de cette dernière, Oreste et Électre. Dans les mythes, les dieux forgent la volonté des héros et des mortels, tout en passant outre à leurs souhaits.

LES MYTHES GRECS DANS L'ART OCCIDENTAL

À partir de la Renaissance, les peintres et les sculpteurs se sont beaucoup inspirés des mythes grecs. Rois et reines se faisaient représenter comme des dieux et des déesses, avec les attributs de la guerre ou de l'amour. Les mythes ont également inspiré les artistes dans la représentation de nus ou de personnages vêtus de draperies classiques. Ci-contre, la figure d'Électre par Lord Leighton, dont les créations du XIXe siècle reflètent les canons classiques de la beauté.

Électre pleure la mort de son père Agamemnon sur sa tombe

Les lettres et la philosophie grecques

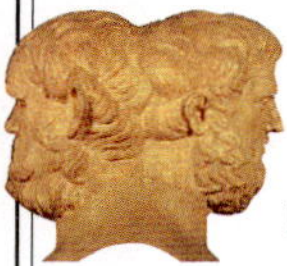

Les auteurs Aristophane et Sophocle

Les débuts de la littérature grecque furent marqués par de longs poèmes épiques, récits de guerre et d'aventures. La tragédie, la comédie, les récits historiques et les dialogues philosophiques des Ve et IVe siècles av. J.-C. constituent les fondements de la littérature occidentale. C'est à ces textes que nous devons, en partie, notre connaissance du monde antique. Écrite à l'époque romaine, *La Description de la Grèce* de Pausanias est un outil précieux pour comprendre les vestiges.

Hésiode avec les neuf Muses qui ont inspiré sa poésie

POÉSIE ÉPIQUE

Dès le IIe millénaire av. J.-C., bien avant la construction des palais mycéniens, des poètes chantaient déjà l'histoire des dieux et des héros grecs. Ces poèmes (les rhapsodies) ont été transmis oralement de génération en génération. Les poètes qui les récitaient les modifièrent et les enrichirent. Cette tradition orale fut consignée dans les fameuses œuvres l'*Iliade* et l'*Odyssée* *(p. 87)*, vers 700 av. J.-C. Ces deux poèmes épiques, en général attribués à Homère, ont traversé les siècles. Hésiode vécut lui aussi vers 700 av. J.-C. Parmi ses poèmes les plus célèbres figurent la *Théogonie*, une généalogie des dieux, et *Les Travaux et les Jours* (ou comment mener une vie honnête). Contrairement à Homère, Hésiode aurait inventé les récits de ses poèmes.

UNE POÉSIE PASSIONNÉE

Des œuvres poétiques plus courtes furent écrites pour un usage privé, notamment pour divertir les invités de libations élégantes : les symposions. Souvent passionnés, ces poèmes chantaient l'amour ou la haine ; ils étaient personnels ou parfois très politiques. Dans bien des cas, ces œuvres, dues à des poètes comme Archiloque, Alcée, Alcman, Hipponax et Sappho, n'ont survécu qu'à travers les citations d'auteurs plus tardifs ou les fragments de papyrus, préservés dans les bibliothèques privées de l'Égypte hellénistique et romaine. Les poèmes donnent un aperçu de la vie d'une élite soumise à une rude concurrence. Les symposions étant presque exclusivement masculins, cette poésie est souvent teintée de misogynie. Quant aux fragments de l'œuvre de la poétesse Sappho, originaire de Lesbos, ils sont exceptionnels. Sappho tenta de s'imposer dans un monde littéraire dominé par les hommes et elle décrivit avec intensité ses passions pour d'autres femmes.

Peinture sur vase : un symposion pour femmes

RÉCITS HISTORIQUES

Jusqu'au Ve siècle av. J.-C., la prose était chose rare. Même la philosophie s'écrivait en vers. À la fin du Ve siècle, une nouvelle tradition de longs textes en prose, dépeignant un événement récent, vit le jour avec Hérodote et son récit des guerres Médiques, qui opposèrent les Grecs aux Perses (490-479 av. J.-C.). Il situa les guerres Médiques dans leur contexte historique et brossa un portrait ethnographique du vaste Empire perse. Il s'efforça de consigner objectivement les récits d'alors sur le passé. Dans son *Histoire de la guerre du Péloponnèse*, opposant Sparte à Athènes (431-404 av. J.-C.), Thucydide opta pour une approche moins généraliste. Il se concentra sur l'histoire politique, afin de déterminer ce qui se cachait derrière les événements de la guerre. L'œuvre de Thucydide resta un modèle ; peu de récits réussirent à égaler la finesse de son analyse de la nature humaine.

Hérodote, historien des guerres Médiques

L'orateur Démosthène (figurine datant de 1790)

ART ORATOIRE

Dès la période archaïque, les débats publics constituèrent un fondement de la politique grecque. À la fin du Ve siècle av. J.-C., on commença à étudier les techniques de la rhétorique. À cette époque, des discours furent publiés par des orateurs, comme Lysias et Démosthène, désireux de faire connaître leur éloquence en rédigeant des plaidoyers pour les tribunaux. Ces textes donnent un aperçu de la politique, mais aussi du côté peu reluisant de la vie privée athénienne. Les attaques dirigées contre Philippe II de Macédoine par Démosthène, homme politique athénien du IVe siècle, devinrent des modèles pour les hommes politiques romains. Au XVIIIe siècle, un regain d'intérêt pour l'époque classique valut à Démosthène de devenir à nouveau un modèle dans le monde de la politique

THÉÂTRE

Presque toutes les tragédies antiques qui nous sont parvenues sont l'œuvre de trois Athéniens du Ve siècle av. J.-C. : Eschyle, Sophocle et Euripide. Ces deux derniers s'intéressèrent à la psychologie de l'individu. Alors que la comédie du Ve siècle fourmille de références contemporaines, comme chez Aristophane, la « nouvelle » comédie, qui vit le jour au IVe siècle av. J.-C., est surtout une comédie de situation, avec des personnages bien typés.

Vase peint, orné de deux acteurs en costumes, vers 370 av. J.-C.

LES PHILOSOPHES GRECS

À la fin du Ve siècle av. J.-C., l'Athénien Socrate était considéré comme un arbitre moral. Ses idées sont connues à travers les « dialogues socratiques », rédigés par son élève, Platon, qui s'interroge sur la justice, la vertu et le courage. Platon fonda son Académie dans les environs d'Athènes. Son élève, Aristote, créa le Lycée, où l'on enseignait aussi bien la biologie que l'éthique. Il contribua à faire d'Athènes l'une des premières villes universitaires. Bien plus tard, entre 1508 et 1511, Raphaël peignit sa vision d'Athènes au Vatican *(voir ci-dessous)*.

L'architecture des temples

Le temple est le bâtiment public le plus important de la Grèce antique. Souvent situé à un emplacement de choix, il symbolise autant la puissance politique que divine. Les premiers temples, qui datent du VIIIe siècle av. J.-C., furent construits en bois et en briques séchées au soleil. Quantité de leurs caractéristiques ont été reprises dans les édifices en marbre, érigés à partir du VIe siècle av. J.-C.

Phidias, le sculpteur du Parthénon, à l'ouvrage

CONSTRUCTION DES TEMPLES

Cette illustration représente l'idéal d'un temple dorique.

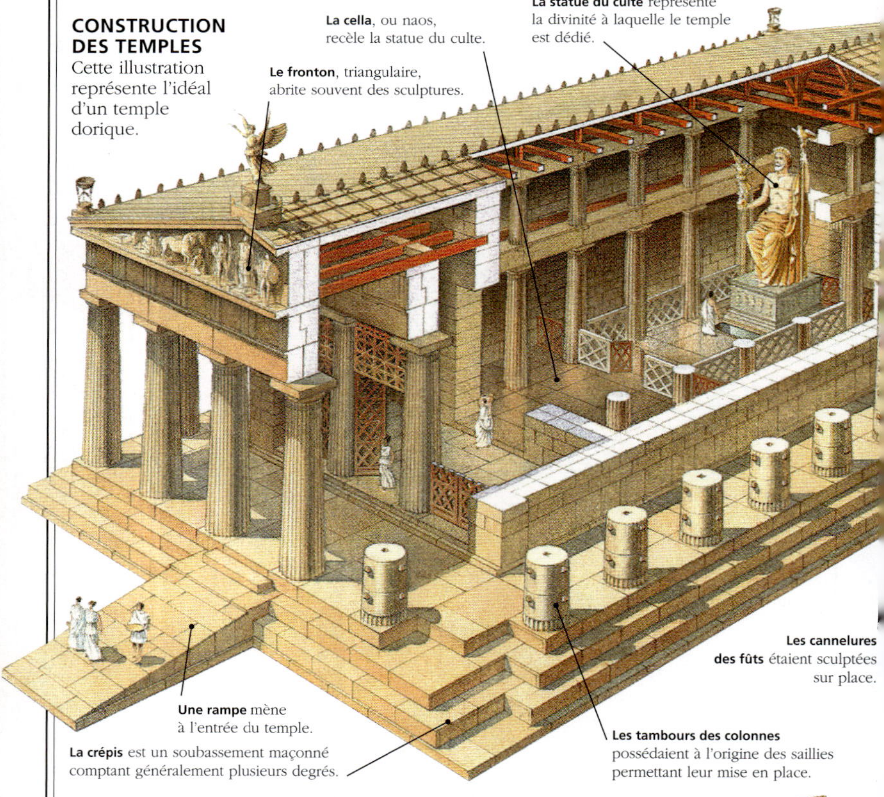

CHRONOLOGIE DE LA CONSTRUCTION DES TEMPLES

Détail du fronton du Parthénon

700 av. J.-C. | 600 av. J.-C. | 500 av. J.-C. | 400 av. J.-C. | 300

522 Temple d'Héra, Sámos (ionique, *p. 156*)

490 Temple d'Aphaia, Aígina (dorique, *p. 98-99*)

477-390 Temple athénien d'Apollon, Délos (*p. 218-219*)

447-405 Temples de l'Acropole : temple d'Athéna Niké (ionique), Parthénon (dorique), Érechthéion (ionique) (*p. 288-290*)

IVe siècle av. J.-C. Temple d'Athéna Lindia, acropole de Líndos, Rhodes (dorique, *p. 196-197*)

Fin du IVe siècle av. J.-C. Sanctuaire des Grands Dieux, Samothráki (dorique, *p. 132-133*)

Les extrémités latérales et le sommet du fronton sont ornés d'acrotères. Ici, il s'agit d'une *Niké*, ou Victoire. Quasiment aucune partie supérieure de temple n'a été préservée.

Le toit, soutenu par des poutres en bois, est couvert de rangées de tuiles en terre cuite, chacune s'achevant par un antéfixe.

Les blocs de pierre, parfaitement assemblés, sont fixés par des chevilles et des agrafes métalliques. Le mortier n'intervient pas dans la construction.

Le plan dérive du mégaron mycénien : une salle rectangulaire est précédée d'un porche soutenu par des colonnes.

Les Caryatides *remplacent les colonnes de l'Érechthéion de l'Acropole d'Athènes. Dans l'Agora d'Athènes* (p. 287), *des tritons (créatures mi-hommes, mi-poissons) remplissent cette fonction.*

ÉVOLUTION DE L'ARCHITECTURE DES TEMPLES

Les temples se divisent en trois styles, apparus chronologiquement. Ils se reconnaissent le plus aisément aux chapiteaux des colonnes.

Ordre dorique : *les temples sont entourés de colonnes massives sans base coiffées de chapiteaux sobres. Ce style, qui est le plus ancien, rappelle les prototypes en bois.*

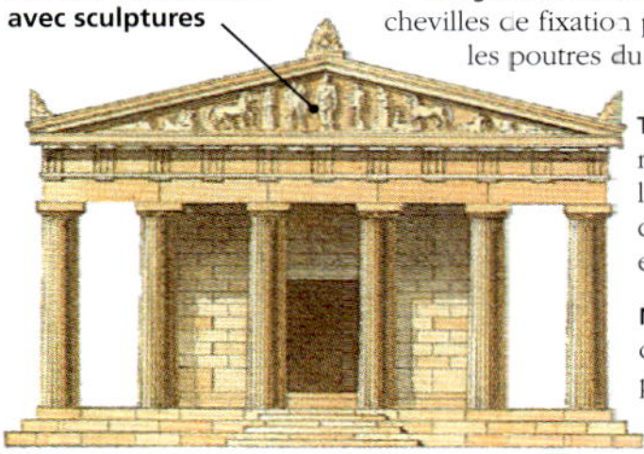

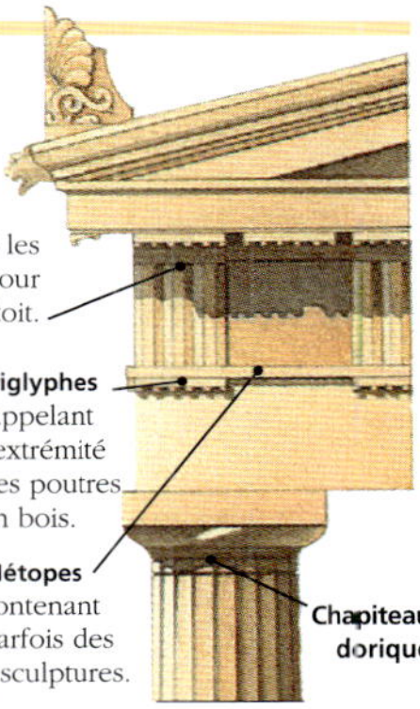

Fronton triangulaire avec sculptures

Les gouttes imitent les chevilles de fixation pour les poutres du toit.

Triglyphes rappelant l'extrémité des poutres en bois.

Métopes contenant parfois des sculptures.

Chapiteau dorique

Ordre ionique : *les temples se distinguent par leurs colonnes plus nombreuses et de formes différentes. Le chapiteau est orné de deux volutes, à l'avant et à l'arrière.*

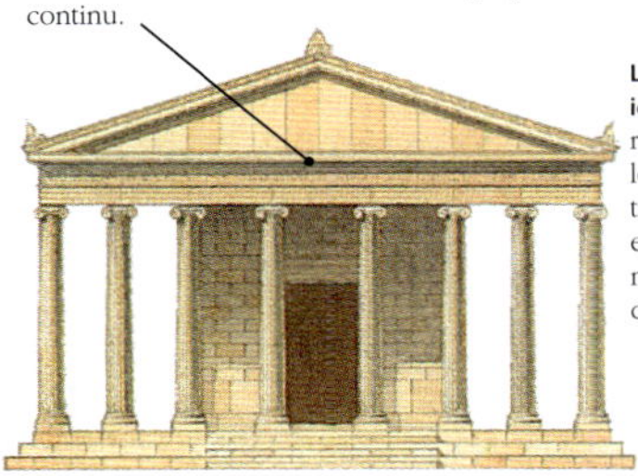

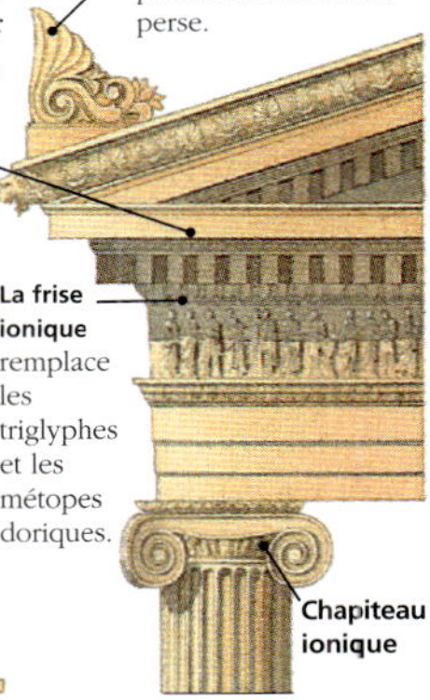

Les acrotères affichent parfois une influence perse.

La frise est un bandeau décoratif continu.

L'architrave ionique comprend plusieurs bandeaux superposés.

La frise ionique remplace les triglyphes et les métopes doriques.

Chapiteau ionique

Ordre corinthien : *en Grèce, ces temples ont été construits par les Romains et surtout à Athènes. Les colonnes possèdent des fûts plus fins et des chapiteaux décorés de feuilles d'acanthe.*

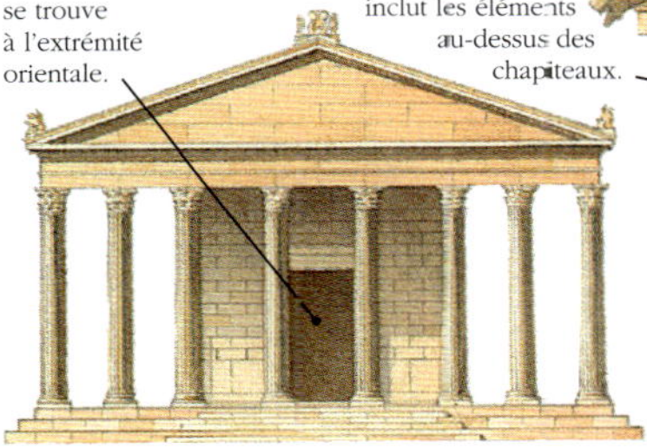

Le fronton est orné de diverses moulures.

Acrotère figurant un griffon

L'entrée de la cella se trouve à l'extrémité orientale.

L'entablement inclut les éléments au-dessus des chapiteaux.

Chapiteau à feuilles d'acanthe

Vases et peintures sur vases

Coupe décorée

L'histoire de la peinture sur vases se déroula sans interruption de 1000 av. J.-C. jusqu'à l'époque hellénistique. Le principal centre de production était Athènes. Son succès était tel que, au début du VIe siècle avant notre ère, la cité approvisionnait en vases à figures noires et rouges tout le monde grec.

À l'ouest d'Athènes, le Kerameikós « ou quartier des potiers », se visite toujours. Authentiques œuvres d'art, les vases peints étaient destinés à un usage quotidien. Grâce à la multitude de vases parvenus jusqu'à nous, intacts ou en fragments, nous pouvons avoir un bon aperçu des décorations ornant les murs des maisons, dont il ne reste pas de vestiges.

Ce vase à figures noires *du VIe siècle av. J.-C. représente des récipients utilisés dans la vie quotidienne : les hydries. Les femmes allaient les remplir d'eau aux sources ou aux fontaines publiques.*

Ce lécythe à fond blanc, *qui est apparu au Ve siècle av. J.-C., est un vase à huile destiné aux offrandes funéraires. Les lécythes sont souvent décorés de scènes funèbres. Celui-ci, œuvre du Peintre d'Achille, représente une femme plaçant des fleurs sur une tombe.*

Cette femme nue tenant un *kylix* est certainement une flûtiste ou une prostituée.

SYMPOSION

Lors des symposions, les convives, généralement des hommes, festoyaient et jouaient aussi au jeu de *kottabos*. L'extérieur de cette *kylix* (coupe) du Ve siècle av. J.-C. figure des personnes tenant des *kylix*, prêtes à jeter la lie du vin sur une cible.

ÉVOLUTION DES STYLES DE PEINTURES

La peinture des vases a atteint son apogée dans l'Athènes des VIe et Ve siècles av. J.-C. Le travail du potier achevé, le vase était confié à un peintre. Les archéologues ont réussi à distinguer les styles de nombreux peintres de vases à figures noires et à figures rouges, témoignage inestimable de la société de l'époque.

La dépouille est portée par ses proches endeuillés.

Chars et guerriers forment le cortège funéraire.

Le style géométrique *caractérise les premiers vases grecs, de 1000 à 700 av. J.-C. environ, ornés de frises de figures et de motifs géométriques. Ce vase du VIIIe siècle av. J.-C., qui était installé sur une tombe, mesure plus de 1 m de haut. Il représente un cercueil et le rituel funéraire qui l'accompagne.*

Ces coupes *possédaient un pouvoir quasi magique grâce à leurs yeux peints. Leur base pointue indique qu'on les passait de convive en convive durant les festivités.*

Le rhyton, *comme celui-ci en forme de tête de bélier, servait à boire du vin additionné d'eau. La scène de symposion ornant le bord indique l'usage auquel il était destiné.*

Une convive tient le ***kylix*** par une anse et s'apprête à lancer la lie sur une cible de *kottabos*.

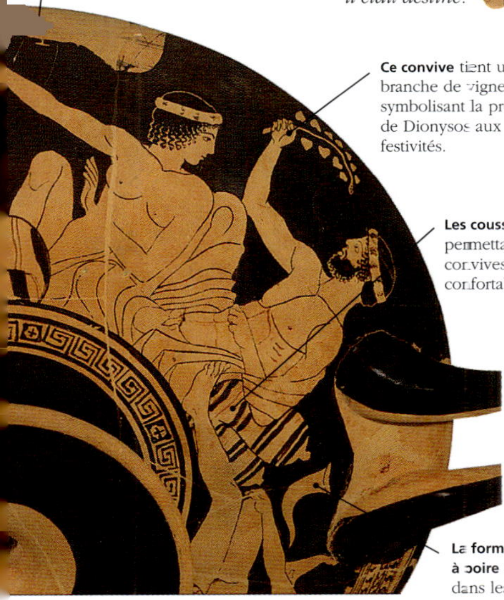

Ce convive tient une branche de vigne, symbolisant la présence de Dionysos aux festivités.

Les coussins permettaient aux convives de s'installer confortablement.

La forme de corne à boire a été reprise dans les rhytons.

Les figures noires *sont apparues à Athènes vers 630 av. J.-C. Les figures étaient peintes en argile liquide noire sur la terre du vase, très riche en fer qui devenait orange à la cuisson. Ce vase est signé par le peintre et potier Exékias.*

Les figures rouges *ont fait leur apparition vers 530 av. J.-C. Les figures étaient représentées en clair, sur fond noir. Ci-contre, une femme verse du vin depuis un œnochoé.*

LES FORMES DES VASES

Presque tous les vases étaient utilitaires. Les formes des récipients, une vingtaine au total, sont étroitement liées à leurs utilisations. Voici quelques-unes des plus répandues et leurs destinations :

L'amphore *est un récipient à deux anses, utilisé pour le vin, l'huile d'olive, les aliments conservés dans du liquide, comme les olives, et les produits secs.*

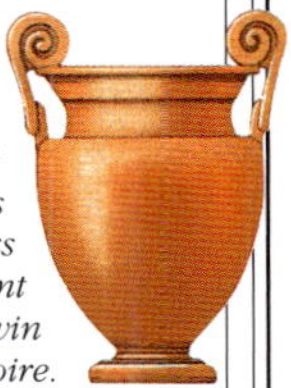

Ce cratère *à anses incurvées, ou volutes, est un récipient évasé dans lequel les Grecs mélangeaient l'eau et le vin avant de boire.*

L'hydrie *servait à transporter l'eau depuis les fontaines. Elle possédait trois anses : une verticale pour la tenir et verser l'eau, et deux horizontales pour la porter.*

Le lécythe *pouvait mesurer de 3 cm à près de 1 m. Il servait à la fois à la conservation de l'huile à la maison et de mobilier funéraire.*

L'*œnochoé*, *cruche à vin, possédait un bec verseur rond ou triangulaire et une anse unique.*

Le *kylix*, *coupe à deux anses, autorisait par sa forme les décorations intérieures.*

LES ÎLES GRECQUES RÉGION PAR RÉGION

Les îles Grecques d'un coup d'œil

Minuscules îlots rocheux inhabités ou vastes étendues de terre, comme la Crète et Eubée, la Grèce compte des îles de toutes les tailles. Au fil des siècles, la mer y a drainé colons et envahisseurs, façonnant aussi la vie quotidienne des insulaires. Chaque île possède sa personnalité propre, avec ses paysages, son climat et son héritage culturel. Outre leurs vestiges antiques, les îles offrent aussi des paysages accidentés et sauvages qui font le bonheur des randonneurs, ainsi qu'une extraordinaire diversité de plages.

Skópelos
La ville de Skópelos, chef-lieu de cette île accidentée (p. 112-113), *plonge vers la mer depuis le* kástro *perché sur la colline.*

Corfou (Kérkyra)
Fertile et verte, Corfou (p. 72-83) *est la plus visitée des îles Ioniennes. La ville de Corfou, capitale de l'île, est un véritable dédale de ruelles, surplombé par deux forteresses vénitiennes.*

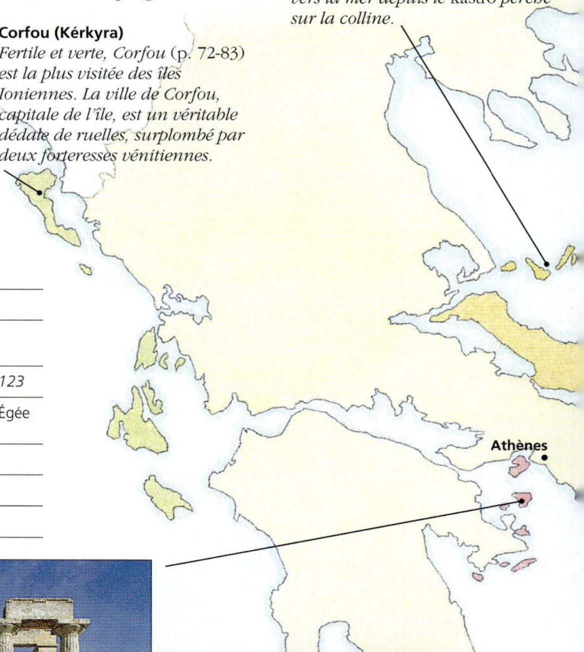

LÉGENDE

- Les îles Ioniennes *p. 68-91*
- Les îles Argo-Saroniques *p. 92-103*
- Les Sporades et Eubée *p.104-123*
- Les îles du nord-est de la mer Égée *p. 124-157*
- Le Dodécanèse *p. 158-203*
- Les Cyclades *p. 204-243*
- La Crète *p. 244-281*

Égine (Aígina)
Cette île (p. 96-99)*, où s'élève le temple antique d'Aphaia, superbement préservé, s'enorgueillit d'une histoire très riche.*

Crète (Kríti)
La Crète (p. 244-281)*, la plus grande des îles grecques, possède des cités historiques, des palais minoens et des paysages à couper le souffle, telles les gorges de Samariá (ci-contre).*

◁ **Moulins à vent dans le village d'Olympos, Kárpathos**

Délos

Les vestiges d'une importante cité antique sont disséminés sur cette petite île (p. 218-219)*. Depuis 1000 av. J.-C., où elle était vouée au culte d'Apollon, jusqu'à sa destruction au Ier siècle apr. J.-C., Délos fut un centre culturel et religieux prospère.*

Chíos

Le monastère byzantin de Néa Moní au centre de l'île (p. 146-153) *recèle de superbes mosaïques qui ont survécu au grave séisme de 1881. Les « villages du Mastic », au sud de l'île, ont prospéré grâce aux richesses produites au Moyen Âge par le commerce du mastic, la résine d'une espèce de pistachier.*

Pátmos

C'est sur l'« île sacrée » de Pátmos (p. 162-165) *que saint Jean l'Évangéliste écrivit l'*Apocalypse*. Le monastère de Saint-Jean, un ensemble fortifié regroupant des églises et d'autres bâtiments, est toujours un lieu de pèlerinage.*

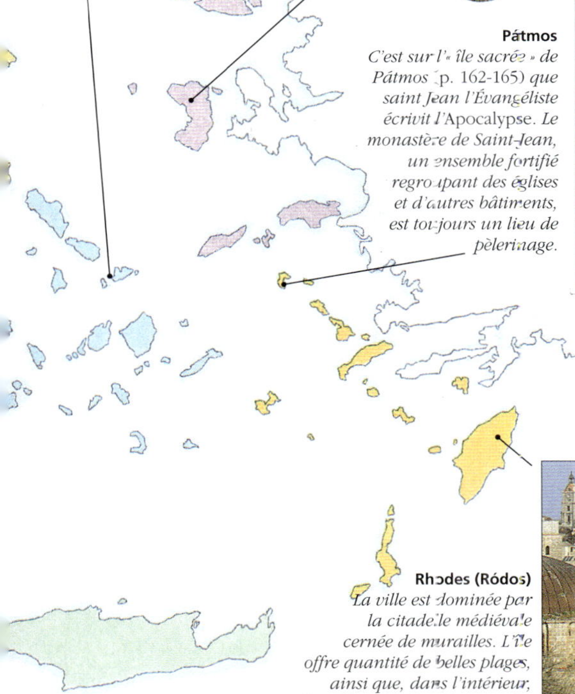

Rhodes (Ródos)

La ville est dominée par la citadelle médiévale cernée de murailles. L'île offre quantité de belles plages, ainsi que, dans l'intérieur, des villages authentiques et des monastères reculés (p. 180-197).

LES ÎLES IONIENNES

CORFOU · PAXÓS · LEUCADE · ITHAQUE · CÉPHALONIE · ZANTE

Dès l'époque romaine, les îles Ioniennes devinrent une destination touristique prisée. Tapissées d'oliviers et de cyprès, ce sont les îles les plus fertiles et les plus verdoyantes de Grèce. Dans cet archipel qui s'étend à l'ouest de la Grèce continentale, l'influence de l'Europe occidentale est très marquée.

Célèbres en tant que site de l'*Odyssée* homérique, ces îles ont été colonisées par les Corinthiens au VIIIe siècle av. J.-C. Des comptoirs commerciaux y ont rapidement prospéré. Au Ve siècle av. J.-C., Corfou défit Corinthe et s'allia à Athènes, déclenchant la guerre du Péloponnèse. Les îles ne furent regroupées politiquement qu'à l'époque byzantine. Plus tard, elles furent occupées par les Vénitiens, de 1363 à 1797. Après une brève période de domination française, les îles passèrent sous contrôle anglais, en 1814. Puis elles furent cédées à l'État grec en 1864.

Fronton de la Gorgone, Musée archéologique de la ville de Corfou

Les empreintes des différents occupants transparaissent clairement dans tout l'archipel, surtout dans la ville de Corfou, qui affiche un mélange hétéroclite d'architectures italienne, française et anglaise.

Chaque île possède sa personnalité, de la fertile Paxós à Ithaque la rocailleuse en passant par la belle Céphalonie et Corfou la montagneuse. Bien qu'historiquement rattachée à cet archipel, Cythère est traitée avec les îles Argo-Saroniques, depuis lesquelles elle est mieux desservie.

Les îles Ioniennes sont installées sur une faille orientée vers le sud, le long de la côte occidentale de la Grèce, et les séismes y ont causé de nombreux dégâts.

Les étés sont secs et chauds, mais le climat est doux le reste de l'année. Les précipitations, supérieures à la moyenne du pays, donnent naissance à une nature verdoyante. Ces îles proposent des stations balnéaires à la vie nocturne animée comme rivages plus calmes, quasiment préservés du tourisme.

À l'ombre des arbres, on assiste à l'arrivée d'un bateau à Sámi, Céphalonie

◁ **L'îlot de Vlachérna et son petit couvent, accessible depuis Corfou par une courte jetée**

À la découverte des îles Ioniennes

Ces îles très disséminées sont assez mal reliées entre elles. En revanche, les liaisons assurées depuis le continent sont correctes. Corfou est la meilleure base pour rayonner dans les îles du nord, à l'instar de Céphalonie pour le sud. Ces îles possèdent peu de vestiges archéologiques, et les musées se consacrent plutôt aux arts populaires et à la culture des îles, ainsi qu'à leurs liens historiques avec l'Europe. Aujourd'hui, la plupart des visiteurs y viennent pour profiter des plages. Les îles principales sont suffisamment vastes pour accueillir aussi bien les noctambules que les amateurs de vacances plus paisibles, dans les stations balnéaires familiales ou même dans les petits villages de pêcheurs, comme Megasíni, Mathráki, Othonoí ou Erikóusa.

LES ÎLES D'UN COUP D'ŒIL

Vue sur Plateía Dimarcheíou dans la ville de Corfou, avec la mairie sur la gauche

VOIR AUSSI

- ***Hébergement*** p. 302-304
- ***Restaurants, tavernes et cafés*** p. 330-331
- ***Accès pour les îles*** p. 366-369

Maison typique en bord de route dans le village de Stavrós, Ithaque

LÉGENDE

- Autoroute
- Route principale
- Route secondaire
- Route pittoresque
- Liaison de ferry, en saison
- Sommet

0 25 km

Légende des symboles, *voir le rabat arrière de couverture*

Les paysages de montagne de Leucade

CARTE DE SITUATION

CIRCULER

Hormis Paxós, les principales îles sont desservies par avion. L'aéroport de Préveza permet de rejoindre Leucade, également reliée au continent par un pont. Un hydravion circule de Corfou à Pátra, Ioannina, Paxós, Leucade, Céphalonie et Ithaque. De grands ferrys desservent les îles depuis le continent, mais des bateaux plus petits relient les îles entre elles. Elles ont souvent plusieurs ports ; mieux vaut donc vérifier votre destination précise. Des cars partent des chefs-lieux des îles pour de nombreuses localités. Partout, vous pourrez louer des voitures et des motos, mais l'état des routes est variable, à l'instar de la qualité des cartes routières locales.

Habitant de Gaïos réparant son bateau dans le port, Paxós

Maisons de vacances à Fiskárdo, Céphalonie

Corfou (Kérkyra)

Κέρκυρα

Détail de la mairie de Corfou

Cette île verdoyante compte à la fois des criques isolées, des plages sauvages, des franges entières de littoral vouées aux stations balnéaires et des villages de montagne. En 229 av. J.-C., Corfou devint une colonie de l'Empire romain, pour le rester jusqu'en 337 apr. J.-C. Suivit la domination byzantine, interrompue temporairement par les Goths, les Normands et les Angevins. Située entre l'Italie et le continent grec, Corfou conserva son importance stratégique sous la domination vénitienne (1386-1797). Avec les Français (1807-1814), la langue grecque reprit sa place. La domination britannique (1814-1864) fut suivie par l'unification avec la Grèce.

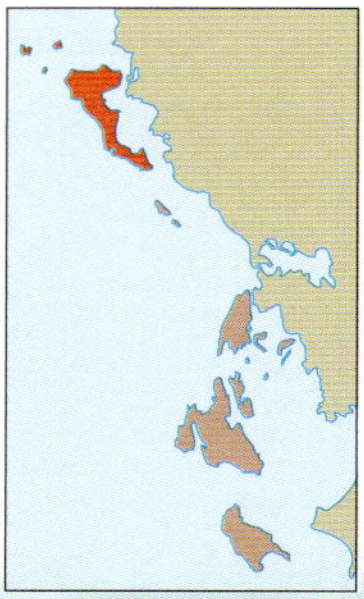

Angelókastro, une forteresse du XIIIe siècle en ruine, domine la baie de Palaiokastrítsa *(p. 81)*.

Myrtiótissa, l'une des plus belles plages de Corfou *(p. 82)*.

Sidári

Ces formations rocheuses étranges, façonnées par la mer dans le grès, confèrent à Sidári un charme particulier. La légende veut que les couples qui traversent le canal d'Amour à la nage restent unis pour toujours ❺

Vátos

Ce village montagnard traditionnel domine la plaine de Rópa, très fertile ❼

Palaiokastrítsa

Trois grandes criques ourlent un promontoire tapissé de forêts denses. L'endroit, qui est l'un des plus appréciés de l'île, convient parfaitement aux vacances familiales : on y pratique nombre de sports nautiques ❻

Lac de Korisíon

Ce lac est un sanctuaire naturel, séparé de la mer Ionienne par de superbes plages ❽

LÉGENDE

Voir rabat arrière de couverture

0 5 km

À NE PAS MANQUER

★ Ville de Corfou

Pour les hôtels et restaurants de la région, voir p. 302-304 et p. 330-331

Kassiópi
Un joli quai, bordé de tavernes, de magasins et de bars, donne sur la baie intacte de Kassiópi ❹

MODE D'EMPLOI

100 000. 3 km au S de Corfou. Xenofóntos Stratigoú, Corfou. Corfou (26610 37520, eotcorfu@otenet.gr). Pour les événements culturels, consultez www.kerkyra.gr et www.corfu.gr

Mont Pantokrátor
Le point culminant de l'île offre de superbes panoramas. Par beau temps, le regard porte même jusqu'à l'Italie ❸

Kalámi
Ce village côtier, rendu célèbre par l'écrivain Lawrence Durrell, a conservé tout son charme ❷

★ Ville de Corfou (Kérkyra)
La ville affiche un délicieux mélange d'influences européennes. Le Liston, qui abrite de nombreux cafés, a été construit durant l'occupation française. Il donne sur l'Esplanade vénitienne ❶

Achílleion
L'édifice (1890-1891) a été construit par l'impératrice Élisabeth d'Autriche ❿

Benítses
Cette station balnéaire, qui reçoit des voyages organisés, draine une foule de jeunes. La vie nocturne est animée, et tous les sports nautiques imaginables sont possibles ❾

Le château de Gardíki a été construit au XIIIe siècle sur des vestiges datant du Paléolithique *(p. 82)*.

La vieille ville de Corfou pas à pas ❶

Πόλη της Κέρκυρας

La vieille ville, qui est restée intacte, affiche toujours un mélange enchanteur d'influences européennes. Dans cette ville où les Vénitiens sont restés durant plus de quatre siècles, d'élégants édifices italiens, aux balcons et aux volets typiques, dominent des colonnades de style français. Les Anglais y ont laissé une foule de monuments, de bâtiments publics et un terrain de cricket sur l'Esplanade, la Spianáda *(p. 76-77)*. Ce parc attire les habitants et les visiteurs, avec ses attractions et ses jolies promenades. À l'est se dresse le Vieux Fort *(p. 78)* qui veille sur la ville. En 2007, la ville a été classée au Patrimoine mondial par l'Unesco.

Vue du Vieux Fort depuis la vieille ville de Corfou

Fort Neuf ***(p. 78)***

La Mitrópoli, construite en 1577, devint la cathédrale orthodoxe de Corfou en 1841. Elle est dédiée à sainte Théodora, dont elle abrite les reliques, ainsi que de superbes icônes dorées.

À NE PAS MANQUER

- ★ Agios Spyrídon
- ★ Liston
- ★ Palais de Saint-Michel et de Saint-Georges

Mairie ***(p. 78)***

Le musée des Billets de banque présente une collection de billets grecs et raconte l'histoire de l'île à travers ses différentes devises. Vous y découvrirez aussi une exposition sur la fabrication des billets de banque *(p. 77)*.

Musée archéologique ***(p. 78-79)***

★ Agios Spyrídon

Le clocher de cette église, coiffé d'un dôme rouge, est le plus haut de l'île. Construite en 1589, l'église est dédiée au saint patron de Corfou, dont elle abrite les reliques, à droite de l'autel (p. 76).

MODE D'EMPLOI

30 000. 2 km au SO. Xenofóntos Stratigoú. Avramiou (Corfou), Plateía Theotóki (faubourgs de Corfou et localités voisines), 9e Parodos I. Theotóki (reste de l'île, Athènes et Thessalonique). (26610 37520). t.l.j. : Fort Neuf. Mon Repos 1,5 km au S, Myrtiótissa 10 km à l'O, Ypsos 11 km au NO.

LÉGENDE

Itinéraire conseillé

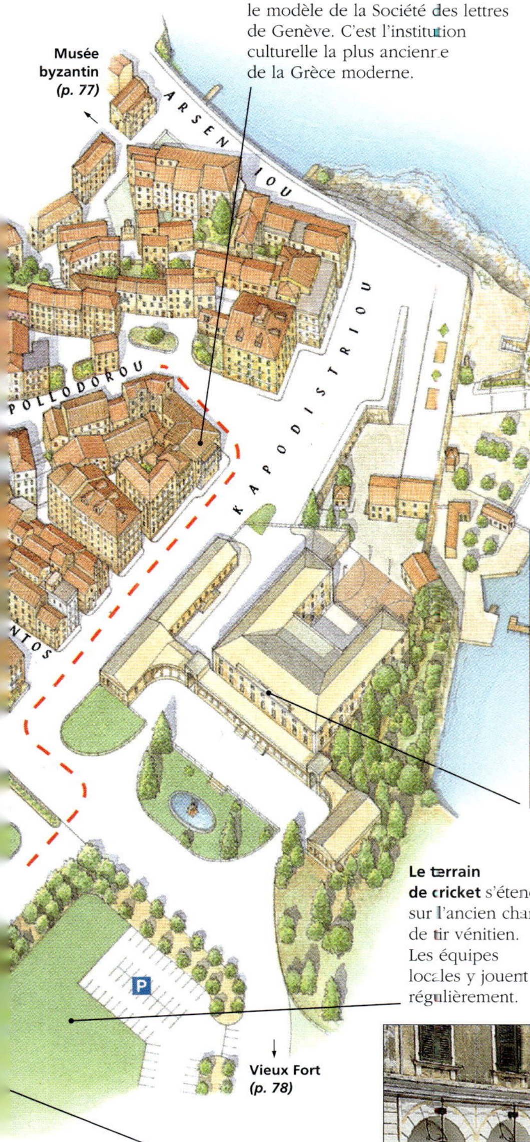

La Société des lettres de Corfou est installée dans cet édifice. Elle fut créée en 1836 sur le modèle de la Société des lettres de Genève. C'est l'institution culturelle la plus ancienne de la Grèce moderne.

★ Palais de Saint-Michel et de Saint-Georges

Construit entre 1819 et 1824, le palais devint plus tard la résidence de la famille royale grecque. Aujourd'hui, l'édifice abrite le musée d'Art asiatique (p. 77).

Le terrain de cricket s'étend sur l'ancien champ de tir vénitien. Les équipes locales y jouent régulièrement.

★ Liston

Cette élégante rue à arcades, aux nombreux cafés, est une réplique de la rue de Rivoli à Paris. C'est l'endroit idéal pour se détendre, en savourant le café le plus cher de l'île (p. 76).

À la découverte de la ville de Corfou

Bien qu'en été la vieille ville soit souvent bondée, vous y trouverez toujours un endroit tranquille, au fond d'une ruelle ou sur une place ombragée. Dans un dédale de ruelles, le linge sèche aux fenêtres, au-dessus des boutiques des orfèvres et des graveurs sur bois. Nikifórou Theotóki, qui délimite la vieille ville au sud, est bordée d'arcades élégantes. Construites par les Français, elles cachent des boutiques de souvenirs, des chapelles et des églises. Certains quartiers de la ville récente sont assez modernes, mais la plupart des bâtiments datent des époques française et anglaise.

La ville de Corfou en calèche

Agios Spyrídon

Agíou Spyrídonos.
Tél. *26610 33059.* *t.l.j.*

Le clocher caractéristique d'Agios Spyrídon, avec son dôme rouge, guide le visiteur vers l'église, l'endroit le plus sacré de l'île. À l'intérieur, un cercueil en argent recèle le corps momifié du saint.

Spyrídon était en réalité originaire de Chypre, où il grandit comme berger. Puis il entra dans les ordres et devint évêque. On lui attribue de nombreux miracles avant sa mort, en 350 apr. J.-C., et d'autres accomplis bien plus tard, comme par exemple en 1716, où il aurait aidé à chasser les Ottomans, après six semaines de siège. Sa dépouille fut rapatriée clandestinement de Constantinople, juste avant l'occupation turque de 1453. Elle arriva à Corfou par hasard et l'église actuelle fut érigée en 1589 pour accueillir son cercueil.

L'église mérite également une visite pour ses nombreux objets en argent : chandeliers, cadres d'icônes et offrandes votives dues aux innombrables pèlerins. Le 12 décembre, lors des célébrations de la Saint-Spyrídon, les reliques du saint sont portées en procession dans la ville.

L'Esplanade

Mi-parc, mi-place, l'Esplanade (Spianáda) contribue au charme inouï de la ville. En été, l'étendue permet aux visiteurs d'échapper aux rues bondées, en s'installant sur un banc ou dans l'un des élégants cafés bordant la place sur le **Liston**, qui donne sur le terrain de cricket.

Le Liston fut construit en 1807 par un Français : Mathieu de Lesseps. Son nom vient d'une pratique vénitienne qui consistait à consigner une « liste » des familles nobles dans le *Libro d'oro* (« Livre d'or ») ; seuls ceux qui y figuraient avaient le droit de se promener ici.

Une foule de monuments se dressent sur l'Esplanade et aux environs. Près de la fontaine se trouve le **monument de l'Enosis** (unification), qui célèbre l'unification des îles Ioniennes avec le reste de la Grèce, en 1864, à la fin de la domination britannique. Le symbole de chaque île est gravé sur le marbre du monument.

Une statue d'**Ioánnis Kapodístrias**, qui fut le premier président de la Grèce moderne en 1827, s'élève à l'extrémité de la rue bordant l'Esplanade.

Agios Spyrídon se dresse derrière les ruelles commerçantes

Pour les hôtels et les restaurants de la région, voir p. 302-304 et p. 330-331

Partie de cricket sur le terrain près de l'Esplanade

Il fut assassiné à Nauplie (Péloponnèse) en 1831, par deux Crétois, les neveux d'une personne qu'il avait fait arrêter. En face se dresse la **rotonde de Maitland** (1816), en hommage à sir Thomas Maitland – premier lord haut commissaire britannique à Corfou après 1814, année où l'île devint un protectorat britannique.

Palais de Saint-Michel et de Saint-Georges

Plateía Spianáda. ***Tél.*** *26610 30443.*
mar.-dim. 8h30-20h. *j.f.*
gratuit dim.

Ce palais, construit par les Britanniques (1819-1824) en calcaire de Malte, fut la résidence de sir Thomas Maitland – ce qui en fait le plus vieux bâtiment officiel de Grèce. Après le départ des Britanniques en 1864, le palais fut utilisé un temps par la famille royale grecque, puis il fut abandonné et tomba en décrépitude.

L'édifice fut soigneusement rénové dans les années 1950 par sir Charles Peake, l'ambassadeur britannique en Grèce. Il abrite aujourd'hui l'office de tourisme, la police de la circulation, une bibliothèque et des administrations. Il accueille aussi, de temps en temps, des conférences et des expositions.

Le palais abrite également le **musée d'Art asiatique**. Les 10 000 pièces, réunies par le diplomate corfiote Grigórios Mános (1850-1929) au cours de ses voyages, constituent le cœur de l'exposition. Grigórios Mános fit don de son immense collection à l'État grec, à la condition qu'il soit autorisé à prendre sa retraite et à devenir conservateur du musée. Malheureusement, il mourut avant de réaliser son rêve. L'exposition présente des statues, des paravents, des armes, des soieries et des céramiques de Chine et d'autres pays d'Asie.

Devant le bâtiment se dresse une statue de **sir Frederick Adam**, haut commissaire britannique à Corfou de 1824 à 1831. Il fit construire la villa *Mon Repos* *(p. 79)* et rendit célèbre Palaiokastrítsa *(p. 81)*.

Musée byzantin

Prosfórou 30 et Arseníou.
Tél. *26610 38313.*
mar.-dim. 8h30-15h. *j.f.*

Ce musée ouvert en 1984 est installé dans une église rénovée, Panagía Antivouniótissa, d'où proviennent certaines pièces exposées. Le musée recèle environ 90 icônes dont certaines datent du XVe siècle et des œuvres des artistes de l'école crétoise. Beaucoup de ces artistes ont vécu et travaillé à Corfou. En effet, à l'époque vénitienne, entre le XIIIe et le XVIIe siècle, l'île constituait une étape obligée sur le chemin maritime entre la Crète et Venise.

Musée des Billets de banque

Ionikí Trápeza, Plateía Iróon Kypriakoú Agóna. ***Tél.*** *26610 41552.* *mer.-dim.*
j.f. et 18 déc.-15 janv.

Statue de sir Frederick Adam

Cette collection des billets de banque grecs raconte l'histoire des différentes monnaies de l'île. À Corfou, le premier billet grec a été émis en livres britanniques. Les billets plus tardifs des années de guerre sont libellés en monnaies allemande et italienne. Une autre exposition illustre le processus de fabrication du billet, du dessin à l'impression.

Rotonde de Maitland, sur l'Esplanade

Sur le côté oriental de la ville de Corfou, le Vieux Fort domine la mer

Vieux Fort

Tél. *26610 48310. avr.-oct. : t.l.j. 8h-19h. j.f. sf dim. limité.*

Le Vieux Fort (Palaió Froúrio), qui est en ruine, se dresse sur un promontoire fortifié, dit-on, depuis le VIIe ou le VIIIe siècle apr. J.-C. Des fouilles archéologiques y sont en cours. Le Vieux Fort à proprement parler a été construit par les Vénitiens, entre 1550 et 1559. Le sommet offre de superbes vues sur la ville et la côte orientale de l'île. Plus bas se trouve Saint-Georges, une église de garnison britannique construite en 1840. Elle est reliée à la ville par un pont de fer. En été, le Fort accueille aussi des concerts et des événements musicaux.

Fort Neuf

Plateía Solomoú.
avr.-oct. : t.l.j.

Les Vénitiens entamèrent la construction de ce fort (Néo Froúrio) en 1576, pour renforcer les défenses de la ville. L'édifice ne fut pas achevé avant 1589, soit trente ans après le Vieux Fort, d'où leurs noms respectifs. Le site abrite aujourd'hui un camp d'entraînement de la marine grecque. Quant aux douves, elles accueillent le marché.

Mitrópoli

Mitropóleos. ***Tél.*** *26610 39409.*
t.l.j.

L'église orthodoxe grecque de Panagía Spiliótissa (Sainte-Vierge-de-la-Grotte), date de 1577. Cette église est devenue la cathédrale de Corfou en 1841, année d'extension de la nef. Elle est dédiée à sainte Théodora, impératrice byzantine dont les reliques sont arrivées à Corfou en même temps que celles de saint Spyrídon. Sa dépouille repose dans un cercueil en argent près de l'autel.

La cathédrale Agios Iákovos, du XVIIe siècle, Plateía Dimarcheíou

Plateía Dimarcheíou

Mairie *Tél.* *26613 62786.*
t.l.j. j.f.
Agios Iákovos *t.l.j.*

Sur cette place élégante se dresse la **mairie**. Ce grand édifice vénitien remonte à 1663, lorsqu'une loggia fut construite pour servir de lieu de réunion à la noblesse. Celle-ci fut transformée en 1720 pour devenir le premier théâtre grec moderne. Les Britanniques ont ajouté le second étage en 1903, quand le bâtiment devint la mairie.

Juste à côté se trouve la cathédrale **Agios Iákovos**. Construite en 1588 et consacrée en 1633, la cathédrale fut endommagée par un bombardement en 1943 : seul le clocher avait été préservé. Trois messes y sont données le dimanche.

Musée archéologique

Vraïla 1. ***Tél.*** *26610 30680. mar.-dim. 8h30-15h j.f.*

Du centre-ville, une agréable promenade vers le sud, en bord de mer, vous mènera au Musée archéologique. Bien que la collection soit petite, une visite s'impose pour admirer la pièce maîtresse du musée : le fronton de la Gorgone.

La frise, qui date du VIe siècle av. J.-C., appartenait jadis au fronton ouest du temple d'Artémis, près de la villa Mon Repos.

Pour les hôtels et les restaurants de la région, voir p. 302-304 et p. 330-331

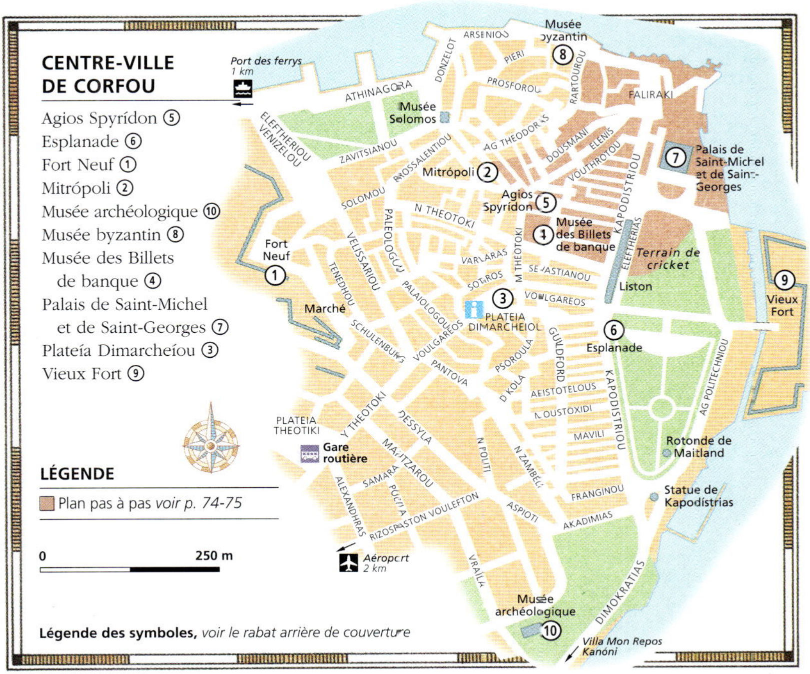

Le fronton de la Gorgone, au Musée archéologique de la ville de Corfou

La disposition du musée est telle que l'on ne voit pas cette frise imposante (17 m de long) avant la dernière salle. Le musée recèle aussi d'autres pièces provenant du temple et de la villa Mon Repos.

Aux environs : la baie de Garítsa se déroule au sud de la ville de Corfou, d'où l'on voit les faubourgs d'Anemómilos sur le promontoire. Ici, dans la rue qui porte son nom, se dresse l'église **Agion Iásonos kai Sosipátrou** (saints Jason et Sossipater). Ces disciples de saint Paul ont introduit le christianisme à Corfou au Ier siècle. À l'intérieur, admirez les vestiges de peintures murales, et notamment une superbe fresque du XIe siècle.

Au sud d'Anemómilos se trouve la **villa Mon Repos**. Construite en 1824 par sir Frederick Adam, deuxième haut commissaire britannique de l'État ionien, elle fut ensuite transmise à la famille royale de Grèce. Les vestiges du **temple d'Artémis** ne sont pas loin. En face de la villa se dressent les ruines d'**Agía Kerkýra**, église du Ve siècle.

Au sud de la ville de Corfou se trouvent **Kanóni** et les îles de **Vlachérna** et **Pontikonísi**. Vlachérna et son minuscule petit couvent blanc sont l'un des emblèmes de Corfou auquel on accède par une jetée. En été, des bateaux desservent Pontikonísi, l'« île des Souris », où le vaisseau d'Ulysse aurait été pétrifié par Poséidon.

Villa Mon Repos
Tél. *26610 41369. avr.-oct. : mar.-dim. (jardins t.l.j.)*

L'église Agiosn Iásonos kai Sosipátrou

À la découverte du nord de Corfou

Au nord de l'île s'égrène un chapelet de stations balnéaires le long de la route côtière. On y trouve des endroits connus comme Kassiópi et Sidári, mais aussi des villages plus paisibles comme Kalámi. Au nord-ouest, Palaiokastrítsa, aux nombreuses criques et plages, est l'un des plus jolis sites de l'île. À l'intérieur des terres se dresse le mont Pantokrátor, rappelant que Corfou offre aussi des terres accidentées à découvrir.

Vers le sud, la vue porte sur la baie de Kalámi, au-delà de la plage

Kalámi ❷

Καλάμι

26 km au NE de Corfou. 18.

Kassiópi.

Ce village très fréquenté est ravissant. Une poignée de tavernes bordent la plage, devant un tapis de cyprès et d'oliviers qui se déroule jusqu'au pied du mont Pantokrátor. Depuis la baie de Kalámi, les collines albanaises se détachent au loin, à 2 km environ.

Le charme du village y a attiré l'écrivain anglais Lawrence Durrell, en 1939. Aujourd'hui, au plus fort de la saison touristique, lorsque les visiteurs affluent, Durrell aurait bien du mal à reconnaître ce « paisible village de pêcheurs ». En soirée, ou lorsque les mois de juillet et août sont passés, Kalámi retrouve son charme.

Mont Pantokrátor ❸

Όρος Παντοκράτωρ

29 km au N de Corfou.

à Petáleia.

Le mont Pantokrátor, dont le nom signifie « maître de toutes les choses », domine le nord de l'île. Le sommet (906 m) de cette montagne très escarpée est à moins de 3 km de Nisáki et de Barbati. L'accès le plus facile s'effectue par le nord, où une route grimpe jusqu'au petit monastère du sommet. Le mont enchantera les passionnés de nature et les randonneurs. Toutefois, l'ascension ne doit pas s'entreprendre à la légère, car le temps change rapidement. Du sommet, la vue est superbe et s'étend à l'est jusqu'à l'Albanie et l'Épire, au sud jusqu'à la ville de Corfou et même, par beau temps, à l'ouest jusqu'à l'Italie.

Kassiópi ❹

Κασσιόπη

37 km au N de Corfou. *600.*

Avláki 2 km au S.

Kassiópi est devenu un lieu de villégiature très animé, sans rien perdre de son caractère. La localité s'étend autour d'un port encadré par deux promontoires boisés. Bien que le village offre aux jeunes une vie nocturne animée, il ne compte pas d'hôtels monumentaux gâchant le paysage. Dans le port, tavernes et magasins de souvenirs donnent sur les caïques et les bateaux des écoles de sports nautiques.

Au Ier siècle apr. J.-C., l'empereur Néron y serait venu pour visiter un temple de Jupiter, sur le côté ouest du port, là où se dresse aujourd'hui l'église **Kassiopítissa**. Plus à l'ouest, une courte promenade vous conduira aux ruines d'un château du XIIIe siècle.

Bateaux de pêcheurs ancrés dans le port de Kassiópi, à l'est du château en ruine

Pour les hôtels et les restaurants de la région, voir p. 302-304 et p. 330-331

Le moine gardien de Moní Theotókou, Palaiokastrítsa

Sidári 5

Σιδάρι

31 km au NO de Corfou. 300.
Róda 6 km à l'E.

Ce village, qui fut l'un des premiers peuplements de l'île, possède des vestiges du Néolithique remontant à 7000 av. J.-C. environ. Aujourd'hui, c'est une station balnéaire animée, offrant à la fois des plages de sable et d'intéressantes formations rocheuses. L'érosion du grès a donné naissance à de nombreux tunnels, grottes et canaux, dont le plus célèbre est le canal d'Amour *(p. 72)*.

Palaiokastrítsa 6

Παλαιοκαστρίτσα

26 km au NO de Corfou.
600.

Palaiokastrítsa est un endroit particulièrement fréquenté. Un promontoire boisé est bordé de trois grandes criques, aux plages sûres et donc très familiales. On y propose des sports nautiques ainsi que des excursions en bateau pour découvrir les grottes. Jusqu'au début du XIXe siècle, l'endroit était renommé pour sa beauté, mais il était difficilement accessible. Le haut commissaire britannique sir Frederick Adam *(p. 77)* adorait venir y pique-niquer ; comme il trouvait le voyage depuis Corfou épuisant, il fit construire une route reliant la ville au site.

Sur le promontoire principal se dresse **Moní Theotókou** (XVIIe siècle). Un premier monastère fut construit en 1228. Le plafond de l'église comporte un magnifique arbre de vie sculpté.

Du monastère, vous verrez aussi **Angelókastro**, la forteresse du XIIIe siècle, en ruine, de Michel-Ange Comnène II, despote byzantin d'Épire. Située au-dessus des falaises, à l'ouest de Palaiokastrítsa, la forteresse ne fut jamais prise. En 1571, elle protégea les Corfiotes d'une tentative d'invasion turque, qui échoua. Vous y verrez une chapelle perchée sur la colline, des cellules d'ermites et des grottes.

Les îles des environs

Mathráki offre un aperçu de la vie insulaire traditionnelle. **Ereikoússa** est très appréciée pour ses plages de sable. **Othonoí**, la plus grande, présente les meilleures infrastructures, mais les belles plages lui font défaut.

LES ÉCRIVAINS DE CORFOU

Le poète Dionýsios Solomós vécut à Corfou de 1828 à sa mort, en 1857. Il est célèbre par son poème *Hymne à la liberté,* dont une partie devint l'hymne national grec lors de l'indépendance du pays. L'écrivain Albert Cohen naquit à Corfou en 1895. Dans deux de ses romans, *Mangeclous* et *Les Valeureux,* il décrit le quartier juif de Corfou. Bon nombre de ses romans évoquent également Céphalonie, qui est en réalité Corfou. L'île a inspiré d'autres écrivains, notamment l'auteur anglais Lawrence Durrell. Fortement influencé par l'écrivain Henry Miller et attiré par le monde grec et les paysages méditerranéens, Durrell séjourna à Kalámi où il reçut son collègue américain dans sa résidence.

Vue de la route de Benítses près de Gastoúri d'Edward Lear

À la découverte du sud de Corfou

Moins montagneux mais plus varié que le nord, le sud de l'île comprend aussi bien Benítses et sa vie nocturne animée que le lac de Korisíon, sanctuaire sauvage. La plupart des récoltes de l'île proviennent de la plaine de Rópa, très fertile, au nord de Vátos. Au sud se trouve Myrtiótissa, qui passait autrefois pour la plus belle plage au monde. La région est bien desservie en car.

Vue sur les terres, au-delà du lac d'eau douce de Korisíon

Vátos ❼

Βάτος

24 km à l'O de Corfou. 480. *Myrtiótissa 2 km au S, Ermones 2 km à l'O.*

Perché dans les collines, le village offre un aperçu de la Grèce traditionnelle, avec ses maisons blanchies à la chaux et ses balcons fleuris. Vátos, avec ses deux tavernes et une poignée de magasins, n'a pas été affecté par le tourisme. Du village, un sentier escarpé grimpe à flanc de montagne au sommet d'Agios Geórgios (392 m) ; la plaine de Rópa et la plage d'Ermones s'étendent plus bas.

Aux environs : la superbe plage de **Myrtiótissa** (2 km au sud de Vátos) tire son nom du monastère du XIVe siècle dédié à Panagía Myrtiótissa (Notre-Dame-des-Myrtes). Cette longue étendue de sable doré se déroule sur fond de cyprès et d'oliviers. Lawrence Durrell tomba amoureux de la région et, dans *L'Île de Prospero,* il dépeint Myrtiótissa comme « peut-être la plus belle plage au monde ».

Au sud de Vátos se trouve **Pélekas**, autre village montagnard pittoresque. Ses maisons traditionnelles parsèment les flancs boisés de la montagne jusqu'à une petite plage isolée. Au-dessus se dresse le **Trône du Kaiser**, d'où l'empereur Guillaume II d'Allemagne aimait admirer les couchers de soleil lorsqu'il logeait à l'Achílleion.

Lac de Korisíon ❽

Λίμνη Κορισσίων

42 km au S de Corfou. *Gardíki 1 km au N.*

Le lac de Korisíon est une étendue d'eau douce de 5 km, séparée de la mer par des dunes et des plages superbes. Le lac est resté un sanctuaire naturel, malgré la passion des Grecs pour la chasse. Au bord de l'eau, vous apercevrez bécasseaux, avocettes, aigrettes et ibis, ainsi que des fleurs, notamment jonquilles et orchis à fleurs lâches.

À environ 2 km au nord se trouve le **château de Gardíki**, construit au XIIIe siècle par Michel-Ange Comnène II *(p. 81),* dont les tours en ruine et les murailles sont toujours visibles. Le site est connu pour ses vestiges paléolithiques, qui ont été enlevés.

Benítses ❾

Μπενίτσες

14 km au S de Corfou. *1 400.* *Benítses.*

Benítses, qui est devenu la destination touristique type, déplaira aux vacanciers qui sont en quête de calme et d'authenticité.

Au cœur de la haute saison, les plages, qui proposent tous les sports nautiques possibles et imaginables, sont bondées. La vie nocturne est également très animée : bars et boîtes de nuit ferment à l'heure où les pêcheurs rentrent au port.

Hormis les vestiges d'un bain romain, près du port, Benítses n'a pas grand-chose d'intéressant à proposer.

Maison aux murs blanchis à la chaux, dans le joli village de Vátos

Pour les hôtels et les restaurants de la région, voir p. 302-304 et p. 330-331

Achílleion ⑩

Αχίλλειον

19 km au SO de Corfou.

Tél. *26610 56210.*

Villa et jardins *t.l.j.*

L'entrée des jardins de l'Achílleion

Depuis les nombreux hôtels de l'île, la visite de l'Achílleion fait une excellente excursion d'une journée. L'édifice a été construit en 1890-1891 par l'architecte italien Raphaël Carita, pour l'impératrice Élisabeth d'Autriche (1837-1898), plus connue sous le nom de « Sissi ». Elle s'y retira en raison de sa mauvaise santé, mais aussi pour fuir ses problèmes à Vienne et l'infidélité de son époux, l'empereur François-Joseph. Après l'assassinat de Sissi par un anarchiste italien, en 1898, le palais resta vide durant presque une décennie, avant d'être racheté par l'empereur Guillaume II en 1907. L'Achílleion a servi de décor au casino d'un *James Bond, Rien que pour vos yeux.*

Les jardins

Derrière la villa, des jardins s'étendent en terrasses pour plonger de 150 m vers la route côtière. Les vues sur la côte accidentée, au nord et au sud, sont magnifiques. Les jardins aux bougainvillées colorées recèlent aussi de nombreuses statues, représentant notamment Achille, le héros favori de l'impératrice, auquel la villa doit son nom. Le bronze d'*Achille mourant*, saisissant, est l'œuvre du sculpteur allemand Ernst Herter. L'impératrice aurait été émue par cette statue après le suicide tragique de son deuxième fils, l'archiduc Rodolphe, à Mayerling. Une autre statue d'Achille de 15 m de haut, en fonte, a été commandée par Guillaume II.

Élisabeth d'Autriche, peinture du XIXe siècle par F. X. Winterhalter

La villa

Plusieurs qualificatifs de néoclassique à teutonique, ont été utilisés pour tenter de décrire le style architectural de l'édifice. Lawrence Durrell n'a pas mâché ses mots en parlant d'« édifice monstrueux ». À l'achèvement de la villa, l'impératrice ne fut pas enchantée du résultat, mais son attachement à Corfou la décida à rester.

L'Achílleion abrite cependant nombre d'objets très intéressants. Des meubles originaux y sont exposés et les murs comportent quelques belles peintures représentant Achille, qui font écho aux statues en bronze et en pierre des jardins. On y verra aussi une étrange selle-siège, utilisée par l'empereur Guillaume II.

Si vous avez besoin d'un petit remontant à la fin de la visite, rendez-vous chez Vasilákis, en face de l'entrée, pour y goûter les nombreuses boissons de ce producteur local : vins de Corfou, ouzo et liqueur de kumquat, la spécialité.

LA LÉGENDE D'ACHILLE

Peu après sa naissance, Achille fut trempé dans les eaux du Styx par sa mère, Thétis. Cela le rendit invulnérable, à l'exception du talon, par lequel il était tenu. Le destin d'Achille devait le mener à Troie *(p. 56-57)*. Hélène, l'épouse de Ménélas, roi de Sparte, était retenue par Pâris à Troie, assiégée par Ménélas. Achille tua le héros troyen Hector. Toutefois, il n'assista pas à la chute de Troie, car il fut touché au talon par une flèche fatale, décochée par Pâris, frère d'Hector.

Achille victorieux traîne la dépouille d'Hector autour des murs de Troie

Bateaux de pêcheurs ancrés à l'extrémité orientale du port de Gaïos

Paxós

Παξοί

2 700. Gaïos, Lákka. Gaïos. Gaïos (26620 32222). Mogonísi 3 km au SE de Gaïos.

Verte et boisée, Paxós compte quelques villages de pêcheurs et de fermiers. La culture de l'olivier continue à jouer un rôle essentiel dans l'économie de l'île, qui aurait été créée par Poséidon pour son épouse, Amphitrite. Grâce à sa petite taille, elle a été préservée de l'histoire mouvementée de ses voisines mais elle a été rattachée à l'État grec comme les autres, en 1864.

Gaïos

La localité possède deux ports : le port principal où arrivent les ferrys et, à quelques minutes de marche, le petit port, bordé de maisons du XIXe siècle aux volets et aux balcons vénitiens. La statue de Constantinós Kanáris (1793-1877), héros de la révolution grecque *(p. 42-43)*, se dresse sur le front de mer. La plus grande maison est l'ancienne résidence du haut commissaire britannique à Corfou. Derrière se cachent bars et tavernes.

Statue de Pyropolítis en bord de mer

À la découverte de l'île

Une route principale s'étend du sud au nord de l'île. Comme il y a peu de voitures, le vélo et le scooter consti-tuent les meilleurs moyens de transport. De nombreux chemins agréables traversent les forêts pour déboucher sur des falaises ou des criques désertes.

À l'extrémité d'une crique profonde, sur la côte nord, s'étend **Lákka**. Le village se dresse dans un décor d'oliveraies et de collines tapissées de pins. Il est apprécié des vacanciers de Corfou qui y viennent pour la journée. Le soir venu, il redevient un paisible village de pêcheurs.

Plus à l'est, le petit village de **Pórto Longós** est le plus joli de l'île avec sa plage de galets, ses quelques maisons et magasins, et ses tavernes. Dans cet endroit paisible, l'arrivée du bateau livrant fruits et légumes est un événement. Du village, des chemins traversent les oliveraies pour déboucher sur de belles criques.

Les îles des environs

Au sud de Paxós, **Antípaxos** compte environ 100 habitants ; la plupart vivent à Agrapidiá, et quelques-uns dans les hameaux à l'intérieur des terres. Cette île atypique possède plus de vignes que d'oliviers. Ici le tourisme est quasi inexistant et il n'y a pas d'hébergement, mais en été, les vacanciers de Paxós remplissent les plages. Non loin de Gaïos s'étendent deux îlots, Panagiá et Agios Nikólaos.

Vue plongeante de Lákka, vers le sud

Pour les hôtels et les restaurants de la région, voir p. 302-304 et p. 330-331

Maisons à flanc de montagne, près de Kalamítsi

Leucade (Lefkáda)

Λευκάδα

25 000. Nydrí, Vasilikí.
Dimitroú Golémi, Lefkáda.
Lefkáda (26450 29370 / 25295).
Lefkáda : t.l.j.

Avec ses villages de montagne et ses plages de sable, Leucade a beaucoup à offrir. Elle a connu une histoire mouvementée, depuis 640 av. J.-C., où les Corinthiens en prirent possession, jusqu'en 1864, départ des Anglais.

La ville de Leucade
La ville, qui a subi plusieurs séismes, possède de jolies ruelles et offre des vues sur les belles ruines de la **forteresse de Sánta Mávra** (XIVe siècle). Installée en face, sur le continent, la forteresse est reliée à l'île par une jetée. La place principale, Plateía Agíou Spirídona, tire son nom de l'église du XVIIe siècle, dont les clochers métalliques constituent une curiosité. Non loin, le **musée du Phonographe** abrite une collection privée de disques et de phonographes. Le petit **musée d'Art populaire** expose des costumes et des photographies anciennes illustrant la vie de l'île. Au-dessus de la ville se trouve **Moní Faneroménis** fondé au XVIIe siècle et reconstruit au XIXe siècle.

Musée du Phonographe
Konstantínou Kalkáni 10.
t.l.j. j.f.

Musée d'Art populaire
Stefanitis 2.
Tél. 26450 254497.
téléphoner. j.f.

Une cloche de Moní Faneroménis

À la découverte de l'île L'idéal est de louer un scooter ou un vélo, même si des bus circulent. **Agios Nikítas** est une petite localité traditionnelle. Au sud, **Kalamítsi** est un village montagnard typique. Plus au sud, le principal village des montagnes, **Agios Pétros**, est resté rural malgré la proximité de **Vasilikí**, station balnéaire et paradis de la planche à voile. **Nydrí**, sur la côte orientale, offre un panorama sur les îles voisines.

Les îles des environs
Meganísi est restée rurale. La plupart des bateaux venant de Nydrí s'arrêtent à Vathý, le port principal. En hauteur, le village de Katoméri possède le seul hôtel de l'île. **Skorpios** est une île privée.

Quelques voiliers et la plage blanche de Vasilikí

Plage de galets de la baie de Pólis, au nord-ouest d'Ithaque

Ithaque (Itháki)

Ιθάκη

4 000. Vathý. Vathý (26740 32205). baie de Pólis 20 km au NO de Vathý.

Cette petite île accidentée est un lieu de légende : selon l'*Odyssée*, il s'agirait de la patrie d'Ulysse. Les trouvailles archéologiques y remontent jusqu'à 4000-3000 av. J.-C. À l'époque mycénienne, l'île était la capitale d'un royaume incluant Céphalonie.

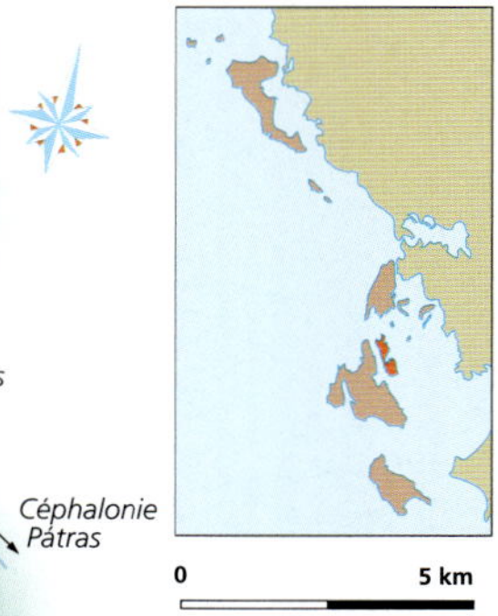

LÉGENDE

Voir le rabat arrière de couverture

Vathý

La capitale, aussi appelée ville d'Ithaque, est un joli port, avec des maisons aux toits bruns blotties autour d'une baie profonde. Les premiers habitants de l'île s'installèrent d'abord dans les collines avoisinantes, et le port ne fut peuplé qu'au Moyen Âge. Vathý devint la capitale de l'île au XVIIe siècle. Détruite par un séisme en 1953, la localité fut entièrement rebâtie et déclarée site classé.

Le **Musée archéologique** abrite une collection de vases et d'objets votifs de l'époque mycénienne. L'église de **Taxiárchis** recèle une icône du Christ du XVIIe siècle qui serait l'œuvre du Greco *(p. 268)*.

Musée archéologique
Derrière OTE Office. ***Tél.*** *26740 32200.* *mar.-dim. 8h30-15h* *j.f.*

À la découverte de l'île

Avec une seule ville importante, ses hautes collines et ses plages de galets, Ithaque est une île peu touristique. Des cars (2 départs par jour, 4 en saison) relient Vathý aux villages du nord de l'île.

Le principal village du nord, **Stavrós** (300 habitants), est une localité vivante avec un marché animé. Non loin, la **baie de Pólis** aurait abrité le port de l'ancienne Ithaque. C'est aussi le site d'un important sanctuaire : la grotte des Nymphes. Le **palais d'Ulysse** se dressait peut-être au-dessus de Stavrós, sur la colline Pilikáta. Pour trouver le site, adressez-vous au conservateur du **Musée archéologique**. Les trouvailles locales comprennent le fragment d'un masque en terre cuite de la grotte de Pólis, portant l'inscription « Dédié à Ulysse ».

Musée archéologique
Stavrós. ***Tél.*** *26740 23955.* *mar.-dim. 8h30-14h30.* *lun. et j.f.*

Toit d'une église de Stavrós, coiffé d'un dôme rouge

La légende du retour d'Ulysse à Ithaque

Ulysse, roi d'Ithaque, eut toutes les peines du monde à quitter son épouse Pénélope et son fils Télémaque pour rejoindre Agamemnon et son expédition contre Troie *(p. 56-57)*. Il y joua un rôle déterminant, grâce à ses vertus de guerrier, à son éloquence et à son intelligence. Sur la route du retour, maintes épreuves l'attendaient, comme le monstrueux Cyclope, Circé la magicienne et Calypso la séductrice. Il aveugla le Cyclope, déclenchant l'ire de Poséidon. Malgré l'aide d'Athéna, Ulysse perdit tous ses compagnons, avant d'être ramené chez lui par les Phéaciens, dix ans plus tard. À Ithaque, il trouva Pénélope aux prises avec des prétendants qui avaient pris possession du palais. Déguisé en mendiant et aidé de son loyal porcher Eumée, il parvint à les tuer tous, retrouvant ainsi sa place de roi et son épouse.

Le Retour d'Ulysse, *un tableau du XVe siècle attribué à Coracelli. Ulysse échoua sur l'île du roi Alcinoos qui eut pitié de lui et l'aida à rentrer à Ithaque.*

Pénélope *tissant une étoffe pour Laërte, le père d'Ulysse. Elle refusa de se remarier tant que cette dernière ne serait pas achevée. Toutes les nuits, elle défaisait l'ouvrage de la journée. L'illustration d'A. F. Gorguet date de 1920.*

Eumée, *le fidèle porcher d'Ulysse, offrit le gîte et le logis à son maître déguisé, lorsqu'il revint à Ithaque. Eumée fit l'éloge du roi absent à l'inconnu et narra à Ulysse ce qui se passait sur l'île. Leur rencontre est illustrée sur ce vase athénien du Ve siècle av. J.-C.*

Argus, *le vieux chien d'Ulysse, reconnut immédiatement son maître. La vieille nourrice d'Ulysse, Euryclée, fut la seule à l'identifier aussi rapidement. Le chien mourut peu de temps après l'avoir retrouvé.*

Télémaque *lança un défi aux prétendants de Pénélope : quiconque réussirait à utiliser l'arc d'Ulysse obtiendrait la main de sa mère. Tous échouèrent. Ulysse les enferma dans le palais, tira à l'arc et dévoila son identité, avant de les tuer tous.*

Céphalonie (Kefalloniá)

Κεφαλλονιά

Les premiers peuplements datent d'environ 50000 av. J.-C. L'île, qui prospéra à l'époque mycénienne, resta grecque jusqu'au IIe siècle av. J.-C., où elle fut prise par les Romains. Puis elle passa aux mains de diverses puissances. De 1500 à 1700, elle connut l'occupation vénitienne. Céphalonie possède bien des attraits, des plages animées au Parc national du mont Aínos, qui s'étend autour du plus haut sommet des îles Ioniennes.

Une église se dresse dans le paysage, entre Argostóli et Kástro

Argostóli

Cette ville animée, entourée de paysages verdoyants et nichée dans une baie, est le chef-lieu de l'île. Ses ruelles sont agrippées au flanc d'un promontoire. La physionomie traditionnelle d'Argostóli est trompeuse ; en effet, la bourgade fut détruite par le séisme de 1953 et reconstruite grâce à des dons. Au **Musée historique et folklorique**, une collection de photographies illustre la destruction et la reconstruction de la ville. Vous pourrez aussi y voir des outils agricoles rustiques et des costumes traditionnels. Non loin, le **Musée archéologique** abrite des trouvailles du sanctuaire de Pan, à Melissáni, et une tête de bronze impressionnante du IIIe siècle apr. J.-C., trouvée à Sámi. Du bord de mer, vous apercevrez le **pont de Drápanos**, construit en 1813.

Musée historique et folklorique
Ilía Zervoú 12. ***Tél.*** *26710 28835.*
lun.-sam. 9h-14h. *déc. ou janv., j.f.*

Musée archéologique
Rókkou Vergotí. ***Tél.*** *26710 28300.*
mar.-dim. 8h30-15h. *j.f.*

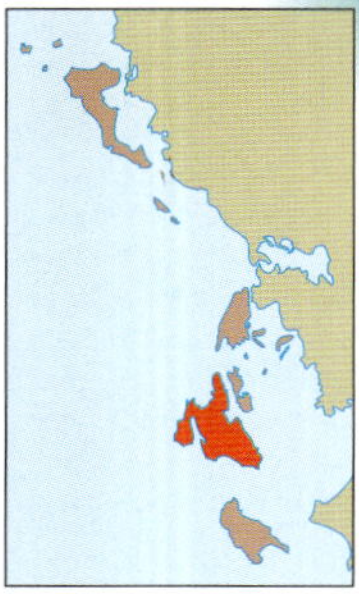

À la découverte de l'île

Il faut du temps pour explorer la plus grande des îles Ioniennes. Les endroits les plus animés sont **Lássi** et les plages de la côte sud. Ailleurs, vous trouverez des villages paisibles et des paysages magnifiques. Des cars relient Argostóli à la plupart des localités.

Kástro, avec ses maisons blanchies à la chaux, fut la capitale de l'île jusqu'en 1757. La ville se dresse toujours en dehors de l'enceinte de la forteresse byzantine d'Agios Geórgios. Celle-ci a été détruite par le séisme de 1953. Envahi par la végétation, l'intérieur de la forteresse est un sanctuaire pour les machaons (papillons jaune et noir). En 1264, un couvent se dressait sur le site de **Moní Agíou Andréa**. L'église originale, restaurée, est aujourd'hui un

Des visiteurs admirent les eaux bleues du lac souterrain de Melissáni

musée qui abrite des icônes et des fresques rescapées du séisme. La nouvelle église abrite une relique très précieuse : le pied de l'apôtre André.

Au sommet du **mont Aínos** se dressait autrefois un sanctuaire dédié à Zeus Aenios. Des chevaux sauvages vivent dans le Parc national du mont Aínos, et les flancs de la montagne sont tapissés d'*Abies cephalonica*, le sapin indigène. La route qui conduit au sommet se transforme rapidement en piste peu praticable.

Sur la côte orientale se trouve **Sámi,** où arrivent les ferrys venant du Péloponnèse et d'Ithaque. Non loin sont situées deux grottes : Drogkaráti, à 3,5 km au sud-ouest, et Melissáni, à 2 km au nord. **Drogkaráti** compte de nombreux stalactites.

L'apôtre André, Moní Agíou Andréa

À l'époque mycénienne, le **lac souterrain de Melissáni** était un sanctuaire dédié à Pan. Une partie du plafond en calcaire s'est effondrée, créant un site surprenant où l'eau est d'un bleu magnifique. Un canal conduit à la partie couverte où, selon la légende, la nymphe Melissáni, éconduite par Pan, se serait noyée.

Le port de **Fiskárdo** est bordé de maisons vénitiennes du XVIIIe siècle, aux murs pastel. Le port est desservi quotidiennement par des ferrys et des bateaux venus d'autres localités de l'île. Malgré la foule et ses magasins de souvenirs, Fiskárdo a conservé son charme.

Asos, sur la côte ouest, est un village authentique. Les collines des environs comportent toujours des terrasses empierrées, qui autrefois couvraient l'île. Sur la péninsule, de l'autre côté de l'isthme d'Asos, se dresse une forteresse vénitienne en ruine, bâtie en 1595. Asos reçoit essentiellement des vacanciers qui y viennent le temps d'une journée, car le village propose assez peu d'hébergements. Au sud d'Asos se trouve la **baie de Mýrtou**, une ravissante crique qui abrite la plus jolie plage de l'île.

MODE D'EMPLOI

31 000. 9 km au S d'Argostóli. Argostóli, Fiskárdo, Agía Efthimía, Sámi, Póros, Pessáda. Ioánnou Metaxá, Argostóli. front de mer, Argostóli (26710 22248). t.l.j., Argostóli. Panagía ou Festival du serpent à Markópoulo : 15 août ; Festival du vin à Fragáta : 1er sam. apr. le 15 août.

Moní Agíou Andréa
Village de Peratáta.
Tél. *26710 69557. lun.-sam 8h-13h. musée seul.*

Vue sur Asos, au nord-ouest de l'île

Zante (Zákynthos)

Ζάκυνθος

Zante fut habitée par les Achéens avant d'être prise par les Athéniens, au Ve siècle av. J.-C. Puis de nombreux occupants s'y succédèrent : Spartiates, Macédoniens, Romains et Byzantins. Ensuite, les Vénitiens y régnèrent de 1484 à 1797. En 1864, Zákynthos fut rattachée au reste de la Grèce. Refuge privilégié des tortues de mer, cette île verdoyante est un paradis pour les plongeurs.

Statue du poète Solomós sur la place principale, dans la ville de Zante

La ville de Zante

Entièrement détruite par le tremblement de terre de 1953 qui ravagea les îles Ioniennes, la ville a été reconstruite ; l'architecture est restée fidèle à son charme d'antan. Les rues aux arcades traditionnelles se déroulent parallèlement au front de mer, où des pêcheurs viennent tous les matins vendre leurs prises. Plus loin sur le port, les ferrys côtoient des paquebots de croisière.

Sur le côté sud du port se dresse une église dédiée à **Agios Dionýsios**, le saint patron de l'île (1547-1622). Dans l'église, un cercueil d'argent impressionnant abrite la dépouille de saint Dionýsios. Construite en 1925, l'église a survécu au séisme. Le **Musée byzantin** présente une maquette de la ville bâtie par les Vénitiens, telle qu'elle était avant le tremblement de terre. Il recèle aussi une collection d'icônes et de fresques, sauvées des églises et des monastères détruits lors du séisme.

Un peu plus au nord se trouve le **musée Solomós**, qui abrite la tombe du célèbre poète *(1797-1857)*. La collection principale est consacrée à la vie de personnages célèbres originaires de Zante.

Une courte promenade vers le nord vous conduira à la **colline de Stráni** ; le *kástro* vénitien, qui domine la ville, offre des vues imprenables sur le continent. Les murailles en ruine renferment les vestiges de plusieurs églises ; on y trouve une faune et une flore très riches.

Musée byzantin
Tél. *26950 22315.* *mar.-dim.*
j.f.

Musée Solomós
Tél. *26950 48982.* *t.l.j.*
j.f.

À la découverte de l'île

En dehors des principales stations balnéaires, Zante n'est pas très touristique.

Pour les hôtels et les restaurants de la région, voir p. 302-304 et p. 330-331

LES TORTUES CARETS

Depuis environ neuf millions d'années, la tortue caret *(Karéta karéta)* migre depuis l'Afrique jusqu'à la baie de Laganás, son principal lieu de ponte. Le poids de ce géant des mers peut atteindre 180 kg. La nuit, les tortues viennent pondre dans le sable, qui serait le plus fin de Grèce. Toutefois, les lumières des hôtels et des boîtes de nuit perturbent la trajectoire des tortues, qui sont peu nombreuses à parvenir sur les plages. Et les œufs pondus sont presque tous détruits par des véhicules ou les pieds des parasols plantés dans le sable. Les défenseurs de la nature ont réussi à faire protéger des segments de plage pour permettre au peuplement de tortues de se stabiliser.

MODE D'EMPLOI

39 000. 4 km au S de Zákynthos. Zákynthos ; Agios Nikólaos. Zákynthos. Lomvardou, Zákynthos (26950 24473). Festival de la ville de Zákynthos : juil.

En voiture, vous pourrez l'explorer en une journée, car les routes sont en bon état. La meilleure solution consiste à louer une voiture ou une moto. Toutefois, des cars desservent aussi des localités comme Alykés, Tsilivi et Laganás, depuis la ville de Zante.

Le développement touristique s'est concentré sur **Laganás** et sa longue plage (14 km) de sable fin. Cette expansion effrénée a décimé la population de tortues carets qui y nichent – il n'en reste que 800 environ. Des mesures ont été prises pour protéger les animaux et assurer la survie de l'espèce. Des bateaux à fond vitré permettent aux visiteurs de découvrir les carets, dans la baie. Vous trouverez aussi des souvenirs sur le thème des tortues dans les magasins de l'île. Dans les bars et discothèques, la vie nocturne se poursuit tard dans la nuit.

En mettant le cap vers le nord, vous arriverez à des stations balnéaires plus paisibles, **Tsilivi** et **Alykés**, idéale pour la planche à voile. Au nord-ouest de l'île, le **Moní tis Panagías tis Anafonítrias**, du XVIe siècle, est cher aux insulaires, puisque le saint patron de l'île y passa les dernières années de sa vie. Abbé, il reçut la confession d'un meurtrier à qui il accorda son pardon. Interrogé par les autorités, Dionýsios nia avoir vu l'homme. Ce fut le seul mensonge de sa vie. Il vécut ici dans une cellule qui existe toujours et qui contient de nombreux objets lui ayant appartenu. L'église à trois nefs et la petite chapelle voisine ont miraculeusement survécu au tremblement de terre.

Armoiries, Monítis Panagías tis Anafonítrias

À la pointe nord de l'île se trouve une curiosité, les **grottes Bleues**, formées par l'action de la mer sur la roche. La grotte principale est située directement sous le phare du cap Skinári. Découverte en 1897, elle est renommée pour son eau limpide, d'un bleu profond. Les grottes se visitent en bateau depuis la localité voisine d'Agios Nikólaos. Les principales stations balnéaires proposent des excursions en bateau autour de l'île.

Les grottes Bleues de Zante, à l'extrême nord de l'île

LES ÎLES ARGO-SARONIQUES

SALAMINE · ÉGINE · PÓROS · HYDRA · SPÉTSES · CYTHÈRE

Quoique touristiques, ces îles, avec leurs pêcheurs et leurs fermiers, sont conformes à l'archétype de l'île grecque et très prisées par les Athéniens durant le week-end, notamment pour leurs plages. Cythère, située à la pointe du Péloponnèse, partage avec les îles Ioniennes un passé vénitien et britannique. Elle est toutefois administrativement rattachée aux îles Argo-Saroniques.

Ornement en terre cuite

Grâce à la proximité d'Athènes, ces îles ont connu une histoire riche. Au VIIe siècle av. J.-C., Égine était très prospère ; c'est à cet État maritime, qui battait sa propre monnaie, que l'on doit le magnifique temple d'Aphaia. Salamine est connue par la grande bataille (480 av. J.-C.) qui marqua la victoire de la flotte grecque sur la Perse. Les richesses tirées du commerce maritime ont contribué au développement culturel et social des îles, qui transparaît dans la belle architecture d'Hydra, dans les demeures et les édifices publics d'Égine. Hydra et Spétses ont joué un rôle important dans la guerre d'Indépendance *(p. 42-43)*, fournissant des guerriers courageux, comme l'héroïne de l'indépendance Laskarína Bouboulína.

Salamine et Égine sont si faciles à rejoindre depuis la capitale qu'elles passent pour les faubourgs insulaires d'Athènes. Séparée du Péloponnèse par un canal étroit, Póros n'est quasiment pas une île. Malgré l'afflux touristique, on y trouve encore des endroits paisibles. Verdoyantes, Póros et Spétses sont couvertes de forêts de pins et d'oliveraies, contrastant avec d'autres îles plus arides. Le littoral accidenté de Cythère s'apparente davantage aux Cyclades qu'aux îles Argo-Saroniques. Située sur les routes maritimes de l'Antiquité, Cythère (un nom qui fait rêver) a livré des trouvailles majeures, comme l'*Éphèbe d'Anticythère,* un bronze exposé au Musée archéologique national *(p. 286)* à Athènes.

Le port d'Agios Nikólaos à Égine

◁ **La ville de Póros avec les montagnes du Péloponnèse à l'arrière-plan**

À la découverte des îles Argo-Saroniques

Avec leurs paysages verts, leurs forêts de pins et leurs baies isolées aux eaux cristallines, ces îles très proches d'Athènes conviennent aussi bien aux courtes escapades qu'aux séjours prolongés. Égine est une base idéale pour rayonner dans l'archipel. Comme ses voisines, elle possède des ports pittoresques aux rues pavées et aux édifices néoclassiques. Cosmopolites, avec leurs bars et magasins à la mode, ces îles restent aussi traditionnelles, avec leurs caïques vendant des légumes dans les ports et leurs calèches du front de mer. Les chevaux jouent un rôle important à Póros, Hydra et Spétses, d'où les voitures ont été bannies. Cythère, avec ses jolis villages, ne demande qu'à être explorée.

Le port de la ville d'Égine

LES ÎLES D'UN COUP D'ŒIL

LÉGENDE

- Route principale
- Route secondaire
- Route pittoresque
- Liaison de ferry, en saison
- Sommet

VOIR AUSSI

- ***Hébergement*** p. 304-306
- ***Restaurants, tavernes et cafés*** p. 331-332
- ***Accès pour les îles*** p. 366-369

Paysages accidentés de Paléochora à Cythère

Légende des symboles, *voir le rabat arrière de couverture*

CARTE DE SITUATION

CIRCULER

Les îles Argo-Saroniques sont bien desservies par des ferrys et des hydroglisseurs partant des ports de Kentrikó Limáni et Marína Zéas au Pirée. Vous pourrez aussi rejoindre Salamine avec des bacs assurant la navette. Égine, Spétses et Póros sont suffisamment petites pour être découvertes en bus, en taxi ou avec un deux-roues. Hydra ne convient qu'aux amateurs de marche à pied et de voile. Pour Cythère, des vols quotidiens sont assurés à partir d'Athènes des ferrys et des hydroglisseurs partent des ports du Pirée ou de Neápoli et Gýtheio, dans le Péloponnèse.

Salamine (Salamína)

Σαλαμίνα

38 000. Paloúkia et Selínia. Salamine. jeu. à Salamine, sam. à Aiánteio.

La plus grande île du golfe Saronique est si proche d'Athènes que pour la plupart des Grecs elle fait partie du continent. Elle fut le théâtre de la bataille de Salamine, qui marqua la défaite des Perses devant les Grecs, en 480 av. J.-C. Xerxès, roi des Perses, vit ses lourds bateaux se faire anéantir dans la baie de Salamine. Les embarcations furent battues par les trirèmes de la flotte grecque, inférieures en nombre mais plus rapides, conduites par Thémistocle. Aujourd'hui, résidences secondaires, églises blanchies à la chaux et tavernes bon marché s'y côtoient. La côte orientale est bordée de « cimetières » de bateaux et de bases navales.

Installée sur un isthme planté de vignes, sur la côte ouest, la ville de **Salamine**, chef-lieu de l'île, est dépourvue de charme. La ville et l'île sont aussi appelées Koúlouri, comme le biscuit dont la forme rappelle celle de l'île.

Plus à l'est, **Agios Nikólaos** est beaucoup plus pittoresque, avec ses demeures du XIXe siècle bordant le quai et ses petits caïques. La route venant de Paloúkia serpente dans le sud de l'île pour rejoindre les villages de Selínia, Aiánteio et Peristéria.

Au nord-ouest de Salamína, **Moní Faneroménis** est séparé d'Éleusis, sur la côte de l'Attique, par un golfe étroit. Pendant la guerre d'Indépendance *(p. 42-43)*, des combattants grecs se cachèrent dans ce monastère construit au XVIIe siècle. Son église byzantine, restaurée par les Vénitiens, possède des fresques du XVIIIe siècle. Les religieuses entretiennent les jardins, peuplés de paons, et reçoivent les visiteurs.

Bateaux de pêche rentrant au port d'Égine

Égine (Aígina)

Αίγινα

14 000. Égine. Leonárdou Ladá, Aígina (22970 27777).

Cette île située à seulement 20 km au sud-ouest du port du Pirée est habitée depuis quatre millénaires. Elle doit son nom aux premiers colons phéniciens qui la baptisèrent « l'île aux Pigeons » (*ai* : « île », *gina* : « pigeon »). Égine devint un État maritime puissant, et, au VIIe siècle av. J.-C., la deuxième île du golfe par sa taille fut la première cité européenne à battre ses propres pièces d'argent. Cette monnaie était acceptée dans tout le monde grec. Sillonnant la Méditerranée et la mer Noire, les habitants d'Égine assuraient quasiment tous les échanges entre la Grèce et les autres États. Toutefois, leurs légendaires talents de navigateurs et leurs richesses attisèrent la convoitise d'Athènes, rivale de longue date, qui conquit l'île en 456 av. J.-C. Le site le plus connu est le **temple d'Aphaia**, très bien préservé *(p. 98-99)*, qui fut érigé vers 490 av. J.-C., avant l'invasion athénienne. Plus tard, l'île perdit de sa splendeur, avec les dominations turque et vénitienne successives, et la menace permanente des pirates. En 1828, Égine connut à nouveau une courte heure de gloire, quand Ioánnis Kapodístrias (1776-1857) en fit la première capitale de la Grèce moderne.

Monument faisant face à Moní Faneroménis

Pýrgos Markéllou, tour vénitienne en ruine, dans la ville d'Égine

La ville d'Égine

Cette ville pittoresque possède de nombreuses églises, notamment la jolie **Agía Triáda** du XIXe siècle qui domine le port, à droite du marché aux poissons. Sur le quai, des calèches attendent les visiteurs pour les conduire à la tour vénitienne, **Pýrgos Markéllou**, près de la cathédrale, **Agios Nektários**, inaugurée en 1994, réputée pour être la plus importante église orthodoxe grecque après Agía Sofia à Istanbul. Dans les ruelles pavées menant au marché aux poissons, des poulpes sèchent devant les tavernes. Partez

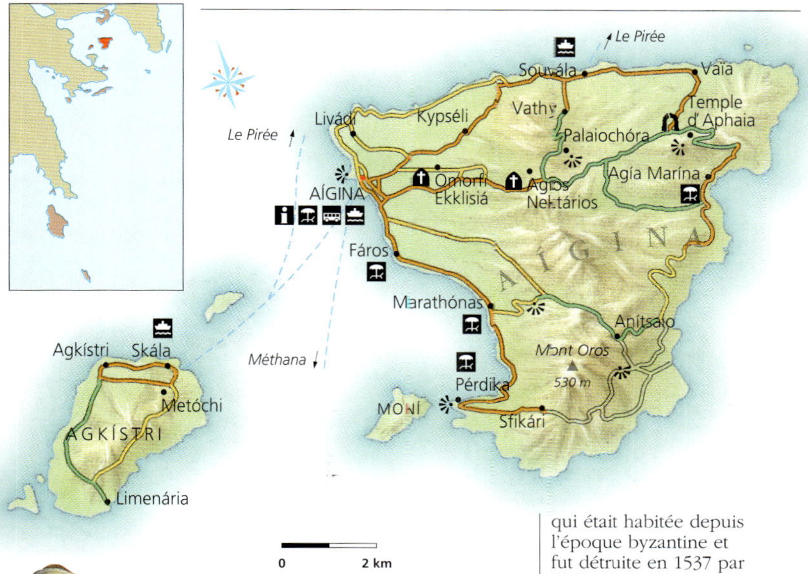

LÉGENDE

Voir le rabat arrière de couverture

L'église d'Agía Nektários dans la ville d'Égine

vers le nord-ouest, pour découvrir les vestiges du **temple d'Apollon**, du VIe siècle av. J.-C. C'est ici qu'a été découvert le sphinx d'Égine, datant de la même époque, qui est exposé au **musée local.**

Musée d'Égine
Kolóna 8. ***Tél.*** *22970 22637.*
mar.-dim. *j.f.*

Aux environs : à Livádi, au nord de la ville, une plaque indique la maison où Níkos Kazantzákis écrivit *Alexis Zorba* *(p. 276).*

À la découverte de l'île

L'île, qui s'étend sur 8 km, s'explore facilement à vélo. À l'écart de la route principale, à l'est du chef-lieu, une église byzantine du XIIe siècle, **Omorfi Ekklisía** recèle de belles fresques. Des pèlerins empruntent cette route pour se rendre à **Agios Nektários** en hommage à l'archevêque Nektários (1846-1920), canonisé par l'Église orthodoxe en 1961. On peut voir l'endroit où il vécut et la chapelle où il repose.

De l'autre côté de la montagne s'étendent les vestiges de la ville de **Paléochora** (Palaiochóra), qui était habitée depuis l'époque byzantine et fut détruite en 1537 par Barberousse. Les environs furent abandonnés en 1826.

Au sud, la route longe la mer, au pied du **mont Oros** (530 m). Cette pittoresque route, qui traverse des champs de pistachiers et le village de Fáros, s'achève à **Pérdika**, à la pointe sud-ouest de l'île. Dominant le port, ce village de pêcheurs compte d'excellentes tavernes de poissons qui, le week-end, sont remplies d'Athéniens.

Les ruines disséminées des chapelles byzantines, autour de Paléochora

Les îles des environs

De Pérdika, comptez 15 minutes en caïque pour rejoindre **Moní**, célèbre par ses eaux vert émeraude, ses criques désertes et ses grottes cachées.

Agkístri est desservie en caïque depuis la ville d'Égine ou en ferry depuis Le Pirée. Cette île autrefois peuplée d'Albanais accueille de nombreux Allemands, qui possèdent la plupart des maisons de Metóchi, au-dessus du port de Skála. Malgré les nombreux hôtels, appartements et bars de Skála et de Mílos, l'autre port, le reste de cette île montagneuse couverte de pins est resté intact. Limenária, au sud de l'île, est un village de pêcheurs et d'agriculteurs plus traditionnel.

Temple d'Aphaia

Ναός της Αφαίας

Au sommet d'une colline couverte de pins qui domine Agía Marína, le temple d'Aphaia est l'un des temples doriques les mieux préservés de Grèce *(p. 60-61)*. L'édifice date d'environ 490 av. J.-C., mais on pense que le site abriterait des lieux de culte depuis le XIIIe siècle av. J.-C. En 1901, l'archéologue allemand Adolf Furtwängler y trouva une inscription relative à la déesse Aphaia, réfutant ainsi la théorie selon laquelle le temple serait dédié à Athéna. L'édifice ressemble au temple de Zeus à Olympie, érigé 30 ans plus tard.

Murs intérieurs
Construits sur une base surélevée, ils étaient ponctués d'un chapiteau réduit pour correspondre aux chapiteaux de la colonnade.

Vue aérienne du site, depuis le sud

Les sculptures du fronton oriental, où Athéna figure au centre, remplacent des œuvres antérieures. Les œuvres du fronton occidental sont de style archaïque.

Triglyphe

Métope

Architrave

Colonnes d'angle
Ces colonnes étaient plus épaisses pour ponctuer l'édifice et pour compenser l'impression de finesse que donnent les colonnes qui se détachent sur le ciel.

Rampe menant de l'autel au temple

Architraves d'angle
La partie située au-dessus des chapiteaux est composée d'une architrave sobre surmontée d'une bande de métopes lisses alternant avec des triglyphes ornés.

Colonnes intérieures
La cella est entourée d'une double rangée de colonnes doriques superposées. Les cannelures des colonnes supérieures et des colonnes inférieures sont alignées.

Le toit était couvert de tuiles en terre cuite et le bord était ponctué de tuiles en marbre.

L'opisthodome, vestibule postérieur du temple

MODE D'EMPLOI

12 km à l'E d'Égine.
Tél. *22970 32398.* **Site** *juil.-août : t.l.j. 8h-18h ; avr.-mai et sept.-oct. : t.l.j. 8h-20h ; nov.-mars : t.l.j. 8h30-17h.* **Musée** *mar.-dim. 9h-13h (entr. à 9h, 11h, 12h, 13h).* *1er janv., 25 mars, Ven. saint au matin, Pâques, 1er mai, 25 et 26 déc.*

Vue de la cella
La cella était la salle centrale du temple, abritant la statue cultuelle. Dans les temples possédant plusieurs cellas, la salle postérieure était exclusivement réservée à la prêtresse.

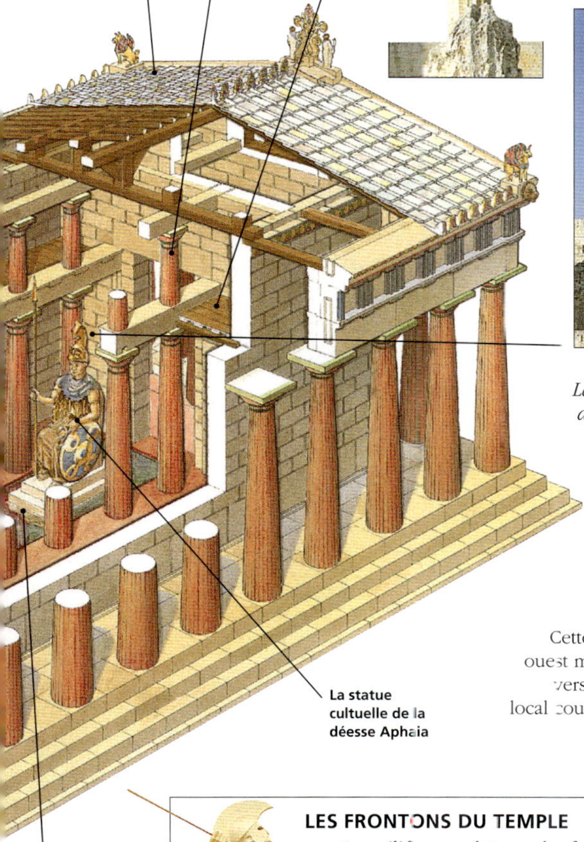

RECONSTITUTION DU TEMPLE D'APHAIA

Cette reconstitution vue du nord-ouest montre le temple tel qu'il était vers 490 av. J.-C. Bâti en calcaire local couvert de stuc et peint, l'édifice était riche en couleurs.

La statue cultuelle de la déesse Aphaia

Les libations (offrandes) d'huile d'olive faites à la déesse étaient recueillies ici.

LES FRONTONS DU TEMPLE

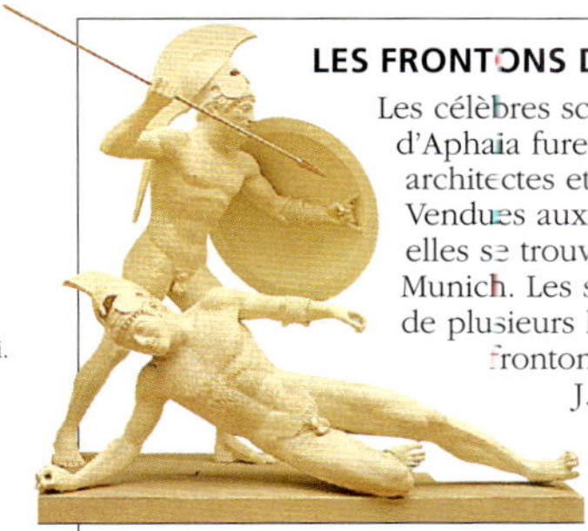

Réplique de la sculpture des *Guerriers* du fronton occidental

Les célèbres sculptures des frontons du temple d'Aphaia furent découvertes en avril 1811 par des architectes et des artistes britanniques et allemands. Vendues aux enchères au prince héritier de Bavière, elles se trouvent aujourd'hui à la Glyptothèque de Munich. Les sculptures représentent les combats de plusieurs héros mythologiques. Les œuvres du fronton ouest, qui datent d'environ 490 av. J.-C., sont de style archaïque tardif. Celles du fronton est, aux mouvements plus fluides et aux expressions plus sérieuses, datent d'environ 480 av. J.-C. et préfigurent le style classique.

Póros

Πόρος

4 500. Póros.
Póros (22980 22462).
ven. matin à Paidikí Chará.

L'île tire son nom du passage *(póros)* de 400 m de large qui la sépare du continent, à Galatás. Il s'agit en réalité de deux îles, reliées par une jetée : Kalavreía, plantée de pins, au nord, et Sfairía, îlot volcanique plus petit, au sud. C'est là que se trouve la localité de **Póros**, qui s'étend le long du détroit animé. Bien que touristique, la ville est agréable. Les maisons du XIXe siècle, étagées, sont dominées par la tour de l'Horloge.

L'**École navale nationale**, fondée en 1849, se dresse au nord-ouest de la jetée et de la ville de Póros. Un vieux navire, où sont formés les élèves officiers, y est généralement ancré.

À Kalavreía, le joli **Moní Zoödóchou Pigís**, du XVIIIe siècle, est bâti autour de la seule source de l'île. Au sommet d'une colline, près du centre de Kalavreía, s'étendent les ruines du **temple de Poséidon**, érigé au VIe siècle av. J.-C., où l'orateur Démosthène préféra s'empoisonner, en 322 av. J.-C., plutôt que de se rendre aux Macédoniens. Durant l'Antiquité, le site était lié à Trézène (Péloponnèse).

Le front de mer animé d'Ydra

Hydra (Ydra)

Υδρα

2 700. Hydra. Hydra (22980 52205). Mandráki 1,5 km au NE d'Hydra ; Vlychós 2 km au SO.

Cette bande étroite de roche resta peu peuplée jusqu'au XVIe siècle, qui vit l'arrivée d'orthodoxes albanais. Pour subsister sur cette terre désolée, ils se tournèrent vers la mer. À la fin du XVIIIe et au début du XIXe siècle, la ville d'Hydra fut bâtie durant une courte période de prospérité, due aux insulaires qui forcèrent le blocus imposé par Napoléon. Après l'indépendance, Hydra retomba dans l'oubli, puis fut découverte par les étrangers après la Seconde Guerre mondiale. L'engouement pour l'île ne cessa de croître, et, dans les années 1960, les résidents étrangers y étaient nombreux. Restaurant les maisons anciennes, ils firent d'Hydra une localité très chic de Grèce. La ville a conservé sa physio-nomie de 1820 et les voitures en sont bannies. Tous les transports y sont assurés par des ânes, qui escaladent les ruelles.

Clocher de l'église Panagía à Hydra

La ville d'Hydra

Plus d'une dizaine de demeures de trois ou quatre étages *(archontiká)* se dressent autour du port. Mais aucune n'est ouverte au public de façon permanente.

La ville de Póros, avec ses maisons agrippées sur les flancs de Sfairía

Pour les hôtels et les restaurants de la région, voir p. 304-306 et p. 331-332

Elles furent construites par des artisans itinérants, entre 1780 et 1820.
Sur le côté est du port, la **maison Tsamadoú** abrite une école de la marine marchande. À l'ouest, la **maison Tompázi** accueille l'École des beaux-arts. Juste derrière le milieu du quai en marbre se dresse l'église monastique de la **Panagía**, construite entre 1760 et 1770, avec des pierres du temple de Poséidon de Póros. Le marbre du clocher provient d'une demeure de Tínos.

À la découverte de l'île
Ici, les visiteurs doivent se déplacer à pied ou emprunter des bateaux-taxis pour longer la côte. **Kamíni**, à 15 minutes de marche vers le sud-ouest, est le principal port de pêche de l'île. Le hameau d'**Episkopí**, au sud-ouest, était autrefois un lieu de villégiature et un domaine de chasse. Après une heure de marche sur des chemins escarpés, vous découvrirez le couvent d'**Agía Efpraxía**, où vivent des religieuses vendant des produits artisanaux. Le monastère **Profítis Ilías**, adjacent, date du XIXe siècle. Dans la partie orientale de l'île se trouvent trois monastères inhabités, datant des XVIIIe et XIXe siècles. Ils jalonnent une route ardue, que vous mettrez trois heures à parcourir et qui mène à **Moní Panagía**, situé non loin du cap Zoúrvas, au nord-est de l'île.

Spétses

Σπέτσες

3 900. Spétses. Spétses (22980 73100). mer. à Kokinária.

Spétses est une altération de Pityoússa (« plantée de pins »), l'ancien nom de cette île ronde et verdoyante. Son histoire est semblable à celle d'Hydra : peuplement albanais

Le vieux port de Baltíza à Spétses

au XVIe siècle, riche passé maritime et contribution au mouvement révolutionnaire grec. L'enfant le plus célèbre de l'île est sans doute Laskarína Bouboulína. Cette héroïne fit fortune en forçant le blocus maritime imposé par Napoléon, puis elle engagea toute sa flotte et sa corvette, l'*Agamemnon*, dans la guerre pour l'indépendance, afin de combattre les Ottomans. Dans les années 1920 et 1930, Spétses fut une île à la mode, appréciée des Britanniques et des Grecs anglophiles. Les véhicules ne sont pas totalement bannis : cyclomoteurs et calèches se louent. Des bus desservent les plages.

Statue de L. Bouboulína à Spétses

La ville de Spétses
La ville longe la côte sur 2 km. Son centre se situe sur le quai de Ntápia, bordé de cafés. Une *archontiká* construite en 1795 abrite aujourd'hui le **musée Chatzi-Giánnis-Méxis**. Vous y verrez le cercueil de Laskarína Bouboulína et des figures de proue de ses bateaux. Sa maison accueille aujourd'hui le **musée Bouboulína**. Au sud-est s'étend le vieux port, dans la crique de **Baltíza**, où des artisans construisent des bateaux en bois selon les méthodes traditionnelles. Au-dessus du port, la charmante église d'**Agios Nikólaos**, du XVIIe siècle, possède des mosaïques en galets et un clocher réalisé par des artisans de Tínos.

Musée Chatzi-Giánnis-Méxis
300 m du port. ***Tél.*** *22980 72994. mar.-dim. 8h30-14h30. j.f.*

Musée Bouboulína
derrière la Plateía Ntápia.
Tél. *22980 72416. 25 mars-28 oct. : t.l.j. 10h30-20h15, en hiver sur r.-v.*

À la découverte de l'île
Une route, pas toujours goudronnée, fait le tour de l'île. La bicyclette et le deux-roues sont les meilleurs moyens de transport. Spétses compte les plus jolies plages de galets de toutes les îles Argo-Saroniques, comme **Ligonéri**, **Vréllas** et **Agía Paraskeví**. **Agioi Anárgyroi** est la seule plage de sable de l'île.

Mosaïque de galets de l'église d'Agios Nikólaos à Spétses

Cythère (Kýthira)

Κύθηρα

Appelée Tsérigo par les Vénitiens, Cythère est l'un des lieux de naissance légendaires d'Aphrodite. Jadis dominée par les Vénitiens et les Britanniques, à l'instar des îles Ioniennes, elle est aujourd'hui gérée administrativement depuis Le Pirée avec les autres îles Argo-Saroniques. Ses eucalyptus s'harmonisent à merveille avec son surnom d'« île aux Kangourous » : 60 000 de ses habitants sont partis vivre en Australie. Cythère est aussi très appréciée des Athéniens pour ses plages intactes et ses résidences secondaires.

LÉGENDE

Voir rabat arrière de couverture

Les maisons étagées de Chóra, à la tombée de la nuit

Le port de Kapsáli vu de Chóra

Chóra

À la destruction de Palaiochóra, en 1537, Chóra est devenue le chef-lieu de l'île. Son superbe ***kástro*** a été bâti en deux étapes, aux XIIIe et XVe siècles. Une citerne intacte se trouve au pied du *kástro*. Au sommet, d'anciens canons entourent l'église de **Panagía Myrtidiótissa**.

Autour de l'îlot d'Avgó, lieu de naissance d'Aphrodite, le fond de la mer plonge vers les profondeurs, avec une déclivité inégalée dans les autres îles grecques. La ville fut bâtie entre les XVIIe et XIXe siècles.

La ville basse, avec ses demeures imposantes aux toits plats, est très prisée par les Athéniens fortunés. Le **Musée archéologique**, à l'extérieur de Chóra, présente, entre autres, des pièces de sites mycéniens et minoens.

Musée archéologique
juil.-sept. : t.l.j. 10h-20h.
j.f.

Aux environs : yachts, hydroglisseurs et grands ferrys viennent s'ancrer dans le port très protégé de **Kapsáli**, à l'est de Chóra. **Moní Agios Ioánnis sto Gkremó**, construit au XVIe siècle, se dresse sur le bord de la falaise surplombant la forêt de pins. Les belles plages les plus proches sont **Fyrí Ammos** (galets), à 8 km au nord-est via Kálamos, avec des grottes marines à l'extrémité sud, et **Chalkós** (sable), à 7 km au sud de Kálamos.

Pour les hôtels et les restaurants de la région, voir p. 304-306 et p. 331-332

Maisons blanchies à la chaux, à Mylopótamos

À la découverte de l'île

La voiture est le meilleur moyen de découvrir cette île montagneuse. En été, un car dessert les principales localités une fois par jour.

Avec ses entrepôts voûtés et son double port, **Avlémonas** est un charmant village de pêcheurs, à l'extrémité orientale d'une côte rocheuse. C'est non loin d'ici que le *Mentor* coula en 1802, avec de nombreuses parties de la frise du Parthénon à son bord.

Châsse au bord de la route à Cythère

De belles plages bordent les deux côtés de Kastrí. Une église du VIe siècle, **Agios Geórgios**, au sol en mosaïques, se dresse au sommet de la montagne, dominant Avlémonas.

Mylopótamos est situé de l'autre côté de l'île. D'ici, un chemin se dirige à l'ouest vers la petite cascade de Fónissa, avec un moulin à eau et un petit pont de pierre en aval.

Perché en un lieu splendide entre des versants abrupts au nord et à l'ouest et avec plusieurs chapelles fermées à clé, le *kástro* vénitien de **Káto Chóra** ressemble un peu à Paléochora. La forteresse était un refuge bâti, en 1565, pour les paysans en temps de troubles. Le lion de Saint-Marc en garde l'entrée.

À 2,5 km de Káto Chóra, la **grotte d'Agía Sofía**, située à 150 m au-dessus du niveau de la mer, s'est formée dans les strates de calcaire noir. À l'entrée, des fresques peintes par un ermite du XIIIe siècle représentent les quatre vertus cardinales : courage, justice, sagesse, tempérance. **Paléochora** (Palaiochóra), la capitale byzantine de Cythère après 1248, fut construite de manière à ne pas être vue depuis la mer. Cependant, elle n'échappa pas au pirate Barberousse, qui la détruisit en 1537. Ses ruines trônent au sommet d'un promontoire escarpé. Parmi ses six églises, **Agía Varvára**, du XIVe siècle, est la mieux préservée.

Au sud, **Moní Agíou Theodórou** est le siège de l'évêque de Cythère. Construite au XIIe siècle, l'église a subi de nombreuses modifications. Le relief baroque couronnant la porte est une rareté en Grèce.

Au nord, le port principal, **Agía Pelagía**, compte quelques hôtels. **Karavás**, à 5 km au nord-ouest, domine les flancs escarpés de la vallée.

MODE D'EMPLOI

3 400. 22 km au NE de Chóra. Agía Pelagía et Kapsáli. entre Agía Pelagía et Kapsáli, et entre Diakófti et Kapsáli. 27360 33222. dim. à Potamós.

Grotte d'Agía Sofía

Mylopótamos. mar.-dim. nov.-mars. juil.-août.

Les îles des environs

Juste au nord de Cythère, la petite île aride d'**Elafonísi** est surtout fréquentée par des Grecs, qui apprécient ses fantastiques plages désertes. La plus jolie est celle de Símos, sur la côte orientale d'une péninsule, à 5 km au sud-est du port. L'île isolée d'**Anticythère** (Antikýthira), au sud-est de Cythère, n'a pas de plages.

De Paléochora, la vue s'étend vers l'est, au-delà d'une gorge

LES SPORADES ET EUBÉE

SKIÁTHOS · SKÓPELOS · ALÓNISSOS
SKÝROS · EUBÉE

Les paysages verdoyants de l'île d'Eubée et des Sporades sont une véritable surprise pour qui vient d'îles arides comme les Cyclades. Depuis l'Antiquité, colons et pirates ont été séduits par les montagnes couvertes de pins, les sources, les rivières, les plages interminables et les criques cachées de cet archipel.

Tout au long de leur histoire, ces îles proches du continent ont été facilement conquises. Dès la préhistoire, elles furent colonisées par Vólos (Iolcos), peu éloignée, et aussi par les Minoens, qui y introduisirent la culture de la vigne et de l'olivier. Plus qu'ailleurs, la richesse du passé de l'île transparaît dans les nombreux bâtiments construits pendant les occupations vénitienne et turque. Pour se protéger des pirates, les habitants des Sporades vécurent dans des villes fortifiées jusqu'au XIXe siècle. À Eubée aussi, lorsque la vie devint trop difficile, les habitants de villages côtiers, comme Límni, émigrèrent à Skiáthos pour quelques générations. Les insulaires s'enorgueillissent d'un riche passé de commerce maritime dans la mer Égée. Aujourd'hui encore, ils sont réputés pour leurs talents de navigateurs. Véritable mosaïque de champs et de vergers fertiles arrosés de sources et de rivières, l'arrière-pays a permis le développement de l'agriculture. À Skýros surtout, île isolée et accidentée, cette insularité a donné naissance à des arts populaires originaux et à des traditions pittoresques. Son littoral peu accessible lui a épargné les nombreux complexes touristiques qui se sont multipliés à Skiáthos et à Skópelos. En raison de sa taille imposante, Eubée est l'une des rares îles où la vie se poursuit pendant l'été, sans être perturbée par l'afflux de vacanciers.

Statue de marin à Kárystos, Eubée

Le Castel Rosso près de Kárystos sur l'île d'Eubée

◁ **Le port d'Agnóntas à Skópelos, au coucher du soleil**

À la découverte des Sporades et d'Eubée

Dans les années 1960 et 1970, la jet-set a découvert les plages désertes de Skiáthos, Skópelos et Alónnisos. Aujourd'hui, le superbe littoral de ces îles n'est plus aussi chic, mais il continue à attirer les vacanciers grecs et étrangers. Sur presque toutes les plages, vous trouverez des bateaux et des planches à voile à louer. Skópelos et Skiáthos comptent de nombreux bars et boîtes de nuit. Quant à Eubée et Skýros, plus paisibles, elles offrent un intérêt culturel et des paysages variés ; elles se prêtent à merveille aux randonnées, entrecoupées de visites aux musées d'Art populaire et de farniente sur les jolies plages.

Une maison de Stení à Eubée, avec le mont Dírfys à l'arrière-plan

Le port de la ville de Skiáthos

VOIR AUSSI

- ***Hébergement*** p. 306-307
- ***Restaurants, tavernes et cafés*** p. 332
- ***Accès pour les îles*** p. 366-369

LES ÎLES D'UN COUP D'ŒIL

Alónissos *p. 114-115*
Évvoia (Eubée) p. 118-123
Skiáthos *p. 108-109*
Skópelos *p. 112-113*
Skýros *p. 116-117*

CARTE DE SITUATION

CIRCULER

Skýros et Skiáthos sont desservies par des vols intérieurs depuis Athènes, et l'aéroport international de Skiáthos accueille également des charters. En été, il est facile de se déplacer d'une île à l'autre : des ferrys et des hydroglisseurs Flying Dolphins relient les Sporades, Eubée et le continent. Des ferrys relient également l'archipel aux Cyclades et à Thessalonique. La meilleure base pour rayonner dans le sud d'Eubée est Kárystos. Pour découvrir la côte orientale, Kými convient parfaitement, tout comme Límni ou Loutrá Aidipsoú pour le nord.

Vue sur la ville de Skýros depuis le *kástro*

LÉGENDE

- Autoroute
- Route principale
- Route secondaire
- Route pittoresque
- Liaison de ferry, en saison
- Sommet

0 — 20 km

Skiáthos

Σκιάθος

Dès les débuts de son développement touristique, Skiáthos a été vouée à l'hédonisme. Alors que dans les années 1960 ses plages légendaires attiraient la jet-set, l'île est aujourd'hui le paradis des familles. Bien qu'avec l'arrivée des tour-opérateurs Skiáthos ait un peu perdu de sa superbe, elle continue à accueillir des yachts de luxe, ancrés au large de la plage de Koukounariés. Malgré l'essor du tourisme, l'île a conservé tout son attrait, grâce à ses paysages, ses beaux monastères et ses églises.

La baie de Koukounariés

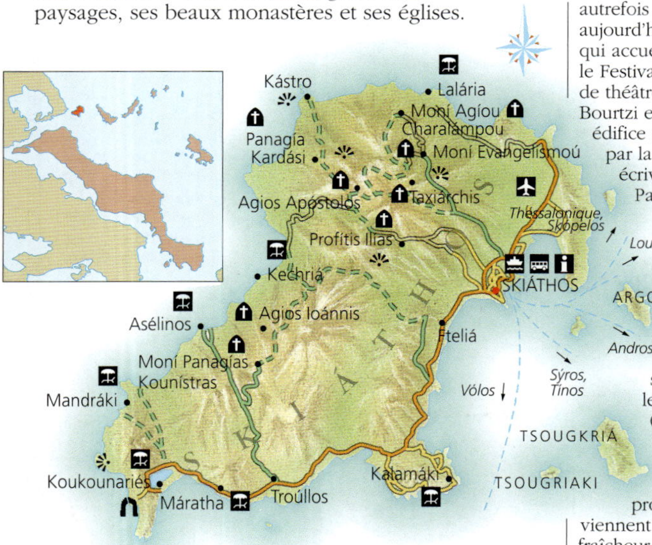

LÉGENDE

Voir rabat arrière de couverture

0 2 km

La ville de Skiáthos

Avec ses toits rouges et son dédale de ruelles pavées, la ville est restée pittoresque. Installée sur deux petites collines, elle est dominée par deux églises imposantes du XIXe siècle, **Trión Ierarchón** et **Panagía Limniá**, qui offrent de superbes vues sur le port animé. La rue principale serpente entre les deux collines vers le vieux quartier de Limniá, très paisible, avec ses maisons de capitaines restaurées et tapissées de bougainvillées et de vigne. La ville invite au shopping ; les boulangeries y côtoient des boutiques élégantes et des antiquaires, dont certains sont spécialisés dans les arts populaires, comme les céramiques, les icônes, les bijoux et les broderies.

La ville possède deux ports séparés par **Bourtzi**, un îlot desservi par une jetée étroite. Cet îlot couvert de pins, autrefois une forteresse, est aujourd'hui un centre culturel, qui accueille tous les étés le Festival égéen de danse, de théâtre et de musique. Bourtzi est dominé par un bel édifice néoclassique, gardé par la statue du célèbre écrivain Aléxandros Papadiamántis.

Le centre névralgique de la ville se trouve sur le long quai incurvé bordé de nombreux *kafeneía,* spécialisés dans les *loukoumádes* (beignets au miel). Le soir, le bord de mer attire de nombreux promeneurs qui viennent profiter de la fraîcheur. Pendant la journée, le départ et l'arrivée des yachts, des ferrys et des hydroglisseurs sont un spectacle en soi. À l'extrémité ouest du quai se trouvent un marché aux poissons et une *ouzerí* fréquentée par les insulaires. C'est d'ici que partent les bateaux et les

Vue sur la ville de Skiáthos, depuis l'église Profítis Ilías

Pour les hôtels et les restaurants de la région, voir p. 306-307 et p. 332

Fresque de l'église Christós

caïques pour les excursions sur les plages célèbres de l'île, comme Koukounariés et Lalária, ou les îles voisines de Tsougkriá et Argos.

Derrière le port, le **musée Papadiamántis** est installé dans la maison où vécut l'écrivain natif de l'île.

Musée Papadiamántis
Tél. *24270 23843. mai-oct. : mar.-dim. 9h30-13h30, 17h-19h30 ; nov.-avr. : mar.-dim. 9h-15h.*

Moní Agíou Charalámpou, dans les montagnes, au-dessus de Skiáthos

À la découverte de l'île

Au nord, l'arrière-pays, avec ses paysages verdoyants de pins et d'oliviers, cache des églises et des monastères abandonnés, des sources et de nombreux oiseaux. Le nord offre un contraste saisissant avec la côte sud très touristique. Ici, vous trouverez encore des plages et des criques désertes. Beaucoup d'entre elles, comme **Kechría** et **Mandráki**, sont accessibles uniquement grâce aux bateaux qui proposent le tour de l'île dans la journée.

La route principale au sud de Skiáthos passe par Ftélia et bifurque vers l'ouest, juste avant Troúllos, pour rejoindre la plage d'Aséinos et **Moní Panagía Kounístra**. Au XVIIe siècle, le moine qui bâtit ce monastère trouva une icône miraculeuse dans un arbre voisin. La peinture religieuse est conservée dans l'église Trión Ierarchón, dans la ville de Skiáthos.

De Moní Kounístra, le chemin qui se dirige vers le nord conduit à **Agios Ioánnis**, où la tradition veut qu'après avoir parcouru le chemin escarpé entre les pins, les promeneurs s'arrêtent pour sonner la cloche de l'église.

Encore plus au nord, la petite chapelle de **Panagía Kardási** du XIXe siècle, dont le plafond bleu est constellé d'étoiles, domine **Kástro**. Les vestiges des 300 maisons abandonnées en 1829 sont encore visibles dans cette ville déserte. Trois églises ont été restaurées. L'église de **Christós**, du XVIIe siècle, possède une belle iconostase.

MODE D'EMPLOI

6 000. 2 km au NE de Skiáthos. port, Skiáthos. 24270 23172. Festival égéen de danse de Skiáthos : juil.

Sur la route qui se dirige vers le nord-ouest en quittant Skiáthos, l'église **Profítis Ilías**, du XXe siècle, possède une voûte en berceau. À côté, une bonne taverne offre une superbe vue sur la ville. Plus au nord, la route longe des fermes prospères et l'église **Agios Apóstolos**, du XXe siècle, puis descend en traversant des terres où poussent la sauge et les fougères, vers **Moní Agíou Charalámpou** (1809). Au sud, **Moní Evangelismoú** fut fondé en 1775 par des moines du mont Athos. Ce monastère, où se cachèrent de nombreux combattants, joua un rôle crucial dans la guerre d'Indépendance *(p. 42-43)*.

En revenant vers Skiáthos, l'église de **Taxiárchis** se dresse au sud de Moní Agíou Charalámpou. Elle est couverte de plaques cruciformes.

ALÉXANDROS PAPADIAMÁNTIS

L'une des figures de proue de la littérature grecque, Aléxandros Papadiamántis, vécut ici les premières années de sa vie, avec ses cinq frères et sœurs, avant d'aller faire ses études à Athènes, où il commença sa carrière de journaliste. Il écrivit plus de cent romans et nouvelles, dans lesquels les îles se dessinent toujours en toile de fond. Parmi ses œuvres les plus connues, citons *La Fille de Bohème*, *Les Petites Filles et la Mort*, un drame psychologique, et *L'Amour dans la neige*. Il revint à Skiáthos en 1908, où il mourut trois ans plus tard.

Plage de Kalamáki, Skiáthos ▷

Skópelos
Σκόπελος

Malgré la proximité de Skiáthos, Skópelos est étonnamment restée plutôt préservée du tourisme. L'île fut colonisée par les Minoens dès 1600 av. J.-C. Quant aux Byzantins, ils y envoyaient leurs exilés. À compter de 1204, les Vénitiens la dominèrent pendant trois siècles environ. Renommée dans l'Antiquité pour son vin, Skópelos est toujours réputée pour ses fruits. Elle compte de jolies plages ainsi que de beaux paysages boisés de pins.

LÉGENDE

Voir rabat arrière de couverture

La ville de Skópelos

Cette charmante localité affiche fièrement ses atouts, avec ses 123 églises, ses belles demeures et ses innombrables commerces, proposant les spécialités locales (miel, prunes, confiseries, etc.). Les ruelles pavées de galets et de coquillages, dessinant des motifs sophistiqués, grimpent vers les hauteurs de la ville. Les visiteurs y découvriront de nombreuses demeures anciennes typiques des Sporades, avec leurs balcons en bois et leurs toits d'ardoises.

Dans la partie haute de la ville, l'église cruciforme **Panagía Papameletíou**, construite en 1662, est particulièrement belle. Elle est aussi appelée Koímisis tis Theotókou. L'intérieur, bien conservé, recèle des objets d'art liturgiques et une iconostase sculptée par l'artiste crétois Antónios Agorastós. Perchée sur une falaise dominant la ville, l'église **Panagía tou Pýrgou**, coiffée d'un toit brillant, surplombe le port.

Au-dessus de la ville moderne, l'ancien quartier, le Kástro, est dominé par les vestiges de la **forteresse** vénitienne. Bâtie par la famille Ghisi au XIIIe siècle, elle se dresse à l'emplacement de l'acropole antique du Ve siècle av. J.-C. L'église la plus proche est **Agios Athanásios**. Elle fut construite au XIe siècle sur des fondations du IXe. L'intérieur abrite de belles fresques du XVIe siècle. Derrière le port, le **musée d'Art populaire**, dans une demeure du XXe siècle, expose meubles, costumes et broderies locales.

La route conduisant à Panagía tou Pýrgou au-dessus de Skópelos

Musée d'Art populaire
Chatzistamáti. *nov.-mai : lun., ven. et dim. 10h-14h, sam. 11h-14h ; juin-oct. : lun., mer. et ven. 10h-14h, 19h-21h (10h-14h mar., jeu. et sam.), dim. 11h-14h.*

Aux environs : les collines dominant la ville sont émaillées de nombreux monastères. Desservis par la route partant vers l'est à la sortie de la ville, ils possèdent

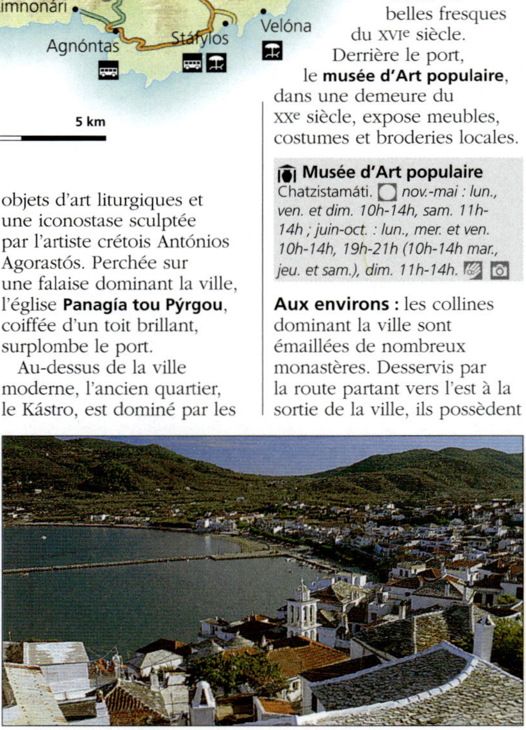

La jolie baie de Skópelos, vue du quartier du *Kástro*

Pour les hôtels et les restaurants de la région, voir p. 306-307 et p. 332

Tavernes de poissons sur la baie d'Agnóntas, en fin d'après-midi

de belles églises, avec des iconostases sculptées et des icônes. Construit en 1712, le superbe **Moní Evangelistrías** (aussi appelé Evangelismós) est l'un des plus grands monastères de l'île. Les religieuses y vendent des créations artisanales. Plus haut, **Metamórfosis tou Sotíros**, datant du XVIe siècle, est l'un des plus vieux monastères de l'île. Il est habité par un moine solitaire.

Moní Timíou Prodrómou, au nord de Moní Metamórfosis tou Sotíros, a été restauré en 1721. Depuis les années 1920, l'édifice est habité par des religieuses qui vendent des produits artisanaux. Il offre une vue magnifique sur la ville de Skópelos. D'ici, un chemin escarpé escalade les flancs du **mont Paloúki**. Abandonné, **Moní Taxiarchón** est desservi par un chemin qui serpente sur les *sares* – nom donné aux roches surplombant Skópelos.

À la découverte de l'île

La route principale traverse la côte sud, plus animée, et se poursuit jusqu'à Glóssa au nord-ouest. L'intérieur des terres, avec ses pruniers, ses forêts de pins et ses *kalívia* (fermes), est magnifique. Sachez toutefois que la signalisation des routes est très mauvaise.

Une route abrupte descend vers Stáfylos et Velóna, deux plages très appréciées au sud de la ville de Skópelos. **Agnóntas**, où les ferrys accostent par mauvais temps, est plus paisible que la ville de Skópelos. Les insulaires viennent manger dans les tavernes sur la plage de galets. Non loin, **Limnonári**, avec sa belle plage de galets

Maisons blanchies à la chaux à Glóssa

MODE D'EMPLOI

3 000. Skópelos.
sur le port (24240 23221).
Panagía : 15 août.

et ses eaux cristallines, est desservi par bateau ou par la route étroite du sommet de la falaise. Avant d'arriver au village moderne d'Elios, vous passerez par deux stations balnéaires animées : Miliá et Pánormos. La petite plage voisine d'**Adrína** est souvent déserte. Au large, une île boisée, Dasiá, tire son nom d'une femme pirate qui s'y noya jadis.

Située en face de Skiáthos, **Glóssa** est la deuxième grande bourgade de l'île et a d'intéressants vestiges vénitiens. Le port de **Loutráki**, au-dessous de Glóssa, est un lieu paisible. Beaucoup de ferrys s'y arrêtent.

Sur la côte nord, des caïques font la navette toutes les demi-heures entre la plage de galets de **Glystéri** et Skópelos. De Glystéri, une route sinueuse s'enfonce dans la région boisée, qui s'étend à l'est du **mont Délfi**. Une courte promenade dans la forêt de pins vous conduira à quatre niches mystérieuses. Des pancartes indiquent qu'il s'agit de *sentoúkia*, littéralement « caisses », sculptées dans la roche, qui seraient des sarcophages datant du Néolithique. De là, le panorama est magnifique.

LES KALÍVIA

L'intérieur de Skópelos est émaillé de superbes *kalívia* (fermes). Certaines de ces constructions traditionnelles en pierre restent habitées toute l'année, d'autres ne sont utilisées que pendant les récoltes ou pour les fêtes de saints locaux. Toutes possèdent des fours extérieurs servant à faire sécher les prunes – vestiges de l'époque où Skópelos était renommée pour ces fruits. Ces bâtiments donnent un aperçu de la vie rurale, qui a quasiment disparu des îles voisines.

Kalívi traditionnelle, blottie entre les oliviers et les cyprès

Deux maisons anciennes à Palaiá Alónissos, en cours de restauration

Alónissos

Αλόννησος

2 800. Patitíri. Kokkinókastro 6 km au N de Patitíri.
www.alonissos.gr

L'île n'a pas été épargnée par l'histoire : comme toutes les Sporades, elle a subi de multiples attaques, notamment celles du pirate Barberousse. Plus récemment, en 1965, elle a été ravagée par un tremblement de terre. Alónissos est relativement préservée du tourisme, qui se concentre surtout autour de Patitíri et Palaiá Alónissos.

Patitíri

Ce port est très animé. Des bateaux proposent des excursions d'une journée dans les îles voisines. Au nord-est du port, au-delà des rochers, l'endroit se prête à la baignade. Dans les ruelles pittoresques, on retrouve les cours blanchies à la chaux et les pots de fleurs que les Grecs affectionnent. À 3 ou 4 km au nord de Patitíri, Rousoúm Gialós et Vótsi, avec leurs ports naturels donnant sur les falaises, sont paisibles.

Bateaux de pêcheurs ancrés dans le port de Patitíri

À la découverte de l'île

Plages et criques se succèdent. L'arrière-pays est quadrillé de pistes accessibles uniquement aux bergers intrépides et aux motos. À l'ouest de Patitíri, l'ancienne capitale **Palaiá Alónissos** est perchée au sommet d'une falaise. Vous y verrez les vestiges d'une forteresse vénitienne du XVe siècle et une jolie petite chapelle : Tou Christoú. La ville a été sérieusement touchée par le séisme de 1965, qui a contraint les habitants à fuir. Les maisons ont été restaurées par des Allemands et des Anglais, et l'endroit affiche aujourd'hui tout le charme architectural d'un village traditionnel des Sporades.

La route traversant l'île, au nord-est de Patitíri, révèle un paysage fertile de pins, d'oliviers et d'arbousiers. Sur la plage de galets, encadrée de falaises rouges et de pins, de **Kokkinókastro**, les visiteurs verront les vestiges antiques d'Ikos, qui est l'ancien nom de l'île. Plus loin au nord, en longeant la côte, se trouve le village de **Stení Vála**. De là, une route serpente vers Gérakas, la pointe nord de l'île, qui est très sauvage. La jolie plage déserte abrite la **Société hellénique pour l'étude et la protection des phoques moines**. Le bâtiment principal de cette organisation se trouve dans la zone portuaire de Patitíri.

Société hellénique pour l'étude et la protection des phoques moines
Patitíri. *Tél. 24240 66350.*
avr.- oct. : t.l.j. ; nov.-mars : sur demande.

Taverne à Stení Vála

Pour les hôtels et les restaurants de la région, voir p. 306-307 et p. 332

Phoques moines de Méditerranée appartenant à une espèce menacée

Réserve marine des Sporades

Θαλάσσιο Πάρκο

de Skiáthos, Skópelos, Alónissos.

Créée en 1992, la Réserve marine d'Alónissos et du nord des Sporades est la seule réserve de ce type en mer Égée. Elle englobe Alónissos, mais aussi les îlots voisins de Peristéra, Skantzoúra et Gioúra, inhabités. Des excursions en bateau sont proposées pour la journée, mais l'accès à la réserve est limité.

Ce parc a été créé pour protéger une importante colonie de phoques moines de Méditerranée qui s'y reproduisent et le fragile écosystème marin. Grâce à l'initiative de biologistes marins de l'université d'Athènes, qui ont fondé la société en 1988, la plus grande population de phoques moines de Grèce fait aujourd'hui l'objet d'un suivi scientifique. On estime qu'environ 50 phoques moines vivent dans la réserve et 250 en mer Égée. À l'échelle mondiale, la population serait inférieure à 500 spécimens – ce qui en fait l'une des espèces les plus menacées. La campagne de sensibilisation de l'opinion au sort des phoques et de limitation de la pêche semble avoir porté ses fruits.

Vous n'aurez peut-être pas la chance d'y voir des phoques, mais la réserve vous donnera un aperçu intéressant de la faune locale : chèvres sauvages de Gioúra, goélands d'Audouin, qui sont très rares, et faucons d'Éléonore, vivant sur les falaises de l'îlot de Skantzoúra.

Au printemps et en automne, la réserve est aussi une étape importante pour les oiseaux migrateurs. Des oiseaux terrestres, des petites fauvettes aux busards pâles, traversent la région en grand nombre, lorsqu'ils quittent ou rejoignent leurs zones de reproduction, dans le Nord de l'Europe.

LA FAUNE MARINE DANS LES SPORADES

En guettant les phoques moines, vous pourrez observer la faune sauvage des Sporades, d'une grande richesse. Ici, hérons cendrés et martins-pêcheurs vivent sur le littoral – ce qui surprendra les visiteurs du Nord de l'Europe, où ces oiseaux vivent en eau douce. En automne et au printemps, vous pourrez observer différentes espèces de goélands et de sternes. En vous approchant des falaises, essayez d'apercevoir des faucons d'Éléonore, qui nichent dans des recoins inaccessibles. En vol, ils sont des acrobates hors pair.

En mer, scrutez l'eau pour découvrir des méduses. Vous verrez aussi parfois des groupes de dauphins qui escortent les bateaux. Les puffins cendrés planent au ras des vagues, puis s'élancent dans les airs. Si vous êtes en mer après la tombée de la nuit, vous apercevrez peut-être une bioluminescence à la surface des vagues, due à des micro-organismes marins.

Les dauphins apparaissent parfois en petits groupes, bondissant hors de l'eau au loin ou escortant les bateaux.

Les puffins cendrés, nombreux autour d'Alónissos, planent au ras de l'eau.

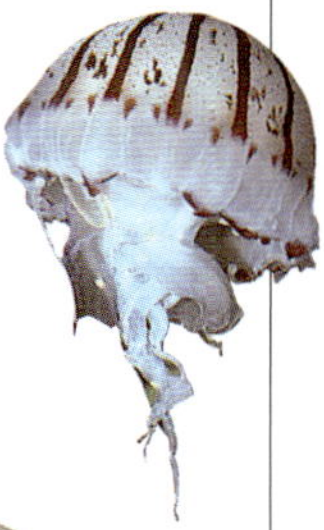

Les méduses sont nombreuses au large des Sporades.

Les goélands de Méditerranée se reconnaissent à leurs ailes blanches et à leurs têtes noires caractérisant le plumage d'été.

Skýros

Σκύρος

Poney de Skýros

À Skýros, deux héros connurent des destins contraires : Achille *(p. 83)* y trouva refuge et Thésée y fut exilé puis assassiné. Colonie athénienne à partir de 476 av. J.-C., l'île devint une terre d'exil pour les nantis de la Constantinople byzantine. Elle accueille aujourd'hui des bases de la marine et de l'aviation grecques. Par son héritage culturel, ses paysages et son architecture, cette île est plus proche du Dodécanèse que des Sporades.

Broderie traditionnelle de l'île, exposée au musée Fáltáits

La ville de Skýros

L'architecture de la ville, avec son mélange séduisant de maisons carrées, d'églises byzantines et de places spacieuses, est inhabituelle dans la mer Égée. Hormis la rue principale, défigurée par des tavernes et des bars bruyants, les ruelles sont bordées de maisons typiques, ornées de céramiques traditionnelles, de boiseries sculptées, de cuivres et de broderies que les habitants exposent fièrement.

Au sommet du *kástro* de la vieille ville, avec ses demeures imposantes, se dressent les vestiges de la **forteresse de Lykomedes**, site d'une acropole antique et d'une forteresse vénitienne. Les visiteurs pourront s'y rendre par un tunnel passant sous **Moní Agíou Georgíou**. L'édifice aux murs blanchis à la chaux abrite une belle peinture de saint Georges terrassant le dragon.

Poésie immortelle, sur la Plateía Rupert Brooke

Du *kástro*, la vue sur la baie en contrebas est magnifique. Non loin s'étendent les vestiges de deux églises byzantines et trois petites chapelles, aux intérieurs pastel bleu et rose. La ville possède deux musées intéressants. Le **Musée archéologique** expose des bracelets et des poteries découverts lors de fouilles sur des sites néolithiques et minoens de l'île. Le musée propose de découvrir l'habitat traditionnel de la ville de Skýros, réalisé avec des matériaux locaux. Le superbe **musée Fáltáits** a été ouvert en 1964 par Manos Fáltáits, dans une demeure appartenant à la famille. Il présente une collection d'objets d'arts populaires, avec des livres, des manuscrits, des photographies et des peintures, illustrant l'histoire et la culture de l'île. Cette collection montre comment les artisans ont intégré les influences byzantine, vénitienne et ottomane, mais aussi comment l'émergence d'une aristocratie prospère a fait évoluer la sculpture sur bois, la broderie, la céramique et le travail du cuivre vers des arts raffinés.

Le **Centre de Skýros**, qui dispense des cours de yoga, de réflexologie, d'écriture et de planche à voile, vous permettra aussi de vous initier à ces artisanats. Ce centre se trouve dans la ville de Skýros, avec une succursale à Atsítsa, sur la côte occidentale.

La Plateía Rupert Brooke, dans le haut de la ville, est connue par sa statue, *Poésie immortelle,* élevée en 1930 à la mémoire du poète britannique Rupert Brooke qui mourut dans l'île en 1915.

Musée archéologique
Plateía Brooke. ***Tél.*** *22220 91327.*
mar.-dim. *j.f.*

Musée Fáltáits
Palaiópyrgos. ***Tél.*** *22220 91232.*
t.l.j. 10h-14h, 18h-21h.

Centre de Skýros
Tél. *01983 865566.* *avr.-oct.*

Forteresse de Lykomedes, dominant la ville de Skýros

Aux environs : en contrebas de la ville de Skýros s'étendent les stations balnéaires de **Mólos** et **Magaziá**. Aux alentours, vous trouverez des chambres à louer, des tavernes et des hôtels corrects. Plus loin, sur la côte de Magaziá, la plage de sable de **Pouriá** permet de s'adonner à la pêche sous-marine et à la plongée au tuba. Au **cap Pouriá**, une chapelle, Agios Nikólaos, est installée dans une grotte. Non loin s'étend l'îlot de Vrikolakonísia où les malades incurables étaient envoyés au XVIe siècle.

Pour les hôtels et les restaurants de la région, voir p. 306-307 et p. 332

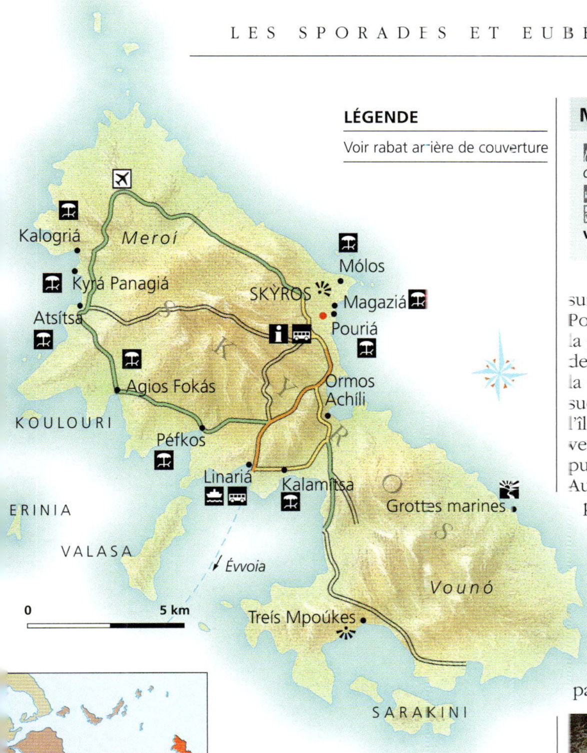

LÉGENDE

Voir rabat arrière de couverture

MODE D'EMPLOI

3 000. 18 km au NO de Skýros. Linariá. Skýros. 2220 91206 carnaval : fin fév.-déb. mars.
www.skyros.gr

À la découverte de l'île

La route reliant la ville de Skýros au port de Linariá divise l'île en deux parties distinctes. C'est à Meroí, dans le nord, que la plupart des habitants vivent et pratiquent l'agriculture, dans les plaines fertiles de Kámpos et Trachý.

Skýros est connue par ses poneys, que l'on retrouverait, d'après certaines hypothèses, sur la frise du Parthénon *(p. 290)*. Ces animaux sont élevés exclusivement sur l'île depuis l'Antiquité, et certains y vivent à l'état sauvage, surtout dans le sud, près de la tombe de Rupert Brooke.

La route se déroulant vers le nord, depuis la ville de Skýros, conduit d'abord à l'aéroport, puis traverse une forêt de pins pour mener à **Kalogriá** et **Kyrá Panagiá**, deux plages protégées du *meltémi* (vent du nord). D'ici, la route conduit au petit village d'**Atsítsa**, avec sa plage bordée de pins. Vous y trouverez des chambres à louer, une bonne taverne et la succursale du Centre de Skýros, qui permet de passer des vacances actives. Un peu plus au sud se déroulent deux plages : **Agios Fokás** et **Péfkos**. De Péfkos, la route revient en serpentant vers le port de **Linariá**, où des caïques proposent des excursions vers les grottes marines, accessibles uniquement par la mer, à Pentekáli et Diatrýpti sur la côte orientale.

Pour rejoindre Vounó, la partie sud montagneuse de l'île, vous devrez traverser la vallée étroite et fertile, au sud d'**Ormos Achíli**, qui divise l'île. La route continue au sud vers la baie de **Kalamítsa**, puis vers **Treís Mpoúkes**. Autrefois utilisé par les pirates, ce port naturel profond sert aujourd'hui à la marine grecque. La localité, desservie par une piste, accueille la tombe de marbre du poète Rupert Brooke (1887-1915), qui mourut sur un navire-hôpital partant pour Gallipoli.

La plage de sable de Péfkos, aux eaux bleu azur, est bordée d'arbres

Le *géros* dans son costume

LA DANSE DE LA CHÈVRE DE SKÝROS

Cette danse est l'un des rares rites grecs puisant ses racines dans des fêtes païennes. C'est l'événement majeur des festivités précédant le carême à Skýros. Des groupes d'hommes déguisés défilent bruyamment dans les ruelles étroites de la ville de Skýros. Chaque groupe est mené par trois personnages : le *géros* (vieil homme), qui porte l'habit traditionnel de berger et un masque en peau de chèvre et qui est affublé de cloches bruyantes ; le *koréla*, un jeune homme habillé avec des vêtements traditionnels de femme ; et le *frángos* (« étranger »), personnage comique aux habits débraillés.

Eubée (Évvoia)

Εύβοια

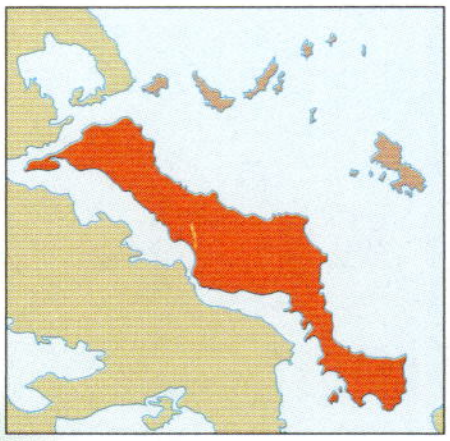

Eubée est la deuxième île grecque par la superficie, après la Crète. Dans l'ensemble, elle est peu touchée par le développement touristique. De la domination macédonienne à la présence turque, l'île a subi de nombreuses occupations. Partout transparaissent les témoignages de son histoire, depuis les nombreuses cultures religieuses réunies à Chalcis jusqu'aux descendants des Albanais qui s'y installèrent au XVe siècle et qui parlent toujours leur dialecte à Arvanitika.

Cap Artémision
La bataille d'Artémision s'y déroula en 480 av. J.-C. 8

Istiaía est la localité principale de la moitié nord de l'île. C'est une jolie ville de marché, aux places paisibles *(p. 123).*

Límni
Les ruelles étroites sont bordées de maisons blanches, d'où tombent en cascade des fleurs chatoyantes 10

★ Loutrá Aidipsoú
Avec ses sources d'eau chaude, cette ravissante station balnéaire, au charme désuet, attire les visiteurs depuis des siècles. Dans la grande baie se poursuit l'activité des bateaux de pêche 9

Prokópi
La vaste propriété de Kandíli se trouve à l'extérieur du paisible village de Prokópi 7

À NE PAS MANQUER

★ Kárystos

★ Loutrá Aidipsoú

Chalcis (Chalkída)
Chalcis, le chef-lieu de l'île, est une ville moderne où se côtoient musulmans, juifs et orthodoxes. Un marché animé se tient près du bord de mer 1

Pour les hôtels et les restaurants de la région, voir p. 306-307 et p. 332

Stení
Nichée dans les collines du mont Dírfys, Stení, qui permet d'échapper à la canicule estivale, est une excellente destination pour une excursion d'une journée ❻

MODE D'EMPLOI

220 000. Agiókampos, Érétrie, Kárystos, Loutrá Aidipsoú, Marmári, Néa Stýra, Paralía Kýmis. Chalkída. Chalcis (22210 77777). compétition de cerfs-volants à Chalcis : mai-sept.

Kými
Dans le paisible port de Kými, le musée d'Art populaire expose des objets d'artisanat traditionnels, comme ce cadre brodé ❺

Ochthoniá
Les plages sauvages et dégagées des environs d'Ochthoniá, paisibles et souvent désertes, permettent de fuir l'animation du village ❹

Le mont Dírfys, point culminant de l'île, fait le bonheur des randonneurs *(p. 122)*.

★ Kárystos
Cette ville portuaire traditionnelle est dominée par les versants du mont Ochi ❸

Le lac Dystós est une vaste zone marécageuse, sur la route de Néa Stýra *(p. 121)*.

Érétrie antique
Des trouvailles de l'Érétrie antique, comme cette statue de la déesse Athéna, sont exposées au Musée archéologique de la ville moderne ❷

Néa Stýra est l'un des ports secondaires de l'île. Il accueille des ferrys du continent *(p. 121)*.

Le mont Ochi, aux panoramas magnifiques *(p. 121)*, se prête à merveille aux excursions d'une journée.

LÉGENDE
Voir rabat arrière de couverture

0 15 km

Chalcis (Chalkída) ❶

Χαλκίδα

La Chalcis antique fut l'une des principales cités-États indépendantes. En 506 av. J.-C., elle fut prise par Athènes et resta son alliée jusqu'en 411 av. J.-C. Brièvement macédonienne, la cité passa sous la domination romaine jusqu'en 200 av. J.-C. Elle connut ensuite, comme les Sporades, les présences byzantine, franche et vénitienne. Au VIe siècle av. J.-C., un pont enjambait déjà le canal de l'Euripe. La légende veut qu'Aristote, ne comprenant pas les changements de direction des courants, se jeta dans l'eau.

MODE D'EMPLOI

55 000. Athinón. au coin d'Athanasíou Diákou et Frízi. 22210 77777. lun.-sam. fête d'Agía Paraskeví : 26 juil.-1er août.

Un marché de Chalcis

À la découverte de Chalcis

Bien que la Chalcis moderne soit en grande partie une ville marchande, deux quartiers méritent une visite : le front de mer, qui donne sur le canal de l'Euripe, et le Kástro, installé sur les versants dominant le front de mer.

Le front de mer

Bordé de cafés, de restaurants et d'hôtels au charme désuet, le bord de mer possède aussi un marché couvert animé, où les fermiers des environs vendent leurs produits. Le marché provoque souvent des embouteillages dans les rues voisines. Ce quartier, qui porte toujours son nom turc de Pazári, compte des magasins intéressants spécialisés dans l'apiculture (au 6 Neofýtou) et dans d'autres activités rurales.

Le Kástro

Dans cet ancien quartier situé au sud-est du pont de l'Europe, les rues affichent un fascinant passé architectural. Beaucoup de maisons portent encore les traces de leur histoire vénitienne et turque, avec des façades en bois ou des blasons gravés dans le marbre. Aujourd'hui habité par des musulmans de Thrace, qui s'y installèrent dans les années 1980, et par les membres de l'ancienne communauté juive grecque, le Kástro possède aussi une variété impressionnante d'édifices religieux. Admirez la **synagogue** du XIXe siècle sur Kótsou, la belle mosquée **Emir Zade** du XVe siècle sur la place marquant l'entrée du Kástro et l'église **Agía Paraskeví**. La mosquée est généralement fermée. À l'extérieur, une fontaine en marbre porte une inscription en arabe.

Agía Paraskeví, grande basilique du XIIIe siècle, se dresse sur le site d'une église byzantine. Semblable à une cathédrale gothique de l'extérieur, elle présente à l'intérieur une mosaïque de différents styles, née des modifications successives apportées par les dominations étrangères, comme celle des Francs ou des Turcs. Elle recèle une iconostase en marbre, une chaire en bois, des murs de pierre brune et un plafond en bois. En face de l'église, le linteau d'une maison est orné du lion ailé de Saint-Marc, symbole de Venise.

Installé dans l'ancienne forteresse vénitienne au sommet du Kástro, le **musée d'Art populaire** présente une collection de costumes locaux, des gravures et un étrange ensemble d'uniformes provenant d'une fanfare de cuivres. Le **Musée archéologique** abrite une collection de trouvailles provenant de sites eubéens antiques, comme Kárystos. On peut y admirer des pierres tombales des vases du Ve siècle av. J.-C.

Tête de cheval romaine, Musée archéologique

Musée d'Art populaire
Skalkóta 4. ***Tél.*** *22210 21817. mer., jeu.-dim. 10h-13h, 18h-20h. j.f.*

Musée archéologique
Venizélou 13. ***Tél.*** *22210 76131. mar.-dim. 8h30-15h. j.f.*

Dans le Kástro, la mosquée du XVe siècle recèle des reliques byzantines

Pour les hôtels et les restaurants de la région, voir p. 306-307 et p. 332

À la découverte d'Eubée

Les forêts de pins et de châtaigniers, les cours d'eau et les plages désertes du nord fertile offrent un contraste criant avec le sud, aride et broussailleux. À partir des montagnes centrales, le sud devient accidenté et poussiéreux. Des routes serpentent sur des falaises, et le mont Ochi déroule ses versants escarpés.

Le pittoresque port de Kárystos, avec le mont Ochi à l'arrière-plan

Érétrie antique ❷

Αρχαία Ερέτρια

22 km au SE de Chalcis.

Les fouilles entamées vers 1890 à Néa Psará ont révélé le degré de civilisation de la cité-État antique d'Érétrie, anéantie en 87 av. J.-C. durant la première guerre contre Mithridate. Érétrie possédait des colonies en Italie et en Asie Mineure. Le port antique est ensablé, mais la richesse maritime d'antan transparaît dans les temples, le gymnase, le théâtre, le sanctuaire et l'agora en ruine, disséminés autour de la ville moderne.

Le **Musée archéologique** abrite des pièces de la cité antique, notamment des chaudrons en bronze, des urnes funéraires, des offrandes votives du temple d'Apollon, des bijoux en or et une tête de Gorgone, trouvée dans une villa macédonienne du IVe siècle av. J.-C.

Les archéologues ont également restauré la **maison aux Mosaïques** (demandez la clé au musée). Ses sols de mosaïque représentent des lions attaquant des chevaux, des sphinx et des panthères.

Musée archéologique
Sur la route de Chalcis à Alivéri.
Tél. 22290 62206. *mar.-dim. 8h30-15h.*

Aux environs : après **Alivéri**, avec sa forteresse médiévale et sa centrale électrique, la route se divise dans le village de **Lépoura**. D'ici, on aperçoit des tours vénitiennes sur les collines et dans la plaine de Dýstos, vers Kými au nord et vers Kárystos au sud. Une route sinueuse traverse des petits villages, comme **Stýra**, avec ses champs de blé environnants. Des ferrys partent des stations balnéaires Néa Stýra et Marmári, pour desservir le port de Rafína, sur le continent.

Kárystos ❸

Κάρυστος

130 km au SE de Chalcis.

5 000.

Dominée par le Castel Rosso et par le village de Mýloi Kárystos est une localité pittoresque. La partie moderne de la ville, qui date du XIXe siècle, a été construite sous le règne du roi Otton. Kárystos compte cinq édifices municipaux néoclassiques et d'excellentes tavernes de poissons en bord de mer, près de la forteresse vénitienne. Le **musée d'Art populaire** aménagé comme une maison typique de la ville, évoque la vie rurale : casseroles et poêles en cuivre, amphores à huile, meubles et broderies du XIXe siècle. Kárystos est réputée pour son marbre vert et blanc, et son ardoise verte ornant toits et sols.

Tête de Gorgone, Musée archéologique

Musée d'Art populaire
À 50 m de la place de la ville. *Tél. 22240 22452.* *mar. et jeu. 8h-22h.* *j.f.*

Aux environs : au sud-est de Kárystos, des villages isolés, comme Platonistós et Amigdaliá, sont agrippés aux flancs du mont Ochi. Les visiteurs peuvent découvrir en caïque les ravissantes criques voisines, qui cachent des sites préhistoriques.

LES MAISONS DU DRAGON

Sur la route principale, à Stýra, une pancarte indique les mystérieuses maisons du Dragon, appelées *drakóspita*. Des flèches rouges balisent la route menant à ces constructions basses. Bâties avec de gigantesques blocs de pierre, elles doivent leur nom à la seule créature jugée capable de déplacer ces blocs pesants. Il existe de nombreuses théories sur les *drakóspita*, mais la plus plausible les lie à deux autres sites semblables aux sommets du mont Ochi et du mont Ymittós, en Attique. Tous trois se trouvent près de carrières de marbre, et on pense que des esclaves cariens d'Asie Mineure auraient édifié ces temples, vers le VIe siècle av. J.-C.

Cette route pittoresque serpente dans les oliveraies, entre Ochthoniá et Avlonári

Ochthoniá ❹

Οχθονιά

90 km à l'E de Chalcis. 1 140.

Avec leurs maisons néoclassiques et leurs tours vénitiennes en ruine, Ochthoniá et le village voisin, Avlonári, rappellent tous deux les villes d'Ombrie.

Un château franc domine Ochthoniá ; à l'ouest d'Avlonári, une basilique du XIVe siècle, Agios Dimítrios, est la plus grande église byzantine d'Eubée. Au-delà des champs fertiles entourant les villages, des plages sauvages, comme celles d'Agios Merkoúris et de Mourterá, se déroulent vers les falaises abruptes du cap Ochthoniá.

Kými ❺

Κύμη

90 km au NE de Chalcis. 4 000. sam. Platána 7 km au S.

À 4 km de Paralía Kýmis, sur les hauteurs, le village prospère de Kými offre une vue à couper le souffle sur la mer. Ce village reculé doit son étonnante prospérité à la production de soie et au commerce maritime, au XIXe siècle. Vers 1880, 45 bateaux de Kými sillonnaient les routes maritimes de la mer Égée. Les ruelles étroites bordées d'élégantes maisons néoclassiques attestent sa richesse passée. Aujourd'hui, Kými est renommé pour l'eau de source aux vertus médicinales de Choneftikó, non loin de là, et pour sa statue du Dr Geórgios Papanikoláou, le plus célèbre fils du village. Ce scientifique est l'inventeur du frottis vaginal. Le **musée d'Art populaire** expose de nombreux objets illustrant la vie du village : cocons, broderies, costumes. La route au nord de Kými mène à **Moní Metamórfosis tou Sotíra**, monastère du XVIIe siècle habité par des religieuses, qui est perché sur le bord de l'escarpement.

Dr Papanikoláou (1883-1962)

Musée d'Art populaire
Tél. *22220 22011.* *sur r.-v. seul.* *j.f.*

Stení ❻

Στενή

31 km au NE de Chalcis. 1 250.

Ce village montagnard est apprécié par les Grecs pour la fraîcheur de son climat et sa beauté, et par les randonneurs qui partent à l'assaut du mont Dírfys, le point culminant de l'île (1 750 m). Une promenade vivifiante suivie d'un déjeuner de cuisine montagnarde – grillades et haricots cuits au four – garantissent une journée réussie. Sur la place principale, des commerces proposent des herbes aromatiques sauvages et de la tisane de montagne.

La superbe route menant de Stení à la côte nord serpente sur les flancs de la montagne et traverse des gorges étroites, où jaillissent des cascades, et des champs qui se déploient jusqu'à la mer.

Non loin de Kými, Moní Sotíra surplombe la mer

Pour les hôtels et les restaurants de la région, voir p. 306-307 et p. 332

Prokópi 7

Προκόπι

52 km au NO de Chalcis. 1 200. dim. *Krýa Vrýsi 15 km au N.*

Plongé dans une douce torpeur, Prokópi s'anime uniquement à l'arrivée des bus remplis de visiteurs. Les pèlerins viennent vénérer la dépouille de saint Jean le Russe (Agios Ioánnis o Rósos), dans l'église moderne d'Agiou Ioánnou tou Rósou. Sur la place, des magasins de souvenirs et des hôtels accueillent les pèlerins. Le saint, qui était en réalité ukrainien, fut fait prisonnier par les Turcs, au XVIIIe siècle, et emmené dans l'actuelle Ürgüp, en Turquie centrale. Après sa mort, sa dépouille miraculeuse fut amenée à Eubée par les Grecs, durant l'exode d'Asie Mineure (1923).

Prokópi est également célèbre grâce à la famille anglaise Noel-Baker, qui possède la propriété voisine de Kandíli. Les villageois éprouvent des sentiments mitigés à l'égard de cette propriété au passé féodal. Toutefois, Kandíli, qui est aujourd'hui un centre de vacances, draine beaucoup de visiteurs – ce qui profite à l'économie locale.

Aux environs : la route reliant Prokópi et Mantoúdi longe la rivière Kiréa. Un chemin conduit à l'un des plus vieux arbres de Grèce, un gigantesque platane, qui aurait plus de 2 000 ans. Malheureusement, il est menacé par la présence d'une mine voisine.

La propriété de Kandíli, à Prokópi

Vue sur la plage du cap Artémision

Cap Artémision 8

Ακρωτήριο Αρτεμίσιο

105 km au NO de Chalcis. *à Agriovótano.* *Agriovótano.* *Psaropoúli 15 km au SE.*

En contrebas du pittoresque village d'Agriovótano s'étend le cap Artémision, site de la bataille d'Artémision. Conduits par le roi Xerxès Ier, les Perses furent défaits par les Grecs, en 480 av. J.-C. En 1928, des pêcheurs remontèrent dans leurs filets la statue de bronze de *Poséidon*, qui est exposée au Musée archéologique national d'Athènes *(p. 286)*.

Vieux camion en tournée de livraison

Aux environs : à 20 km environ, **Istiaía** est une charmante ville, avec ses places paisibles, ses chapelles blanches et ses maisons ocre.

Loutrá Aidipsoú 9

Λουτρά Αιδηψού

100 km au NO de Chalcis. 3 000. 22260 22456. *lun.-sam.* *Giáltra 15 km au SO.*

Déjà renommée dans l'Antiquité pour ses eaux sulfureuses, Loutrá Aidipsoú est la plus grande ville de cure du pays. L'eau jaillit dans toute la cité et beaucoup d'hôtels sont construits sur des sources d'eau chaude. Dans les bassins de pierre des bains publics, la vapeur s'élève en hiver, chauffant les pierres rouges. Le vieil hôtel Thérmai Sýlla possède un ascenseur ancien et un escalier en marbre conduisant aux superbes salles de soins en sous-sol. Ce luxe date de l'époque où des célébrités et des hôtes fortunés venaient y prendre les eaux. D'autres hôtels néoclassiques, au charme vieillot, se dressent en bord de mer, rappelant les heures de gloire de la ville à la fin du XIXe siècle. L'ambiance de la ville est décontractée, et, en été, la plage est fréquentée par des familles grecques.

Aux environs : en été, un ferry traverse la baie pour rejoindre **Loutrá Giáltron**, où l'eau chaude des sources se mêle à l'eau de mer sur une plage paisible bordée par des tavernes.

Límni 10

Λίμνη

87 km au NO de Chalcis. 2 100. *22270 32111.*

La ville, qui connut la prospérité au XIXe siècle grâce à la mer, possède des maisons élégantes, des rues pavées et un ravissant front de mer. Au sud, un monastère byzantin, le plus vieux de l'île, **Moní Galatáki**, est blotti sur les flancs du mont Kandíli. Il est habité par des religieuses depuis les années 1940. L'église abrite de belles fresques. Le *Jugement dernier* est représenté avec force détails : les élus montent frénétiquement l'échelle menant au paradis, et les damnés sont entraînés dans la gueule du monstre.

LES ÎLES DU NORD-EST DE LA MER ÉGÉE

THÁSOS · SAMOTHRACE · LEMNOS · LESBOS CHÍOS · ICARIE · SÁMOS

Plus que dans tout autre archipel grec, les sept îles principales du nord-est de la mer Égée sont très hétéroclites. Malgré leur proximité géographique, leur passé génois et leur industrie de la pêche prospère, ces îles se distinguent sur les plans de leur culture, de leurs paysages et des modes de vie des insulaires.

***Assomption de la Vierge*, de Theófilos (1873-1934), Musée byzantin de Mytilíni, Lesbos**

Malgré l'importance de Sámos et de Chíos dans l'Antiquité, les vestiges de leur gloire passée sont rares. En revanche, Chíos compte les plus beaux monuments médiévaux de la région, notamment le monastère byzantin de Néa Moní et les villages du Mastic. Sámos s'enorgueillit d'un extraordinaire musée réunissant les trouvailles de l'Héraion. À Mýrina, le chef-lieu de Lemnos, le passé génois et ottoman de l'île transparaît dans l'architecture, tant de la forteresse que de la ville.

Lesbos et Lemnos ont en commun leur origine volcanique et la présence de fortifications, bien que les monuments et la topographie de la première soient plus spectaculaires. Au sud, les îles montagneuses de Sámos, Chíos et Icarie sont couvertes de pins, d'oliviers et de cyprès. Les pins de Thásos ont en grande partie été ravagés par des incendies de forêt, dans les années 1980. Samothrace, a, elle, été épargnée. Outre le sanctuaire des Grands Dieux, longtemps vénéré, l'île possède des sources chaudes et des cascades.

Cet archipel compte des plages de toute taille et de toute nature, du sable fin aux pierres volcaniques. Hormis Thásos, Sámos et Lesbos, le nord de l'archipel, où les étés sont plus courts, n'est pas touché par le tourisme de masse. La sauvage Icarie séduira les amateurs de stations thermales et de plages, tandis que sa petite dépendance, Foúrnoi, avec ses plages agréables et ses fruits de mer à profusion, est le paradis du farniente.

Le port de Mólyvos (Lesbos) sur lequel veille la forteresse génoise du XIVe siècle

◁ **Cette vaste plage de sable s'étend non loin du village de Kámpos, à Icarie**

Découvrir les îles du nord-est de la mer Égée

Avec ses ruines antiques et ses plages de marbre blanc, Thásos allie la culture à la détente. Samothrace fera le bonheur des amateurs de paysages escarpés. Les partisans du farniente adoreront Lemnos avec ses plages proches de la ville principale. Lesbos, plantée d'innombrables oliviers, offre une grande diversité de paysages, mais sa découverte exige plus de temps et d'efforts. Pour un premier séjour dans les îles de l'est, Sámos constitue la meilleure base pour rayonner dans la région. Toutefois, Chíos offre un climat plus frais, et sa ville principale se prête à merveille au shopping. Les amateurs d'îles intactes apprécieront la douce torpeur d'Icarie, Psará ou Foúrnoi.

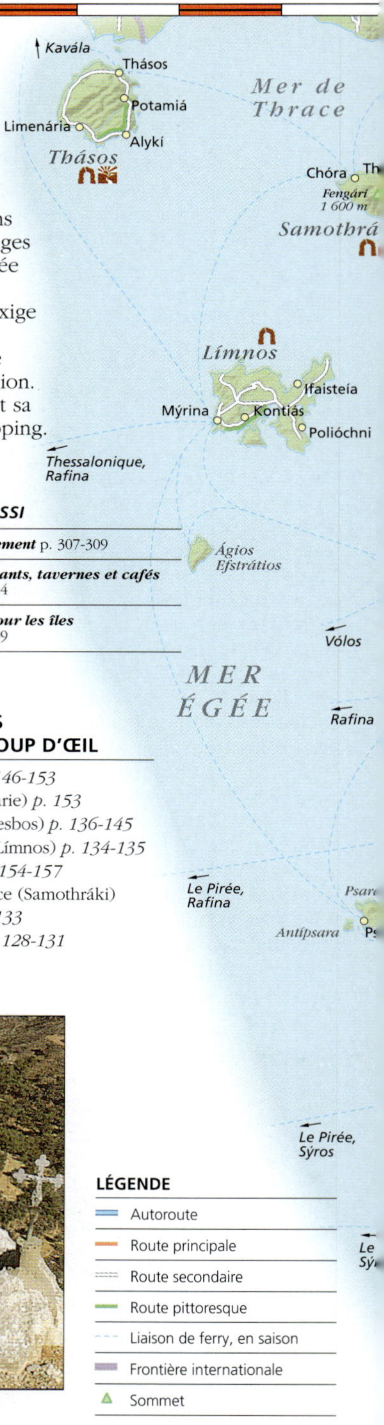

Bateaux de pêcheurs, Lesbos

VOIR AUSSI

• ***Hébergement*** p. 307-309

• ***Restaurants, tavernes et cafés*** p. 333-334

• ***Accès pour les îles*** p. 366-369

LES ÎLES D'UN COUP D'ŒIL

Le monastère byzantin Néa Moní, vu du sud-ouest de Chíos

Légende des symboles, *voir le rabat arrière de couverture*

Paysage volcanique près de Kontiás

CARTE DE SITUATION

CIRCULER

Thásos et Samothrace ne possèdent pas d'aéroport ; ces îles sont desservies par ferry depuis Alexandroúpoli et Kavála, sur le continent. Lemnos et Lesbos sont reliées à Athènes et Thessalonique par avion et par bateau. Les liaisons par car sont quasiment inexistantes à Lemnos et Samothrace, fonctionnelles à Lesbos et fréquentes à Thásos. Chíos, Icarie et Sámos sont desservies par avion, depuis Athènes, et par ferry. Mieux vaut explorer l'île de Chíos en voiture. L'île de Sámos est assez petite pour être découverte avec un deux-roues. Quant à Icarie, ses transports en commun sont sporadiques, et les routes escarpées nécessitent des véhicules robustes.

La plage de sable de Messaktí, Icarie

Thásos

Θάσος

Habitée depuis l'âge de pierre, cette île a été colonisée, sur sa côte orientale, par des habitants de Páros, au VIIe siècle av. J.-C. Prospère grâce aux gisements d'or trouvés non loin de la ville actuelle de Thásos, le Thásos antique devint le siège d'un empire maritime, puis il perdit son autonomie face aux Athéniens en 462 av. J.-C. La ville prospéra à l'époque romaine avant de décliner au Moyen Âge. Aujourd'hui, la dernière richesse minérale de l'île est son superbe marbre blanc, taillé dans des carrières dont les cicatrices marquent les collines.

Le port de la ville de Thásos, vu de l'agora

Ville de Thásos ❶

Λιμένας

3 130. 25930 23111.
t.l.j. Pachý 9 km à l'O.

Le Liménas moderne, appelé aussi Thásos, est une localité quelconque de la plaine côtière, habitée depuis presque trois millénaires. L'intérêt du site réside dans les vestiges de la ville antique, qui se confondent avec la ville moderne. Les fondations d'une basilique byzantine occupent une partie de la place centrale, et la route menant à Panagiá traverse le grand sanctuaire d'Héraclès avant de franchir une porte monumentale.

L'extérieur du Musée archéologique, Thásos

Thásos antique

Site et musée ***Tél.*** *25930 22180.*
site : t.l.j. 10h-19h ; musée : mar.-dim. 9h-15h. *j.f.*

Fondée au VIIe siècle av. J.-C., la ville antique comptait une pléthore de bâtiments, dont il ne reste que des vestiges. Des archéologues français ont fouillé le site dès 1911. Les travaux continuent sur divers sites. Le **Musée archéologique** abrite les derniers trésors mis au jour sur le site.

Bien délimitée par les ruines de quatre stoas (portiques), l'**agora** hellénistique et romaine couvre une zone étendue derrière l'ancien port de guerre, qui est aujourd'hui le pittoresque port de pêche

LES SITES

Alykí ❸
Kástro ❻
Megálo Kazavíti ❽
Moní Archangélou Michaïl ❹
Potamiá ❷
Sotíras ❼
Thásos ❶
Theológos ❺

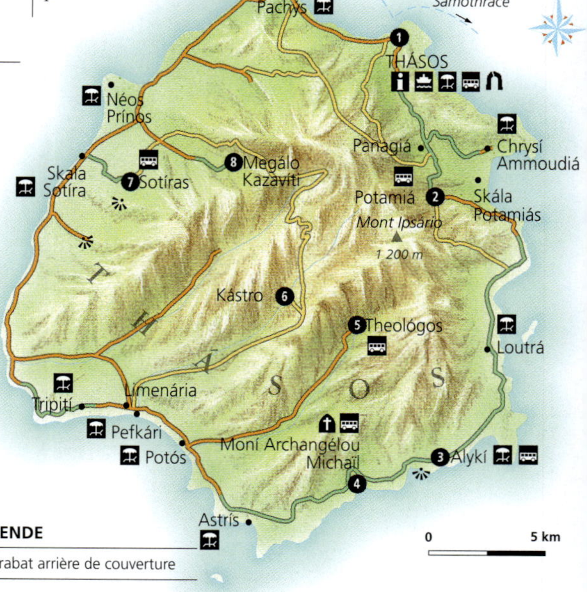

LÉGENDE

Voir rabat arrière de couverture

PLAN DU THÁSOS ANTIQUE

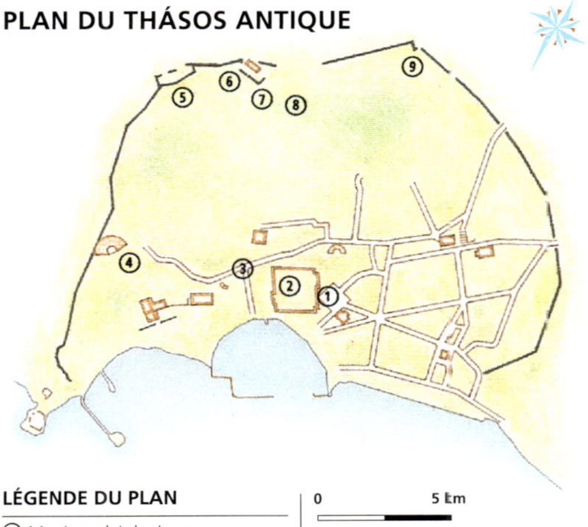

LÉGENDE DU PLAN

1. Musée archéologique
2. Agora
3. Temple de Dionysos
4. Théâtre
5. Citadelle
6. Murailles
7. Temple d'Athéna Poliouchos
8. Sanctuaire de Pan
9. Porte de Parménon

MODE D'EMPLOI

16000. Thásos.
Panagiá : 15 août.

Porte de Parménon, dans le rempart sud de la ville antique

Limanáki. Malgré les rares colonnes préservées, le visiteur pourra aisément imaginer l'animation du site dans l'Antiquité, avec les temples dédiés à des dieux ou des empereurs romains déifiés, les fondations de monuments voués à des héros et les égouts.

Les fondations du **temple de Dionysos**, où une tête en marbre du dieu datant du IIIe siècle av. J.-C. a été trouvée, marquent le début du chemin montant vers l'acropole. Partiellement envahi par des chênes, le **théâtre** hellénistique offre une vue spectaculaire sur la mer. Les Romains adaptèrent cette scène à leurs spectacles sanglants. Le lieu fait l'objet de fouilles visant à le restaurer entièrement.

La **citadelle** antique, sur le site du temple d'Apollon, a été reconstruite au XIIIe siècle par les Vénitiens et les Byzantins, puis elle fut cédée par l'empereur Manuel II Palaiológos au clan génois des Gatelluzi, en 1414. Ces derniers l'agrandirent et l'occupèrent jusqu'en 1455. L'utilisation de pierres anciennes est visible à la porte sud. À la fin du Ve siècle av. J.-C., des murailles de plus de 4 km entouraient la ville. Les parties proches de la mer ont en majorité été détruites par les vainqueurs, en 492 et 462 av. J.-C

Les fondations du **temple d'Athéna Poliouchо** (protectrice de la ville), qui daterait du début du Ve siècle av. J.-C., se trouvent sous le sommet de l'acropole La cavité taillée dans le roc était le **sanctuaire de Pan**, du IIIe siècle av. J.-C. Un bas-relief représente le dieu grec jouant de la syrinx (flûte).

Derrière le sommet, un escalier escarpé descend vers la **porte de Parménon** percée dans la muraille.

Colonnes de l'agora, avec l'église de la ville à l'arrière-plan

À la découverte de l'île de Thásos

Sculpture du musée Vágis

Cette île peut être découverte à moto. De plus, de bonnes liaisons en car desservent les localités côtières par la route circulaire, et des hydroglisseurs relient quotidiennement la ville de Thásos aux stations de la côte ouest. Vous découvrirez les plus jolies plages de l'île au sud et à l'est. Les localités côtières datent pour la plupart du XIXe siècle.

Bateaux ancrés dans le paisible port de Skála Potamiás

Potamiá ❷

Ποταμιά

9 km au S de Thásos. *1 000.*
t.l.j. *Loutrá 12 km au S ; Chrysí Ammoudiá 5 km à l'E.*

L'un des chemins de randonnée les plus appréciés pour l'ascension du mont Ipsário (1 200 m) part de Potamiá. En suivant des traces de bulldozer vers l'amont, vous arriverez au début du sentier de randonnée. L'ascension représente une excursion de sept heures. Quoique balisé, le sentier est en mauvais état.

Le peintre et sculpteur Polýgnotos Vágis (1894-1965) était originaire de ce village. Avant sa mort, l'artiste fit don à l'État grec de la majeure partie de son œuvre, désormais exposée au petit **musée Vágis**, au centre du village. L'inspiration de ses créations est mythique et onirique. Ses sculptures les plus saisissantes représentent des oiseaux, des poissons, des tortues et des visages fantomatiques, façonnés dans des pierres.

Musée Vágis
mar.-dim. 10h-13h, 18h-21h.

Maison bleue de Panagía

Aux environs : Skála Potamiás, situé à 3 km à l'est de Potamiá, est renommé pour son excellente cuisine grecque. Le village le plus visité de l'arrière-pays est toutefois **Panagiá**, à 2 km au nord. Bien situé au-dessus d'une baie de sable, le village possède une jolie place animée et plusieurs maisons du XIXe siècle, classées ou restaurées.

Alykí ❸

Αλυκή

29 km au S de Thásos.
Astrís 12 km à l'O.

Le promontoire d'Alykí, peut-être le plus bel endroit du littoral, est relié au reste de l'île par une langue de terre étroite ourlée de plages. Le hameau d'Alykí, sur la crique occidentale, est classé – ce qui explique le bon état de conservation des maisons du XIXe siècle. Un temple dorique domine la crique orientale. Derrière le temple se dressent, sur le promontoire, deux belles basiliques paléochrétiennes du Ve siècle, dont quelques colonnes ont été relevées. Dès l'Antiquité, le marbre de l'île était très prisé. Aujourd'hui, les seuls vestiges des carrières sont des dépressions envahies par la végétation. Au niveau de la mer, remarquez les « baignoires » (tranchées taillées dans la pierre), utilisées pour faire évaporer l'eau de mer et récolter le sel.

Moní tou Archangélou Michaïl, perché sur la falaise

Moní Archangélou Michaïl ❹

Μονη του Αρχαγγέλου Μιχαήλ

34 km au S de Thásos.
***Tél.** 25930 31500.* *t.l.j.*

Moní Archangélou Michaïl, qui surplombe la mer à 3 km à l'ouest d'Alykí, a été fondé

Pour les hôtels et les restaurants de la région, voir p. 307-309 et p. 333-334

au début du XIIe siècle par un ermite appelé Luc, à l'endroit où une source jaillit sur l'ordre de l'archange. La relique la plus précieuse du monastère, qui dépend aujourd'hui de Moní Filothéou au mont Athos, est un clou de la Croix. Des religieuses y vivent depuis 1974.

Maison au toit d'ardoises, avec des grands tuyaux de cheminée caractéristiques

Theológos ❺

Θεολόγος

50 km au S de Thásos. 900. t.l.j. Potós 10 km au SO.

À l'abri des attaques des pirates, dans l'arrière-pays, Theológos était la capitale de l'île à l'époque ottomane. Ses maisons étagées sont coiffées de toits d'ardoises et de grandes cheminées typiques. Avec ses cours et ses jardins, ce village verdoyant est très agréable et plein de charme. Sur l'autre flanc de la colline, la tour en ruine et les murs sont les vestiges du Theológos du XVIe siècle, fondé par des Grecs réfugiés de Constantinople.

Kástro ❻

Κάστρο

45 km au SO de Thásos. 6. Tripití 13 km à l'O de Limenária.

Installé au centre de l'île, à 500 m d'altitude, Kástro était encore plus sûr que Theológos. Fondé en 1403 par l'empereur byzantin Manuel II Palaiológos, le village devint une forteresse des Génois qui fortifièrent la colline où s'étend aujourd'hui le cimetière. Kástro se dépeupla progressivement à partir de 1850, quand des emplois furent créés dans une concession minière allemande à Limenária, sur la côte.

Aujourd'hui, ce hameau est habité une partie de l'année par des bergers. À côté de l'église, le *kafeneío* (« café ») au rez-de-chaussée de l'ancienne école, possède le seul téléphone de ce village qui ne reçoit pas l'électricité.

Sotíras ❼

Σωτήρας

23 km au SO de Thásos. 12. Skála Sotíra 3 km à l'E.

Ce village, tourné vers le soleil couchant, occupe le site le plus spectaculaire de l'arrière-pays – d'ailleurs, de nombreux étrangers s'y sont installés. À l'ombre de gigantesques platanes arrosés par une triple fontaine, les tables des tavernes s'étendent sur une petite place agréable. La ruine au-dessus de l'église est l'ancienne maison des mineurs allemands.

Maisons en pierre typiques de l'île à Megálo Kazavíti

Platanes dispensant de l'ombre à une taverne, dans le village de Sotíras

Megálo Kazavíti ❽

Μεγάλο Καζαβίτι

22 km au SO de Thásos. 1 650. t.l.j. Néos Prínos 6 km au NE.

Ce village verdoyant, dont le nom officiel est Ano Prinos, s'étend autour d'une place centrale – ce qui est rare sur l'île. C'est un parfait exemple d'architecture traditionnelle de l'île de Thásos, où domine l'influence continentale macédonienne : des maisons parfaitement conservées aux portes cintrées, balcons et étages supérieurs en surplomb, avec des vestiges de pigments de plâtre indigo, magenta et ocre caractéristiques des Balkans.

Samothrace (Samothráki)

Σαμοθράκη

2 700. Kamariótissa. Pachiá Ammos 15 km au SO de Kamariótissa.

Cette île, qui ne compte presque aucune terre plane, à l'exception du cap occidental, est quasi exclusivement occupée par le mont Fengári. À l'âge du bronze, elle était peuplée par des colons venus de Thrace. Leur religion des Grands Dieux, intégrée à la culture des colons grecs en 700 av. J.-C., perdura jusqu'à l'époque romaine, au IVe siècle apr. J.-C. La rigueur du climat s'harmonise avec la rudesse des paysages, créant un cadre propice au culte des Grands Dieux.

Chóra

À 5 km à l'est de Kamariótissa, le port principal, Chóra est le chef-lieu de l'île. Le village est blotti dans une dépression couverte de pins.

Avec ses ruelles pavées bordées de maisons aux toits de tuiles, Chóra est le plus joli village de l'île. De la grande place centrale, la vue porte sur la mer, au-delà de la **forteresse** génoise construite à partir d'un fort byzantin antérieur. Il ne reste que les portes de la forteresse, mais des fortifications plus importantes sont visibles en bas de la colline, à **Palaiópoli**, l'ancêtre de Chóra ; les trois tours des Gatelluzi *(p. 138)* s'élèvent au-delà des murailles de la cité ancienne.

Le village de Chóra, avec les vestiges de la forteresse génoise à l'arrière-plan

Le sanctuaire des Grands Dieux

Ερείπια του Ιερού των Μεγάλων Θεών

Durant presque un millénaire, ce sanctuaire fut le principal centre religieux de l'Éolie, de la Thrace et de la Macédoine antiques. Des autels similaires se trouvaient à Lemnos et à Ténedos, mais les rites observés étaient différents. L'emplacement du site, au pied de rochers escarpés sur les flancs nord-est du mont Fengári, a probablement été choisi pour inspirer un respect mêlé de crainte. Bien qu'envahi par la végétation, il reste grandiose. Le sanctuaire a été agrandi et enrichi à l'époque hellénistique par les successeurs d'Alexandre. La plupart des ruines datent de cette époque.

Bassin de la Niké

Cette célèbre sculpture en marbre, la Victoire de Samothrace, *ornait autrefois le centre de la fontaine. Elle est aujourd'hui exposée au musée du Louvre, à Paris.*

La stoa qui mesure 90 m date du début du IIIe siècle av. J.-C.

Salle des offrandes votives

Le théâtre accueillait des représentations de drames sacrés en juillet, pendant les festivités annuelles.

Hiéron

*C'est ici que se déroulait la deuxième étape de l'initiation : l'*époptei*a. Préfigurant le christianisme, ce rite comprenait la confession et l'absolution, suivies d'un baptême dans le sang d'un taureau ou d'un bélier sacrifié.*

À la découverte de l'île

Au sud-ouest de l'île, facile à parcourir à pied ou à vélo, partez à la découverte des nombreux villages, cachés dans les oliviers ou les peupliers. Sur la côte nord, plus humide, platanes, châtaigniers et chênes bordent les rives de plusieurs rivières. Les sources sont nombreuses, et des cascades tombent dans la mer à Kremastá Nerá, au sud. L'île, soumise aux tempêtes, ne compte pas de ports protégés.

Avec ses sources chaudes et sa végétation luxuriante, **Thérma** est une station thermale très prisée depuis l'époque romaine. Les visiteurs ont le choix entre deux piscines extérieures (34 °C environ), assez rustiques, protégées par des abris en bois, un bassin couvert très chaud (48 °C), qui est réservé aux groupes, et des bains modernes assez aseptisés (39 °C).

Les amateurs d'eau plus fraîche pourront se baigner entre les rochers et dans des cascades à 1,5 km à l'est de **Krýa Váthra**. Toutefois, elles ne sont pas aussi impressionnantes et froides que celles qui se trouvent à 45 min de marche, en remontant le canyon de Foniás, à 5 km à l'est de Thérma.

La masse de granit du **mont Fengári** est le point culminant de la mer Égée. Quoique souvent auréolée de nuages, la montagne sert de repère aux navigateurs. Du sommet, la vue est magnifique. De Thérma, l'ascension du sommet et le retour prennent environ six heures. Du village de Profítis Ilías, l'ascension par le flanc sud-ouest est plus longue mais plus facile.

Les tours des Gatelluzi, à Palaiópoli

Arsinoéion

Cette rotonde de plus de 20 m de diamètre est le plus grand édifice circulaire construit par les Grecs. Érigée au IIIe siècle av. J.-C., elle était dédiée aux Grands Dieux.

MODE D'EMPLOI

6 km au NE de Kamariótissa. vers Palaiópoli. **Tél.** 25510 41474. mai-sept. : lun. 13h30-20h, mar.-dim. 8h-20h ; oct.-avr. : mar.-dim. 8h-15h.

Sanctuaire d'Anaktoron

C'est dans ce bâtiment que se déroulait la myésis, première étape de l'initiation. Elle comprenait un contact avec les kabiri*, qui s'effectuait grâce à des initiés.*

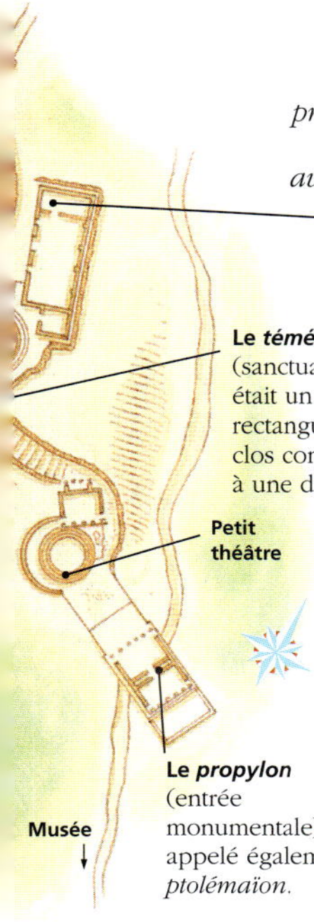

Le *téménos* (sanctuaire) était un espace rectangulaire clos consacré à une divinité.

Le *propylon* (entrée monumentale) est appelé également *ptolémaïon*.

DIVINITÉS ET MYSTÈRES

Lors de la colonisation de Samothrace, en 700 av. J.-C., les Grecs allièrent le panthéon olympien aux divinités locales. La déesse mère Axiéros, principale divinité de Thrace, était une déesse de la Terre. Les Grecs l'assimilèrent à Déméter, Aphrodite et Hécate. Elle était l'épouse de Cadmilos, dieu de la Fertilité. De leur union naquirent des jumeaux, les Cabires, ou *kabiri* (mot sémitique signifiant « les grands » qui désigna rapidement toute la famille divine). Ces derniers furent ultérieurement identifiés aux Dioscures *(dioskouri)* Castor et Pollux, dont les attributs sont les serpents et une étoile. Le culte était ouvert à tous. Comme les initiés s'engageaient à ne rien révéler des initiations, les détails des mystères sont peu connus.

Les jumeaux Castor et Pollux

Lemnos (Límnos)

Λήμνος

Le refuge d'Héphaïstos, dieu du Feu et des Métaux, est, fort à propos, une île volcanique. La pierre de lave fournit des vins et du miel excellents. Sur le littoral, la pierre s'effrite, formant de vastes plages. L'île, qui se dresse quasiment à l'embouchure du détroit des Dardanelles, eut une importance stratégique pour les Byzantins et pour les Ottomans, sous la domination desquels elle prospéra. Bien qu'une grande partie de l'île soit occupée par l'armée grecque, c'est un endroit paisible.

MODE D'EMPLOI

18 000. 22 km au NE de Mýrina. Mýrina. Plateía Kída, Mýrina. mairie, front de mer de Mýrina (22540 22996). 15 août.

LÉGENDE

Voir rabat arrière de couverture

0 5 km

Mýrina

La Mýrina moderne, héritière de la ville antique, est la principale localité de l'île. Elle s'étend entre deux baies de sable, au pied d'un promontoire rocheux. Peu touristique, c'est l'un des chefs-lieux les plus agréables de la région, avec ses rues pavées, son bazar animé et ses imposantes maisons ottomanes. Les plus belles se trouvent derrière la plage septentrionale, Romaíikos Gialós, qui est aussi le centre de la vie nocturne. La plage méridionale, Toúrkikos Gialós, se déroule au-delà du petit port de pêche, où quelques tavernes bordent le quai. Le seul vestige explicitement turc est une fontaine, sur Kída, ornée d'une inscription calligraphique turque.

Derrière Romaíikos Gialós, une imposante demeure du XIXe siècle abrite le **Musée archéologique**. Des objets provenant des quatre principales cités antiques de Lemnos y sont exposés. Comme les découvertes les plus prestigieuses ont été envoyées à Athènes, la collection est essentiellement composée de tessons de poterie, qui intéresseront surtout les spécialistes. Parmi les céramiques, remarquez une paire de lampes votives en forme de sirènes, provenant du temple d'Ifaisteía. Parmi les objets métalliques de Polióchni, vous verrez des outils en bronze et divers objets décoratifs.

Installé sur le promontoire, le ***kástro*** fut une acropole antique et un fort byzantin, avant d'être l'objet de luttes et d'être remanié par les Vénitiens et les Génois, jusqu'à la prise de l'île par les Ottomans, en 1478. Quoique délabré, le *kástro*, qui offre de belles vues sur l'ouest de l'île, est une belle destination de promenade, le soir.

Musée archéologique

Romeíkos Gialós. ***Tél.*** *22540 22990.* *mar.-dim.* *j.f.*

Le port de Mýrina, dominé par le *kástro* qui se détache à l'arrière-plan

Pour les hôtels et les restaurants de la région, voir p. 307-309 et p. 333-334

Les paysages volcaniques de Lemnos, vus du village de Kontiás

À la découverte de l'île

En été, des cars desservent la plupart des villages depuis Mýrina, mais la voiture et la moto (locations à Mýrina) restent le meilleur moyen de visiter l'île. Au sud-est de la ville, la route mène à **Kontiás**, située entre deux affleurements volcaniques abritant la seule forêt de pins de Lemnos. Dans l'un des plus jolis villages de l'arrière-pays, les maisons coiffées de toits rouges, parmi lesquelles vous verrez d'élégantes demeures de la Belle Époque, se marient au paysage.

C'est dans la baie de **Moúdros** que débarqua le corps expéditionnaire franco-britannique des Dardanelles, en 1915. Beaucoup de blessés furent soignés dans l'hôpital local. Les victimes reposent à quelques minutes de marche de là, à l'est de Moúdros, sur la route de Roussopoúli. Avec ses 887 tombes, ce cimetière est le plus grand lieu de sépulture des îles grecques où reposent des victimes des deux guerres mondiales.

Fondée peu avant 3000 av. J.-C., la ville fortifiée de **Polióchni**, au sommet d'une falaise près de Kamínia, est antérieure à celle de Troie, sur les côtes d'Asie Mineure. À l'instar de Troie, qui était peut-être une colonie, la ville fut ravagée par un tremblement de terre en 2100 av. J.-C. Elle ne fut jamais repeuplée. La catastrophe fut si soudaine que beaucoup d'habitants ne purent quitter leurs maisons – des squelettes ont été retrouvés parmi les ruines. Polióchni était renommée pour ses artisans, qui affinaient et travaillaient les minerais des gisements de la mer Noire. Leurs créations étaient ensuite vendues dans les Cyclades et en Crète. De nombreux bijoux en or ont été découverts dans l'une des maisons ; ils sont aujourd'hui exposés à Athènes. Tous les étés, des archéologues italiens fouillent le site. Depuis 1930, ils ont mis au jour quatre strates distinctes.

La patronne de Lemnos était vénérée à **Ifaisteía**, sur la baie de Tigáni. La localité fut la plus grande ville de l'île jusqu'à l'époque byzantine. Le site n'a pas encore été entièrement mis au jour. Vous verrez les contours du théâtre romain, des parties d'une nécropole et les fondations du temple d'Héphaïstos. Des offrandes funèbres précieuses et des poteries provenant du site sont exposées au Musée archéologique de Mýrina.

Les vestiges du théâtre romain à Ifaisteía

Le site antique de **Kabeirio** (Kavírio), de l'autre côté de la baie de Tigáni par rapport à Ifaisteía, a fait l'objet de fouilles plus poussées. Les Kabeirio, ou Grands Dieux, étaient vénérés à Lemnos comme à Samothrace *(p. 132-133)*, mais il ne reste de l'ancien sanctuaire que quelques fragments et des bases de colonnes.

En contrebas du sanctuaire en ruine, des marches descendent vers la grotte de Philoctète. Elle doit son nom au guerrier homérique blessé, qui aurait été abandonné ici par ses camarades en route pour Troie jusqu'à ce que sa jambe blessée soit guérie.

Les îles des environs

Agios Efstrátios est l'île la plus isolée du nord de la mer Égée. Cette petite étendue couverte de chênes, qui tire son nom du saint qui y fut exilé et qui y mourut, reçoit peu de visiteurs. Son unique localité portuaire a été ravagée par le séisme de 1967. Certains édifices antérieurs au séisme se dressent au-dessus de la jetée des ferrys. À une heure de marche, des plages désertes se déroulent de chaque côté du port.

Lesbos (Lésvos)

Λέσβος

Ouzo de Plomári

Destination de vacances très prisée des Romains, l'île de Lesbos, avec ses forêts denses et ses vergers idylliques, était appelée « le Jardin de la mer Égée » par les Ottomans. Après la conquête ottomane, en 1462, la population grecque fut réduite en esclavage ou déportée à Constantinople. La plupart des témoignages de la présence des Génois et des Byzantins furent effacés par les Ottomans et les tremblements de terre. Cette île est la terre natale de nombre d'artistes, dont la plus célèbre est Sappho, grande poétesse des VIIe-VIe siècles av. J.-C.

★ Mólyvos

Capitale touristique de l'île, Mólyvos possède un port sur lequel veille une forteresse génoise, qui offre de belles vues ❻

Pétra

Elle doit son nom au gigantesque rocher qui se dresse en son centre. Les marches taillées dans la pierre mènent à une église perchée au sommet ❼

Kalloní

Connue pour les sardines pêchées au large des côtes de Skála Kallonís, la localité est une plaque tournante pour les liaisons par car ❽

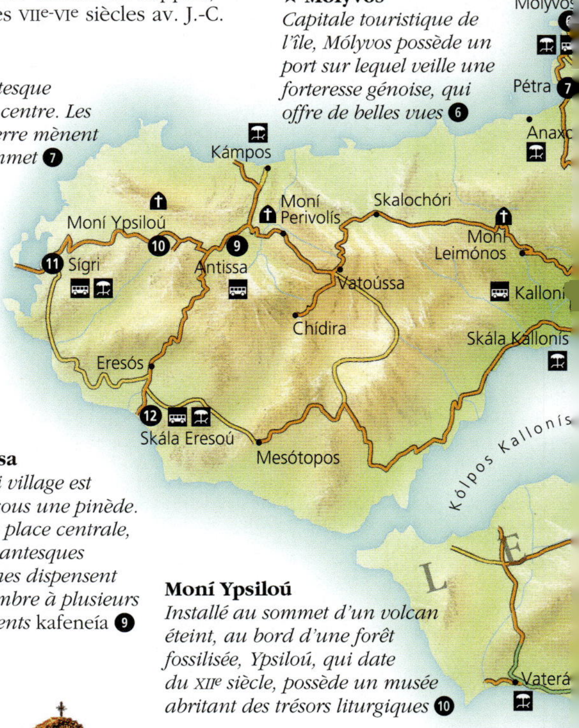

Antissa

Ce joli village est situé sous une pinède. Sur la place centrale, de gigantesques platanes dispensent de l'ombre à plusieurs excellents kafeneía ❾

Moní Ypsiloú

Installé au sommet d'un volcan éteint, au bord d'une forêt fossilisée, Ypsiloú, qui date du XIIe *siècle, possède un musée abritant des trésors liturgiques* ❿

Sígri

Non loin du point le plus occidental de l'île, cette petite chapelle se dresse au bord de l'eau, à la lisière du village isolé de Sígri ⓫

Skála Eresoú

La plage d'Eresoú, dans l'une des plus grandes stations balnéaires de l'île, est proche du lieu de naissance de Sappho ⓬

Pour les hôtels et les restaurants de la région, voir p. 307-309 et p. 333-334

Mantamádos
Ce joli village est connu pour ses poteries et pour l'icône « noire » de Moní Taxiarchón ❹

MODE D'EMPLOI

91 000. 8 km au S de Mytilíni. Pávlou Kountourióti, Mytilíni. Mytilíni (tour de l'île). Mytilíni (22510 42512, eotpytva@otenet.gr). Panigýri à Agiásos : 15 août.

Sykaminiá
Le port, un des plus pittoresques de toute la Grèce, s'étend en contrebas du village de Sykaminiá, sur la colline ❺

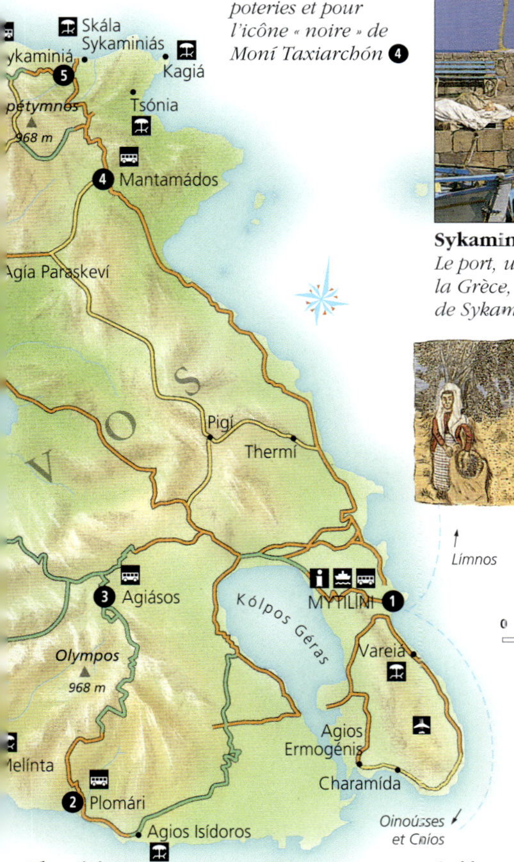

0 10 km

★ Mytilène
En bordure de la ville, un musée est consacré à l'œuvre du peintre Theófilos Chatzimichaïl ❶

Plomári
Ce grand village côtier est la capitale de l'ouzo à Lesbos ❷

Agiásos
L'église principale d'Agiásos, sans doute le plus joli village montagnard de l'île, possède une icône attribuée à saint Luc ❸

À NE PAS MANQUER

★ Mólyvos

★ Mytilíni

LÉGENDE

Voir rabat arrière de couverture

Mytilène (Mytilíni) ❶

Μυτιλήνη

Inscription ottomane, porte de la forteresse

La Mytilène moderne, qui a conservé le nom de la ville antique, se dresse au même emplacement. Elle est nichée sur un versant qui descend vers un isthme encadré par deux ports. Ermoú possède un bazar animé. À l'extrémité sud, un marché aux poissons vend des espèces que vous ne verrez nulle part ailleurs, tandis qu'à l'extrémité nord, l'édifice sans toit du Gení Tzamí marque la limite de l'ancien quartier turc. Les Turcs régnèrent sur l'île de 1462 à 1912, et des demeures ottomanes bordent toujours les ruelles entre Ermoú et la forteresse. Les silhouettes d'églises de la Belle Époque, comme Agioi Theódoroi, dépassent des toits.

MODE D'EMPLOI

27 000. 8 km au S. Pávlou Koudourióti. Aristárchou 6 (22510 42512). Agios Ermogénis 12 km au S ; Charamída 14 km au S. 15 juil.-15 août.

Le dôme d'Agios Therápon

Kástro Mytilónis

Tél. 22510 27970. mar.-dim. 8h30-15h. j.f.

Cette création de l'empereur Justinien Ier (527-565) n'a rien perdu de sa superbe. Des remparts et des tours ont été détruits durant le siège ottoman de 1462 – une inscription turque ottomane sur la porte sud témoigne de cette époque. Au-dessus de la porte intérieure, les initiales de María Palaiologína et son époux Francesco Gatelluzi – un Génois qui aida Jean Palaiológos à retrouver le trône byzantin – sont un autre vestige du passé. Parmi les fondations en ruine se trouvent celles du palais des Gatelluzi, d'une *medresse* (école) turque et d'une cellule de derviche. Une citerne byzantine se dresse près de la porte nord.

Musée archéologique

Argýris Eftaliótis. **Nouvelle aile :** angle 8 Noemvríou et Melínas Merkoúri. ***Tél.*** *22510 28032. mar.-dim. j.f. dans la nouvelle aile seul.*

La collection archéologique de Lesbos est installée dans une demeure du début du XXe siècle et dans une petite annexe. Vous y verrez les mosaïques d'une villa romaine et des trouvailles du Néolithique, mises au jour entre 1929 et 1933 par des Britanniques à Thermí, au nord de la ville. Un bâtiment moderne recèle d'autres découvertes.

Musée byzantin

Agios Therápon. ***Tél.*** *22510 28916. mi-mai–mi-oct. : lun.-sam. 9h-13h.*

Ce musée est presque entièrement consacré aux icônes, avec des œuvres du XIIIe au XVIIIe siècle. Les visiteurs pourront également admirer une icône plus récente inspirée par l'art populaire, due à Theófilos Chatzimichaïl.

Aux environs : le **musée Theófilos**, à 3 km au sud du village de Vareiá, abrite des toiles de Theófilos Chatzimichaïl (1873-1934), né à Mytilène. Toutes ont été commandées par Tériade, son protecteur, en 1927. Theófilos dépeignit la vie quotidienne du Lesbos rural, et il réalisa des portraits des personnes rencontrées lors de ses voyages. Il se fia à son imagination pour les scènes historiques ou les paysages qu'il ne connaissait pas. Les seules traces de modernité sont les avions ou les bateaux à vapeur à l'arrière-plan de ses paysages.

La même rue abrite aussi le **musée Tériade**, où sont exposées des œuvres de Stratís Eleftheriádis – un enfant de l'île parti à Paris au début du XXe siècle, où il prit le nom de Tériade. Il devint éditeur d'art et de littérature d'avant-garde. De grands noms, comme Miró, Chagall, Picasso, Léger et Villon, participèrent à ses projets.

Musée Theófilos

Vareiá. ***Tél.*** *22510 41644. mar.-dim. 10h-16h. j.f.*

Musée Tériade

Vareiá. ***Tél.*** *22510 23372. t.l.j. 9h-14h, 17h-20h. j.f.*

Daphnis et Chloé, **de Marc Chagall (1887-1985), musée Tériade**

Pour les hôtels et les restaurants de la région, voir p. 307-309 et p. 333-334

La culture des olives

Les ancêtres des oliveraies de la Grèce moderne datent de 700 av. J.-C., époque où l'huile d'olive devint une denrée précieuse pour l'exportation. Selon la légende, Athéna, déesse de la Paix et de la Guerre, aurait planté le premier olivier à l'Acropole d'Athènes – l'arbre devint un symbole de paix. Les quelque 11 millions d'oliviers de Lesbos seraient les plus productifs des îles Grecques.

Rameau d'olivier

La Crète fournit une huile de meilleure qualité et en quantités plus importantes, mais aucune autre île n'est autant dominée par la monoculture de l'olivier. Les olives sont conservées dans une saumure, pour être consommées toute l'année. Pressées, elles fournissent une huile aux utilisations multiples. Les résidus du pressage donnent une huile utilisée, entre autres, pour la fabrication de savon et pour les lampes.

Les oliveraies *de Lesbos sont pour la plupart postérieures à l'hiver 1851, où le gel fit des ravages. Les meilleures olives proviennent des oliveraies situées à flanc de montagne entre Plomári et Agiásos, créées au XVIIIe siècle par des fermiers.*

Dans la mythologie, *l'olivier était l'arbre sacré de la déesse Athéna. Depuis l'Antiquité, ses récoltes abondantes sont célébrées dans la poésie. Ce vase représente trois hommes gaulant les olives, tandis qu'un quatrième les ramasse.*

L'huile d'olive, *d'une couleur vert-jaune après le pressage, est selon les Grecs d'une bien meilleure qualité que l'huile espagnole ou italienne, grâce aux étés plus chauds et plus secs, qui réduisent l'acidité des fruits.*

La récolte des olives *s'effectue de fin novembre à fin décembre. Chaque lot est emporté au moulin à huile, juste après la récolte, puis les olives sont broyées et pressées, et leur qualité est contrôlée.*

LES DIFFÉRENTES OLIVES

Des fruits doux des îles Ioniennes aux petites olives riches de Crète, les îles grecques sont un paradis pour les amateurs d'olives.

Les *elítses* sont des petites olives sucrées, cultivées en Crète.

Les *tsakistés* sont légèrement entaillées avant d'être conservées dans de la saumure.

Les *throúmpes*, au goût du terroir, font d'excellents *mezés* avec du pain à l'huile d'olive.

Les *kalamáta*, les plus connues, sont noires et luisantes, en forme d'amande. Elles sont conservées dans du vinaigre de vin rouge.

Les olives de Thásos sont conservées dans du sel. Leur goût puissant se marie bien au fromage.

Les olives vertes ioniennes, au goût doux et moelleux, sont conservées dans une saumure légère.

À la découverte de l'est de Lesbos

Icône miraculeuse d'Agiásos

L'est de l'île est dominé par les pics du Lepétymnos, au nord, et de l'Olympos, au sud, qui culminent tous deux à 968 m. Cette région regroupe la plupart des oliveraies et des pinèdes de l'île, les deux principales stations balnéaires et les villages les plus peuplés après le port et la capitale. Les vacanciers y trouveront aussi des stations thermales, la plus agréable étant Loutrá Eftaloús, près de Mólyvos. En partant tôt de Mytilène, d'où des liaisons par car desservent les principaux villages, l'est de l'île peut s'explorer en une journée.

Plomári 2

Πλωμάρι

42 km au SO de Mytilène. *3 400.* *lun.-sam.* *Agios Isídoros, 3 km au NE ; Melínta, 6 km au NO.*

Les jolies maisons de Plomári sont agrippées au versant dominant le port. Elles bordent les rives de la Sedoúntas, généralement à sec, qui traverse le quartier commerçant, au centre de la localité. Ces maisons datent pour la plupart du XIXe siècle, époque à laquelle la construction navale fit prospérer Plomári. La localité qui compte cinq distilleries est connue comme la « capitale de l'ouzo » de l'île.

Agiásos 3

Αγιάσος

28 km à l'O de Mytilène. *3 100.* *lun.-sam.* *Vaterá, 31 km au S.*

Blotti dans une dépression boisée dominée par l'Olympos, Agiásos est le plus joli village montagnard de tout Lesbos. Il vit le jour au XIIe siècle comme dépendance de l'église monastique de **Panagía Vrefokratoússa**, construite pour abriter une icône miraculeuse qui aurait été peinte par saint Luc.

Au XVIIIe siècle, Agiásos fut exempté d'impôts par le sultan et se peupla rapidement d'habitants des autres régions. Ses maisons aux toits de tuiles et ses étroites ruelles pavées n'ont quasiment pas changé, à l'exception des boutiques vendant de l'artisanat local, dans la rue menant à l'église et au bazar voisin. Les magasins dans les fondations de l'église, dont les loyers assurent l'entretien de cette dernière, sont le fruit d'un accord ancien. Ils rappellent que les fêtes traditionnelles religieuses, les *panigýria,* étaient aussi l'occasion de foires, de vendre et d'acheter des marchandises. Les musiciens d'Agiásos passent pour les meilleurs de l'île. Vous les entendrez lors de l'Assomption de la Vierge, le 15 août, qui donne lieu à une fête très animée. Le carnaval précédant le carême est aussi célébré avec entrain ; un club est consacré à l'organisation de la manifestation.

OUZO

L'ouzo est la version grecque d'un alcool bu dans toute la Méditerranée. Les restes de raisin issus du pressurage du vin sont mis à bouillir dans un alambic en cuivre pour produire un distillat, qui à l'origine était appelé « raki ». Le terme d'*ouzo* vient peut-être de l'italien *« Uso Massalia »,* inscription figurant sur les cargaisons quittant l'Empire ottoman pour Marseille. Aujourd'hui, l'ouzo est une base de raki parfumée à l'anis étoilé ou au fenouil. Sa teneur en alcool varie de 38 à 48 °. Additionné d'eau, il devient laiteux, à cause de la liaison chimique de l'eau et de l'anéthol, présent dans le fenouil et l'anis.

Mantamádos 4

Μανταμάδος

36 km au NO de Mytilène. *1 500.* *lun.-sam.* *Tsónia, 12 km au N.*

Ce ravissant village est renommé pour ses poteries et son monastère, **Moní Taxiarchón**. Le monastère actuel, du XVIIe siècle, recèle une icône noire de l'archange Michel, réalisée avec de l'argile et le sang de moines massacrés par les Ottomans. Le troisième dimanche après Pâques, un taureau est sacrifié publiquement, puis un gigantesque ragoût est confectionné et savouré par les participants. Cette manifestation inaugure une série de rites qui jalonnent le calendrier des fêtes estivales. Les céramiques existent dans

Plomári, vu depuis la jetée

Pour les hôtels et les restaurants de la région voir p. 307-309 et p. 333-334

Bateaux de pêche dans le port de Mólyvos, avec la forteresse à l'arrière-plan

diverses tailles et couleurs, des *pythária* géants (récipients d'huile d'olive) aux *koumária* plus petits (pichets à eau).

Sykaminiá 5

Συκαμινιά

36 km au NO de Mytilène. *300.* *lun.-sam.* *Kágia 4 km à l'E ; Skála Sykaminiás, 2 km au N.*

Au bord d'une vallée profonde, Sykaminiá, qui veille sur le détroit de la côte d'Asie Mineure, jouit du plus bel emplacement sur le mont Lepétymnos (968 m). Le romancier Efstrátios Stamatópoulos (1892-1969), dont le nom de plume était Stratís Myrivílis, est né non loin de la charmante place centrale. Plus bas, à Skála Sykaminiás, vous pourrez admirer l'église installée sur une jetée. L'une des tavernes de Skála Sykaminiás tire son nom du *mouriá* (« mûrier ») dans lequel Myrivílis dormait les chaudes nuits d'été.

Mólyvos (Míthymna) 6

Μόλυβος (Μήθυμνα)

61 km au NO de Mytilène. *1 500.* *22530 71347.* *lun.-sam.*

Mólyvos est une hellénisation du turc *Molova*. Situé dans une région célébrée dans l'Antiquité pour ses vignes, Mólyvos est la localité la plus connue et pittoresque de Lesbos. Arion, poète du VIIe siècle av. J.-C., y est né, et Palamède, le guerrier achéen enterré par Achille, y repose. Achille aurait fait le siège de la ville jusqu'à ce que la fille du roi tombe amoureuse de lui et lui en ouvre les portes, puis il la tua pour sa trahison. De la cité antique, il reste peu de choses, hormis les tombes mises au jour à proximité de l'office de tourisme. Des objets ouvragés provenant de l'antique Míthymna sont exposés aujourd'hui au Musée archéologique de Mytilène *(p. 138)*.

Avant 1923, plus d'un tiers de la population était musulmane. Cette aristocratie terrienne construisit quantité de somptueuses demeures à trois étages et dota la ville d'une dizaine de fontaines publiques, dont certaines affichent encore les superbes inscriptions d'origine. L'architecture des demeures, ou *archontiká*, révèle très clairement une influence orientale *(p. 22)*. À l'étage supérieur, l'intérieur est agencé autour d'une cage d'escalier centrale, appelée *chagiáti* ; cette disposition avait une signification symbolique cosmologique dans les demeures turques dont elle est inspirée. Le port pittoresque et les ruelles pavées bordées de maisons de pierre en gradins sont classés. Tout nouveau bâtiment doit se marier à l'architecture de la ville.

Un majestueux ***kástro*** byzantin domine la ville, offrant de belles vues sur la côte turque. La forteresse fut remaniée en 1373 par l'aventurier génois Francesco Gatelluzi *(p. 138)* – ce qui ne l'empêcha pas de tomber aux mains des Turcs pendant la campagne de Mehmet II le Conquérant, en 1462. Restaurée en 1995, la forteresse possède une porte médiévale en bois et en métal. Une inscription turque orne le linteau. En été, des concerts et des représentations théâtrales s'y tiennent.

Dans le port de pêche, le chantier de construction de bateaux rappelle que Mólyvos fut l'un des principaux ports commerciaux de l'île.

Kástro
Tél. *22530 71803.*
mai et oct. : mar.-dim. 8h-15h ; juin-sept. : lun. 13h30-20h, mar.-dim. 8h-20h. *j.f.*

Maisons colorées de style ottoman restaurées, à Mólyvos

Les maisons traditionnelles en pierre dominent le port pittoresque de Mólyvos ▷

À la découverte de l'ouest de Lesbos

Quoique dépourvu d'arbres et escarpé, l'ouest de Lésvos est superbe et austère. La région est émaillée de villages intérieurs, de stations balnéaires et de trois grands monastères. Les célèbres chevaux de Lésvos sont, pour la plupart, élevés dans cette région. À l'embouchure des cours d'eau se forment des oasis tapissées de roseaux, faisant au printemps le bonheur des ornithologues. Les liaisons par car sont sporadiques, mais vous pourrez louer des voitures à Mólyvos.

Les maisons étagées du village de Skalochóri

Pétra 7

Πέτρα

55 km au NO de Mytilène.
3 700. *Anaxos 3 km à l'O.*

Le village de Pétra (« pierre ») tire son nom du monolithe volcanique qui se dresse en son centre. Au pied du rocher, la basilique **Agios Nikólaos**, du XVIe siècle, abrite des fresques d'origine. Cent trois marches grimpent à l'église **Panagía Glykofiloúsa**, du XVIIe siècle. L'**Archontikó Vareltzídainas**, l'une des dernières habitations ottomanes autrefois très répandues dans l'île *(p. 141)*, date du XVIIIe siècle.

Archontikó Vareltzídainas
Sapphous. ***Tél.*** *22530 41510.*
mar.-dim. *j.f.*

Aux environs : en 1527, l'abbé Ignace fonda **Moní Leimónos.** Les visiteurs pourront voir sa cellule, transformée en sanctuaire. L'église centrale possède un plafond sculpté en bois, des arcades intérieures et une source sacrée qui suinte des fondations. Leimónos compte aussi plusieurs hospices pour les infirmes, un petit zoo, un musée religieux et un autre musée exposant des créations des arts populaires.

Moní Leimónos
5 km au N.-O. de Kalloní. ***Tél.*** *22530 22289.* **Musée religieux** *t.l.j.*
Musée d'Art populaire *sur r.-v.*

Kalloní 8

Καλλονή

40 km au NO de Mytilène.
1 600. *lun.-sam.*
Skála Kallonís 2 km au S.

Ville de marché à la croisée des routes, Kalloní est à 2 km du golfe du même nom, dans l'arrière-pays. **Skála Kallonís** est un centre de pêche à la sardine.

Antissa 9

`Αντισσα

76 km au NO de Mytilène. *1410.*
t.l.j. *Kámpos 4 km au S.*

À elle seule, la place centrale d'Antissa, le plus grand village du coin, mérite une visite. Trois grands platanes y dispensent de l'ombre. Les ruines de l'Antissa antique, détruite par les Romains en 168 av. J.-C., s'étendent 8 km plus bas. Elles sont desservies par une route, près des vestiges de l'**Ovriókastro**, forteresse génoise. Celle-ci se dresse au bord de l'eau, à l'est du petit port de pêche de Gavathás et de la plage de sable de Kámpos.

Aux environs : à 10 km à l'est d'Antissa, **Vatoússa** n'offre pas de vue sur la mer, mais c'est un superbe village. À 3 km au nord, **Skalochóri**, aux maisons en gradins, domine la côte nord. Comme beaucoup de villages, il possède une mosquée en ruine antérieure au traité de Lausanne de 1923 *(p. 43)*.

À 3 km à l'est d'Antissa, blotti dans une vallée, **Moní Perivolís**, du XVIe siècle, est installé au cœur d'un verger au bord de l'eau. Le narthex recèle trois fresques du XVIe siècle, restaurées dans les années 1960 : une œuvre apocalyptique, *La Terre et la Mer livrant leurs morts*, *Le Voleur pénitent du Calvaire* et *La Vierge* (au côté d'Abraham). L'intérieur étant éclairé exclusivement par la lumière du jour, visitez le monastère avant la tombée de la nuit.

Des fresques ornent le narthex de Moní Perivolís

Pour les hôtels et les restaurants de la région, voir p. 307-309 et p. 333-334

Moní Ypsiloú ❿

Μονή Υψηλού

62 km au NO de Mytilène.
Tél. *22530 56259.* *t.l.j.*

Perché au sommet du mont Ordymnos, un volcan éteint (511 m), Moní Ypsiloú a été fondé au XIIe siècle. Aujourd'hui, seuls quatre moines y vivent. Le monastère possède une belle double porte, et le *katholikón* (église principale) possède un superbe plafond travaillé en bois. Admirez aussi l'exposition d'objets liturgiques. Dans la cour se dressent plusieurs fragments d'arbres pétrifiés. Saint Jean est le saint patron du monastère : ce choix est caractéristique d'une communauté installée dans un paysage austère.

Triple clocher de Moní Ypsiloú

Aux environs : l'accès principal à la **forêt pétrifiée** de Lesbos s'effectue à l'ouest d'Ypsiloú. Il y a quelque 15 à 20 millions d'années, des séquoias ensevelis sous des cendres volcaniques à la suite d'une éruption du mont Ordymnos furent transformés en pierre.

Sígri ⓫

Σίγρι

93 km au NO de Mytilène. *400.*

Une **forteresse** ottomane du XVIIIe siècle et l'église d'**Agía Triáda** dominent ce port plongé dans une douce torpeur, protégé par Nisópi, une longue île étroite.
La présence de la marine a découragé le développement touristique de la localité.
À quelques minutes de route, les vacanciers trouveront des plages désertes.

Le port paisible de Sígri

Skála Eresoú ⓬

Σκάλα Ερεσού

89 km à l'O de Mytilène.
1 500.

Cette station balnéaire dominée par l'acropole de l'Eresoú antique possède une superbe plage. Du haut de la colline, vous verrez l'ancienne jetée submergée dans le port de pêche moderne.
Au sommet, les vestiges sont maigres, mais des témoignages de l'époque byzantine subsistent, avec les fondations de la basilique d'**Agios Andreás**, dont les mosaïques du Ve siècle attendent d'être restaurées.

Aux environs : à 11 km à l'intérieur des terres, le village d'**Eresós** a prospéré au Moyen Âge comme refuge protégé des pirates. Une vaste plaine fertile se déroule entre les deux localités. Les deux enfants les plus célèbres d'Eresós sont le philosophe Théophraste *(p. 59)* et la poétesse Sappho.

SAPPHO, POÉTESSE DE LESBOS

Sappho (v. 615-562 av. J.-C.), l'un des plus grands poètes de tous les temps, est probablement née à Eresós, dans une famille aristocratique et dans une société qui accordait certaines libertés aux femmes. De son vivant, ses poèmes étaient connus dans toute la Méditerranée, mais la poésie de Sappho fut censurée par l'Église à la fin de l'Antiquité. Seuls de courtes citations et des rouleaux de papyrus nous sont parvenus. Nombre de ses poèmes étaient dédiés à des femmes – ce qui a donné naissance à des spéculations sur ses penchants sexuels. Les circonstances de sa mort sont obscures ; selon la légende, elle serait tombée amoureuse d'un jeune homme qu'elle poursuivit jusqu'à l'île de Leucade ; convaincue que son amour serait payé de retour si elle se jetait d'une falaise, elle se précipita dans le vide et se noya dans la mer – une fin improbable pour une poétesse connue comme la première lesbienne de l'histoire littéraire.

Chíos

Χίος

La physionomie actuelle de cette île prospère depuis l'Antiquité est largement marquée par le Moyen Âge. Sous la domination des Génois, qui contrôlaient le commerce fort lucratif du mastic *(p. 148-149)*, l'île devint l'une des plus riches de la Méditerranée. Son essor se poursuivit sous la domination ottomane jusqu'en mars 1822, date à laquelle les habitants furent massacrés par les Ottomans *(p. 151)*. En 1881, l'île commençait à peine à s'en remettre lorsqu'un séisme causa de graves dommages, surtout dans le sud de l'île.

Ville de Chíos ❶

Χίος

25 000. Polytechníou (autour de l'île), Dimokratías (environs). Kanári 18 (22710 44389). lun.-sam. Karfásau au S.

À l'instar de l'île, la ville de Chíos se peupla à l'âge du bronze et fut colonisée par des Ioniens d'Asie Mineure, au IVe siècle av. J.-C. Le site a été choisi pour son emplacement permettant de rejoindre aisément le continent, en face, mais ce n'est pas un lieu d'ancrage favorable. Les puissances qui s'y sont succédé ont donc dû faire construire de longs brise-lames. Ce chef-lieu moderne (rares sont les bâtiments antérieurs au séisme de 1881) possède toutefois plusieurs musées et des vestiges du passé mouvementé de la ville. Outre le *kástro*, ne manquez pas le bazar animé, au sommet de Roïdou, et la jolie fontaine ottomane de 1768, au carrefour de Martýron et Dimarchías.

Devanture de magasin, à Chíos

Kástro

Maggiora. ***Tél.*** *22710 22819.*
t.l.j.

Le vestige médiéval le plus marquant de la ville est sans conteste le *kástro*, créé par les Byzantins et remanié par les Génois, qui prirent possession de Chíos en 1346. Aujourd'hui, il manque à la forteresse le rempart sud-est donnant sur la mer, qui tomba aux mains de promoteurs après le séisme de 1881. La porte la plus saisissante est la Porta Maggiore, au sud-ouest ; de là, de profondes douves vides décrivent une courbe jusqu'au nord-ouest des murailles. Derrière les murs, des maisons de l'époque ottomane bordent les ruelles étroites des anciens quartiers juifs et musulmans. Après la conquête ottomane,

LÉGENDE

Voir rabat arrière de couverture

LES SITES

Avgónyma ❹
Ville de Chíos ❶
Moní Moúndon ❻
Néa Moní ❸
Villages du Mastic ❷
Volissós ❺

Pour les hôtels et les restaurants de la région, voir p. 307-309 et p. 333-334

Front de mer de Chíos, avec le dôme et le minaret de la mosquée Mecidiye

en 1566, orthodoxes et catholiques furent bannis hors des murs. Dans l'enceinte se trouvent une mosquée abandonnée, des bains turcs en ruine et un petit cimetière ottoman. Ce dernier abrite la sépulture et la pierre tombale

Porta Maggiore, l'entrée sud-ouest du *kástro*

de l'amiral Kara Ali, qui ordonna le massacre de 1822. Il fut tué sur son vaisseau.

Musée Justiniani

Kástro. ***Tél.*** *22710 22819.*
pour travaux.

Cette collection consacrée à l'art religieux comprend un sol de mosaïques du Ve siècle apr. J.-C., sauvé d'une chapelle abandonnée. Parmi les saints des fresques et des icônes, on reconnaît Isídoros, qui aurait appris aux habitants à faire de la liqueur avec le mastic *(p. 148-149)*, et Matrona, martyre de l'Ancyre romaine, dont le culte fut introduit par des réfugiés venus d'Asie Mineure, après 1923.

Musée Byzantin

Plateía Vounakíou. ***Tél.*** *22710 26866.* *pour travaux.*

L'appellation est trompeuse ; l'édifice n'est en réalité guère plus qu'un entrepôt archéologique et un atelier de restauration. Il est installé dans la seule mosquée intacte de l'est de la mer Égée, l'ancienne Mecidiye Cami, qui possède toujours son minaret. Dans la cour, plusieurs pierres tombales juives, turques et arméniennes témoignent de la diversité ethnique de la population insulaire à l'époque médiévale.

Musée Philip-Argéntis

Koraïs 2. ***Tél.*** *22710 44246.* *lun.-ven. 8h-14h (et aussi 17h-19h30 ven.), sam. 8h-12h30*

Dotée en 1932 par un membre d'une importante famille de la ville et installée au-dessus de la bibliothèque Koraïs, cette collection recèle des outils agricoles en bois, ainsi que des broderies et des costumes traditionnels. Vous y verrez également une série de portraits de la famille Argénti, des gravures réalisées sur l'île et plusieurs reproductions du célèbre tableau de

MODE D'EMPLOI

45 000.
4 km au S de Chíos.
Chíos. *Chíos (22710 44389).* www.chios.gr

Delacroix (1798-1863) *Les Massacres de Chíos* (1824). À l'instar d'une dépêche de presse, ce tableau suscita la sympathie de l'Europe occidentale pour la cause révolutionnaire grecque *(p. 42-43)*.

Aux environs : la plaine fertile du **Kámpos** s'étend à 6 km au sud de la ville de Chíos. La région est quadrillée de chemins non signalisés qui longent de hauts murs cachant des propriétés. À l'occasion, une porte cintrée vous permettra d'apercevoir les vestiges des résidences d'été de l'aristocratie locale médiévale.

Nombre de propriétés ont été détruites lors du séisme de 1881, mais certaines ont été restaurées, avec des blocs de grès multicolores disposés en alternance. Beaucoup possèdent toujours leurs propres roues à eau, jadis actionnées par des ânes. L'eau était puisée dans des puits de 30 m de profondeur, puis stockée dans des citernes peuplées de poissons et ombragées par des pergolas. Aujourd'hui alimentés par des pompes électriques, ces réservoirs d'eau douce servent toujours à arroser les vastes plantations d'orangers, de citronniers et de mandariniers qui font la renommée de la région.

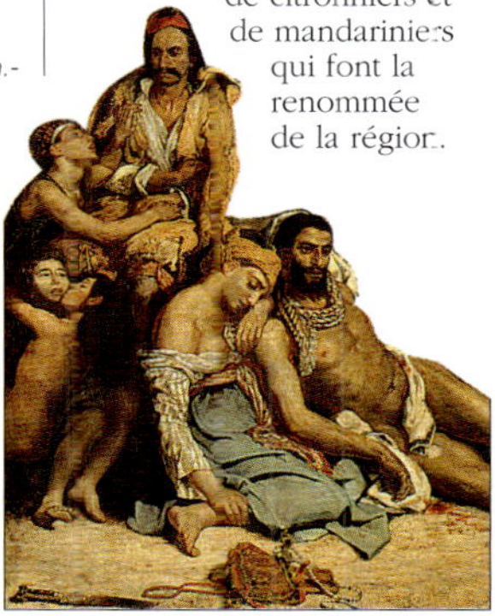

***Les Massacres de Chíos* (1824) de Delacroix, détail, musée Argéntis**

Villages du Mastic ❷

Μαστιχοχώρια

Poterie d'Armólia

Les vingt localités du sud de Chíos, appelées *mastichochória*, ou « villages du Mastic », tirent leur nom du mastic, résine obtenue à partir d'un arbre, leur produit le plus lucratif au Moyen Âge. Aux XIVe et XVe siècles, les Génois créèrent des villages dans l'arrière-pays. Construits sur un plan unique en Grèce, ils possèdent des caractéristiques défensives communes, nécessaires en raison de la proximité de l'Empire ottoman. Bien que ces villages aient été préservés des massacres de 1822 *(p. 151)*, la plupart ont vu leur architecture défigurée par les tremblements de terre et une modernisation anarchique.

PRINCIPAUX VILLAGES DU MASTIC

Véssa

La disposition régulière des rues apparaît clairement depuis les hauteurs, en descendant d'Agios Geórgios Sykoúsis ou d'Eláta.

Pyrgí

Pyrgí est renommé pour ses maisons ornées de décorations xystá, *ou « griffées ». Les murs extérieurs sont couverts d'un enduit à base de sable noir, puis de blanc de chaux. Des motifs géométriques sont ensuite soigneusement grattés sur le mur, révélant la couche noire. L'église Agioi Apóstoloi, qui recèle des fresques médiévales, en est une belle illustration.*

Armólia

Ce village, qui est l'un des plus petits des mastichochória, *est célèbre par ses poteries.*

Des tours gardaient chaque coin du village.

Les maisons à trois étages possédaient des plafonds voûtés, sauf au dernier étage.

Les passages étroits étaient enjambés par des arcs-boutants, pour limiter les dommages des séismes.

Les rues sont disposées selon un plan complexe pour désorienter les étrangers.

Les toits plats de bâtiments voisins étaient souvent de la même hauteur, pour faciliter la fuite.

Pour les hôtels et les restaurants de la région, voir p. 307-309 et p. 333-334

Olýmpoi
Olýmpoi est un village presque carré. Sa tour centrale se dresse quasiment sur sa hauteur d'origine, et aujourd'hui deux cafés sont installés au rez-de-chaussée. Ici, vous verrez des villageois trier le mastic.

MODE D'EMPLOI

28 km au SO de la ville de Chíos. *Pýrgí : 1 200, Mestá : 400, Olýmpoi : 350. Mestá. Mávra Vólia et Kómi 5 km au SE de Pyrgí.*

Vávyloi
L'église byzantine du XIIe siècle, Panagíatis Krínis, à la lisière du village, est renommée pour ses fresques et ses assises alternées de briques et de pierres.

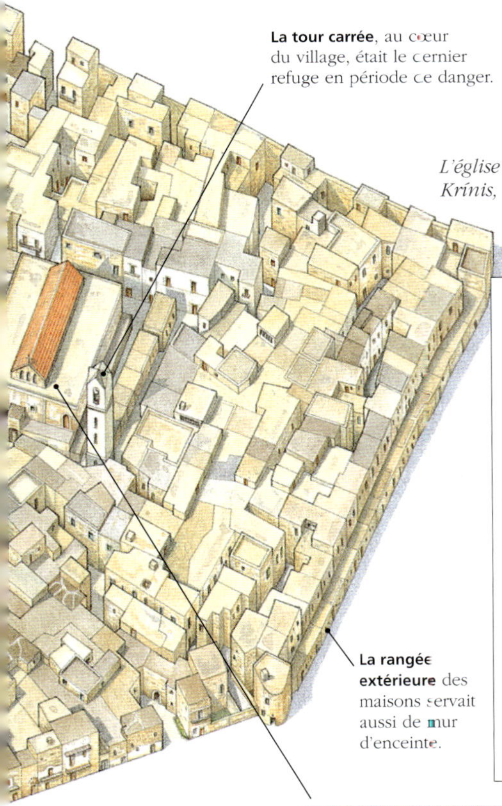

LA PRODUCTION DU MASTIC

Les térébinthes lentisques sécrètent une résine utilisée autrefois comme base de peintures, de cosmétiques et de médicaments. Aujourd'hui, le mastic sert à produire de la pâte à mâcher, des liqueurs et même du dentifrice. Environ 300 t sont prélevées chaque été grâce aux incisions pratiquées dans l'écorce. La résine, qui se solidifie en une journée, est ensuite récoltée et mise à sécher.

Écorce et cristaux

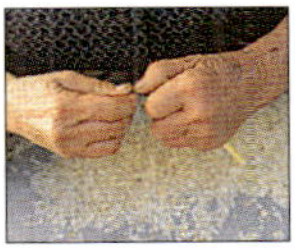

Cristaux séparés de l'écorce

MESTÁ

Vu ici du sud-ouest, Mestá est le village du Mastic le mieux préservé. La hauteur des toits y est la plus égale, et ses tours d'angle sont bien conservées.

Église Taxiárchis
L'église de Mestá, du XIXe siècle, qui domine la place centrale, est la plus grande de Chíos. Son bel intérieur recèle un superbe retable sculpté.

Néa Moní ❸

Νέα Μονή

Mosaïque de *Sainte Anne*

Blotti dans un vallon boisé à 11 km à l'ouest de la ville de Chíos, le monastère et ses mosaïques, qui comptent parmi les plus belles du pays, datent du XIe siècle. Le monastère fut fondé en 1042 par l'empereur byzantin Constantin IX Monomáchos, à l'emplacement où trois ermites trouvèrent une icône de la Vierge. Il atteignit l'apogée de sa gloire après la chute de l'Empire byzantin et conserva son influence jusqu'aux représailles ottomanes de 1822. À la mort de la dernière sœur, Néa Moní, qui est un couvent depuis plusieurs décennies, sera repris par des moines.

Néa Moní, vu de l'ouest

Narthex
Le narthex, qui se détache ici devant le dôme de l'église principale, recèle les mosaïques les plus sophistiquées. Elles représentent 28 saints. La Vierge à l'Enfant *orne la coupole centrale.*

Le clocher est une construction moderne, ajoutée après le séisme de 1881.

Mosaïque de *Saint Joachim*

Les incrustations de marbre étaient très prisées dans l'Empire byzantin.

★ Le Christ lavant les pieds des disciples
Pierre demande au Christ de lui laver également la tête et les mains.

À NE PAS MANQUER

- ★ *Anástasis*
- ★ *Le Christ lavant les pieds des disciples*

Pour les hôtels et les restaurants de la région, voir p. 307-309 et p. 333-334

★ Anástasis
Après la Résurrection, le Christ sauve Adam et Ève de l'enfer avant d'entrer au paradis.

MODE D'EMPLOI

11 km à l'O de la ville de Chíos.
Tél. *22710 79391.* *avr.-oct. : t.l.j. 7h-12h, 16h-19h ; nov.-mars : mar.-dim. 8h30-15h.* *limité.*

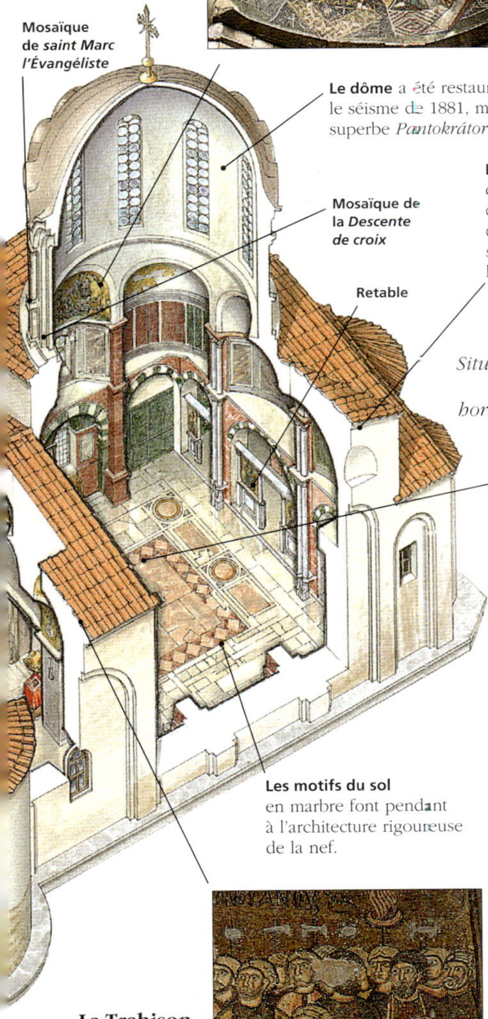

Horloge byzantine
Située à côté de la mosaïque de la Crucifixion, *cette horloge de Smyrne d'avant 1923 indique l'heure byzantine.*

LES MASSACRES DE CHÍOS

Après 250 ans de domination ottomane, les habitants de l'île rejoignirent en mars 1822 le mouvement indépendantiste. Furieux, le sultan envoya dans l'île une expédition qui massacra 30 000 d'entre eux, qui en réduisit presque le double en esclavage et qui mit à sac l'île. Les insulaires qui cherchèrent refuge à Néa Moní furent tués, de même que la plupart des 600 moines. Une chapelle du monastère recèle les ossements des victimes. Les marques de coups de hache sur de nombreux crânes, y compris des crânes d'enfants, illustrent la sauvagerie du massacre.

Ossuaire contenant les crânes des martyrs de 1822

La Trahison dans le jardin
Un détail de cette mosaïque représente Pierre coupant l'oreille du centurion, après la trahison de Jésus à Gethsémani. Malheureusement, Le Baiser de Judas *a été endommagé.*

À la découverte de l'île de Chíos

Détail de Moní Moúndon

Avec ses paysages verdoyants et semi-montagneux bordés de falaises au sud et de plages de sable au nord-ouest, Chíos est une île séduisante. De la ville de Chíos, des routes et des transports en commun permettent de rayonner dans toutes les directions. La côte sud-est, très peuplée, est la mieux desservie par car. Pour découvrir les autres régions, mieux vaut louer une voiture ou une moto puissante, ou se déplacer en taxi.

Avgónyma ❹

Αυγώνυμα

20 km à l'O de la ville de Chíos. 15. Elínta 7 km à l'O.

La localité la plus proche de Néa Moní *(p. 150-151)* est le plus joli village du centre de l'île. Son architecture originale est moins labyrinthique et oppressante que celle des villages du Mastic, et ses maisons sont plus élégantes que celles du nord de l'île. Le nom de la ville, qui signifie « couvée d'œufs », vient peut-être de son apparence vue des hauteurs. Presque toutes les maisons ont été restaurées avec goût par des enfants du village émigrés aux États-Unis. Sur la place principale, la *pýrgos* (« tour ») médiévale, aux arcades intérieures, abrite une excellente taverne.

Aux environs : rares sont les villages aussi saisissants vus de loin qu'**Anávatos**, à 4 km au nord d'Avgónyma. Anávatos est quasiment resté inchangé au cours des dernières décennies. Les maisons inhabitées sont perchées à flanc de montagne, surplombant des pistachiers peu entretenus. Durant les massacres de 1822 *(p. 151)*, le village a été le théâtre d'un drame : quelque 400 Grecs se sont précipités dans le vide du haut d'une falaise de 300 m, au-dessus du village, préférant le suicide à la mort entre les mains des Ottomans.

Volissós ❺

Βολισσός

40 km au NO de la ville de Chíos. 500. Managros 2 km au SO.

C'était autrefois la principale ville de marché pour les vingt villages du nord-ouest. Le seul vestige de cette époque est une sellerie, à la bordure ouest de la localité. La forteresse écroulée, au sommet de la colline, érigée par les Byzantins au XIe siècle et restaurée par les Génois au XIVe siècle, corrobore l'importance stratégique de la ville au Moyen Âge. Le long des flancs sud et est de la colline fortifiée se dressent des maisons en pierre, dont beaucoup ont été achetées et restaurées par des habitants de Volissós installés à l'étranger.

L'une des nombreuses maisons en pierre restaurées d'Avgónyma

Aux environs : non loin du village d'**Agio Gála**, à 26 km au nord-ouest de Volissós, deux chapelles du XVe siècle sont blotties dans une caverne profonde, au sommet d'un escarpement. La plus petite, située derrière l'autre, est aussi la plus intéressante. Elle est entièrement construite dans la grotte et abrite une fresque complexe et mystérieuse de la *Vierge à l'Enfant*. La plus grande, à l'entrée de la grotte, recèle un *témblon,* ou retable, richement sculpté. Agio Gála est accessible en car depuis Volissós. Pour visiter les églises, adressez-vous au bedeau qui possède les clés.

La localité d'Anávatos, largement désertée, avec ses quelques maisons habitées au premier plan

Pour les hôtels et les restaurants de la région, voir p. 307-309 et p. 333-334

Moní Moúndon ❻

Μονή Μουνδών

35 km au NO de la ville de Chíos.
Tél. *22740 21230. à Volissós.*
t.l.j. (demander la clé à la 1re maison de Diefha).

Fondé à la fin du XVIe siècle, ce monastère pittoresque était autrefois le deuxième de l'île, après Néa Moní *(p. 150-151)*. Le *katholikón*, ou église centrale, recèle plusieurs peintures murales médiévales intéressantes, dont la plus connue est le *Salut des âmes grimpant à l'échelle céleste*. Bien que l'église ne soit ouverte au public que pendant la fête du monastère (29 août), son emplacement romantique vaut le déplacement.

Le *Salut des âmes grimpant à l'échelle céleste*, Moní Moúndon

Les îles des environs

L'architecture du paisible îlot d'**Oinoússes**, à quelques kilomètres à l'est de la ville de Chíos, est d'une sobriété trompeuse, car c'est le territoire le plus riche de Grèce. De belles plages s'étendent des deux côtés du port. Au nord-ouest de l'île se dresse le couvent Evangelismoú, doté par la famille Pateras.

Psará, à 71 km à l'ouest, a largement été détruit pendant la guerre d'Indépendance *(p. 42-43)*. Pastiche des styles architecturaux des îles, la physionomie de la seule ville de l'île est née au cours des cent dernières années. Les paysages sont désolés et stériles, mais l'île possède de belles plages à l'est du port et Moní Koímisis tis Theotókou à l'extrémité nord.

Les vestiges de la tour hellénistique près de Fanári, Icarie

Icarie (Ikaría)

Ικαρία

8300. Agios Kirýkos. 22750 22202. Fanári 16 km au NE d'Agios Kirýkos.

Située à 245 km au sud de Chíos, Icarie tire son nom d'Icare, figure symbolique. Icare s'approcha si près du Soleil que la cire de ses ailes fondit et qu'il s'abîma en mer.

Agios Kirýkos, chef-lieu et port principal, est une bourgade agréable, flanquée de deux stations thermales dont l'une remonte à l'époque romaine. **Thérma**, à quelques minutes de marche au nord-est, possède des bains chauds. À **Thérma Lefkádas**, au sud-ouest, les sources jaillissent entre les rochers, dans la mer peu profonde.

À 2 km environ à l'ouest du village côtier d'Evdilos, sur la côte nord, le village de **Kámpos** possède une vaste plage de sable. Les visiteurs pourront y admirer les ruines d'une église du XIIe siècle et les vestiges d'un manoir byzantin. L'édifice date de l'époque où l'île était un endroit d'exil pour l'aristocratie disgraciée. Un petit musée abrite des objets de la ville d'Oinoe, prédécesseur antique de Kámpos.

À Kosoíki, à 5 km à l'intérieur des terres, la forteresse byzantine de **Nikariás** veille sur le village. Elle fut bâtie au Xe siècle pour garder un col sur la route menant à Oinoe. Le seul vestige bien préservé des fortifications est une **tour hellénistique** (Drakánou) du IIIe siècle av. J.-C., qui était un phare, près de Fanári.

Entourée de forêts, **Armenistís**, qui possède de belles plages, comme Livádi et Messaktí à l'est, est la principale station balnéaire de l'île. Les fondations d'un temple dédié à la déesse Artémis Tavropólos, (Artémis incarnée comme patronne des taureaux), s'étendent à 4 km à l'ouest.

À l'est d'Icarie, l'île de **Foúrnoi**, dont la flotte de pêche est très active, est bien plus peuplée et animée que sa petite taille ne pourrait le laisser penser. La rue principale de la ville portuaire, bordée de mûriers, relie le quai à une place éloignée de la mer, où un sarcophage antique trône entre deux cafés. Les plages de Kampí et Psilí Ammos sont à proximité.

La ville côtière d'Agios Kirýkos, le chef-lieu de l'île d'Icarie

Sámos

Σάμος

Colonisée très tôt en raison de ses richesses naturelles et de son accès facile depuis l'Asie, Sámos devint une puissance maritime au VIIe siècle av. J.-C. et connut un âge d'or sous Polycrate (538-522 av. J.-C.). Après l'effondrement de l'Empire byzantin, la plupart des insulaires fuirent les pirates et Sámos resta déserte jusqu'en 1562, date à laquelle l'amiral ottoman Kiliç Ali repeupla l'île de Samiens et de colons. Au XIXe siècle, l'île fut prospère grâce au tabac et au commerce maritime. Elle fut rattachée à la Grèce en 1912.

Pêcheurs dans le port de Vathý

LES SITES

Efpalíneio Orygma 2
Héraion 5
Karlóvasi 7
Kokkári 6
Moní Megális Panagías 4
Mont Kerketéfs 8
Pythagóreio 3
Vathý 1

Vathý 1

Βαθύ

5 700. Ioánnou Lekáti. 25 Martíou 4 (22730 28582). t.l.j. Psilí Ammos 8 km au SE ; Mykáli 6 km au S.

L'ancien village d'Ano Vathý date de 1600, mais la ville actuelle est récente.
Le quartier du port ne s'est développé qu'à partir de 1832, lorsque la ville devint le chef-lieu de l'île. Juste assez grande pour accueillir tous les commerces du bazar, la ville basse reçoit surtout des visiteurs, tandis qu'à Ano Vathý, la vie suit son cours.

Le **Musée archéologique** de Sámos présente des objets des fouilles d'Héraion *(p. 156)*. Les pèlerins d'origines très diverses y ont constitué une collection d'offrandes votives, l'une des plus riches de Grèce, avec notamment une statuette de bronze d'un dieu urartéen, des figurines assyriennes et une miniature de Persée et Méduse. La pièce maîtresse est la plus grande sculpture qui nous soit parvenue de la Grèce antique : un *koúros* de marbre de 5 m de haut, dédié au dieu Apollon, datant de 580 av. J.-C.

MODE D'EMPLOI

34 000. 4 km à l'O de Pythagóreio. Vathý, Karlóvasi, Pythagóreio. Vathý (22730 28582). Festival du vin : août ; Festival des pêcheurs, Pythagóreio : juin ou juil. **www**.*samos.gr*

Cheval de bronze assyrien, Musée archéologique de Vathý

Musée archéologique

Kapetán Gymnasiárchou Katevéni.
Tél. *22730 27469. mar.-dim. 8h30-15h. j.f.*

LÉGENDE

Voir rabat arrière de couverture

Pour les hôtels et les restaurants de la région, voir p. 307-309 et p. 333

À la découverte de l'île de Sámos

Une route pavée fait le tour de l'île. Les liaisons en car ne sont fréquentes qu'entre Pythagóreio et Karlóvasi, via Vathý. Beaucoup d'endroits ne sont accessibles qu'en Jeep ou à pied. Le sud et l'ouest comptent beaucoup de pistes difficiles : soyez prudents.

Efpalíneio Orygma ❷

Ευπαλίνειο Όρυγμα

15 km au SO de Vathý.
Tél. *22730 61400.* *mar.-dim.* *j.f.*

Efpalíneio Orygma (tunnel d'Eupalinos), un aqueduc de 1 040 m, est l'un des premiers chefs-d'œuvre de l'ingénierie antique. Conçu par Eupalinos et construit entre 529 et 524 av. J.-C. par des centaines d'esclaves, le tunnel assura l'approvisionnement en eau de la ville antique en temps de siège et resta en service jusqu'au XXe siècle. Les plans d'Eupalinos étaient si précis que, lorsque les équipes de construction, qui avaient chacune commencé les travaux d'un côté de la montagne, se rejoignirent au milieu, il n'y avait aucun décalage vertical.

Le site est ouvert sur une moitié de sa longueur. Des grilles protègent les visiteurs des chutes de pierres.

Pythagóreio ❸

Πυθαγόρειο

13 km au SO de Vathý. *1 300.* *Lykoúrgou Logothéti (22730 61389).* *Potokáki 3 km à l'O.*

Ce village, où le philosophe Pythagore est né vers 570 av. J.-C., a longtemps été le pôle touristique de l'île. Les fondations massives et les murailles du Sámos antique ont empêché la construction de hauts immeubles. La seule tour est celle du château du XIXe siècle de **Lykoúrgos Logothétis**, qui commanda la bataille navale décisive dans la victoire sur les Turcs, le 6 août 1824, jour de la fête de la Transfiguration. À côté se dresse l'église de la **Metamórfosis**, construite pour célébrer la victoire. À l'extrême ouest de la ville s'étendent les vastes vestiges des **bains romains**, avec

Statue de Pythagore (1989), due à Nikoláos Ikaris, Pythagóreio

quelques portiques intacts. Plus à l'ouest, le complexe de luxe de la baie de Doryssa domine la zone ensablée du port archaïque, dont il ne reste que le lac de Glyfáda, traversé par un môle.

Bains romains
À l'O de Pythagóreio. **Tél.** *22730 61400.* *horaires variables.*

Aux environs : Polycrate fortifia Pythagóreio en entourant la colline de Kastrí de murailles de plus de 6 km de circonférence, percées de douze portes. Les murs furent détruits lors du siège des Athéniens, en 439 av. J.-C. Ils sont le mieux préservés juste au-dessus de Glyfáda ; une tour s'y dresse toujours. **Moní Panagías Spilianís**, dont la grotte de 100 m de profondeur abrite un sanctuaire dédié à la Vierge, se trouve dans l'enceinte.

Moní Megális Panagías ❹

Μονή Μεγάλης Παναγίας

27 km à l'O de Vathý.
mai-oct : t.l.j.

Fondé en 1586 par Nílos et Dionýsios, deux ermites d'Asie Mineure, le monastère de Megális Panagías recèle des fresques superbement préservées. L'église centrale, disposée en diagonale dans une enceinte carrée abritant des cellules, a été restaurée. Elle fut probablement construite directement sur le temple d'Artémis. Malheureusement, la région a été ravagée par le feu en 1990. Les horaires des visites dépendent du bon vouloir du gardien.

Fresque de *Jésus lavant les pieds des apôtres*, Moní Megális Panagías

L'unique colonne subsistant du temple de Polycrate, Héraion

Héraion ❺

Ηραίον

21 km au SO de Vathý.
Tél. *22730 95277.* *Iraío.*
mar.-dim. *j.f.*

Une déesse de la Fertilité y était déjà vénérée au Néolithique, mais ce sont les colons mycéniens *(p. 28-29)* qui introduisirent dans l'île le culte d'Héra, avec les dieux olympiens. Érigé en un lieu protégé des eaux, le sanctuaire honorait la légende selon laquelle Héra serait née sous un osier (saule) sacré sur les rives de l'Imvrasos et aurait célébré son union avec Zeus parmi les osiers.

Le temple de 30 m de long édifié au VIIIe siècle av. J.-C. fut remplacé au VIe siècle par un temple en pierre d'ordre ionien, dessiné par Rhoikos, un architecte de l'île. Du fait d'un séisme ou d'une erreur de construction, le bâtiment s'écroula sous le règne de Polycrate, qui le fit remplacer par un édifice grandiose, commandé au fils de Rhoikos, Théodoros. Il entama la construction du nouveau temple en 525 av. J.-C., à 40 m à l'ouest de celui de son père, en récupérant les matériaux de l'édifice précédent. Les travaux se poursuivirent au fil des siècles, mais la gigantesque structure ne fut jamais achevée. À son apogée, l'intérieur, somptueux, ressemblait à un musée.

La plupart des trouvailles du Musée archéologique *(p. 154)* de Vathý datent du VIIIe au VIe siècle av. J.-C. L'enceinte, ceinturée de murailles, renfermait plusieurs temples dédiés à d'autres divinités, mais seule Héra possédait un autel sacrificiel. Les pèlerins accédaient à la capitale antique par une Voie sacrée de 4800 m.

Détail du temple de Polycrate, Héraion

Malgré les fouilles effectuées par les Allemands au XXe siècle, la disposition des différents sites constituant le sanctuaire reste confuse. Les bâtisseurs byzantins et médiévaux puisèrent dans les pierres du site pour construire leurs édifices, ne laissant qu'une seule colonne intacte. Une basilique paléochrétienne dédiée à la Vierge fut érigée bien plus tôt, au Ve siècle. Ses fondations sont situées à l'est du grand temple.

Kokkári ❻

Κοκκάρι

10 km à l'O de Vathý. *1 000.*
Agíou Nikoláou (22730 92333).
Tsamadoú et Lemonákia 2 km à l'O.

Installé sur deux promontoires, ce ravissant petit port tire son nom des oignons (proches des échalotes) qui étaient autrefois cultivés à l'intérieur des terres. Aujourd'hui, la localité est la troisième station balnéaire de l'île, après Pythagóreio et Vathý. Battue par les vents, elle fait le bonheur des véliplanchistes. Les deux plages sont

LE CULTE D'HÉRA

Héra était la principale déesse vénérée dans nombre de cités grecques, y compris à Argos, sur le continent. Les sanctuaires étaient toujours situés hors de la ville. Avant le Ier millénaire av. J.-C., Héra était adorée sous la forme d'une simple statue de bois, remplacée plus tard par une sculpture en cuivre. Un rite annuel, le Tonaia, commémorait l'enlèvement manqué de la statue en bois par des pirates argiens et étrusques. L'idole était portée en procession à l'embouchure de la rivière, posée sur une litière d'osier (vouée à Héra), baignée dans la mer et couverte d'offrandes. L'autre fête annuelle, l'Héraia, où la statue de cuivre était parée d'habits nuptiaux, célébrait l'union d'Héra avec Zeus et s'accompagnait de concerts et de concours d'athlétisme. Installée dans un sanctuaire spécial après le VIIIe siècle av. J.-C., la statue d'Héra était entourée de paons vivants et de branches d'osier. Ces scènes figurent sur les pièces samiennes de l'époque romaine.

Héra, tirée par des paons, figurait sur les pièces samiennes

La plage et le port de Kokkári, encadrés par deux promontoires

rocailleuses, et la mer y est souvent mouvementée. Le soir, le quai pavé et les tavernes de bord de mer sont le centre de l'animation.

Aux environs : contrairement aux villages montagnards qui se dépeuplent, **Vourliótes** prospère, grâce à ses vergers et ses vignobles. La place centrale est ravissante. Quatre tavernes y sont installées. Vourliótes est situé à un carrefour des sentiers de randonnée ; des chemins arrivent depuis Kokkári, descendent vers Agios Konstantínos et grimpent à Manolátes, le départ de l'ascension du mont Ampelos, un circuit circulaire de cinq heures.

Karlóvasi 7

Καρλόβασι

33 km au NO de Vathý. *5 500.* *Potámi 2 km à l'O.*

La deuxième ville de l'île, à l'ouest, est divisée en quatre quartiers. Dans l'entre-deux-guerres, Néo Karlóvasi était un important centre de production de cuir ; près de la mer, vous verrez les tanneries abandonnées et les belles demeures construites avec l'argent du commerce des chaussures. Meséo Karlóvasi, sur une colline au-delà de la rivière, est plus charmant. Toutefois, la plupart des visiteurs préfèrent le port animé de Limín. Au-dessus du port, Ano ou Palaió Karlóvasi est blotti dans un ravin boisé que domine l'église d'**Agía Triáda**, perchée sur la colline. C'est le seul bâtiment visible depuis la mer.

Aux environs : à partir d'Ano Karlóvasi, une promenade d'une heure depuis la plage de Potámi vous conduira au site d'une colonie médiévale. Parmi les principaux vestiges, vous verrez l'église de **Metamórfosis** du XIe siècle, la plus ancienne de l'île, et la forteresse byzantine.

Mont Kerketéfs 8

Ορος Κέρκειευς

50 km à l'O de Vathý. *vers Marathókampos.* *Votsalákia, 2 km au S de Marathókampos ; Limniónas, 5 km au SO de Marathókampos.*

Le mont Kerketéfs (1 437 m), au sud de Sámos, est le point culminant de la mer Égée, après Samothrace Sur cette île composée de roches sédimentaires lisses, cette montagne partiellement volcanique détonne, avec ses rochers déchiquetés et ses gouffres profonds.

Kerketéfs est mentionné pour la première fois à l'époque byzantine, où des religieux vivaient en ermites dans des grottes. Les marins pensaient que les lueurs visibles le soir à l'entrée des grottes étaient les esprits de saints défunts ou les auras d'icônes attendant d'être découvertes. Kerketéfs compte deux monastères : **Moní Evangelistrías**, du XVIe siècle, agrippé au versant sud, et **Moní Theotókou**, construit en 1887 dans une vallée au nord-est.

Malgré les incendies de forêt et la construction d'une route pavée desservant les villages isolés de l'ouest du sommet, le mont Kerketéfs permet toujours des randonnées dans des paysages superbes. Dans la baie de Seïtáni, une réserve marine abrite des phoques moines *(p. 115)*.

Le mont Kerketéfs vu depuis l'île d'Icarie

LE DODÉCANÈSE

PÁTMOS · LIPSÍ · LÉROS · KÁLYMNOS · KOS · ASTYPÁLAIA · NÍSYROS
TÍLOS · SÝMI · RHODES · CHÁLKI · KASTELÓRIZO · KÁRPATHOS

Avec ses plages superbes et son climat chaud, le chapelet d'îles le plus méridional de Grèce, qui s'égrène majoritairement le long de la côte turque, attire de nombreux visiteurs. Le Dodécanèse est aussi l'archipel le plus cosmopolite, avec une influence orientale qui transparaît dans l'architecture.

En raison de son éloignement d'Athènes et de la Grèce continentale, l'archipel a subi maintes invasions, dont les témoignages sont omniprésents. À Rhodes, on verra les temples érigés par les Doriens et les réalisations des plus connus des envahisseurs, les chevaliers de Saint-Jean, qui restèrent sur l'île de 1309 jusqu'à leur défaite par Soliman le Magnifique, en 1522.

Statue du port du Mandráki, Rhodes

L'architecture ottomane est la plus saisissante dans les grandes îles prospères, comme Kos et Rhodes. À des siècles de domination ottomane succéda, en 1912, un régime répressif italien. Mussolini fit construire une foule de bâtiments publics imposants, comme ceux de la ville de Lakkí à Léros. En 1947, après des siècles d'occupation, ces îles furent les dernières à être rattachées à l'État grec.

Ces îles se succèdent mais ne se ressemblent pas : certaines sont arides et austères, comme Chálki et Kásos, tandis que d'autres, comme Tílos et Nísyros la volcanique, sont fertiles et vertes. Avec leurs maisons blanchies à la chaux, Astypálaia et Pátmos ressemblent plutôt aux Cyclades. À Pátmos, les maisons pâles de Chóra, dominées par la masse sombre du monastère de Saint-Jean, offrent un spectacle superbe. Rhodes, capitale de l'archipel, avec ses nombreux sites et ses plages de sable interminables, est une destination de vacances très prisée.

Comme le temps reste chaud jusqu'au cœur de l'automne, la saison des baignades est très longue. Étendues de galets noirs ou de sable argenté, baies désertes et plages bondées d'adorateurs du soleil s'y égrènent.

Moine utilisant un moyen de transport original sur l'île sainte de Pátmos

◁ Façade du bord de mer, dans le port de Sými

À la découverte du Dodécanèse

Ces îles offrent des paysages et des activités pour tous les goûts : plages superbes vouées aux sports nautiques, ports de plaisance, vallées verdoyantes, montagnes arides, grottes, baies profondes, et même un volcan en semi-activité à Nísyros. Les sites historiques sont tout aussi riches : le monastère de Saint-Jean à Pátmos, du XIe siècle, l'Asklepieíon hellénistique de Kos, la cité médiévale fortifiée des chevaliers de Rhodes et l'extraordinaire village traditionnel d'Olympos à Kárpathos. Kos, au nord, et Rhodes, capitale de l'archipel, au sud, constituent d'excellentes bases pour voyager par bateau ou par avion dans les deux moitiés de l'archipel.

LES ÎLES D'UN COUP D'ŒIL

L'entrée du Nouveau Marché, coiffée d'un dôme, ville de Rhodes

Légende des symboles, *voir le rabat arrière de couverture*

CIRCULER

Kos, Rhodes et Kárpathos sont desservies par des vols internationaux, Léros, Astypálaia et Kásos par des vols intérieurs. Si vous voyagez par bateau, planifiez soigneusement votre itinéraire, car certaines îles, même très proches, ne sont pas reliées directement. De même, les voyages peuvent être longs : comptez neuf heures entre Rhodes et Pátmos. Prévoyez aussi d'éventuels retards dus au temps. Le vent frais, le *meltémi*, bien agréable en plein été, empêche parfois les ferrys de circuler. Les liaisons par car sont bonnes, surtout dans les grandes îles. Vous trouverez partout des locations de voitures et de vélos, et des taxis, mais l'état des routes varie d'une île à l'autre.

CARTE DE SITUATION

Vue aérienne de la ville de Sými, avec ses maisons néoclassiques

LÉGENDE

- Route principale
- Route secondaire
- Route pittoresque
- Liaison de ferry, en saison
- Sommet

VOIR AUSSI

- ***Hébergement*** p. 309-312
- ***Restaurants, tavernes et cafés*** p. 334-336
- ***Accès pour les îles*** p. 366-369

Pátmos

Πάτμος

La venue de saint Jean, en 95 apr. J.-C., a marqué l'histoire de l'île puisque c'est là que le saint aurait dicté le texte de l'*Apocalypse*. Le monastère de Saint-Jean *(p. 164-165)* fut à l'origine de la richesse de l'île. Plus tard, son importance déclina à mesure que l'île prospéra, grâce à la construction navale et au commerce. Aujourd'hui, Pátmos s'efforce de rester à la fois un lieu de pèlerinage et de tourisme.

LÉGENDE

Voir rabat arrière de couverture

0 2 km

Skála

Ferrys, yachts et paquebots viennent s'amarrer à Skála, le port et la localité principale, blottie dans une grande baie protégée. Malgré les nombreux magasins de souvenirs et les boutiques que l'on pourra trouver dans le centre, il règne à Skála une ambiance détendue. Plusieurs agences de voyages et compagnies maritimes sont installées sur le front de mer.

Le pôle de la vie sociale est l'Aríon, un café-bar installé dans un édifice néoclassique qui sert de lieu de rendez-vous pour la population locale et de salle d'attente pour les ferrys. Tous les jours, des caïques et des petits bateaux partent du port pour les principales plages de l'île.

Aux environs : la plage de sable de la ville est souvent bondée. Au nord, au-delà de la baie, la plage de galets de **Melói**, ombragée, offre un excellent terrain de camping et dispose d'une taverne ; des caïques assurent la liaison avec Skála. Au-dessus de Skála s'étendent les ruines de l'acropole, à **Kastélli**. Les vestiges comprennent un mur hellénistique. Au coucher du soleil, la chapelle d'**Agios Konstantínos**, perchée au sommet, offre une belle vue.

Chóra

De Skála, un ancien chemin dallé mène au monastère de Saint-Jean *(p. 164-165)*. Dédale de ruelles blanches, bordées de plus de 40 monastères et chapelles, Chóra est un joyau d'architecture byzantine. Dans les rues sinueuses, des portes s'ouvrent sur de grandes demeures de capitaines, ou *archontiká*, construites pour garder les pirates à distance.

Vue de Skála depuis le monastère de Saint-Jean

Pour les hôtels et les restaurants de la région, voir p. 309-312 et p. 334-336

Souvenirs à vendre sur le chemin menant au monastère de Saint-Jean

L'église **Agía Anna** se dresse au bord du chemin menant à Skála. Des marches ornées de fleurs descendent vers l'église (1090) dédiée à la mère de la Vierge. Elle abrite la **grotte sacrée de l'Apocalypse**, où saint Jean eut une vision et dicta l'*Apocalypse* (« révélation ») à son disciple, Prochoros. On peut voir le rocher que ce dernier utilisait comme écritoire et l'endroit où le saint posait sa tête pour dormir. On admirera aussi les peintures murales du XIIe siècle et les icônes datant de 1596 représentant saint Jean et le pieux Christodule *(p. 164)*, œuvre du peintre crétois Thomás Vathás. Saint Jean aurait entendu la voix de Dieu s'élever de la crevasse du rocher, que l'on voit toujours. La pierre divisée en trois symbolise la Trinité.

Près de la Plateía Xánthou, un *archontikó*, la **maison Simantíris**, abrite le musée d'Art populaire. Construite en 1625, la demeure recèle le mobilier d'origine et des objets hétéroclites, comme des samovars russes.

Non loin, dans un jardin tranquille, le paisible couvent de **Zoödóchou Pigís**, construit en 1607, contient de belles fresques et des icônes.

Offrandes votives de pèlerins à Pátmos

Grotte sacrée de l'Apocalypse
Entre Skála et Chóra.
Tél. *22470 31234. t.l.j. 8h30-13h30 (mer., jeu. et dim. 16h-18h, sf en hiver).*

Maison Simantíris
Chóra. *t.l.j.*

À la découverte de l'île

Pátmos offre des plages intactes et un arrière-pays accidenté. Des bateaux permettent d'accéder aux plages, et de Skála des cars desservent Kámpos, Gríkos et Chóra. **Gríkos**, la principale station balnéaire, est nichée dans une superbe baie, à l'est de Chóra. Sur la plage, les bateaux de pêcheurs côtoient les installations de sports nautiques et les tavernes.

De là, en laissant au large l'îlot inhabité de Tragonísi, la baie se déroule au sud vers le rocher de Kallikatsous posé sur une langue de sable, qui ressemble au cormoran dont il porte le nom. Il pourrait s'agir de l'ermitage mentionné dans les écrits de Christodule.

Avec son sable fin et ses dunes, la plage naturiste de l'île **Psilí Ammos** décrit une courbe sur la côte sud-ouest. Au-delà de la baie, le rocher de Genoúpas est marqué par une balise flottante rouge. Selon la légende, c'est ici que le magicien Genoúpas voulut faire un concours de miracles avec saint Jean. Il plongea dans la mer pour rapporter les effigies de défunts, mais Dieu le transforma en pierre. Une grotte où aurait vécu l'enchanteur se trouve sur le cap Genoúpas.

Au nord de l'île, la plage de **Kámpos**, accessible par le village de Kámpos, est très appréciée. Au programme, sports nautiques et découverte des tavernes De Kámpos, un sentier part vers l'est pour rejoindre les plages de galets de **Vagiá Geranoú** et **Livádi**.

Sur la côte nord, **Lámpi**, battue par les vents, est connue pour ses galets colorés. Le village compte deux tavernes et une chapelle, non loin des roseaux. Lampí est accessible à pied depuis Christós.

MODE D'EMPLOI

3 000. Skála. Skála. Skála (22470 31666). Nipir au monastère de Saint-Jean : Jeu. saint ; Panagía à Kámpos : 15 août.

Grotte sacrée de l'Apocalypse, où saint Jean vécut et travailla

Monastère de Saint-Jean

Μονή του Αγίου Ιωάννου του Θεολόγου

Le monastère, l'un des plus riches et des plus influents de Grèce, est un lieu de pèlerinage d'une importance capitale, tant pour les orthodoxes que pour les fidèles de l'Église d'Occident. Il fut fondé en 1088 par un moine, le pieux Christodule, en l'honneur de saint Jean, l'auteur de l'*Apocalypse*. Même si, avec ses tours et ses contreforts, ce monastère ressemble à un château de conte de fées, il fut construit pour protéger ses trésors religieux, que viennent admirer aujourd'hui encore des milliers de pèlerins et de visiteurs.

Le monastère de Saint-Jean

Hospitalité d'Abraham
C'est l'une des fresques du XIIe siècle trouvées dans la chapelle de la Panagía. Ces œuvres, qui avaient été recouvertes de peinture, ont été révélées après le séisme de 1956.

Chapelle Saint-Jean-Baptiste

Cuisines

Cour intérieure

Le réfectoire des moines compte deux tables en marbre provenant du temple d'Artémis, qui se dressait autrefois sur le site.

★ Icône de Saint Jean
Cette icône du XIIe siècle, la plus vénérée du monastère, se trouve dans le katholikón, *l'église principale du couvent.*

La chapelle de Christodule contient la tombe et le reliquaire d'argent du moine.

À NE PAS MANQUER

★ Cour principale

★ Icône de Saint Jean

Pour les hôtels et les restaurants de la région, voir p. 309-312 et p. 334-336

Chapelle de la Sainte-Croix
La loi ecclésiastique interdisait d'assister à une messe plus d'une fois par jour dans la même chapelle. Le monastère compte dix églises.

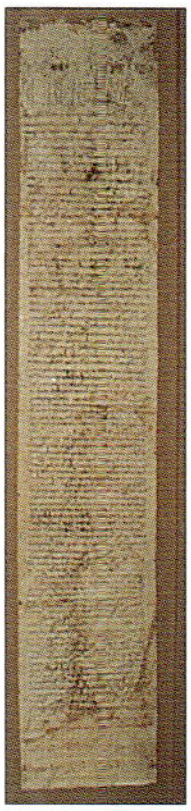

MODE D'EMPLOI

Chóra, 4 km au S de Skála.
Monastère et trésor
t.l.j. 8h-13h30 (mar., jeu., dim. 16h-18h).
trésor seul.
www.patmosmonastery.gr

Chrysobulle
Le trésor abrite ce rouleau de 1088, qui est l'édit fondateur du monastère. L'empereur byzantin Alexis Ier Comnène le fit sceller dans l'or.

Le trésor recèle plus de 200 icônes, 300 pièces d'argenterie et une incroyable collection de joyaux.

★ Cour principale
Des fresques de Saint Jean, *datant du* XVIIIe *siècle, ornent l'exonarthex du* katholikón, *dont les arcades font partie intégrante de la cour.*

La chapelle des Saints-Apôtres se trouve devant l'entrée du monastère.

L'entrée principale est dotée d'ouvertures permettant de verser de l'huile bouillante sur les maraudeurs. Cette porte du XVIIe siècle s'ouvre sur la cour.

LA CÉRÉMONIE DE NIPTIR

À Pátmos, les célébrations des Pâques orthodoxes comptent parmi les plus importantes du pays. Le Jeudi saint, des centaines de fidèles viennent à Chóra pour assister à la cérémonie de *Niptír* (lavement des pieds). Devant le public, l'abbé du monastère lave les pieds de douze moines, répétant les gestes du Christ lavant les pieds de ses disciples avant la Cène. Ce rite était autrefois accompli par les empereurs byzantins, en signe d'humilité.

Broderie du ***Christ lavant les pieds de ses disciples***

L'église Agios Ioánnis dans le village de Lipsí

Lipsí

Λειψοί

750. Lipsí. mairie, Lipsí (22470 41185). Platýs Gialós 4 km au N de Lipsí.

Avec ses collines verdoyantes émaillées de chapelles bleu et blanc et de maisons de toutes les couleurs, cette île est magique. C'est l'une des nombreuses îles prétendant être l'endroit mythologique où Calypso retint Ulysse. Lipsí appartient officiellement au monastère de Pátmos depuis l'époque byzantine. L'île, qui possède de superbes plages, peut aussi faire l'objet d'excursions, très agréables, d'une journée depuis Pátmos ou Kálymnos.

Cette petite étendue de 10 km² seulement, où la vie insulaire traditionnelle se poursuit, produit d'excellents vins et fromages.

La localité principale, **Lipsí**, s'étend autour du port. L'église **Agios Ioánnis**, coiffée d'un dôme bleu, abrite une célèbre icône de la Panagía. Installé dans la mairie, le **Musée religieux Nikofóreion** abrite une collection hétéroclite, allant des bouteilles d'eau bénite soigneusement étiquetées aux costumes traditionnels.

Tous ces sites sont indiqués depuis le port. Des taxis, non officiels, desservent les plages plus éloignées de **Platýs Gialós** et **Monodéntri** et les criques sablonneuses de **Katsadiás**.

Musée religieux Nikofóreion
mai-sept. : le matin seul.

Léros

Λέρος

8000. Parthéni. Lakkí, Agía Marína (hydroglisseur). Plateía Plátanos, Plátanos. front de mer, Lakkí (22470 22109).

L'île d'Artémis est aujourd'hui connue pour une raison bien moins poétique, puisqu'elle est le site de plusieurs hôpitaux psychiatriques. Léros fut occupée en 1309 par les chevaliers de Saint-Jean, puis de 1522 à 1831 par les Ottomans et enfin, en 1912, par les Italiens, qui construisirent une base navale dans la baie de Lakkí. Sous domination allemande de 1943 à la Libération, Léros fut rattachée à la Grèce en 1947. Les colonels s'en servirent comme lieu de déportation.

Façade néoclassique de la villa Maliamate, Agía Marína

Aujourd'hui, l'île est modérément touristique, et les hôpitaux constituent toujours la principale source d'emplois et de revenus.

Avec son riche héritage culturel et intellectuel, Léros est renommée pour ses musiciens et ses poètes. Artémis, l'association culturelle de la jeunesse, s'attache à préserver ce patrimoine.

Lakkí

Ancien chef-lieu et port principal, Lakkí est l'un des ports naturels les mieux protégés de la mer Égée. D'ailleurs, les flottes italienne, allemande et britannique ne s'y sont pas trompées. Aujourd'hui, avec ses bâtiments Art déco délaissés, vestiges du rêve mussolinien de cité idéale, la ville ressemble à un décor de cinéma abandonné. Ville fantôme le jour, Lakkí s'anime la nuit, grâce à ses cafés de bord de mer. En face de la baie, à Lépida, l'ancienne base navale italienne abrite l'hôpital public et la résidence d'été de Mussolini. On y admirera l'église **Agios Ioánnis Theologós**, construite

L'ARCHITECTURE ART DÉCO DE LAKKÍ

En 1923, le rêve mussolinien d'un nouvel Empire romain prit forme ici, lorsque des architectes et urbanistes italiens conçurent la nouvelle ville. Superbe exemple d'architecture Art déco, Lakkí fut aménagée sur de vastes boulevards par les ingénieurs Sardeli et Caesar Lois, un Autrichien. Cette ville modèle, tout en courbes, comptait : un marché couvert en forme de soucoupe dominé par un clocher, achevé en 1936 ; un édifice cylindrique abritant la mairie et le centre fasciste, construit en 1933-1934 ; et la grande Albergo Romana, qui devint le Léros Palace Hotel. L'Albergo, avec son complexe théâtral et cinématographique, fut achevé en 1937, pour recevoir des artistes italiens. Aujourd'hui, la plupart des bâtiments sont décrépits.

Le cinéma Art déco de Lakkí

Pour les hôtels et les restaurants de la région, voir p. 309-312 et p. 334-336

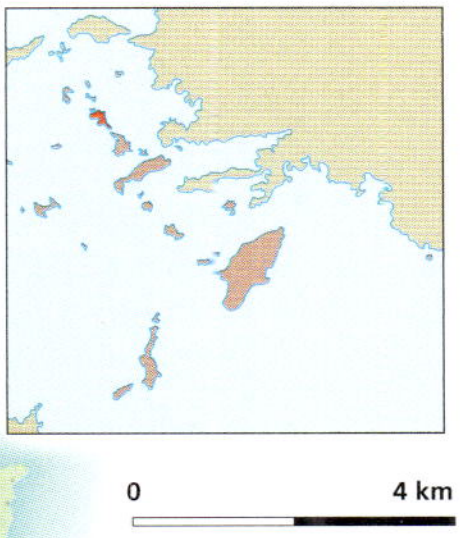

LÉGENDE

Voir rabat arrière de couverture

au XIe siècle par le moine Christodule *(p. 164)* sur les vestiges d'une église byzantine.

À la découverte de l'île

Léros est une belle île verte, avec une côte échancrée creusée de grands golfes : les « quatre mers » de Léros. Avec ses collines escarpées et ses vallées fertiles, l'île plaira aux randonneurs.

Pour résister aux Italiens, les insulaires abandonnèrent Lakkí et transférèrent le chef-lieu dans le village de **Plátanos**. Les maisons de cette localité perchée sur la colline dégringolent vers le petit port de Pantéli et le village de pêcheurs d'Agía Marína. Dominant Plátanos, le *kástro* byzantin offre de superbes vues. Rénové par les Vénitiens et les chevaliers de Saint-Jean, il abrite l'église **Megalóchari or Kyrá tou Kástrou** (« la Vierge-du-Château »), célèbre par son icône miraculeuse. Non loin de Pantéli, un village de pêcheurs possède une plage bordée d'arbres et un petit port. La route qui se dirige vers Agía Marína est longée de demeures néoclassiques, construites entre 1880 et 1920. **Agía Marína** est le port principal des hydroglisseurs.

En suivant la route côtière, en direction de Krithóni, vous rencontrerez le **cimetière de guerre britannique**.

La route menant à **Álinda**, la principale station balnéaire, est bordée de plages. La localité elle-même possède une longue plage proposant des sports nautiques. Plusieurs cafés sont installés en bord de mer. Le **musée d'Art populaire** d'Álinda se trouve dans le château Bellini. Les vestiges du temple d'Artémis, qui dominent l'aéroport à Parthéni, sont bien maigres. Vous verrez quelques blocs de pierre sculptés et des fragments de colonnes. L'influence de la déesse reste vivace sur cette île, où les biens familiaux se transmettent par les femmes.

Plusieurs basiliques paléochrétiennes ont été découvertes dans la région. Au sud de l'aéroport, l'église **Agios Geórgios**, construite au XIe siècle par le moine Christodule *(p. 164)* avec des colonnes de temple, abrite une belle fresque du saint.

Agios Isídoros, qui domine la baie sablonneuse de Goúrnas sur la côte ouest, possède une chapelle blanche installée sur un îlot desservi par une jetée étroite.

L'église **Panagía Gourlomáta** (Vierge-aux-Yeux-Exorbités) se trouve à Drymónas. Construite en 1327 à partir d'une chapelle du XIe siècle, l'église tire son nom de l'expression de la Vierge sur l'une des fresques.

La station balnéaire de **Xirókampos** est dominée par l'antique Palaiókastro sur le site duquel se dressait, au IIIe siècle, la forteresse de Lépida. De gigantesques murs cyclopéens entourent l'église Panagía aux superbes mosaïques.

Musée d'Art populaire
Château Belénis, Álinda
mai-sept. : t.l.j.

Le village de Plátanos, sous la protection du *kástro*

Kálymnos

Κάλυμνος

Kálymnos, l'île des pêcheurs d'éponges, s'enorgueillit d'une histoire très ancienne. Vothýnoi compte des vestiges du Néolithique. Les habitants de l'île sont connus pour la résistance qu'ils opposèrent aux envahisseurs successifs. Les maisons, peintes en bleu et blanc, portent encore la trace de cette résistance.

LÉGENDE

Voir rabat arrière de couverture

0 5 km

Póthia

Niché entre deux montagnes, le chef-lieu et le port principal de l'île est une ville animée aux maisons colorées.

Póthia possède la dernière flotte de pêche aux éponges du pays et aussi une école de pêche aux éponges, sur le côté oriental du port. Le front de mer est bordé de cafés. La ville se démarque par ses édifices roses de style italien coiffés de dômes, comme l'ancien **palais des gouverneurs**, qui abrite aujourd'hui le marché, et la cathédrale **Agios Christós**, couronnée d'un dôme argenté. Cette cathédrale possède un retable dû à Giannoúlis Chalepás *(p. 44). La Sirène*, sur le port, est l'une des 43 œuvres dont les sculpteurs insulaires Irene et Michális Kókkinos ont fait don à l'île.

Le **Musée archéologique,** installé dans une demeure néoclassique, présente une collection de pièces du Néolithique et de l'âge du bronze locales et divers objets insulaires. L'**usine de traitement des éponges**, près de la Plateía Eleftherías, est consacrée en partie à l'histoire de ces animaux marins.

Musée archéologique
Près de la Plateía Kýprou.
Tél. *22430 23113.* *mar.-dim. 8h30-15h.* *j.f.*

Usine de traitement des éponges
En retrait de Plateía Eleftherías.
Tél. *22430 28501.* *été : t.l.j. 8h-20h ; hiver : t.l.j. 13h-16h.*

À la découverte de l'île

Kálymnos dispose d'un bon réseau de cars et compte de nombreux taxis. Cette île rocailleuse possède trois chaînes de montagnes et des baies profondes.

Au nord-ouest de Póthia, le faubourg de Mýloi, avec ses trois moulins à vent abandonnés, se confond avec Chorió, la ville blanche, l'ancien chef-lieu. Sur la route, à gauche, s'étendent les ruines de la **forteresse des chevaliers**. Au-dessus, la citadelle de **Péra Kástro** est accessible depuis Chorió par des escaliers. De là, le panorama est superbe. Neuf chapelles blanches se dressent sur les rochers escarpés. La **grotte des Sept Vierges** (Eptá Parthénon) porte témoignage d'un culte des Nymphes. La légende veut que sept vierges venues

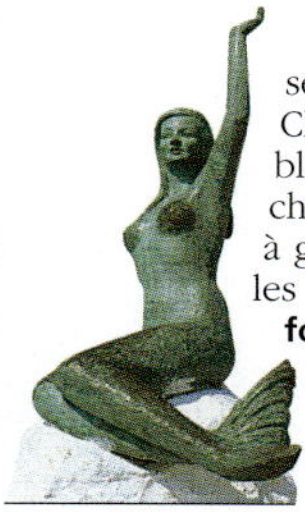

***La Sirène* sur le port de Póthia**

Vue sur Póthia et le port

Pour les hôtels et les restaurants de la région, voir p. 309-312 et p. 334-336

La crique profonde de Vathý, avec Rína au fond

s'y protéger des pirates aient disparu dans une ouverture sans fond.

Les principales stations balnéaires s'égrènent le long de la côte ouest. Depuis **Myrtiés**, le coucher du soleil sur l'îlot de Télendos est superbe. Myrtiés et Masoúri sont devenus des lieux touristiques bruyants, mais l'extrémité de Masoúri du côté d'Armeós est plus calme. Au nord se trouve le village fortifié de **Kastélli**. La route côtière longe des centres de pisciculture, des criques et la plage d'**Arginónta**, semblable à un fjord. Comptez une journée pour visiter le hameau d'**Emporeiós**, situé dans une région escarpée. Vous pourrez marcher jusqu'à **Kolonóstilo** (« grotte du Cyclope ») qui doit son nom à ses imposantes stalactites.

La belle vallée verdoyante de Vathý s'étend au sud-est. Trois villages ponctuent une jolie crique bleue. Installé dans des plantations d'agrumes, **Rína** est un hameau ravissant. **Plátanos** possède un immense platane et des vestiges de murs cyclopéens. D'ici, une piste permet de traverser l'île en trois heures pour rejoindre

MODE D'EMPLOI

16 000. Póthia. derrière le marché, Póthia. Plateía Taxi, Póthia (22430 59141). Póthia : lun.-sam. célébration de Pâques dans l'île : sam. de Pâques. Sem. des éponges : sem. suivant la Pâques grecque

Arginónta, en passant par **Metóchi**. De Rína, des caïques permettent de visiter la **grotte de Daskalió**, sur le flanc abrupt de la crique, et les plages d'Armies, Drasonda et Palónissos, sur la côte est.

Les îles des environs

De Póthia, des bateaux proposent des excursions quotidiennes à **Psérimos** (plage de sable animée) et à **Nerá**, l'îlot où se trouve Moní Stavroú.

Avec ses quelques chambres à louer et ses plages de galets, **Télendos**, accessible par Myrtiés, est idéal pour des vacances au calme. L'îlot abrite des ruines romaines, un monastère médiéval, Moní Agíou Vasileíou en ruine, et un monastère byzantin.

LA PÊCHE AUX ÉPONGES

Éponge

La pêche aux éponges est pratiquée à Kálymnos depuis l'Antiquité, mais des restrictions de pêche et une maladie des éponges ont menacé cette activité. Autrefois très recherchées, les éponges étaient utilisées dans le harem du sultan pour matelasser les armures. Plus tard, on les utilisa à des fins cosmétiques et industrielles. Avant l'invention du scaphandre, les plongeurs étaient lestés avec des pierres, et beaucoup se noyaient ou mouraient d'accidents de décompression. Les festivités de la semaine des éponges, l'*Ipogros*, se tiennent durant les sept jours précédant l'ouverture de la pêche.

Une pierre servait à lester les plongeurs pour les maintenir sur le fond de la mer.

L'équipement de plongée *a beaucoup évolué. Les premières combinaisons étaient en caoutchouc et en toile avec de grands casques. Vous pourrez en voir, entre autres, à l'usine de traitement des éponges, à Póthia.*

Ce vase grec à figures noires, *d'environ 500 av. J.-C., représente une scène de pêche aux éponges. Le plongeur, debout à l'avant du bateau, se prépare à entrer dans l'eau.*

Kos

Κως

Deuxième île du Dodécanèse par la grandeur, Kos jouit d'un climat agréable. Ses plaines fertiles s'ornent d'oliviers, de vignes, de cultures maraîchères et de céréales. Au IVe siècle av. J.-C., Kos était une puissance marchande, qui déclina après l'arrivée des Romains, en 130 av. J.-C. Les chevaliers de Saint-Jean y régnèrent à partir de 1315, suivis par les Ottomans, de 1522 à 1912. L'île fut ensuite occupée par les Italiens et les Allemands, puis rattachée à la Grèce en 1947.

LÉGENDE

Voir rabat arrière de couverture

Yachts ancrés dans le port de Kos

Ville de Kos ❶

15 000. Aktí Koudouríotou. Vasiléos Georgíou 1 (22420 28724). t.l.j. Kos.

Dominée par la forteresse, la vieille ville fut endommagée par le séisme de 1933, qui fit apparaître des ruines antiques, mises au jour et restaurées par les Italiens.

Les rues sont bordées de cafés et, le soir, en pleine saison, la foule envahit les trottoirs. Palmiers et pins agrémentent les rues, et les jardins regorgent de jasmin odorant. La ville moderne et la ville antique se côtoient : Nafklírou, la « rue des Bars », se déroule près de l'agora antique, qui est éclairée le soir. Sur la Plateía Platánou, le platane d'Hippocrate, qui aurait été planté par le célèbre médecin il y a 2 400 ans, occupe la place entière. En réalité, ce platane, certainement un descendant de l'arbre d'origine, n'aurait que 560 ans. Non loin, la fontaine aux ablutions fut construite en 1792 pour la mosquée de la Loggia. L'eau se déverse dans un ancien sarcophage en marbre.

La fontaine près du platane d'Hippocrate

Château des chevaliers

Platánou. ***Tél.*** *22420 28326.* *juin-sept. : lun. 13h30-20h, mar.-dim. 8h-20h ; oct.-mai : 8h-14h30.*

La porte du château, du XVIe siècle, est ornée de gargouilles sculptées et du blason de Fernández de Heredia, grand maître de 1376 à 1396. Le donjon intérieur et les remparts ont été construits entre 1450 et 1478, notamment avec des matériaux de l'Asklepieíon *(p. 172)*. Le château était une défense élevée par les chevaliers de Rhodes contre les Ottomans.

Agora antique

Au S de la Plateía Platánou.

Le site regroupe des ruines de la ville hellénistique d'origine et des édifices byzantins. Les vestiges antiques, sur lesquels les chevaliers ont construit leurs édifices, ont été révélés par le séisme de 1933.

MODE D'EMPLOI

31 000. 27 km à l'O de Kos. *Aktí Koundouriótou, Kos.* *Kos.* *Kos (22420 28724, kosinfo@kos.forthnet.gr).* *Festival culturel d'Hippocrate : juil.-sept. ; Panagía de Kardámaina : 8 sept. ; Festival d'Agios Geórgios à Palaió Pylí : 23 avr.*

Laitues de Kos sur un étal de marché, Plateía Eleftherías

À NE PAS MANQUER

- Antimácheia 7
- Asklepieíon 2
- Kamári 8
- Kardámaina 6
- Ville de Kos 1
- Palaió Pylí 5
- Tigkáki 4
- Villages d'Asfendíou 3

Ne manquez pas la Kamára tou Fórou (« arcade du forum »), la stoa et le temple d'Héraclès du IIIe siècle av. J.-C., les sols de mosaïques figurant Orphée et Héraclès, et les ruines du temple d'Aphrodite Pándemos. Une basilique a été découverte en même temps que l'agora romaine.

Musée archéologique

Plateía Eleftherías. ***Tél.*** *0242 28326.* *juin-sept. : lun. 13h30-20h, mar.-dim. 8h-20h ; oct.-mai : mar.-dim. 8h-14h30.*

Le musée recèle plus d'une centaine de sculptures en marbre, découvertes sur l'île, notamment la statue, de la fin de la période hellénistique, représentant Hippocrate. La cour centrale présente une mosaïque d'Asclépios, du IIIe siècle apr. J.-C. Sous le péristyle sont exposées plusieurs statues de l'époque romaine. L'aile orientale contient des statues romaines, l'aile nord des trouvailles hellénistiques, la salle ouest la statuaire plus tardive.

Vestiges romains

Grigoríou E. *mar.-dim.*

La Casa Romana, de style pompéien, comptait 26 pièces et trois bassins entourés de cours ombragées bordées de colonnes ioniennes et corinthiennes. Les mosaïques représentent des dauphins, des lions et des léopards. La salle à manger possède des murs en marbre, et plusieurs pièces sont ornées de peintures. Sur le sol, vous verrez les thermes mis au jour et une partie de la principale voie romaine, avec des chapiteaux antiques et des vestiges hellénistiques. À l'écart de la route se dresse l'odéon.

Le chantier de fouilles de l'ouest, en face, réunit des vestiges mycéniens, une tombe de la période géométrique, des maisons romaines aux belles mosaïques et le gymnase avec ses 17 colonnes doriques.

Les rangs de sièges en marbre qui accueillirent les spectateurs romains de l'odéon

À la découverte de l'île de Kos

Sculpture de l'Asklepieíon

Cette île plane, véritable « jardin flottant », s'orne d'une profusion de sites archéologiques, de ruines hellénistiques et romaines, et de forteresses byzantines et vénitiennes. Toutefois, la plupart des visiteurs sont attirés par ses plages de sable. Celles de la côte sud-ouest sont magnifiques, et les baies du nord-ouest se prêtent aux sports nautiques. Une partie de la côte est vouée au tourisme, mais dans l'arrière-pays la vie insulaire traditionnelle se poursuit.

Les sept colonnes restaurées du temple d'Apollon, à l'Asklepieíon

Asklepieíon ❷

Ασκληπιείο

4 km au NO de Kos. ***Tél.*** *22420 28763* *juil.-oct. : mar.-dim. 8h-19h30, nov.-juin : mar.-dim. 8h30-14h30.*

Avec ses terrasses de marbre blanc taillées dans une colline couverte de pins, le site de l'Asklepieíon a été choisi au IVe siècle av. J.-C. pour que les malades s'y rétablissent dans les meilleures conditions. Du sanctuaire, la vue est superbe.

Temple, école et centre médical, le sanctuaire fut bâti après la mort d'Hippocrate. C'est le plus célèbre des 300 *asklepieia* de Grèce dédiés à Asklepios, dieu guérisseur.

Le site occupe quatre terrasses qui dominent la plaine de Kos. Commencez la visite par la quatrième. Celle-ci comportait des thermes romains et une piscine pour bains froids. La troisième, où jaillissaient des sources d'eau ferrugineuse et sulfureuse, servait au traitement des malades. La deuxième abrite l'autel d'Asklepios et le temple d'Apollon, du IIe ou IIIe siècle apr. J.-C. La première résulte d'un agrandissement du IIe siècle av. J.-C.

Villages d'Asfendíou ❸

Χωριά Ασφενδίου

14 km à l'O de Kos.

Zía, Asómatos, Lagoúdi, Evangelístria et Agios Dimítrios forment un groupe de hameaux pittoresques agrippés aux flancs boisés du mont Dikaíos. Ces villages montagnards, avec leurs maisons blanchies à la chaux et leurs églises byzantines, ont conservé leur caractère typique. Le plus haut, **Zía**, est l'archétype du village grec traditionnel.

Les voyageurs préférant sortir des sentiers battus emprunteront la piste rocailleuse partant de l'Asklepieíon vers Zía, qui passe par Asómatos. Le village le plus bas, **Lagoúdi**, est moins touristique. De là, une route mène à Palaió Pylí.

Tigkáki ❹

Τιγκάκι

12 km à l'O de Kos.
Tigkáki

Stations balnéaires très prisées, Tigkáki et Marmári possèdent de longues plages de sable blanc, idéales pour les sports nautiques. De Tigkáki, des bateaux proposent des excursions vers l'île de Psérimos, en face. Les **marais salants d'Alykés**, non loin, séduiront les amateurs d'ornithologie. Parmi les nombreuses espèces, on peut voir de petits échassiers, comme l'avocette et l'échasse blanche, aux longues pattes roses.

HIPPOCRATE

Le « père de la médecine moderne » (Kos, v. 460 av. J.-C. / Thessalie, v. 377 av. J.-C.) serait issu d'une lignée de demi-dieux. Son père, descendant direct du dieu guérisseur Asklepios, et son grand-père lui auraient enseigné la médecine ; sa mère descendrait d'Héraclès. Premier médecin à classifier les maladies, Hippocrate introduisit de nouvelles méthodes de pronostic et de traitement. Il enseigna sur le site de l'Asklepieíon à Kos, où les médecins, prêtres de l'Asklepiada, appliquaient ses méthodes. On lui doit le fameux serment que prêtent encore les médecins.

Le château de Palaió Pylí, perché au sommet d'un rocher

Palaió Pylí ❺

Παλαιό Πυλί

15 km à l'O de Kos. *pour Pylí.*

Cette ville byzantine abandonnée est perchée sur un rocher, à 4 km au-dessus du village de Pylí, où les vestiges des murailles du château sont intégrés à la roche. Au XIe siècle, le moine Christodule bâtit l'église de l'Ipapandís (Présentation de l'Enfant Jésus) avant de partir à Pátmos *(p. 164)*. La sépulture classique, ou *thólos*, du roi mythologique Charmýlos se trouve à Pylí. Les douze cryptes souterraines sont surmontées de l'église de Stavrós.

Kardámaina ❻

Καρδάμαινα

26 km au SO de Kos.

Kardámaina.

Cet ancien village de pêcheurs, renommé pour ses céramiques, est devenu la plus grande station balnéaire de l'île, bondée de jeunes visiteurs anglais et scandinaves. Ses plages de sable dorée, surpeuplées, se déroulent sur des kilomètres, et la vie nocturne y est très animée. Plus au sud, en face des hôtels luxueux, les plages sont plus calmes. Vous pourrez y visiter une église byzantine et les vestiges d'un théâtre hellénistique.

Antimácheia ❼

Αντιμάχεια

25 km à l'O de Kos.

Le village est dominé par une forteresse vénitienne et des moulins à vent. La forteresse, près de l'aéroport, a été construite au XIVe siècle par les chevaliers de Rhodes *(p. 188-189)* pour servir de prison. L'édifice a été bombardé à maintes reprises. Aujourd'hui, ses imposants remparts crénelés et sa tour dominent une base militaire et offrent de belles vues sur Kardámaina. Le portail intérieur affiche le blason du grand maître Pierre d'Aubusson (1476-1503). L'enceinte renferme deux petites chapelles.

Remparts du château d'Antimácheia

Aux environs : au port de **Mastichári**, vous trouverez des tavernes proposant de délicieux poissons et une longue plage qui se transforme en dunes, à l'extrémité ouest. En partant dans cette direction, vous rencontrerez les ruines d'une basilique paléochrétienne aux belles mosaïques.

Kamári ❽

Καμάρι

15 km au SO de Kos.

Paradise 7 km à l'E.

C'est une bonne base pour explorer la côte sud-ouest, où des chemins escarpés descendent depuis la route principale vers les plages. La plus connue est Paradise Beach, au sable blanc. La plage de Kamári permet de rejoindre une basilique paléochrétienne du Ve siècle, Agios Stéfanos.

Aux environs : Kéfalos est renommé pour son thym, son miel et ses fromages. La forteresse des chevaliers, en ruines, serait le repaire d'un dragon. Selon la légende, la fille d'Hippocrate aurait été transformée en dragon par Artémis, et attendrait le baiser d'un chevalier pour reprendre forme humaine. Kéfalos est dominé par le moulin à vent de Papavasílis. Non loin, à Palátia, s'étendent les vestiges d'**Astypálaia**, lieu de naissance d'Hippocrate. La grotte d'Aspri Pétra recèle des vestiges. La promenade menant à **Moní Agíou Ioánni**, à 6 km au sud de Kéfalos, traverse des paysages spectaculaires. Un sentier mène à la plage d'Agios Ioánnis Theológos.

Bars et boîtes de nuit à Kardámaina

Chóra domine le port principal d'Astypálaia, Skála

Astypálaia

Αστυπάλαια

1 200. 11 km à l'E d'Astypálaia. Astypálaia. près de Kástro, Astypálaia (22430 61778).

Avec Chóra, sa superbe ville blanche fortifiée, et son littoral magnifique, Astypálaia possède un charme inouï. Insignifiante dans l'Antiquité, cette île prospéra au Moyen Âge, sous le règne de la famille vénitienne des Quirini, qui dura de 1207 à 1522.

Bordée de hautes falaises, la plus occidentale des îles du Dodécanèse est isolée. Cette île, aux nombreuses criques et baies sablonneuses, fut le repaire de pirates maltais.

La ville d'**Astypálaia** englobe Chóra, l'ancienne capitale dédaléenne de l'île, qui est la ville haute. Le superbe *kástro* vénitien des Quirini se dresse sur le site de l'acropole antique. Des maisons sont installées à l'abri des murs du *kástro*. Deux églises se trouvent dans l'enceinte : Panagía Portaítissa (« Vierge-des-Portes-du-Château ») coiffée d'un dôme argenté, du XIVe siècle, et Agios Geórgios, construite à la même époque sur le site d'un temple.

En se dirigeant vers l'ouest depuis les moulins à vent décrépits qui dominent Chóra, une randonnée (2 heures) mène à **Agios Ioánnis** et sa cascade. La station balnéaire principale, **Livádi**, avec sa longue plage, s'étend au sud de Chóra, dans une vallée fertile plantée d'agrumes et de blé. La plage naturiste de **Tzanáki** est non loin, au sud. De Livádi, une piste gagne, au nord, **Agios Andréas**, une jolie crique isolée, à une heure et demie de marche.

Au nord de Chóra, la bande de terre reliant les deux moitiés de l'île abrite **Maltezána** (aussi appelée Análipsi), une station balnéaire en expansion rapide. C'est à Maltezána, qui doit son nom aux pirates maltais qui y sévissaient jadis, qu'un Français, le capitaine Bigot, incendia son navire, en 1827, pour éviter qu'il ne soit pris.

Sur la péninsule se trouve la « lagune perdue », une crique profonde près du village de **Vathý**. De là, vous pourrez visiter en bateau les grottes de Drákou et de Negrí, ou la forteresse italienne de Kastellano, construite en 1912, à 3 km au sud.

Façade typique de Mandráki, à Nísyros

Nísyros

Νίσυρος

1 000. port de Mandráki. 22420 31203. Gyaliskári 2 km à l' E de Mandráki, Páloi 4 km à l'E de Mandráki.
www.nisyros.gr

Cette île presque ronde se trouve sur une ligne volcanique qui passe par Égine, Póros, Mílos et Santorin. En 1422, une violente éruption détruisit le sommet de 1 400 m, créant une vaste caldeira *(p. 176)*. Le sol volcanique, très fertile, accueille une faune et une flore uniques.

Selon la mythologie, Nísyros aurait été créée lorsque Poséidon furieux lança une partie de Kos sur le géant Polybètes, qui fut écrasé dessous. Dans l'Antiquité, l'île était connue pour sa pierre meulière, souvent appelée « pierre de Nísyros ». Aujourd'hui, l'île doit sa prospérité à la pierre ponce de l'îlot de Gyalí, au nord.

Mandráki

Les bateaux arrivent à Mandráki, le chef-lieu de l'île. Les maisons étroites de la ville, à deux étages, sont ornées de balcons peints de couleurs vives, où sèchent des tomates et des oignons. Un dédale de ruelles converge vers la Plateía Iróon, avec son monument aux morts. D'autres rues serpentent vers le sud et passent le long du *kípos* (jardin public) pour

LÉGENDE

Voir rabat arrière de couverture

déboucher sur la place principale : la Plateía Ilikioménon. Le soir, ce quartier est très animé, et les magasins restent ouverts. Les ruelles deviennent plus étroites et tortueuses à mesure que l'on approche du quartier médiéval de Chóra. À Langádi, le quartier voisin, les balcons des maisons situées de part et d'autre de la rue se touchent presque.

Les sites principaux de Mandráki sont la forteresse des chevaliers de Saint-Jean *(p. 188-189)*, construite en 1325, et le monastère **Moní Panagías Spilianís** datant d'environ 1600 dans l'enceinte du *kástro*. À l'intérieur, une superbe iconostase présente une icône de style russe de la *Vierge à l'Enfant*, ornée d'offrandes d'or et d'argent. La renommée de l'église s'accrut lorsque les Sarrasins ne parvinrent pas à dénicher le trésor d'argent, caché dans les icônes. La bibliothèque abrite des ouvrages anciens et des trésors religieux. Sur la route montant au *kástro*, le **musée d'Histoire et d'Art populaire** présente une réplique d'une cuisine traditionnelle, des broderies et une petite collection de photographies.

La place principale de Nikiá, ornée de mosaïques

De Mandráki, des excursions en bateau sont proposées vers les plages de sable blanc de **Gyalí** et celles du petit îlot d'**Agios Antónios**, un peu plus loin.

Musée d'Histoire et d'Art populaire
Kástro. *mai-sept. : t.l.j.*

À la découverte de l'île

Les plantations d'oliviers de figuiers et d'amandiers en terrasses contrastent avec les étranges paysages lunaires gris et jaunes des cratères. La visite du volcan mérite le déplacement, et pendant la journée l'île est envahie par des visiteurs venus de Kos. Le calme revient après le départ des bateaux.

Le **Palaiókastro**, l'acropole de la Nísyros antique construite voila 2 600 ans, veille sur Mandráki. Les vestiges comprennent des murs cyclopéens, bâtis avec des blocs massifs taillés dans la roche volcanique, et des colonnes doriennes. Nísyros convient à merveille à la randonnée. En visitant le volcan, ne manquez pas de passer par le joli village de **Nikiá** *(p. 176)*, à la place ornée de mosaïques, et le village désert d'**Emporeiós**, agrippé au bord du cratère.

À l'est de Mandráki, **Páloi** est un village de pêcheurs avec de bonnes tavernes et un chapelet de plages de sable volcanique. Situé à 2 km à l'ouest du village, **Loutrá** abrite une station thermale abandonnée.

En pleine saison, le *meltémi* souffle sur Nísyros, et les plages à l'est de Páloi sont parfois souillées.

Mandráki, le chef-lieu de Nísyros,vu depuis la mer

La géologie de Nísyros

Cristaux dans un évent

Le centre de Nísyros est occupé par une caldeira (cratère formé par l'effondrement de la partie supérieure du cône d'un volcan) en semi-activité. Voilà environ 24 000 ans, une éruption entraîna l'émission de ponce, qui forma un dépôt de 100 m d'épaisseur sur le haut du volcan. À sa création, la caldeira mesurait 3 km de diamètre. Elle est aujourd'hui occupée par deux cratères et cinq dômes de lave solidifiée poussés vers le haut au cours des derniers millénaires, dont le Profítis Ilías (le plus grand d'Europe). En 1873, de nouvelles éruptions formèrent des cônes de cendre.

Des chemins escarpés *descendent vers le fond du cratère, où la surface, brûlante, peut faire fondre les semelles en caoutchouc. Des cheminées laissent échapper de la vapeur à 98 °C.*

Des chemins font le tour de la caldeira.

Le dôme du Profítis Ilías s'élève à près de 700 m.

Les cônes de cendre se sont formés au XIXe siècle.

Paroi d'origine de la caldeira

Dôme de lave

Le cratère de Stéfanos, de 300 m de largeur et 25 m de profondeur, a été créé par une explosion d'eau sous pression et de vapeur surchauffée.

LA CALDEIRA DE NISYROS

Cette gigantesque caldeira abrite plusieurs petits cratères remplis d'eau. Le plus grand, le cratère de Stéfanos, est toujours en activité : sources chaudes, boue en ébullition et cheminées. Il y flotte une odeur de soufre, et les nombreux cristaux de soufre sont ramassés avidement par les géologues en herbe.

Nikiá, *avec ses maisons colorées et ses mosaïques de galets, les* choklákia, *est le plus joli des deux villages installés en bordure du cratère. Il offre une bonne vue sur celui-ci et un chemin descend vers la caldeira.*

Les plus anciens minéraux *volcaniques ont environ 200 000 ans. Autour de la caldeira se trouvent de grandes quantités de pierre ponce et des dépôts de soufre et de kaolin.*

Soufre

Kaolin

Pierre ponce

Tílos

Τήλος

500. Livádia. Megálo Chorió (22460 44222). Erystós 10 km au NO de Livádia.

L'île se prête à merveille aux promenades. Cette étape des oiseaux migrateurs fera le bonheur des ornithologues. L'intérieur des terres, très vert, s'orne de cultures aussi variées que le tabac ou les amandes. Les collines sont émaillées de chapelles et de ruines de forteresses, avant-postes des chevaliers de Saint-Jean *(p. 188-189)*.

L'île s'enorgueillit d'une tradition musicale et poétique, la poétesse Erinna y est née au IVe siècle av. J.-C. Aux XVIIIe et XIXe siècles, Tílos était renommée pour ses tissages.

La plage de galets de Livádia

Livádia

La baie de Livádia, la localité principale, est ourlée d'une plage de galets. L'église bleu et blanc d'**Agios Nikólaos**, en bord de mer, possède une iconostase sculptée par Katasáris en 1953. Située sur la route de la plage, la basilique paléochrétienne **Agios Panteleïmon kai Polýkarpos** abrite des mosaïques.

À la découverte de l'île

De Livádia, des cars desservent Megálo Chorió et Erystós, et des vélomoteurs sont proposés en location. L'île s'explore aussi à pied.

Installé sur le site de la ville antique de Télos, **Megálo Chorió** est situé à 8 km au-dessus de Livádia. Le *kástro* fut construit par les Vénitiens, qui y intégrèrent un portail classique et des pierres de l'acropole antique. Le **Musée paléontologique** expose les os de petits mastodontes fossilisés trouvés dans la région de Misariá et un trésor en or découvert dans une tombe hellénistique de l'île. Adossée aux murs du *kástro*, l'église **Archángelos Michaíl** (1827) recèle des icônes en argent de l'église de Taxiárchis, une iconostase dorée du XIXe siècle et les vestiges de fresques du XVIe siècle.

Détail du monument aux morts, à Livádia

Au sud de Megálo Chorió s'étend **Erystós**, une longue plage de sable. La plage **Agios Antónis**, à l'ouest de Megálo Chorió, possède des restes pétrifiés de squelettes humains. Ces « pierres de plage » seraient les dépouilles de marins emprisonnés dans la lave, lors de l'éruption de Nísyros, en 600 av. J.-C. Perché sur une falaise de la côte ouest, le monastère byzantin **Moní Agiou Panteleïmonos** offre une belle vue au coucher du soleil. Construit en 1470, il possède plusieurs chapelles circulaires et une cour en mosaïques. La coupole de l'église est ornée d'un *Christ Pantokrátor* (1776), de Grégoire de Sými. Remarquez aussi les peintures représentant le paradis et les apôtres, et l'iconostase sculptée de 1714. Les os fossilisés de petits mastodontes (env. 7000 av. J.-C.) ont été découverts dans la **grotte de Charkadió**, dans la région de Misariá. La forteresse en ruine de Misariá permet de trouver le site.

Mikró Chorió, situé au-dessous de Misariá, possède quelque 220 maisons sans toits. En effet, lorsque les habitants abandonnèrent le village pour Livádia, dans les années 1950, ils emportèrent leurs toits en pierre. Le soir, les ruines sont illuminées, et cet endroit calme s'anime alors. Une maison abrite un bar. Parmi les autres sites à visiter, citons l'église de **Timía Zóni**, avec des fresques du XVIIe siècle, et les chapelles de **Sotíros**, **Agios Eleoúsas** et **Pródromou**, aux peintures du XVe siècle.

Plantations d'amandiers de Tílos

Musée paléontologique

Megálo Chorió. *t.l.j., demander les clés à la mairie.*

Sými
Σύμη

Prière dans une bouteille

Depuis l'Antiquité, l'île, rocheuse et aride, a prospéré grâce au commerce des éponges et à la construction navale. Au XVIIe siècle, c'était la troisième île de l'archipel par ses richesses. L'occupation italienne en 1912, la production d'éponges artificielles et la navigation à vapeur ont précipité son déclin. Au début de la Seconde Guerre mondiale, la population était passée de 23 000 à 6 000 habitants. Les belles demeures, témoins de son faste passé, se délabraient.

La ville de Sými

Le quartier du port, Gialós, l'un des plus beaux de Grèce, est bordé de demeures néoclassiques et de magnifiques églises.

Une tour de l'Horloge (1884) se dresse sur le côté ouest du port, où arrivent les ferrys. À côté se déroule la plage de galets de Nos. Le **Musée naval**, qui jouxte la mairie, abrite une collection intéressante.

Gialós est relié à la ville haute, Chorió, par une route et par 375 marches de marbre. Chorió est un dédale de ruelles bordées de belles maisons aux intérieurs traditionnels. L'église **Agios Geórgios**, de la fin du XIXe siècle, possède une mosaïque originale de galets représentant des sirènes féroces, responsables des tempêtes provoquant les naufrages. Le **musée de Sými**, dans le haut de Chorió, recèle une collection de costumes et d'objets traditionnels, et quelques trouvailles hellénistiques. Au-delà du musée, vous verrez le ***kástro*** byzantin en ruine et les murailles médiévales. L'église Megáli Panagía, le joyau du *kástro*, abrite une superbe icône post-byzantine du *Jugement dernier*, de la fin du XVIe siècle.

Musée naval
Plateía Ogdóis Maïou. ***Tél.*** *22460 72363.* *avr.-oct. : t.l.j. 8h-14h30.*

Musée de Sými
Chorió. ***Tél.*** *22460 71114.* *mar.-dim.* *j.f.*

Les maisons pastel de Chorió, sur l'ancienne acropole dominant le port de Sými

Pour les hôtels et les restaurants de la région, voir p. 309-312 et p. 334-336

La fabrication de bateaux, activité traditionnelle de la ville de Sými

Aux environs : la route reliant Gialós et Chorió passe auprès de la colline de **Noúlia**, aussi appelée Pontikókastro. La colline est parsemée des ruines de vingt moulins à vent et d'un monument funéraire antique, qui aurait été érigé par les Spartiates en 412-411 av. J.-C.

À la découverte de l'île

Le réseau routier est limité, mais les pistes sont nombreuses. À l'est de Sými, une allée descend à travers champs vers la baie de **Pédi**, où se trouve une plage familiale. De là, des caïques desservent la plage d'**Agios Nikólaos** et des chemins mènent à Agios Nikólaos et à **Agía Marína**.

L'église du XVIIIe siècle de **Moní Agíou Michaïl Roukounióti**, à 3 km à l'ouest de Sými, ressemble à une forteresse du désert, dans un style mi-gothique, mi-local. Elle recèle des fresques du XIVe siècle et une précieuse icône semi-circulaire du XVe siècle, de l'artiste crétois Stylianós Génis, représentant l'*Hospitalité d'Abraham*.

Le site le plus connu est **Moní Taxiárchi Michaïl Panormíti**, dans la baie de Panormítis, qui est un lieu de pèlerinage pour les marins grecs. Les bâtiments blancs, construits entre le XVIIIe et le XXe siècle, se dressent au bord de l'eau. Le joli port en forme de fer à cheval est dominé par un clocher baroque, réplique de 1905 du célèbre clocher d'Agía Foteiní à Izmir.

Le monastère est connu pour son icône de l'*Archange Michel*, le saint patron de l'île et protecteur des marins, qui fut emportée à Gialós mais qui revint toujours mystérieusement à Panormítis ; c'est ainsi que le monastère fut fondé à cet endroit. Le *katholikón* à une nef fut construit en 1783, sur les vestiges d'une chapelle byzantine dédiée au saint. L'intérieur de l'église

Le clocher baroque de Moní Taxiárchi Michaïl Panormíti

regorge de *támata* (offrandes votives) en forme de petits bateaux en or et en argent.

L'iconostase baroque sculptée par Mastrodiákis Taliadoúros est un chef-d'œuvre. Les murs et le plafond sont tapissés de fresques du XVIIe siècle des frères Nikítas et Michaïl Karakostís, nés sur l'île.

Le musée de la sacristie abonde en trésors, dont une peinture post-byzantine des dix saints, Agioi Déka, de l'artiste crétois Theódoros Poulákis. Vous y verrez des prières renfermées dans des bouteilles, qui ont flotté miraculeusement jusqu'à Panormítis. Le cloître possède une cour ornée d'une mosaïque de galets *(p. 198)* et un balcon à arcades.

À l'ouest du monastère, un monument est dédié à l'ancien abbé, à deux moines et à deux professeurs exécutés par les Allemands en 1944 pour avoir fait fonctionner un émetteur clandestin. Une promenade à travers la forêt permet de rejoindre **Marathoúnta**.

Moní Taxiárchi Michaïl Panormíti

Baie de Panormítis. mar.-dim.

MODE D'EMPLOI

2 600. Gialós, Sými. Ville de Sými (22460 72111). célébration des Pâques orthodoxes dans toute l'île ; fête de la Signature du traité du Dodécanèse à Gialós : 8 mai.

LE TRAITÉ DU DODÉCANÈSE

Une plaque fixée sur le restaurant Les Katerinettes, sur le quai de Gialós, commémore la fin de l'occupation nazie, le 8 mai 1945, lorsque l'île fut remise aux Alliés à la fin de la Seconde Guerre mondiale. Sous domination italienne depuis 1912, elle fut rattachée à la Grèce en 1947. Plus loin, sur le quai, un bas-relief représentant une trirème antique commémore la libération des îles. C'est la copie d'un original sculpté au pied de l'acropole de Líndos à Rhodes *(p. 196-197)*.

Bas-relief d'une trirème sur le quai de la ville de Sými

Ródos (Rhodes)

Ρόδος

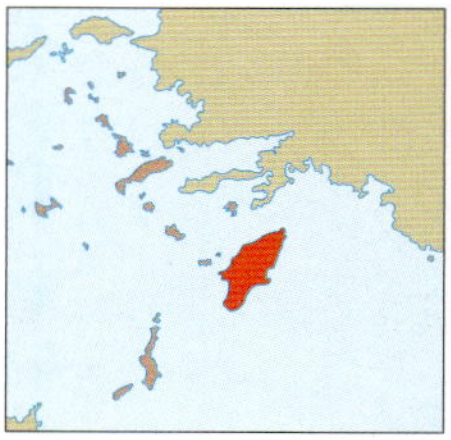

Capitale du Dodécanèse, Rhodes joua un rôle important du Ve au IIIe siècle av. J.-C. Puis l'île appartint aux Empires romain et byzantin, avant d'être dominée, de 1306 à 1522, par les chevaliers de Saint-Jean. La cité médiévale, entourée de murailles, veille toujours sur la ville de Rhodes. L'île subit ensuite les occupations ottomane et italienne. Avec ses plages de sable, ses superbes randonnées et sa vie nocturne animée, Rhodes attire des milliers de visiteurs.

LÉGENDE

Voir rabat arrière de couverture

Kámeiros antique

Les magnifiques ruines de cette cité dorienne prospère comprennent un temple d'Athéna Polias du VIe siècle av. J.-C. ❺

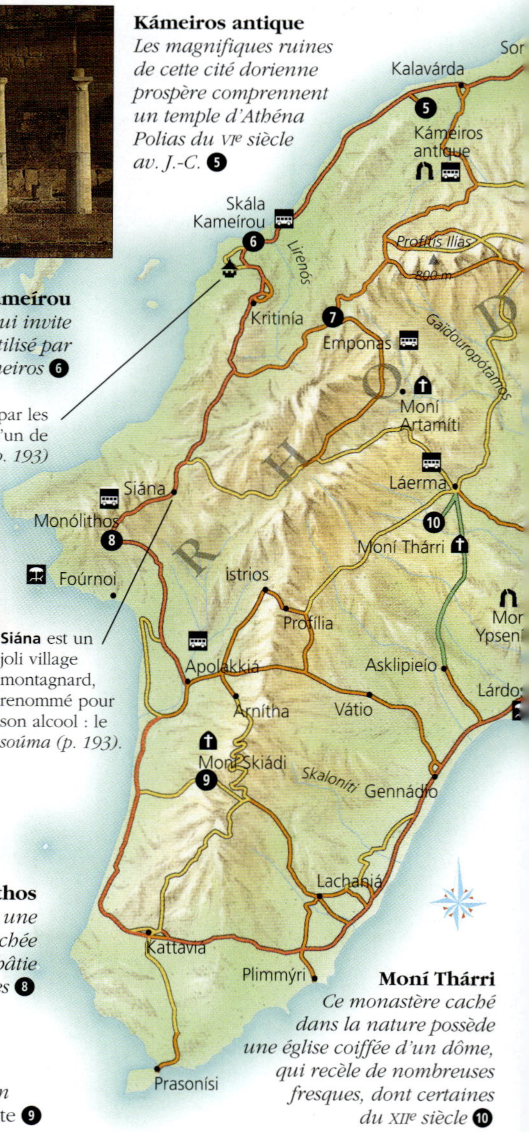

Skála Kameírou

Le joli port de Skála Kameírou, qui invite à la détente, était autrefois utilisé par la cité antique de Kámeiros ❻

Le château de Kritinía, bâti par les chevaliers de Rhodes, fut l'un de leurs principaux bastions *(p. 193)*

Siána est un joli village montagnard, renommé pour son alcool : le *soúma (p. 193)*.

Emponas

Les versants qui se déroulent autour de cette bourgade portent les vignobles de l'établissement Emery, depuis les années 1920 ❼

Monólithos

Le village est dominé par une forteresse du XVe siècle, perchée sur un rocher imposant, bâtie par les chevaliers de Rhodes ❽

Moní Skiádi

Ce monastère construit aux XVIIIe et XIXe siècles est renommé pour son icône de la Panagía, *ou* Toute Sainte ❾

Moní Thárri

Ce monastère caché dans la nature possède une église coiffée d'un dôme, qui recèle de nombreuses fresques, dont certaines du XIIe siècle ❿

Pour les hôtels et les restaurants de la région, voir p. 309-312 et p. 334-336

Petaloúdes

Cet endroit paisible, appelé « la vallée des Papillons », abrite en été des milliers de lépidoptères ❹

Moní Filerímou

Ce monastère est blotti sur les versants du mont Filérimos. L'église principale date du XIVe siècle ❸

Ialyssós antique

Installé sur un plateau offrant un beau panorama, ce site date de 2500 av. J.-C. Les ruines incluent une acropole du IIIe siècle av. J.-C. ❷

Faliráki

Cette station balnéaire très fréquentée offre quantité de sports nautiques et une vie nocturne animée ⓮

Faraklós domine aujourd'hui le village de Charáki (p. 194-195). Les chevaliers de Rhodes en avaient fait une prison.

MODE D'EMPLOI

115 000. 25 km au SO de la ville de Rhodes. port de commerce, Rhodes. Ville de Rhodes (22410 23655). fête du Vin au parc de Rodíni, Rhodes : fin août.

★ Ville de Rhodes

Le port du Mandráki est situé au cœur de la ville, une destination touristique très appréciée ❶

Koskinoú

Ce petit village permet aux visiteurs d'admirer des maisons traditionnelles et les mosaïques de galets, les choklákia (p. 198) ⓯

Eptá Pigés

Cet endroit enchanteur tire son nom des « sept sources » qui alimentent le réservoir central de la région ⓭

À NE PAS MANQUER

★ Líndos

★ Ville de Rhodes

Archángelos

Très visité, Archángelos est installé dans un joli site. La localité est un centre d'artisanat traditionnel ⓬

0 10 km

★ Líndos

L'acropole de Líndos, l'un des sites les plus visités de l'île, veille sur la ville, du haut de son rocher ⓫

Vieille ville de Rhodes pas à pas ❶

Παλιά Πόλη Ρόδου

Le site est habité depuis plus de 2400 ans. La première ville fut construite en 408 av. J.-C. Les chevaliers de Saint-Jean, arrivés en 1309, bâtirent leur cité sur les vestiges antiques. La cité médiévale des chevaliers, dominée par les tours du palais des Grands Maîtres, forme le centre de la vieille ville. La ville nouvelle *(p. 190-191)* s'étend au-delà des murs d'origine. Parmi les onze portes des murailles, celle de Koskinoú (Saint-Jean), qui mène au quartier du Bourg *(p. 185)*, donne le meilleur aperçu des défenses de la cité.

Théâtre Nélli Dimóglou
Spectacles et leçons de danses folkloriques traditionnelles.

Plateía Ippokrátous
Cette place centrale est ornée d'une fontaine médiévale.

Porte de la Mer
Avec ses tours jumelles, Pýli Agías Aikaterínis constitue l'accès principal à la vieille ville lorsqu'on arrive par le port.

Pour les hôtels et les restaurants de la région, voir p. 309-312 et p. 334-336

Mosquée Soliman le Magnifique
Construite en 1523, elle commémore la conquête de Rhodes par Soliman (p. 185).

Les remparts (1330), mesurant 12 m d'épaisseur par endroits, s'étendent sur 4 km. Les visites commencent au palais.

MODE D'EMPLOI

53 500. Paradísi 25 km au SO de Rhodes.
Port de commerce.
Mandráki. sam. à Zéfiros, mer. à Víronas.
fête du Vin au parc de Rodíni, Rhodes : fin août.
Psaropoúla 1 km au SO.

★ Rue des Chevaliers
Les différentes auberges des chevaliers bordent cette rue. Ci-dessus, la porte austère de l'auberge de France (p. 188-189).

★ Palais des Grands Maîtres
Le palais (p. 186-187) *constituait la dernière ligne de défense des chevaliers. Aujourd'hui, il abrite deux expositions permanentes.*

Musée archéologique
Le musée est installé dans l'hôpital des Chevaliers, de style gothique flamboyant, qui fut achevé en 1481. Il recèle une importante collection, avec cette statue de cheval hellénistique (p. 184).

À NE PAS MANQUER

★ Palais des Grands Maîtres

★ Rue des Chevaliers

Découvrir la vieille ville de Rhodes

Dominée par le palais des Grands Maîtres, la cité médiévale est entourée de douves et de 4 km de remparts. Onze portes s'ouvrent sur la vieille ville, qui regroupe le Collachium et le Bourg. Le Collachium, dont la construction fut entamée en 1309, était le quartier des chevaliers. Dans le Bourg vivait le reste de la population, composée de Juifs, d'Ottomans et de Grecs. La vieille ville, qui compte parmi les plus belles villes fortifiées, est inscrite au Patrimoine mondial.

Arcs-boutants dans la vieille ville

L'imposante porte Ampouáz, du XVIe siècle

Le Collachium

Ce quartier comprend la rue des Chevaliers *(p. 188-189)* et le palais des Grands Maîtres *(p. 186-187)*. Deux portes principales y mènent depuis la ville nouvelle : la porte d'Ampouáz, construite en 1512 par le grand maître d'Amboise, mène de Dimokratías au palais ; la porte de l'Eleftherías, bâtie par les Italiens, va d'Eleftherías à la Plateía Sýmis. De là, un passage conduit à Apéllou.

Les ruelles étroites du quartier protègent de la chaleur.

Musée archéologique

Plateía Mouseíou. ***Tél.*** *22410 25500.* *t.l.j. 8h30-19h30 (14h30 oct.-avr.).* *j.f.*

Le musée est installé dans l'hôpital des Chevaliers *(p. 183)*. La pièce la plus connue est l'*Aphrodite de Rhodes*, sculpture du Ier siècle av. J.-C. Une belle tête d'Hélios, dieu du Soleil, du IIe siècle av. J.-C., fut trouvée dans le temple d'Hélios, sur la colline voisine du mont Smith. Les stèles funéraires de la nécropole de Kámeiros donnent un bon aperçu de la vie du Ve siècle av. J.-C. Admirez aussi les pièces, les bijoux et les céramiques provenant de tombes mycéniennes.

Aphrodite de Rhodes, Musée archéologique

Musée des Arts décoratifs

Plateía Argyrokástrou. ***Tél.*** *22410 25500.* *mar.-dim. 8h-20h (été), 8h30-15h (hiver).* *j.f.*

Ce magnifique musée ethnographique présente des plats et des tuiles de Líndos, des costumes de l'île de Rhodes et la réplique d'une maison rhodienne traditionnelle.

« Rhodes médiévale » et « Rhodes antique »

Palais des grands maîtres. ***Tél.*** *22410 23359.* *mar.-dim.* *j.f.*

Ces deux expositions font partie de la visite du palais des Grands Maîtres *(p. 186-187)*. L'exposition consacrée au Moyen Âge est intitulée « Rhodes du IVe siècle apr. J.-C. à la conquête ottomane (1522) ». Elle donne un aperçu intéressant du commerce et de la vie quotidienne au Moyen Âge, avec des icônes byzantines, des céramiques italiennes et espagnoles, des armures et des objets militaires. L'autre exposition, intitulée « Rhodes antique : 2400 ans », est accessible par la cour intérieure. Sa superbe collection retrace 45 ans de fouilles archéologiques.

Musée byzantin

Apéllou. ***Tél.*** *22410 27657.* *mar.-dim.* *j.f.*

Cette église byzantine du XIe siècle fut la cathédrale des chevaliers de Saint-Jean, avant de devenir, après la conquête ottomane, la mosquée Enderum, appelée aussi « la mosquée Rouge ». Elle abrite aujourd'hui un musée, qui recèle une collection d'icônes et de fresques. La collection comprend de magnifiques peintures du XIIe siècle

La cour de l'hôpital des Chevaliers abrite le Musée archéologique

de Moní Thárri *(p. 194)* dans le style dynamique des Comnènes et des fresques de la fin du XIVe siècle provenant de l'église abandonnée Agios Zacharías, située sur l'île de Chálki.

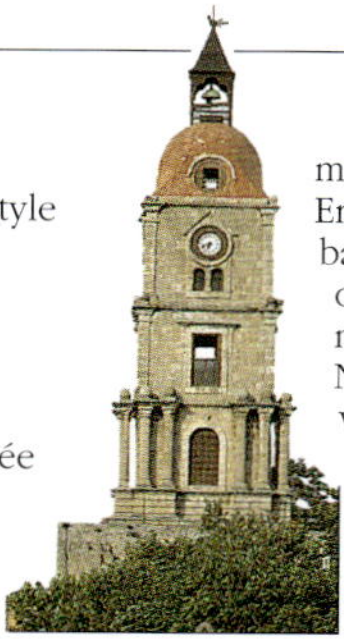

Tour de l'Horloge du Bourg

Remparts médiévaux
Tours du palais des Grands Maîtres.
mar. et ven. 14h45.
Véritable chef-d'œuvre d'architecture militaire médiévale, ces fortifications imposantes mesurent 4 km de long et présentent 151 écussons des grands maîtres et chevaliers.

Le Bourg
Non loin de la porte d'Ampouáz, la tour de l'Horloge, restaurée, offre de belles vues sur la cité. Construite en 1852 à l'emplacement d'une ancienne tour byzantine, elle marque la fin du Collachium.
Le dédale de rues du Bourg commence à Sokrátous, aux magasins à l'atmosphère de bazar. Ici, l'architecture est à la fois néoclassique, médiévale et levantine. Entre les maisons aux balcons en bois délabrés, on aperçoit des mosquées ottomanes. Ne manquez pas de visiter l'hospice de la Langue d'Italie (1392), dans Kisthiníou, et Panagía tis Níkis (Notre-Dame-de-la-Victoire), édifiée par les chevaliers en 1480.

Mosquée Soliman le Magnifique
Orféos Sokrátous. *au public.*
Cette mosquée rose fut érigée en 1522 en l'honneur de la victoire du sultan sur les chevaliers. Reconstruite en 1808 avec des matériaux de l'ancienne mosquée, elle est l'un des joyaux de la ville. Son superbe minaret dut être ôté pour des raisons de sécurité en 1989. Autrefois puissante, cette mosquée est aujourd'hui délabrée.

Bibliothèque Ahmet- Havuz
44 Orféos. ***Tél.*** *22410 74090.*
mai-oct. : lun.-sam. 9h30-16h.
j.f.
La bibliothèque Ahmet-Havuz (1793) recèle la chronique du siège de Rhodes de 1522. Elle comprend des corans enluminés des XVe et XVIe siècles. Ces ouvrages qui avaient été volés ont refait surface à Londres, et ils ont été restitués à la bibliothèque.

Le dôme de la mosquée Soliman le Magnifique

Hammam
Plateía Arionos. ***Tél.*** *22410 27739.*
lun.-ven. 10h-17h, sam. 8h-17h.
Le hammam fut construit par Mustafa Pacha en 1765. Voué autrefois à la détente de l'aristocratie orientale, il reçoit aujourd'hui des Grecs, ces touristes et des membres de la minorité turque. Les visiteurs doivent prendre en compte que le savon et les serviettes ne sont pas fournis.

Mosquée Ibrahim Pacha
Plátanos. ***Tél.*** *22410 73410.*
t.l.j. *don.*
Non loin de Sofokléous, la mosquée Ibrahim Pacha fut construite en 1531 et remaniée en 1928. L'intérieur est magnifique.

Mosquée Rejep Pacha
Ekátonos. *en cours de restauration.*
Construite en 1588, cette mosquée est l'une des plus saisissantes des quatorze mosquées de la vieille ville. Elle possède une fontaine construite avec des colonnes d'églises byzantines et médiévales et recèle le sarcophage du pacha. Non loin se trouve la petite église byzantine Agios Fanoúrios.

Le quartier juif
À l'est de la place Hippocrate, le Bourg englobe l'Ovriakí, qui fut le quartier juif du Ier siècle apr. J.-C. jusqu'à l'occupation allemande en 1944, où la population juive fut déportée à Auschwitz.
À l'est d'Aristotélous, la **Plateía Evraíon Martýron** (« place-des-Martyrs-Juifs ») doit son nom aux victimes des camps de concentration. Au centre trône une fontaine en bronze ornée d'un hippocampe. Au nord se dresse l'imposante maison médiévale de l'amirauté. La synagogue se trouve dans Dosiádou.

Rhodes : palais des Grands Maîtres

Παλάτι του Μεγάλου Μαγίστρου

Chandelier doré

Véritable forteresse dans la forteresse, le palais fut le siège de 19 grands maîtres, le centre névralgique du quartier des chevaliers, le Collachium, et le dernier refuge de la population en cas de danger. L'édifice du XIVe siècle survécut aux séismes et aux sièges, mais il fut endommagé par une explosion accidentelle en 1856. Restauré par les Italiens dans les années 1930 pour Mussolini et le roi Victor-Emmanuel III, le palais recèle de magnifiques mosaïques provenant de Kos, qui ont donné leurs noms à certaines salles. Le palais abrite aussi deux expositions *(p. 184)*.

Salle aux Colonnades

Deux colonnades élégantes soutiennent le toit. La salle abrite une mosaïque paléochrétienne du Ve siècle.

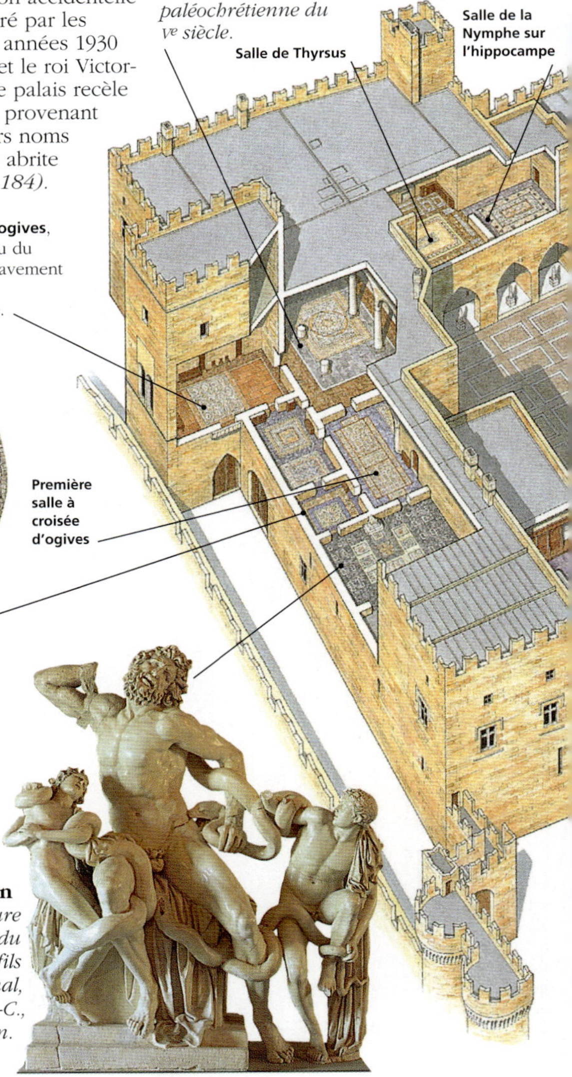

Salle de Thyrsus

Salle de la Nymphe sur l'hippocampe

La deuxième salle à croisée d'ogives, qui abritait autrefois le bureau du gouverneur, est ornée d'un pavement sophistiqué de mosaïques paléochrétiennes du Ve siècle.

Première salle à croisée d'ogives

★ Salle de la Méduse

La Gorgone mythologique à la chevelure de serpents orne le centre de cette mosaïque de la fin de l'époque hellénistique. La salle abrite aussi des vases chinois et islamiques.

Salle de Laocoon

Une réplique de la sculpture représentant la mort du Troyen Laocoon et de ses fils domine le hall. L'original, réalisé au Ier siècle av. J.-C., est conservé au Vatican.

Les remparts et les fortifications du palais constituaient la dernière ligne de défense au cas où l'ennemi franchirait les remparts de la ville.

MODE D'EMPLOI

Ippotón. ***Tél.*** *22410 23359.* *août-sept. : lun. 12h30-16h, mar.-dim. 8h-19h ; oct.-juil. : mar.-dim. 8h30-15h ; ven. saint 12h-15h.* *1er janv., 25 mars, dim. de Pâques, 1er mai, 25 et 26 déc.* *limité.*

★ Cour centrale
Le palais s'articule autour d'une cour dallée de plaques de marbre géométriques. Le côté nord est bordé de statues hellénistiques provenant de l'odéon de Kos (p. 171).

Entrée de l'exposition sur la Rhodes antique *(p. 184)*

La salle des Neuf Muses est ornée d'une mosaïque de la fin de l'époque hellénistique, qui représente leurs bustes.

★ Porte principale
Cette entrée imposante, construite par les chevaliers, est flanquée de deux tours crénelées en forme de fer à cheval. Le blason est celui du grand maître de Villeneuve, qui régna de 1319 à 1346.

Entrée

Rue des Chevaliers *(p. 188-189)*

La première salle recèle une mosaïque de la fin de l'époque hellénistique.

Grand escalier

Entrée de l'exposition sur la Rhodes médiévale *(p. 184)*

La deuxième salle possède elle aussi une mosaïque de la fin de la période hellénistique et des stalles sculptées.

À NE PAS MANQUER

★ Cour centrale

★ Porte principale

★ Salle de la Méduse

LE PREMIER GRAND MAÎTRE

Le premier grand maître, ou *magnus magister*, des chevaliers fut Foulques de Villaret (1305-1319), un chevalier français. Il négocia l'achat de Rhodes avec l'amiral Vignolo de Vignoli, qui régnait sur le Dodécanèse. Les chevaliers *(p. 188-189)* durent ensuite conquérir les insulaires. Ils restèrent à Rhodes jusqu'en 1522. Le nom de Villaret se retrouve dans le *villare*, un vin blanc de l'île.

Foulques de Villaret

Rhodes : rue des Chevaliers

Cette célèbre rue médiévale de la vieille ville s'étend entre le port et le palais des Grands Maîtres *(p. 186-187)*. La rue des Chevaliers (Odos Ippotón) est bordée par les auberges des langues, ou nationalités, de l'ordre de Saint-Jean. Construites au XIVe siècle dans le style gothique, les auberges étaient le lieu de réunion des chevaliers. On ne connaît pas l'emplacement de l'auberge allemande, mais les autres ont été restaurées par les Italiens, au début du XXe siècle.

Cette résidence fut construite pour Diomède de Vilaragut, chef de la langue d'Aragon.

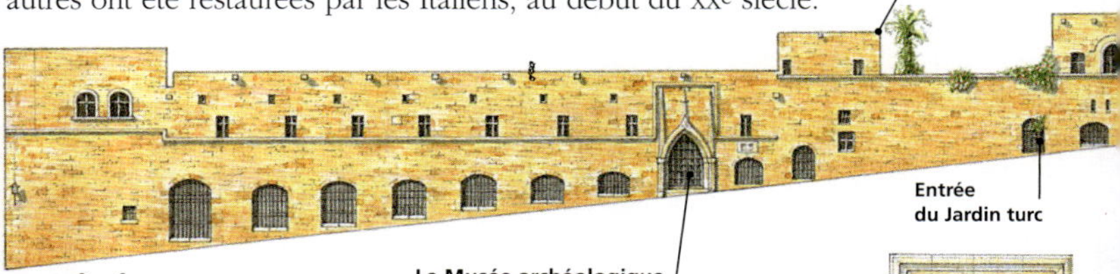

Entrée du Jardin turc

CÔTÉ SUD

Le Musée archéologique *(p. 184)* est installé dans le nouvel hôpital des Chevaliers.

← **Vers l'auberge d'Angleterre**

L'auberge de Provence *est ornée des blasons de l'ordre des Chevaliers de Saint-Jean, de la maison royale de France, du grand maître del Carretto et du chevalier de Flota.*

Agía Triáda, ou chapelle française

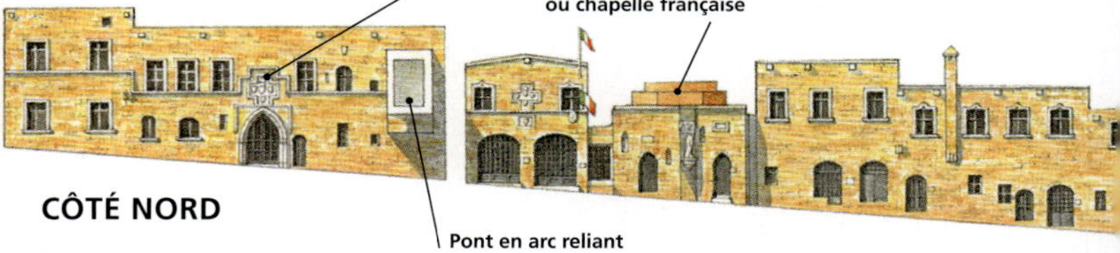

CÔTÉ NORD

Pont en arc reliant l'auberge d'Espagne et l'auberge de Provence

Vers le palais des Grands Maîtres ←

Les chevaliers de Rhodes

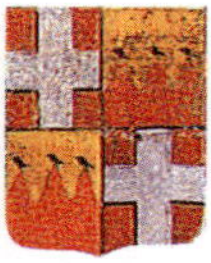

Blason de Foulques de Villaret ***(p. 187)***

Fondé au XIe siècle par des marchands d'Amalfi, l'ordre des Chevaliers de Saint-Jean gardait le Saint-Sépulcre et recevait les pèlerins chrétiens à Jérusalem. L'ordre, hospitalier à l'origine, devint militaire après la Ire croisade (1096-1099). À la chute de Jérusalem, en 1291, les chevaliers se réfugièrent à Chypre. Ils achetèrent Rhodes à un pirate génois, l'amiral Vignoli, en 1306, et conquirent les insulaires en 1309. Un grand maître fut élu à vie pour gouverner l'ordre, divisé en sept langues, ou « nationalités » : France, Italie, Angleterre, Allemagne, Provence, Espagne et Auvergne. Chaque langue protégeait un quartier de la ville fortifiée. Les chevaliers bâtirent une trentaine de forteresses dans le Dodécanèse. Leurs fortifications comptent parmi les fleurons de l'architecture militaire médiévale.

Les chevaliers *qui entraient dans l'ordre de Saint-Jean faisaient vœu de chasteté, d'obéissance et de pauvreté. L'ordre comptait aussi des frères convers, mais toutes les fonctions importantes étaient détenues par les chevaliers.*

Odos Ippotón, *la rue des Chevaliers, suit en partie le tracé d'une voie de la ville antique qui descendait jusqu'au port. C'est ici que les chevaliers se rassemblaient en cas d'attaque.*

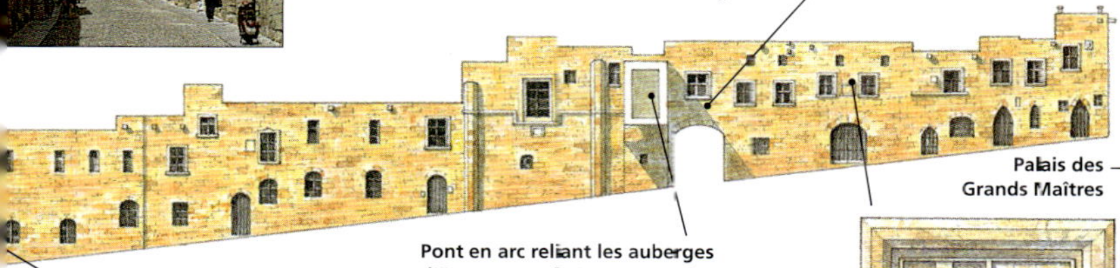

L'auberge d'Espagne *est l'une des plus grandes auberges. Sa salle de réunion mesurait plus de 150 m². À l'extérieur, l'édifice est orné d'un petit blason très sobre.*

L'auberge de France *a des armoiries composées de la fleur de lys royale et du blason du grand maître Pierre d'Aubusson.*

L'auberge d'Italie *est ornée d'un écusson en marbre aux armes du grand maître Fabricius del Carretto.*

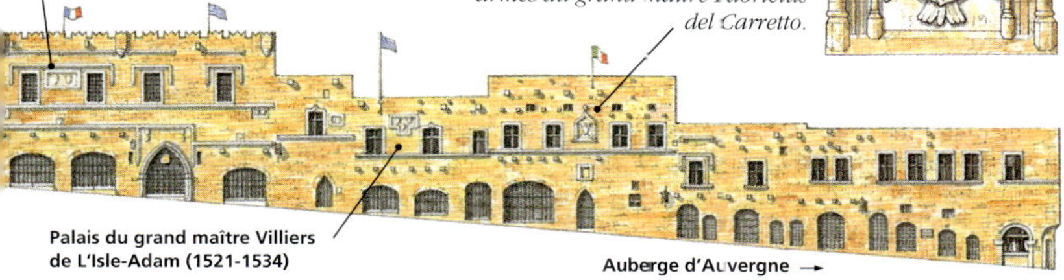

Le grand siège de Rhodes, *en 1522, se solda par la défaite des chevaliers par les Ottomans. Seuls 180 chevaliers sur 650 survécurent. Ils négocièrent leur départ sains et saufs, mais les Rhodiens qui avaient combattu à leurs côtés furent massacrés. Sept ans plus tard, les chevaliers trouvèrent refuge à Malte. Leur défaite finale intervint en 1798, lorsque Malte fut annexée par Napoléon.*

Pierre d'Aubusson, *grand maître de 1476 à 1503, est représenté dans cette scène de marché. Nombre de bâtiments furent édifiés à Rhodes sous son magistère, notamment l'hôpital (qui abrite aujourd'hui le Musée archéologique).*

Découvrir la ville nouvelle de Rhodes

La ville nouvelle s'agrandit progressivement au cours du XIXe siècle et se développa dans les années 1920 pendant l'occupation de l'Italie, avec la construction de bâtiments publics grandioses, près du port. Elle réunit plusieurs quartiers, dont la Néa Agora et le port du Mandráki, à l'est de la ville. L'influence italienne y est toujours manifeste. Sur la côte à l'ouest de la ville s'étend un quartier touristique vivant, avec des rues animées et une plage bondée.

Le port du Mandráki, gardé par une biche et un cerf

Port du Mandráki
Véritable centre névralgique, le port est un trait d'union entre la vieille ville et la ville nouvelle. Les Rhodiens viennent y faire leur promenade du soir : la *vólta*. Le port accueille yachts et bateaux proposant des excursions, pour lesquelles il faut réserver à l'avance.

Une biche et un cerf en bronze gardent l'entrée du port, là où, dit-on, le *Colosse* se dressait jadis. Le port s'étend vers la forteresse en ruine du XVe siècle, **Agios Nikólaos**, aujourd'hui transformée en phare, sur le promontoire après les trois moulins à vent médiévaux.

D'élégants édifices publics datant des années 1920 bordent le port : la poste, le tribunal, la mairie, le commissariat et le théâtre national s'y succèdent. Le **théâtre national** propose des spectacles intégrant des traditions locales.

LE COLOSSE DE RHODES

Peinture du *Colosse*, de Fischer von Erlach, 1700

Le *Colosse* de Rhodes, l'une des Sept Merveilles du monde, était une gigantesque statue d'Hélios, le dieu du Soleil, de 32-40 m. Il fut réalisé en bronze par Charès de Líndos en 305 av. J.-C., pour célébrer la victoire de Rhodes sur le roi de Macédoine Démétrios Ier Poliorcète. Sa construction dura douze ans et coûta 9 t d'argent. Quoique traditionnellement représenté comme enjambant le port du Mandráki, il se dressait probablement près du temple d'Apollon, l'actuel site du palais des Grands Maîtres, dans la vieille ville *(p. 186-187)*. En 227 av. J.-C., il fut renversé par un séisme.

Maison du Gouvernement, ancien palais du gouverneur italien

Non loin se trouve l'église de l'**Evangelismoú** (« Annonciation ») construite en 1925, réplique de l'église des chevaliers de Saint-Jean. L'intérieur est richement orné. Le palais de l'archevêque jouxte l'église, à côté d'une gigantesque fontaine, copie de la Fontana Grande de Viterbe, en Italie. Plus loin, la **maison du Gouvernement** (Nomarchía), de style néogothique vénitien, est superbement décorée et entourée de belles arcades voûtées. L'endroit n'est pas accessible au public.

Sur le côté nord de la Plateía Eleftherías se dresse la **mosquée Murad Reis**. Elle tire son nom de l'amiral de Soliman qui fut tué durant le siège de Rhodes, en 1522. Dans l'enceinte se trouve la villa Kleoboulos, où vécut l'écrivain Lawrence Durrell. Le site comprend un cimetière réservé aux notables ottomans.

Minaret d[e] la mosqué[e] Murad Rei[s]

En vous dirigeant vers le nord depuis le quartier du Mandráki, une promenade en bord de mer vous mènera à la pointe nord de la ville nouvelle, en passant devant la plage bondée d'Elli. L'Institut hydrobiologique abrite l'**aquarium** installé dans une grotte souterraine. En face, à la pointe nord de l'île, la plage de l'aquarium est très appréciée des véliplanchistes et des amateurs de parachute ascensionnel.

Aquarium
Institut hydrobiologique, Kássou.
Tél. *22410 27308.* *t.l.j.* *j.f.*

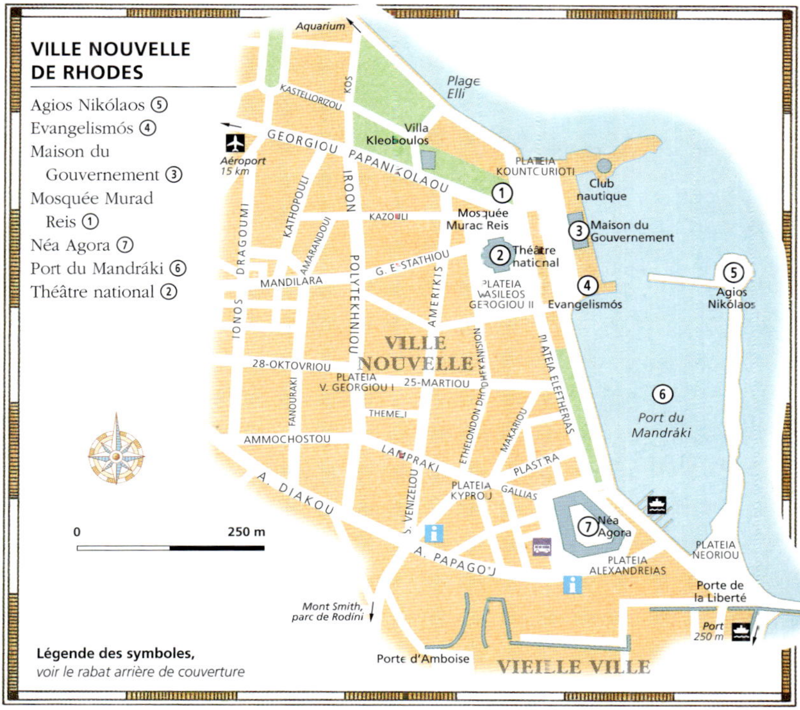

Néa Agora
Le Mandráki jouxte le Nouveau Marché, ou Néa Agora, aux dômes mauresques. Le marché abrite des étals de nourriture, des boutiques de souvenirs, des petits bars à *souvláki* et des cafés. C'est le point de rencontre des villageois des environs et des insulaires. Derrière la Néa Agora, un spectacle son et lumière se tient sur le site du palais des Grands Maîtres. Le spectacle, qui a lieu tous les jours dans une des quatre langues proposées, raconte la victoire de Soliman le Magnifique sur les chevaliers, en 1522.

Le dôme d'entrée du Nouveau Marché, vu depuis le port du Mandráki

Mont Smith
Cette colline qui se dresse à l'ouest offre de belles vues sur la ville et sur la côte. Le mont est aussi appelé Agios Stéphanos.

Sur la colline s'étend une cité hellénistique du IIIe siècle av. J.-C., exhumée par les Italiens. Ces derniers restaurèrent le stade du IIIe siècle av. J.-C., l'acropole du IIe siècle et un petit odéon. Celui-ci présente une étonnante forme carrée. En été, il accueille des spectacles de théâtre antique. Il ne reste que trois colonnes du temple d'Apollon pythien. On verra aussi les ruines des temples d'Athéna Polias et de Zeus. Non loin, dans Voreíou Ipeírou, se trouvent les vestiges de l'Asklepieíon, un temple dédié au dieu guérisseur Asklepios.

Parc de Rodíni
Ce parc superbe, à 3 km au sud de la ville de Rhodes, accueille aujourd'hui de nombreuses biches. Il permet d'échapper à l'agitation urbaine. C'est ici que se trouvait, en 330 av. J.-C., l'école de rhétorique de l'orateur Eschine, où furent formés Jules César et Cassius. Il n'y a pas de vestiges à visiter. Le site comprend une nécropole du IIIe siècle av. J.-C., avec des tombeaux doriens, ainsi que des tombes ptolémaïques. Au Moyen Âge, Rodíni servait de potager aux chevaliers.

À la découverte de l'ouest de Rhodes

Icône de Notre-Dame de Filérimos

La côte battue par les vents compte nombre d'hôtels, de bars et de restaurants, installés sur les plages de galets qui se déroulent de la ville de Rhodes à l'aéroport, situé à Paradísi. En mettant le cap vers le sud, vous découvrirez des paysages fertiles, avec des vignobles et des versants boisés. Parmi les sites intéressants, citons Moní Filerímou, le Kámeiros antique, le village d'Emponas et le vallon de Petaloúdes, auquel Rhodes doit son nom d'« île aux Papillons ». Encore plus au sud, les paysages présentent des rochers couronnés de forteresses et offrent des vues sur les îles de Chálki et Alimiá.

Ialyssós antique ❷

Αρχαία Ιαλυσός

15 km au SO de Rhodes. 🚌 *pour Triánda.* ◯ *mar.-sam. 8h-19h, dim. 8h30-14h.* ● *j.f.*

Ialyssós s'unit en 408 av. J.-C. aux deux autres cités-États doriennes, Líndos et Kámeiros, pour créer une capitale unique : Rhodes. Les trois villes perdirent en importance, mais Ialyssós resta très convoitée : les Génois y soumirent les Byzantins en 1248, les chevaliers *(p. 188-189)* en firent leur base avant de prendre Rhodes en 1309, et Soliman s'y installa avant l'assaut contre les chevaliers en 1522. Les Italiens s'en servirent pendant la Seconde Guerre mondiale.

De l'acropole du IIIe siècle av. J.-C., il ne reste que le **temple d'Athéna Polias et Zeus Polios**, près de l'église Agios Geórgios. La fontaine à tête de lion, qui a été restaurée, au sud, date du IVe siècle.

Moní Filerímou ❸

Μονή Φιλερήμου

15 km au SO de Rhodes. ***Tél.** 22410 92202.* 🚌 *pour Triánda.* ◯ *lun. 8h30-14h40, mar.-sam. 8h-19h10, dim. 8h30-14h40.* 📷

Les collines de Filérimos sont couvertes de cyprès et de pins. Entre les arbres se dresse Moní Filerímou. Ses chapelles coiffées de dômes sont ornées de la croix des chevaliers et du blason de Pierre d'Aubusson. Sur ce lieu voué au culte depuis deux millénaires, des strates d'histoire et de traditions se superposent, des Phéniciens aux catholiques en passant par les Byzantins et les orthodoxes.

Notre-Dame de Filérimos, l'église de la Vierge Marie construite par les chevaliers au XIVe siècle, puis reconstruite par les Italiens, est formée de quatre chapelles. La chapelle principale, bâtie en 1306, mène aux trois autres. La chapelle la plus à l'intérieur possède un sol byzantin orné d'une mosaïque rouge représentant un poisson. À l'entrée du monastère, les Italiens créèrent un chemin de croix sous la forme d'une avenue. Sur le cap se dresse une croix géante de 18 m.

Moní Filerímou, dans son cadre boisé

Petaloúdes ❹

Πεταλούδες

26 km au SO de Rhodes. 🚌

Le vallon des Papillons est une vallée étroite et verdoyante dans laquelle coule un cours d'eau qu'enjambent des ponts. De juin à septembre, elle fourmille de papillons, attirés par la résine dorée du liquidambar qui sent la vanille. Cette dernière est aussi utilisée dans la fabrication d'encens. L'endroit attire les passionnés de lépidoptères. Tôt le matin, avant l'arrivée des cars de visiteurs, le vallon est paisible. Une promenade mène de la vallée à l'église **Moní Panagías Kalópetras**, un havre de paix.

Papillon de Petaloúdes

Kámeiros antique ❺

Αρχαία Κάμειρος

36 km au SO de Rhodes. ***Tél.** 22410 40037.* 🚌 ◯ *t.l.j., lun. en hiver.* ● *j.f.* 📷 ♿ *zone intérieure seul.*

Cette cité dorienne découverte en 1859 était prospère au Ve siècle av. J.-C. Fondée par des Crétois, elle fut certainement détruite par un séisme en 142 av. J.-C.

Vous y verrez des vestiges d'un temple dorique du IIIe siècle av. J.-C., un autel voué à Hélios, des bains publics et une citerne du VIe siècle av. J.-C. qui approvisionnait 400 familles. Le temple d'Athéna Polias, du VIe siècle av. J.-C., se trouve sur la terrasse supérieure. Plus bas s'étendent les vestiges d'une stoa dorique, de 206 m de long.

Pour les hôtels et les restaurants de la région, voir p. 309-312 et p. 334-336

La forteresse de Monólithos domine la mer du haut de son repaire

Skála Kameírou 6

Σκάλα Καμείρου

50 km au SO de Rhodes. *100.*

Ce port est une halte idéale pour déjeuner. Le site abrita une cité dorienne et un port antique. Les vestiges d'un tombeau lycien s'étendent non loin de la falaise. À côté se trouvent les ruines impressionnantes du **château de Kritinía**. Ses trois niveaux sont attribués à différents grands maîtres. Les maisons blanches du village de **Kritinía** sont accrochées à la colline.

Emponas 7

Έμπωνας

55 km au SO de Rhodes. *1 500.*

Sur les contreforts sauvages du mont Attáviros, ce ravissant village accueille, depuis les années 1920, l'établissement vinicole Emery. Il est également réputé pour ses danses folkloriques et ses festivités. Malgré les soirées grecques pour touristes, Emponas a conservé son âme traditionnelle.

Monólithos 8

Μονόλιθος

80 km au SO de Rhodes. *250.* *Foúrni 5 km au SO.*

Le village, qui doit son nom au rocher de 235 m dominant la mer, est la plus grande localité du sud-ouest.

Installé au pied du mont Akramýtis, le village est à 2 km de la **forteresse de Monólithos**. Cet édifice imprenable du XVe siècle, construit par le grand maître d'Aubusson, trône majestueusement sur le grand rocher gris. Ses murailles imposantes renferment deux petites chapelles du XVe siècle, Agios Panteleïmon et Agios Geórgios, ornées toutes deux de fresques. Du sommet, le panorama est superbe.

De la forteresse, une route escarpée descend vers la plage de sable protégée de **Foúrni**. Vous y trouverez une taverne ouverte en saison.

Aux environs : entre Emponas et Monólithos, le village de **Siána** est renommé pour son miel et son *soúma* puissant (alcool de raisin proche du raki crétois). Les cafés vous permettront de goûter ces deux spécialités. Les maisons sont couvertes de toits en argile. L'église **Agios Panteleïmon**, couronnée d'un dôme, recèle des fresques restaurées du XVIIIe siècle.

Coucher de soleil sur Emponas et le mont Attávyros

Moní Skiádi 9

Μονή Σκιάδι

8 km au S d'Apolakkiá. ***Tél.*** *22440 46006.* *pour Apolakkiá.* *t.l.j. 9h-18h.*

Moní Skiádi est connu par l'icône miraculeuse de la *Panagía*, la *Toute Sainte*. On raconte qu'au XVe siècle un hérétique taillada la joue de la Vierge, qui se mit à saigner. Les taches brunes sont toujours visibles. Le monastère actuel a été construit aux XVIIIe et XIXe siècles, autour de l'église Agios Stavrós, ou Sainte-Croix, du XIIIe siècle. À Pâques, l'icône sainte est portée en procession de village en village, avant d'être laissée un mois sur l'île de Chálki.

À la découverte de l'est de Rhodes

Fontaine du village de Lárdos

La côte orientale offre des kilomètres de plages et de criques rocailleuses, où les plages très fréquentées de Faliráki et de Líndos contrastent avec les étendues désertes du sud-est. L'itinéraire dans la moitié orientale a été divisé en deux parties : de la pointe sud de l'île, à Prasonísi, jusqu'à Péfkoi, et de Líndos jusqu'à la ville de Rhodes. Les paysages sont une véritable mosaïque, réunissant l'oasis d'Eptá Pigés, les orangeraies des environs d'Archángelos, des étendues de côte déchiquetée et des plages sablonneuses.

Moní Thárri ⑩

Μονή Θάρρι

40 km au S de Rhodes.

pour Laérma. *t.l.j.*

De Lárdos, à l'intérieur des terres, suivez les indications jusqu'à Láerma, juste au nord de Moní Thárri, aux belles fresques du XIIe siècle. L'église couronnée d'un dôme était protégée du regard des pirates par une forêt.

L'édifice aurait été construit au IXe siècle par une princesse byzantine atteinte d'un mal incurable, qui guérit miraculeusement une fois l'église achevée.

Les murs nord et sud, du XIIe siècle, ont été conservés, de même que des vestiges de l'édifice du IXe. La nef, l'abside et le dôme sont ornés de fresques. Certains murs comportent quatre couches de peintures superposées, dont les plus anciennes datent de 1100. Quant à l'abside, elle est ornée de trois couches, datant du XIIe au XVIe siècle, qui représentent des prophètes et une tête de cheval. Le monastère a été agrandi et propose des hébergements simples aux visiteurs.

Village d'Asklipieío

Une piste difficile dessert le village d'**Asklipieío**, à 8 km au sud, qui abrite l'église Kímisis tis Theotókou, ornée de fresques.

Líndos ⑪

Voir p. 196-197.

Archángelos ⑫

Αρχάγγελος

33 km au S de Rhodes. *3 000.*

Stégna 3 km à l'E.

Dans la vallée d'Aíthona, renommée pour ses oranges, s'étend le plus grand village de l'île, connu par ses poteries, ses tapis tissés à la main et ses bottes en cuir. Portées aux champs comme protection contre les serpents, ces bottes sont en cuir de vache épais pour la partie couvrant les pieds et en cuir de chèvre souple pour la partie montante. Les villageois parlent leur propre dialecte.

Au centre, l'église **Archángeloi Michaïl et Gavriíl**, les saints patrons du village, possède un clocher étagé et une cour ornée d'une mosaïque de galets.

La localité est dominée par le **château des croisés**, construit par le grand maître Orsini en 1467. À l'intérieur, la chapelle Agios Geórgios est ornée d'une fresque moderne représentant le saint combattant le dragon. À l'est de la bourgade se trouve la plage de sable de la baie de **Stégna**.

Aux environs : au sud de Malónas se trouve le château de **Faraklós**. Ce bastion de pirates fut transformé en prison par les chevaliers. La forteresse domine Charáki, un ravissant hameau de pêcheurs qui se transforme en station

Le village de Charáki, avec le château de Faraklós à l'arrière-plan

Pour les hôtels et les restaurants de la région, voir p. 309-312 et p. 334-336

La plage de sable de Tsampíka

balnéaire. Sa plage de galets est bordée de tavernes de poissons.

Eptá Pigés 13

Επτά Πηγές

26 km au S de Rhodes.
pour Kolýmpia. Tsampíka 5 km au SE.

Installé dans la forêt, Eptá Pigés, ou Sept Sources, est l'un des joyaux de l'île. Des paons se pavanent au bord des cours d'eau et des cascades, où les sept sources alimentent un réservoir central. L'eau sert à irriguer les orangeraies de Kolýmpia. Le lac est desservi par un chemin traversant la forêt et par un tunnel de 185 m, dans lequel vous aurez de l'eau jusqu'aux chevilles.

Aux environs : en poursuivant vers l'est sur la côte, vous verrez le monastère byzantin **Moní Tsampíkas**, perché à 300 m. La légende veut que l'icône, du XIe siècle, ait été trouvée par un couple stérile, qui réussit ensuite à avoir un enfant. La chapelle devint un lieu de pèlerinage pour les femmes sans enfant, qui continuent à venir implorer l'icône de la *Vierge* et qui font le vœu d'appeler leur enfant Tsampíka ou Tsampíkos, prénoms du Dodécanèse. Sous le monastère, la superbe plage de sable de **Tsampíka** accueille beaucoup de vacanciers. Divers sports nautiques y sont proposés.

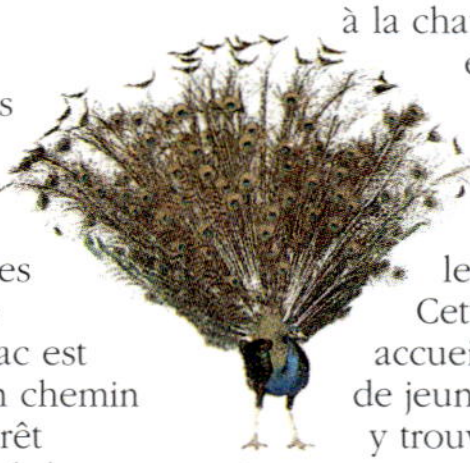

Paon d'Eptá Pigés

Faliráki 14

Φαληράκι

15 km au S de Rhodes. 400.

Faliráki, station balnéaire très prisée, possède de longues plages de sable bordées d'hôtels aux murs blanchis à la chaux, d'appartements et de restaurants. C'est aussi une bonne base pour les familles appréciant les vacances actives. Cette station bruyante accueille essentiellement de jeunes visiteurs. Vous y trouverez un immense complexe aquatique, le **Faliráki Water Park**, et vous pourrez y pratiquer tous les sports nautiques. Bars, discothèques et restaurants, allant des fast-foods aux restaurants chinois, y abondent. Vous pourrez également vous initier au saut à l'élastique.

Faliráki Water Park
Faliráki ***Tél.*** *22410 84403.*
mai.-oct. : t.l.j.

Aux environs : un peu en retrait, le village de **Kalythiés** est plus traditionnel. Sa belle église byzantine **Agía Eleoúsa** recèle des fresques intéressantes. Plus au sud-est, la rocailleuse **baie de Ladikó**, décor du film *Les Canons de Navarone*, mérite que vous alliez y jeter un coup d'œil.

Afántou, le « village caché », est desservi par bateau depuis la ville de Rhodes. Perdu dans les abricotiers, Afántou est connu par ses tapis tissés main.

Koskinoú 15

Κοσκινού

10 km au S de Rhodes. *1 200.*
Réni Koskinoú 2 km au NE.

Le village regroupe des maisons rhodiennes traditionnelles, avec des sols et des cours en mosaïques de galets. L'église **Eisódia tis Theotókou** a un beau clocher à étages. Non loin, **Réni Koskinoú** possède des hôtels, des restaurants et des plages agréables.

Aux environs : au sud de Koskinoú, les **thermes de Kalithéa** étaient autrefois réputés pour leurs eaux curatives, notamment pour le traitement de l'arthrite. Mais les eaux sont taries depuis 1968. Situés dans de jolis jardins, ils ne sont plus utilisés aujourd'hui mais ont servi de décor à plusieurs films. Ces thermes offrent un mélange unique de nature, d'architecture et d'histoire. Il y a une piscine découverte animée et des criques rocailleuses se prêtant à la plongée sous-marine ou au snorkelling.

Le clocher étagé d'une église du village de Koskinoú

Líndos ⓫

Λίνδος

Pierres sculptées de la stoa

Le village était déjà peuplé au IIIe millénaire av. J.-C. Son double port lui permit de s'affirmer comme puissance navale. Au VIe siècle av. J.-C., sous le règne du tyran Cléobule, Líndos prospéra et s'enrichit grâce à ses nombreuses colonies. Avec ses maisons blanches éblouissantes, son château des croisés et son acropole perchée au-dessus de la mer, il attire quantité de visiteurs. Deuxième lieu de vacances après la ville de Rhodes, Líndos est aujourd'hui un site classé.

Porte traditionnelle de Líndos

À la découverte de Líndos

Le bateau est le meilleur moyen de transport depuis la ville de Rhodes. En saison, les ruelles pavées du village sont bondées ; mieux vaut y venir au printemps ou en automne. Très ensoleillé, Líndos enregistre toujours les records de chaleur de l'île. En hiver, le village est quasiment déserte.

Les voitures ont été bannies de Líndos – ce qui lui a permis de conserver son charme. Des ânes transportent les visiteurs jusqu'à l'acropole (attention ! à la descente, ça va plutôt vite). La localité est très animée, avec quantité de boutiques de souvenirs et de fast-foods. On trouve également, heureusement, de bonnes tavernes et d'excellents restaurants proposant une cuisine internationale. Peut-être dénicherez-vous une petite adresse romantique donnant sur la baie et la mer ?

Les rues tortueuses du village sont bordées de portes imposantes s'ouvrant sur les cours fleuries de maisons traditionnelles. Construites pour la plupart entre le XVe et le XVIIIe siècle par de riches capitaines, ces *archontiká* (« demeures ») sont ornées de décorations gravées dans la pierre, figurant des câbles ou des chaînes de bateaux (on dit que le nombre de chaînes équivaut au nombre de navires possédés). Elles s'ouvrent sur des cours ornées de mosaïques de galets, les *choklákia (p. 198)*, mais il est rare qu'on puisse en visiter. Certaines *archontiká* ont été aménagées en appartements et en restaurants. Les autres maisons affichent un mélange de styles byzantin et arabe. Certaines ont de petites pièces installées juste au-dessus des portes.

Au centre du village, l'église byzantine **Panagía** possède un joli clocher et des dômes couverts de tuiles imbriquées. La basilique d'origine, du Xe siècle, a été reconstruite entre 1489 et 1490. Les fresques de l'intérieur ont été peintes par Grégoire de Sými, en 1779.

Sur la voie menant à l'acropole, vous croiserez de nombreuses femmes

Vendeuse de dentelle de Líndos, sur les marches de l'acropole

Stoa de Líndos
Ce portique, ou stoa, date de l'époque hellénistique, vers 200 av. J.-C.

Les remparts ont été construits au XIIIe siècle par les chevaliers de Rhodes.

Une trirème, qui était un navire de guerre, est sculptée dans la pierre.

ACROPOLE DE LÍNDOS

Perchée au sommet d'un rocher de 125 m dominant le village, l'acropole est couronnée par le temple d'Athéna Lindia, du IVe siècle av. J.-C., dont les colonnes se détachent sur le ciel. Ce temple comptait parmi les sites les plus sacrés de l'Antiquité. Alexandre le Grand s'y rendit, de même que, dit-on, Hélène de Troie et Héraclès. Au XIIIe siècle, les chevaliers de Saint-Jean fortifièrent la ville avec des remparts plus élevés que les défenses d'origine.

L'acropole dominant la ville et la baie de Líndos

vendant la célèbre dentelle de Líndos. Les ouvrages locaux sont très recherchés. Alexandre le Grand portait déjà un vêtement fabriqué par des habitantes de Líndos.

La plage principale, **Megálos Gialós**, où la flotte de Líndos mouillait autrefois, se déroule au nord du village. Cette plage, bondée en été mais très sûre pour les enfants, propose de nombreux sports nautiques. Plusieurs tavernes animées la bordent.

MODE D'EMPLOI

1 km à l'E de Líndos.
Tél. *22440 31900.*
juil.-sept. : lun. 8h30-14h30, mar.-dim. 8h-19h ; oct.-juin : mar.-dim. 8h30-15h20.
j.f.

Aux environs : la petite plage de **Pallás**, très fréquentée, est reliée à Megálos Gialós par un chemin. Les naturistes fréquentent le promontoire, où se trouve aussi l'élégante **baie de Saint-Paul**. Cette crique idyllique, presque fermée, possède des eaux bleu azur et une chapelle blanche dédiée à saint Paul (fêté le 28 juin).

Malgré son nom, le **tombeau de Cléobule**, un monument en pierre installé sur le promontoire au nord de la plage principale de la baie, n'a rien à voir avec le tyran. Ce mausolée circulaire a été construit vers le Ier siècle av. J.-C., plusieurs siècles après la mort de Cléobule. Aux débuts du christianisme, le tombeau fut transformé en église.

Le paisible village de **Péfkos**, à 3 km au sud de Líndos, se transforme l'été en station balnéaire animée, avec ses petites plages de sable bordées de pins.

Lárdos est un village de l'intérieur, à 7 km à l'ouest de Líndos. La **baie de Lárdos**, à 1 km au sud du village, possède des dunes de sable bordées de joncs et plusieurs villages de vacances haut de gamme.

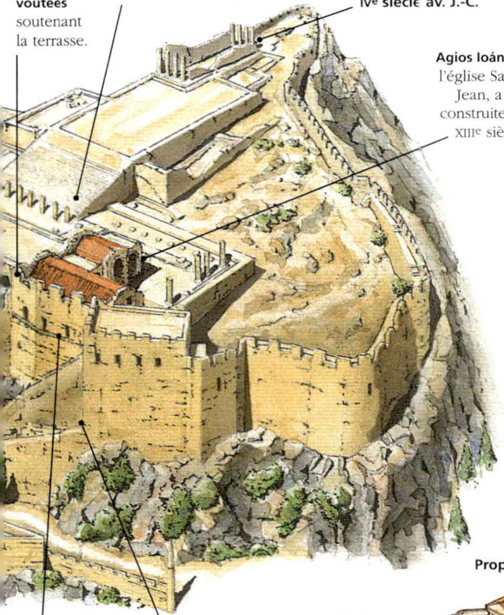

RECONSTITUTION DE L'ACROPOLE (V. 300 APR. J.-C.)

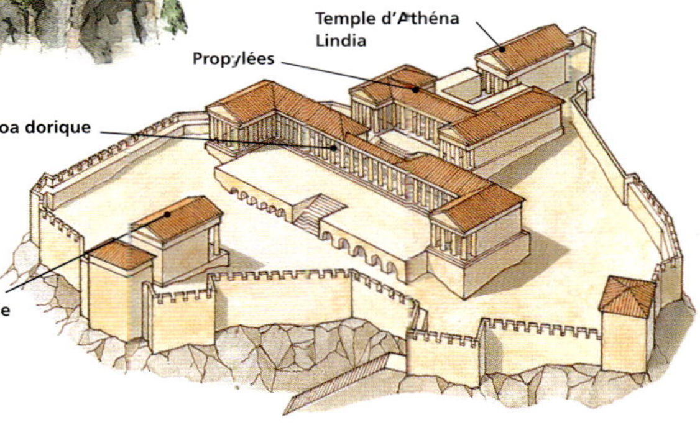

Nimporió avec l'église Agios Nikólaos dominant les autres bâtiments

Chálki

Χάλκη

313. Nimporió. Piátsa, Nimporió (22460 45207). Chorió : Panagía 15 août. Nimporió. **www**.chalki.gr

Cette île prospère vouée à la pêche aux éponges fut presque abandonnée au début du XXe siècle, lorsque ses pêcheurs partirent travailler en Floride. Autrefois fertile, Chálki a vu ses eaux souterraines infiltrées par l'eau de mer. Aujourd'hui aride, l'eau douce y est acheminée par bateau-citerne. Des moutons et des chèvres sont élevés sur les versants rocailleux. La plupart des produits sont importés de Rhodes. Le tourisme s'y est développé petit à petit.

Nimporió

Nimporió, le port de l'île et sa seule localité, est un village paisible et pittoresque, avec une touche néoclassique. L'église **Agios Nikólaos** possède un élégant clocher étagé, le plus haut du Dodécanèse. Sa cour est ornée d'une magnifique mosaïque de galets noirs et blancs, représentant des oiseaux et l'arbre de vie. L'œil peint au-dessus de la porte principale protège des mauvais esprits.

Une rangée de moulins à vent en ruine se dresse au-dessus du port, qui possède une poste et une mairie de style italien, et une belle tour de l'Horloge. Non loin, la plage de sable de **Póntamos**, aux eaux peu profondes, convient parfaitement aux enfants.

À la découverte de l'île

Les voitures sont rares sur l'île. De Nimporió, une marche d'une heure vous conduira à **Chorió**, l'ancienne capitale abandonnée. Son château des croisés, perché

Un éleveur de chèvres de Chálki rentrant chez lui

LES CHOKLÁKIA

Caractéristiques du Dodécanèse, ces mosaïques ornent les sols depuis l'époque byzantine. Œuvres d'art tout autant que pavements fonctionnels, elles sont composées de petits galets noirs, blancs ou rouges. En été, les insulaires mouillent les mosaïques qui dispensent ainsi un peu de fraîcheur. Les exemples les plus anciens présentent des motifs abstraits formels et souvent géométriques. Plus tard, les décorations se firent plus exubérantes,avec des motifs floraux et des symboles illustrant la vie des habitants : bateaux, poissons, arbres, etc. Outre les maisons de Chálki, celles de Líndos sont également ornées de belles mosaïques *(p. 196-197)*. À Sými, celles de l'église Agios Geórgios *(p. 178)* représentent une sirène s'apprêtant à ensevelir un bateau sous les vagues.

Choklákia **devant Moní Taxiárchi à Sými**

Choklákia **ronde à Chálki**

sur un rocher, possède des armoiries et une chapelle en ruine aux jolies fresques byzantines. La vue porte jusqu'à la Crète. Les chevaliers de Saint-Jean *(p. 188-189)* ont bâti le château sur une acropole antique, dont ils ont utilisé les pierres.

Panagía, l'église byzantine, recèle quelques fresques intéressantes. Des festivités s'y tiennent le 15 août. En face, l'église de **Stavrós** (« la Croix ») est agrippée au flanc de la montagne.

De Chorió, gagnez à l'ouest **Moní Agíou Ioánnou Prodrómou** (« Saint-Jean-Baptiste »). Comptez trois à cinq heures de marche, ou une heure en voiture. Le monastère possède une cour ombragée. Mieux vaut le visiter le matin. D'ici, vous pourrez rejoindre à pied les plages de **Kánia** et **Dyó Gialí** ou prendre un bateau-taxi.

L'intérieur de Moní Agíou Ioánnou Prodrómou

Les îles des environs

De Nimporió, des excursions partent vers l'île déserte d'**Alímia** où l'on peut voir plusieurs petites chapelles et un château en ruine. Des sous-marins y mouillaient pendant la Seconde Guerre mondiale.

Kastelórizo

Καστελλόριζο

275. 2,5 km au S de Kastelórizo. Kastelórizo. 500 m au N du port (0241 49333).

À 2,5 km de la Turquie et à 118 km de Rhodes, Kastelórizo est la plus orientale des îles grecques. Elle est restée très isolée jusqu'à ce que l'aéroport l'ouvre au tourisme, en 1987. L'île ne possède pas de plages, mais ses eaux cristallines abritent une faune et une flore très riches, notamment des phoques moines. Kastelórizo se prête parfaitement à la plongée sous-marine. Appelée Megísti (« la Plus Grande ») par les habitants de la région, c'est une île pittoresque.

La population est tombée de 15 000 habitants au XIXe siècle à moins de 300 habitants aujourd'hui. À partir de 1920, Kastelórizo subit la répression des Italiens. Durant la Seconde Guerre mondiale, elle fut évacuée et pillée.

Le bord de mer regorge de tavernes, où se tiennent parfois des spectacles de musique ou de danse improvisés. La bourgade de **Kastelórizo** est la seule localité de l'île. Au-dessus de la ville, le **Kástro** en ruine offre une belle vue. Sa pierre rouge lui valut d'être baptisé le « Château rouge » (Castello Rosso) par les chevaliers de Saint-Jean, et ce nom a été adopté par les insulaires. Le **musée du Château** abrite des costumes, des fresques et des photographies. Non loin se trouve le seul **tombeau lycien** de Grèce, taillé dans la pierre, vestige de la civilisation antique de Lycie, en Asie Mineure. Il se signale par ses colonnes doriques.

La plupart des demeures néoclassiques en ruine, ont été détruites durant

Façade traditionnelle à Kastelórizo

la Seconde Guerre mondiale et par les séismes. Toutefois, beaucoup ont été restaurées grâce au tourisme.

La cathédrale **Agioi Konstantínos kai Eléni** a été construite avec des colonnes en granit du temple d'Apollon de Patara, en Anatolie.

De l'agglomération, un chemin monte vers quatre petites églises blanches et le **Palaiókastro.** Cette acropole et forteresse possède une inscription du IIIe siècle av. J.-C. sur sa porte, mentionnant le nom de Megísti.

De la localité de Kastelórizo, des bateaux proposent des excursions vers la **grotte de Parastá**, au sud-est. Elle est renommée pour ses stalactites et les étranges effets de lumière sur les eaux d'un bleu éclatant.

Musée du château
Kastelórizo. ***Tél.*** *22460 49283.*
mar.-dim. 8h30-14h30.

La bourgade de Kastelórizo, avec la Turquie à l'arrière-plan

ΞΕΝΟΔΟΧΕΙΟΝ Ο ΠΟΣΕΙΔΩ
POSIDON PENSION

Kárpathos

Κάρπαθος

Relief d'art populaire d'une taverne de Diafáni

Sauvage et accidentée, Kárpathos est la troisième île du Dodécanèse par sa taille. Comme la majeure partie de l'archipel, elle a connu une histoire très mouvementée, passant par des périodes de dominations romaine et byzantine. Autrefois connue sous le nom de Porfiris, d'après la teinture rouge qui y était fabriquée, l'île qui était au Moyen Âge un repaire de pirates tire son nom du mot *arpáktos* (enlèvement). Ses paysages spectaculaires sont restés intacts, malgré l'essor du tourisme.

LÉGENDE

Voir rabat arrière de couverture

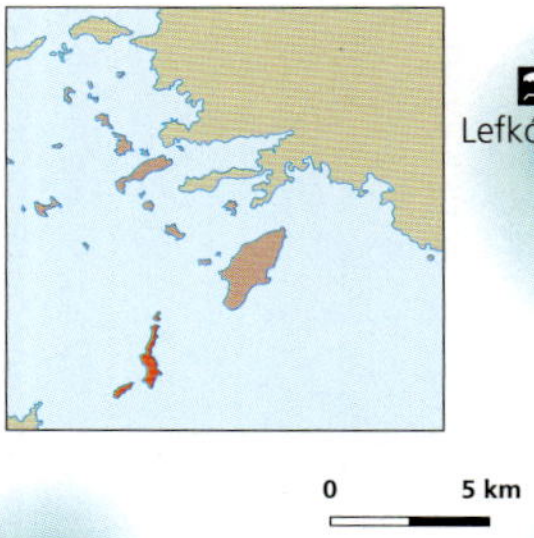

Kárpathos
Blottie au sud-est de la baie de Vróntis, Kárpathos, appelée aussi Pigádia, est le port principal et le chef-lieu de l'île du même nom. Cette cité compte de nombreux hôtels bordant la baie. Installé en face de la mairie, d'inspiration architecturale italienne, le **parc de Kárpathos** présente une exposition en plein air d'objets antiques : fonts baptismaux paléochrétiens en marbre, objets provenant de tombes mycéniennes du Ve siècle av. J.-C.

Aux environs :
au sud de la ville, une jolie promenade de 7 km à travers les oliveraies permet de rejoindre la station balnéaire d'**Amopí** et ses plages de sable. Au-dessus d'Amopí, le village de **Menetés** est agrippé aux flancs du mont Profítis Ilías. Ses rues pittoresques sont couvertes de vignes. Les maisons aux murs pastel possèdent des cours et des jardins ravissants. L'église du village recèle une iconostase en bois sculpté.

À la découverte de l'île
Une arête montagneuse sépare le nord sauvage du sud plus fertile. **Arkása**, une station balnéaire de la côte ouest, à 8 km de Menetés, possède une église du IVe siècle, Agía Anastasía, découverte en 1923. Elle recelait de superbes mosaïques byzantines très anciennes, dont une représentant deux biches qui se trouve au Musée archéologique de Rhodes *(p. 184)*.

Apéri, à 8 km au nord de Kárpathos, l'un des plus riches villages grecs, fut la capitale de l'île jusqu'en 1892. Installé à 300 m sur le mont Kalí Límni, il possède des fontaines et de superbes maisons aux jardins magnifiques, du début du XIXe siècle.

Othos, à l'ouest d'Apéri, est l'un des plus vieux villages de l'île. Une maison abrite

Les maisons blanches d'Apéri, agrippées sur le mont Kalí Límni

◁ Le village historique d'Olympos, établi sur les hauteurs, dans le nord de Kárpathos

Moulins à vent d'Olympos

MODE D'EMPLOI

5 000. 17 km au S de Kárpathos. Kárpathos, Diafáni. à l'angle de 28e Oktovríou et de Dimokratías, Kárpathos. Kárpathos (22450 22222). Panagía à Olympos : 15 août.

un **musée d'Art populaire** exposant des tissus, des poteries, un métier à tisser familial et des outils traditionnels.

Avec ses trois baies en fer à cheval bordées de sable blanc, la station balnéaire de **Lefkós**, sur la côte ouest, est le joyau de l'île. Sur la côte orientale, **Kyrá Panagiá** possède une belle crique de sable blanc et une église couronnée d'un dôme rose. La plage d'**Apélla** est un étonnant croissant de sable baigné d'eaux azurées.

Diafáni, petit village de la côte nord-est, possède une poignée de tavernes et des plages de sable et de galets. De là, comptez 20 minutes en car pour rejoindre **Olympos**, à 600 m d'altitude. Fondé en 1420, mais isolé du reste du monde pendant plusieurs siècles en raison de son emplacement, le village présente un mélange d'époque médiévale et de modernité. Les maisons peintes sont blotties les unes contre les autres dans un dédale d'escaliers et de ruelles étroites. Une maison traditionnelle, composée d'une pièce unique contenant beaucoup de broderies et de bric-à-brac, est ouverte aux visiteurs. Les coutumes et la vie traditionnelle y sont soigneusement préservées.

D'Olympos, une piste rocailleuse part vers le nord en direction d'**Avlóna**, habité par des fermiers seulement pendant la saison des récoltes. De là, **Vroukoúnda**, le site d'une cité antique du VIe siècle av. J.-C., n'est qu'à quelques minutes de marche. Vous y verrez les vestiges des murs défensifs de la ville et des chambres funéraires taillées dans la pierre.

Musée d'Art populaire
Othos. avr.-oct. : mar.-dim. nov.-mars. *Tél.* 22460 49283.

Les îles des environs

Au nord d'Avlóna, les ruines du Nísyros antique s'étendent sur l'île de **Sariá**, desservie depuis Diafáni.

Au sud de Kárpathos, **Kásos** a été le théâtre d'un massacre perpétré par les Ottomans en 1824. Tous les ans, l'événement est commémoré le 7 juin dans la capitale, Frý. Non loin d'Agía Marína, deux grottes, Ellinokamára et Sellái, recèlent toutes deux des stalactites et des stalagmites. La baie de Chelanthrós et les plages paisibles de l'îlot d'**Armáthia** invitent à la baignade.

LES TRADITIONS D'OLYMPOS

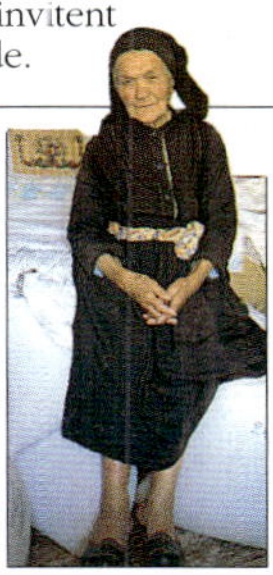

Matriarche des moulins à vent

Les femmes portent encore le costume traditionnel : pantalon blanc et tunique brodée ou jupe sombre et long tablier à motifs. Les tissus sont richement ornés de broderies vert-jaune, argentées et rose vif. Les jeunes filles portent autour du cou des pièces en or et des chaînes pour attirer les prétendants. Cette société était autrefois purement matriarcale. Aujourd'hui, les mères transmettent leurs biens à leur première fille et les pères à leur premier fils ; la fortune personnelle de chacun est ainsi préservée au fil des générations.

Les maisons traditionnelles sont souvent ornées de balcons décoratifs et les initiales des propriétaires sont gravées au-dessus de la porte. Composées d'une pièce unique avec un pilier central, elles possèdent des lits pliants et regorgent de photographies et de souvenirs. La fête de l'Assomption est célébrée avec faste. Les festivités, accompagnées de musique et de danse, durent trois jours. Les musiciens jouent des instruments traditionnels, comme la *lýra,* dérivant de la lyre antique, le *tsampourás* en peau de chèvre, proche de la cornemuse, et le *laoúto,* semblable à la mandoline.

Intérieur d'une maison d'Olympos

Pour les hôtels et les restaurants de la région, voir p. 309-312 et p. 334-336

LES CYCLADES

ANDROS · TÍNOS · MÝKONOS · DÉLOS · SÝROS · KÉA
KÝTHNOS · SÉRIFOS · SIFNOS PÁROS · NÁXOS · AMORGÓS
IOS · SIKINOS · FOLÉGANDROS · MÍLOS · SANTORIN

Les Cyclades doivent leur nom au « cercle » (kyklos) *qu'elles forment autour de l'île sacrée de Délos. Avec leurs maisons d'une blancheur éblouissante, leurs ruelles tortueuses, leurs églises aux dômes bleus, leurs moulins à vent agrippés aux collines et leurs plages magnifiques, elles incarnent les îles grecques par excellence.*

L'archipel est le berceau de la civilisation cycladique (3000-1000 av. J.-C.). Les idoles du Cycladique ancien (âge du bronze) ont inspiré l'art moderne du début du XXe siècle. Au Cycladique moyen, les Minoens de Crète colonisèrent ces îles, faisant d'Akrotíri, à Santorin, un centre marchand. À la fin de l'époque cycladique, l'archipel était dominé par les Mycéniens, et Délos devint leur capitale religieuse. L'invasion des îles par les Doriens, au XIe siècle av. J.-C., marqua le début des âges sombres.

La domination vénitienne (1204-1453) a laissé d'importants témoignages, comme les *kástro* qui couronnent nombre d'îles et les communautés de Tínos, Náxos et Sýros.

Transport traditionnel

L'archipel compte 56 îles, mais à peine 24 sont habitées. Certaines sont petites et paisibles, d'autres sont des hauts lieux du tourisme. Ces îles sont le paradis de la baignade, Mýkonos et Ios offrant de surcroît une vie nocturne animée. Sýros, capitale régionale et commerciale, est l'une des rares îles où le tourisme n'est pas l'activité principale. Dans les Cyclades, la vie s'articule généralement autour du village, où le port est séparé de la partie haute, ou Chóra, souvent dominée par un *kástro*.

La plupart des îles sont rocheuses et arides, à l'exception d'Andros, Kéa et Náxos, boisées et verdoyantes. Cette diversité vaut aux Cyclades d'être chères aux artistes, aux randonneurs et aux amateurs de tranquillité.

La crique sablonneuse de Kolymbíthres, Páros

◁ **Les maisons blanchies à la chaux du village de Triandáros, Tínos**

À la découverte des Cyclades

Les Cyclades sont renommées pour leurs plages et leurs villages blanchis à la chaux perchés sur les hauteurs, qui offrent des vues étonnantes. Firá, à Santorin, Mýkonos et Ios sont très appréciées des visiteurs. D'autres îles plus paisibles, comme Mílos et Amorgós, proposent elles aussi de belles étendues de sable. Bondées en juillet et en août, ces îles arides sont de toute beauté au printemps, lorsqu'elles se couvrent d'un tapis de fleurs sauvages. Certaines, comme Síkinos, sont paisibles, tandis que d'autres, comme Ios, font le bonheur des noctambules. Les Cyclades offrent aussi des sites antiques passionnants, comme les ruines de Délos.

CIRCULER

Páros et Sýros sont les plaques tournantes des Cyclades. De là, des ferrys desservent la plupart des îles, de même que la Crète et le Dodécanèse. Le *meltémi,* qui souffle sur l'archipel de juillet à septembre, dispense de la fraîcheur, mais il peut aussi empêcher les ferrys de circuler. Mýkonos et Santorin sont desservies par des vols internationaux, Sýros, Mílos, Páros et Náxos par des vols intérieurs.

VOIR AUSSI

- ***Hébergement*** p. 313-317
- ***Restaurants, tavernes et cafés*** p. 336-338
- ***Accès pour les îles*** p. 366-369

Garages à bateau à Mandrákia, Mílos

LES ÎLES D'UN COUP D'ŒIL

CARTE DE SITUATION

Firá, au sommet de la falaise, Santorin

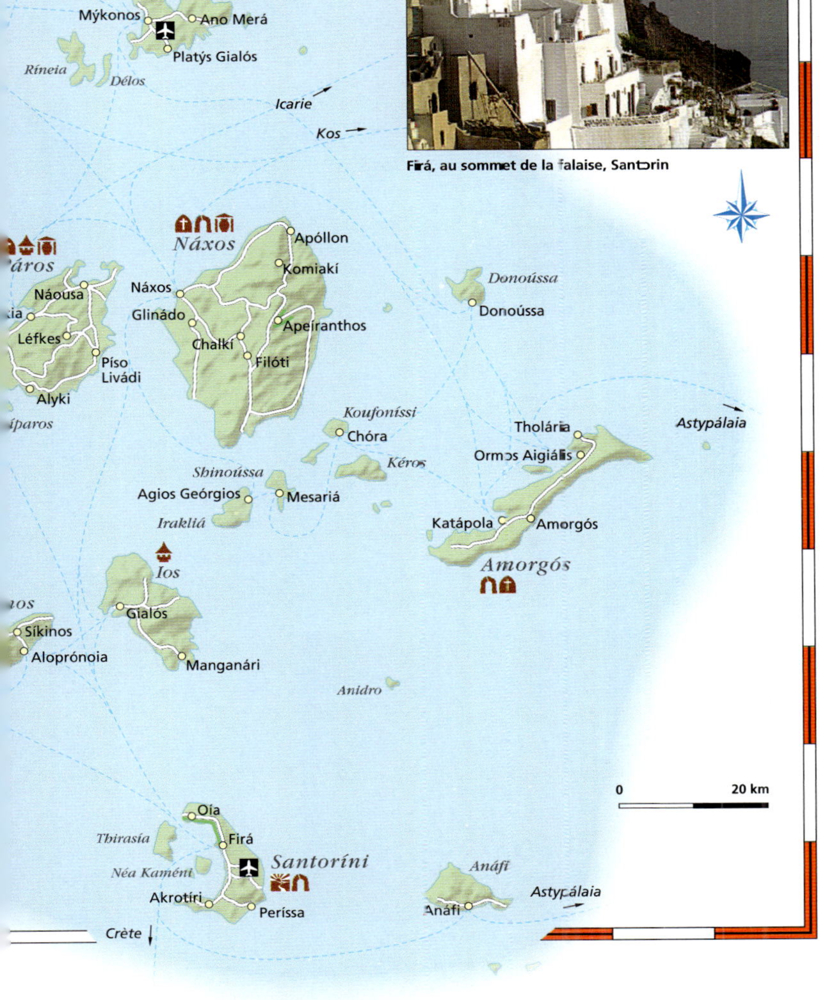

Andros

'Ανδρος

L'île la plus septentrionale des Cyclades est verdoyante au sud et aride au nord. Les champs y sont délimités par des murs de pierres sèches caractéristiques. Andros a été colonisée par les Ioniens vers 1000 av. J.-C. Au Ve siècle av. J.-C., pendant la guerre du Péloponnèse, l'île prit parti pour Sparte. En 1566, les Ottomans succédèrent aux Vénitiens, jusqu'à la guerre d'Indépendance. L'île est depuis longtemps le lieu de villégiature de riches armateurs athéniens.

Ville d'Andros ❶

Χώρα

1 680. Plateía Agías Olgas. 22820 22300.

La ville d'Andros, ou Chóra, se trouve sur la côte est de l'île du même nom, à 20 km du port principal de Gávrio. C'est aussi le chef-lieu de l'île.

Quelques-unes des plus riches familles d'armateurs grecs vivent dans cette cité aux demeures néoclassiques. La rue principale, piétonne, est pavée de marbre et bordée d'édifices anciens transformés en bâtiments publics, entre les *kafeneía* et les boutiques.

Hermès d'Andros, Musée archéologique

Plateía Kaíri

C'est la place principale du quartier de Ríva où s'élève le **Musée archéologique**. La pièce maîtresse du musée est un Hermès psychopompe, dit *Hermès d'Andros,* du IIe siècle av. J.-C., une copie en marbre d'un original en bronze du IVe siècle. La *Grande Herculéenne,* découverte avec l'*Hermès,* et les trouvailles de la ville de Zagorá, du Xe siècle av. J.-C., y sont conservées. Vous y verrez aussi le produit des fouilles de la Palaiópoli antique *(p. 210)* près de Mpatsí et une collection de céramiques.

Le **musée d'Art moderne**, fondé par la famille Goulandrí, abrite une collection de peintures d'artistes du XXe siècle, comme Picasso, Braque, et de grands artistes grecs tel Alékos Fasianós. Le jardin est orné de sculptures de Michális Tómpros (1889-1974).

Musée archéologique
Plateía Kaïri. ***Tél.*** *22820 23664.*
mar.-dim. 8h30-15h *j.f.*

Musée d'Art moderne
Plateía Kaíri. ***Tél.*** *22820 22444.*
mer.-sam. et lun. 10h-14h, 18h-20h, dim. 10h-14h. *j.f.*

Káto Kástro et Plateía Ríva

De la Plateía Kaíri, un passage mène au dédale de ruelles de Káto Kástro, la ville médiévale, installée entre les baies de Parapórti et de Nimporió. Des ruelles étroites mènent à la Plateía Ríva, au bout de la péninsule. La place balayée par les vents, qui donne sur la mer, est dominée par la statue imposante du *Marin inconnu,* de Michális Tómpros.
À proximité, un petit pont de pierre mène à l'îlot en face, où se dresse une forteresse vénitienne, **Mésa Kástro**, construite entre 1207 et 1233. Le **Musée naval**, qui présente des maquettes de bateaux, des photographies et une collection d'instruments de navigation, se trouve à un coin de la place.

Vers le centre-ville, l'église **Panagía Theosképasti**, construite en 1555, est dédiée à la Sainte Vierge. La légende dit qu'un prêtre commanda du bois pour le toit de son église. Comme il ne put payer, le bateau repartit avec son chargement de bois et fut prit dans une tempête. L'équipage implora la Vierge et fit le vœu de rapporter le bois à Andros. Les flots se calmèrent miraculeusement. L'église fut appelée Theosképasti – ce qui signifie « protégée par Dieu ».

Statue du *Marin inconnu*

Musée naval
Plateía Ríva. ***Tél.*** *22823 60200.*
t.l.j. 9h-21h. *j.f.*

Aux environs : la localité de **Steniés**, à 6 km au nord-ouest d'Andros, est appréciée des armateurs. À 15 minutes de marche, au sud-ouest, la tour de Mpístis-Mouvelás, du XVIIe siècle, est un bel exemple d'architecture locale.

Au-dessous de Steniés, la plage de **Giália** possède une taverne de poissons et des arbres pour se mettre à l'ombre. À **Apoíkia**, 3 km à l'ouest, l'eau des sources de Sáriza est mise en bouteilles.

Des maisons blanches typiques et une petite église à Káto Kástro

Pour les hôtels et les restaurants de la région, voir p. 313-317 et p. 336-338

À la découverte de l'île d'Andros

Fontaine à tête de lion, Ménites

Cette île prospère et soignée est parsemée de nombreux colombiers blancs, introduits par les Vénitiens. Les plages de sable intactes, les installations de sports nautiques, les montagnes sauvages et un bon réseau de sentiers de randonnée font le succès d'Andros. Toutefois, à moins d'être un randonneur chevronné, mieux vaut louer une voiture ou un deux-roues, car les liaisons par car sont limitées.

Mesariá ❷

Μεσαριά

8 km au SO d'Andros. 850.

Depuis la ville d'Andros, la route traverse le village médiéval de Mesariá, avec ses tours en ruine et l'église byzantine de **Taxiárchis**, construite en 1158 par l'empereur Manuel Comnène.

Dans le village verdoyant de **Ménites**, juste au-dessus de Mesariá, des sources jaillissent de fontaines en marbre figurant des têtes de lions. Ménites est connu par ses rossignols et par la taverne qui domine le cours d'eau. Des marches montent vers une belle église restaurée, **Panagía i Koúmoulos** (« la Vierge-de-l'Abondance »), qui serait construite sur le site d'un temple antique de Dionysos.

LES SITES

Ville d'Andros (Chóra) ❶
Gávrio ❻
Mesariá ❷
Moní Panachrántou ❸
Mpatsí ❺
Palaiókastro ❹

Moní Panachrántou domine la vallée

MODE D'EMPLOI

10 000. Gávrio. 22820 25162. fête d'Agios Panteleímon à Moní Panachrántou : 27 juil.

Moní Panachrántou ❸

Μονή Παναχράντου

12 km au SO d'Andros.
***Tél.** 22820 51090. t.l.j.*

Ce monastère spectaculaire est perché à 230 m au-dessus de la mer, dans les montagnes au sud-ouest de la ville d'Andros, à deux heures de marche depuis Mesariá ou trois heures depuis Andros.

Le monastère fortifié de style byzantin fut fondé en 961 par Nikifóros Fokás, qui devint ultérieurement empereur de Byzance après avoir aidé la Crète à se libérer des occupants arabes. Seuls trois moines vivent ici. L'église recèle de nombreux trésors, dont le crâne d'Agios Panteleímon, qui aurait des vertus de guérison. Les visiteurs affluent pour voir le crâne le jour de la fête du saint.

Palaiókastro ❹

Παλαιόκαστρο

18 km au SO d'Andros.

sans restrictions.

Construit entre 1207 et 1233, le Palaiókastro vénitien en ruine est haut perché sur un plateau rocheux. Aussi appelé « château de la Vieille », il doit son nom à une vieille femme qui trahit les Vénitiens pour les Ottomans, au XVIe siècle. Ayant pénétré dans le château par une ruse, elle ouvrit les portes aux Ottomans. Saisie de remords à la vue du bain de sang qu'elle provoqua, elle se précipita des falaises près de Kórthio, à 5 km au sud-est. Le rocher est appelé Tis Griás to Pídima, « le Saut de la Vieille ».

Mpatsí ❺

Μπατσί

8 km au S de Gávrio. *200.*

Mpatsí, avec son petit port de pêche, est blotti dans une baie. Depuis le front de mer bordé de cafés, des marches grimpent vers un dédale de ruelles étroites. La localité a gardé son atmosphère villageoise. La plage principale est familiale, tandis que celle de **Delavógias**, au sud par la route côtière, est fréquentée par les naturistes. Agía Marína, plus loin, possède une taverne familiale très agréable.

Aux environs : au sud de Mpatsí, l'ancienne capitale d'Andros, la **Palaiópoli antique**, fut habitée jusqu'en l'an 1000 apr. J.-C. environ, puis ses habitants partirent à Mesariá *(p. 209)*. Au IVe siècle apr. J.-C., la ville fut détruite par un séisme, mais certaines parties de l'acropole ont été conservées, comme les vestiges de quelques temples immergés.

À l'intérieur des terres, le village de **Káto Katákoilos** est connu par son Festival de musique et de danse traditionnelles. Une piste rocailleuse conduit au nord à **Aténi**, un hameau perdu dans une vallée verdoyante. De belles plages s'étendent plus loin en direction du nord-est, dans la baie d'Aténi, balayée par les vents. Le village d'**Arnás**, haut perché sur les flancs de la chaîne du Kouvára, possède des sources. C'est l'un des endroits les plus verts de l'île. La région, aux nombreux murs de pierres sèches, se prête à la randonnée.

Palaiópoli antique
9 km au S de Mpatsí.
sans restrictions. *limité.*

La tour Agios Pétros, près de Gávrio

Gávrio ❻

Γάυριο

450. *Fellós 4 km au NO.*

Gávrio est un port sans charme particulier, bondé d'Athéniens qui passent le week-end dans leurs résidences secondaires. Il y a une plage, un bon terrain de camping et des tavernes. En saison, c'est parfois le seul endroit où il reste des chambres, car Mpatsí, apprécié des voyagistes, est souvent complet.

Aux environs : de Gávrio, il faut une heure de marche pour atteindre la tour **Agios Pétros**, le monument antique le mieux préservé de l'île. Cette tour hellénistique de 20 m de haut se dresse dans une oliveraie, au-dessous du hameau de Káto Agios Pétros. Des entailles offrant une prise aux pieds et une échelle intérieure permettaient d'accéder aux étages supérieurs. La tour était autrefois couronnée d'un dôme. Le rôle qu'elle jouait reste un mystère ; elle aurait servi de tour de guet.

Au nord de Gávrio, de belles plages s'étendent au-delà du village de Vassamiá, qui possède deux criques sablonneuses. La plage de **Fellós** est la plus agréable, mais des villas s'y construisent rapidement.

À 8 km au sud de Gávrio, un embranchement de la route mène au couvent **Zoödóchos Pigí** (« la Source-de-Vie ») du XIVe siècle. Les sœurs vivant dans ce lieu feront découvrir aux visiteurs leur collection d'icônes et de tapisseries byzantines.

La plage de la baie de Mpatsí, à Andros

Pour les hôtels et les restaurants de la région, voir p. 313-317 et p. 336-338

Art cycladique

Avec leurs formes géométriques simples et leurs lignes épurées, les idoles cycladiques en marbre datent de la civilisation de l'âge du bronze *(p. 28-29)*. Elles constituent la première véritable forme d'art grec. Ces idoles, toutes trouvées dans des sépultures, représenteraient une divinité antique ou lui seraient dédiées. Les premières idoles, antérieures à 3000 av. J.-C., sont élancées, en forme de violon. À l'époque de la culture de Kéros et de Sýros, de 2700 à 2300 av. J.-C., les formes représentées sont généralement féminines. De proportions constantes, leur taille varie, de la hauteur d'un homme à une dizaine de centimètres. On a aussi retrouvé des lames d'obsidienne, des récipients en marbre préfigurant l'art grec ultérieur, des bijoux et des terres cuites abstraites, comme les étranges ustensiles en « poêle à frire ».

Les terres cuites en « poêle à frire » *doivent leur nom à leur forme, mais leur fonction est inconnue. Elles étaient utilisées dans des rituels religieux. Décorées de spirales ou de soleils, elles apparurent à l'apogée de l'art cycladique.*

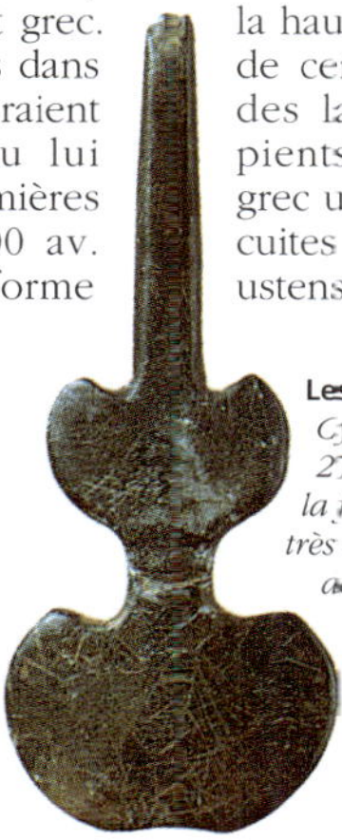

Les idoles en violon *datent du Cycladique ancien, de 3300 à 2700 av. J.-C. On ne connaît pas la fonction de ces représentations très stylisées de l'être humain, dépassant rarement la taille de la main. Certaines tombes abritaient jusqu'à quatorze de ces figurines, d'autres aucune.*

Les *kandelas*, *ou vases à col, sculptés dans le marbre, sont l'un des fleurons de l'art cycladique. Certainement utilisés pour conserver des aliments, ces récipients possédaient quatre oreilles sur les côtés.*

Cette idole, *trouvée avec une figurine féminine, est l'une des rares représentations masculines qui nous soient parvenues. Ce personnage atypique porte une bandoulière.*

Cette figure *aux bras croisés est caractéristique de la sculpture cycladique : la tête est légèrement inclinée en arrière ; les bras, les jambes et le visage sont à peine esquissés.*

INFLUENCE SUR L'ART MODERNE

Jugées rudimentaires lors de leur découverte, au XIXe siècle, ces idoles aux formes et aux décors épurés ont exercé une influence considérable sur des artistes du XXe siècle, comme Picasso, Modigliani, Henry Moore et Brancusi.

Trois Figures debout **d'Henry Moore**

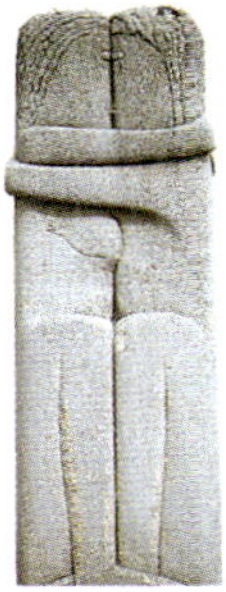

Le Baiser **de Brancusi**

Tínos

Τήνος

Cette île escarpée mais verte fut colonisée par les Ioniens à l'époque archaïque. Au IVe siècle av. J.-C., elle devint célèbre grâce au sanctuaire de Poséidon et d'Amphitrite. Sous domination vénitienne à partir du Moyen Âge, Tínos fut la dernière conquête de l'Empire ottoman, en 1715. L'île, avec ses 800 chapelles, fut déclarée île sainte par les colonels, dans les années 1960. Nombreux sont les pèlerins orthodoxes à se rendre à l'église Panagía Evangelístria (« Annonciation ») dans la ville de Tínos. L'île est aussi connue pour ses colombiers.

Pièce du Musée archéologique d'Exómpourgo

La ville de Tínos et son petit port

La ville de Tínos

Capitale insulaire typique, Tínos a des ruelles étroites, des maisons blanchies à la chaux et un port bordé de restaurants et d'hôtels.

Panagía Evangelístria

Église et musées *t.l.j.*
Tél. *22830 22256.*

Installée à l'extrémité de Megalóchari, la rue principale, Panagía Evangelístria, l'église de l'Annonciation, domine la ville. Construite en 1830, elle recèle une icône miraculeuse. En 1822, pendant la guerre d'Indépendance, sœur Pelagía, du couvent Moní Kechrovouníou, eut des visions de la Vierge Marie lui révélant l'endroit où était enfouie une icône. L'année suivante, à cet emplacement, des fouilles mirent au jour une icône de l'*Annonciation de l'archange Gabriel*, intacte après 850 ans passés sous terre. Connue en Grèce sous le nom de *Megalóchari* (*Grande Joie*), l'icône aurait des vertus de guérison. L'église est devenue un lieu de pèlerinage pour les orthodoxes. Evangelistrías, la rue piétonne parallèle à Megalóchari, est bordée de nombreux magasins regorgeant d'icônes et d'offrandes votives.

Tínos est très animé pendant les fêtes de l'Annonciation et de l'Assomption, où l'icône est portée en procession dans les rues *(p. 48-49)*. De nombreux fidèles montent à genoux à Panagía Evangelístria. L'église recèle nombre d'offrandes, telles qu'un oranger en or et en argent. L'icône est tellement couverte d'or et de joyaux qu'il est difficile de la distinguer. La crypte où elle a été trouvée est appelée « chapelle de l'Evresis » (découverte). L'endroit où se trouvait l'icône est aujourd'hui tapissé d'argent. La source sainte, Zoödóchos Pigí, aurait des vertus curatives.

La sacristie abrite des habits sacerdotaux ornés de fils d'or et de précieuses copies des

Pèlerins se rendant à genoux à Panagía Evangelístria

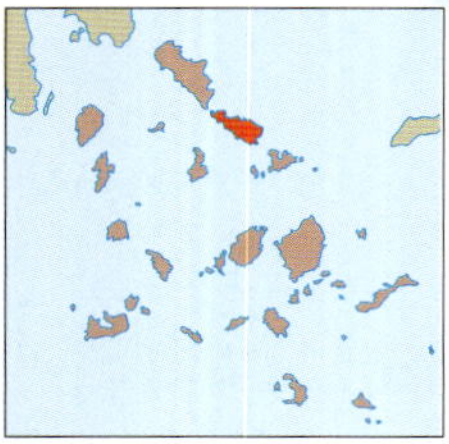

LÉGENDE

Voir rabat arrière de couverture

Pour les hôtels et les restaurants de la région, voir p. 313-317 et p. 336-338

Le joli village de Pýrgos, au nord de l'île

Évangiles. Le site comprend aussi un musée avec des œuvres de sculpteurs locaux, comme Antónios Sóchos, Geórgios Vitális et Ioánnis Voúlgaris, et de peintres locaux. Dans la galerie de peintures, on verra des œuvres de l'école ionienne, un Rubens, un Rembrandt et des œuvres du XIXe siècle.

Musée archéologique
Megalóchari. ***Tél.*** *22830 22670.*
mar.-dim. *j.f.*
Sur Megalóchari, près de l'église, le musée présente des Néréides (Nymphes de la mer), des dauphins du sanctuaire de Poséidon et d'Amphitrite, un cadran solaire du Ier siècle av. J.-C. d'Andronikos Kyrrestes, l'auteur de la tour des Vents à Athènes *(p. 287)*, et de gigantesques amphores du VIIIe siècle av. J.-C. de la Tínos antique, qui s'étendait sur le rocher d'Exómpourgo.

Aux environs : à l'est, **Agios Fokás** est la plage la plus proche (galets). À l'ouest, la plage de **Stavrós** est très appréciée. Au nord, près de Kiónia, s'étendent les fondations du **sanctuaire de Poséidon et d'Amphitrite**, son épouse, datant du IVe siècle av. J.-C. Les *kiónia* (« colonnes ») mises au jour ont donné leur nom à la région.

À la découverte de l'île
Avec ses nombreux taxis et ses bonnes liaisons par car, l'île est facile à explorer. Au nord de Tínos, **Moní Kechrovouníou**, un monastère du XIIe siècle entouré de murailles, est l'un des plus grands de Grèce. On y voit la cellule où sœur Pelagía eut ses visions et le coffre où est conservée sa tête embaumée.

Le grand rocher d'**Exómpourgo**, de 640 m de haut, fut le site de la ville archaïque de Tínos. Plus tard, la forteresse vénitienne de

L'intérieur de Moní Kechrovouníou, du XIIe siècle

MODE D'EMPLOI

9 000. *Tínos.* *sur le quai, Tínos.* *à l'angle de Kioníon et Vlacháki, Tínos (22830 23670).* *Annonciation et Panagía à Panagía Evangelístrias, Tínos : 25 mars et 15 août.*

Sainte-Elena fut construite ici par la famille Ghisi, après que l'île leur eut été remise par le doge, en 1207. Elle résista longtemps avant de se rendre aux Ottomans en 1714. Sur le rocher se dressent les vestiges de murs antiques et de maisons médiévales, une fontaine et trois églises.

De Kómi, une vallée atteint la mer au nord, à **Kolympíthres**, qui a deux baies sablonneuses : l'une est déserte, l'autre offre des chambres et des tavernes.

Au nord-ouest de l'île, le joli village de **Pýrgos**, dominant le port de Pánormos, est célèbre par son école de sculpture. La région est renommée par son marbre vert. De superbes impostes et balcons en marbre sculptés ornent les villages de l'île. Vous en verrez au **musée Giannoúlis-Chalepás**, installé dans la maison du célèbre sculpteur insulaire (1851-1938). L'ancienne école accueille aujourd'hui l'École des beaux-arts. Sur la place principale, une boutique expose et vend les œuvres des étudiants.

Musée Giannoúlis-Chalepás
Pýrgos. *mai-sept. t.l.j.*

PERISTERIONAS DE TÍNOS

L'île de Tínos est constellée d'environ 1 300 jolis *peristeriónas* (« colombiers ») blancs, ornés de décorations sophistiquées. Le niveau inférieur sert au stockage, l'étage supérieur abrite les colombes ; il est généralement couronné d'épis de faîtage. L'élevage de ces oiseaux a été introduit par les Vénitiens Les îles d'Andros et de Sífnos possèdent aussi des colombiers, mais ceux de Tínos sont les plus beaux.

Un colombier à Kámpos, orné de motifs traditionnels

Mýkonos

Μύκονος

Pétros, la mascotte de l'île

Malgré ses paysages arides, Mýkonos, avec ses plages de sable et son animation nocturne, est une destination appréciée des Cyclades. Sous domination vénitienne à partir de 1207, les insulaires fondèrent en 1615 la communauté des Mykoniotes et prospérèrent en autarcie. Fréquentée par les intellectuels aux premières heures du tourisme, Mýkonos a aujourd'hui la réputation d'être l'île du noctambulisme.

Le port de Mýkonos au petit matin

La ville de Mýkonos

La ville est l'archétype du village des Cyclades : enchevêtrement de ruelles éblouissantes de blancheur et maisons cubiques. Dédale de ruelles étroites protégeant les habitants du vent et des attaques des pirates, le port animé est l'un des plus photographiés de Grèce.

Du quai, les bateaux-taxis partent pour l'île de Délos *(p. 218-219)*, et le pélican Pétros, la mascotte de l'île, s'y promène en quête de poisson.

Juste à côté du port, la Plateía Mavrogénous est dominée par le buste de l'héroïne révolutionnaire Mantó Mavrogénous (1796-1848). Elle fut promue au rang de général après sa bataille victorieuse contre les Ottomans à Mýkonos, pendant la guerre d'Indépendance, en 1821.

Le **Musée archéologique**, installé dans une demeure néoclassique au sud du port des ferrys, présente une importante collection de sculptures romaines et hellénistiques, des céramiques des VIIe et VIe siècles av. J.-C., des bijoux et des pierres tombales, ainsi que de nombreuses trouvailles du site antique de Délos.

Le *kástro* est perché au-dessus du bord de mer.

Mantó Mavrogénous

Le **musée d'Art populaire**, très intéressant, est construit sur une partie de l'ancienne muraille du château. Installé dans une élégante demeure de capitaine, il présente une collection de céramiques, de broderies et de textiles de Mýkonos. La pièce la plus inattendue de la collection est le premier pélican Pétros, naturalisé, qui fut la mascotte de l'île pendant 29 ans. Le moulin Vonís, du XVIe siècle, fait partie du musée d'Art populaire. C'est l'un des trente moulins qu'utilisaient autrefois les familles de l'île pour moudre le blé. Près du moulin se trouvent une petite aire et un colombier. L'église la plus connue de l'île est l'extraordinaire **Panagía Paraportianí**. Construite sur le site de la porte de la Poterne *(parapórti)* de la forteresse médiévale, elle est composée de quatre chapelles au niveau du sol, dominées par une cinquième. Une partie date de 1425 ; le reste fut construit aux XVIe et XVIIe siècles.

Amphore du VIIe siècle, Musée archéologique

Du *kástro*, les ruelles descendent vers la **Petite Venise** (dont le nom officiel est Aléfkandra), le quartier des artistes. Les balcons peints des hautes maisons donnent sur la mer. Sur la Plateía Aléfkandra se dresse la grande cathédrale orthodoxe : Panagía Pigadiótissa (« Notre-Dame-des-Puits »).

Le **musée de la Marine égéenne**, à l'extrémité de Matogiánni, présente une collection de maquettes de bateaux, de l'époque préminoenne au XIXe siècle, des instruments de marine, des peintures et des pièces du Ve siècle av. J.-C.

À côté, la **maison de Léna**, demeure du XIXe siècle, illustre la vie d'une Mykoniote : Léna Skrivánou. L'intérieur a été conservé en l'état, de ses travaux d'aiguille à son pot de chambre.

Des œuvres d'artistes grecs et étrangers sont exposées à la **Galerie d'art municipale**, dans Matogiánni, qui présente aussi des créations d'artistes mykoniotes.

Le moulin à vent Vonís, restauré, fonctionne parfaitement

La célèbre église Paraportianí

Musée archéologique
front de mer. ***Tél.*** *22890 22325.* *mar.-dim.* *j.f.*

Musée d'Art populaire
front de mer. ***Tél.*** *22890 22591.* *avr.-oct. : lun.-sam. 17h-20h.*

Musée de la Marine égéenne
Enóplon Dynámeon. ***Tél.*** *22890 22700.* *avr.-oct. : t.l.j.* *j.f.*

Maison de Léna
Enóplon Dynámeon. *avr.-oct. : t.l.j.* *limité.*

Galerie d'art municipale
Matogiánni. ***Tél.*** *22890 22615.* *juin-oct. : t.l.j.*

À la découverte de l'île

Cette île est renommée pour ses plages. Les plus belles s'étendent sur la côte sud. À **Platýs Gialós**, à 3 km au sud de la ville, des bateaux-taxis réguliers transportent les baigneurs de crique en crique. Bordée d'hôtels et de restaurants, cette longue étendue de sable est la principale plage familiale de l'île, avec des sports nautiques. Au sud-est, vous trouverez : la paisible **Parágka**, ou Agía Anna, avec une bonne taverne, puis **Paradise**, avec son terrain de camping, sa musique disco et ses sports nautiques. La crique de **Super Paradise** est vouée aux homosexuels et aux naturistes. **Eliá**, la dernière étape desservie par les caïques, est aussi une plage pour naturistes, très fréquentée en pleine saison.

Contrastant avec Mýkonos, **Ano Merá**, 7,5 km plus à l'est à l'intérieur, est peu touristique, mis à part le monastère **Panagía i Tourlianí** (XVIe siècle), dédié à la patronne de l'île. Fondé par des moines de Páros, il a été restauré en 1767. La tour de marbre a été sculptée par des artisans de Tínos. Le monastère recèle de belles icônes du XVIe siècle. Au nord-ouest du village, la colline de Palaiókastro était autrefois couronnée d'un château vénitien. Il s'agirait du site de l'une des cités antiques de Mýkonos. Le monastère **Moní Palaiókastrou** du XVIIe siècle s'y dresse aujourd'hui. Au nord-ouest, **Maráthi** est le site de Moní Agíou Panteleímona, fondé en 1665. De là, la route mène à la **baie de Pánormos** et à **Fteliá**, le paradis de la planche à voile.

MODE D'EMPLOI

9 400. *3 km au SE de Mýkonos.* *Mýkonos ou Tourlos (puis bus pour Mýkonos).* *Polykandrióti, Mýkonos (pour le N de l'île) ; sur la route d'Ornós, Mýkonos (pour le S de l'île).* *front de mer, Mýkonos (22890 22201), Flateía Karaóli et Dimitríou.* *fête des Pêcheurs, Mýkonos : 30 juin.*

Platýs Gialós, l'une des plus belles plages de Mýkonos

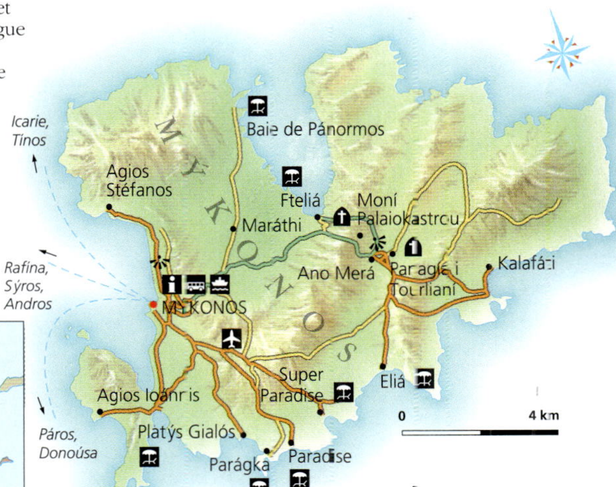

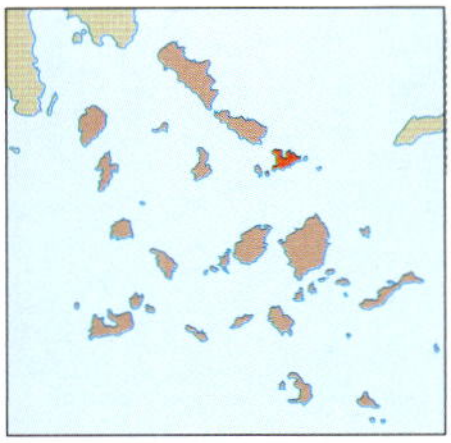

LÉGENDE
Voir rabat arrière de couverture

Les maisons anciennes de la petite Venise, à Mýkonos ▷

Katerinas
BAR

Délos

Δήλος

Artémis de Délos

Cette petite île inhabitée est l'un des principaux sites archéologiques de Grèce. Selon la légende, Léto y donna le jour à Artémis et à Apollon. Arrivés vers 1000 av. J.-C., les Ioniens y introduisirent le culte d'Apollon. Ils sont à l'origine des fêtes d'Apollon, les Délia, célébrées avec des concours gymniques et musicaux. En 700 av. J.-C., Délos était devenue un important centre religieux. Initialement lieu de pèlerinage, l'île devint un port de commerce prospère, aux IIIe et IIe siècles av. J.-C. C'est désormais un véritable musée archéologique de plein air, avec des ruines en marbre.

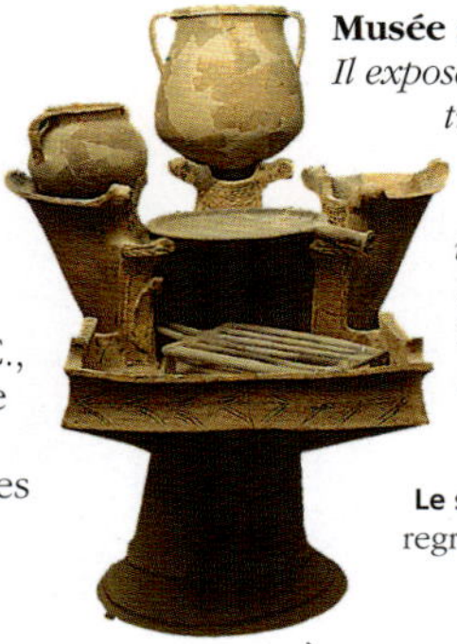

Musée archéologique
Il expose la plupart des trouvailles de l'île, y compris des amphores utilisées pour les offrandes et des koúroi du VIIe siècle av. J.-C.

Le sanctuaire d'Apollo regroupe trois temples un du VIe siècl av. J.-C. et deux d Ve siècle av. J.-C

Le sanctuaire de Dionysos possède des vestiges de monuments phalliques de 300 av. J.-C.

Le lac Sacré, aujourd'hui asséché, est appelé ainsi parce que Apollon y est né. Une muraille marque les limites hellénistiques du lac.

★ Terrasse des Lions
Les célèbres lions, aujourd'hui remplacés par des répliques, surveillent et protègent le lac Sacré. Sculptés dans du marbre de Náxos, à la fin du VIIe siècle av. J.-C., des neuf lions d'origine, il n'en reste que cinq.

CHRONOLOGIE

3000 av. J.-C. — **1000 av. J.-C.** — **750** — **500** — **250** — **1 apr. J.-C.**

- **2000** Premiers peuplements sur le mont Kýnthos
- **1000** Arrivée des Ioniens à Délos, où ils introduisent le culte d'Apollon
- **700** Náxos prend le contrôle du sanctuaire d'Apollon
- **550** Conquête des Cyclades par Polycrate, tyran de Sámos, qui respecte toutefois le caractère sacré de Délos
- **543** Première purification ; destruction des tombes anciennes de Délos par les Athéniens
- **478** Délos devient le centre de la première alliance athénienne (Ligue de Délos)
- **426** Seconde purification
- **422** Déportation des Déliens en Asie Mineure par Athènes ; retour des Déliens l'année suivante
- **314** Indépendance de Délos vis-à-vis d'Athènes
- **250** Installation des Romains à Délos
- **166** Rome confie l'administration de Délos à Athènes
- **88** Sac de Délos par Mithridate
- **69** Fortification de Délos après le sac par les pirates

Pour les hôtels et les restaurants de la région, voir p. 313-317 et p. 336-338

Maison des Dauphins
Cette maison recèle une mosaïque de deux dauphins chevauchés par des personnages, bordant une rosace centrale.

MODE D'EMPLOI

2,5 km au SO de Mýkonos. **Tél.** 22890 22259. mar.-dim. 9h-11h de Mýkonos, retour 12h15-15h. mar.-dim. 8h30-15h. 1er janv., 25 mars, Ven. saint le matin, dim. et lun. de Pâques, 1er mai, 25-26 déc.

Maison des Masques
Cette maison abrite une mosaïque du IIe siècle av. J.-C. représentant Dionysos chevauchant une panthère.

★ Théâtre
Construit en 300 av. J.-C. pour accueillir 5 500 spectateurs, le théâtre était installé dans un amphithéâtre naturel. Sur son côté ouest, une citerne voûtée recueillait l'eau de pluie provenant du théâtre, pour approvisionner une partie de la ville.

★ Quartier du théâtre
Aux époques hellénistique et romaine, les maisons construites près du théâtre possédaient des cours somptueuses bordées de colonnes.

Maison de Dioscouridès et Cléopâtre
Deux statues sans tête représentent Cléopâtre et son époux, Dioscouridès, les propriétaires de cette maison au IIe siècle av. J.-C.

LÉGENDE

Quartier du théâtre

Maison de Dionysos
Vingt-neuf tesserae ont été utilisées dans la mosaïque de Dionysos chevauchant un léopard, pour représenter l'œil de l'animal.

À NE PAS MANQUER

- ★ Quartier du théâtre
- ★ Terrasse des Lions
- ★ Théâtre

Sýros

Σύρος

L'île rocheuse de Sýros, ou Sýra, est le centre commercial, administratif et culturel des Cyclades. Des fouilles archéologiques ont mis au jour des vestiges de la civilisation cycladique de 2800 à 2300 av. J.-C. Au Moyen Âge, les habitants de l'île se convertirent au catholicisme, sous l'influence des capucins français. Au XIXe siècle, Sýros devint un port puissant. L'île n'est pas très touristique, mais de plus en plus de visiteurs sont attirés par son charme traditionnel.

Les collines jumelles d'Ermoúpoli : Ano Sýros et Vrondádo

Ermoúpoli ❶

Ερμούπολη

13 000. Aktí Ethnikis Antistássis. Thymáton Sperchion 11 (22810 86725).

Cette ville élégante, qui doit son nom à Hermès, dieu du Commerce, est la plus grande des Cyclades. Au XIXe siècle, elle était le premier port de Grèce et un grand dépôt de charbon, avec un vaste port naturel et un chantier naval prospère. Dominée par les collines jumelles d'Ano Sýros, catholique, au nord, et Vrontádo, orthodoxe, au sud, la ville est construite en amphithéâtre autour du port.

La ville basse

L'architecture de la **Plateía Miaoúli**, au centre, a valu à la ville d'être classée. Pavée de marbre et bordée de cafés, cette superbe place est le cœur et le lieu de réunion de la ville, surtout pour la promenade du soir, la *vólta*. Elle compte aussi un kiosque à musique en marbre et une statue dédiée au héros révolutionnaire, l'amiral Andréas Miaoúlis.

La mairie, conçue par Ernst Ziller

La place est dominée par la grande **mairie** néoclassique (1876), conçue par l'architecte allemand Ernst Ziller.

Le **Musée archéologique**, que vous rejoindrez en montant les marches à gauche de la mairie, présente des objets en bronze et en marbre du peuplement cycladique de Chalandrianí, de 3000 av. J.-C., des statuettes cycladiques et des trouvailles romaines. Les **Archives historiques** se trouvent à gauche de la mairie.

Non loin, sur la Plateía Vardáka, le **théâtre Apollon**, conçu en 1864 par l'architecte Chabeau, est une copie miniature de la Scala de Milan. Le premier opéra de Grèce est renommé

Statue d'Andréas Miaoúlis

LES SITES D'UN COUP D'ŒIL

Ermoúpoli ❶
Galissás ❸
Kíni ❷
Poseidonía ❹
Vári ❺

LÉGENDE

Voir rabat arrière de couverture

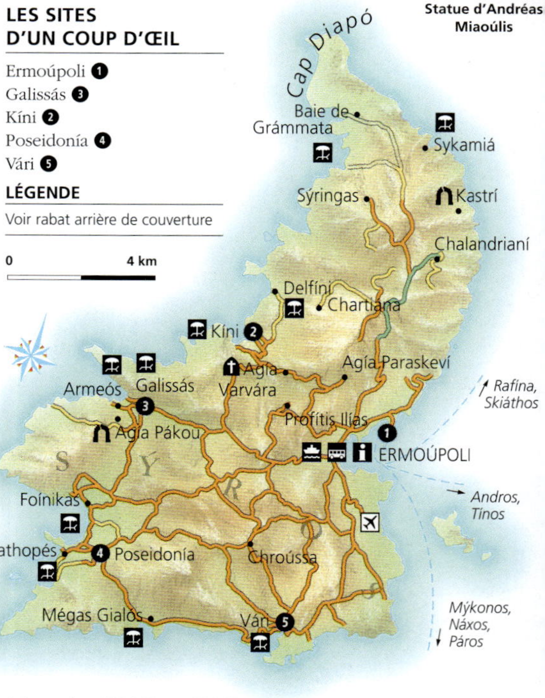

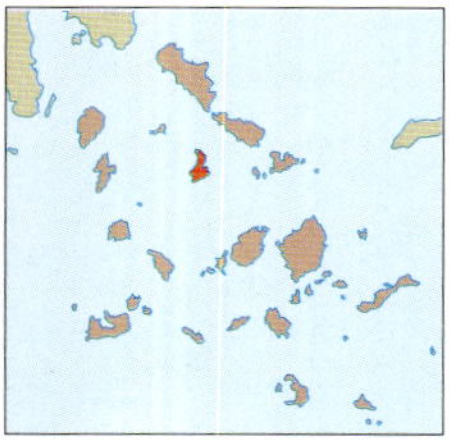

MÁRKOS VAMVAKÁRIS

Márkos Vamvakáris (1905-1972), né à Ano Sýros, fut l'un des plus grands interprètes de *rempétika*, le blues grec. Cette musique des classes populaires, fortement teintée d'influences byzantines et musulmanes, est souvent exécutée sur le *baglama*, ou le bouzouki. Vamvakáris était un virtuose du bouzouki doublé d'un extraordinaire compositeur.
Il existe une vingtaine d'enregistrements de sa musique, dont le plus ancien remonte aux années 1930. À Ano Sýros, la petite place qui porte son nom est ornée d'un buste de l'artiste.

pour ses peintures murales représentant Mozart et Verdi.

En face, la **demeure Velissarópoulos**, de 1871, qui abrite un syndicat, possède une superbe façade de marbre et de magnifiques plafonds et murs peints. Derrière se dresse l'église **Agios Nikólaos** (1848), avec une iconostase en marbre de Vitális, un sculpteur du XIXe siècle. On lui doit le premier monument au monde dédié au soldat inconnu, en face de l'église.

La ville haute

Les doubles clochers et le superbe dôme bleu et doré d'Agios Nikólaos marquent l'entrée du quartier de **Vapória**. Les armateurs de Sýros y construisirent leurs demeures néoclassiques, ornées de très belles fresques

Iconostase en marbre de Vitális, dans l'église Agios Nikólaos

et sculptures en marbre Les maisons bordent la côte, au-dessus des quais de la ville et des mouillages de Tálira, d'Evangelístria et d'Agios Nikólaos.

Le quartier de **Vrontádo**, sur la colline orientale, possède plusieurs excellentes tavernes. L'église byzantine d'**Anástasis**, en haut de la colline, offre des vues sur Tínos et Mýkonos.

À une demi-heure de marche le long d'Omiroú, le quartier médiéval fortifié d'**Ano Sýros** s'étend sur la colline occidentale. Le quartier est aussi connu sous le nom d'Apáno Chóra ou Kástro. En chemin, vous verrez le cimetière orthodoxe d'**Agios Geórgios**. Ano Sýros est un dédale de passages et de marches blanchis à la chaux, où les maisons sont blotties les unes contre les autres. Cette architecture unique avec ses *stegádia* (toits d'ardoises ou de chaume) exploite au mieux l'espace. L'entrée principale d'Ano Sýros est Kamára, un ancien passage qui mène à la rue principale Piatsa. Le **musée Vamvakáris**, dédié à l'œuvre du musicien, en est proche. Au sommet d'Ano Sýros, la

Plafond d'une maison d'Ermoúpoli

MODE D'EMPLOI

19700. 1 km au SE d'Ermoúpoli. Ermoúpoli. Ermoúpoli (22813 61000). fête maritime d'Ermoúpoli : juil. ; processions d'Agios Nikólaos à Ermoúpoli : 6 déc.

basilique baroque **Aï-Giórgis**, appelée « cathédrale Saint-Georges », recèle de belles icônes. Le cloître jésuite a été fondé en 1744 autour de l'église de Notre-Dame de Karmilou (1581). La bibliothèque abrite 6000 livres et manuscrits. Au-dessous, le couvent des Capucins **Agios Ioánnis** était un lieu de réunion et un refuge face aux pirates. Son église a été fondée par Louis XIII comme hospice.

Musée archéologique
Plateía Miaoúli. ***Tél.*** *22810 88487.* *mar.-dim. 8h30-15h.* *j.f.*

Archives historiques
Plateía Miaoúli. ***Tél.*** *22810 36891.* *lun.-ven. 8h30-14h30.* *j.f.*

Musée Vamvakáris
Plateía Vamvakáris, Ano Sýros. ***Tél.*** *22813 60952.* *juin-sept. : t.l.j.* *j.f.*

Rue typique du quartier d'Ano Sýros

À la découverte de l'île de Sýros

Sýros possède de nombreuses criques agréables et des stations balnéaires connues, comme Galissás et Kíni. Les paysages, variés, sont ponctués de palmiers et de cultures en terrasses. Les fermes traditionnelles, au nord, contrastent avec les demeures de style italien et les résidences secondaires du sud. Avec son bon réseau routier, surtout au sud, l'île est facile à découvrir en voiture ou à deux-roues. Des cars relient le port à Ano Sýros et aux principales stations balnéaires.

La baie de Kíni et le port de la ville

Kíni ❷

Κίνι

9 km au NO d'Ermoúpoli.
300. Delfíni 3 km au N.

Installé dans une baie en fer à cheval avec deux belles plages de sable, le village de pêcheurs de Kíni est très apprécié pour admirer le coucher du soleil en sirotant un verre d'ouzo. Il possède aussi d'excellentes tavernes de poissons.

Au nord, au-dessus du cap, la magnifique plage de **Delfíni** est fréquentée par les naturistes.

Entre Ermoúpoli et Kíni, le couvent **Agía Varvára**, coiffé de dômes rouges, est blotti sur des collines couvertes de pins. Cet ancien orphelinat est aujourd'hui un couvent orthodoxe. Les religieuses exploitent une école de tissage, et leurs créations sont vendues au couvent. Les fresques de l'église représentent le martyre de la sainte.

Les toits de tuiles rouges du couvent Agía Varvára, près de Kíni

Aux environs : de Kíni, des bateaux desservent quelques plages désertes du nord. La **baie de Grámmata** est l'une des plus spectaculaires. Cette crique profonde et protégée est bordée de sable doré. Ici, plusieurs rochers comportent des inscriptions hellénistiques, destinées à protéger les bateaux des naufrages.

Une excursion en bateau contourne la pointe de l'île et dépasse le cap Diapóri vers la côte est, pour rejoindre la plage de **Sykamiá**. Vous y verrez la grotte où le philosophe syriote Phérékydès aurait vécu les mois d'été. Physicien et astronome, Phérékydès fut un pionnier de la philosophie du milieu du VIe siècle av. J.-C. Il serait aussi l'inventeur de l'ancêtre du cadran solaire. De Sykamiá, on voit les vestiges d'une citadelle de l'âge du bronze, **Kastrí**, avec ses six tours perchées sur un rocher escarpé.

Galissás ❸

7 km à l'O d'Ermoúpoli. *500.*
plage d'Armeós 1 km au N.

Cette bourgade animée a la plage la plus protégée de l'île, bordée de tamaris. De l'autre côté du cap, au nord, la plage d'**Armeós** est un havre pour naturistes. Les deux campings de l'île se trouvent à Galissás, très fréquentée par les routards. En saison, l'endroit est parfois bruyant et souvent pris d'assaut par les motards. Au sud de la baie, **Agía Pakoú** est le site de la ville classique de Galissás.

La vaste baie de **Foínikas**, à 3 km au sud, fut colonisée par les Phéniciens. La localité compte aujourd'hui plus de 1 000 habitants. Foínikas est une station balnéaire très appréciée, avec une jetée et un port.

La baie de Foínikas, sur la côte sud-ouest de Sýros

Poseidonía ❹

Ποσειδωνία

12 km au SO d'Ermoúpoli. *700.*
Agathopés 1 km au S.

Poseidonía, ou Dellagrázia, est l'un des plus grands sites touristiques de l'île. La première route importante fut construite en 1855, reliant Ermoúpoli à Foínikas en

Demeure de style italien, à Poseidonía

passant par Poseidonía. Les belles demeures de style italien sont les résidences secondaires de Syriotes fortunés. Vers le sud-ouest, **Agathopé**, à quelques minutes de marche, est plus calme. C'est l'une des meilleures plages de l'île. Très sûre, elle est protégée par l'îlot situé en face. Mégas Gialós, à 3,5 km sur la côte ouest, est une jolie plage ombragée de tamaris.

Vári 5

8 km au S d'Ermoúpoli.

1 150. Vári.

Vári est devenu une grande station balnéaire, mais reste pittoresque, avec ses maisons traditionnelles. Sur la péninsule de Chontrá, à l'est, s'étendait le plus vieil habitat préhistorique de l'île (4000-3000 av. J.-C.).

Kéa

Κέα

1 600. Korissía.

22880 21100. Gialiskári

6 km au NO d'Ioulís.

Peuplée dès 3000 av. J.-C., Kéa fut colonisée par les Phéniciens et les Crétois. À l'époque classique, Kéa comptait quatre cités : Ioulís, Korissía, Poiíssa et Karthaía, dont les vestiges se trouvent sur le cap en face de Kýthnos. L'endroit est apprécié par les Athéniens fortunés. Cette île montagneuse aux vallées fertiles est renommée depuis l'Antiquité pour son vin, son miel et ses amandes.

Ioulís

Avec ses toits de terre cuite rouge et ses ruelles tortueuses, le chef-lieu, Ioulís ou Ioulída, est perché à flanc de colline, à 5 km au-dessus de Korissía. Vingt-six moulins à vent trônent sur la montagne des Moulins. La bourgade, véritable labyrinthe de rues semblables à des tunnels, possède une superbe **mairie néoclassique** (1902), couronnée par les statues d'Apollon et Athéna. Le côté ouest est orné de bas-reliefs antiques. L'entrée abrite une sculpture d'une femme et d'un enfant, trouvée dans la Karthaía antique.

Un passage mène au quartier du *kástro*, sur le site de l'acropole antique. En 1210, les Vénitiens, sous la direction de Domenico Micheli, construisirent leur château avec des pierres des murailles antiques et du temple d'Apollon. Le **Musée archéologique** est installé dans une demeure néoclassique. Il présente des trouvailles minoennes d'Agía Eiríni, des objets des autres cités antiques, des céramiques, des idoles cycladiques et une copie du magnifique *koúros* de Kéa en marbre, du VIe siècle av. J.-C. Le ***Lion de Kéa*** du même siècle, qui sourit, est taillé dans la pierre, à 400 m au nord de la ville.

Musée archéologique
Tél. 22880 22079. mar.-dim. 8h30-15h. j.f.

À la découverte de l'île

Le port de **Korissía** est parfois bondé de vacanciers grecs, tout comme **Vourkári**, une station balnéaire agréable et très appréciée des estivants, plus au nord.

Le site archéologique d'**Agía Eiríni** est couronné par une chapelle du même nom. Peuplé dès la fin du Néolithique, vers 3000 av. J.-C., le site a été fortifié deux fois à l'âge du bronze. Les vestiges de cette époque, détruits par un séisme en 1450 av. J.-C., ont été mis au jour entre 1960 et 1968 : restes de la grande muraille, une porte, une tour et des rues. Les objets sont exposés au Musée archéologique d'Ioulís. Le monument le plus spectaculaire de Kéa est la **tour hellénistique** de Moní Agías Marínas, à 5 km au sud-ouest d'Ioulís.

Tour hellénistique de Moní Agías Marínas, à Kéa

Kýthnos

Κύθνος

1 600. Mérichas.
22810 31201. **www**.kythnos.gr.

Cette île aride attire plus de visiteurs grecs qu'étrangers. Avec son superbe arrière-pays escarpé et son tourisme peu développé, c'est une destination agréable pour les randonneurs.

Traditionnellement, l'argile locale était utilisée pour les terres cuites et les céramiques, mais aujourd'hui elle sert aussi à réaliser les tuiles rouges des toits.

Connue localement sous le nom de Thermiá, en raison de ses sources chaudes, Kýthnos accueille des visiteurs venant à la station thermale de Loutrá. Depuis la fermeture des mines de fer, dans les années 1940, les insulaires vivent de la pêche, de l'agriculture et de la vannerie. Pour les fêtes et le grand carnaval précédant le carême, les insulaires portent souvent le costume traditionnel.

Chóra

Le charmant chef-lieu, aussi appelé Messariá, associe toits rouges et maisons cubiques. L'église **Agios Sávvas**, fondée en 1613 par la famille vénitienne des Cozzadini, porte toujours ses armoiries. L'église la plus ancienne est **Agía Triáda**, une basilique à une seule nef, couronnée d'un dôme.

L'intérieur de l'église Panagía Kanála, à Kanála, Kýthnos

À la découverte de l'île

Le réseau routier est limité, mais des cars relient le port de Mérichas (là où arrivent les ferrys) à Kanála au sud et à Loutrá au nord. De ces trois localités, les autres régions de l'île sont toutes accessibles à pied. **Mérichas**, sur la côte ouest, possède une petite marina et une plage bordée d'arbres, avec de petits hôtels. Un peu plus au nord, la plage de sable de **Martinákia** est familiale. Plus loin sur la côte s'étendent les plages d'**Episkopí** et **Apókrinsi**, que domine **Vryókastro**, les ruines hellénistiques du Kýthnos antique. **Dryopída** est située à une bonne heure de marche au sud de Chóra, en descendant la voie antique pavée. La ville est nommée d'après la tribu antique des Dryopes dont le roi, Kýthnos, a donné son nom à l'île. Le village est séparé en deux quartiers par la vallée : Péra Roúga, verdoyant et agricole, et Galatás, l'ancien centre de production de céramique. Aujourd'hui, il ne reste qu'une poterie.

À **Kanála**, à 5 km au sud, les résidences secondaires se sont multipliées près de l'église Panagía Kanála, dédiée à la Sainte Vierge. Installée dans un site ombragé, l'église recèle l'icône la plus vénérée de l'île, représentant la Vierge. Au XVIIe siècle, Kýthnos était un centre de peinture d'icônes. De la plage de Kanála, on voit Sérifos et Sýros. D'autres belles plages sont à proximité. La station balnéaire de **Loutrá** s'étend sur la côte nord-est, avec des plages battues par les vents. Ses eaux thermales sont saturées de fer. Depuis l'Antiquité, les sources de Kákavos et Agioi Anárgyroi soignent des maux aussi divers que la goutte, les rhumatismes, l'eczéma et les affections gynécologiques. L'hôtel Xenía, qui jouxte le centre d'hydrothérapie, possède des bains de la fin du XIXe siècle. L'habitat du Mésolithique situé au nord de l'île date de 7500-6000 av. J.-C. C'est le plus ancien des Cyclades.

Potier à l'ouvrage, Dryopída

Le village de Dryopída et ses toits rouges, Kýthnos

Sérifos

Σίφνος

1 400. Livádi.
22810 51210. **www**.serifos.gr

Selon la mythologie, le jeune Persée et sa mère Danaé échouèrent sur les rivages de Sérifos, appelée « l'Aride ». Autrefois riche en fer et en cuivre, l'île possède des collines dénudées ponctuées

Pour les hôtels et les restaurants de la région, voir p. 313-317 et p. 336-338

Chóra et ses maisons blanchies à la chaux, Sérifos

de petites vallées fertiles et de longues plages de sable.

Les ferrys arrivent à **Livádi**, sur la côte sud-est, dans une baie de sable bordée d'arbres, où se dressent des hôtels et des tavernes. Depuis Livádi, montez les marches de pierre ou prenez le car (irrégulier) pour rejoindre **Chóra**. La ville perchée sur la montagne est dominée par les ruines du *kástro* vénitien, du XVe siècle. Beaucoup de maisons médiévales cubiques servent aujourd'hui de résidences secondaires à des artistes et à des architectes grecs. C'est une bourgade plaisante, avec des chapelles et des moulins à vent, sur les hauteurs.

Près de Galaní, dans l'arrière-pays au nord de l'île, se dresse un monastère fortifié, **Moní Taxiarchón** (« Archange »), construit en 1500 et tenu par un seul moine. Le monastère abrite de belles fresques du XVIIIe siècle dues à Skordílis et quelques manuscrits byzantins.

Sífnos

Σίφνος

2 400. Kamáres.
22840 31977. **www**.sifnos.gr

Célèbre par ses potiers, ses poètes et ses cuisiniers, Sífnos est la destination la plus appréciée de l'ouest des Cyclades. En été, les visiteurs affluent par milliers, attirés par ses villages pittoresques, ses paysages en terrasses émaillés de tours antiques, ses colombiers vénitiens et ses plages. Dans l'Antiquité, Sífnos était renommée pour ses mines d'or. Tous les ans, les insulaires rendaient hommage au sanctuaire d'Apollon Delphien, avec un œuf en or massif. Une année, ils tentèrent de tricher en envoyant un œuf plaqué or et s'attirèrent l'ire d'Apollon. Les mines d'or furent submergées et l'île ruinée. À compter de cette date, l'île fut appelée Sífnos, qui signifie « vide ».

Une fontaine de Kástro, Sífnos

Apollonía

Avec ses maisons blanches, ses fleurs et ses clochers, le chef-lieu, au-dessus de Kamáres, est typique. Il doit son nom au temple d'Apollon, du VIIe siècle, qui dominait la ville, là où se dresse l'église **Panagía Ouranofóra**. Le **musée d'Art populaire**, sur la place principale, possède une collection intéressante de poteries et de broderies.

Musée d'Art populaire
Plateía Iróou. ***Tél.*** *22840 33730.*
horaires variables (en travaux)

À la découverte de l'île

Du port de Kamáres, des cars partent pour Apollonía et Kástro, sur la côte est. **Artemónas**, le deuxième village de l'île par la taille, possède de belles maisons vénitiennes. L'église Agios Geórgios tou Aféndi, du XVIIe siècle, abrite quelques icônes de la même époque. L'église Panagía Kónchi se dresse sur l'ancien site d'un temple d'Artémis.

Kástro, à 3 km à l'est d'Artemónas, domine la mer. L'arrière de ses maisons forme d'imposants murs extérieurs *(p. 22-23)*. Certains édifices qui bordent les ruelles étroites surmontées d'arcs-boutants comportent des armoiries vénitiennes. Le village est le site des ruines d'une acropole classique. Le **Musée archéologique** présente une collection de sculptures archaïques et hellénistiques, et des poteries géométriques et byzantines.

Kamáres est une station balnéaire animée. Le nord du port était autrefois bordé d'ateliers réalisant les poteries bleu et brun typiques de Sífnos. Aujourd'hui, il n'en reste que deux. De Kamáres, des bateaux-taxis partent pour le ravissant hameau de **Vathý**, au sud. La station balnéaire de **Platýs Gialós**, avec sa longue plage de sable, se trouve à l'est, à une heure de marche. La localité est aussi desservie par car depuis Apollonía et Kamáres.

Musée archéologique
Kástro. ***Tél.*** *22840 31022.*
mar.-dim. *j.f.*

Chapelle avec un escalier descendant vers la mer, à Platýs Gialós, Sífnos

Páros

Πάρος

Cette île fertile qui sent bon le thym est la troisième des Cyclades par la taille. Depuis l'Antiquité, Páros est renommée pour son marbre blanc, qui assura sa prospérité du début du Cycladique jusqu'à l'époque romaine. Páros fut dominée par des Vénitiens, les ducs de Náxos, au XIIIe siècle, puis par les Ottomans *(p. 42-43)*. Páros, plaque tournante pour les ferrys desservant les Cyclades, est très animée en haute saison. Balayée par des vents puissants en été, c'est un paradis pour les véliplanchistes. L'île a conservé tout son charme, avec ses villages de montagne, ses vignobles et ses oliveraies.

Le célèbre moulin à vent flanquant le port animé de Paroikiá

Paroikiá ❶

Παροικιά

3 000. *port.*
22840 21673. *avr.-oct.*
Kriós 3 km au N.

Le port de Paroikiá, ou Chóra, a vu le jour grâce au commerce du marbre. Établie sur le site d'une cité cycladique, qui devint un important centre de production de marbre à l'époque romaine, la ville affiche des témoignages des présences vénitienne et byzantine.

Avec son moulin à vent installé sur le quai et son front de mer fourmillant d'agences de voyages, de bars et de cafés, elle prospère grâce au tourisme. Derrière le port se cache une ravissante bourgade cycladique, avec des ruelles pavées, des passages datant de l'époque médiévale et des maisons embaumant le jasmin.

Ekatontapylianí

À l'O de Paroikiá. ***Tél.*** *22840 21243.*
t.l.j.

L'Ekatontapylianí (« les Cent Portes »), à l'ouest de la ville, est un magnifique édifice byzantin. Son nom officiel est « la Dormition de la Vierge ».

Selon la légende, l'église aurait été fondée par sainte Hélène, mère de Constantin, premier empereur byzantin chrétien. Ayant eu une vision à cet endroit, lui révélant la voie menant à la Vraie Croix, elle fit le vœu d'y construire une église. Elle mourut avant d'avoir pu réaliser son projet. Au VIe siècle apr. J.-C., l'empereur Justinien accomplit son vœu, chargeant l'architecte Ignatius de construire une cathédrale. Ce dernier était l'apprenti d'Isidore de Milet, le bâtisseur de Sainte-Sophie à Constantinople. Le résultat fut si saisissant que, dévoré de jalousie, Isidore précipita son élève du toit. Ignatius se rattrapa au pied de son maître, et tous deux

Superbe lustre, dans Ekatontapylianí

tombèrent dans le vide. Ils sont immortalisés dans la pierre, dans la cour qui s'étend devant l'église, au nord. L'édifice, composé de trois bâtiments imbriqués, aurait 99 portes et fenêtres. La légende veut que, lorsque l'on trouvera la centième porte, Constantinople (Istanbul) reviendra aux Grecs.

Empreinte de Theoktísti

Les nombreux séismes ont suscité beaucoup de travaux de reconstruction, et l'église principale a été réaménagée au Xe siècle en croix grecque. Les colonnes du sanctuaire datent d'avant Jésus-Christ ; les chapiteaux et l'iconostase sont d'origine byzantine.

Bateaux de pêche, port de Paroikiá

MODE D'EMPLOI

12 800. *Alykí.* *Paroikiá.* *Paroikiá (22840 21673).* *fête du Poisson et du Vin à Náousa : 6 août ; fête de la Dormition de la Vierge à Paroikiá : 15 août ; fête d'Agía Theoktísti : 9 nov.*

LÉGENDE

Voir rabat arrière de couverture

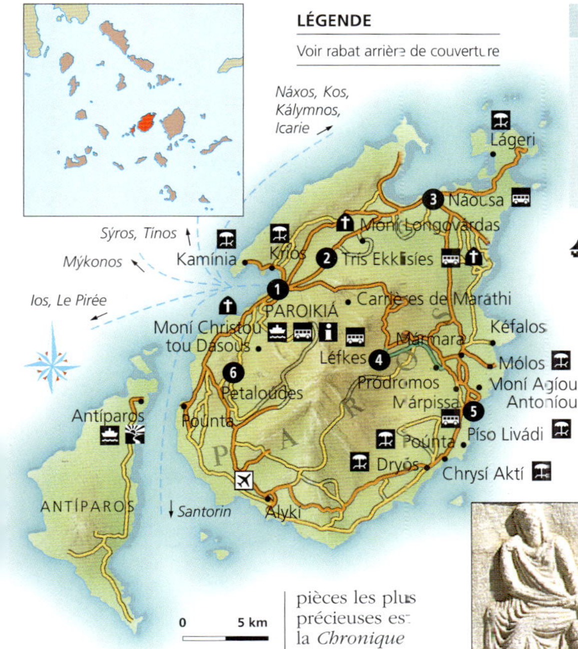

LES SITES D'UN COUP D'ŒIL

- Léfkes ❹
- Náousa ❸
- Paroikiá ❶
- Petaloúdes ❻
- Píso Livádi ❺
- Trís Ekklisíes ❷

L'iconostase en bois sculpté comporte une icône de la *Vierge*, vénérée pour ses vertus de guérison. À côté, l'empreinte de pied, dans la pierre, serait celle d'Agía Theoktísti, la sainte patronne de l'île. On voit aussi sa main.

À l'arrière de l'église, une porte s'ouvre sur la chapelle Agios Nikólaos, un édifice romain remanié comportant des colonnes doriques, un trône en marbre, et une iconostase du XVIIe siècle. Le baptistère du XIe possède des fonts baptismaux en marbre en forme de croix.

Musée archéologique

À l'O de Paroikiá. ***Tél.*** *22840 21231.*
mar.-dim. 8h30-14h30.
j.f.

Le musée se trouve derrière l'Ekatontapylianí. L'une des pièces les plus précieuses est la *Chronique de Páros*, une chronologie des réalisations artistiques de la Grèce antique jusqu'en 264 av. J.-C. Sculptée sur une tablette de marbre, elle a été découverte au XVIIe siècle. Vous verrez également des trouvailles du temple d'Apollon, notamment une *Victoire ailée* du Ve siècle et une mosaïque représentant Héraclès chassant.

Kástro

Construit en 1260 sur le site de l'acropole antique, le *kástro* vénitien se dresse sur une petite colline. Les Vénitiens ont utilisé les vestiges en marbre des temples d'Apollon et de Déméter pour construire la fortification orientale du *kástro*, qui a été préservée. Les colonnes antiques ont été utilisées en partie pour construire les murs des maisons voisines. À côté du site du temple d'Apollon se dresse l'église **Agía Eléni et Agios Konstantínos**, couronnée d'un dôme bleu.

Frise gréco-romaine, Musée archéologique

Aux environs : de Paroikiá, des caïques rejoignent les plages de sable de Kamínia et de Kriós, abritées du vent du nord. Les ruines d'un sanctuaire archaïque dédié à Apollon Délien s'étendent sur la colline dominant le bord de mer.

LA LÉGENDE D'AGÍA THEOKTÍSTI

Au IXe siècle, la patronne de Páros, Theoktísti, fut capturée par des pirates. Elle s'enfuit à Páros où elle vécut dans les bois pendant 35 ans, menant une vie pieuse. Lorsqu'un chasseur la trouva, elle lui demanda de lui apporter du pain de communion. Mais, à son retour, elle s'allongea et mourut. Comprenant qu'il s'agissait d'une sainte, l'homme lui coupa une main pour en faire une relique, mais il ne put quitter Páros avant d'avoir réuni la main et le corps.

À la découverte de l'île de Páros

Páros est une île facile à explorer. D'excellentes liaisons par car desservent les trois bourgades principales : Paroikiá, le chef-lieu ; Náousa, le village de pêcheurs très touristique, au nord ; et Léfkes, au centre. Vous trouverez quantité de voitures et de deux-roues à louer. Des bateaux et des caïques proposent des excursions vers les plages moins accessibles.

Le village de montagne de Léfkes, chef-lieu médiéval de Páros

Trís Ekklisíes ❷

Τρείς Εκκλησιές

3 km au NE de Paroikiá.

Au nord de Paroikiá, la route vers Náousa longe les vestiges de trois églises du XVIIe siècle, Trís Ekklisíes, construites à partir d'une basilique du VIIe, elle-même bâtie avec le marbre d'un *herôon* (monument funéraire d'un héros) du IVe siècle av. J.-C., la tombe du poète parien Archiloque.

Plus au nord, dans les montagnes, **Moní Longovárdas**, du XVIIe siècle, est très actif. Les moines produisent du vin et des livres et travaillent la terre. Les visiteurs n'y sont cependant pas volontiers reçus et l'accès est interdit aux femmes.

Náousa ❸

Νάουσα

12 km au NE de Paroikiá. *2 100.*

Lageri 5 km au NE.

Avec ses bateaux de pêche aux couleurs vives et ses ruelles blanches tortueuses, Náousa est devenue une destination cosmopolite fréquentée par la jet-set. Vous y verrez des boutiques de produits de luxe et des bars. C'est la deuxième localité par la taille. Le port coloré possède un brise-lames unique, qui est la ruine à moitié submergée d'un château vénitien s'enfonçant lentement dans l'eau. Tous les ans, le soir du 23 août, cent caïques de pêcheurs portant des flambeaux reconstituent la bataille de 1536, qui opposa les insulaires au pirate Barberousse. Le spectacle s'achève par des danses et de la musique.

Porte principale de Moní Longovárdas

Caïques ancrés dans le charmant port de pêche de Náousa

Léfkes ❹

Λεύκες

10 km au SE de Paroikiá.

850.

La route pour Léfkes, le plus haut village de l'île, longe la carrière de marbre abandonnée de Maráthi, qui servit pour la dernière fois pour le tombeau de Napoléon. Il est possible de visiter les tunnels avec une lampe de poche.

La jolie capitale de l'époque ottomane possède des maisons médiévales, un labyrinthe de rues, des *kafeneía* sur des places ombragées et des restaurants donnant sur la vallée. Des magasins proposent des tissages et des céramiques artisanaux. Le village a un petit musée d'Art populaire.

Musée d'Art populaire
Tél. *22840 52284.* *15 juin-15 sept. : t.l.j. 19h-21h ; en hiver : sur r.-v.*

Aux environs : depuis les moulins à vent dominant Léfkes, une voie byzantine pavée de marbre conduit au sud-est, jusqu'à **Pródromos**, un ancien village agricole fortifié. De là, une promenade de 15 minutes mène à **Mármara**. Le joli hameau de **Márpissa** se trouve à 1,5 km.

Sur la colline de Kéfalos, à 2 km à l'est de Márpissa, s'étendent les ruines d'une forteresse vénitienne et **Moní Agiou Antóniou**, du XVIe siècle, construit à partir de vestiges classiques ; il abrite une fresque du *Second Avènement,* du XVIIe siècle.

Pour les hôtels et les restaurants de la région, voir p. 313-317 et p. 336-338

Le couvent Moní Christoú tou Dásous, près de Petaloúdes

Píso Livádi ❺

Πίσω Λιβάδι

15 km au SE de Paroikiá. 50. pour Márpissa. Poúnta 1 km au S.

Situé au-dessous de Léfkes sur la côte orientale, ce village de pêcheurs, avec sa plage de sable protégée, est devenu une petite station balnéaire animée. Píso Livádi était autrefois le port des villages montagnards de l'île et des carrières de marbre. Aujourd'hui, des bateaux partent pour Agía Anna *(p. 230)* sur l'île de Náxos. Le petit port possède des bars et des tavernes, ainsi qu'une discothèque. À l'occasion, on y assiste à des divertissements locaux.

La belle plage de Poúnta, très fréquentée

Aux environs : Mólos, à 6 km au nord, possède une longue plage de sable, des dunes, des tavernes et un centre de planche à voile. Plus au sud, **Poúnta** (à ne pas confondre avec le village de Poúnta de la côte ouest) est l'une des plus belles plages des Cyclades, et aussi l'une des plus fréquentées. Vous y trouverez un bar branché.

La plage la plus connue de la côte orientale est **Chrysí Aktí** (« Plage d'Or »), à 3 km au sud. Avec ses 700 m de sable doré, elle convient aux familles. Il y a aussi un centre de sports nautiques. Des championnats du monde de planche à voile s'y sont déroulés.

Dryós, à 2 km plus au sud, est une station balnéaire qui a gardé l'aspect d'un village, avec une mare aux canards, des tavernes, un petit port, une plage de galets et des criques sablonneuses.

Petaloúdes ❻

Πεταλούδες

6 km au SO de Paroikiá.

1er juin-20 sept. : t.l.j.

Petaloúdes, la vallée des Papillons, sur les flancs du Psychopianá, est non loin de Paroikiá. De mai à août, cette oasis de verdure abrite des nuées de papillons. Vous pourrez faire des excursions à dos de mulet sur les chemins qui traversent la vallée. À 2 km environ au nord de Petaloúdes, le couvent **Moní Christoú tou Dásous** (« Christ-des-Bois »), du XVIIIe siècle, mérite le détour. Sachez toutefois que seules les femmes sont admises dans le sanctuaire. Le deuxième patron de l'île, Agios Arsénios, professeur et abbé, est enterré ici.

Aux environs

L'île d'**Antíparos**, autrefois reliée à Páros par une jetée, est aujourd'hui desservie par un petit ferry depuis Poúnta, sur la côte ouest. Des caïques partent aussi de Paroikiá. La ville d'Antíparos, très agréable, permet d'échapper à la foule de Páros. L'activité se déroule sur le quai et dans le quartier du ***kástro***, superbe ville fortifiée du XVe siècle, avec des cours intérieures et des ruelles étroites destinées à dérouter les pirates *(p. 22-23)*. Le village possède aussi deux églises du XVIIe siècle : Agios Nikólaos et Evangelismós.

Le principal centre d'intérêt de l'île est l'imposante **grotte d'Antíparos**, avec une profusion de stalactites et stalagmites, découverte sous Alexandre le Grand. En été, des bateaux y vont depuis la ville d'Antíparos et de Poúnta, à Páros. De l'endroit où arrivent les bateaux, comptez une demi-heure de marche, sur les flancs d'Agios Ioánnis, jusqu'à l'entrée de la grotte, puis 70 m de descente impressionnante dans la caverne. Le poète Lord Byron, entre autres, a gravé son nom sur les parois. En 1673, l'ambassadeur de France, le marquis de Nointel, y tint une messe de Noël. L'église Agios Ioánnis Spiliótis, à l'extérieur, a été construite en 1774.

Bougainvillée ornant une maison d'Antíparos

Náxos

Νάξος

La plus grande île des Cyclades fut un centre important de la civilisation cycladique et l'une des premières îles à travailler le marbre. Bien plus tard, en 1207, l'île fut conquise par les Vénitiens, qui construisirent les nombreuses *pýrgoi* (tours fortifiées) émaillant l'île. Les paysages sont riches, avec des plantations d'agrumes et des oliveraies. Náxos joua aussi un rôle dans la mythologie : c'est ici que Thésée abandonna Ariane.

Mosaïque du Musée archéologique, Náxos

La porte de Portára du temple d'Apollon, resté inachevé

Ville de Náxos ❶

Χώρα

6 600. front de mer.
front de mer (22850 25201).

Au nord du port, la porte monumentale de Portára, en marbre, se dresse sur l'îlot de Palátia, relié au rivage. Construite en 522 av. J.-C., elle devait être à l'entrée du temple d'Apollon, resté inachevé. Elle domine le port.

La ville de Náxos, ou Chóra, regroupe quatre quartiers. Le port, avec ses cafés et ses pêcheurs, est animé. Neá Chóra, ou Agios Geórgios, au sud, est bétonnée, avec des hôtels, des immeubles et des restaurants. Enfin, la vieille ville regroupe le *kástro* vénitien et le bourg médiéval.

Les ruelles tortueuses du quartier du marché, dans le bourg, sont bordées de restaurants et de boutiques de souvenirs. La cathédrale orthodoxe du bourg, la superbe **Mitrópoli Zoödóchou Pigís**, du XVIIIe siècle, possède une iconostase peinte par Dimítrios Válvis, de l'école crétoise, en 1786.

Sur les hauteurs se dresse l'imposante porte nord du *kástro*, construit en 1207 par Marco Sanudo. Il ne reste que deux des sept tours d'entrée d'origine. Les vestiges des murs extérieurs du XIIIe siècle sont maigres, mais les murs intérieurs, qui protègent 19 maisons vénitiennes imposantes, ont été conservés. Les demeures affichent les armoiries des nobles vénitiens qui y vivaient. Ils reposent pour la plupart dans la **cathédrale** catholique du XIIIe siècle, dans le *kástro*, sous des dalles de marbre remontant jusqu'à 1619.

Pendant l'occupation ottomane, Náxos était connue pour ses écoles. Le magnifique palais de Sanoúdo de 1627, qui intègre des parties des fortifications vénitiennes, abritait le Collège français, que fréquenta le romancier crétois Níkos Kazantzákis *(p. 276)*. Aujourd'hui, l'édifice abrite le **Musée archéologique**, qui a des meilleures collections de figurines cycladiques en marbre *(p. 211)* des îles grecques, ainsi que de belles mosaïques romaines.

Musée archéologique
Palais de Sanoúdo. ***Tél.*** *22850 22725.*
mar.-dim. *j.f.*

Aux environs : la région de **Grótta**, au nord de Náxos, doit son nom à ses nombreuses grottes marines. Au sud, **Agios Geórgios**, dans une baie profonde, est la principale station balnéaire de l'île, avec ses plages dorées et ses eaux peu profondes.

Les meilleures plages se trouvent en dehors de la ville, sur la côte ouest. **Agía Anna** est une petite bourgade agréable, qui propose des sports nautiques. Pour plus de calme, mettez le cap vers le sud, en traversant les dunes. À 3 km, la très belle plage de **Pláka** est fréquentée par des naturistes. Plus au sud, les plages de sable blanc de **Mikrí Vígla** et **Kastráki** conviennent à la baignade et aux sports nautiques.

Ange de la cathédrale catholique

La belle plage déserte de Pláka, au sud de la ville de Náxos

À la découverte de l'île de Náxos

L'arrière-pays est une superbe mosaïque de jardins, de vignobles, de vergers et de villages. Les paysages sont ponctués de rochers escarpés, de tours de guet vénitiennes et de nombreux sites historiques. Des excursions sont organisées depuis Náxos. Les liaisons par car sont bonnes, mais il vaut mieux louer une voiture. La région de Tragaía est idéale pour la marche.

Le village de Moní dans la vallée de Tragaía, entouré d'oliveraies

Vallée de Mélanes ❷

Κοιλάδα Μέλανων

10 km au S de Náxos. *à Kinídaros.*

La route au sud de Náxos traverse la vallée de Livádi en direction des villages de Mélanes. À **Kournochóri** se dresse la tour vénitienne Della Rocca. À **Mýloi**, deux immenses *koúroi* de marbre du VIe siècle av. J.-C. se trouvent près de l'ancienne carrière de Flério. L'un, de 8 m de long, gît dans un jardin privé, ouvert aux visiteurs. L'autre, de 5,5 m, est étendu dans un champ voisin.

Koúros **dans un jardin privé à Mýloi, dans la vallée de Mélanes**

Aux environs : au sud-est de Náxos, la ville de **Glinádo** est ornée de la tour vénitienne Bellonias, la première demeure fortifiée de l'île. La chapelle Agios Ioánnis Gýroulas à **Ano Sagkrí**, plus au sud, est construite sur les ruines d'un temple de Déméter.

MODE D'EMPLOI

18 000. 2 km au S de Náxos. Náxos. Náxos (22850 25201). fête folklorique d'Agios Nikódimos, Náxos : 14 juil. ; fête dionysiaque, Náxos : 1re sem. d'août ; fête de Dionvoia : juil.-août.

Vallée de Tragaía ❸

Κοιλάδα Τραγαία

15 km au SE de Náxos.

D'Ano Sagkrí, la route serpente vers la vallée de Tragaía. Le premier village, **Chalkí**, est pittoresque, avec son architecture vénitienne et la tour byzantine Fragkópoulos.

De Chalkí, une route monte vers Moní et l'église **Panagía Drosianí**. L'édifice du VIe siècle possède des dômes couverts de pierres ramassées dans les champs.

Filóti, village traditionnel, est le plus grand de la région. Il se trouve sur les versants du mont Zas, le point culminant des Cyclades.

LES SITES

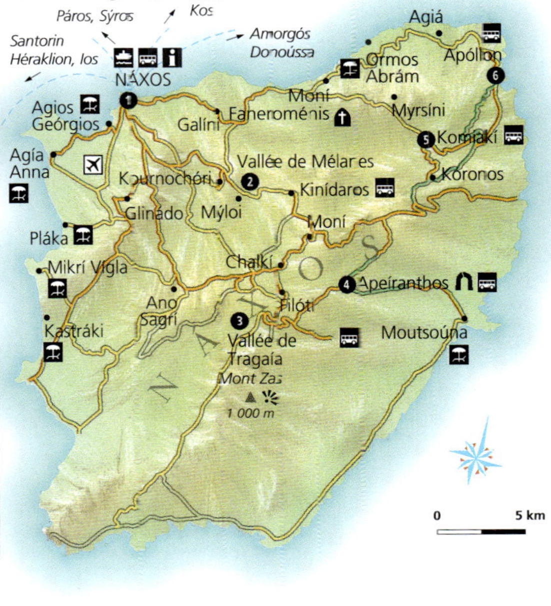

LÉGENDE

Voir rabat arrière de couverture

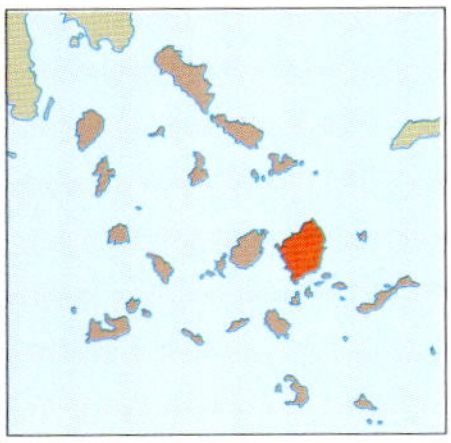

Cultures en terrasses, aux environs du village de Komiakí

Apeíranthos ❹

Απειρανθος

25 km au SE de Náxos. 1 500.

Aux XVIIe et XVIIIe siècles, Apeíranthos était peuplé de réfugiés crétois fuyant l'oppression ottomane qui travaillaient à la mine d'émeri. C'est un village charmant, avec des rues pavées de marbre et des *pýrgoi* (tours de guet). Les villageois y portent le costume traditionnel, les femmes travaillent sur leurs métiers à tisser et les paysans vendent leurs marchandises empilées sur le dos de leurs ânes.

Le **Musée archéologique** présente une collection de plaques en marbre proto-cycladiques, représentant des scènes de la vie quotidienne, et des trouvailles du Néolithique. Le village possède aussi un **Musée géologique**. Autrefois, les bateaux chargeaient l'émeri dans le port de **Moutsoúna**. La plage est désormais bordée de résidences secondaires.

Musée archéologique
À l'écart de la rue principale.
Tél. *22850 61725.*
mar.-dim. 8h30-15h. *j.f.*

Musée géologique
École du village. ***Tél.*** *22850 61724.*
t.l.j. 10h30-18h. *j.f. ; hiver.*

Komiakí ❺

Κωμιακή

42 km à l'E de Náxos. 500.

Depuis Kóronos, la route décrit une succession de virages en épingle à cheveu avant d'arriver à Komiakí (aussi appelé Koronída). Ce joli village, le plus haut perché de l'île, était autrefois habité par les mineurs d'émeri. Couvert de vignes, il est connu comme la patrie d'une liqueur, le *kítron,* qui est une spécialité locale. Les vues sur les vignobles en terrasses sont magnifiques. Le village est le point de départ d'une superbe randonnée, en descendant un escalier de marbre qui mène à la vallée verdoyante et au ravissant hameau de **Myrsíni**, véritable oasis.

Apóllon ❻

Απόλλων

49 km au NE de Náxos.
100.

Ce village de pêcheurs, qui se transforme petit à petit en station balnéaire, est animé en été. Les touristes y arrivent en car pour découvrir les tavernes de poissons et le *koúros* géant. Des marches montent vers la carrière de marbre antique, où la grande statue inachevée gît depuis 600 av. J.-C. La statue de marbre, qui est barbue, est censée représenter le dieu Apollon. Elle mesure 10,5 m de long et pèse 30 t. Le 28 août, la fête de saint Jean-Baptiste donne lieu à des célébrations animées.

Aux environs : à Agía, à 10 km à l'ouest d'Apóllon, la **tour des Cocco** fut construite par le clan vénitien des Cocco en 1770, au début de leur règne sur le nord de Náxos. Les *pýrgoi* sont des tours de guet fortifiées construites pendant l'occupation vénitienne. Plus loin sur la côte nord s'étend la plage idyllique d'**Ormos Abrám**, avec une taverne.

Moní Faneroménis, aujourd'hui abandonné, qui date de 1606, se trouve à 13 km au sud sur la route serpentant le long de la côte ouest, depuis Apóllon. Un peu plus au sud, vers Galíni, une route monte vers la tour la plus connue, la **grande tour des Cocco**. Elle a été construite en 1660, à un emplacement stratégique dominant une vallée. Au XVIIe siècle, une querelle éclata entre la famille orthodoxe des Cocco

Le port de Moutsoúna, Náxos

Pour les hôtels et les restaurants de la région, voir p. 313-317 et p. 336-338

Le grand *koúros* dans une carrière antique d'Apóllon, Naxos

et la famille catholique des Barozzi. Elle aboutit au bombardement de la tour, lorsqu'une femme du clan des Barozzi persuada son époux, un corsaire maltais, d'assiéger la tour. Le clan des Cocco tint bon, mais la vendetta se poursuivit encore pendant une vingtaine d'années, avant qu'un mariage ne réconcilie les deux familles.

Tour de guet vénitienne fortifiée, à l'ouest d'Apóllon

Les îles des environs

Donoússa, Koufoníssi, Irakliá et **Schinoússa** s'étendent entre Náxos et Amorgós. On y trouve des chambres à louer, un bureau de poste et l'office de tourisme.

Irakliá possède des stalactites impressionnantes dans la grotte d'Ai-Giánni et des vestiges cycladiques. Koufoníssi est composée d'Ano (haute), la plus touristique de ces îles, avec de belles plages de sable, et Káto (basse), inhabitée. Schinoússa offre des plages sauvages, et des randonnées sont possibles sur des chemins muletiers. Donoússa est plus isolée. Un habitat de l'époque géométrique y a été mis au jour, mais la plupart des visiteurs y viennent pour les plages de sable de **Kéntros** et de **Livádi**.

Amorgós

Αμοργός

1 800. Katápola et Aigiális. ports de Katápola et Aigiális. quai de Katápola (22850 71278). Ormos Aigiális 12 km au NE d'Amorgós.

Très escarpée et étroite, Amorgós possède peu de plages. Habitée dès 3300 av. J.-C., elle connut son apogée pendant la civilisation cycladique, avec ses trois cités : Minoa, Arkesini et Egiali. Les céramiques et les marbres découverts en 1885 se trouvent au Musée archéologique national à Athènes *(p. 286)*.

Chóra

Avec ses maisons blanchies à la chaux et ses moulins à vent, la ville d'Amorgós, ou Chóra, est le chef-lieu de l'île. Elle est dominée par le ***kástro*** **Apano**, une forteresse vénitienne construite en 1290. Amorgós possède aussi la plus petite église de Grèce, **Agios Fanoúrios**.

Aux environs : l'île possède un superbe monastère byzantin, **Moní Panagías Chozoviótissas**, sur la côte orientale. Le monastère blanc est agrippé à une falaise de 180 m de haut. Cette forteresse imposante construite dans la roche abrite l'icône miraculeuse de la *Vierge*. Fondé en 1088 par l'empereur Alexis Comnène, le monastère recèle des manuscrits anciens.

À la découverte de l'île

Le bateau ou la marche à pied sont le meilleur moyen d'explorer Amorgós.

Le port principal de **Katápola**, au sud-ouest, compte des tavernes et une petite plage de galets. La zone du port dessert trois villages : Katápola, au centre, le lieu d'arrivée des ferrys ; **Xylokeratídi**, plus calme, au nord ; et **Rachídi**, plus haut, sur le versant. De Katápola, un chemin monte aux ruines de **Minoa**, où il ne reste que des murs cyclopéens, le gymnase et les fondations du temple d'Apollon.

Au nord, le port d'**Ormos Aigiális** est la principale station balnéaire de l'île, avec de belles plages de sable. Empruntez les sentiers muletiers vers le nord, en direction des villages montagnards de **Tholária**, qui possède des tombes à *tholos* (« coupole »), et de **Lagáda**, l'un des plus jolis villages, avec une rue principale ornée de marguerites peintes.

Moní Panagías Chozoviótissas, sur la falaise

Les murs blancs et les églises à dômes bleus de la ville d'Ios

Ios

`Ιος

1 800. Gialós. Ios.
Ano Chóra, Ios (22860 91505).
Mylopótas 2 km à l'E d'Ios.
www.iosgreece.com

Dans l'Antiquité, Ios était couverte de forêts de chênes, utilisés pour la construction de bateaux. Les Ioniens bâtirent des cités sur les sites du port de Gialós et de la ville d'Ios, qui devinrent plus tard des bastions vénitiens. Ios est également connue comme le lieu où reposerait Homère. L'Omíria, la fête d'Homère, est célébrée le 15 mai.

Renommée pour sa vie nocturne, Ios draine une foule de jeunes vacanciers. Toutefois, l'île reste très belle avec ses paysages montagneux dotés de chapelles et ses belles plages.

La **ville d'Ios**, aussi appelée Chóra, réunit des maisons blanches éblouissantes et des églises aux dômes bleus, alternant avec d'innombrables bars et discothèques. On y admirera les ruines de la forteresse vénitienne, construite en 1400 par Marco Crispi, des vestiges de murailles antiques et douze moulins à vent.

Le port de **Gialós**, ou Ormos, propose des hébergements plus calmes qu'à Ios. La plage est battue par le vent. Une promenade de 20 minutes vers l'ouest vous conduira à la crique sablonneuse de Koumpará. De là, un car part pour Ios et la plage de **Mylopótas**. Vous y trouverez deux campings. Des bateaux d'excursion partent de Gialós pour la plage de la baie de **Manganári**, au sud, et la baie de **Psáthi**, à l'est.

Sur la côte nord-est, la plage d'**Agía Theodóti** est dominée par les ruines de la forteresse de Palaiókastro. Non loin de là, à **Moní Agías Theodótis**, le 8 septembre, une fête célèbre la victoire des insulaires sur des pirates.

Moulin à vent dominant la ville

Le tombeau présumé d'Homère se trouve au nord, à **Plakotós**, une ville antique ionienne qui a glissé le long de la falaise au fil des siècles. Homère mourut sur l'île après que son bateau, en route pour Athènes, eut été contraint de s'y arrêter. On peut voir l'entrée du tombeau, des maisons en ruine et les vestiges de la **tour Psarópyrgos**, hellénistique.

Síkinos

Σίκινος

300. Alopronía. Síkinos.
Kástro, Síkinos (22860 51222).
Agios Geórgios 7 km au NE de Síkinos.

Síkinos est paisible et typiquement grecque. C'est l'une des plus jolies îles rocheuses des Cyclades. Connue dans la Grèce classique comme une *oinoe* (île vinicole), elle n'eut qu'une faible expansion au cours de l'histoire. Les 300 insulaires vivent essentiellement de la pêche et de l'agriculture. Le tourisme y est peu développé.

La **ville de Síkinos** est divisée en deux villages : Kástro et Chóra, jolie localité intacte. Kástro est un dédale de ruelles bordées de *kafeneía*. À l'entrée du village s'étend la Plateía Kástro, où les murs des maisons de pierre du XVIIIe siècle forment une fortification défensive. Le principal centre d'intérêt est l'église Pantánassa. Entre les maisons en ruine se dresse un immense portique en marbre. En partie ruiné, Moní Zoödóchou Pigís, fortifié contre les raids des pirates, s'étend sur le rocher dominant Chóra. Il abrite des icônes de *Skordílis*, maître du XVIIIe siècle. Le Chóra médiéval possède un **musée d'Art populaire** privé. On y voit une presse à olives et quantité d'outils agricoles et d'objets de la vie quotidienne.

De Chóra, un chemin longe des murs cyclopéens antiques en ruine et se dirige, au sud-ouest, vers **Moní Episkopís**, à une bonne heure de marche. La construction,

Le sable doré de la plage de Mylopótas, Ios

Pour les hôtels et les restaurants de la région, voir p. 313-317 et p. 336-338

qui présente des colonnes doriques et des inscriptions, serait un mausolée du IIIe siècle apr. J.-C., converti au VIIe en l'église byzantine de Koímisis Theotókou. Le monastère ajouté au XVIIe siècle n'est plus habité.

Sur la côte est, à 3 km au sud-est de Síkinos, le port d'**Aloprónoia**, ou Skála, possède des petits cafés, des boutiques, un complexe hôtelier moderne et une grande plage de sable sûre.

Musée d'Art populaire
Ano Chorió, Síkinos.
mai-sept. : t.l.j.

Le paisible port d'Aloprónoia

Folégandros

Φολέγανδρος

650. *Karavostásis.* *Chóra (22860 41249).* *Agkális 2 km à l'O de Folégandros.*
www.folegandros.gr

Austère et aride, Folégandros est l'une des plus petites îles habitées des Cyclades. Elle doit son nom au mot phénicien signifiant « rocheuse ». Cette île reculée vécut sans heurt les différentes dominations, souffrant seulement des attaques par les pirates.

Appréciée par les photographes et les artistes pour ses falaises, ses cultures en terrasses et sa beauté sauvage, elle est parfois animée en haute saison.

Koímisis tis Theotókou, ville de Folégandros

Elle reste toutefois agréable pour la randonnée et pour ses plages intactes.

La **ville de Folégandros**, ou Chóra, perchée à 300 m au-dessus de la mer, regroupe le quartier fortifié de Kástro *(p. 22)* et Chóra, le village principal. On accède au *kástro*, construit au XIIIe siècle par Marco Sanudo, duc de Náxos, par une arcade. Les hautes maisons en pierre tournent le dos à la mer, formant une fortification. Dans le dédale de ruelles dallées regorgeant de géraniums, les visiteurs découvriront les maisons cubiques caractéristiques à deux niveaux, aux balcons en bois de couleurs vives.

À Chóra, la vie s'articule autour de quatre places bordées de magasins d'artisanat, de tavernes et de bars animés. Le chemin partant de l'arrêt de bus central mène à l'église Koímisis tis Theotókou (« Assomption-de-la-Sainte-Vierge »). Intégrée aux anciennes murailles de la ville, on dit qu'elle se dresse sur le site d'un temple classique dédié à Artémis.

Les ferrys arrivent à **Karavostási**, sur la côte orientale. Ce petit port possède une plage de galet, des hôtels et des chambres à louer. Un car le relie à Chóra, et la plage de **Livádi** est à quelques minutes de marche du port. En saison, des excursions sont proposées vers les plages de l'ouest, **Agáli**, **Agios Nikoláos** et **Latináki**, et vers le lieu le plus connu de l'île, **Chrysospiliá**. La grotte Dorée, qui doit son nom à la couleur de ses stalactites et stalagmites, est située juste au-dessous du niveau de la mer, dans les falaises du nord-est.

Ano Meriá, à 5 km à l'ouest de Folégandros, est un chapelet de hameaux agricoles de part et d'autre de la route. De là, la vue est magnifique : on distingue la Crète au loin. Le **musée d'Écologie et d'Art populaire** présente des outils agricoles et une reconstitution de la vie paysanne. Le 27 juillet, une grande fête locale se tient pour Agios Panteleímon.

D'Ano Meriá, des chemins escarpés rejoignent les plages isolées de la baie d'**Agios Geórgios** et de **Vígla**.

Musée d'Écologie et d'Art populaire
Ano Meriá. ***Tél.*** *22860 41370.*
juil.-mi-sept. : t.l.j.

Maisons traditionnelles à Kástro, Folégandros

Mílos
Μήλος

Avec ses incroyables formations rocheuses, ses sources chaudes et ses villages blancs perchés sur des falaises colorées, Mílos la volcanique est l'île la plus étonnante des Cyclades. Elle prospéra sous les Minoens et les Mycéniens grâce au commerce d'obsidienne, avant d'être colonisée par les Athéniens au IVe siècle av. J.-C. Au Moyen Âge, l'île, menacée par les pirates, fut dominée par la dynastie des Crispi, puis revendiquée par les Ottomans en 1580. Malgré le tourisme, les ressources minières sont la principale richesse de l'île.

Vue sur les maisons de Pláka, dans le soleil du matin

Pláka
Perché sur une falaise, à 4 km du port d'Adámantas, Pláka est un joli village, avec ses maisons blanches cubiques qui s'étendent jusqu'à Trypití, localité dominée par des moulins à vent.

On dit que Pláka est situé sur l'acropole de la Mílos antique, construite par les Doriens entre 1100 et 800 av. J.-C., puis détruite par les Athéniens, et enfin colonisée par les Romains.

Le principal centre d'intérêt est le **Musée archéologique**, dont l'entrée abrite une copie en plâtre de la *Vénus de Milo*, trouvée sur l'île. La collection regroupe des trouvailles du Néolithique, et surtout des obsidiennes, des terres cuites mycéniennes, des céramiques peintes et des animaux en terre cuite datant de 3500 av. J.-C., trouvés dans la cité antique de Phylakopí. La céramique la plus connue est la *Dame de Phylakopí*, une déesse cycladique. La statue de *Poséidon* du IVe siècle et le *koúros* de Mílos (560 av. J.-C.), se trouvent, eux, au Musée archéologique national d'Athènes *(p. 286)*. Le musée de Pláka expose aussi des trouvailles de l'île voisine, Kímolos. Le **musée d'Art populaire**, dans une demeure du XIXe siècle, présente des costumes, des lits à baldaquin et de l'artisanat.

La Dame de Phylakopí, au Musée archéologique

Des marches mènent au ***kástro***, construit par les Vénitiens sur un culot volcanique, à 280 m au-dessus de la mer.

Dominant le *kástro*, l'église Mésa Panagía, bombardée pendant la Seconde Guerre mondiale, a été reconstruite et rebaptisée **Panagía Schoiniótissa** (« Notre-Dame-du-Taillis »).

Au-dessous, l'église **Panagía Thalassítra** (« Notre-Dame-de-la-Mer »), construite en 1728, recèle des icônes du Christ, de la Vierge et d'Agios Elefthérios.

Les blocs de pierre des murs cyclopéens, qui formaient la porte orientale de la ville, subsistent. Un peu à l'ouest se trouvent des vestiges en marbre et les fonts baptismaux d'une basilique byzantine

Les rochers jumeaux, appelés « les Ours », aux abords d'Adámantas

chrétienne. L'amphithéâtre romain, non loin, accueille toujours des spectacles.

Musée archéologique
Place principale. ***Tél.*** *22870 26120.* *mar.-dim.* *1er mai.*

Musée d'Art populaire
Pláka. ***Tél.*** *22870 21292.* *juin-sept. : t.l.j. 10h-13h et 19h-22h ; oct.-mai sur r.-v. au 69 37 69 3794.* *j.f.*

Les catacombes chrétiennes

Aux environs : à Trypití se trouvent des **catacombes chrétiennes** bien conservées du Ier siècle apr. J.-C. Taillées dans la montagne, les galeries abritent des tombes, dans des niches voûtées, recelant chacune jusqu'à sept corps. Le réseau de catacombes mesure 184 m de long et compte 291 tombeaux.

De là, un chemin mène à l'endroit, signalé par une plaque, où fut trouvée la *Vénus de Milo*. C'est un paysan, Geórgios Kentrótas, qui, le 8 avril 1820, pénétra dans une grotte de son champ et découvrit une moitié de la statue de marbre antique. L'autre moitié fut trouvée par un officier français, et les deux parties furent achetées pour en faire présent à Louis XVIII, le 1er mars 1821. Aujourd'hui, la statue est exposée au musée du Louvre, à Paris. Les bras se seraient perdus dans la lutte pour la propriété de la statue.

Catacombes chrétiennes
Trypití, 2 km au SE de Pláka.
Tél. ***22870 21625.***
mar.-dim. 8h30-15h.

À la découverte de l'île
L'île accidentée est parsemée de vestiges volcaniques et de plages. La grande baie de Mílos, site de la cheminée centrale du volcan, est l'un des meilleurs ports naturels de la Méditerranée. Elle offre de superbes vues.

À l'ouest d'Adámas, la petite plage de sable de **Lagkadá** est appréciée des familles. Sur le chemin, vous verrez des bains municipaux, à l'eau minérale chaude.

Au sud d'Adámas, la baie de Mílos est bordée de belles plages, dont **Chivadólimni**, bornée par un lac d'eau de mer turquoise. Sur la côte sud se trouve la jolie plage d'Agía Kyriakí, près du village de Próvatas.

Apollónia, à l'extrémité nord-est de l'île est une station balnéaire appréciée, avec une plage bordée d'arbres. De là, des caïques partent pour l'île de **Kímolos**, qui doit son nom à la *kimoliá* (« craie ») de ses mines.

Au sud-ouest d'Apollónia, il reste peu de vestiges du **Phylakopí antique**. On voit les murailles mycéniennes de la ville, des maisons en ruine et des tombeaux, mais une grande partie de la ville a été submergée par la mer.

MODE D'EMPLOI

4 500. *7 km au SE d'Adámas.* *Adámas.* *Adámas.* *front de mer, Adámas (22870 21378 poste 112).* *Sem. nautique : fin juin-déb. juil. ; Panagía à Zefyría : 15 août.*

GÉOLOGIE DE MÍLOS

Cette île d'origine volcanique est riche en ressources minières et en formations rocheuses. D'Adámas, des bateaux partent vers les paysages lunaires de pierre ponce de Sarakíniko, nés voilà deux ou trois millions d'années, les formations de lave (« tuyaux d'orgue ») de Glaronísia (au large de Phylakopí) et les eaux bleues sulfureuses de Papáfragkas. Grâce à la profusion de sources chaudes, l'eau de mer atteint par endroits, comme au large de Mávra Gkrémna, 100 °C, à 30 cm seulement de profondeur.

La mine de Voúdia, toujours exploitée

Les paysages lunaires de ponce à Sarakíniko

Les eaux bleues sulfureuses de Papáfragkas

Santorin (Santoríni)

Σαντορίνη

Idole du Cycladique ancien

Cette île volcanique, colonisée par les Minoens vers 3000 av. J.-C., subit en 1450 av. J.-C. une puissante éruption, qui lui valut sa forme en croissant. On pense que Santorin serait le site du royaume perdu de l'Atlantide. Baptisée Thíra par les Doriens, qui s'y installèrent au VIIIe siècle av. J.-C., elle fut appelée Santorin par les Vénitiens, qui conquirent l'île au XIIIe siècle. Santorin a su préserver la beauté de ses villages blancs cramponnés aux falaises volcaniques dominant des plages de sable noir.

L'un des nombreux bars agrippés à la falaise, avec vue sur la caldeira

Firá ❶

Φηρά

1 550. à 50 m au S de la place principale. 22860 22231. Monólithos 5 km à l'E.

Firá, ou Thíra, qui domine la caldeira et l'île de Néa Kaméni, est le chef-lieu de l'île. Les ferrys débarquent à Athinios, à une dizaine de kilomètres au sud de Firá. La bourgade est née à la fin du XVIIIe siècle, lorsque les insulaires quittèrent Skáros, près de l'actuel Imerovígli, pour le sommet de la falaise, afin d'accéder plus facilement à la mer.

Ravagée par un séisme en 1956, Firá a été reconstruite sur des terrasses taillées dans la falaise volcanique. D'innombrables hôtels, bars et restaurants en bordure de la caldeira offrent de superbes vues, surtout au moment du coucher du soleil. Firá, en grande partie piétonne, a des ruelles pavées tortueuses juste assez larges pour les mulets.

La place principale, la Plateía Theotokópoulou, est l'arrêt principal des cars et le centre névralgique du réseau routier. Toutes les rues partant vers le nord d'ici et du port débouchent sur la jolie Plateía Firostefáni.

Maisons blanchies à la chaux de Firá, au sommet de la falaise

LES SITES D'UN COUP D'ŒIL

Akrotíri ❹
Firá ❶
Oía ❷
Thíra antique ❸

LÉGENDE

Voir rabat arrière de couverture

Pour les hôtels et les restaurants de la région, voir p. 313-317 et p. 336-338

La rue la plus spectaculaire, Agíou Miná, part en direction du sud et longe la caldeira jusqu'à **Agíos Mins**, une église du XVIIIe siècle. Avec son dôme bleu et son clocher blanc, elle est devenue l'emblème de Santorin. En face du funiculaire, le **Musée archéologique** abrite des trouvailles des sites d'Akrotíri *(p. 241)* et de Mésa Vounó *(p. 240)*. Le **Nouveau Musée archéologique** conserve les fresques colorées de Firá attribuées à la cité mythique de l'Atlantide.

Le **musée Mégaro Ghísi**, occupant une superbe maison du XVIIe siècle, dans le quartier nord de Firá, abrite des manuscrits datant du XVIe au XIXe siècles des cartes, des peintures et des photographies de Firá avant et après le tremblement de terre.

Malgré les ravages du séisme, il reste des vestiges de la gloire architecturale des XVIIe et XVIIIe siècles, dans Nomikoú et Erythroú Stavroú, où plusieurs demeures ont été restaurées.

La jolie chapelle ocre **Agios Stylianós**, agrippée à la falaise, mérite une visite sur le chemin vers Frangika, ou Quartier franc, avec son dédale de ruelles à arcades. Au sud, la **cathédrale** orthodoxe est dédiée à l'Ypapantí (« Présentation de l'Enfant Jésus »). Cet imposant édifice ocre, construit en 1827, possède deux clochers et des peintures murales de Christóforos Asimís, un artiste du XIXe siècle. Le clocher de la **Dómos**, dans Agíou Ioánnou, domine le nord de la ville.

Détail de la falaise volcanique orange de Firá

Montée de Skála Firón à Firá, à dos de mulet

MODE D'EMPLOI

13 000. Monolíithos, 5 km au SE de Firá. Athinios., 10 km au S de Firá. Firá (22860 22649). musique classique, Firá : août-sept.

Musée archéologique
En face du funiculaire. ***Tél.** 22860 22217. mar.-dim. 8h30-15h. j.f.*

Musée Mégaro Ghísi
Près du funiculaire. ***Tél.** 22860 22244. mai-fin oct. : lun.-sam. 10h-16h.*

Nouveau Musée archéologique
Près de la place centrale de Firá. ***Tél.** 22860 23217. mar.-dim. 8h30-15h. j.f.*

FORMATION GÉOLOGIQUE DE SANTORIN

Santorin est installée sur l'un des volcans de l'arc volcanique du sud de l'Égée. À l'époque minoenne, vers 1450 av. J.-C., une gigantesque éruption se produisit, amorçant la transformation de Santorin vers sa physionomie actuelle.

1 *Avant l'explosion qui disloqua son centre, Santorin était une île volcanique ronde.*

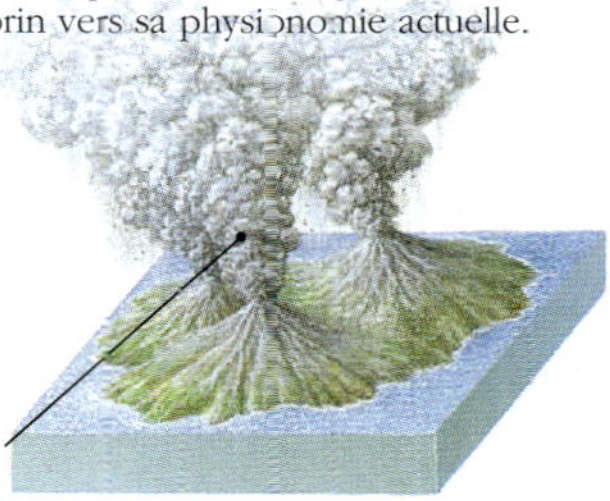
L'activité du volcan pendant des siècles culmina avec l'explosion de 1450 av. J.-C.

Des nuages chargés de pierre fondue s'étendirent sur 30 km.

Cratère de 22 km²

2 *L'éruption créa un gigantesque cratère, appelé « caldeira ». L'eau s'engouffrant dans le trou provoqua un raz de marée qui ravagea la Crète minoenne.*

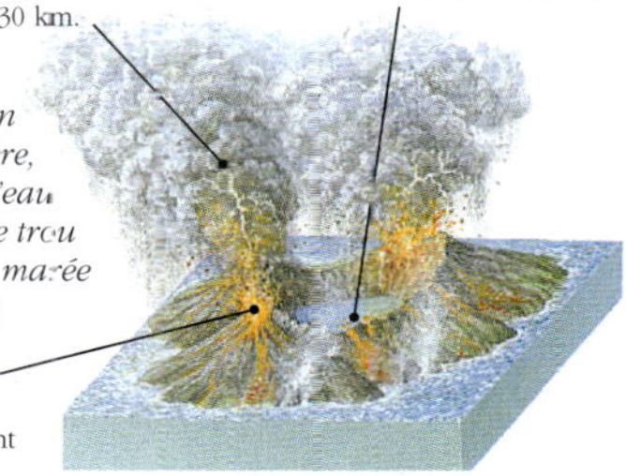
D'énormes quantités de lave jaillirent, enfouissant Akrotíri *(p. 241)*.

Néa Kaméni et sa cheminée en activité

Parois du volcan atteignant jusqu'à 300 m de hauteur

Thirasía

3 *Les îles de Néa Kaméni et Palaiá Kaméni ont surgi lors d'éruptions volcaniques : en 197 av. J.-C. et, plus récemment, en 1707. Leurs volcans sont toujours en activité.*

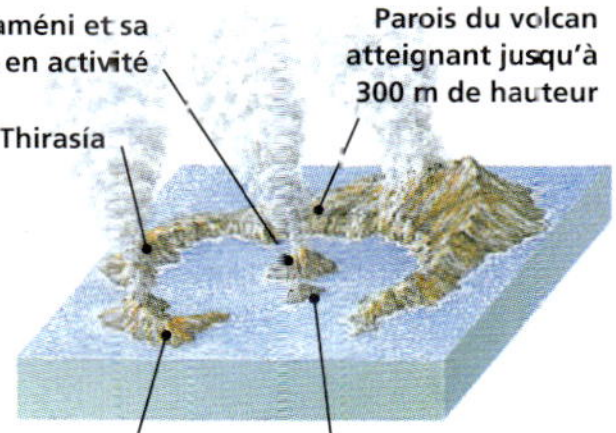
Aspro Nisí

Palaiá Kaméni

À la découverte de l'île de Santorin

Outre les sites maintes fois photographiés de Firá, l'île possède aussi de jolis villages à l'intérieur des terres et de superbes plages de sable noir, comme à Kamári et Períssa. Les visiteurs pourront aussi découvrir les établissements vinicoles de Santorin ou les petites îles des environs. Les liaisons par car sont bonnes, mais une voiture ou un deux-roues assurent davantage de liberté pour sillonner l'île. Les sites importants, comme la Thíra antique et Akrotíri, sont bien desservis.

Façade bleu et ocre des maisons, à Oía

Oía ❷

Οία

11 km au NO de Firá. 400.

À la pointe nord de l'île, la jolie localité est connue pour ses couchers de soleil spectaculaires. C'est un excellent but d'excursion pour dîner dans l'un des restaurants au bord de la falaise, alors que le soleil tombe derrière la caldeira.

Selon la légende, la localité serait hantée et peuplée de vampires.

Desservi par l'une des routes les plus tortueuses des Cyclades, Oía, le troisième port de l'île, fut un centre de commerce prospère avant d'être sérieusement touché par le séisme de 1956.

Joliment reconstruite, Oía présente une physionomie traditionnelle, avec ses maisons blanches et pastel aux murs en galets rouges agrippées à la falaise. On y admirera les célèbres *skaftá* (maisons troglodytiques), les églises à dômes bleus et quelques demeures néoclassiques construites par des armateurs. Un chemin pavé de marbre longe la caldeira vers Firá. Des marches descendent vers Arméni et le port de pêche voisin, **Ammoúdi**, avec ses pierres ponces flottantes et sa plage de galets rouges. La tradition de construction navale perdure dans le petit port d'Arméni, mais aujourd'hui le port est essentiellement utilisé par les bateaux transportant les touristes sur l'île de Thirasía.

Le village de pêcheurs d'Ammoúdi dominé par Oía sur les hauteurs

La Thíra antique, qui ponctue la péninsule de Mésa Vounó

Thíra antique ❸

Αρχαία Θήρα

11 km au SO de Firá.

à Kamári. mar.-dim. 8h30-15h. j.f. Períssa 200 m au-dessous.

Dominant le cap rocheux de Mésa Vounó, de 370 m de haut, sur la côte sud, les ruines de la ville dorienne de la Thíra antique sont toujours visibles. Les restes du site recolonisé après l'importante éruption *(p. 239)* s'étendent sur des terrasses dominant la mer. Mis au jour par l'Allemand Hiller von Gärtringen, vers 1860, la plupart des vestiges datent des Ptolémées, qui érigèrent des temples aux dieux égyptiens, aux IVe et IIIe siècles av. J.-C. Il y a aussi des restes hellénistiques et romains. Les vases de Santorin du VIIe siècle av. J.-C. découverts ici se trouvent au **Musée archéologique** de Firá *(p. 239)*.

Sculpture, Thíra antique

Un chemin passe devant une basilique paléochrétienne, des vestiges d'habitations dont certaines ornées de mosaïques, l'agora et un théâtre, offrant de superbes vues sur la mer. À l'extrême ouest, le sanctuaire du IIIe siècle av. J.-C. taillé dans la roche fut construit par Artemídoros de Pergé, amiral de la flotte ptolémaïque. Les reliefs sculptés dans la pierre représentent un aigle, un lion, un dauphin et un phallus, symbolisant Zeus, Apollon, Poséidon et Priape.

Pour les hôtels et les restaurants de la région, voir p. 313-317 et p. 336-338

Vue de la Thíra antique sur Kamári

À l'est, sur la terrasse des Fêtes, on distingue des graffiti, remontant jusqu'à 800 av. J.-C., qui chantent les louanges des participants aux *gymnopedés* (fêtes) au cours desquelles de jeunes garçons dansaient nus et chantaient en l'honneur d'Apollon, ou mesuraient leur force.

Aux environs : le promontoire de Mésa Vounó, qui s'élève jusqu'au sommet du mont Profítis, s'avance dans la mer entre les plages très prisées de Kamári et de Períssa. **Kamári**, au nord, est la principale station balnéaire de l'île. La plage, couverte d'un mélange de pierres et de sable volcanique, est bordée de bars, de tavernes et d'immeubles. **Períssa**, avec ses 8 km de sable volcanique, propose des sports nautiques et accueille un terrain de camping.

Akrotíri ❹

Ακρωτήρι

12 km au SO de Firá. 350.
Kókkini Ammos 1 km au S.

Akrotíri, qui fut un avant-poste minoen à la pointe sud-ouest, est l'un des sites archéologiques les plus saisissants des Cyclades. Malheureusement, le site a été fermé en 2005 après l'effondrement du toit couvrant les fouilles, ayant entraîné la mort de plusieurs touristes. Il devrait rouvrir en 2012. Après l'éruption volcanique de 1866, des archéologues français découvrirent des poteries minoennes mais, c'est le professeur Spyrídon Marinátos qui mit au jour, en 1967, l'intégralité de la cité. Après 3500 ans passés sous des tonnes de cendres volcaniques, le site était superbement préservé. Les fouilles ont mis au jour des maisons de la fin du XVIe siècle av. J.-C., sur la route de Telchínes, dont beaucoup recèlent toujours d'énormes *pythoi* (« jarres »). C'est ici que fut découverte la célèbre fresque des *Enfants boxeurs*. Un pont permet d'admirer la disposition de la ville, qui comprend un entrepôt pour les *pythoi*, destinées au stockage du blé, de la farine et de l'huile. La maison des Dames, à trois étages, doit son nom à une fresque représentant deux femmes voluptueuses à la peau sombre. La place Triangulaire est bordée de grandes maisons qui étaient décorées de fresques représentant des pêcheurs et des bateaux, qui sont aujourd'hui, exposées au Nouveau Musée archéologique de Firá.

Le système d'égout illustre le degré de sophistication de cette civilisation. Ni reste humain ou animal ni trésor n'ont été trouvés sur le site – ce qui incite à penser qu'avertis par des secousses, les habitants purent s'enfuir avant la catastrophe.

Les îles des environs

D'Athiniós, à 12 km au sud de Firá, des bateaux d'excursion partent vers les îles voisines. Les plus proches sont **Palaiá Kaméni** et **Néa Kaméni**, les Kaïmènes. Vous pourrez prendre un bain de boue chaude dans les sources de Palaiá Kaméni et faire l'ascension du volcan de Néa Kaméni. **Thirasía** compte quelques tavernes et hôtels. Sa localité principale, Manolás très pittoresque, offre de belles vues sur Firá. **Anáfi**, plus loin, est la plus méridionale des Cyclades. C'est un endroit paisible, avec de belles plages. Il y a quelques ruines antiques, mais aucun vestige des sanctuaires d'Apollon et d'Artémis qui s'y dressaient autrefois.

Jarres trouvées à Akrotíri

LES FRESQUES D'AKROTÍRI

Peintes vers 1500 av. J.-C., ces fresques murales de style minoen ressemblent à celles trouvées à Knosós *(p. 272-275)*. Les plus connues sont *Le Pêcheur* et *Les Enfants boxeurs*, qui représente deux jeunes combattants aux longs cheveux noirs et aux yeux peints de face. Conservées par la lave, les fresques ont gardé leurs belles couleurs. Aujourd'hui, elles sont exposées en alternance au Nouveau Musée archéologique de Firá *(p. 239)*.

Firá, perchée au sommet des falaises, à Santorin ▷

LA CRÈTE

LA CANÉE · RÉTHYMNON · HÉRAKLION · LASSÍTHI

La Crète est dominée par des montagnes sauvages et imprenables, qui ont profondément marqué l'âme de ses habitants. Située au carrefour de trois continents (Afrique, Asie, Europe), l'île fut tout au long de son histoire la proie de nombreux conquérants, comme les Vénitiens et les Ottomans. Mais l'individualisme farouche des Crétois et leur passion pour la liberté sont restés intacts.

Pendant presque trois millénaires, les ruines de la civilisation minoenne sont restées enterrées, oubliées de tous. Ce n'est qu'au début du XXe siècle que les vestiges des grands palais de Knossós, Phaistos, Mália et Zákros furent mis au jour. Leur splendeur atteste le raffinement et la richesse artistique de la civilisation minoenne, considérée aujourd'hui comme la source de la culture européenne.

Tapis d'Anógeia

Au cours de l'histoire, la Crète et ses habitants ont subi l'occupation de puissances étrangères et les persécutions religieuses. Les Romains apportèrent leur savoir-faire administratif, et la cité-État antique de Gortyne devint la capitale de la province romaine de Crète, en 65 av. J.-C. Aux Byzantins succédèrent les Vénitiens (1204-1669). Les forteresses imposantes, comme celle de Frangokástello, et les édifices élégants de Réthymnon et de La Canée témoignent de 400 ans de présence vénitienne. L'oppression et la persécution religieuse ottomanes (1669-1898) encouragèrent l'émergence d'un mouvement indépendantiste puissant au XIXe siècle. La révolte de 1898, sous la conduite d'Elefthérios Venizélos (1864-1936), aboutit enfin à l'autonomie de la Crète. Celle-ci sera rattachée à la Grèce en 1913. Pendant la Seconde Guerre mondiale, en dépit d'une résistance héroïque, l'île subit l'occupation allemande.

Aujourd'hui, avec ses montagnes, ses eaux scintillantes, son histoire, la Crète est une destination de rêve.

Crétois portant les bottes et le bandeau traditionnels. Réthymnon

◁ Estuaire bordé de palmiers, plage de Préveli, sur la côte méridionale de la Crète

La faune et la flore crétoises

La faune et la flore sont aussi variées que les paysages crétois. Au printemps, des fleurs multicolores jaillissent sur le littoral et à l'intérieur des terres. Le *phrygana,* habitat rocheux et aride, est très étendu. Dans les gorges reculées, on trouve encore des forêts d'arbres indigènes à feuilles persistantes. Quant aux marécages, ils attirent quantité d'oiseaux aquatiques. À mi-chemin de l'Afrique et de l'Europe, la Crète est une étape importante pour les oiseaux migrateurs. Au cours de l'évolution, l'île a vu apparaître plusieurs espèces endémiques.

Les gorges de Samariá (p. 254-255) *ont été creusées par les torrents d'hiver dévalant du plateau d'Omalós. Les visiteurs y verront des pivoines, des cyclamens et des ébéniers de Crète, ainsi que des* kri-kri. *Ces chèvres sauvages au pied très sûr vivent sur les versants et sur les terrains escarpés.*

La péninsule d'Akrotíri abrite des caméléons.

Le plateau d'Omalós (p. 254) *est l'habitat du gypaète barbu, l'un des plus grands oiseaux de proie d'Europe, qu'on reconnaît aisément à ses ailes étroites et à sa queue caractéristique.*

Dans les gorges de Kourtalióti pousse de la sauge de Jérusalem.

Le marlin et l'espadon sont les plus grands poissons des mers de Crète.

Le golfe de Mesará possède un littoral accidenté et herbeux où vivent des papillons, comme le machaon.

Les marécages d'Agía Triáda sont peuplés d'échasses blanches.

Moní Préveli (p. 260) *accueille des fauvettes masquées migratrices entre mai et août. Le mâle a un plumage noir et blanc caractéristique et des yeux ronds et rouges.*

Agía Galíni (p. 263) *est l'endroit idéal pour admirer des fleurs printanières, notamment l'incroyable orchidée géante, de plus de 60 cm, qui fleurit parfois dès février ou début mars.*

Ophrys abeille jaune

Cornillet, aux tiges collantes

Ébénier de Crète, arbuste endémique

FLEURS SAUVAGES DE CRÈTE

Tous les ans, les passionnés de botanique vont en Crète par milliers pour admirer le spectacle magnifique qu'offrent les fleurs sauvages. Leur épanouissement atteint son apogée entre février et avril. Fin mai, lorsque le soleil est au zénith, beaucoup sont déjà fanées et brunes. La plupart passent l'été sous terre, sous forme de bulbes ou de tubercules.

TREKKING ET RANDONNÉE

Trekking Hellas
7, rue Filellinon, 10557 Athènes.
Tél. *30 210 331 0323/26.*
Fax *30 210 323 45 48.*
www.trekking.gr

Club Aventure
18, rue Séguier, 75006 Paris.
Tél. *01 44 32 09 30.*
Fax *01 44 32 09 59.*
www.club-aventure.com

Allibert
37, bd Beaumarchais, 75003 Paris.
Tél. *01 44 59 35 35.*
www.allibert-trekking.com

Atalante
36, quai Arloing, 69009 Lyon.
Tél. *04 72 53 24 80.*
www.atalante.fr

Mália (p. 277) *est l'une des nombreuses étapes des échassiers migrateurs, au printemps et en automne. Ce chevalier sylvain y reste une journée, pour reprendre des forces au bord des plans d'eau et des marécages.*

Les falaises de Siteía (p. 280) *sont l'habitat de l'ébénier de Crète, un arbuste endémique de l'île, qui se couvre de fleurs pourpres au printemps.*

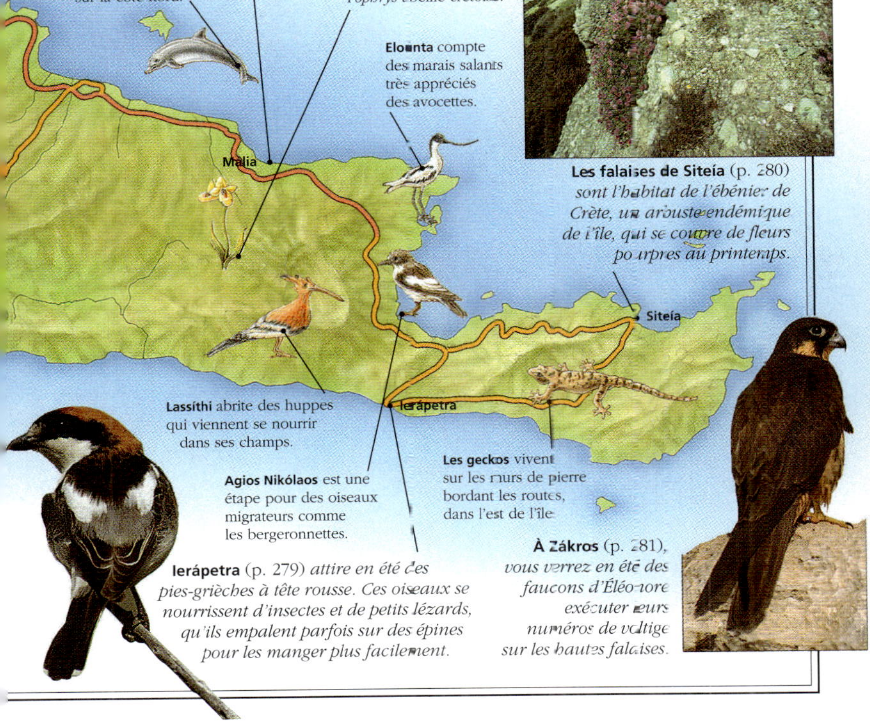

Des dauphins vivent sur la côte nord.

Le mont Díkti voit ses versants tapissés, au printemps, de fleurs sauvages comme l'*ophrys* abeille crétoise.

Elounta compte des marais salants très appréciés des avocettes.

Lassíthi abrite des huppes qui viennent se nourrir dans ses champs.

Agios Nikólaos est une étape pour des oiseaux migrateurs comme les bergeronnettes.

Les geckos vivent sur les murs de pierre bordant les routes, dans l'est de l'île.

Ierápetra (p. 279) *attire en été des pies-grièches à tête rousse. Ces oiseaux se nourrissent d'insectes et de petits lézards, qu'ils empalent parfois sur des épines pour les manger plus facilement.*

À Zákros (p. 281), *vous verrez en été des faucons d'Éléonore exécuter leurs numéros de voltige sur les hautes falaises.*

À la découverte de la Crète

La plus méridionale des îles grecques a des eaux bleues cristallines, des plages de sable et un soleil radieux. La côte nord regorge de stations balnéaires et de villes chargées d'histoire, comme Réthymnon et La Canée. Quant à la côte sud, surtout à l'ouest, elle est moins touristique. Quatre chaînes de montagnes s'étendent d'est en ouest sur cette île de 250 km. Paradis de la randonnée, elles cachent des paysages sublimes et des gorges spectaculaires. La capitale, Héraklion, est renommée pour son Musée archéologique. C'est aussi une bonne base pour découvrir Knossós, le plus beau palais minoen de Crète.

Joueurs de cartes dans les rues de la vieille ville de Réthymnon

VOIR AUSSI

- ***Hébergement*** p. 317-320
- ***Restaurants, tavernes et cafés*** p. 338-340
- ***Accès en bateau*** p. 366-369

Vue du port, Sfakiá

CIRCULER

La Canée, Réthymnon, Héraklion et Agios Nikólaos sont les plaques tournantes des transports de leur région respective. Les liaisons par car sont bonnes, et les services réguliers sur la côte nord. La voiture est le mode de transport le plus pratique. Les tarifs des taxis sont raisonnables. Les routes de montagne reliant les villages sont pour la plupart goudronnées.

La mosquée et son dôme, dans la forteresse de Réthymnon

LES SITES D'UN COUP D'ŒIL

CARTE DE SITUATION

Entrée nord du palais de Knossós

Pélican dans le port pittoresque de Siteía

LÉGENDE

- Autoroute
- Route principale
- Route secondaire
- Route pittoresque
- Piste
- Liaison de ferry, en haute saison
- Sommet

La magnifique plage de sable de Falásarna, bordée d'eaux turquoise

Kastélli Kissámou ❶

Καστέλλι Κισσάμου

La Canée. 3 000.
Kastélli Kissámou.

Cette localité, également connue sous le simple nom de Kastélli, s'étend à l'est de la **péninsule de Gramvoúsa**, presque inhabitée. Cette ville peu touristique possède toutefois une plage de galets bordée d'hôtels et de restaurants. Sur la place principale, un **Musée archéologique** abrite quelques mosaïques romaines spectaculaires, découvertes dans la région. La ville est une bonne base pour explorer la côte ouest. Des bateaux proposent des excursions à la pointe de la péninsule, où s'étendent de belles plages de sable isolées.

Musée archéologique
Platía Tzanakáki (près de l'arrêt de bus). *mar.-dim. 8h30-15h.*

Aux environs : à 7 km au sud de Kastélli, les ruines de la ville antique de **Polyrínia** (« Cité-aux-nombreux-troupeaux ») sont disséminées au-dessus d'Ano Palaiókastro. Cette cité-État fortifiée du VIe siècle av. J.-C. fut agrandie par les Romains, puis les Byzantins et les Vénitiens. L'église **Eneninta-Ennéa Martýron** (« 99-Martyrs ») de 1894 se dresse sur le site d'un vaste édifice hellénistique.

Sur la côte ouest de la péninsule, à 16 km à l'ouest de Kastélli, une route en lacet descend vers la superbe plage isolée de **Falásarna**. Les séismes ont effacé quasiment tous les vestiges de la cité-État hellénistique du même nom. Aujourd'hui, quelques petites pensions de famille et tavernes sont éparpillées au nord de la plage.

À environ 20 km à l'est de Kastélli s'étend le pittoresque village de pêcheurs de **Kolympári**. De là, l'imposant **Moní Panagías Goniás** du XVIIe siècle n'est qu'à 1 km au nord, dans un superbe décor en bord de mer. Le monastère abrite une belle collection d'icônes du XVIIe siècle. Tous les ans, le 29 août (Saint-Jean-Baptiste), des centaines de pèlerins effectuent une marche de trois heures, remontant la péninsule vers l'église **Agios Ioánnis**, pour le baptême collectif d'enfants appelés Ioánnis (Jean).

Paléochora (Palaióchora) ❷

Παλαιόχωρα

La Canée. 1 800.
Elafónisos 14 km à l'O.

Découvert dans les années 1960 par les hippies, Palaióchora est devenu le paradis des routards. En 1279, les Vénitiens y construisirent une forteresse, détruite en 1539 par des pirates. Les vestiges veillent sur ce petit port, du haut du promontoire délimitant les deux jolies plages du village. La longue plage de l'ouest, tapissée de sable, possède une école de planche à voile, tandis que celle de l'est est rocailleuse mais abritée.

Aux environs : serpentant dans les Lefká Ori (« montagnes Blanches »), des routes traversent

Moní Chrysoskalítissas, près de Paléochora

Pour les hôtels et les restaurants de la région, voir p. 317-320 et p. 338-340

LA BATAILLE DE CRÈTE (1941)

la Crète était occupée par les Britanniques depuis octobre 1940 lorsque les forces allemandes l'envahirent. Des milliers de soldats parachutés dans la région de La Canée prirent l'aéroport de Máleme, le 20 mai 1941. La bataille de Crète fit rage pendant dix jours, entraînant de lourdes pertes de part et d'autre. Les soldats alliés se retirèrent par les Lefká Ori (« montagnes Blanches ») vers le sud d'où ils quittèrent l'île, avec l'aide des Crétois. Suivirent quatre années d'occupation pendant lesquelles la résistance locale ne fléchit pas, maintenant une pression constante sur les troupes allemandes jusqu'à la capitulation de 1945.

Parachutistes allemands en Crète, 1941

des paysages étonnants de collines cultivées en terrasses et de villages montagnards aux églises byzantines. Le plus proche est **Anýdri**, à 5 km à l'est de Paléochora, avec **Agios Geórgios**, église du XIVe siècle à double nef, qui abrite des fresques de 1323 de Ioánnis Pagoménos.

En été, des bateaux desservent quotidiennement **Elafonísi**, une plage de sable doré. De là, une excursion de 5 km vers le nord vous conduira à **Moní Chrysoskalítissas** (« Marche-d'Or »), qui doit son nom aux 90 marches montant à l'église, dont l'une, dit-on, apparaît dorée aux yeux des vertueux. Vous pourrez aussi la rejoindre par la route. De Paléochora, des excursions en bateau desservent la petite île de **Gávdos** (à 64 km), le point le plus méridional d'Europe.

Soúgia ❸

Σούγια

La Canée. 270. Soúgia, Lissós 3 km à l'O.

À l'entrée des gorges d'Agía Eiríni, Soúgia, autrefois isolé du reste du monde, est aujourd'hui relié à La Canée et à la côte nord par une bonne route. Le hameau propose des chambres à louer, mais aussi quelques bars et tavernes. Sa longue plage est couverte de galets. Elle est dominée par l'église du village, bâtie au sommet d'une construction byzantine dont les sols en mosaïques ont en grande partie été retirés.

Aux environs : à un peu plus d'une heure de marche à l'ouest de Soúgia, la cité-État antique de **Lissós** était un centre marchand prospère aux époques hellénistique et romaine. Entre les vestiges se dressent deux belles basiliques chrétiennes du XIIIe siècle, un *asklépieion* du IIIe siècle av. J.-C. et un sanctuaire. La route monte vers Lissós en traversant les **gorges d'Agía Eiríni** très appréciées des randonneurs expérimentés. Des projets sont en cours pour développer ce site.

Fresque d'Ioánnis Pagoménos, Agios Geórgios

Chèvres sur la péninsule d'Akrotíri

La Canée (Chaniá) ❹

Voir p. 252-253.

Péninsule d'Akrotíri ❺

Χερσόνησος Ακρωτηρίου

6 km au NO de La Canée. *Soúda.* *La Canée et Soúda.* *Stavrós : 14 km au N de La Canée, Maráthi : 10 km à l'E de La Canée.*

Cette péninsule s'étend entre Réthymnon *(p. 258-259)* et La Canée *(p. 252-253)*. À sa base, au sommet du mont Profítis Ilías, un monument se dresse en l'honneur du héros Eleftérios Venizélos *(p. 43)*. Sa tombe est un lieu de pèlerinage ; c'est ici que les rebelles crétois hissèrent le drapeau grec en 1898.

Les collines du nord-est abritent plusieurs monastères. **Moní Agías Triádas**, avec sa belle église à plusieurs dômes, date du XVIIe siècle, tandis que **Moní Gouvernétou** remonte aux débuts de l'occupation vénitienne. Des moines vivent toujours dans ces deux établissements. Non loin, le monastère **Moní Katholikoú**, qu'on rejoint à pied uniquement, est abandonné. Au début de la péninsule se trouvent une base militaire et le **cimetière de guerre du Commonwealth**, où reposent plus de 1 500 soldats britanniques, australiens et néo-zélandais qui périrent dans la bataille de Crète.

Cimetière de guerre du Commonwealth
4 km au SE de La Canée. *t.l.j.*

La Canée (Chaniá) ❹

Χανιά

Huile d'olive, marché couvert

Installée dans un décor de montagnes majestueuses et baignée d'eaux turquoise, La Canée est l'une des plus jolies localités de l'île. C'est une excellente base pour découvrir l'ouest de la Crète. Ses imposantes demeures néoclassiques et ses massives fortifications vénitiennes témoignent de son passé mouvementé. La Canée, qui fut le site du peuplement minoen de Kydonia, a été dominée par les Romains, les Byzantins, les Vénitiens, les Génois, les Ottomans et les Égyptiens. Rattachée à la Grèce en 1913, la Crète connut une nouvelle invasion pendant la Seconde Guerre mondiale : celle de l'armée allemande en 1941. La bataille de Crète fit rage aux environs de La Canée *(p. 251)*.

Mosquée des Janissaires

Le fort Firkás vénitien, dominant le port extérieur de La Canée

Le port

La plupart des sites intéressants se trouvent dans le vieux quartier vénitien, autour du port et dans les ruelles voisines. Au nord-ouest du port extérieur, le **Musée naval** présente notamment une collection de maquettes de bateaux. Il est installé dans le fort Firkás, édifice vénitien joliment restauré, qui accueille aussi en été des spectacles de théâtre et de danse traditionnelle. De l'autre côté du port extérieur, la **mosquée des Janissaires** date de l'arrivée des Ottomans, en 1645. Le plus ancien édifice ottoman de l'île a été endommagé pendant la Seconde Guerre mondiale, puis reconstruit. Derrière, sur la colline, des fouilles mettent au jour le peuplement minoen de **Kydonia** à Kastélli, la partie la plus ancienne de la ville. Vous parviendrez au site, fermé au public mais visible de la rue, en longeant Líthinon. Le produit des fouilles – une collection de tablettes en argile comportant des inscriptions en linéaire A minoen – est exposé au Musée archéologique.

Près du port intérieur, les arsenaux vénitiens du XVIe siècle servaient à entreposer et à réparer les bateaux. Le phare vénitien, au bout du môle, offre une superbe vue sur La Canée.

Musée naval

Fort Firkás, Aktí Kountourióti.
Tél. *28210 91875.*
lun.-ven. 9h-20h, sam. 9h30-16h, dim. 10h-18h ; hiver : lun.-sam. 8h30-14h. *j.f.*

Autour du marché couvert

Relié au port par Chálidon, le marché couvert date de la fin du XIXe siècle. À côté du marché, Skýdlot, ou Stivanádika, regroupe des boutiques proposant des articles en cuir, y compris des bottes traditionnelles crétoises

Vue paisible sur le vieux port de La Canée, au soleil couchant

Les ruelles pittoresques du vieux quartier Spiántza

MODE D'EMPLOI

La Canée. *50 000. 16 km à l'E de La Canée. baie de Soúda. Kydonías (longs trajets), Plateía Agorás (La Canée). Kriári 40 (28210 92943) et Kydonías 29 (28213 41666). lun.-jeu., sam. Sem. nautique (fin juin). Agía Marína 9 km à l'O ; Platanías 11 km à l'O.*

et des sandales sur mesure. Non loin, le **Musée archéologique** est installé dans l'église San Francesco. Il expose des objets de Crète occidentale : terres cuites, sculptures, mosaïques et pièces. De l'autre côté d'une petite place proche du musée se trouve la cathédrale **Agía Triáda**, construite au XIXe siècle. Également proche du musée, la **synagogue Etz Hayyim**, du XVe siècle, a été restaurée. Elle a été utilisée par les juifs de La Canée jusqu'à leur déportation lors de l'occupation allemande, de 1941 à 1945.

Mosaïque *de Dionysos et Ariane*, Musée archéologique

Musée archéologique
Chalidón 21. ***Tél.** 28210 90334.* *mai-oct. : t.l.j. 8h-20h ; nov.-avr. mar.-dim. 8h30-15h. j.f.*

Synagogue Etz Hayyim
Parados Kondylaki. ***Tél.** 28210 86286.* *lun.-ven. 10h-17h.*

Le quartier Spliántza

Au nord-est du marché, le quartier Spiántza, dans la vieille ville, est très pittoresque, avec ses maisons aux balcons de bois. La place plantée d'arbres, appelée **Plateía 1821**, doit son nom à une rébellion contre l'occupant ottoman. L'église vénitienne **Agios Nikólaos**, avec son minaret tronqué, s'élève au-dessus de la place. Non loin se dressent l'église **Agioi Anárgyroi**, du XVIe siècle, avec des peintures et des icônes anciennes, et l'église **San Rocco**, construite en 1630.

Au-delà des murs de la ville

Au sud du marché couvert, le **parc municipal** longe Tzanakáki. Conçu au XIXe siècle par un pacha (gouverneur) ottoman, il comprend un petit zoo avec quelques animaux, dont des *kri-kri* (chèvres sauvages crétoises). Il y a aussi une aire de jeux pour enfants, un café et une scène en plein air utilisée pour des cérémonies locales et des spectacles culturels. Dans un édifice néoclassique, le **Musée historique et des Archives**, non loin, illustre en particulier l'intérêt des Crétois pour leur passé jalonné de rébellions et d'invasions. On y verra notamment des photographies et des lettres du plus célèbre des Crétois : Elefthérios Venizélos (1864-1936) *(p. 43)*.

Musée historique et des Archives
Sfakianáki 20. ***Tél.** 28210 52606.* *lun.-jeu. 9h-13h. j.f.*

Aux environs : un chapelet de plages de sable s'égrène à l'ouest de La Canée, jusqu'à la localité agricole de Tavronítis, à 21 km. À quelques minutes de marche à l'ouest de La Canée, la plage de sable d'**Agioi Apóstoloi** est plus calme que les plages de la ville.

Plus à l'ouest, le **cimetière de guerre allemand**, bien entretenu, témoigne de l'opération aéroportée de Máleme, en 1941 *(p. 251)*. Installé sur une colline, ce site paisible accueille plus de 4 000 tombes sobres en pierre qui dominent la Méditerranée. Un petit pavillon près de l'entrée abrite une exposition sur cet événement.

Cimetière de guerre allemand
19 km à l'O de La Canée. *t.l.j.*

La plage d'Agioi Apostoloi, à quelques minutes de marche de La Canée

Gorges de Samariá ❻

Φαράγγι της Σαμαριάς

Paeonia clusii, Samariá

Le paysage le plus spectaculaire de Crète se déroule dans les gorges de Samariá, le plus long ravin d'Europe, entre le sommet principal des montagnes Blanches et le mont Volakias. En 1962, les gorges ont été classées parc national, et les habitants du joli village de Samariá sont partis. Un sentier bien tracé commence aux Xylóskalo, à 44 km au sud de La Canée, et descend en serpentant sur 18 km vers le village côtier d'Agía Rouméli. Il faut de cinq à sept heures pour effectuer la randonnée. Vous trouverez de l'eau en chemin. Il est recommandé d'être bien chaussé.

Vue vers l'est sur les spectaculaires gorges de Samariá

★ Xylóskalo

On accède aux gorges par les Xylóskalo (« escaliers en bois »), un sentier en zigzag bordé de rampes en bois, avec un dénivelé de 1 000 m dans les deux premiers kilomètres.

Agios Nikólaos

Cette petite chapelle est blottie à l'ombre de pins et de cyprès, près de l'extrémité des Xylóskalo.

LE KRI-KRI (CHÈVRE SAUVAGE CRÉTOISE)

La chèvre sauvage de Crète est un animal qui ne vit que dans quelques régions de l'île, notamment dans les gorges de Samariá. Elle serait un parent véritablement sauvage des innombrables chèvres inapprivoisées qu'on trouve dans tout le bassin méditerranéen. La chèvre sauvage est agile et elle a le pied sûr – ce qui lui permet d'échapper plus facilement aux prédateurs. Les adultes ont un pelage caractéristique au joli motif et des cornes à trois anneaux.

Un *kri-kri* en équilibre

Pour les hôtels et les restaurants de la région, voir p. 317-320 et p. 338-340

★ Village de Samariá
Le village a été abandonné en 1962, lorsque les gorges ont été classées parc national.

MODE D'EMPLOI

44 km au S de La Canée. *pour Xylóskalo.* *d'Agía Rouméli à Sfakiá (via Loutró) ; à Palaióchora (via Soúgia) ; le départ du dernier bateau varie :* **www.sfakia-crete.com** **Gorges** *mai-mi-oct. : t.l.j. 6h-16h.*

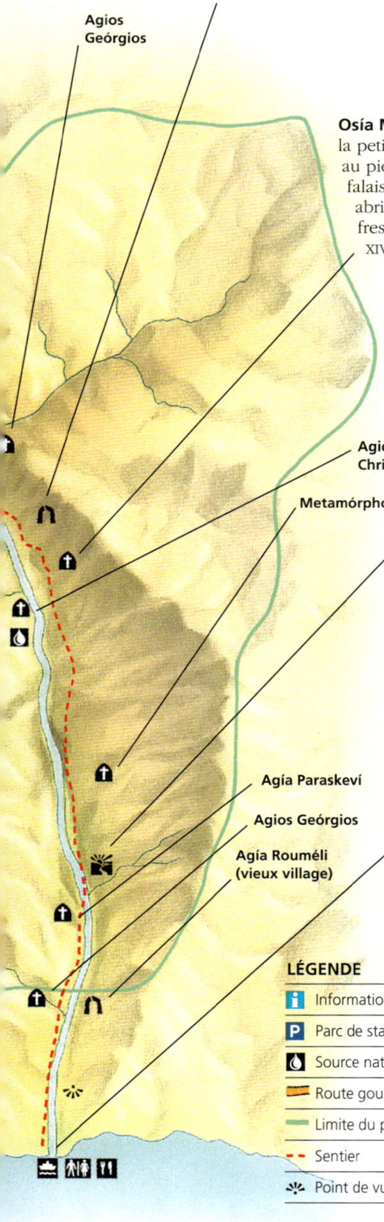

★ Sideróportes (« portes de Fer »)
Au bout de 12 km, le passage entre les deux parois ne mesure plus que 3 m de large, formant les « portes de Fer », l'endroit le plus étroit des gorges.

Agía Rouméli (nouveau village)
Le village côtier d'Agía Rouméli, avec ses tavernes et ses domátia (chambres à louer), est un ancien repaire de pirates. Le port servait à exporter le bois de cyprès vers l'Égypte.

LÉGENDE

- Information touristique
- Parc de stationnement
- Source naturelle (eau potable)
- Route goudronnée
- Limite du parc
- Sentier
- Point de vue

À NE PAS MANQUER

- ★ Sideróportes (« portes de Fer »)
- ★ Village de Samariá
- ★ Xylóskalo (escaliers en bois)

EROTOKRITOS
EROTOCRITOS

Réthymnon (Réthymno) ❼

Ρέθυμνο

Le site de l'actuel Réthymnon, où s'étendait la ville gréco-romaine de Ríthymna, est habité depuis l'époque minoenne. La ville prospéra sous les Vénitiens, au XVIe siècle, et devint un centre littéraire et artistique accueillant pour les érudits fuyant Constantinople. Malgré la modernisation et le développement du tourisme, la ville a conservé son charme et reste la capitale intellectuelle de la Crète. Le vieux quartier foisonne d'édifices vénitiens et ottomans élégants et bien conservés. L'imposante forteresse vénitienne, construite au XVIe siècle pour protéger l'île des pirates, domine le port pittoresque, avec son ravissant phare du XIIIe siècle.

La mosquée Nerantzés, du XVIIe siècle

À la découverte de Réthymnon

Le front de mer regorge de cafés, fréquentés presque exclusivement par des visiteurs. Il est bordé d'une plage de sable et ponctué à l'extrémité ouest par un petit port intérieur. Un **phare** du XIIIe siècle, rénové, se dresse sur la digue.

La **forteresse** domine la ville, au-dessus du port intérieur. Elle fut construite par Pallavicini vers 1570, pour protéger le port des attaques de pirates (la ville avait été ravagée par Barberousse en 1538) et de la menace ottomane. Les remparts, en grande partie intacts, renferment une mosquée, une petite église et la résidence du gouverneur, en ruine. En été, des concerts en plein air s'y tiennent. En face de l'entrée principale de la forteresse, le **Musée archéologique** est installé dans un bastion ottoman réaménagé. La collection, du Néolithique à l'époque romaine, présente des objets locaux. Les pièces maîtresses sont des *larnakes* (coffrets funéraires) du minoen récent et des objets découverts dans les tombes.

Tissage traditionnel, musée d'Histoire et d'Art populaire

La vieille ville s'étend derrière la forteresse, avec son dédale de ruelles tapissées de vignes et ses maisons vénitiennes et ottomanes. À côté de la Plateía Títou Peocháki, la **mosquée Nerantzés**, du XVIIe siècle, est l'une des mieux préservées de la ville. Cette ancienne église bâtie par les Vénitiens et transformée par les Ottomans en 1657 abrite une salle de concert. Sur Palaiológou, la **fontaine Rimóndi** vénitienne du XVIIe siècle, avec ses lions crachant de l'eau, se dresse à côté de cafés animés et de magasins. Admirez aussi l'élégante **Lótzia** (« loggia ») vénitienne du XVIe siècle.

Le petit **musée d'Histoire et d'Art populaire**, dans un édifice vénitien, expose de l'artisanat local, de superbes tissages, des terres cuites, de la dentelle et des bijoux.

Forteresse
Katecháki. ***Tél.*** *28310 28101.*
mai-oct. : t.l.j. 8h-20h. j.f.

Musée archéologique
Cheimárras. ***Tél.*** *28310 54668.*
mar.-dim. 8h30-15h. j.f.

Lótzia
Palaiológou et Arkadíou.
Tél. *28310 53270. mai-sept. : lun.-sam. j.f.*

Musée d'Histoire et d'Art populaire
Vernárdou 30. ***Tél.*** *28310 23398.*
avr.-oct. : lun.-sam. 9h30-14h ; hiver : mer. j.f.

Tavernes et bars sur le front de mer de Réthymnon, centre névralgique de la ville

◁ Bateaux de pêche alignés le long du pittoresque port vénitien de Réthymnon

MODE D'EMPLOI

Réthymnon. 24 000. *Plateía Karaóli.* *Kefalogiánnidon.* *Sofokli Venizélou (28310 29148).* *jeu., à côté des jardins municipaux.* *fête du Vin : mi-juil. ; fête de la Renaissance : mi-juil.-fin juil.*

Aux environs : à l'est de Réthymnon, vers Pánormos, les complexes hôteliers se succèdent. En revanche, à l'ouest, on trouve une vingtaine de kilomètres de plages relativement vides, jusqu'à **Georgioúpoli**. Quoique touristique, ce petit village a conservé son atmosphère traditionnelle. Des eucalyptus imposants bordent les rues et une rivière peuplée de tortues traverse la ville pour se jeter dans la mer. Le **lac Kournás**, à 5 km à l'intérieur depuis Georgioúpoli, est installé dans une dépression entre des collines. Des planches à voile et des canoës sont en location.

À Arménoi, sur la route principale entre Réthymnon et Agía Galíni, se trouve un vaste **cimetière minoen**, où un grand nombre de tombes ont été exhumées. Parmi les pièces mises au jour, on verra des armes en bronze, des vases et des coffrets funéraires, exposés dans les musées archéologiques de La Canée *(p. 253)* et Réthymnon.

Cimetière minoen
9 km au S de Réthymnon.
mar.-dim. *j.f.*

Sfakiá 8

Σφακιά

La Canée. *400.* *Les Eaux-Douces 3 km à l'O de Loutró.*

Dominant la mer de Libye à l'entrée des stupéfiantes gorges d'Impros, Sfakiá (aussi appelée Chóra Sfakíon) jouit d'un bon emplacement. C'est la dernière localité côtière avant Palaióchora *(p. 250-251)*. Longtemps coupés du reste de l'île, les Sfakiotes étaient renommés pour leur individualisme forcené et les vendettas. Aujourd'hui, le village est entièrement voué au tourisme. Il constitue une excellente base pour découvrir la côte sud-ouest.

La magnifique forteresse de Frangokástello, dans son décor spectaculaire

Sfakiote en costume traditionnel

Aux environs : à l'ouest de Sfakiá, les montagnes plongent dans la mer de Libye, ne laissant de la place qu'à quelques minuscules villages accessibles seulement par bateau ou à pied, par le chemin côtier E4. Le plus proche est **Loutró**, charmante localité isolée. Ses criques protégées, sa plage en croissant et ses petites maisons blanches aux volets bleus en font l'incarnation même du village grec. En été, une dizaine de tavernes et de maisons assurent le gîte et le couvert des touristes. Des bateaux amènent les visiteurs à l'île de Gávdos au sud de la Crète.

La baie paisible et les maisons blanches de Loutró

Frangokástello 9

Φραγκοκάστελλο

14 km à l'E de Sfakiá, La Canée.
t.l.j.

Lors de sa construction, en 1371, Frangokástello était seul dans la plaine côtière de l'est de Sfakiá. Il ne reste quasiment plus rien de l'intérieur, mais les murs-rideaux sont bien préservés. Dominant l'entrée sud, le lion de Saint-Marc vénitien est tourné vers la mer. Les Vénitiens dressèrent la forteresse contre les pirates et les rebelles sfakiotes. En 1770, c'est ici que le chef sfakiote Ioánnis Daskalogiánnis vint se rendre. Cinquante ans plus tard, Chatzimichális Daliánis, combattant grec pour l'indépendance, prit le fort aux Ottomans et tenta de le tenir avec une armée comptant 335 hommes. Ses compagnons et lui furent massacrés.

Au-dessous de la forteresse, la plage de sable aux eaux chaudes et peu profondes convient parfaitement aux familles accompagnées de jeunes enfants. Des hôtels et des tavernes accueillent les vacanciers et les automobilistes de passage.

Bateaux le long du petit port de Plakiás

Plakiás ⓾

Πλακιάς

Réthymnon. *100.* *Damnóni 3 km à l'E.*

Autrefois petit port de pêche des villages de Mýrthios et Selliá, Plakiás est devenu une véritable station balnéaire, avec une plage de sable gris de près de 2 km. Installé à l'entrée des gorges de Kotsyfoú et bien desservi, Plakiás est une excellente base pour explorer la région, avec des routes rayonnant dans toutes les directions.

Aux environs : une promenade sur le cap ou cinq minutes de voiture vous mènera à la plage de **Damnóni**, à l'est. Des immeubles se construisent sur la colline voisine. La plage paisible de **Soúda** s'étend à 3 km à l'ouest de Plakiás.

Moní Préveli ⓫

Μονή Πρέβελη

14 km à l'E de Plakiás, Réthymnon. ***Tél.*** *28320 31246.* *t.l.j.*

Desservi par une route qui traverse les gorges de Kourtaliótiko, le monastère de Préveli, habité, est installé dans un superbe site isolé dominant la mer. Pendant la Seconde Guerre mondiale *(p. 251),* il a joué un rôle majeur dans l'évacuation des forces alliées.

Les bâtiments, qui s'ordonnent autour d'une vaste cour centrale de 1731, comprennent une église du XIXe siècle et un petit musée présentant des objets religieux, notamment des chandeliers en argent. À l'intérieur des terres, le monastère original du XVIe siècle, **Moní Agíou Ioánnou** (aujourd'hui appelé Káto Préveli), fondé par l'abbé Préveli, a été abandonné au XVIIe siècle pour l'emplacement actuel, plus stratégique. À 1 km à l'est de Moní Préveli, un chemin escarpé mène à la plage de **Préveli** (aussi appelée Kourtaliótiko), bordée de palmiers.

Moní Arkadíou ⓬

Μονή Αρκαδίου

24 km au SE de Réthymnon, Réthymno. *pour Réthymnon.* *t.l.j.*

Le monastère Arkadíou, du Ve siècle, se dresse en haut des gorges. L'édifice le plus imposant, reconstruit en grande partie à la fin du XVIe siècle, est l'église à double nef dotée d'une magnifique façade vénitienne, de 1587.

Lors des persécutions religieuses musulmanes, les paysans venaient se réfugier dans le monastère. Le 9 novembre 1866, alors qu'il abritait des centaines de réfugiés, le monastère fut attaqué par l'armée ottomane. Préférant la mort à la reddition, les Crétois mirent le feu aux barils de poudre, faisant périr chrétiens et musulmans.

Façade vénitienne de Moní Arkadíou

L'hécatombe qui s'en suivit en fit des martyrs, dont le sacrifice n'a pas été oublié. Une sculpture à l'extérieur du monastère représente la seule survivante et l'abbé qui mit littéralement le feu aux poudres. Aujourd'hui, un petit musée expose des icônes, des livres de prières et des vêtements sacerdotaux.

Aux environs : à Archaía Eléftherna, à 10 km au nord-est de Moní Arkadíou, s'étendent les ruines de la cité-État antique d'**Eléftherna,** fondée en 700 av. J.-C. Vous y verrez les vestiges d'une nécropole, d'une villa romaine, d'une basilique et d'une tour de guet. Au nord-est d'Eléftherna, **Margarítes** est renommé pour ses poteries.

Les bâtiments isolés de Moní Préveli, blottis contre la roche

Excursion dans la vallée d'Amári ⓭

Dominée par le mont Ida, la vallée d'Amári offre des vues étonnantes sur les pics, les vallées verdoyantes et les gorges. Des routes tortueuses en bon état relient les nombreux petits villages agricoles où des Crétois moustachus aux bottes montantes et aux pantalons bouffants *(vrákes)* sont installés devant les tavernes. La région est parsemée de chapelles, d'églises et de monastères. Beaucoup de villages de la région, bastion traditionnel de la résistance crétoise aux envahisseurs successifs, ont été largement détruits pendant la Seconde Guerre mondiale.

Détail de l'église Panagía à Méronas

Oliveraies de la vallée d'Amári

Thrónos ①
L'église Panagía de Thrónos, qui contient de superbes fresques, date du XIVe siècle. On y voit des vestiges de mosaïques chrétiennes du IVe siècle. La clé est disponible dans la taverne voisine.

Moní Asomáton ②
Les bâtiments vénitiens qui abritent une école d'agriculture se dressent parmi les palmiers, les platanes et les eucalyptus.

Amári ③
La tour de l'Horloge vénitienne offre un magnifique panorama sur le mont Ida. À l'extérieur du village, l'église Agía Anna contient les plus anciennes fresques de l'île, qui datent de 1225.

Vizári ④
À l'ouest de Vizári s'étendent les ruines d'une basilique paléochrétienne du VIe siècle.

Méronas ⑧
L'église Panagía, de style vénitien, recèle des fresques du début du XIVe siècle.

Gerakári ⑦
Gerakári est réputé pour ses cerises et l'eau-de-vie de ce fruit.

Kardáki ⑥
L'église Agios Ioánnis Theológos du XIIIe siècle, en ruine, borde la route au nord de Kardáki.

Ano Méros ⑤
Un monument aux morts, à l'entrée d'Ano Méros, présente une femme gravant les noms des héros de la Résistance.

LÉGENDE
- Circuit
- Autre route
- Point de vue

0 — 5 km

CARNET DE ROUTE

Longueur : *92 km.*
Étapes : *Vous trouverez des tavernes dans tous les villages. Celle d'Ano Méros offre des panoramas superbes sur la vallée. En face de l'église en ruine, à l'extérieur de Kardáki, un emplacement ombragé avec une fontaine fait une excellente halte dans la canicule (p. 370).*

Légende des symboles, *voir le rabat arrière de couverture*

Mont Ida ⓮

Ψηλορείτης

Réthymnon. *Anógeia et Kamáres.*

L'Ida (ou Psiloreítis) est le point culminant de la chaîne du Psiloreítis, à 2456 m. La plus haute montagne de Crète compte de nombreux sanctuaires, comme la célèbre grotte de l'Ida.

D'Anógeia, la route qui mène au **plateau de Nída** traverse 23 km de paysages rocheux, ponctués çà et là de huttes de berger en pierres. Une taverne accueille les visiteurs sur le chemin de la **grotte de l'Ida**, située à 20 minutes de marche. Cette immense caverne, où Zeus grandit, a livré quantité d'objets, dont des boucliers en bronze d'environ 700 av. J.-C. Certains de ces objets sont exposés au Musée archéologique d'Héraklion *(p. 270-271)*. Du plateau, des chemins balisés montent au sommet de l'**Ida**. La randonnée qui conduit au sommet de la chapelle de Timios Stavros, dure environ huit heures, aller et retour.

Sur le versant sud, une ascension de trois heures depuis le village de Kamáres mène à la **grotte de Kamáres**. C'est là qu'ont été trouvés les célèbres vases minoens appelés « vases de Kamáres. » Des spécimens sont aujourd'hui exposés au Musée archéologique d'Héraklion.

LES GROTTES CRÉTOISES ET LE MYTHE DE ZEUS

La Crète compte 4700 grottes et cavernes, dont 2 000 environ ont été explorées. Utilisées à des fins cultuelles depuis le Néolithique, les grottes ont livré une moisson de trésors archéologiques. Liées à la mythologie antique, la grotte de Dicté *(p. 277)* et celle de l'Ida comptent parmi les plus visitées de l'île. Selon la légende, Rhéa aurait donné naissance à Zeus dans la grotte de Dicté, où il fut protégé par des *kourítes* (guerriers) et nourri par une chèvre. Zeus fut ensuite caché dans la grotte de l'Ida, où il grandit protégé de son père, Cronos, qui avait dévoré ses autres enfants après avoir appris qu'il serait détrôné par l'un de ses fils. La grotte de l'Ida fut un important lieu de pèlerinage à l'époque classique.

Stalagmites de la grotte de Dicté *(p. 277)*, Lasíthi

Anógeia ⓯

Ανώγεια

Réthymnon. *2300.*

Perché sur le Psiloreítis, le petit village qui date du XIIIe siècle a connu un passé mouvementé ; détruit par les Ottomans en 1821 et en 1826, puis par l'armée allemande en 1944, il a été reconstruit.

L'Anógeia moderne s'étend le long d'une corniche rocheuse. Son **monument aux morts** est une statue de bronze d'un héros crétois en costume traditionnel. Les grandes dates du passé récent de la Crète y figurent : 1821, Indépendance de la Grèce ; 1866, massacre des chrétiens réfugiés à Moní Arkadíou *(p. 260)* ; 1944, libération de l'occupant allemand. Cette partie de la localité possède aussi des tavernes, des magasins et des banques.

Le vieux village s'étage sur les versants escarpés. Les ruelles en escaliers convergent vers une petite place avec des magasins et des tavernes. Là, un buste en marbre de Vasíleios Skoulás, un homme politique

Le plateau de Nída, entre le village d'Anógeia et la grotte de l'Ida, mont Ida

Vendeuse proposant des tapis et des dentelles, Anógeia

local, se dresse près d'une sculpture en bois de son ami Venizélos *(p. 43)*, œuvre de l'artiste Manólis Skoulás.

Les boutiques du vieux village regorgent de broderies, de dentelles et de tapis colorés. C'est l'un des principaux centres artisanaux de l'île. Les tavernes voisines servent de la viande de chèvre grillée et d'autres spécialités crétoises. Les passionnés de musique pourront rendre hommage à Níkos Xyloúris, un chanteur de folklore des années 1970 mort prématurément, dont la petite maison blanchie à la chaux domine la place principale.

Agía Galíni ⓰

Αγία Γαλήνη

Réthymnon. 1 040. Agía Galíni.

Ce village de pêcheurs du sud de la vallée d'Amári est devenu une station balnéaire touristique. Le village d'origine, constitué seulement de quelques maisons anciennes et de ruelles étroites, est noyé dans une masse de résidences secondaires. Le front de mer est bordé de tavernes animées blotties entre l'eau et les falaises. La petite plage de sable, au-delà du port, est appréciée des amateurs de bains de soleil.

Aux environs : des bateaux-taxis partent tous les jours d'Agía Galíni vers les plages voisines d'**Agios Geórgios** et d'**Agios Pávlos**, et, plus loin, vers celle de **Préveli**, à Moní Préveli *(p. 260)*. Des excursions sont aussi proposées vers les belles plages des **îles Paximádia**.

Agía Triáda ⓱

Αγία Τριάδα

3 km à l'O de Phaestos, Héraklion. *pour Phaestos.* ***Tél.*** *28920 91564.* *t.l.j. 10h-16h30.* *j.f.* *Kómo 10 km au SO, Mátala 15 km au SO.*

La villa minoenne d'Agía Triáda a été exhumée par les Italiens entre 1902 et 1914. Ce bâtiment en L a été construit vers 1700 av. J.-C. à l'époque du second palais *(p. 275)*, sur des maisons plus anciennes. Les appartements privés et les salles de réception se trouvent à l'angle du L. Des revêtements en gypse et des fresques ornaient les murs. Des trésors minoens, comme le vase des Moissonneurs, le rhyton des Boxeurs (vase à libations) et le gobelet du Chef, ont été trouvés dans cette zone. Ils sont exposés au Musée archéologique d'Héraklion *(p. 270-271)*. Les sceaux en argile et les tablettes comportant des inscriptions en linéaire A minoen, une écriture non déchiffrée, attestent l'importance de la villa. Après la destruction de la villa par un incendie, vers 1400 av. J.-C., un mégaron (salle principale) mycénien fut construit sur le site. Les ruines au nord, avec une rangée de magasins bordés d'un portique, datent de cette période, tout comme le sarcophage peint trouvé dans le cimetière. Les peintures, qui représentent une procession funéraire, sont exposées au Musée archéologique d'Héraklion.

Site archéologique d'Agía Triáda

Aux environs : le village de Vóroi, à 6 km au nord-est d'Agía Triáda, possède un passionnant **musée d'Ethnologie crétoise**, dans lequel on pourra admirer une collection d'outils et d'objets de la vie quotidienne rurale jusqu'au début du XXe siècle.

Musée d'Ethnologie crétoise
Tél. *28920 91110.* *t.l.j. 10h-18h.* *j.f.*

Agía Galíni, blotti dans les rochers au pied de la vallée d'Amári

La plage de la ville de Mátala, flanquée de falaises de grès

Mátala ⓲

Μάταλα

Héraklion. 132. Kalamáki 5 km au N, Léntas 24 km au SE.

Blottie dans une baie idyllique, Mátala est restée un petit hameau de pêcheurs jusqu'à l'essor touristique des années 1960, qui en a fait une station balnéaire animée. Les hôtels, les bars et les restaurants se succèdent dans le centre animé, et le développement touristique se poursuit.

Malgré sa physionomie actuelle, Mátala a une riche histoire. Homère raconte que Ménélas, l'époux d'Hélène de Troie *(p. 54),* s'échoua ici au retour de la guerre. À l'époque hellénistique, vers 220 av. J.-C., Mátala servit de port à la cité-État antique de Gortyne. Les falaises de grès, qui surplombent la plage, ont été grêlées de trous à l'époque romaine pour abriter des sépultures. Plus tard, ces cavités ont été agrandies pour servir d'habitations troglodytiques aux premiers chrétiens, aux bergers et, plus récemment, aux hippies.

Aux environs : la région possède de belles plages, comme **Kaloí Liménes**, au sud-est, où l'apôtre Paul aurait fait escale lors de son voyage en Égypte. Au nord, une piste de sable mène à **Kommós**, l'une des plus belles plages de sable de la côte sud. Dans ce décor superbe s'étend le peuplement minoen de Kommós, sans doute un important port qui desservait Phaistos *(p. 266-267)*. Le vaste site fait l'objet de fouilles.

De Mátala, des bateaux partent pour les îles Paximádia, dans la baie, ou la plage de Préveli *(p. 260)*, bordée de palmiers, plus à l'ouest. Plusieurs excursions en car sont proposées vers Phaistos, Agía Triáda *(p. 263)* et Gortyne.

Phaistos (Phaestos) ⓳

Voir p. 266-267.

Gortyne (Górtys) ⓴

Γόρτυς

Héraklion. ***Tél.*** *28920 31144.* *t.l.j. 8h-19h.* *j.f.*

Habitée de l'époque minoenne à l'époque chrétienne, la cité-État antique de Gortyne prospéra sous la domination dorienne, au VIe siècle av. J.-C. Après avoir défait Phaistos au IIe siècle av. J.-C., Gortyne devint la première cité de Crète. À la suite de l'invasion romaine de 65 av. J.-C., elle devint la capitale de la nouvelle province romaine de Crète et de Cyrénaïque (actuelle Libye). Installée à un endroit stratégique, là où un affluent du Lethæos (l'actuel Mitropolianós) s'écoulait dans la plaine fertile de Messará, Gortyne continua à prospérer sous la domination byzantine. Ce n'est qu'à la fin du VIIe siècle apr. J.-C. que la ville fut détruite par une invasion arabe. Aujourd'hui, les ruines les plus visitées de ce vaste site s'étendent au nord de la route principale.

Statue du site antique de Górtys

Détail des lois de Gortyne, abritées dans l'odéon, Gortyne

LES LOIS DE GORTYNE

L'ensemble le plus complet de lois écrites du monde grec a été trouvé sur le site de la Gortyne antique. Les lois de Górtys datent d'environ 500 av. J.-C. Chaque bloc comporte douze colonnes d'inscriptions dans un dialecte crétois dorien. Au total, ce sont 600 lignes qui se lisent alternativement de gauche à droite et de droite à gauche (écriture appelée *boustrophedon,* littéralement « comme la charrue tourne »). Ces lois, accessibles au public, régissaient les affaires privées, comme le mariage, le divorce, l'adoption, les droits et les obligations des esclaves, mais aussi la vente et la division des biens.

Pour les hôtels et les restaurants de la région, voir p. 317-320 et p. 338-340

Le *bema* (partie située derrière l'autel) d'Agios Títos, Gortyne

Visite des ruines

Un parking, le guichet et un café se trouvent près de l'entrée. Juste derrière se dressent les vestiges de la basilique **Agios Títos**, du VIe siècle. On distingue encore le plan de l'édifice. Celui-ci, qui fut la principale église chrétienne de Crète, serait la sépulture de saint Tite, premier évêque et saint patron de Crète, envoyé par saint Paul convertir les païens. La zone au-delà de la basilique serait une **agora** (place de marché) grecque. Derrière s'étagent les gradins en hémicycle de l'**odéon** romain, qui accueillait des concerts et abrite aujourd'hui les lois de Gortyne.

Après l'odéon, un chemin monte à la colline de l'**acropole** dominant Gortyne, où un habitat postminoen fut construit vers 1000 av. J.-C. Les fortifications ont en partie été préservées. Sur le versant oriental de la colline, les fondations du **temple d'Athéna** datent du VIIe siècle av. J.-C. Une statue et d'autres objets votifs provenant d'un autel sacrificiel installé plus bas sont exposés au Musée historique d'Héraklion *(p. 268)*.

Au sud de la route principale, une vaste zone de la Gortyne romaine n'a pas été entièrement exhumée. Installé entre ces vieux oliviers, le **temple d'Apollon Pythien** possède un autel monumental, ajout hellénistique. Le temple fut transformé en basilique chrétienne au IIe siècle apr. J.-C. et resta important jusqu'en 600 apr. J.-C., où il fut supplanté par la basilique Agios Títos. À l'extrémité du site, on verra les ruines du **prétoire** du Ier siècle apr. J.-C., le grand palais du gouverneur de la province romaine.

Icône des *Dix Martyrs* du XIIIe siècle, église Agioi Déka

Aux environs : à l'est de Gortyne, le village d'**Agioi Déka** abrite une église byzantine du XIIIe siècle du même nom. Elle est bâtie à l'endroit où dix chrétiens crétois furent martyrisés en 250 apr. J.-C. La nef de l'église contient une icône représentant les dix martyrs. Au nord de Gortyne, une jolie route mène au village montagnard de **Zarós**, une oasis étonnamment verte réputée pour son eau de source cristalline. De là, un sentier bien balisé traverse au nord les **gorges de Zarós**. À environ 3 km au nord-ouest de Zarós se trouve **Moní Vrontisíou**. Les icônes du monastère, dues à Michaïl Damaskinós (v. 1530-1591), célèbre peintre de l'école crétoise, sont aujourd'hui exposées au musée d'Art religieux d'Héraklion *(p. 268)*.

Les ruines du prétoire, résidence du gouverneur de la province, Gortyne

Phaistos (Phaestos) ⓳

Το Ανάκτορο της Φαιστού

Vue de la plaine de Messará depuis la cour nord

Perché sur un site spectaculaire, Phaistos fut l'un des principaux palais minoens de Crète. Les fouilles entreprises en 1900 par l'archéologue italien Halbherr ont mis au jour deux palais. Les vestiges du premier, construit vers 1900 av. J.-C. et détruit sans doute par un séisme vers 1700 av. J.-C., comme à Knossós, sont toujours visibles. Toutefois, la majeure partie des ruines proviennent du second palais, endommagé vers 1450 av. J.-C., probablement par un raz de marée. La cité-État fut finalement détruite par Gortyne *(p. 264-265)* au IIe siècle av. J.-C. Aujourd'hui, les ruines superposées des deux palais rendent difficile l'interprétation du site.

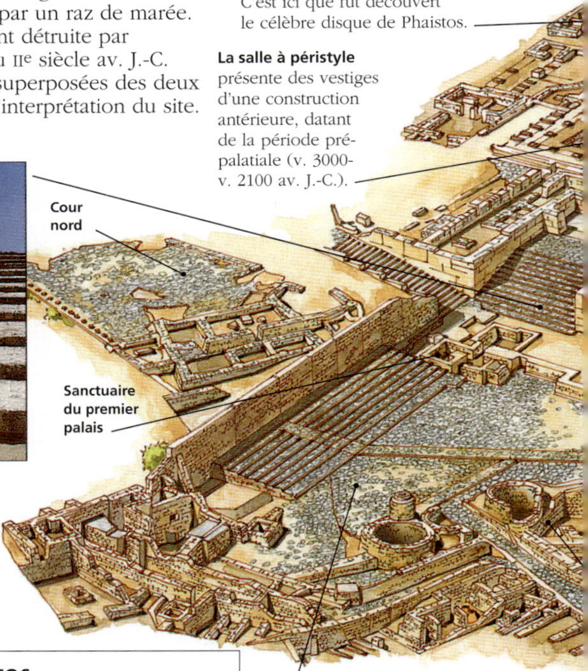

★ Grand escalier

Cet escalier monumental qui mène aux propylées (porche) et à un puits de lumière était l'entrée principale du palais.

LE DISQUE DE PHAISTOS

Ce disque en argile de 16 cm de diamètre a été découvert à Phaestos en 1903. Ses deux faces comportent des caractères hiéroglyphiques qui se déroulent en spirale de la circonférence vers le centre. Ces symboles n'ont jamais été déchiffrés. Il pourrait s'agir d'un hymne sacré. C'est l'une des pièces maîtresses du Musée archéologique d'Héraklion *(p. 270-271)*.

Cour ouest et zone du théâtre

La cour ouest date d'environ 1900 av. J.-C., la période du premier palai Les gradins permettaient d'assister aux rituels et aux cérémonies.

Pour les hôtels et les restaurants de la région, voir p. 317-320 et p. 338-340

Appartements royaux
Ces pièces étaient les plus sophistiquées, avec le mégaron de la reine, le mégaron du roi, les toilettes et le bain lustral.

MODE D'EMPLOI

65 km au SO d'Héraklion.
Tél. *28920 43315.* t.l.j. *8h30-15h* *1er janv., 25 mars, Ven. saint le matin, dim. de Pâques, 1er mai, 25-26 déc.*

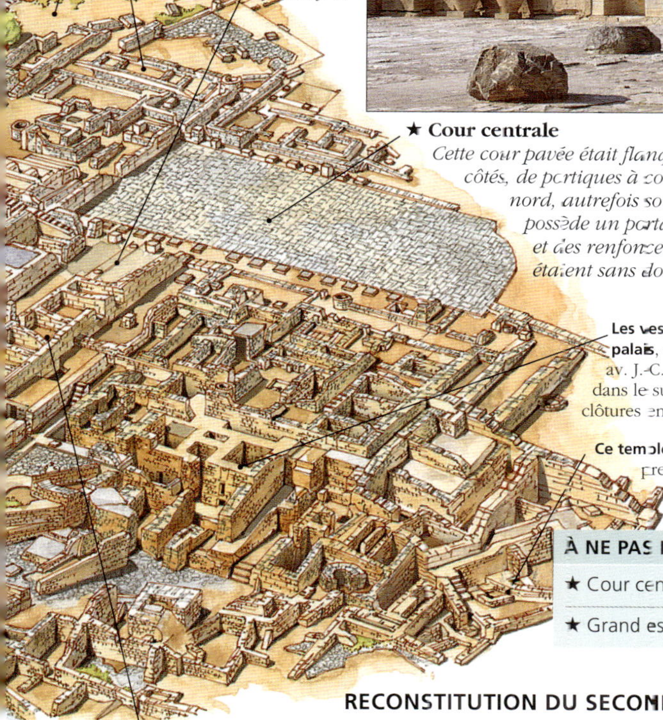

La salle principale abritait des sceaux à argile de 1800 av. J.-C.

★ Cour centrale
Cette cour pavée était flanquée, sur deux côtés, de portiques à colonnes. Sa façade nord, autrefois somptueuse, possède un portail central et des renfoncements, qui étaient sans doute des guérites.

Les vestiges du premier palais, d'environ 1900 av. J.-C., sont concentrés dans le sud-est du site. Des clôtures en interdisent l'accès.

Ce temple classique est la preuve que le site fut occupé après l'ère minoenne.

À NE PAS MANQUER

★ Cour centrale

★ Grand escalier

RECONSTITUTION DU SECOND PALAIS

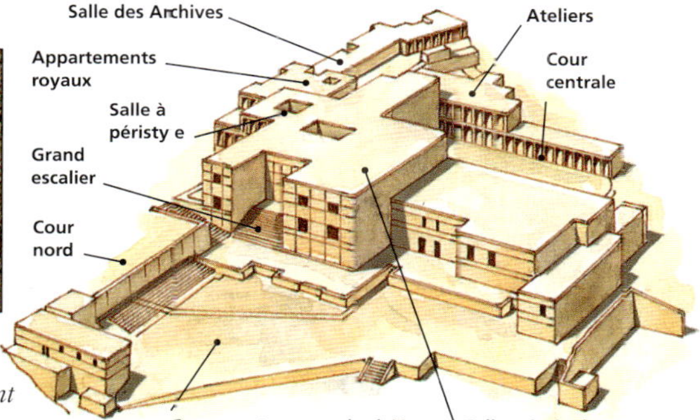

Fosses de stockage
Ces fosses murées circulaires d'environ 1900 av. J.-C. servaient à stocker les céréales du palais.

Héraklion (Irákleio) ㉑

Ηράκλειο

Installée sur un site peuplé depuis le Néolithique, Héraklion était le port de Knossós à l'époque romaine. Sous domination vénitienne au XIIIe siècle, la ville s'appelait Candie. Aujourd'hui, les rues embouteillées et les immeubles en béton n'attirent pas de prime abord. Toutefois, passé cette première impression, le charme de la ville opère, avec sa foule de constructions vénitiennes, dont les murailles d'enceinte et le fort. Son Musée archéologique contient la plus grande collection au monde d'art minoen. De plus, la ville permet d'accéder facilement à Knossós *(p. 272-275)*.

Façade de l'église vénitienne Agios Títos

À la découverte d'Héraklion

Au cœur de la ville s'étend la Plateía Eleftheríou Venizélou, une zone piétonne où des cafés et des magasins sont groupés autour de la belle **fontaine Morosini**, du XVIIe siècle. En face, l'église **Agios Márkos**, construite par les Vénitiens en 1239, a été restaurée et accueille aujourd'hui des concerts et des expositions. De là, la rue 25 Avgoústou (« du 25-Août ») mène au port vénitien. La **Loggia** du XVIIe siècle, qui servait de lieu de réunion à la noblesse de l'île, borde la rue. L'édifice restauré abrite l'actuelle mairie. Derrière, sur une petite place, l'église **Agios Títos** du XVIe siècle est dédiée au saint patron de l'île. De l'autre côté de 25 Avgoústou, le petit **parc El Greco** doit son nom au célèbre peintre d'origine crétoise.

À l'extrémité nord de la rue 25 Avgoustou, le vieux port est dominé par le **fort** vénitien, qui réussit à tenir tête aux assauts des Ottomans au XVIIe siècle. Appelé *Rocca al Mare* (« fort sur la mer ») par les Vénitiens, puis *Koulés* par les Ottomans, il fut érigé par les Vénitiens entre 1523 et 1540. En face du fort s'étendent les arcades de l'**Arsenali** vénitien du XVIe siècle, où étaient construits et réparés les bateaux. À l'ouest, sur le front de mer, le **Musée historique** retrace l'histoire de la Crète depuis le début de l'ère chrétienne. Il expose des icônes byzantines, des frises, des sculptures et les archives de la bataille de Crète *(p. 251)*. Le musée possède la seule toile du Greco exposée en Crète : *Vues du mont Sinaï* (v. 1570).

Détail du *Lion de Saint-Marc*, fort

Depuis la Plateía Venizélou, une courte promenade vers le sud-ouest vous mènera à la Plateía Agías Aikaterínis, avec l'église vénitienne Agía Aikateríni du mont Sinaï, du XVIe siècle. Centre d'art et d'apprentissage renommé, l'édifice accueille le **musée d'Art religieux**, (fermé pour restauration) qui a une superbe collection d'icônes, de fresques et de manuscrits byzantins. Les pièces les plus importantes sont six icônes de Michaïl Damaskinós, artiste crétois du XVIe siècle qui apprit son art ici, à Agía Aikateríni, et fut professeur du Greco. La cathédrale **Agios Minás**, qui jouxte le musée, domine la place.

À l'est, le marché de la rue 1866 conduit au sud à la Plateía Kornárou. Là, une ravissante buvette ottomane abrite un café. À côté, une statue romaine sans tête orne la **fontaine Bembo**, du XVIe siècle. À l'est, le long

LE GRECO

Dhomínikos Theotokópoulos (dit le Greco) est né en Crète en 1541. Sa peinture a ses racines dans l'école crétoise – ce qui transparaît dans son utilisation très personnelle des couleurs et dans ses figures allongées. En Italie, le Greco subit l'influence de Bassano et du Tintoret et fut l'élève de Titien, avant de partir en Espagne. Il mourut en 1614. Paradoxalement, une seule de ses œuvres se trouve en Crète, au Musée historique d'Héraklion.

***Vues du mont Sinaï*, du Greco (v. 1570), Musée historique**

Bateaux le long du port d'Héraklion, dominé par l'imposant fort vénitien

Fontaine publique de Bembo, Plateía Kornárou

d'Avérof, la Plateía Eleftherías (« place de la Liberté ») est dominée par une statue d'Eleftherios Venizélos (1864-1936) qui mena la révolte contre les Ottomans. La rue Daidálou, piétonne et bordée de magasins et de restaurants, part de la place. Tout à côté, au nord, se trouvent le **Musée archéologique** *(p. 270-271)* et l'office de tourisme principal.

Au sud de la ville, au-delà des vieux murs, le petit **Muséum d'histoire naturelle** est consacré à la faune et à la flore de l'Égée. On y voit une collection de fossiles et des animaux vivants.

Loggia
25 Avgoústou. ***Tél.*** *28103 99399.* *lun.-sam.* *j.f.*

Fort
Port vénitien. *lun.-ven. 8h-20h30, sam. 8h-14h.* *j.f.*

Musée historique
Lysimáchou Kalokairinoú 7. ***Tél.*** *28102 83219.* *lun.-sam. 9h-17h.* *j.f.*

Musée d'Art religieux
Agía Aikaterínis de Sinaï, Plateía Agías Aikaterínis. *pour rénovation.*

Muséum d'histoire naturelle
Sofokli Venizélou. ***Tél.*** *28102 82740.* *dim.-ven.*

MODE D'EMPLOI

Héraklion. *116 000.* *5 km à l'E.* *à l'E du port vénitien.* *Leofóros Papadimitríou (pour Réthymnon, La Canée, Agios Nikólaos et Ierápetra) ; Plateía Kóraka (pour Mátala).* *Xanthoudídou 1 (2810 246299, dtkritis@otenet.gr).* *sam.* *fête de l'Été : juil.-sept.* *Amoudára 10 km à l'O.*

Aux environs : vers l'ouest, en direction Réthymnon, une route rejoignant Anógeia *(p. 262-263)* grimpe vers **Týlissos**, où les vestiges de trois villas minoennes ont été découverts en 1902. À l'ouest d'Héraklion, la route mène au village de **Fódele** supposé être le lieu de naissance du Greco. Sa maison se trouve au-dessus de l'église byzantine. Le **CretAquarium**, à 15 km à l'est d'Héraklion, présente quelque 200 espèces de poissons et d'invertébrés.

CretAquarium
Près de Gournes. ***Tél.*** *28103 37788.* *juin-sept. : t.l.j. 9h-21h ; oct.-mai : t.l.j. 9h-17h.*

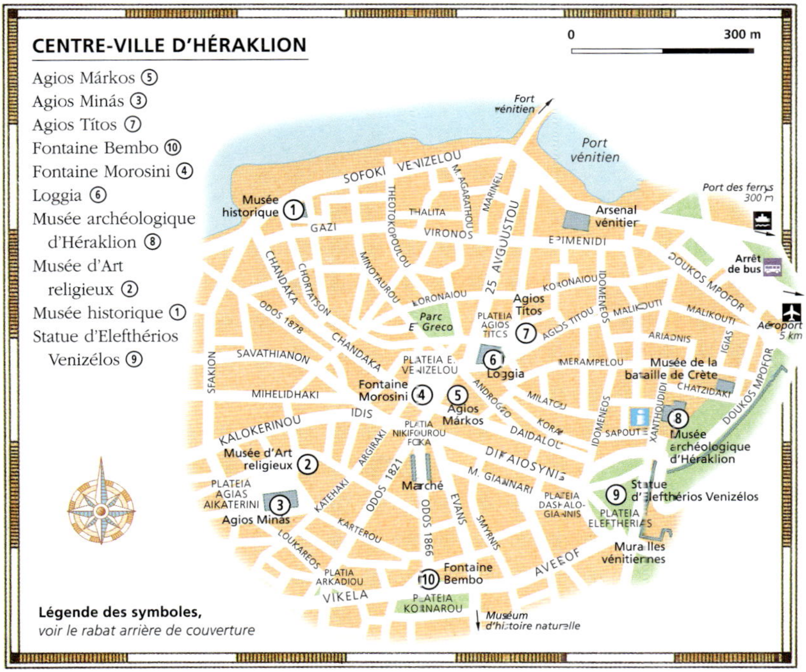

Musée archéologique d'Héraklion

Αρχαιολογικό Μουσείο Ηρακλείου

Le musée, qui abrite la plus grande collection d'objets minoens au monde, donne un aperçu unique de cette civilisation extraordinaire qui domina la Crète voilà plus de trois millénaires, mais aussi du début de la civilisation grecque. Les pièces exposées ont été collectées dans toute l'île. On verra entre autres les célèbres fresques minoennes de Knossós *(p. 272-275)*, le disque de Phaistos *(p. 266)*, des vases en pierre sculptée et de superbes bijoux. Le musée est en partie fermé au public pour rénovation mais les pièces les plus réputées sont exposées dans un local temporaire.

Pendentif aux abeilles en or
Découvert dans le cimetière de Chrysólakkos à Mália (p. 277)*, ce superbe pendentif en or représentant deux abeille date du* XVII*e siècle av. J.-C.*

★ Rhyton en tête de taureau
Ce vase à libations du XVI*e siècle av. J.-C. provient de Knossós* (p. 63)*. Taillé dans une pierre noire, la stéatite, il est orné d'incrustations de cristal de roche et de nacre.*

★ Disque de Phaistos
Ce disque en argile a été trouvé dans le palais de Phaistos en 1903.

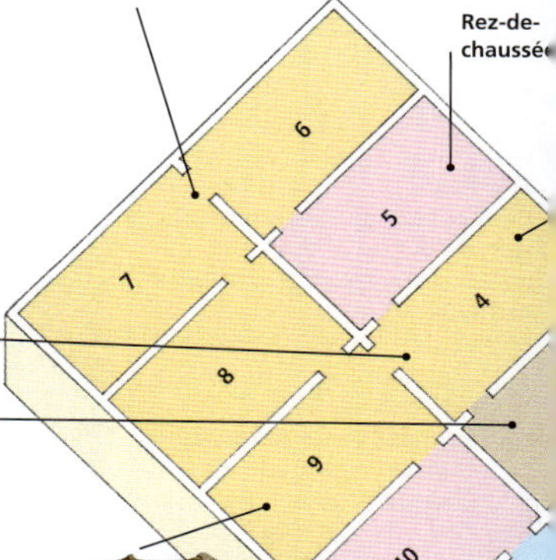

À NE PAS MANQUER
★ Disque de Phaistos
★ Déesses aux Serpents
★ Rhyton en tête de taureau
★ Salle des Fresques

Vase au Poulpe
Ce vase du minoen récent trouvé à Palaíkastro (p. 281) *est décoré de motifs marins.*

Vase minoen aux « Doubles Haches »

LA DOUBLE HACHE MINOENNE

La double hache (*labrys* en grec ancien) minoenne était un outil utilisé par les charpentiers, les maçons et les constructeurs de bateaux, mais aussi un symbole sacré, qui aurait été un objet de culte lié à la Déesse Mère. Le célèbre labyrinthe de Knossós *(p. 272-275)* serait la « maison de la Double Hache ». L'importance de la hache transparaît clairement à travers les nombreux vases, *larnakes* (« coffrets funéraires »), sceaux, fresques et piliers comportant des inscriptions ou des peintures de la double hache cérémonielle, y compris sur les murs du palais de Knossós. La hache cérémonielle est souvent représentée entre des cornes sacrées ou entre les mains d'un prêtre. Les haches votives (offrandes rituelles) richement décorées étaient en or, en argent, en cuivre ou en bronze. Une version stylisée de la double hache apparaît également dans des textes anciens en linéaires A et B.

★ Déesses aux Serpents

Cette femme aux seins nus tenant un serpent dans chaque main est l'une des deux figurines en faïence représentant la déesse aux Serpents ou une prêtresse accomplissant un rituel religieux. Les deux statuettes ont été trouvées à Knossós.

MODE D'EMPLOI

1, odod Xanthoudidou, Plateía Eleftherías, Héraklion. ***Tél.*** *2810 279087. Exposition temporaire des pièces célèbres : lun. 13h30-20h, mar.-dim. 8h-20h.* r.-d.-c. seul. **www.**heraklion-crete.org

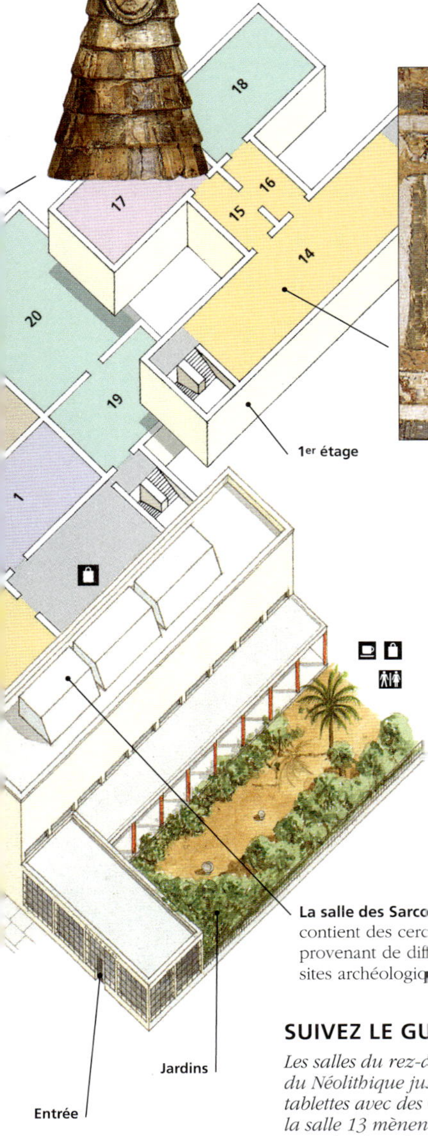

★ Salle des Fresques

Cette salle présente les célèbres fresques minoennes et d'autres superbes exemples d'art minoen. On y verra le sarcophage d'Agía Triáda aux fresques magnifiques, datant d'environ 1400 av. J.-C.

La salle des Sarcophages contient des cercueils décorés, provenant de différentes sites archéologiques crétois.

LÉGENDE DU PLAN

- Néolithique et minoen ancien
- Minoen moyen
- Minoen moyen à minoen récent
- Minoen récent
- Géométrique
- Bague de Minos et autres bagues minoennes en or
- Archaïque et gréco-romain
- Espace réservé

SUIVEZ LE GUIDE !

Les salles du rez-de-chaussée sont ordonnées chronologiquement, du Néolithique jusqu'à l'époque romaine. La salle 5 contient des tablettes avec des inscriptions en linéaire A et B. Les escaliers de la salle 13 mènent au 1er étage, où les fresques minoennes sont exposées dans les salles 14, 15 et 16. La salle 14, appelée « salle des Fresques », abrite une maquette du palais de Knossós.

Palais de Knossós ㉒

Ανάκτορο της Κνωσού

Le premier palais, construit vers 1800 av. J.-C., fut détruit par un séisme vers 1700 av. J.-C. et entièrement reconstruit. Les ruines restaurées sont presque toutes celles du second palais. Le site, mis au jour par Arthur Evans à partir de 1900, s'ordonne autour de la cour centrale, disposée nord-sud, que bordent les édifices majeurs du palais *(p. 274-275)*. Les fresques originales sont au Musée archéologique d'Héraklion *(p. 270-271)*.

Vue sur la cour centrale en direction du nord-est

Cornes de consécration
Installées sur la façade sud, ces cornes restaurées qui symbolisent le taureau sacré ornaient le sommet du palais.

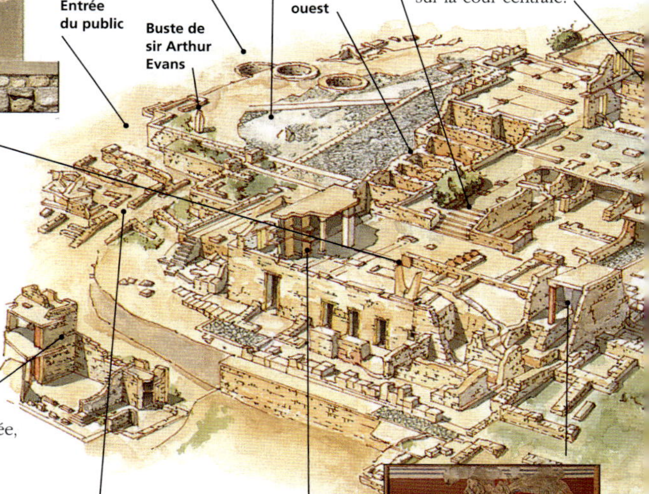

Le sanctuaire tripartite, autrefois protégé par un toit, est l'un des nombreux sanctuaires qui donnaient sur la cour centrale.

La maison sud, partiellement restaurée, s'élevait autrefois sur trois étages. C'était probablement la résidence d'un officiel du palais.

Propylée sud
L'entrée du palais s'effectuait par cette porte monumentale, décorée d'une réplique des Porteurs de vases, *détail de la fresque de la* Procession.

★ Fresque du Roi prêtre
Cette réplique de la fresque du Roi prêtre *représente un personnage portant une couronne de lis et des plumes. C'est un détail de la fresque de la* Procession.

Pour les hôtels et les restaurants de la région, voir p. 317-320 et p. 338-340

★ Salle du Trône
Cette salle devait servir de sanctuaire. Le trône de pierre d'origine, qui serait celui d'une prêtresse, est gardé par une fresque restaurée représentant des griffons, créatures légendaires, sacrées à l'époque minoenne.

MODE D'EMPLOI

5 km au S d'Héraklion.
Tél. *2810 231940.*
nov–mi-mai : t.l.j. 8h30-15h ; mi-mai–oct. : t.l.j. 8h-20h.
1er janv., 25 mars, Ven. saint le matin, Pâques, 1er mai, 25-26 déc.

★ *Pithoi* géants
Plus de 100 pithoi *(jarres de stockage) géants ont été mis au jour. Les jarres servaient à conserver les produits pour le palais.*

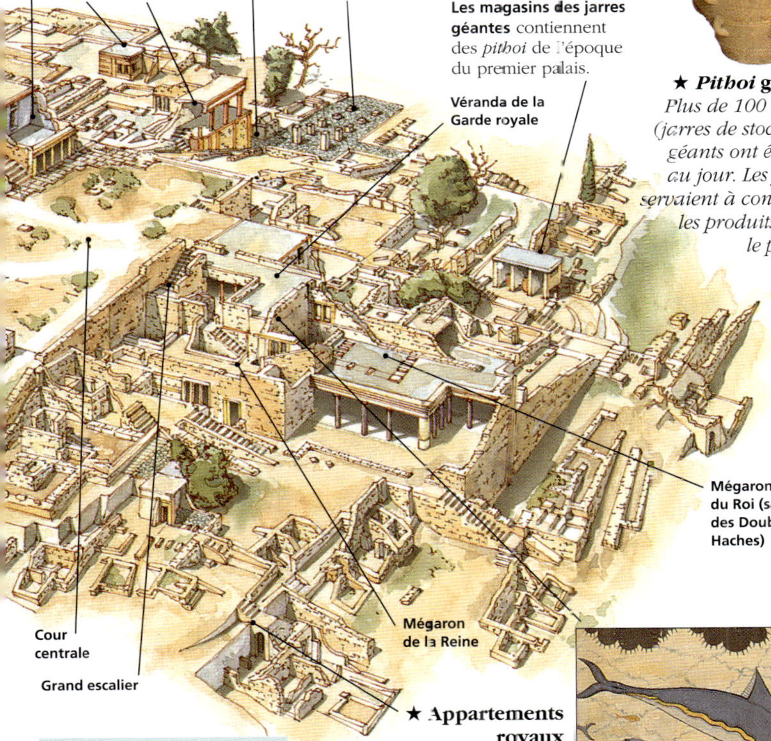

★ Appartements royaux
Ces salles comprennent le mégaron du Roi, celui de la Reine (décoré d'une copie de la célèbre fresque aux Dauphins) et sur lequel s'ouvre une salle de bains, et le grand escalier.

À NE PAS MANQUER

- ★ Appartements royaux
- ★ Fresque du Roi prêtre
- ★ *Pithoi* géants
- ★ Salle du Trône

À la découverte du palais de Knossós

Le palais a été mis au jour par Arthur Evans entre 1900 et 1929. Dès 1905, Evans put distinguer trois périodes dans l'âge du bronze crétois. Mais son interprétation fut controversée dès 1920, à cause des fouilles menées dans le Péloponnèse. Sa reconstitution donne toutefois au visiteur un exemple parfait de la vie de la Crète minoenne.

Baignoire en argile restaurée, près du mégaron de la Reine

AUTOUR DU PROPYLÉE SUD

L'accès s'effectue par la **cour ouest**, l'entrée cérémonielle d'origine, où se trouve un buste d'Arthur Evans. Sur la gauche, les trois puits ronds, appelés *koulíres*, servaient certainement au stockage. Plus loin, le long de la façade ouest, les **magasins de l'ouest** contenaient quantité de grandes jarres de stockage. On imagine aisément l'importance qu'avaient pour le palais la maîtrise et le stockage des ressources.

À l'extrême droite de la cour ouest, l'entrée ouest mène au **corridor de la Procession**. Les fresques de ce corridor, qui représentent des porteurs d'offrandes, illustrent certainement les cérémonies qui accompagnaient les manifestations religieuses et officielles. Les fresques du **propylée sud**, auxquelles mène un embranchement du corridor, en donnent également un bon aperçu. Du propylée sud, des marches montent vers le *piano nobile*, qui a été reconstruit. C'est ainsi qu'Arthur Evans a baptisé l'emplacement probable des salles d'apparat. Les vases de pierre trouvés là étaient essentiellement utilisés à des fins rituelles ; ils mettent en évidence le rôle central de la religion. Les liens étroits entre le pouvoir sacré et le pouvoir séculaire apparaissent également dans la **salle du Trône**, où des bains rituels se déroulaient probablement dans un bassin lustral. De la salle du Trône, des marches mènent à la **cour centrale**, qui était pavée. Aujourd'hui exposée aux intempéries, cette cour était autrefois bordée d'édifices élevés.

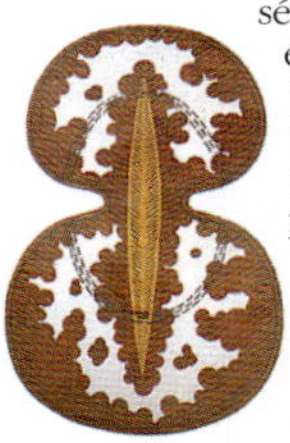

Motif de boucliers, Knossós

APPARTEMENTS ROYAUX

Les salles spacieuses et élégantes à l'est de la cour centrale étaient certainement les appartements royaux. Ils sont desservis par le **grand escalier**, l'une des réalisations architecturales préservées les plus imposantes du palais. Une volée de marches en gypse descend vers une cour à colonnes. Les puits de lumière éclairant les étages inférieurs sont caractéristiques de l'architecture minoenne.

Les toilettes du **mégaron de la Reine** possédaient un système d'évacuation de l'eau. Le mégaron s'ouvrait sur une salle de bains avec une baignoire en argile. Les corridors et les salles de cette zone sont tous ornés de fresques à motifs floraux et animaux. Les murs de la **véranda de la Garde royale**, qui mène aux appartements royaux, étaient décorés d'un motif de boucliers. Le **mégaron du Roi**, aussi appelé « salle des Doubles Haches », doit son nom aux symboles de doubles haches gravés sur les murs de pierre. Le mégaron du Roi, qui est la plus grande salle des appartements royaux, pouvait être divisé par de nombreuses portes – ce qui permettait un aménagement très souple de l'espace. On y a trouvé des vestiges d'un trône en plâtre – ce qui indique que la salle servait aussi à des fonctions officielles.

Réplique de la célèbre fresque du *Taureau chargeant*

AU NORD ET À L'OUEST DE LA COUR CENTRALE

L'entrée nord de la cour centrale était ornée d'extraordinaires décorations figuratives. Une reproduction de la fresque du *Taureau chargeant* est exposée sur

Pour les hôtels et les restaurants de la région, voir p. 317-320 et p. 338-340

le site. L'entrée nord mène à la **salle hypostyle nord**, appelée « maison des Douanes » par Arthur Evans qui pensait que les marchandises y étaient inspectées. La salle est un ajout de la période du second palais (v. 1700 av. J.-C.). À l'ouest, une salle aux marches restaurées est appelée « le **bain lustral nord** ». Les traces de feu et les jarres d'huile révèlent que les visiteurs y étaient purifiés et oints avant d'entrer au palais. Plus à l'ouest se trouve le **théâtre**, une cour en gradins dont l'emplacement semble indiquer que des rituels liés à la réception

La cour en gradins du théâtre

des visiteurs s'y déroulaient. La **voie royale**, qui part du palais vers la ville minoenne de Knossós, était bordée de maisons. Le **petit palais** non loin de la voie royale, a été mis au jour mais il n'est pas accessible au public. La construction, qui ressemble à celle du palais principal, a été détruite à la même époque.

HISTOIRE DE KNOSSÓS

Capitale de la Crète minoenne, Knossós était le plus grand et le plus raffiné des palais crétois. Le complexe, qui regroupait plus de 1000 pièces, possédait un système d'égouts sophistiqué, des toilettes à chasse d'eau et des routes pavées. Selon la légende, Knossós serait le site d'un labyrinthe souterrain où vivait le Minotaure. Mi-homme mi-taureau il est l'enfant de Pasiphaé, l'épouse du roi Minos. Il fut tué par Thésée. La reconstitution ci-dessous présente le second palais vers 1700 av. J.-C.

Symbole de labyrinthe sur une pièce de Knossós

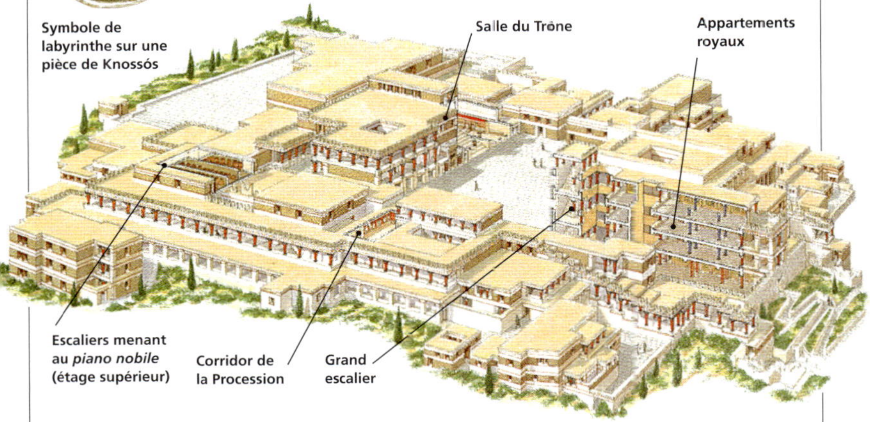

CHRONOLOGIE

7000 Arrivée des premiers habitants de Knossós

v. 1450 Endommagement du second palais

v. 1800 Période palatiale : construction du premier palais

v. 1370 Destruction du second palais par un incendie

v. 800 Émergence de la cité-État de Knossós

67 Conquête romaine de la Crète

1878 L'archéologue Minos Kalokairinós commence à fouiller le site

7000 av. J.-C. | **2000 av. J.-C.** | **1500 av. J.-C.** | **1000 av. J.-C.** | **500** | **1 apr. J.-C.**

v. 1700 Destruction du premier palais par un séisme ; période du second palais : construction du second palais

v. 1450 Domination de Knossós par les Mycéniens

v. 1104 « Retour des Héraclides » ou migration dorienne ; fin de l'âge du bronze

Sir Arthur Evans

1900 Arthur Evans entame ses fouilles

Le front de mer moderne de Chersónisos, la plus animée des stations balnéaires accueillant des voyages organisés

Archánes 23

Αρχάνες

Héraklion. *4 000.* *28102 46299 (bureau d'Héraklion).*

Loin des stations balnéaires, Archánes est établi dans une région agricole, où oliveraies et petits vignobles émaillent le paysage. Installé au pied du **mont Gioúchtas** (lieu sacré où se trouve, selon la légende, la sépulture de Zeus), Archánes était un site important et prospère à l'époque minoenne.

En 1964, les vestiges d'un **palais** minoen ont été découverts à Tourkogeitoniá. Une courte promenade jusqu'à la colline de Fourní au nord mène à un vaste **cimetière minoen**. De nombreux trésors y ont été découverts, dont le tombeau d'une princesse avec un diadème en or, ainsi que des chevalières. Certaines pièces sont exposées au **Musée archéologique**.

Cimetière minoen
Colline de Fourní.
lun., mer.-dim. *j.f.*

Musée archéologique
Kalochristianáki. *t.l.j.* *j.f.*

Aux environs : le site d'un sanctuaire minoen se trouve sur le versant nord du mont Gioúchtas, à **Anemospiliá**. Les fouilles ont mis au jour une scène de sacrifice humain, apparemment interrompu par un tremblement de terre, vers 1700 av. J.-C., qui coûta la vie aux participants. Les vestiges sont maigres, mais les vues sur le mont Ida *(p. 262)* sont superbes.

Le **musée Kazantzákis**, à Myrtiá, illustre la vie de l'auteur d'*Alexis Zorba*.

Non loin, à Scalani, le **Boutari Winery** propose des visites guidées et des dégustations.

Musée Kazantzákis
Myrtiá, 14 km à l'E. d'Archánes.
Tél. *2810 742451.* *mars-oct. : t.l.j. ; nov.-fév. : dim.* *j.f.*

NÍKOS KAZANTZÁKIS

Originaire de Myrtiá, Níkos Kazantzákis (1883-1957) est le grand écrivain crétois. Engagé dans la lutte contre l'oppression turque, il a écrit poèmes, essais philosophiques, pièces et romans, comme *Alexis Zorba* et *La Dernière Tentation du Christ* (tous deux portés à l'écran). Les mots de cet auteur excommunié par l'Église orthodoxe figurent comme épitaphe sur sa tombe : « Je n'espère rien, je n'ai peur de rien, je suis libre. »

Affiche du film *Zorba le Grec*, des années 1960

Chersónisos 24

Χερσόνησος

Héraklion. *4 050.* *Chersónisos.*

Port prospère de l'époque classique à l'époque byzantine, Chersónisos (ou Liménas Chersonísou) est aujourd'hui une destination très appréciée des voyages organisés. Malgré la pléthore de tavernes, de magasins de souvenirs et de discothèques, on parvient à discerner le Chersónisos d'antan. Sur le front de mer, une **fontaine** romaine pyramidale ornée de mosaïques de poissons date du IIe ou du IIIe siècle. On y voit aussi des vestiges du **port romain**, aujourd'hui en grande partie submergé. Sur la côte, à l'extrémité est de la ville, la vie crétoise traditionnelle est présentée au **Musée crétois en plein air**, ou « Lychnostátis », avec un moulin à vent et une maison en pierre. Le **Crete Golf Club**, à Chersónisos, est le seul parcours de golf de l'île. L'**Aqua Splash Water Park** propose, entre autres, piscines et toboggans aquatiques.

Musée crétois en plein air
Lychnostátis. ***Tél.*** *28970 23660.*
avr.-oct. : mar.-dim.
j.f.

Crete Golf Club
7 km au S de Chersónisos.
Tél. *28970 2600.* *t.l.j.*
www.crete-golf.gr

Aqua Splash Water Park
5 km au S de la nationale.
Tél. *28970 24950.*
avr.-oct. : t.l.j.

Pour les hôtels et les restaurants de la région, voir p. 317-320 et p. 338-340

Mália 25

Μάλια

36 km à l'E d'Héraklion. 2 700.
Stalída 3 km au NO.

Mália est une ville très bruyante. Le jour, les estivants s'entassent sur les plages, et la nuit, les discothèques rivalisent de décibels.

Un contraste frappant est offert par le **palais de Mália**, beaucoup moins fréquenté, dont les ruines s'étendent dans la plaine côtière à l'est. Le premier palais a été construit vers 1800 av. J.-C., mais, comme tous les grands palais, il a été détruit vers 1700 av. J.-C., puis à nouveau en 1450 av. J.-C. *(p. 275)*. Le site a beaucoup de traits communs avec les autres palais minoens : la grande cour centrale, avec son autel sacrificiel, les bassins lustraux et les puits de lumière. Dans un petit sanctuaire de l'aile ouest du palais, on voit le symbole religieux minoen du *labrys* (« double hache ») sur des doubles piliers.

***ithos* géant au palais de Mália**

Derrière le palais, des vestiges qui seraient ceux d'une ville sont mis au jour. Plus au nord s'étend le site funéraire de **Chrysólakkos** (« fosse à or »). Des trouvailles d'une grande importance y ont été faites, telles que le célèbre pendentif aux abeilles en or exposé au Musée archéologique d'Héraklion *(p. 270-271)*.

Le plateau agricole du Lasíthi est une véritable mosaïque

Palais de Mália
3 km à l'E de Mália.
Tél. 28970 31597. mar.-dim.
28 oct., j.f.

Aux environs : en expansion rapide, le village de **Sísi** se trouve à 6,5 km à l'est de Mália. En continuant vers l'est, admirerez le magnifique panorama lors de la descente vers Mílatos. De là, un chemin bien balisé mène à la **grotte de Mílatos**, où un sanctuaire et un coffret vitré recelant des ossements commémorent les victimes massacrées par les Ottomans en 1823.

Plateau du Lassíthi 26

Ωροπέδιο Λασιθίου

Mont Dicté, Héraklion.
Tzermiádo.

Haut perchée sur le mont Dicté (ou Díkti), le plateau du Lassíthi est resté coupé du monde extérieur pendant des siècles. Une rangée de moulins à vent, sur le col de Séli Ampelou, marque l'entrée principale du plateau. Cette zone agricole plane, à 800 m d'altitude, est entourée de montagnes. Les paysans y cultivent fruits, pommes de terre et céréales. Quelques moulins à vent continuent à pomper de l'eau d'irrigation.

La « capitale » du plateau est **Tzermiádo**, village aux bonnes infrastructures touristiques. Depuis le centre, un chemin balisé mène à la **grotte de Trápeza** (aussi appelée « grotte de Króneion »). À l'ouest, un sentier arcu (une heure de marche) monte vers le site de **Karfí**, le dernier refuge de la civilisation minoenne. À la lisière sud de la plaine, **Agios Geórgios** possède un petit **musée d'Art populaire**, qui présente des broderies, des peintures et des souvenirs de Kazantzákis.

Le temps fort de la visite du plateau sera sans nul doute une excursion à la **grotte de Dicté** à Psychró, le lieu de naissance de Zeus *(p. 262)*. Quantité d'objets y ont été trouvés, tels que des offrandes votives, des doubles haches et des statuettes en bronze. Ils sont exposés au Musée archéologique d'Héraklion *(p. 270-271)*.

Musée d'Art populaire
Agios Geórgios. mars-oct. : t.l.j.

Grotte de Dicté
Psychró. t.l.j. 10h30-16h45.
Tél. 28440 31316.
27 sept., 28 oct., j.f.

Petit sanctuaire dans la grotte de Mílatos

L'île fortifiée de Spinalónga, au large d'Eloúnta

Eloúnta ㉗

Ελούντα

Lassíthi. *1 500.* *mar.* *Eloúnta.*

Eloúnta, qui se dresse sur le site de la cité-État d'Oloús, doit son développement aux Vénitiens, qui en firent un port fortifié en 1579. Aujourd'hui, c'est une station balnéaire aménagée dans un endroit idyllique sur la baie de Mirabéllou, avec de superbes criques de sable. La localité offre un bon choix d'hébergements.

À l'est du village, un isthme dessert la longue bande de terre de la péninsule de Spinalónga. Juste sous la surface de l'eau, on distingue les vestiges de la cité-État gréco-romaine d'**Oloús**.

Au nord de la péninsule, l'îlot de **Spinalónga** abrite une forteresse vénitienne abandonnée du XVIe siècle. Après avoir résisté aux assauts des Ottomans pendant de nombreuses années, elle servit de léproserie jusque dans les années 1950. Aujourd'hui, des excursions en bateau y partent depuis Eloúnta et d'autres localités.

Aux environs : le petit hameau de **Pláka**, à 5 km au nord d'Eloúnta, est un havre de paix avec une plage de galets. Le soir, régalez-vous d'un poisson frais sur le front de mer. Des bateaux partent pour Spinalónga.

Crâne et couronne, Musée archéologique, Agios Nikólaos

Agios Nikólaos ㉘

Αγιος Νικόλαος

Lassíthi. *10 000.*
Koundoúrou 21 (28410 22357).
mer. *Almyrós 2 km à l'E, Chavánia 3 km à l'O.*

Agios Nikólaos, l'un des lieux de villégiature les plus agréables de l'île, trône dans la superbe baie de Mirabéllou. La ville remonte à l'époque hellénistique. Appelée Lató « pros Kamára » (« vers l'arche »), elle était le port de la cité-État de Lató. Elle déclina sous les Vénitiens, et ce n'est qu'au XIXe siècle qu'Agios Nikólaos commença à se développer pour devenir une station balnéaire prospère.

La localité s'ordonne autour de son port et du lac de Voulisméni, que l'on disait sans fond et qui mesure en réalité 64 m de profondeur. Dominant le lac, le **musée d'Art populaire** présente une intéressante collection d'artisanat traditionnel crétois et d'objets quotidiens. Au nord, la petite église **Agios Nikólaos**, qui a donné son nom à la localité, se dresse sur le domaine du Mínos Palace Hotel.

Le **Musée archéologique** d'Agios Nikólaos expose des trouvailles de la province du Lassíthi. On y voit des vases de pierre sculptée, des bijoux en or du site minoen de Móchlos près de Gourniá et des terres cuites, dont le vase à boire dit « la Déesse de Mýrtos ». Le musée présente une pièce étonnante : le crâne d'un homme, probablement un athlète, et sa couronne de laurier en or avec une pièce en argent destinée à payer la traversée du Styx.

En été, des excursions en bateau vont aux îles de Spinalónga et d'Agioi Pántes, refuge des *kri-kri* *(p. 254)*, les chèvres sauvages crétoises.

Musée d'Art populaire
Koundoúrou 23. ***Tél.*** *28410 25093.*
mai.-oct. : mar.-dim. 10h-14h.
j.f.

Musée archéologique
Palaiológou 68. ***Tél.*** *28410 24943.*
mar.-dim. 8h30-15h. *j.f.*

Le joli port intérieur d'Agios Nikólaos, avec le lac Voulisméni au premier plan

Pour les hôtels et les restaurants de la région, voir p. 317-320 et p. 338-340

Détail de la fresque du *Paradis* de Panagía Kerá, à Kritsá

Kritsá 29

Κριτσά

Lassíthi. 2 500. Kritsá (0841 51205). lun. Ammoudára 11 km à l'E, Istro 15 km au SE.

Installé au pied des montagnes du Lassíthi, le petit village de Kritsá est connu dans toute l'île par sa célèbre église byzantine. C'est aussi un centre artisanal. En été, la rue principale regorge de dentelles, de tapis tissés et de nappes brodées. Les cafés et les tavernes de la rue principale offrent de belles vues sur la vallée se déroulant vers la mer. Puis, en novembre, Kritsá redevient un village grec banal.

À l'est de Kritsá, l'église **Panagía Kerá**, du XIIIe siècle, installée entre les oliviers à quelques pas de la route, abrite quelques-unes des plus belles fresques de l'île, datant du XIIIe au milieu du XIVe siècle. La nef centrale de cet édifice à trois nefs est la plus ancienne. L'intérieur est orné de magnifiques représentations de la vie du Christ et de la Vierge.

Aux environs : cité-État dorienne fortifiée datant du VIIe siècle av. J.-C., **Lató Etéra** prospéra jusqu'à l'époque classique. La ville déclina sous la domination romaine, où elle fut supplantée par le port, plus accessible, de Lató pros Kamára (l'actuel Agios Nikólaos). Perché sur un col entre deux pics, le site antique offre de belles vues sur la baie de Mirabéllou. Une route pavée, ayant des ateliers et des maisons sur le côté droit, grimpe vers une agora centrale, avec une citerne pour collecter l'eau de pluie et un sanctuaire. Du côté nord de l'agora, un escalier flanqué de deux tours mène au *prytaneion* (mairie), les anciennes archives. Au sud de l'agora se trouvent un temple et un théâtre.

Lató
4 km au N de Kritsá.
mar.-dim. j.f.

Dentelles, rue principale de Kritsá

Ierápetra 31

Ιεράπετρα

Lassíthi. 15 000. sam. Agiá Fotiá 17 km à l'E, Makrýs Gialós 30 km à l'E.

Ierápetra est la ville la plus méridionale d'Europe. Le site fut peuplé dès l'époque préminoenne. Les relations commerciales et culturelles avec l'Afrique du Nord et le Moyen-Orient jouèrent un rôle déterminant pour la ville, qu'Arthur Evans *(p. 274-275)* qualifia de « carrefour des civilisations minoenne et archaïque ». Cette ville qui fut prospère, avec ses villas, ses temples, ses amphithéâtres et ses édifices imposants, semble aujourd'hui en plein déclin. Tous les vestiges de son histoire antique ont disparu, en raison de pillages et, plus récemment, de son « développement » moderne.

L'entrée du vieux port est gardée par une **forteresse** vénitienne du XIIIe siècle. À l'ouest, le superbe quartier turc possède une **mosquée** et une élégante fontaine ottomane. Le quartier abrite aussi l'église **Aféntis Christós**, du XIVe siècle, dans Kougiournitzáki, et, en retrait de Samouíl, la **maison de Napoléon**, où ce dernier aurait passé une nuit, en 1798, lors de la campagne d'Égypte.

Le petit **Musée archéologique**, dans le centre-ville, présente des objets qui ont échappé aux prédateurs archéologiques. La collection qui va de l'époque minoenne à l'époque romaine comprend des *larnakes* (« coffrets funéraires »), des *pithoi* (« jarres »), des statues, des haches en bronze et des pierres sculptées.

Depuis Ierápetra, les plages de sable se succèdent sans discontinuer vers l'est, dominées par les inévitables hôtels et restaurants. Du port, des bateaux partent quotidiennement vers les plages de sable et les forêts de cèdres de l'île inhabitée de **Chrysí**.

Forteresse
Vieux port. *t.l.j. j.f.*

Musée archéologique
Adrianoú Koustoúla. ***Tél.*** *28420 28721. mar.-dim. j.f.*

Mosquée et fontaine ottomane, vieux quartier turc de Ierápetra

Site archéologique de Gourniá

Gourniá 31

Γούρνια

18,5 km à l'E d'Agios Nikólaos, Lassíthi. mar.-dim. j.f. Istro 8 km à l'O.

Installé sur une petite colline, le site minoen de Gourniá domine la baie de Mirabéllou. Mis au jour par l'archéologue américaine Boyd-Hawes entre 1901 et 1904, Gourniá est la ville minoenne la mieux préservée de Crète. Un petit palais (dix fois moins grand que celui de Knossós) trône au centre, dans un dédale de ruelles étroites en escaliers et de maisons à pièce unique. Le site fut habité dès le IIIe millénaire av. J.-C., mais les vestiges datent de la période du second palais *(p. 275)*. Vers 1450 av. J.-C., un incendie provoqué par un séisme détruisit Gourniá.

Aux environs : à 2 km à l'ouest de Gourniá, une route quitte la nationale et bifurque à gauche pour entamer une ascension de 6 km vers **Moní Faneroménis**. Là, la chapelle de la **Panagía**, du XVe siècle, blottie dans une grotte profonde, abrite des icônes sacrées (et miraculeuses, au dire de certains).

En allant vers l'est sur la nationale, une route tourne à gauche à Sfáka et descend vers le village de **Móchlos**. Sur la petite île de Móchlos, autrefois reliée par un isthme étroit, se trouvent un peuplement et un cimetière minoens. Certaines fouilles sont exposées au musée d'Héraklion *(p. 270-271)*.

Siteía 32

Σητεία

Lassíthi. 7 500. mar. Siteía.

Serpentant dans les montagnes entre Gourniá et Siteía, la nationale traverse quelques-uns des paysages les plus spectaculaires de Crète. Vers Siteía, le paysage se transforme en collines arides et en vignobles.

Malgré l'existence avérée d'une grande cité gréco-romaine dans la région, la Siteía moderne ne remonte qu'au IVe siècle apr. J.-C. Elle prospéra sous les Byzantins et au début de l'époque vénitienne, mais elle déclina au XVIe siècle, à la suite de séismes et des attaques de pirates. Puis Siteía fut reconstruite vers 1870 et recommença à prospérer.

Aujourd'hui, les productions d'huile d'olive et de raisin jouent un rôle important dans l'économie de la ville. La fête du Raisin sec se tient mi-août.

Au centre du vieux quartier de Siteía se trouve un port pittoresque, bordé de tavernes et de cafés. Au-dessus de l'extrémité nord du port, la **forteresse** vénitienne restaurée (aujourd'hui théâtre en plein air) est le seul vestige des fortifications de la ville.

À la lisière sud de Siteía, le **Musée archéologique** expose des objets de la région. Parmi les trouvailles, qui vont du Néolithique à l'époque romaine, admirez une superbe statuette minoenne en ivoire, dite le « *Koúros de Palaíkastro* ». Les terres cuites proviennent de toute la région, notamment du palais de Zákros.

Le Festival Kornaria se tient dans la forteresse de début juillet à mi-août. Les événements sont très variés : musique, danse, théâtre, expositions et épreuves sportives. C'est un excellent moyen de connaître les coutumes et les traditions de Siteía.

Musée archéologique
Piskokefálou 3. ***Tél.*** *28430 23917.*
mar.-dim. j.f.

Le vieux quartier de Siteía sur la colline domine le port bordé d'arbres

Moní Toploú 33

Μονή Τοπλού

16 km à l'O de Siteía, Lassíthi.
Tél. *28430 61226.* *à Váï.*
Site et musée *t.l.j.*
Itanos 7,5 km au NE.

Fondé au XIVe siècle, Moní Toploú est aujourd'hui l'un des monastères les plus riches et les plus influents de Crète. Les bâtiments actuels datent de l'époque vénitienne, où ils furent fortifiés contre les attaques des pirates. Le nom turc de *Toplou* vient du canon qui y était installé. Pendant la Seconde Guerre mondiale, des messages radio de la Résistance étaient émis depuis le monastère – ce qui valut à l'abbé Siligknákis d'être fusillé par les Allemands.

Des cellules sur trois niveaux donnent sur la cour centrale, où une petite église du XIVe siècle recèle des fresques et des icônes. La plus célèbre d'entre elles, une miniature illustrant des scènes bibliques, fut peinte en 1770 par Ioánnis Kornáros. Sur la façade de l'église, une inscription rappelle l'arbitrage de Magnésie en 132 av. J.-C., qui régla un différend entre les cités-États rivales de Ierapytna (Ierápetra) et Itanos, concernant le contrôle du temple de Zeus Dictéen, à Palaíkastro. Le petit musée abrite des eaux-fortes et des icônes du XVe au XVIIIe siècle.

Icône de Ioánnis Kornáros, Moní Toploú

Le site archéologique de Zákros, derrière le hameau de Káto Zákros

Plage de Váï 34

Παραλία Βάι

28 km au NE de Siteía, Lassíthi.

La plage de Váï est un paradis tropical foisonnant de palmiers qui existaient déjà à l'époque classique, uniques en Europe. Cette plage de sable qui invite à la baignade est appréciée des estivants. Quoique très commerciale, avec ses tavernes hors de prix et ses cars de touristes, la localité apporte le plus grand soin à la protection de la palmeraie.

Aux environs : dans un paysage désolé, à 2 km au nord de Váï, les ruines de la cité-État antique d'**Itanos** s'étendent sur une colline entre deux criques. Les vestiges minoens, gréco-romains et byzantins mis au jour comprennent une basilique byzantine et les ruines de temples classiques.

Le village de **Palaíkastro**, à 10 km au sud de Váï, est au centre d'une région de culture de l'olive. À l'extrémité sud de la plage de Chióna, à 2 km à l'est, les fouilles sur le site minoen de Palaíkastro sont en cours.

Zákros 35

Ζάκρος

Káto Zákros, Lassíthi.
Tél. *28430 93338.* *mar.-dim.*
j.f. *Káto Zákros ; Xerókampos 13 km au S.*

En 1961, l'archéologue crétois Nikólaos Pláton découvrit le palais minoen de Zákros, qui n'avait subi aucun pillage. Quatrième par sa taille, ce palais fut construit vers 1700 av. J.-C. et détruit vers 1450 av. J.-C. Son emplacement en fit un lieu d'échange avec le Moyen-Orient.

Le palais à deux niveaux s'ordonnait autour d'une cour centrale, dont la partie est abritait les appartements royaux. On voit les vestiges d'une citerne et un puits, où l'on a retrouvé, en 1964, des olives de plus de 3 000 ans parfaitement conservées. La salle principale, les ateliers et les magasins sont situés dans l'aile ouest. Dans le palais ont été découverts quantité de vases, exposés au Musée archéologique d'Héraklion *(p. 270-271)*.

Plage de Váï, avec ses eaux paisibles et sa palmeraie

VISITE D'ATHÈNES

Métropole tentaculaire entourée de montagnes, Athènes s'étend sur 457 km² et compte 3,7 millions d'habitants. La ville s'enorgueillit de posséder plusieurs magnifiques musées, le temple d'Athéna, construit voilà 2 500 ans, et le Parthénon. Une escale à Athènes sur la route des îles offre l'occasion idéale de visiter les plus beaux sites de la capitale.

Berceau de la culture européenne, Athènes est habitée depuis sept millénaires. L'Athènes antique atteint son apogée au Vᵉ siècle av. J.-C., lorsque Périclès lance un programme de construction, notamment des temples de l'Acropole antique. Athènes devient alors le principal foyer de civilisation grecque. D'autres vestiges de l'époque classique se trouvent dans l'ancienne Agora, un ensemble de bâtiments publics dominés par le portique d'Attale, une longue colonnade couverte.

Evzone de la Plateía Syntágmatos

Il subsiste peu de témoignages architecturaux des occupations plus récentes de la ville. Hormis quelques belles églises byzantines, surtout dans le quartier historique de Pláka, il ne reste rien de notable des années franques, vénitiennes et ottomanes. En 1834, inspiré par les édifices classiques de l'Acropole, le roi Otton fit d'Athènes la nouvelle capitale de la Grèce. Ses urbanistes et architectes grecs, allemands et danois conçurent une ville moderne composée d'édifices municipaux néoclassiques, de larges boulevards et de places élégantes, notamment autour du rocher sacré antique.

La richesse de l'héritage culturel de la ville transparaît dans ses musées, comme le Musée archéologique national, qui abrite une collection unique illustrant la gloire de la Grèce antique, et le spectaculaire musée de l'Acropole, qui a ouvert ses 25 000 m² d'espace d'exposition en 2009.

Athènes est très animée la nuit, avec ces tavernes, des bars et des boîtes de nuit ouvertes jusqu'au petit matin. En été, cinémas et théâtres en plein air, comme l'odéon d'Hérode Atticus, au pied de l'Acropole, sont très fréquentés. On trouve aussi de la musique pour tous les goûts : musique traditionnelle grecque, classique, pop ou jazz. C'est aussi une ville qui invite aux achats, du marché aux puces de Monastiráki, avec ses brocanteurs et ses antiquaires, aux boutiques élégantes de Kolonáki, où se côtoient tous les grands créateurs.

L'Acropole vue de la colline des Muses

◁ **Le mont Lycabette (Lykavittós) domine les immeubles et les églises byzantines, à Athènes**

À la découverte d'Athènes

Même si vous ne restez que quelques heures à Athènes, vous pourrez visiter quelques sites intéressants, l'ancienne Agora et l'Acropole étant les plus connus. N'oubliez pas le superbe musée de l'Acropole. Dans son incroyable collection d'art antique, le Musée archéologique national présente de nombreuses trouvailles de ces sites. Le musée Benáki expose une profusion de bijoux, de costumes et de céramiques de Grèce et du Moyen-Orient. Si le cœur vous en dit, vous pourrez aussi consacrer votre séjour à Athènes à faire des achats, dans le bric-à-brac de Pláka ou dans les boutiques de Kolonáki. Pour savoir comment circuler à Athènes, voir p. 292-295.

Avissínias à Monastiráki ***(p. 286)***

Idole du musée des Cyclades et de l'Art grec ancien ***(p. 291)***

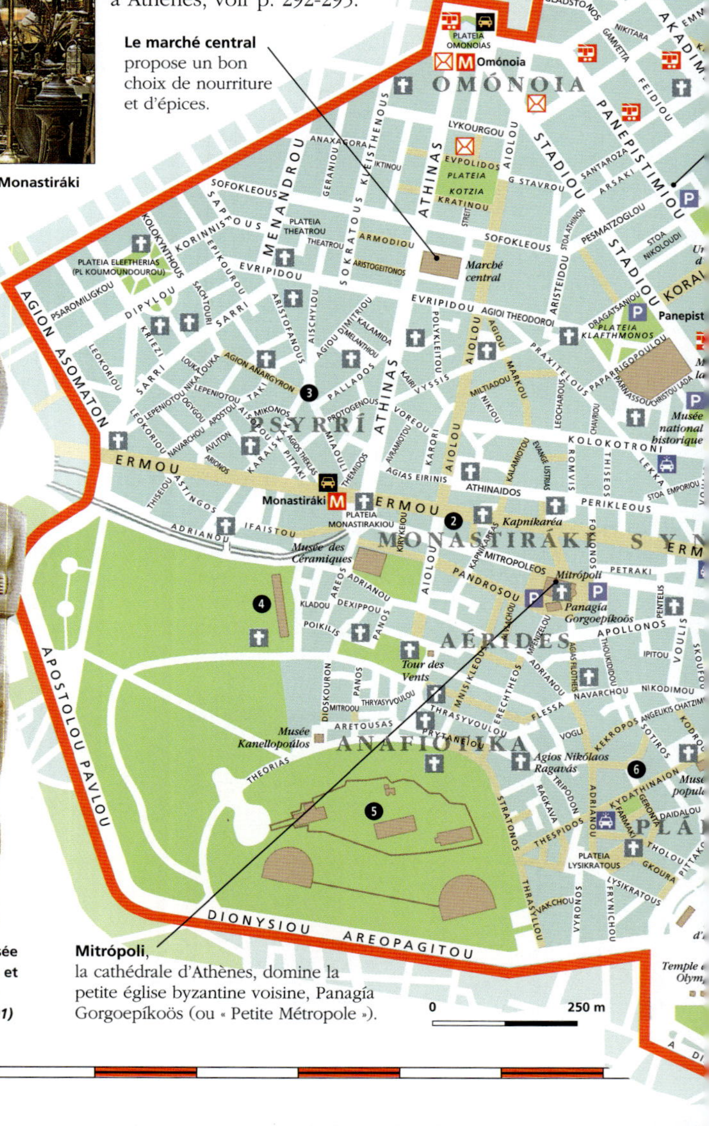

Le marché central propose un bon choix de nourriture et d'épices.

Mitrópoli, la cathédrale d'Athènes, domine la petite église byzantine voisine, Panagía Gorgoepíkoös (ou « Petite Métropole »).

Tour des Vents *(p. 287)*

CARTE DE SITUATION

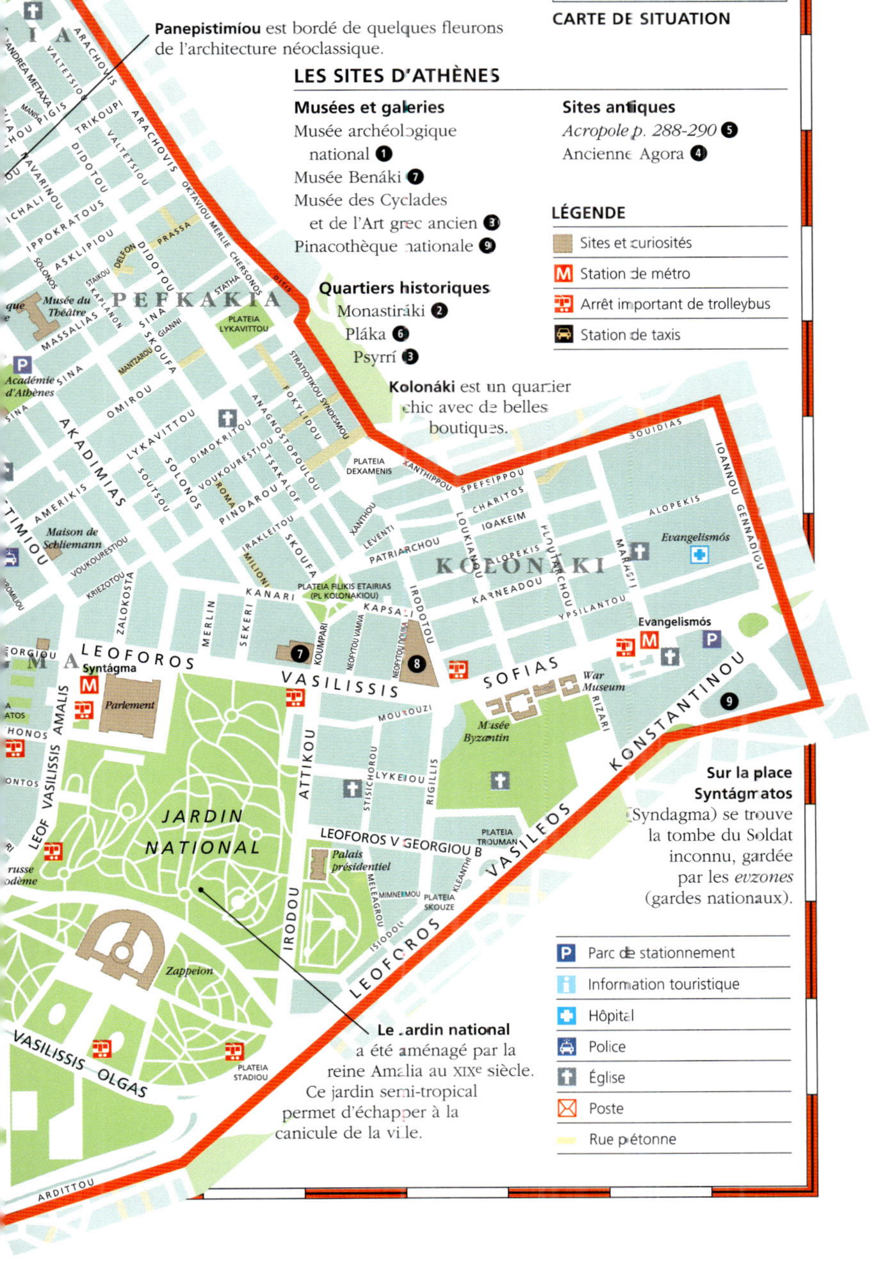

Panepistimíou est bordé de quelques fleurons de l'architecture néoclassique.

LES SITES D'ATHÈNES

Musées et galeries

Musée archéologique national ❶
Musée Benáki ❼
Musée des Cyclades et de l'Art grec ancien ❸
Pinacothèque nationale ❾

Sites antiques

Acropole p. 288-290 ❺
Ancienne Agora ❹

Quartiers historiques

Monastiráki ❷
Pláka ❻
Psyrrí ❸

LÉGENDE

- Sites et curiosités
- Station de métro
- Arrêt important de trolleybus
- Station de taxis

Kolonáki est un quartier chic avec de belles boutiques.

Sur la place Syntágmatos (Syndagma) se trouve la tombe du Soldat inconnu, gardée par les *evzones* (gardes nationaux).

- Parc de stationnement
- Information touristique
- Hôpital
- Police
- Église
- Poste
- Rue piétonne

Le Jardin national a été aménagé par la reine Amalia au XIXe siècle. Ce jardin semi-tropical permet d'échapper à la canicule de la ville.

Musée archéologique national ❶

Μουσείο Αρχαιολόγικο της Ελλάδος

Patíssion 44, Exárcheia. **Tél.** *210 821 7717.* *Omónoia, Victoria.* *lun. 13h-20h, mar.-dim. 9h30-16h.* **www**.namuseum.gr

L'ouverture du musée, en 1891, a permis de regrouper des objets disséminés aux quatre coins de la ville. De nouvelles ailes ont été ouvertes en 1939, mais pendant la Seconde Guerre mondiale la précieuse collection a été dispersée et enterrée pour être à l'abri. Le musée rouvrit ses portes en 1946, mais il fallut plus de 50 ans de rénovation pour que ses précieuses pièces soient véritablement mises en valeur. Avec ses innombrables terres cuites, sculptures et bijoux, c'est incontestablement l'un des plus beaux musées au monde. Il est recommandé d'être sélectif, plutôt que de tenter de le visiter en une journée.

Le musée présente cinq grandes collections (Néolithique et cycladique, mycénien, sculptures géométrique et archaïque, sculpture classique, sculptures romaine et hellénistique), plus une collection de céramiques et les fresques de Thíra. D'autres petites collections sont également intéressantes. Elles comptent notamment la collection de bijoux Eléni Stathátou, les salles égyptiennes et des fresques mises au jour à Santorin.

Ne manquez pas les trouvailles des tombes de Mycènes, notamment le *Masque d'Agamemnon,* en or. Ainsi que les *koúroi* archaïques et la collection de statues classiques et hellénistiques, uniques au monde. Parmi les plus beaux bronzes, citons le *Poséidon* de l'Artémision et le *Cheval et le Jockey.* Le musée abrite aussi une très belle collection de céramiques antiques, avec quantité

Promeneurs flânant dans le marché de Monastiráki, à Athènes

d'élégants vases à figures noires et rouges des VIe et Ve siècles av. J.-C. *(p. 62-63)* et des vases funéraires géométriques remontant à 1000 av. J.-C. La bibliothèque du musée abrite une vaste collection de livres rares, notamment les journaux de l'archéologue allemand Heinrich Schliemann.

Le *Masque d'Agamemnon,* au Musée archéologique national

Monastiráki ❷

Μοναστιράκι

Monastiráki. **Marché** *t.l.j.*

Ce quartier, qui tire son nom du monastère de la place Monastirákiou, correspond au célèbre marché aux puces d'Athènes. Installé près de l'ancienne Agora, il est bordé par Sari à l'ouest et Aiólou à l'est. Les rues Pandrósou, Ifaístou et Areos, qui partent de la place Monastirákiou, regorgent de magasins qui proposent antiquités coûteuses, articles en cuir et en argent ou babioles.

La place Avyssínias, à l'ouest de la place Monastirákiou, est le cœur du marché. Tous les matins, les brocanteurs arrivent avec leur bric-à-brac. Pendant la semaine, les boutiques et les stands proposent antiquités, livres d'occasion, tapis, articles en cuir, chaises de tavernes, surplus de l'armée et outils.

Pendant la semaine et le dimanche matin, lorsque les magasins sont fermés, le marché se tient dans Adriánou et sur la place Agíou-Filippoú. Les vêtements colorés tissés et brodés et les objets en argent sont particulièrement intéressants.

Psyrrí ❸

Ψυρρί

Monastiráki.

Si vous voulez vous faire une idée de l'Athènes moderne, allez faire un tour dans le dédale de Psyrrí, entre le marché central et les rues Athinas et Ermou. C'est devenu le quartier le plus branché de la ville. Les beaux immeubles néoclassiques, rénovés, abritent pour la plupart des galeries d'art et des restaurants, et les théâtres, bars à vins et magasins y poussent comme des champignons. De petites boutiques proposent de l'artisanat de qualité : ustensiles de cuisine en cuivre, vannerie, icônes. La nuit, les rues changent de visage : le doux brouhaha des cafés, restaurants et bars remplace le bourdonnement de l'activité commerciale. Les prix raisonnables et la gastronomie ne vous décevront pas. Ce quartier est parmi les plus typiques de la capitale.

Ancienne Agora 4

Αρχαία Αγορά

Entrée principale Adriánou, Monastiráki. **Tél.** 210 321 0185.
M *Thiseío, Monastiráki.*
Musée et site *t.l.j. 8h-19h, Ven. saint 12h-15h.*
j.f. *limité.*

L'École américaine d'archéologie y a commencé les fouilles dans les années 1930, et, depuis, quantité d'édifices publics et de temples ont été mis au jour. L'Agora était le centre politique et religieux de l'Athènes antique, mais aussi le cœur de la vie commerciale, avec ses écoles et ses stoas élégantes abritant des magasins. C'est aussi là que se trouvait la prison et que les pièces de monnaie de la ville étaient frappées du célèbre symbole de la chouette. On y a également retrouvé les vestiges d'un moulin à huile.

L'édifice principal est l'imposant portique d'Attale, à deux étages. Il a été reconstruit entre 1953 et 1956 sur les fondations d'origine, avec des matériaux antiques. Bâti par le roi Attale II de Pergame (qui régna de 159 à 138 av. J.-C.), il domina le quartier oriental de l'Agora jusqu'à sa destruction, en 167 apr. J.-C. Il abrite aujourd'hui un musée qui présente les trouvailles de l'Agora. On y voit notamment des objets utilisés dans les tribunaux, tels qu'une clepsydre (horloge à eau), des jetons en bronze servant de bulletins de vote et des objets de la vie quotidienne, notamment des jouets en terre cuite et des sandales en cuir. Les ruines les mieux préservées sont l'odéon d'Agrippa, un théâtre couvert, et l'Héphaïstéion, un temple dédié à Héphaïstos, aussi appelé « le Théséion ».

Les toits de l'église Agios Nikólaos Ragavás, vus du haut de Pláka

Acropole 5

Voir p. 288-290.

Pláka 6

Πλάκα

M *Monastiráki.* *1, 2, 4, 5, 9, 10, 11, 12, 15, 18.*

Ce quartier est le cœur historique d'Athènes. Même si les bâtiments antérieurs à l'époque ottomane sont rares, Pláka est le plus ancien quartier de la ville habité sans interruption. Son nom viendrait peut-être des soldats albanais au service des Ottomans qui s'y installèrent au XVIe siècle – et qui qualifièrent le quartier de *pliaka* (« vieux »). Malgré les flots de visiteurs et d'Athéniens qui viennent se restaurer dans les tavernes ou chiner dans les magasins d'antiquités, Pláka a gardé l'ambiance d'un quartier traditionnel. Le seul monument chorégique intact est le **monument de Lysicrate**, sur la place Lysikrátous. Bâtis pour célébrer les vainqueurs des concours dramatiques et musicaux annuels du théâtre de Dionysos, ces monuments devaient leur nom au mécène de l'équipe gagnante.

Fleuron en terre cuite d'un toit

Nombre d'églises méritent une visite ; l'église **Agios Nikólaos Ragavás**, du XIe siècle, possède des colonnes antiques intégrées à ses murs.

La **tour des Vents**, à l'ouest de Pláka, est installée sur le site de l'agora romaine. Girouette et horloge à eau, cette tour octogonale fut construite par l'astronome syrien Andronikos Kyrrestes au Ier siècle av. J.-C. Les huit vents mythologiques sont représentés sur les faces en marbre.

La tour des Vents
Plateía Aerides. **Tél.** *210 324 5220.*
t.l.j. *j.f.*

La façade de l'Héphaïstéion, dans l'ancienne Agora

Acropole (Akropolis) ⑤

Ακρόπολη

En 450 av. J.-C., Périclès lance un vaste projet architectural : aménagement du Pirée, Odéon et surtout reconstruction de l'Acropole, incendiée par les Perses en - 480. Les travaux, qui ont pour maître d'œuvre Phidias, se succèdent sans trêve jusqu'à la fin du siècle : Parthénon, Propylées, temple d'Athéna Niké, Érechthéion. La restauration de l'Acropole, en cours, est une vaste entreprise patronnée par l'Union européenne.

L'Acropole, avec le temple de Zeus Olympien au premier plan

★ Portique des Caryatides
Ces statues de femmes tenaient lieu de colonnes sur le portique sud de l'Érechthéion. Des copies remplacent aujourd'hui les originaux, dont quatre se trouvent au musée de l'Acropole.

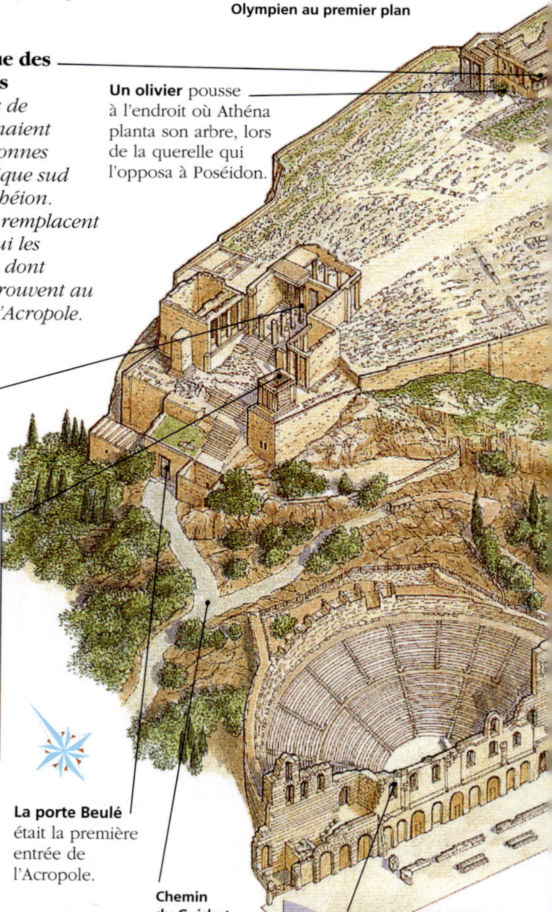

Un olivier pousse à l'endroit où Athéna planta son arbre, lors de la querelle qui l'opposa à Poséidon.

Les Propylées ont été construits en 438-432 av. J.-C. comme nouvelle entrée de l'Acropole.

★ Temple d'Athéna Niké
Construit entre 427 et 424 av. J.-C., ce temple, dédié à la déesse de la Victoire, se dresse sur le côté ouest des Propylées.

La porte Beulé était la première entrée de l'Acropole.

Chemin du Guichet à l'Acropole

Odéon d'Hérode Atticus
Ce superbe théâtre a été construit en 161 apr. J.-C. Restauré en 1955, il accueille aujourd'hui des concerts.

À NE PAS MANQUER

- ★ Parthénon
- ★ Portique des Caryatides
- ★ Temple d'Athéna Niké

Pour les hôtels et les restaurants de la région, voir p. 320-321 et p. 340-341

★ Parthénon
Il ne reste plus que quelques sculptures dans ce célèbre temple dédié à Athéna, comme celle-ci sur le fronton est (p. 290).

MODE D'EMPLOI
Dionysíou Areopagítou (entrée principale), Pláka.
Plan 6 D2. ***Tél.*** *210 321 0219.*
Thissio ou Akropolis.
230, 231. *avr.-oct. : t.l.j. 8h-18h ; nov.-mars : t.l.j. 8h-14h30.* *1er janv., 25 mars, dim. de Pâques, 1er mai, 25-26 déc.*
www.culture.gr

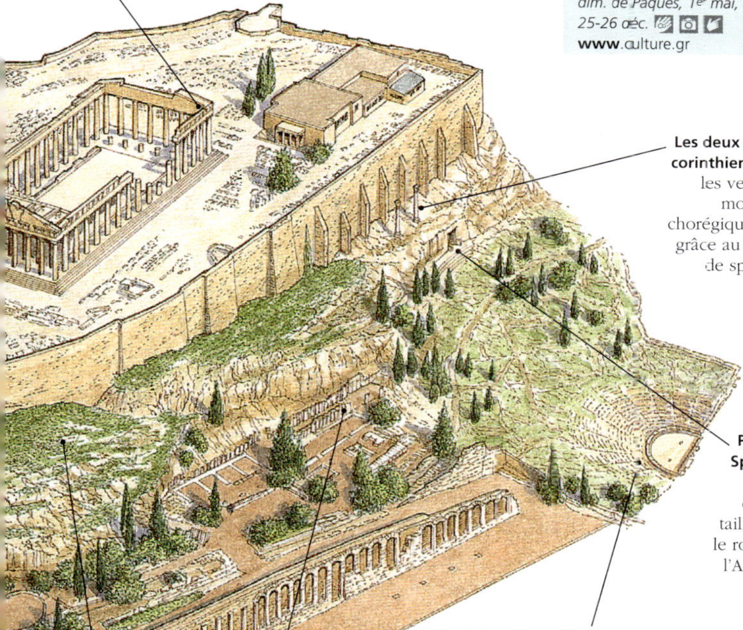

Les deux colonnes corinthiennes sont les vestiges de monuments chorégiques érigés grâce au bénéfice de spectacles.

Panagía i Spiliótissa est une chapelle taillée dans le rocher de l'Acropole.

Sanctuaire d'Asclépios

Stoa d'Eumène

Le rocher de l'Acropole était un site facile à défendre. Il est utilisé depuis presque 5 000 ans.

Théâtre de Dionysos
Silène y est représenté accroupi. Le théâtre tel qu'on le voit aujourd'hui a été construit par Lycurgue de 333 à 330 av. J.-C.

CHRONOLOGIE

Saint Paul

- **3000** Premiers peuplements sur l'Acropole, au Néolithique
- **480** Destruction de tous les édifices archaïques par les Perses
- **51** Sermon de saint Paul sur l'Aréopage
- **267** Destruction de l'Acropole par les Hérules

3000 av. J.-C. | 2000 av. J.-C. | 1000 av. J.-C. | 1 apr. J.-C. | 1000 apr. J.-C.

- **1200** Construction de murs cyclopéens pour remplacer les remparts d'origine
- **510** L'Acropole est déclarée lieu sacré des dieux par l'oracle de Delphes ; les habitations en sont bannies
- **447-438** Construction du Parthénon sous Périclès
- **1687** Le Parthénon est endommagé par les Vénitiens
- **1987** Fin de la restauration de l'Érechthéion

Périclès (495-429 av. J.-C.)

À la découverte de l'Acropole

Le Parthénon, auquel on accédait autrefois par l'entrée monumentale, ou Propylées, exerce une fascination irrésistible. Deux autres temples magnifiques se dressent sur « le Rocher » : l'Érechthéion et le temple d'Athéna Niké. Depuis 1975, la visite des temples est interdite. Il est d'ailleurs étonnant que des vestiges aient subsisté : les guerres, le pillage des trésors et la pollution ayant malheureusement causé des dégâts irrémédiables.

Détail de la frise nord du Parthénon

Parthénon

Cet édifice, qui est l'un des plus célèbres au monde, a été commandé par Périclès dans le cadre de son projet de reconstruction. Les travaux commencèrent en 447 av. J.-C., et le sculpteur Phidias fut chargé de superviser la construction d'un nouveau temple dorique en l'honneur d'Athéna, déesse de la Victoire, dont Périclès avait instauré le culte. Ce temple était destiné à abriter la statue d'Athéna couverte d'or et d'ivoire, haute de 12 m, exécutée par Phidias.

Érigé en neuf ans seulement, le temple fut dédié à la déesse lors des Grandes Panathénées de 438 av. J.-C.

Le Parthénon fut conçu et construit en marbre pentélique par les architectes Callicratès et Ictinos. Les lignes droites ont été remplacées par des lignes légèrement convexes. Cette astuce architecturale était destinée à corriger les distorsions visuelles ou bien à rehausser l'impression de grandeur. Toutes les colonnes sont renflées au milieu et légèrement inclinées vers l'intérieur. La plate-forme des fondations est surélevée au centre.

Une armée de sculpteurs et de peintres fut employée pour réaliser les frontons et les frises qui ornaient le pourtour du temple. Agoracrite et Alcamène, deux sculpteurs élèves de Phidias, travaillèrent à la frise, qui représentait les participants et les chevaux de la procession des Panathénées.

Malgré les dommages subis et les changements effectués pour l'adapter à ses divers usages (église, mosquée, puis arsenal), le Parthénon, majestueux, est resté, symbole de la gloire de la Grèce antique. Il est en rénovation depuis de longues années.

Le *Moschophore* (ou *Porteur de veau*), musée de l'Acropole

Musée de l'Acropole

Dionysiou Aeropagitou 15. M *Akropolis*. ***Tél.*** *210 900 0900.* *mar.-dim. 8h-20h (ven. 22h).*
www.teacropolismuseum.org

Après des décennies de projets et de reports, le nouveau musée de l'Acropole est terminé. Conçue par Bernard Tschumi, cette merveille abrite les trésors découverts sur la colline de l'Acropole. Situé dans le quartier historique de Makrigiánni, au pied de l'Acropole, le musée est construit au-dessus de vestiges paléochrétiens surplombés par une passerelle de verre. Présentée de manière chronologique, la collection commence par les trouvailles des pentes de l'Acropole, notamment les statues et les reliefs du sanctuaire d'Asclépios.

La **collection archaïque**, exposée dans une magnifique galerie à double hauteur, se compose des fragments de statues de frontons comme le *Moscophore* ou *Porteur de veau* (v. 570 av. J.-C.). Mais le clou du musée est assurément la **galerie du Parthénon**, installée au dernier étage, sous une verrière, avec vue sur la colline de l'Acropole.

L'Acropole vue du sud-ouest, au lever du soleil

Pour les hôtels et les restaurants de la région, voir p. 320-321 et p. 340-341

Musée Benáki ❼

Μουσείο Μπενάκη

Angle Koumpári et Vasilíssis Sofías, Kolonáki. **Tél.** *210 367 1000.* *3, 7, 8, 13.* *lun., mer. et ven. 9h-17h, jeu. 9h-minuit, dim. 9h-15h.* *j.f.* *gratuit le jeu.* *limité.* **www**.benaki.gr

Ce musée présente une collection d'art et d'art décoratif, de bijoux, de costumes régionaux et de souvenirs de la politique grecque du IIIe siècle av. J.-C. à notre siècle. Le musée a été fondé par Antónios Benákis (1873-1954), fils d'un Grec qui fit fortune en Égypte. Très tôt, Antónios Benákis s'intéressa aux arts grec, perse, égyptien et ottoman et commença sa collection alors qu'il vivait à Alexandrie. Lorsqu'il partit à Athènes en 1926, il fit don de sa collection à l'État grec, et la maison familiale fut transformée en musée. La demeure néoclassique fut construite à la fin du XIXe siècle par Anastásios Metaxás, qui est aussi l'architecte du stade Kallimármaro.

Une grande partie de la collection Benáki est composée de bijoux en or, dont certains datent de 3000 av. J.-C. On y voit aussi des icônes, des objets de culte en argent, des objets égyptiens et des broderies grecques. La galerie Chatzikyriákos-Gkíkas est consacrée aux peintures et aux sculptures de l'artiste.

Musée des Cyclades et de l'Art grec ancien ❽

Μουσείο Κυκλαδικής και Αρχαίας Ελληνικής Τέχνης

Neofýtou Doúka 4 (nouvelle aile à Irodótou 1), Kolonáki. **Tél.** *210 722 8321.* *3, 7, 8, 13.* *lun., mer., ven. et sam. 10h-17h, jeu. 10h-20h, dim. 11h-17h.* *j.f.* **www**.cycladic.gr

Ce musée moderne ouvert en 1986 présente une très belle collection, réunie par Nikólas et Dolly Goulandrís, aidés par les donations d'autres collectionneurs grecs. La superbe sélection d'art grec antique couvre 5 000 ans d'histoire. L'exposition qui s'étend sur cinq salles commence au 1er étage, avec la collection cycladique. Ces figurines, qui datent du IIIe millénaire av. J.-C., ont pour la plupart été trouvées dans des tombes, mais leur usage précis n'est pas connu. L'un des plus beaux spécimens est le *Harpiste*. L'art grec antique est présenté au 2e étage, la collection Charles Polítis d'art préhistorique et classique au 4e étage. Cette dernière inclut des figures féminines en terre cuite de Tanágra, au centre de la Grèce. Le 3e étage du musée accueille des expositions temporaires.

Une nouvelle aile a été ouverte dans la maison Stathátos qui jouxte le musée et qui porte le nom de ses habitants d'origine : Otto et Athiná Stathátos. Elle abrite la collection d'art grec de l'Académie d'Athènes et accueille des expositions temporaires.

Figure cycladique

Pinacothèque nationale ❾

Εθνική Πινακοθήκη

Vasiléos Konstantínou 50, Ilísia. **Tél.** *210 723 5937.* *3, 13.* *lun. et mer. 9h-15h, 18h-21h, jeu. ven. et sam. 9h-15h, dim. 10h-14h.* *j.f.*

Ce bâtiment abrite une collection permanente. Le 1er étage est consacré à l'art européen et comprend des œuvres de Van Dyck, Dürer, Cézanne et Rembrandt. On y admirera aussi la *Femme en robe blanche* (1939) de Picasso et le *Chanteur* (1620) du Caravage. La majeure partie de la collection est composée d'art grec du XVIIIe au XXe siècle. Le XIXe est largement représenté par des œuvres de la guerre d'Indépendance *(p. 42-43)* et des marines. Il y a aussi de superbes portraits, comme le *Perdant du pari* de Nikólaos Gýzis (1842-1901), *L'Attente* (1900) de Nikifóros Lýtras (1832-1901) et *Le Chapeau de paille* (1925) de Nikólaos Lýtras (1883-1927).

***L'Adoration des Mages*, icône du musée Benáki**

Circuler à Athènes

Arrêt de trolleybus

Dans le centre d'Athènes, les sites sont assez proches, et vous pourrez les rejoindre presque tous à pied. C'est le meilleur moyen de visiter la ville en proie à des embouteillages monstrueux, qui peuvent paralyser les transports en commun et les voitures. Bien qu'inachevée, l'extension du métro permet certains trajets qui ne pouvaient s'effectuer que par la route. Mais bus et trolleybus sont encore, pour les Athéniens et pour les visiteurs, les principaux moyens de transport dans la capitale. Les taxis sont une solution intéressante, même pour les longs trajets, car leurs tarifs sont les plus bas des capitales européennes.

Bus régional orange et blanc desservant l'Attique

Bus bleu, jaune et blanc du réseau urbain

BUS

Athènes est desservie par un vaste réseau (l'office de tourisme vous fournira un plan du réseau). Les tarifs sont bon marché, mais la circulation est parfois lente et les véhicules bondés, surtout dans le centre-ville. Les horaires à éviter sont : 7 h-8 h 30, 14 h-15 h 30 et 19 h 30-21 h. Les tickets, vendus à l'unité ou par carnets de dix, s'achètent avant de monter dans le bus, à un *períptero* (« kiosque »), une station de métro, un guichet ou tout autre point de vente. Ceux-ci sont signalés par le logo marron, rouge et blanc, accompagné des mots *Eisitítia edó*. Chaque ticket est valable pour tous les bus, trolleybus et métros et doit être composté lors de la montée dans le véhicule. Si ce n'est pas le cas, les contrôleurs infligent des amendes, et les visiteurs non informés se font souvent prendre en défaut. Les billets sont valables pour un seul trajet, quelle que soit la distance. Sur les trajets dans le centre-ville, ils ne permettent pas de prendre une correspondance.

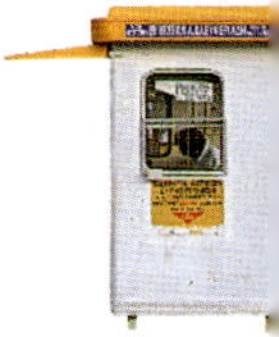

Stand de billets de bu

TRAJETS UTILES À ATHÈNES

Actuellement, trois lignes de métro circulent. Certaines lignes de bus et de trolleybus sont également très pratiques.

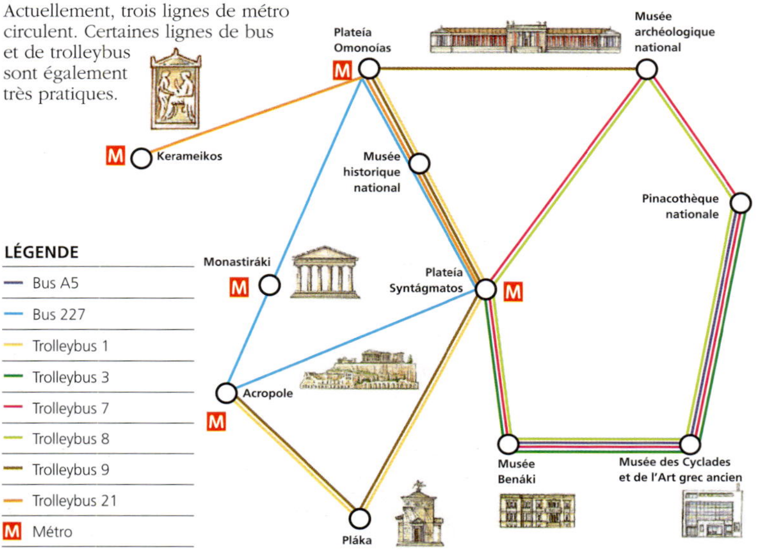

Pancarte de la station de métro de Monastiráki

RÉSEAUX DE BUS

Trois grands réseaux de bus desservent l'agglomération d'Athènes et l'Attique. Chaque réseau possède ses couleurs : bleu, jaune et blanc ; orange et blanc ; vert. Les bus bleu, jaune et blanc circulent sur plus de 300 itinéraires, reliant différents quartiers entre eux et au centre d'Athènes. Pour réduire la pollution, des « bus écologiques » vert et blanc, au gaz naturel, fonctionnent sur certaines lignes.

Les bus orange et blanc desservent la périphérie d'Athènes. Le trajet se paie au conducteur. Les deux terminus des bus orange et blanc se trouvent sur Mavrommataión, près de Pedío tou Areos (parc Areos). On peut monter à n'importe quel arrêt orange signalisé, mais la descente n'est généralement pas possible avant de sortir de l'agglomération. Ces bus sont moins fréquents que les bus bleu, jaune et blanc.

Les bus express verts circulent entre le centre d'Athènes et le port du Pirée. Les bus sont très fréquents sur les lignes 040 et 049 – toutes les six minutes environ – et, en passant par la place Omonoías, relient Athinas à différents endroits du Pirée, comme la place Karaïskáki, près du port principal.

TROLLEYBUS

Le réseau de bus est complété par les trolleybus, de couleur violet et jaune. Les 20 lignes de trolleybus sillonnent le centre-ville. Dans le centre d'Athènes, c'est un bon moyen de se rendre d'un site à un autre. Toutes les lignes passent à Pláka. La ligne 3 relie aussi le Musée archéologique national à la place Syntágmatos (Syndagma) et la ligne 1 relie la gare de Lárissis aux places Omonoías et Syntágmatos, le cœur de la ville. Deux lignes de tramway ont été mises en service en 2004.

Un trolleybus athénien

MÉTRO

Le métro (trois lignes) est un moyen de transport rapide et fiable. La ligne 1 relie Kifisiá au nord de la ville au Pirée au sud, en passant au centre à Thiseío, Monastiráki, Omónoia et Victoria. Le métro est aérien sur la majeure partie du trajet et ne passe sous terre qu'entre Attikí et Monastiráki, au centre. La ligne est surtout utilisée par les Athéniens, mais elle permet aux visiteurs de rejoindre le Pirée *(p. 295)*. Les lignes 2 et 3 font partie des grands travaux achevés à temps pour les jeux Olympiques de 2004 ; elles ont été construites à 20 m de profondeur pour éviter les sites archéologique. Dans les stations Syntágma et Acropolis, les trouvailles récentes sont présentées dans des vitrines d'exposition. La ligne 2 va de Agios Antónios au nord-ouest d'Athènes à Agios Dimitrios au sud-est. La ligne 3 va de Egaleo à l'ouest à Doukissis Plakentias au nord-est, et certains trains vont jusqu'à l'aéroport Elefthérios-Venizélos. Deux extensions, vers Haidari à l'ouest et Elliniko à l'est, seront achevées en 2012. Un ticket permet de voyager sur les trois lignes. Sa durée de validité est de 90 minutes pour un trajet en aller simple et sans interruption. Si vous sortez d'une station, vous ne pouvez poursuivre votre trajet avec le même ticket. Les tickets valables seulement pour un trajet sur la ligne 1 sont moins chers. Les tickets s'achètent dans n'importe quelle station et doivent être validés dans les bornes situées en début de quai avant la montée dans la rame. Il y a des métros toutes les 5 minutes entre 5 h et 0 h 30 sur la ligne 1 et entre 5 h 30 et minuit sur les lignes 2 et 3.

Exposition des vestiges archéologiques à la station Syntágma

CONDUIRE À ATHÈNES

Circuler en voiture à Athènes peut être éprouvant pour qui n'est pas habitué à la conduite locale. Comme beaucoup de rues du centre sont piétonnes ou en sens unique, mieux vaut planifier soigneusement son itinéraire. Vous pourrez aussi avoir toutes les peines du monde à vous garer. Contrairement aux apparences, il est interdit de se garer devant les panneaux d'interdiction de stationnement ou devant les lignes jaunes. Il y a des parcmètres et des horodateurs, ainsi que des parkings souterrains, qui sont souvent complets.

Pour lutter contre la forte pollution de l'air, le gouvernement a instauré, à Athènes, un système de conduite alternée les jours pairs et impairs. Ainsi, par exemple, les voitures dont la plaque minéralogique se termine par un chiffre pair ne peuvent circuler au centre *(daktýlio)* que les jours pairs. Bien que la règle ne s'applique pas aux voitures étrangères, il vaut mieux la suivre dans le centre-ville.

Stationnement interdit les jours impairs

Stationnement interdit les jours pairs

Taxi athénien jaune

TAXIS ATHÉNIENS

À toute heure du jour ou de la nuit, vous verrez une foule de taxis jaunes. En revanche, vous aurez parfois du mal à en arrêter un, surtout entre 14 h et 15 h, lorsque s'effectue la relève des chauffeurs.

Pour héler un taxi, mettez-vous sur le bord du trottoir et criez votre destination si un véhicule ralentit. Si le signe « TAXI » est allumé, la voiture est libre (souvent, le taxi est aussi libre alors que le signe n'est pas allumé). Comme les chauffeurs chargent souvent des passagers supplémentaires en cours de trajet, n'ignorez pas les taxis occupés. Si vous n'êtes pas le premier passager, n'oubliez pas de regarder le prix figurant au compteur ; le prix de la course ne se partageant pas entre les passagers, vous ne paierez que votre partie du trajet (au minimum 2,70 €).

Comparativement aux tarifs européens, les taxis athéniens sont extrêmement bon marché – en fonction de la circulation, vous paierez aux alentours de 5 € pour un trajet dans Athènes, et environ 10 € entre le centre et Le Pirée. Un tarif double est pratiqué entre minuit et 5 heures du matin, et pour les trajets au-delà d'une certaine distance du centre-ville. De faibles suppléments sont réclamés pour les bagages supplémentaires dépassant 10 kg et pour les trajets depuis l'aéroport, les gares ou les ports de ferrys. La course pour aller à l'aéroport, situé à Spàta, à l'extérieur de la ville, coûte une trentaine d'euros. Les tarifs sont plus chers pendant les jours fériés de Noël et de Pâques.

Pour un petit supplément (1,50 €), vous pourrez téléphoner à une société de radio-taxi et commander une voiture qui passera vous prendre à l'heure et à l'endroit convenus. Les radio-taxis sont nombreux à Athènes. Voici les numéros de quelques sociétés :

Express
Tél. *01 993 4812.*

Kosmos
Tél. *18300 ou 210 522 218.*

Hermes
Tél. *210 411 5200.*

À PIED DANS ATHÈNES

Le centre-ville est peu étendu, et presque tous les sites et musées se trouvent au maximum à 20-25 minutes de marche de la place Syntágmatos, considérée comme le cœur de la ville. N'hésitez pas à marcher lorsque la ville est embouteillée, les bus bondés et les taxis introuvables. Athènes reste l'une des villes les plus sûres d'Europe. Toutefois, comme dans toutes les métropoles, il est conseillé d'être prudent lorsque vous vous promenez à pied la nuit.

Pancarte d'une zone piétonne

Visiteurs à Athènes, sur le mont Areopagos

LIAISONS ATHÉNIENNES

Le quartier situé entre les places Syntágmatos et Omonoías est la plaque tournante des transports urbains à Athènes. De là, des trolleybus ou des bus desservent l'aéroport, le port du Pirée, les deux gares d'Athènes et les gares routières nationale et internationale.

Le bus E95 circule entre l'aéroport et Syntágma et le bus E96 entre l'aéroport et le Pirée. Les bus 040 et 049 relient le port du Pirée et, dans le centre-ville, Syntágma et Omonoías. Le métro dessert aussi le port du Pirée. Le trajet entre la ville et le port prend environ une demi-heure.

L'itinéraire de la ligne du trolleybus 1 passe par la station de métro de Lárissis (la gare Peloponnísou étant à quelques minutes à pied). La ligne de bus 024 rejoint la gare routière B, dans Liosíon, et la ligne 051 la gare routière A, dans Kifisoú.

À cela s'ajoutent trois lignes de tram récentes qui relient le centre-ville à la côte de l'Attique. La ligne de tram nº 1 (T1) va de Syntágma à Néo Fáliro en longeant la côte ; la T2 va de Néo Fáliro à Voúla, dans la banlieue d'Athènes ; la T3 va de Voúla à Syntágma.

Plus onéreux que les transports publics, le taxi est le moyen de transport le plus commode pour se rendre de l'une à l'autre de ces destinations. La durée du trajet peut varier considérablement, mais si la circulation est fluide, il faut compter environ 40 minutes pour aller du centre-ville à l'aéroport, 40 minutes du centre-ville au port du Pirée, et une heure du port du Pirée à l'aéroport. Les taxis sont nombreux à Athènes et relativement bon marché par rapport à ceux de la plupart des autres grandes villes européennes.

LES BONNES ADRESSES

HÉBERGEMENT

L'hébergement proposé dans les îles Grecques s'est considérablement amélioré, mais, en parallèle, les prix ont monté en flèche : si les hôtels de luxe des îles figurent toujours parmi les moins chers d'Europe, les prix des établissements bas de gamme ne sont plus inférieurs à ceux pratiqués dans les autres pays méditerranéens. Malgré les effets du tourisme de masse, on rencontre encore un accueil chaleureux quand on s'écarte des sentiers battus. Ces quatre pages décrivent tous les types d'hébergements, y compris les campings et les auberges de jeunesse. Des simples *domátia* (chambres d'hôtes) et refuges de montagne aux luxueuses stations thermales et demeures restaurées, les pages 302-321 proposent plus de 230 adresses.

Enseigne de location d'appartement, îles Ioniennes

HÔTELS

Dans les lieux de vacances les plus populaires d'îles comme Corfou, la Crète, Kos, Rhodes et Zante ont surtout été construits de grands hôtels destinés aux agences de voyages. Ils sont, en général, situés sur les meilleures plages ou à proximité et sont entièrement réservés pour les groupes. S'ils n'ont pas de chambres pour les individuels en haute saison, ils en ont parfois – souvent à bas prix – en basse saison, au printemps et en automne. Ces complexes hôteliers offrent un grand choix de prestations – piscines extérieures, buffet-restaurant, bar et chambres avec salle de bains – , mais leur architecture est souvent quelconque.

Les grands hôtels haut de gamme de destinations comme Rhodes, Eloúnta en Crète, Kos et Skiáthos offrent des équipements de luxe tels que centre de remise en forme, institut de beauté, courts de tennis éclairés, piscines intérieure et extérieure, restaurants gastronomiques et bars. Le service est plus attentionné que dans les hôtels fréquentés par les groupes.

L'hôtel Alykí *(p. 312)* face aux bateaux du port de Sými

HÔTELS-BOUTIQUES ET DE CHARME

Les hôtels-boutiques, logés dans des édifices traditionnels restaurés, ont apporté le cachet qui manque aux autres hébergements. Privilégiant l'élégance, le design et l'emplacement, ils sont en général situés au cœur des villes et des villages historiques, plutôt que sur la plage. Ils sont plus nombreux dans les Cyclades, en Crète et à Rhodes, mais la plupart des îles en possèdent au moins un. Il est indispensable de réserver car ils comptent rarement plus de douze chambres.

Une bonne dizaine d'hôtels élégants sont membres de la chaîne Small Luxury Hotels. En allant sur le site Internet www.slh.com, vous pourrez voir les photos de chaque hôtel et faire vos réservations.

CHAÎNES HÔTELIÈRES

Si les grandes chaînes internationales sont peu implantées dans les îles, plusieurs chaînes grecques et chypriotes possèdent cependant des établissements sur les îles les plus prisées. Ainsi **Louis Hotels** a des hôtels à Corfou, Céphalonie, Zante, Kos, Rhodes et en Crète ; **Aldemar Hotels** et **Capsis Hotels** ont des hôtels en Crète et à Rhodes. Ces établissements sont souvent très luxueux.

◁ La taverne Stení Valá sur l'île d'Alónnisos

L'hôtel Skiáthos Palace *(p. 307)*

ANCIENNES DEMEURES RÉNOVÉES

Dans les années 1970, l'Office national hellénique du tourisme (ONHT, EOT en grec) a encouragé la restauration de demeures anciennes dans le style du pays pour les transformer en hôtels. Plus récemment, des subventions et des réductions d'impôt ont incité les propriétaires de telles constructions à en convertir davantage en hôtels. Les normes, la taille des chambres et les équipements sont très variables à cause du respect de la configuration des lieux. La salle de bains peut être particulière ou commune. On trouve ces structures à Hydra, Sými, Mýkonos, Sýros, Lesbos, Folégandros, Kálymnos, Rhodes et en Crète.

CHAMBRES D'HÔTES

Les chambres à louer à la journée ou à la semaine se trouvent facilement, avec ou sans réservation. Leurs propriétaires se rendent à l'arrivée de chaque ferry, même la nuit, et on peut aussi s'adresser à l'office de tourisme de l'île. Cherchez les panneaux « *Domátia* », « *Rent rooms* » ou « *Zimmer frei* » quand la clientèle allemande est majoritaire.

Autrefois, les îliens louaient leurs chambres d'amis, voire un lit de camp sur le toit plat de leur maison ou dans leur jardin. Aujourd'hui, les chambres sont plutôt situées dans des petits bâtiments neufs avec eau chauffée à l'énergie solaire, sanitaires privés, sol de marbre et meubles en pin, souvent balcon ou véranda, mais sans climatisation ni chauffage. Les chambres au centre des villes portuaires sont parfois bruyantes le soir.

CLASSEMENT DES HÔTELS

Hôtels, chambres d'hôtes et appartements sont classés par l'ONHT de la catégorie (A) 5-étoiles à la catégorie (E) 1-étoile, mais, dans les îles, il existe très peu d'hôtels de catégorie 2-étoiles (D) et aucun de catégorie 1-étoile (E). Il existe aussi une catégorie « Luxe ». Le classement dépend plus des équipements que du charme et de la qualité Une chambre avec tapis, téléphone et petit téléviseur sera mieux classée qu'une chambre avec sol de marbre ou de pin, sans téléphone ni téléviseur. Le classement des petits hôtels, hôtels-boutiques et maisons d'hôte restaurées peut donc être trompeur. La catégorie 3-étoiles offre des sanitaires privés, au moins un bar et un minimum de restauration. La catégorie 4-étoiles dispose d'un restaurant, d'une piscine et de quelques équipements sportifs. Les catégories 5-étoiles et « Luxe » ont des prestations haut de gamme : restaurant gastronomique, télévision par satellite, piscines, courts de tennis, activités nautiques, centres de conférences et d'affaires.

Fenêtre dans le Dodécanèse

TARIFS

L'ONHT donne tous les ans des prix indicatifs pour toutes les catégories sauf pour la catégorie « Luxe » ; mais, dans la pratique, les prix sont très variables en fonction du marché. Un séjour de trois nuits minimum dans une chambre d'hôte donne en général droit à 10 % de réduction, et tous les types d'hébergements peuvent baisser leurs prix de moitié en intersaison (d'avril à début juin, sauf Pâques, et de mi-septembre à fin octobre).

SAISON D'OUVERTURE

Presque tous les hôtels, maisons d'hôtes et chambres ferment entre fin octobre et la date des Pâques orthodoxes (qui tombe courant avril). Certains grands hôtels de Mýkonos, Rhodes et de quelques autres îles restent ouverts tout l'hiver, mais si vous envisagez de visiter les petites îles entre novembre et mars, il est sage de réserver à l'avance votre hébergement. Les dates de fermeture des établissements sont indiquées dans la liste des hébergements.

Chambre décorée à l'ancienne, hôtel Volissós *(p. 307)*, sur l'île de Chíos

COMMENT RÉSERVER

Le plus souvent, les visiteurs achètent un forfait « avion + hébergement » auprès d'une agence de voyages ou sur Internet. La grande majorité des hébergements, sauf les toutes petites pensions, se contactent par e-mail, et il existe de nombreux sites Internet de réservations comme celui de Small Luxury Hotels of the World (www.slh.com), spécialisé dans les hôtels indépendants. Il faut normalement verser des arrhes à la réservation, par carte bancaire (non remboursées en cas d'annulation).

LOCATION D'APPARTEMENTS

Les appartements offrent le meilleur rapport qualité/prix. Ils sont souvent situés dans de petits complexes de 20 à 30 logements, construits par les propriétaires locaux pour les grandes agences de voyages. Vous disposerez d'un balcon, de sanitaires et d'une cuisinette, avec souvent une piscine commune. Les studios sont équipés de deux lits jumeaux. Les appartements accueillent quatre personnes dans une chambre double et une pièce à deux lits ou canapé-lit. La plupart des îles étant suréquipées en appartements, on peut négocier les prix. **Homelidays** est une agence sérieuse dont les offres émanent principalement de particuliers (et donc sans

Le monastère d'Agios Geórgios sur l'île de Skýros *(p. 116-117)*

commission). Elle propose des appartements de qualité. Attention aux panneaux « *Garsonieres* » qui proposent des studios vieillots et exigus, souvent sales et bruyants.

LOCATION DE VILLAS

Les villas de luxe sont souvent réservées plusieurs années à l'avance par les agences de voyages spécialisées. Le meilleur choix se trouve à Corfou, Paxós, Céphalonie, Skiáthos, Skópelos et Rhodes.
Les villas les plus vastes (pour dix personnes) disposent de : piscine privée, voiture de location, télévision par satellite, lecteur de DVD, cuisine et service de femme de chambre. Certaines ont un cuisinier et du personnel de maison. Les petites villas plus simples offrent les mêmes prestations, mais sans les plus luxueux, comme la piscine.

Appartement indépendant sur l'île de Santorin

De nombreuses agences proposent leurs services sur Internet.

AUBERGES DE JEUNESSE

Seules trois auberges de jeunesse, à Corfou, Ios et Santorin, sont agréées par la **Fédération internationale des auberges de jeunesse** et se réservent sur son site Internet (www.hihostels.com). Des établissements non officiels proposent des lits en dortoir mais ils sont en général mal équipés et souvent bondés.

REFUGES ALPINS

Il existe trois refuges au mont Ida et dans les montagnes Blanches (Lefká Ori) en Crète. Seul celui de Kallergi est ouvert toute l'année. Pour obtenir les clés, adressez-vous aux bureaux de l'**EOS** (Club alpin grec) d'Héraklion et de La Canée.

TOURISME RURAL

Créé dans les années 1980 pour offrir aux femmes des provinces grecques une indépendance financière, ce type d'hébergement permet aux étrangers de résider dans une maison de village où le petit déjeuner leur est servi et de participer, s'ils le désirent, à la vie quotidienne de l'exploitation agricole. Informations sur l'agrotourisme sur le site Internet de l'Office national hellénique du tourisme *(p. 353)* ou sur www.agrotour.gr et www.agrotravel.gr

Guest Inn est le premier réseau d'hébergement de charme en milieu rural.

MONASTÈRES

Certains monastères de régions peu touristiques de Crète, Rhodes et autres grandes îles ont des *xenones* (« auberges ») destinées aux pèlerins orthodoxes. Il faut réserver très à l'avance et elles offrent un confort spartiate en dortoir, avec dîner et petit déjeuner frugaux. La coutume est de laisser un don.

CAMPING

L'**Association du camping grec** répertorie sur son site Internet www.panhellenic-camping-union.gr, des campings agréés à Amorgós, Andros, Astypálaia, Eubée, Corfou, en Crète, à Folegándros, Ios, Kéa, Céphalonie, Kos, Leucade, Léros, Mílos, Mýkonos, Náxos, Páros, Santorin, Sérifos, Sífnos, Sýros, Tínos, Pátmos et Rhodes. Les plus rudimentaires n'offrent que douches froides, toilettes et emplacement pour planter sa tente. Les plus luxueux ont piscines, restaurants, courts de tennis et de volley, laverie et supérette. La plupart acceptent les caravanes.

Le camping de Lakka Paxi dans les îles Ioniennes

L'hôtel Green *(p. 320)* à Spíli, en Crète

VOYAGEURS HANDICAPÉS

Quelques associations comme **APF** et certaines agences de voyages dont **Access Tourisme Service** organisent des séjours en Grèce ou des croisières en Méditerranée pour les personnes handicapées. Toutes les agences de voyages et associations spécialisées sont listées sur le site **www.andy.fr.** Seuls les hôtels les plus grands et les plus modernes offrent les équipements de base tels qu'ascenseurs et toilettes accessibles en fauteuil roulant. Les descriptifs des hôtels proposés dans le guide mentionnent quand ils sont équipés d'aménagements pour handicapés.

INFORMATION COMPLÉMENTAIRE

Une source d'information très utile est le *Greek Travel Pages* (en anglais) qui détaille tous les types d'hébergements avec des liens vers chaque établissement privé et vers les sites de réservations. Vous pouvez également consulter en ligne le *Guide des hôtels* (en anglais) publié chaque année par la **Chambre hellénique de l'hôtellerie** qui répertorie tous les établissements agréés.

ADRESSES

CHAÎNES HÔTELIÈRES

Aldemar Hotels
www.aldemarotel.com

Capsis Hotels
Tél. 210 614 20837.
www.capsis.gr

Louis Hotels
www.louishotel.com

LOCATION DE VILLAS OU D'APPARTEMENTS

Belles maisons à louer
www.bellesmaisonsalouer.com

Cyclades Holiday Rentals
www.holidays-cyclades.com

Homelidays
www.homelidays.com

Hôtels Zante
Tél. 26950 52310.
www.zanteweb.gr

Villas du monde
www.villasdumonde.fr

AUBERGES DE JEUNESSE

FUAJ (France)
27, rue Pujol, 75018 Paris.
Tél. 01 44 89 87 27.
www.fuaj.org

IYHF (Grèce)
Viktoros Ougó 16,
10438 Athènes.
www.athens-yhostel.com

REFUGES ALPINS

EOS
(Club alpin grec)
Filadelfías 126,
13671 Acharnés, Attica.
Tél. 210 246 1528.

CAMPING

Association du camping grec
Stadiou 24,
10564 Athènes.
Tél. 210 362 1560.
www.panhellenic-camping-union.gr.

VOYAGEURS HANDICAPÉS

APF
(Association des paralysés de France)
17, bd Auguste-Blanqui,
75013 Paris.
Tél. 01 40 78 69 00.
www.apf.asso.fr

Access Tourisme Service
8, rue Saint-Loup
45130 Charsonville.
Tél. 02 38 74 28 40.
www.access-tourisme.com

Andy
Portail Internet spécialisé.
www.andy.fr

AUTRES ADRESSES UTILES

Guest Inn
34, odos Kefallinias,
16561 Glyfada.
Tél. 210 960 7100.
www.guestinn.com

Greek Travel Pages
Psýlla 6, 10557 Athènes.
Tél. 210 324 7511.
www.gtp.gr

Chambre hellénique de l'hôtellerie
Stadiou 24,
10564 Athènes.
Tél. 213 216 9900.
www.grhotels.gr

Choisir un hôtel

Les établissements de ce guide ont été sélectionnés dans un vaste éventail de prix pour la qualité de leurs prestations, leur bon rapport qualité/prix et leur emplacement. Ils sont classés par région, en commençant par les îles Ioniennes, puis par ordre alphabétique d'îles ou de régions. Seuls les hôtels les plus luxueux sont équipés pour accueillir les fauteuils roulants – se renseigner par téléphone.

CATÉGORIES DE PRIX
Les prix correspondent à une nuit en chambre double, pendant la haute saison, petit déjeuner, taxes et service compris.
€ moins de 50 €
€€ 50-80 €
€€€ 80-120 €
€€€€ 120-180 €
€€€€€ plus de 180 €

LES ÎLES IONIENNES

CÉPHALONIE Linardos €€
Asos, 28085 ***Tél.*** *26740 51563* ***Fax*** *26740 51563* ***Chambres*** *12*

Au centre du charmant village d'Asos, cet hôtel propose des chambres avec vue sur la baie et les ruines de la forteresse vénitienne. Les chambres doubles, triples et familiales disposent d'une cuisinette bien équipée. Des bateaux à moteur se louent au port pour découvrir les côtes voisines. Ferm. oct.-mai. **www.linardosapartments.gr**

CÉPHALONIE Olga €€€
Antoni Tritsi 82, Argostóli, 28100 ***Tél.*** *26710 24981* ***Fax*** *26710 24985* ***Chambres*** *43*

Ce petit hôtel moderne au centre d'Argostóli propose des chambres à grand lit, 2 lits et familiales, toutes avec balcon, réfrigérateur, téléphone, douche et toilettes particulières. Les prix sont intéressants pour séjourner au centre-ville, mais la plage est à 3 km de l'hôtel. **www.olgahotel.gr**

CÉPHALONIE Apostolata Elios €€€€€
Skála, 28082 ***Tél.*** *26710 83581* ***Fax*** *26710 83583* ***Chambres*** *137*

Sur une colline à 3 km du village de Skála, c'est le premier complexe hôtelier de luxe tout compris de Céphalonie. Les chambres élégantes et confortables jouissent d'une vue panoramique sur la mer ou la montagne. Buffet, en-cas, boissons locales et distractions sont inclus dans le prix. Excellentes prestations. Ferm. oct.-avr. **www.apostolata.gr**

CÉPHALONIE Emelisse Art Hotel €€€€€
Eblisi, Fiskárdo, 28084 ***Tél.*** *26740 41200* ***Fax*** *26740 41026* ***Chambres*** *65*

Quatorze maisons traditionnelles en pierre abritent des chambres élégantes avec lits à baldaquin et terrasses privées. Bar-restaurant au bord de la piscine, petit déjeuner servi en terrasse, court de tennis, salle de sport et billard. VTT à la disposition des résidents. Belle vue sur la baie. Ferm. oct.-avr. **www.arthotel.gr**

CORFOU Pink Palace €
Agios Gordios, Sinaradhes, 49084 ***Tél.*** *26610 53103* ***Fax*** *26610 53025* ***Chambres*** *20*

Cet hôtel-culte depuis plus de 20 ans s'adresse exclusivement aux jeunes à petit budget qui aiment s'amuser. Sur une excellente plage de sable, il offre des chambres confortables, individuelles, doubles, à plusieurs lits et en dortoir. Petit déjeuner et dîner avec entrée, plat et dessert compris. Ferm. oct.-avr. **www.thepinkpalace.com**

CORFOU Fundana Villas €€
Palaiokastrítsa, 49083 ***Tél.*** *26630 22532* ***Fax*** *26630 22453* ***Chambres*** *12*

Les anciennes fermes de ce complexe, qui dispose de deux piscines, ont été converties en bungalows et villas de 2 à 7 lits. Dans un cadre paisible, elles offrent de belles vues sur les bois et les vignobles. Il faut un véhicule pour aller jusqu'à la plage de Palaiokastrítsa, aux restaurants et aux commerces. Ferm. nov.-fév. **www.fundanavillas.com**

CORFOU Belle Hélène €€€
Agios Giórgios, 49081 ***Tél.*** *26630 96201-3* ***Fax*** *26610 96209* ***Chambres*** *54*

Sur la côte nord-ouest à 35 km de la ville de Corfou, cet hôtel tenu par une famille se trouve à 50 m d'une longue et charmante plage, dans la pittoresque baie d'Agios Giórgios. Il dispose d'un parking et d'une piscine découverte, et il est accessible aux fauteuils roulants. Ferm. oct.-mars. **www.bellehelenehotel.com**

CORFOU Corfu Secret €€€
Agios Markos, 49083 ***Tél.*** *26610 97921* ***Fax*** *26610 97931* ***Chambres*** *23*

Sur une paisible colline au-dessus de la station touristique en vogue d'Ipsos, sur la côte est, à 15 km de la ville de Corfou, cet hôtel-boutique offre une fabuleuse vue panoramique. Les chambres conçues dans le style vénitien traditionnel sont dotées de toutes les commodités. Piscine découverte. Ferm. nov.-mars. **www.corfusecret.gr**

CORFOU Fiori €€€
Tzavros, 49100 ***Tél.*** *26610 80110/91921* ***Fax*** *26610 80111* ***Chambres*** *29*

À 2 km de la station touristique en vogue de Dassia, le Fiori offre le meilleur des deux mondes : le calme d'une situation isolée et d'un jardin privé avec piscine et les activités de plage de Dassia, à proximité. Il est recommandé de disposer d'un véhicule ; vaste parking privé. Ferm. oct.-mars. **www.fiorihotel.gr**

Légende des symboles, *voir le rabat arrière de couverture*

CORFOU Louis Corcyra Beach €€€

Gouviá, 49100 ***Tél.*** *26610 90196* ***Fax*** *26610 91591* ***Chambres*** *370*

Proche de la station balnéaire animée de Gouviá, ce grand complexe hôtelier de luxe offre chambres, studios, suites et bungalows dans un vaste domaine boisé à 8 km de la ville de Corfou. Il dispose de 5 plages semi-privées et de 3 piscines. Spectacles. Forfaits tout compris. Ferm. oct.-mai. **www.louishotels.com**

CORFOU Akrotirí Beach €€€€

T. Desylla 155, Palaiokastrítsa, 49100 ***Tél.*** *26630 41237* ***Fax*** *26630 41277* ***Chambres*** *127*

C'est le plus grand et le meilleur hôtel du secteur très couru de Palaiokastrítsa. Il dispose de nombreux équipements : 2 piscines, restaurant, 3 bars, spectacles et sports nautiques avec plongée à proximité. Les chambres confortables et bien équipées ont un balcon offrant une très belle vue sur l'île. Ferm. oct.-avr. **www.akrotiri-beach.com**

CORFOU Cavalieri €€€€€

Kapodistriou 4, ville de Corfou, 49100 ***Tél.*** *26610 39336* ***Fax*** *26610 39283* ***Chambres*** *50*

Ce superbe hôtel particulier vénitien du XVIIe siècle donne sur la Spianádha, la grande esplanade de la ville de Corfou. Les parties communes décorées dans le style vénitien sont meublées de pièces d'époque ou de reproductions. Les chambres, assez petites, sont hautes de plafond ; certaines ont un balcon. **www.cavalieri-hotel.com**

CORFOU Bella Venezia €€€€€

N. Zambeli 4, ville de Corfou, 49100 ***Tél.*** *26610 46500* ***Fax*** *26610 20708* ***Chambres*** *32*

Proche du centre-ville, cet hôtel particulier néoclassique raffiné a été restauré et converti en agréable hôtel-boutique. Les chambres hautes de plafond sont confortables et de bon goût. Personnel accueillant et chaleureux. Les parties communes et certaines chambres sont accessibles aux fauteuils roulants. **www.bellaveneziahotel.com**

CORFOU Pelecas Corfu Palace €€€€€

Dimokratias 2, ville de Corfou, 49100 ***Tél.*** *26610 39485* ***Fax*** *26610 31749* ***Chambres*** *115*

Bâti en 1954, ce fleuron de l'hôtellerie demeure le meilleur de la ville. Les salles de bains en marbre, les chambres et les suites au décor chaleureux, et les imposantes parties communes sont élégantes. Les chambres de la façade jouissent d'une belle vue sur la mer. Grande piscine et terrasse ombragée. **www.corfupalace.com**

CORFOU Divani Palace €€€€€

Nafsiká 20, ville de Corfou, 49100 ***Tél.*** *26610 38996* ***Fax*** *26610 35929* ***Chambres*** *162*

Sur une colline boisée qui domine le lagon de Kanóni, à 3 km de la ville de Corfou, cet hôtel est sans doute le plus cher de l'île mais les équipements et les services justifient les prix : il y a plusieurs restaurants et un institut de beauté. Le personnel est attentionné. Ferm. oct.-avr. **www.divanis.com/corfu**

CORFOU Grecotel Corfu Imperial €€€€€

Kommeno, 49100 ***Tél.*** *26610 88400* ***Fax*** *26610 91881* ***Chambres*** *320*

Ce complexe, qui est l'un des plus luxueux de l'île, propose des bungalows, des villas et des suites, ainsi que des chambres doubles standard, meublées avec imagination. Il offre un bon choix de sports nautiques et d'autres activités, ainsi que plusieurs bars et restaurants. Ferm. oct.-avr. **www.grecotel.com**

CORFOU Pelecas Country Club €€€€€

Pelekas, 49100 ***Tél.*** *26610 52239* ***Fax*** *26610 52919* ***Chambres*** *12 (+ 2 appartements)*

Des jardins à la française entourent ce fabuleux manoir du XIXe siècle dont les suites et les studios luxueux sont meublés d'antiquités vénitiennes et corfiotes. Le club est prisé de l'élite grecque pour son isolement et son service personnel attentionné. Il possède une excellente piscine. Ferm. nov.-avr. **www.country-club.gr**

ITHAQUE Mentor €€€

Paralía, Vathý, 28300 ***Tél.*** *26740 33033* ***Fax*** *26740 32293* ***Chambres*** *36*

Outre un service de qualité, ce petit hôtel familial offre des chambres propres et confortables – certaines avec une belle vue sur le port –, un café-bar avec terrasse donnant sur le port, et un point d'accès à Internet. Pas de restaurant sur place, mais dans la ville de Vathý, proche de l'hôtel, le choix est large. Plage de sable à 800 m. **www.hotelmentor.gr**

ITHAQUE Perantzada 1811 Art Hotel €€€€

Odissea Androutsou, Vathý, 28300 ***Tél.*** *26740 23914* ***Fax*** *26740 33493* ***Chambres*** *19*

Situé sur le port, cet élégant petit hôtel néoclassique aux accents contemporains est réputé pour son design chic. La façade du XIXe siècle dissimule un intérieur pop art aux chambres blanches égayées de tissus à rayures dans des tons vifs verts, bleus, roses et oranges. Ferm. déc.-fév. **www.arthotel.gr**

LEUCADE Agios Nikítas €€€

Agios Nikítas, 31100 ***Tél.*** *26450 97460-1* ***Fax*** *26450 97462* ***Chambres*** *36*

Ce joli petit hôtel agrémenté de jardins comprend 28 chambres à grand lit et à 2 lits, et 8 suites, toutes avec un grand balcon et la plupart avec vue sur la mer. Les chambres occupent 3 bâtiments traditionnels qui donnent sur la plage et le port d'Agios Nikítas, à 150 m. Ferm. nov.-avr. **www.agiosnikitas.gr**

LEUCADE Odyssey €€€

Agios Nikítas, 31080 ***Tél.*** *26450 97351-2* ***Fax*** *26450 97421* ***Chambres*** *40*

Cet hôtel se trouve dans le charmant village traditionnel d'Agios Nikítas, sur la côte ouest de l'île, à 12 km de la ville de Leucade. Tavernes de poissons et bars sont nombreux aux alentours. On peut séjourner dans le bâtiment principal ou dans l'un des trois appartements indépendants.

LEUCADE Portofico €€€

Vasilikí, 31100 ***Tél.*** *26450 31402* ***Fax*** *26450 31467* ***Chambres*** *29*

C'est le meilleur hôtel du joli village paisible de Vasilikí, à 38 km de la ville de Leucade. Les chambres ont toutes un balcon donnant sur la mer ou la montagne. L'hôtel dispose de deux piscines, dont une pour les enfants, et la longue plage de sable et de galets blancs de Pondi n'est qu'à 60 m. Ferm. oct.-avr. **www.portoficohotel.com**

LEUCADE St George's House Hotel €€€

Ligia, 31000 ***Tél.*** *26450 71114* ***Fax*** *26450 71190* ***Chambres*** *13*

À 5 m de la plage, dans un jardin magnifique (4 000 m2) aux citronniers odorants, cet hôtel propose des chambres, des studios, des appartements pour 2, 3, 4 ou 5 personnes, ainsi que trois bungalows. Toutes les chambres disposent d'une salle de bains, d'un balcon ou d'une véranda, de la télévison et de l'air climatisé. **www.stgeorgeshouse.gr**

PAXÓS Paxós Beach Hotel €€€

Gaïos, 49082 ***Tél.*** *26620 32211* ***Fax*** *26620 32695* ***Chambres*** *42*

Cet hôtel populaire tenu par une famille offre des chambres confortables, bien aménagées et décorées simplement, avec vue sur la mer ou sur la montagne. Il dispose d'une plage privée, d'un court de tennis et de planches à voile. À l'embarcadère, on peut louer un bateau à moteur pour découvrir l'île. Ferm. nov.-avr. **www.paxosbeachhotel.gr**

PAXÓS Paxós Club €€€€

Gaïos, 49082 ***Tél.*** *26620 32451* ***Fax*** *26620 32097* ***Chambres*** *32*

Cet hôtel confortable tenu par une famille comprend 26 studios et appartements à 2 chambres pour 5 personnes, récents et très propres. Chacun dispose d'une cuisinette bien équipée et d'une véranda ou d'un balcon donnant sur les jardins ou sur la grande piscine. Ferm. oct.-avr. **www.paxosclub.gr**

ZANTE Tsivouli Park €€

Lithákia, 29100 ***Tél.*** *26950 55018* ***Chambres*** *6*

Au milieu de terres cultivées préservées et à proximité d'une jolie plage, le Tsivouli Park offre des chambres blanches avec lits en fer forgé et balcons, dans de petites maisons en pierre traditionnelles. Les propriétaires élèvent du bétail et cultivent fruits et légumes. Pension complète à prix raisonnable sur demande. **www.tsivouli.com**

ZANTE Leeda's Village €€€

Lithákia, Agios Sóstis, 29092 ***Tél.*** *26950 51305* ***Fax*** *26950 29934* ***Chambres*** *20*

Entourées de beaux jardins fleuris et à proximité de la plage, 5 jolies villas en pierre avec terrasses abritent des appartements indépendants pour 2 à 9 personnes. Simples et frais, ceux-ci ont un sol pavé en terre cuite et une cuisine entièrement équipée. Aire de jeux pour les enfants. Ferm. nov.-avr. **www.leedas-village.com**

ZANTE Paliokaliva Village €€€

Tragaki, 29100 ***Tél.*** *26950 63770* ***Fax*** *26950 65144* ***Chambres*** *18*

Les chambres se trouvent dans 10 petites maisons en pierre autour d'une piscine et au milieu des oliviers. Chaque villa a sa terrasse, des lits en fer forgé, des meubles simples en bois et une petite cuisine, mais il y a aussi un bon bar-restaurant qui sert déjeuner et dîner. La plage de sable est à moins de 2 km. **www.paliokaliva.gr**

ZANTE Hôtel Alba €€

Odos L. Ziva et Kapodistriou. ***Tél.*** *26950 26641* ***Chambres*** *15*

L'établissement bénéficie d'un bon emplacement dans le centre de la ville de Zante, à proximité de la place historique St-Markos. Les chambres de ce beau bâtiment moderne sont agréables et bien équipées. Elles sont toutes climatisées et disposent d'une salle de bains et d'un balcon. **www.albahotel.gr**

LES ÎLES ARGO-SARONIQUES

CYTHÈRE Kamares Apartments €€

Aroniadika, 80200 ***Tél.*** *27360 31766* ***Fax*** *27360 31801* ***Chambres*** *7*

Ce robuste bâtiment de pierre aux volets bleus et plafonds voûtés donne sur des vignobles et des champs en terrasses. Les appartements ont des kitchenettes basiques. Le petit déjeuner est servi dans les chambres. À 15-25 min de marche des plages. Ferm. nov.-mars. **www.kamares-apartment.gr**

CYTHÈRE Margarita €€€

Chóra, 80100 ***Tél.*** *27360 31711* ***Fax*** *27360 31325* ***Chambres*** *11*

À l'orée du beau village principal de Cythère avec vue imprenable sur la mer, cet hôtel a des murs blanchis à la chaux, des volets bleus en bois et une terrasse dallée ensoleillée. Les chambres claires et modernes sont meublées simplement. Les plages se trouvent à 1,5 km en contrebas du village. **www.hotel-margarita.com**

CYTHÈRE Nostos Inn €€€

Chóra, 80100 ***Tél.*** *27360 31056* ***Fax*** *27360 31834* ***Chambres*** *7*

Au cœur d'un des plus beaux villages de la mer Égée, Nostos est une auberge au sens propre, avec un bar-café animé au rez-de-chaussée et, à l'étage, des chambres immaculées dont certaines donnent sur le village et la mer. Elles ont toutes un haut plafond, un sol en bois ciré et des équipements modernes. Ferm. oct.-mars. **www.nostos-kythera.gr**

CYTHÈRE Vasilis Bungalows €€€

Kapsáli, 80100 ***Tél.*** *27360 31125* ***Fax*** *27360 31553* ***Chambres*** *12*

Entourés d'oliviers, les 12 bungalows aux murs blancs et aux boiseries peintes, dont certains sont indépendants, se trouvent juste en dehors du village portuaire de Kapsáli. Bars et restaurants à proximité. Chambres élégantes, toutes avec Wi-Fi et balcon. Salle spacieuse pour le petit déjeuner. Ferm. nov.-mars. **www.kythirabungalowsvasili.gr**

ÉGINE Pension Electra €€

25, odos Leonardos Lada, ville d'Égine, 18010 ***Tél.*** *22970 26715*

La pension, située à 100 m du port et à 200 m de la plage aménagée la plus proche, offre un hébergement paisible et familial. Les chambres, nettoyées tous les jours, disposent d'un petit balcon, de l'air conditionné et de la télévision. Le propriétaire est accueillant et aime parler de son île. **www.aegina-electra.gr**

ÉGINE Nafsiká €€

N. Kazantzaki 55, ville d'Égine, 18010 ***Tél.*** *22970 22333* ***Fax*** *22970 22477* ***Chambres*** *36*

Ce village de vacances avec cours fleuries et grande piscine offre des chambres confortables dont certaines donnent sur le golfe et sur les ruines du temple d'Apollon. Il n'est qu'à 50 m de la meilleure plage de l'île, Kolóna. Ferm. nov.-mars. **www.hotelnafsika.com**

ÉGINE Aeginitiko Archontiko €€€

Ag. Nikólaou et Thomaidou 1, 18010 ***Tél.*** *22970 24968* ***Fax*** *22970 26716* ***Chambres*** *10*

Construite au début du XIXe siècle, cette charmante demeure insulaire a accueilli des saints orthodoxes, des capitaines de la marine marchande, des poètes et des musiciens. Superbement restaurée, elle possède de merveilleux plafonds peints, des vitraux, des sols dallés et deux patios tranquilles. Ferm. nov.-mars.

HYDRA Delfíni €€

Sur le port, ville d'Hydra, 18040 ***Tél.*** *22980 52082* ***Fax*** *22980 53828* ***Chambres*** *11*

À quelques pas de l'embarcadère de ferry, c'est l'hôtel le moins cher pour un court séjour. Les chambres sont propres et basiques ; certaines ont douche et toilettes particulières. Quelques-unes donnent sur le port, mais elles sont bruyantes car, à l'aube, bateaux et hydroglisseurs arrivent sous leurs fenêtres. Ferm. nov.-fév. **www.delfini-hotel.gr**

HYDRA Nefeli €€

Tsamadoú 8-14, ville d'Hydra, 18040 ***Tél.*** *22980 53297* ***Fax*** *22980 53297* ***Chambres*** *8*

Dans ce minuscule hôtel niché au-dessus du joli port, les chambres jouissent d'une belle vue et surplombent 3 petites terrasses où est servi le petit déjeuner. La montée depuis le port étant difficile, l'hôtel n'est pas adapté aux jeunes enfants et aux personnes handicapées. Agréable pour un court séjour. Ferm. nov.-fév. **www.hotelnefeli.eu**

HYDRA Leto €€€€

Chóra, Hydra, 18040 ***Tél.*** *22980 53385* ***Fax*** *22980 53806* ***Chambres*** *21*

La splendeur argo-saronique caractérise cet hôtel-boutique logé dans une vieille maison d'Hydra. Parties communes et chambres – les meilleures donnant sur la cour pavée – sont décorées d'antiquités. C'est l'un des très rares hôtels des îles adaptés aux fauteuils roulants et à leurs accompagnants. Ferm. nov.-mars. **www.letohydra.gr**

HYDRA Angelica €€€€

Ville d'Hydra, Andrea Miaouli 18040 ***Tél.*** *22980 53264* ***Fax*** *22980 53542* ***Chambres*** *21*

Cette maison traditionnelle a été convertie en petit hôtel élégant et raffiné. Les chambres ont des murs en pierre, des plafonds à poutres apparentes, des sols de bois ou de marbre, et certaines ont un balcon donnant sur la ville d'Hydra et le port. Bien géré et calme, il est proche de nombreux bars et restaurants. **www.angelica.gr**

HYDRA Mirànda Hotel €€€€

Ville d'Hydra, 18040 ***Tél.*** *22980 52230* ***Fax*** *22980 53510* ***Chambres*** *14*

Convertie en hôtel en 1992, cette ancienne demeure privée, proche de la plage et du port, a conservé une partie de ses éléments traditionnels. Les chambres spéciales, mises à la disposition des hôtes, s'ornent de plafonds peints à la main par des artistes florentins et vénitiens. Le petit déjeuner traditionnel est servi en terrasse **www.mirandahotel.gr**

HYDRA Orloff €€€€€

Ville d'Hydra, Rafalia 9 et Votsi 18040 ***Tél.*** *22980 52564* ***Fax*** *22980 53532* ***Chambres*** *9*

Sur une place calme, avec une jolie cour privée, cet hôtel de charme porte le nom d'un aventurier russe du XVIIIe siècle. Il allie confort, élégance et authenticité : les chambres et les parties communes sont dotées de meubles, lampes et miroirs d'époque, mais aussi d'équipements modernes. Ferm. nov.-mars. **www.orloff.gr**

HYDRA Bratsera €€€€€

Chóra, Ydra, 18040 ***Tél.*** *22980 53971* ***Fax*** *22980 53626* ***Chambres*** *28*

Comparé aux autres hôtels-boutiques, celui-ci est très abordable. Il possède une grande piscine, des parties communes aérées et un excellent restaurant. Les chambres sont toutes décorées différemment, avec parquet ciré, hautes fenêtres et meubles d'époque. Ferm. nov.-mars. **www.bratserahotel.com**

PÓROS Manessi Hotel €€€€€

Póros (port), 18020 ***Tél.*** *22980 22273* ***Fax*** *22980 24345* ***Chambres*** *16*

Situé au cœur du port principal de l'île, cet hôtel familial accueillant bénéficie d'un superbe emplacement en front de mer. Les chambres sont propres et confortables : la plupart ont des balcons avec vue sur la mer et toutes disposent de l'accès Internet. Le personnel peut vous organiser des excursions. **www.manessi.com**

PÓROS Sto Roloi €€€€

Póros, 18020 ***Tél.*** *22980 25808* ***Chambres*** *7*

Cette maison insulaire typique est divisée en 3 appartements indépendants bien équipés, pour 2 à 7 personnes, et qui se louent séparément ou ensemble. À part, l'Anemone House est composée de deux maisons disposant chacune d'une piscine. Bars et restaurants sont nombreux aux alentours. **www.storoloi-poros.gr**

SPÉTSES Armàta Hotel €€€€

Enouà Agiou Antomiou, 180-50 Spétses ***Tél.*** *22980 72683* ***Fax*** *22980 75403* ***Chambres*** *20*

Moderne par la conception et le décor, cet élégant hôtel-boutique est situé dans un secteur calme, à proximité des commerces et des restaurants de l'île de Spétses et à quelques minutes de marche du port et de la plage. Les chambres sont bien équipées, avec téléviseur et Wi-Fi ; 16 disposent d'un balcon privé. **www.armatahotel.gr**

SPÉTSES Zoe's Club €€€€

Ville de Spétses, 18050 ***Tél.*** *22980 74447* ***Fax*** *22980 72841* ***Chambres*** *22*

Ce charmant complexe moderne, joliment conçu et bien géré, se compose de 11 studios, 8 suites et 4 maisonnettes autour d'une grande piscine à l'orée de la ville. Au calme, mais à proximité du port avec ses tavernes, bars et cafés, c'est une excellente base pour de longues vacances en famille. Ferm. oct.-avr. **www.zoesclub.gr**

SPÉTSES Economou Mansion €€€€€

Kounoupitsa, ville de Spétses, 18050 ***Tél.*** *22980 73400* ***Fax*** *22980 74074* ***Chambres*** *8*

À 10 min à pied de la ville, cette luxueuse maison d'hôtes est installée dans une demeure traditionnelle. Chambres spacieuses avec poutres au plafond, sol de marbre et tapis aux couleurs douces. Les deux suites ont aussi cuisinette et balcon sur la mer. Le petit déjeuner est servi sur la terrasse. Ferm. nov.-mars. **www.economouspetses.gr**

SPÉTSES Orloff €€€€€

Palió Limáni, Spétses, 18050 ***Tél.*** *22980 75444* ***Fax*** *22980 74470* ***Chambres*** *20*

Ce complexe récent porte le nom d'un aventurier russe du XVIIIe siècle qui se voulait libérateur de la Grèce. Il offre des chambres à grand lit et à 2 lits, des studios indépendants, des suites et une villa à 10 lits, le tout décoré avec élégance. Fabuleuse piscine entourée de hauts murs de pierre. Ferm. déc.-mars. **www.orloffresort.com**

LES SPORADES ET EUBÉE

ALÓNISSOS Konstantina Studios €

À 2 km de Patitíri, 37005 ***Tél.*** *24240 66165* ***Chambres*** *9*

Dans le vieux village d'Alónissos, ces studios et chambres de conception traditionnelle offrent, pour un bon rapport qualité/prix, des équipements modernes tels que douche et toilettes particulières, réfrigérateur et cuisinette. Excellente base pour découvrir l'île ou pour une brève étape entre deux îles. Ferm. nov.-mars. **www.konstantinastudios.gr**

ALÓNISSOS Haravgi €€

Patitíri, 37005 ***Tél.*** *24240 65090* ***Fax*** *24240 65189* ***Chambres*** *18 (8 studios, 10 chambres)*

Dans cette île où l'hébergement est limité, l'Haravgi est un hôtel sans chichis qui offre des chambres simples mais propres, toutes avec balcon. L'hôtel offre un hébergement correct pour un court séjour lorsqu'on va d'île en île, mais ne convient pas à un séjour prolongé. Ferm. nov.-mars.

EUBÉE Apollon €€€

Baie de Kárystos, 34001 ***Tél.*** *22240 22045* ***Fax*** *22240 22049* ***Chambres*** *36*

Au bord d'une baie luxuriante, cet hôtel moderne et proche de la plage offre des suites pour 5 personnes. Les chambres avec douche et toilettes particulières donnent sur la mer. L'hôtel dispose d'une terrasse avec vue, d'un charmant jardin, d'un restaurant et d'équipements pour les sports nautiques. Ferm. nov.-mars. **www.apollonsuiteshotel.com**

EUBÉE Béis €€€

Plage de Kými, 34003 ***Tél.*** *22220 22604* ***Fax*** *22220 29113* ***Chambres*** *37*

Dans cet hôtel confortable, les chambres, toutes équipées de douches et toilettes particulières, jouissent d'une belle vue sur le port. L'excellent restaurant sert du poisson fraîchement pêché. Proche de la plage, l'hôtel est accessible aux fauteuils roulants et il propose la pratique de sports nautiques. **www.hotel-beis.gr**

EUBÉE Candíli €€€€€

À 1 km du bord de mer, Prokópi, 34004 ***Tél.*** *69442 02112* ***Fax*** *21080 74311* ***Chambres*** *12*

Hôtel et centre de séminaires, ce superbe domaine comprend un manoir (adapté aux familles), 2 bungalows et de charmantes chambres dans des greniers et écuries convertis. Stages créatifs de mosaïque et de peinture. Atelier artistique bien équipé, salle à manger et salle de jeux. Land Rover à la disposition des clients. **www.candili.gr**

SKIÁTHOS Atrium €€€€

Paralía Platanias, Agía Paraskeví, 37002 ***Tél.*** *24270 49345* ***Fax*** *24270 49444* ***Chambres*** *75*

Sur un versant boisé à 150 m au-dessus de la plage de sable de Parallas, ce grand hôtel moderne bien aménagé a été construit pour les agences de voyages. Il offre une grande piscine et un excellent choix de sports nautiques. Il est un peu éloigné des restaurants et de la vie nocturne de la ville de Skiáthos. Ferm. nov.-avr. **www.atriumhotel.gr**

Catégories de prix *p. 302* **Légende des symboles,** *voir le rabat arrière de couverture*

SKIÁTHOS Aegean Suites €€€€€

Megali Ammos, 37002 ***Tél.*** *24270 24066/67/68/69* ***Fax*** *24270 24070* ***Chambres*** *20*

Cet hôtel élégant et récent donne sur la mer et sur une grande piscine. Les prix sont en rapport avec le service attentif et les équipements dernier cri. L'hôtel convient mieux à un séjour romantique à deux qu'à des vacances familiales. Ferm. nov.-avr. **www.aegeansuites.com**

SKIÁTHOS Esperides €€€€€

Achládia, 37002 ***Tél.*** *24270 22245* ***Fax*** *24270 21580* ***Chambres*** *181*

Cet immense complexe hôtelier qui surplombe une plage de sable offre d'excellentes prestations comme des courts de tennis, de nombreux services et un grand choix de bars et restaurants. Les chambres sont spacieuses ; celles de la façade ont une belle vue. Ferm. nov.-avr. **www.esperidesbeach.gr**

SKIÁTHOS Palace €€€€€

Plage de Koukounariés, 37002 ***Tél.*** *24270 49700* ***Fax*** *24270 49666* ***Chambres*** *258*

Sur une plage de sable blanc adossée à la pinède, ce complexe jouit d'une vue imprenable sur la mer. Toutes les chambres ont sanitaires privés, télévision par satellite, ligne téléphonique directe, réfrigérateur et balcon ou terrasse. Boutique, supérette, bars (salle et plein air), courts de tennis et sauna. Ferm. nov.-mars. **www.skiathos-palace.gr**

SKÓPELOS Thea Home €€

Ville de Skópelos, 37003 ***Tél.*** *24240 33140* ***Fax*** *24240 33717* ***Chambres*** *12*

Cet ensemble composé de studios et d'appartements indépendants reproduisant le style traditionnel de l'île s'organise autour d'une grande piscine. Le Zaneta offre de bonnes prestations aux familles et jouit d'un emplacement agréable. Les prix restent raisonnables. Ferm. oct.-avr. **www.skopelos.gr/theahome**

SKÓPELOS Aegean €€€

Port de Skópelos, 37003 ***Tél.*** *24240 22619* ***Fax*** *24240 22194* ***Chambres*** *15*

Ce petit hôtel agréable et abordable offre sur 3 étages des chambres claires avec balcon donnant sur la ville et la baie de Skópelos. Elles sont simples mais propres, avec sanitaires privés. En contrebas de l'hôtel, jardin en terrasses et aire de jeux pour les enfants. Ferm. oct.-avr. **www.skopelos.gr/aegean**

SKÓPELOS Pleoussa Studios €€€

Ambeliki, 37003 ***Tél.*** *24240 23141* ***Fax*** *24240 23844* ***Chambres*** *7*

Ce petit complexe de 10 jolis studios indépendants, peints en ocre et crème, est construit autour d'une cour à arcades au dallage typique de Skópelos. Les chambres de l'etage ont de jolis balcons en bois avec vue sur la mer. À 50 m d'une plage de galets. Ferm. oct.-avr. **www.pleoussa-skopelos.gr**

SKÝROS Nefeli €€€€

Chòra, ville de Skýros, 34007 ***Tél.*** *22220 91964* ***Fax*** *22220 92061* ***Chambres*** *22*

Cet hôtel bien conçu et bien tenu offre des chambres à grand lit et à 2 lits, 2 suites et 4 petits appartements indépendants installés dans des bâtiments bas autour d'une jolie piscine. Il est proche de la ville principale de l'île, encore préservée, où les restaurants sont nombreux, et de la plage accessible à pied. **www.skyros-nefeli.gr**

LES ÎLES DU NORD-EST DE LA MER ÉGÉE

CHÍOS Filoxènia Hotel €€

Chíos, Roidou 2 et Vaupàlou 8 ***Tél.*** *22710 22813* ***Fax*** *22710 28447* ***Chambres*** *17*

Situé dans un secteur pittoresque des îles Égéennes, cet hôtel est proche du port et des principaux commerces et restaurants de la ville. Rénovée en 2004, l'ancienne demeure privée des années 1900 a conservé de nombreux éléments d'origine comme des carrelages vieux de 80 ans. Parking disponible sur place. **www.filoxenia.gr**

CHÍOS Aeriko €€

Karfás, 82100 ***Tél.*** *22710 32336* ***Fax*** *22710 32335* ***Chambres*** *7*

Non loin de la plage de galets de Karfás, au milieu des oliviers, cette petite pension chaleureuse tenue par une famille se compose de bâtiments traditionnels qui entourent une agréable piscine. Le petit déjeuner y est servi aux tables de fer forgé ombragées. Bonne base pour découvrir l'île ou juste paresser. Ferm. nov.-mars. **www.benovias.gr**

CHÍOS Volissós €€

Volissós, 82103 ***Tél.*** *22740 21421* ***Fax*** *22740 21521* ***Chambres*** *16*

La créatrice et sculpteur Stella Tsakiri a restauré à l'ancienne et avec amour ces petites maisons indépendantes. Les plus grandes ont 2 chambres, certaines avec vue sur la mer ou la campagne. À l'intérieur, poutres et maçonnerie apparentes, murs blanchis à la chaux, banquettes-lits et tissus traditionnels. Ferm. nov.-mars **www.volissostravel.gr**

CHÍOS Pláka Studios €€€

Karfás, 82100 ***Tél.*** *22710 32955* ***Fax*** *22710 32966* ***Chambres*** *10*

Proches de la plage de Karfás, la meilleure de l'île, ces petits studios indépendants bien aménagés ont un balcon donnant sur la mer. Toutes les chambres sont équipées d'une télévision, d'une kitchenette avec réfrigérateur et réchaud. Petit bar pour le petit déjeuner. Les prix sont corrects, surtout pour Chíos. **www.plakastudios.gr**

CHÍOS Perleas Mansion €€€

Odos Vitiadou, Kámbos, 82100 ***Tél.*** *22710 32217* ***Fax*** *22710 32364* ***Chambres*** *7*

Les grandes chambres aux lits en fer forgé, avec plancher ciré et linge immaculé, sont installées dans une ancienne ferme de pierre blottie dans la campagne de Chíos au milieu des oliviers. Les charmantes terrasses sont ombragées par les pins, et l'ancien réservoir de la ferme a été converti en étang de nénuphars. **www.perleas.gr**

CHÍOS Argentikon €€€€€

Odos Argenti, Kámbos, 82100 ***Tél.*** *22710 33111* ***Fax*** *22710 31465* ***Chambres*** *8*

Cet hôtel, qui est l'un des plus luxueux des îles Grecques, a été aménagé à grands frais dans l'ancienne demeure d'une dynastie d'aristocrates originaires de Chíos et de Gênes. Il offre une excellente cuisine, une piscine entourée de murs de pierre et un environnement somptueux. Une expérience à ne pas manquer ! **www.argentikon.gr**

CHÍOS Ta Petrina €€€€€

Volissós, 82103 ***Tél.*** *22740 21128* ***Fax*** *22740 21013* ***Chambres*** *2 (bungalows)*

Cet ensemble familial de 6 maisons de pierre domine le village à flanc de coteau de Volissós, au milieu des terres arables, des oliviers et des vignobles. Les bungalows dotés de cuisines modernes bien équipées se louent ensemble ou séparément. Un charmant mariage de modernité et de tradition. **www.tapetrina.gr**

ICARIE Cavos Bay €€

Armenistís, 83301 ***Tél.*** *22750 71381* ***Fax*** *22750 71380* ***Chambres*** *63*

Cet hôtel offre un bon rapport qualité/prix : équipements modernes, grande piscine et vues splendides. Les chambres sont dotées de la télévision par satellite et de balcons avec vue ; seuls les studios sont climatisés. Situé à l'orée du village, à environ 10 min à pied d'une belle plage de sable. Ferm. nov.-avr. **www.cavosbay.com.gr**

ICARIE Erofili Beach €€€

Armenistís, 83301 ***Tél.*** *22750 71058* ***Fax*** *22750 71483* ***Chambres*** *31*

Ce petit hôtel sans prétention est superbement situé au-dessus d'une immense plage de sable blanc. Toutes les chambres ont un balcon avec une jolie vue. L'hôtel se trouvant à côté d'un village doté de nombreux cafés, bars et restaurants, il est parfois un peu bruyant le soir en haute saison. Ferm. oct.-avr. **www.erofili.gr**

ICARIE Messakti Village €€€€

Gialiskari, 83301 ***Tél.*** *22750 71331* ***Fax*** *22750 71330* ***Chambres*** *55*

Cet hôtel moderne jouxte une fabuleuse plage de sable. Avec sa maçonnerie apparente, ses sols dallés et ses poutres de bois, il propose de grands studios et appartements, et 2 suites aménagées dans une vieille tour de pierre. Salles de bains et toilettes communes. Ferm. nov.-avr. **www.mesakti.gr**

LEMNOS Porto Mýrina Palace €€€€€

81400 Mýrina, Lemnos ***Tél.*** *22540 24805* ***Fax*** *22540 24858* ***Chambres*** *150*

Non loin de la plage, dans la paisible baie d'Avlon, cet hôtel calme est proche de tous les principaux sites, notamment du Musée archéologique et du village de Mýrina. Toutes les chambres ont un balcon privé. Bar de piscine, court de tennis, terrain de basket-ball et salle de gymnastique. **www.ellada.net/portomyr/**

LEMNOS Villa Afroditi €€€€€

Plage de Platí, Platí, 81400 ***Tél.*** *22540 23141* ***Fax*** *22540 25031* ***Chambres*** *24*

Proche de la plage, ce petit hôtel bien tenu offre des chambres à la décoration sobre qui ont toutes un balcon ou une terrasse – 3 suites, 3 appartements et des chambres à 2 lits. Le restaurant de l'hôtel est couru. Beau jardin et grande piscine. Il est indispensable de réserver très à l'avance. Ferm. nov.-avr. **www.afroditi-villa.gr**

LESBOS Nassos Guest House €

Mólyvos, 81108 ***Tél.*** *69420 46279* ***Fax*** *22530 71641* ***Chambres*** *7*

Cette pension se trouve au centre de Mólyvos, l'un des plus beaux villages de Lesbos. Les chambres charmantes et simples sont décorées dans les tons pastel. Les meilleures donnent sur les toits du village et la mer. Une grande chambre double dispose d'une douche et de toilettes particulières. **www.nassosguesthouse.com**

LESBOS Olive Press €€€

Plage de Mólyvos, 81108 ***Tél.*** *22530 71205* ***Fax*** *22530 71647* ***Chambres*** *50*

Un ancien pressoir à olives a été converti en charmant hôtel dont les chambres et les studios indépendants entourent une cour arborée et ombragée. Il est proche d'une plage de galets propre et de nombreux bars et restaurants. Certaines chambres ont un balcon qui surplombe la plage. **www.olivepress-hotel.com**

LESBOS Vaterá Beach €€

Plage de Vaterá, 81300 ***Tél.*** *22520 61212* ***Fax*** *22520 61164* ***Chambres*** *24*

Tenu par une famille, cet établissement moderne de taille moyenne est situé sur une superbe plage. Les chambres confortables, claires et aérées, ont de hautes fenêtres et des meubles en pin. Quelques-unes sont destinées aux familles, certaines ont une cuisinette. Bon restaurant et accès Internet. Ferm. nov.-avr. **www.vaterabeach.gr**

LESBOS Clara €€€€

Avláki, Pétra, 81109 ***Tél.*** *22530 41532* ***Fax*** *22530 41535* ***Chambres*** *44*

Non loin de la longue plage et du charmant village, ce complexe de taille moyenne est doté de nombreux équipements tels que courts de tennis et piscine. Les chambres simples mais bien équipées ont toutes un balcon donnant sur la mer et sur Mólyvos. Lieu confortable pour un long séjour. Ferm. oct.-mars. **www.clarahotel.gr**

Catégories de prix *p. 302* **Légende des symboles,** *voir le rabat arrière de couverture*

LESBOS Loriet €€€€€

Plage de Vareiá, 81100 ***Tél.*** *22510 43111* ***Fax*** *22510 41629* ***Chambres*** *35*

À 2 km de la ville de Mytilène, cet élégant et luxueux hôtel est installé dans une demeure du XIXe siècle restaurée qui abrite 7 suites de luxe. D'autres chambres et appartements occupent les ailes plus récentes. Service dans les chambres 24 h sur 24, deux restaurants et un bar à cocktails au bord de la piscine. **www.loriet-hotel.com**

SÁMOS Kalidon €€

Kokkári, 83100 ***Tél.*** *22730 92605* ***Fax*** *22730 92608* ***Chambres*** *28*

Ce charmant petit hôtel offre des chambres bien conçues et un service amical. Les propriétaires tiennent aussi le Kalidon Palace voisin, un peu plus grand et plus cher, dont les équipements sont à la disposition des résidents Bon rapport qualité/prix et bonne base pour découvrir le reste de l'île. Ferm. nov.-avr. **www.kalidon.gr**

SÁMOS Kerkis Bay €€

Ormos Marathokampos, 83102 ***Tél.*** *22730 37202* ***Fax*** *22730 37372* ***Chambres*** *29*

Au cœur du port agréable et décontracté, dans un bâtiment plaisant de style traditionnel, les chambres bien aménagées offrent tout le confort moderne. Jolie cour arborée, chaises longues et parasols sur la plage de galets voisine, excellents sports nautiques à proximité. Ferm. nov.-mars. **www.kerkis-bay.com**

SÁMOS Olympia Beach €€

Plage de Kokkári, 83100 ***Tél.*** *22730 92420* ***Fax*** *22730 92457* ***Chambres*** *12*

Ce charmant petit hôtel construit en style traditionnel, directement sur la plage de galets propre de Kokkári, offre des chambres claires et aérées, certaines avec vue sur la mer. C'est une excellente base pour des activités telles que l'escalade, le VTT, le kayak de mer, la plongée et la planche à voile. Ferm. oct.-avr. **www.olympia-hotels.gr**

SÁMOS Arion €€€€

Kokkári, 83100 ***Tél.*** *22730 92020* ***Fax*** *22730 92006* ***Chambres*** *108*

Ce grand hôtel est situé au flanc d'une colline boisée, à proximité d'une des plus belles stations balnéaires de l'île. Restaurant sous forme de buffet, bars et bonnes prestations pour les familles. À proximité, il y a des plages de galets blancs et un grand choix de restaurants et discothèques. Navette gratuite. Ferm. oct.-avr. **www.arion-hotel.gr**

SAMOTHRACE Kástro €€

Palaiópolis, 68002 ***Tél.*** *25510 89400* ***Fax*** *25510 41000* ***Chambres*** *50*

Cet hôtel moderne et bien géré est conçu pour s'harmoniser avec l'architecture locale. Avec sa grande piscine et son large choix de prestations, c'est l'un des rares hôtels aux normes internationales de cette île qui manque d'hébergements aux services complets. Ferm. oct.-avr. **www.kastrohotel.gr**

THÁSOS Arsinoe Cottages €€

Limenaria, 64002 ***Tél.*** *25930 52796* ***Fax*** *25930 52295* ***Chambres*** *5 (bungalows)*

Sur une pente au-dessus d'une plage de sable, ces 5 beaux bungalows de pierre croulent sous la verdure. Les petits accueillent 2 personnes, les grands 4 personnes. Ils ont tous des murs blanchis à la chaux, des cheminées de pierre, des lits en fonte, des sols dallés et un mobilier simple en pin. La cuisine est commune. Ferm. oct.-avr.

THÁSOS Miramare €€

Skála Potamiás, 64004 ***Tél.*** *25930 61040* ***Fax*** *25930 61043* ***Chambres*** *30*

Cet hôtel moderne bien équipé est magnifiquement situé dans la pinède à l'extrême sud de Chryssí Ammoudiá, la plage de sable la plus spectaculaire de l'île. Avec ses chambres confortables à prix raisonnables, c'est un excellent choix pour des vacances familiales. Ferm. oct.-avr. **www.hotelmiramare.gr**

THÁSOS Alexandra Beach €€€€€

Plage de Potós, 64002 ***Tél.*** *25930 58000* ***Fax*** *25930 51185* ***Chambres*** *124*

Ce grand complexe hôtelier sur la plage de Potós près de Limenária dispose de bungalows et de chambres à grand lit ou à deux lits. Il propose les services d'un restaurant, de trois bars et un choix d'activités sportives telles que tennis, volley, planche à voile et ski nautique. Ferm. nov.-avr. **www.alexandrabeach.gr**

LE DODÉCANÈSE

ASTYPÁLAIA Australia Studios €

Péra Gialós, 85900 ***Tél.*** *22430 61275* ***Fax*** *22430 61067* ***Chambres*** *15*

Cet hôtel moderne, doté d'un jardin ombragé, dispose de chambres pour 2 à 3 personnes et de studios indépendants pour 4 dont les balcons donnent sur la mer. En contrebas de l'hôtel, un restaurant propose du poisson frais et des viandes grillées. La plage se trouve à 50 m. Ferm. nov.-avr.

CHÁLKI Argyrenia €

Nimporió, 85101 ***Tél.*** *22460 45205* ***Chambres*** *9*

À mi-chemin entre Nimporió et la plage de Potamós, cette petite pension ne paie pas de mine mais elle est dotée d'un charmant jardin. Elle propose des chambres ressemblant à des chalets meublées simplement, la plupart avec terrasse. Proche de nombreux bars et restaurants, elle offre un bon rapport qualité/prix. Ferm. oct.-avr.

CHÁLKI Captain's House €

Nimporió, 85110 ***Tél.*** *22460 45201* ***Fax*** *22460 45201* ***Chambres*** *3*

Cette minuscule pension très demandée est installée dans une villa à l'ancienne au toit de tuiles rouges. Elle n'a qu'une chambre à grand lit et 2 à lits jumeaux. Grandes et simples, avec réfrigérateur, elles entourent un jardin-terrasse ombragé. Petite terrasse pour les bains de soleil. Ferm. oct.-avr.

CHÁLKI Villa Praxithea €€€€

Nimporió, 85110 ***Tél.*** *22410 70172* ***Fax*** *22410 29249* ***Appartements*** *2*

Ces 2 appartements indépendants pour 8 personnes occupent une jolie villa en bord de mer près du village principal de l'île. Les chambres au sol carrelé traditionnel ou en bois sont peintes dans les tons pastel et une petite terrasse se prête aux bains de soleil. Vue sur le port depuis les étages supérieurs. Ferm. oct.-avr. **www.villapraxithea.com**

KÁLYMNOS Galini €

Póthia, 85200 ***Tél.*** *22430 31241* ***Fax*** *22430 31100* ***Chambres*** *14*

Tenue par une famille, cette pension qui donne sur la baie de Vathý et le chantier naval offre des prestations supérieures à la moyenne. Les chambres simples mais confortables sont d'un bon rapport qualité/prix.
Le petit déjeuner se prend sur l'agréable terrasse, et le restaurant sert en-cas et repas légers. Ferm. oct.-avr.

KÁLYMNOS Panorama €

Póthia, 85200 ***Tél.*** *22430 23138* ***Fax*** *22430 23138* ***Chambres*** *13*

À l'écart de l'agitation du front de mer, le Panorama mérite bien son nom car il jouit d'une vue superbe sur la baie. Les chambres confortables et modernes sont meublées simplement et la plupart ont un balcon. Petit bar-restaurant pour le petit déjeuner. Nombreux cafés et tavernes dans les environs. Ferm. oct.-avr. **www.panorama-kalymnos.gr**

KÁRPATHOS Amoopí Bay €€

Amoopí, 85700 ***Tél.*** *22450 81184* ***Fax*** *22450 81105* ***Chambres*** *65*

Bien qu'il ne paie pas de mine, cet hôtel est bien aménagé. Toutes les chambres ont un balcon ou une terrasse, le téléphone et la télévision par satellite, et l'hôtel a son propre restaurant dans un jardin (possibilité de demi-pension avec dîner). À 300 m de la plage de sable d'Amoopí. Ferm. nov.-avr. **www.amoopibathotel.com**

KASTELÓRIZO Karnayo €€

Ville de Kastelórizo, 85111 ***Tél.*** *22460 70626* ***Fax*** *22460 49266* ***Chambres*** *8*

L'hôtel le plus élégant et le plus séduisant de l'île est logé dans un bâtiment traditionnel restauré avec goût, sur une place pavée avec palmiers et bougainvillées. Il dispose de 4 chambres, certaines avec balcon en bois, et de 4 appartements indépendants. Une échelle de baignade donne accès au port.

KASTELÓRIZO Mediterraneo €€

25 Martiou, Megísti, 85111 ***Tél.*** *22460 49007* ***Fax*** *22460 49007* ***Chambres*** *8*

Avec ses chambres couleur bleu et ocre et sa superbe suite au rez-de-chaussée, c'est l'un des plus charmants hôtels du Dodécanèse. Une échelle de baignade descend vers la mer, littéralement sur le pas de la porte. Petit déjeuner servi sur le toit-terrasse, dîner sur demande. Belle vue sur la superbe baie. **www.mediterraneo-megistri.com**

KOS Afendoulis €€

Evripilou 1, ville de Kos, 85300 ***Tél.*** *22420 25321* ***Fax*** *22420 25797* ***Chambres*** *23*

Au centre de la ville, ce petit hôtel familial très sympatique offre des chambres simples mais confortables. Assez calme, il se trouve à proximité de la bonne plage de la ville. Petit déjeuner et boissons sont servis dans un charmant jardin envahi par les jasmins et les bougainvillées. Ferm. nov.-avr. **www.afendoulishotel.com**

KOS Caravia Beach €€€

Aginaropi, Marmári, 85300 ***Tél.*** *22420 41291* ***Fax*** *22420 41215* ***Chambres*** *294*

Ce vaste complexe est sutout fréquenté par les Italiens, les Allemands, les Hollandais et les Belges. Les activités sont nombreuses : promenades en bateau avec pique-nique dans les îles voisines. Petit déjeuner buffet, déjeuner, dîner, boissons même alcoolisées et sports nautiques sont inclus dans le prix. Ferm. nov.-avr. **www.caraviabeach.gr**

KOS Olympia Mare Beach Hotel €€€

Kardámaina, 85302 ***Tél.*** *22420 91 711* ***Fax*** *22420 92711* ***Chambres*** *21*

Ce petit complexe idéal pour les familles bénéficie d'un environnement paisible, à l'écart du tourisme de masse, et d'une belle plage de sable où l'on peut pratiquer la plongée et la planche à voile (grâce aux vents réguliers). Les chambres des appartements, vastes et propres, disposent toutes d'un balcon. **www.olympiamare.com**

KOS Porto Bello Beach €€€€

Kardámaina, 85302 ***Tél.*** *22420 91217* ***Fax*** *22420 91168* ***Chambres*** *293*

Annoncé comme un complexe « 100% tout compris », ce luxueux établissement se trouve sur une plage de 5 km de long, à 2 km de Kardámaina. Le prix comprend petit déjeuner buffet, déjeuner et dîner, en-cas, boissons, sports nautiques non motorisés, un grand choix de sports terrestres et les spectacles *live*. Ferm. nov.-avr.

KOS Grecotel Kos Imperial Thalasso €€€€€

Psalídi, 85300 ***Tél.*** *22420 58000* ***Fax*** *22420 25192* ***Chambres*** *384*

Cet hôtel à 4 km de la ville de Kos est somptueusement aménagé avec des piscines aux formes originales reliées par des petits canaux. Il dispose de villas de luxe, suites familiales et chambres à grand lit ou à deux lits, toutes avec balcon ou terrasse et vue sur le jardin ou sur la mer. Centre de thalassothérapie. Ferm. nov.-avr. **www.grecotel.com**

KOS Grecotel Kos Royal Park €€€€€

Agios Geórgios, Marmári, 85300 ***Tél.*** *22420 41488* ***Fax*** *22420 41373* ***Chambres*** *268*

Ce complexe de luxe bien situé sur la plage de sable de Marmári pratique des forfaits tout compris et des tarifs standard. Nombreuses prestations telles que piscines pour adultes et enfants, planche à voile, canoë, sports de plage et spectacles *live*. Location de vélos et équitation à proximité. Ferm. nov.-avr. **www.grecotel.com**

LÉROS Archontiko Angelou €€€€

Sur le front de mer, Alínda, 85400 ***Tél.*** *22470 22749* ***Fax*** *22470 24403* ***Chambres*** *10*

Cette pension familiale aux chambres traditionnelles est logée dans une charmante demeure rose et blanc de 1895 bien restaurée, au cœur d'un beau jardin où poussent jasmins et géraniums. Pas de restaurant mais on peut commander un pique-nique. À quelques pas de la plage. Ferm. nov.-mars. **www.hotel-angelou-leros.com**

LÉROS The Nest €€€€

Agía Marína, 85400 ***Tél.*** *(en France) 04 42 94 65 98* ***Maison*** *1*

Sur une colline entre le port et le château, cette luxueuse maisonnette qui offre l'hébergement le plus charmant de l'île dispose d'une chambre double avec banquette-lit et canapé-lit. Joliment décorée, elle jouit d'une belle vue sur la baie depuis la terrasse. Séjour minimum de 7 nuits. Ferm. nov.-mars. **www.houseofwonders.com**

PÁTMOS Porfyris €€

Mandráki, 85303 ***Tél.*** *22420 31376* ***Fax*** *22420 31176* ***Chambres*** *38*

Au milieu des citronniers près du port du Mandráki, cet hôtel agréable à prix raisonnables est le plus élégant de l'île. Depuis la terrasse, une belle vue s'étend jusqu'à la côte de Kos et à la minuscule île de Gyal. Les chambres confortables sont meublées avec simplicité. Ferm. oct.-avr.

PÁTMOS Artemis €€

Gríkos, 85500 ***Tél.*** *22470 31555* ***Fax*** *22470 34016* ***Chambres*** *24*

Ce petit complexe hôtelier, à l'orée du deuxième plus grand village de bord de mer de l'île, se compose de bungalows blancs dans le style local. Toutes les chambres ont un balcon ou une terrasse avec vue sur la mer. Les équipements incluent la télévision par satellite, une ligne téléphonique directe et un réfrigérateur. Ferm. oct.-avr.

PÁTMOS Asteri €€€

Mérichas, Skála, 85500 ***Tél.*** *22470 32465* ***Fax*** *22470 31347* ***Chambres*** *37*

Ce petit hôtel agréable tenu par une famille domine la baie de Mérichas à la periphérie de Skála. Les chambres, dont 11 ont été récemment ajoutées au bâtiment d'origine, sont confortables et modernes. L'hôtel se trouve dans une rue calme, à proximité des bars et restaurants du front de mer et de l'embarcadère de ferrys. Ferm. nov.-mars.

PÁTMOS Blue Bay €€€

Skála, 85500 ***Tél.*** *22470 31165* ***Fax*** *22470 32303* ***Chambres*** *25*

Dans une rue paisible à 5 minutes de l'embarcadère de ferrys, cet hôtel tenu par une famille gréco-australienne amicale mérite bien son nom de « Baie-Bleue ». Les chambres modernes et confortables ont des lits jumeaux, un décor sobre et des volets en bois. Terrasse en bord de mer. Accès Internet. Ferm. oct.-avr. **www.bluebaypatmos.gr**

PÁTMOS 9 Muses €€€€

Sapsila, Gríkos, 85500 ***Tél.*** *22470 34079* ***Fax*** *22470 33151* ***Chambres*** *12*

Appartements dans des bungalows accessibles aux fauteuils roulants, à sol carrelé, avec balcon ou terrasse privés, vue imprenable, snack-bar, restaurant et garde d'enfants. Avec ses tavernes et sa plage, le village le plus proche, Gríkos, est à environ 2 km. Location de scooters et parking. Réservation indispensable. Ferm. nov.-avr. **www.9muses-gr.com**

RHODES Apollo €€

Omirou 28, vieille ville de Rhodes, 85100 ***Tél.*** *22410 32003* ***Chambres*** *5*

Dans cette vieille maison restaurée dotée d'une jolie cour intérieure, les chambres claires et aérées ont des lits à baldaquin ; celles du dernier étage en façade jouissent d'une vue fabuleuse sur la vieille ville. Dans un quartier tranquille, à proximité des curiosités et des commerces. Ferm. nov.-avr. **www.apollo-touristhouse.comr**

RHODES Domus Rodos €€

Plateía Plátonos, vieille ville de Rhodes, 85100 ***Tél.*** *2410 25965* ***Fax*** *2410 24766* ***Chambres*** *19*

Bien situé au calme sur une place proche du centre de la vieille ville, le bâtiment a conservé des éléments d'époque tels que plafonds et escaliers de bois. Les chambres sont meublées avec simplicité. L'hôtel n'a pas de restaurant mais il se trouve à deux pas des bars et tavernes. Ferm. nov.-avr. **www.domusrodoshotel.gr**

RHODES Mango €€

Plateía Dorieos 3, vieille ville de Rhodes, 85100 ***Tél.*** *22410 24877* ***Fax*** *22410 24876* ***Chambres*** *6*

Sur une place très calme, cet hôtel propre, bon marché et chaleureux offre des chambres basiques avec salle de bains privée et réfrigérateur. Il est apprécié des plongeurs et des plaisanciers. La terrasse sur le toit donne sur la vieille ville. Accès Internet et boissons bon marché. À 5 min à pied de l'embarcadère de ferry. **www.mango.gr**

RHODES Annapolis Inn €€€

28 Oktovríou et Ionos Dragoumi, ville nouvelle de Rhodes, 85100 ***Tél.*** *22410 24538* ***Fax*** *22410 31910* ***Chambres*** *44*

Cet hôtel confortable de la ville nouvelle se compose de 44 studios, suites et appartements avec kitchenette bien équipée. Toutes les chambres ont un balcon, et la plupart possèdent une salle de bains luxueuse. Certaines suites sont accessibles en fauteuil roulant. Supérette et réception 24 h sur 24. **www.annapolisinn.gr**

RHODES Camelot €€€

Themistokléous 5, 85100 **Tél.** *22410 26649* **Fax** *22410 26549* **Chambres** *3*

Cette petite pension occupe un bâtiment médiéval à quelques pas des principales places animées de la vieille ville. Les chambres pour 1, 2 ou 3 personnes ont douche et toilettes particulières ; celles à lits jumeaux ont des sanitaires séparés. Jolie cour intérieure pavée, petit déjeuner plantureux et cadre agréable. Ferm. nov.-avr. **www.camelothotel.gr**

RHODES Paris €€€

Agíou Fanouriou 88, vieille ville de Rhodes, 85100 **Tél.** *22410 26356* **Fax** *22410 21095* **Chambres** *24*

Les chambres très simples entourent une petite cour au cœur de la vieille ville. À 1, 2 et 3 lits, elles disposent d'une salle de bains particulière ou de sanitaires communs. Proche de l'embarcadère de ferrys, l'hôtel est calme la nuit. Nombreux bars et restaurants à proximité. Ferm. nov.-mars. **www.paris-hotel-rhodes.gr**

RHODES San Nikolis Hotel €€€

61 Hipodamou, vieille ville de Rhodes, 85100 **Tél.** *22410 34561* **Fax** *22410 32034* **Chambres** *18*

Niché sous les remparts de la vieille ville, ce charmant petit hôtel occupe une vieille maison de ville aux murs en pierre couverts de lierre et de bougainvillées. Les chambres très confortables ont un mobilier d'époque et certaines ont un balcon. Depuis le toit-terrasse, on jouit d'une vue superbe. Ferm. nov.-avr. **www.s-nikolis.gr**

RHODES Aldemar Paradise Royal Mare et Paradise Village €€€€

Kallithéa, 85100 **Tél.** *22410 54400* **Chambres** *1 270*

Cet énorme complexe tout compris à 6 km de la ville de Rhodes se compose de 2 hôtels : le Royal, à 5 étages, et le Paradise Village, moins haut. Il offre 9 piscines dont 2 pour les enfants et une plage semi-privée. Les parties communes et 5 bungalows au bord de la piscine sont accessibles en fauteuil roulant. Ferm. nov.-mars. **www.aldemarhotels.com**

RHODES Marco Polo Mansion €€€€

Agíou Fanouriou 40-42, vieille ville de Rhodes, 85100 **Tél.** *22410 25562* **Fax** *22410 25562* **Chambres** *7*

Cette maison de ville ottomane du XVIe siècle superbement restaurée évoque à merveille la Rhodes médiévale. Elle offre des chambres à grand lit et à 2 lits avec sol en bois, plafond peint, superbes tissus et une cour intérieure arborée où l'on sert des repas à la carte. Ferm. nov.-avr. **www.marcopolomansion.gr**

RHODES Nikos-Takis Fashion Hotel €€€€€

Panetiou 26, vieille ville de Rhodes, 85100 **Tél.** *22410 70773* **Fax** *22410 24643* **Chambres** *8*

Idéalement situé à côté du palais des Grands Maîtres, cet hôtel coloré et élégant qui donne sur la vieille ville appartient à deux couturiers grecs célèbres. Les suites sont dotées de lits à baldaquin, meubles en bois sculpté, soieries brodées et d'une salle de bains luxueuse. **www.nikostakishotel.com**

RHODES Melenos Líndos €€€€€

Líndos, 85107 **Tél.** *22440 32222* **Fax** *22440 31720* **Chambres** *12*

Au centre du village, le Melenos est un havre d'élégance et de luxe. Les chambres blanches ont des meubles en bois et de confortables banquettes-lits dans le plus pur style de Líndos. L'hôtel dispose de terrasses fleuries et d'un excellent restaurant sur le toit. Ferm. nov.-avr. **www.melenoslindos.com**

RHODES Rodos Palace €€€€€

Leofóros Triádon, Ixia, 85100 **Tél.** *22410 25222* **Fax** *22410 25350* **Chambres** *785*

Bâti dans les années 1960 et entièrement rénové, le fleuron de l'hôtellerie de luxe à Rhodes offre chambres et suites autour d'une tour centrale de 20 étages d'où l'on jouit d'une vue grandiose. Plusieurs bars et restaurants, piscines intérieure et extérieure, excellentes prestations de loisirs et d'affaires. **www.rodos-palace.gr**

RHODES Rodos Park Suites €€€€€

Riga Fereou 12, 85100 **Tél.** *22410 89700* **Fax** *22410 24613* **Chambres** *60*

C'est l'un des plus luxueux établissements de la ville nouvelle de Rhodes. Il possède d'excellents équipements tels que piscine et cour, bon restaurant, bar élégant et chambres dernier cri avec télévision par satellite et accès Internet. Service dans les chambres 24 h sur 24. **www.rodospark.gr**

SÝMI Catherinettes Pension et Marina Studios €€

Harani, ville de Sými, 85600 **Tél.** *22460 71671* **Fax** *22460 72698* **Chambres** *11*

Cette vieille demeure charmante domine le port (la taverne traditionnelle est au niveau de la rue). Les chambres à 2 lits ont un réfrigérateur, un haut plafond peint à caissons, de grandes fenêtres et un petit balcon avec vue. En face, studios et appartements pour 2 à 4 personnes avec cuisine équipée et véranda. Ferm. oct.-avr. **julie-symi@otenet.gr**

SÝMI Alykí €€€€

Sur le front de mer, ville de Sými, 85600 **Tél.** *22460 71665* **Fax** *22460 71665* **Chambres** *15*

Bien au calme, cette charmante maison d'armateur convertie se dresse sur le front de mer. Les chambres ne sont pas à la hauteur de la splendide réception mais les meilleures ont un balcon et une jolie vue sur le port. Le café-terrasse est au bord de l'eau. Une échelle de baignade donne accès aux eaux claires du port. Ferm. oct.-avr. **www.hotelaliki.gr**

TÉLENDOS On the Rocks €€

Chochlakas, Télendos, 85200 **Tél.** *22430 48260* **Fax** *22430 48261* **Chambres** *3*

Cet hôtel installé sur la plage propose aux amateurs de calme absolu 3 chambres confortables avec balcon donnant sur l'île voisine de Kálymnos. Il possède un excellent restaurant de poissons et un petit bar convivial. Idéal si vous êtes à la recherche d'un lieu intime et calme. Ferm. oct.-avr. **www.otr.telendos.com**

Catégories de prix *p. 302* **Légende des symboles,** *voir le rabat arrière de couverture*

LES CYCLADES

AMORGÓS Lakkí Village €€€

Plage de Lakkí, Aigiáli, 84008 ***Tél.*** *22850 73506* ***Fax*** *22850 73244* ***Chambres*** *67*

Chambres doubles, suites, bungalows et appartements familiaux occupent de jolis bâtiments bleu et blanc à 2 niveaux, autour d'un jardin fleuri et d'un potager bio (dont l'hôtel sert les produits). Aire de jeux pour les enfants, plage de sable propre et peu profonde à proximité. Navette pour le port. Ferm. nov.-avr. **www.lakkivillage.gr**

AMORGÓS Aegialis €€€€

Sur la colline au-dessus du village d'Aigiáli, 84008 ***Tél.*** *22850 73393* ***Fax*** *22850 73395* ***Chambres*** *50*

À flanc de colline, l'hôtel le plus chic d'Aigiáli se targue de ses belles vues sur la mer et les îles voisines. Il offre un cadre idéal pour un séjour tranquille avec plages de sable et tavernes dans le village à proximité. C'est une bonne base pour la découverte de l'île. **www.amorgos-aegialis.com**

ANDROS Archontiki Eleni €€€€

Empirikou 9, Chóra, 84500 ***Tél.*** *22820 22270* ***Fax*** *22820 22294* ***Chambres*** *8*

Cette ancienne demeure d'un capitaine au long cours a été convertie en hôtel douillet dont les chambres à 1, 2 et 3 lits ont de hauts plafonds et fenêtres, un sol en bois, des meubles sombres, des tissus roses et un réfrigérateur. Celles des étages ont une vue, et une seule chambre a un toit-terrasse privé. Ferm. oct.-avr. **www.elenimansion.gr**

ANDROS Paradise Lifestyle Hotel €€€€

Chóra, Andros, 84500 ***Tél.*** *22820 22187* ***Fax*** *22820 22340* ***Chambres*** *44*

Cet hôtel élégamment aménagé et prisé par les Athéniens aisés occupe un bâtiment néoclassique raffiné dont l'intérieur est décoré d'objets d'époque, de lustres et de miroirs. Il se trouve à l'orée de la ville d'Andros, à 700 m de la plage. Il possède un bon restaurant et offre un service attentif. Ferm. oct.-mars. **www.paradiseandros.gr**

ANTÍPAROS Lilly's €€€

Chóra, Antíparos, 84007 ***Tél.*** *22840 61411* ***Fax*** *22840 28328* ***Chambres*** *15*

C'est un refuge idéal pour échapper à l'agitation estivale de l'île voisine de Páros. Les chambres à grand lit et à 2 lits, les appartements indépendants et les 2 bungalows pour 4 personnes entourent la petite piscine et le jardin planté de palmiers. Chambres claires et aérées dans le style des Cyclades. Ferm. oct.-avr. **www.lillyisland.com**

FOLÉGANDROS Kifines tou Aegaiou €€€€

Chóra, 84011 ***Tél.*** *22860 41274* ***Fax*** *22860 41274* ***Chambres*** *4*

Au milieu des champs à côté de Chóra, les 3 studios pour 4 personnes et l'appartement pour 5 personnes sur 2 niveaux sont joliment décorés dans les tons bleu et jaune, et dotés d'une kitchenette. Le petit déjeuner est servi sur la terrasse et l'on trouve de nombreux restaurants, bars et cafés à Chóra, à 500 m. Ferm. nov.-avr. **www.kifines.gr**

FOLÉGANDROS Anemomilos €€€€€

Chóra, 84111 ***Tél.*** *22860 41309* ***Fax*** *22860 41407* ***Chambres*** *17*

Au sommet d'une falaise, ce complexe de bungalows immaculés offre des vues uniques. Chaque studio est doté d'une banquette-lit traditionnelle et d'un séjour séparé. Depuis tous les balcons, la vue est époustouflante. Petit bar au bord de la piscine ronde. Ferm. nov.-avr **www.anemomilosapartments.com**

IOS Liostasi Ios €€€€

Germanoli, Chóra, 84400 ***Tél.*** *22860 92140* ***Fax*** *22860 92680* ***Chambres*** *27*

Ce petit complexe est d'un bon rapport qualité-prix. Le bar et le restaurant bordent la belle piscine. Toutes les chambres ont balcon ou véranda donnant sur le port. Chóra et sa vie nocturne ne sont qu'à 1 km. Enfants de moins de 4 ans logés gratuitement dans la chambre des parents. Ferm. nov-avr. **www.liostasi.gr**

KÉA Brillante Zoi €€€

Korissía, 84002 ***Tél.*** *22880 22685* ***Fax*** *22880 22687* ***Chambres*** *22*

Ce joli petit hôtel sur la route d'une des meilleures plages de Kéa est prisé par les Athéniens en fin de semaine. Les chambres spacieuses ont une salle de bains aux carrelages colorés et une vue sur la mer ou la montagne. Vous trouverez des bars et des tavernes dans le village d'Ioulis à 5 km. **www.hotelbrillante.gr**

KÉA Keos Katikies €€€

Korissía, 84002 ***Tél.*** *22880 21661* ***Fax*** *22880 21659* ***Chambres*** *15*

Dans ce minuscule hôtel convivial, les chambres orientées à l'ouest jouissent d'une belle vue au coucher du soleil. Celles qui ont une véranda ou un balcon donnent sur la baie et le port naturel en contrebas. Le petit bar-café où l'on sert petit déjeuner et en-cas offre aussi un beau panorama. Ferm. oct.-avr. **www.keos.gr**

KÝTHNOS Porto Klaras €

Plage de Loutrá, 84006 ***Tél.*** *22810 31276* ***Fax*** *22810 31355* ***Chambres*** *20*

Ce petit complexe d'appartements bien aménagés est proche de la plage et des sources chaudes naturelles qui attirent la foule des Grecs souffrant d'arthrite, de rhumatismes et autres maux. Les suites familiales, les chambres à grand lit et à deux lits avec vue sur la mer sont bien équipées pour les fauteuils roulants. Ferm. nov.-avr. **www.porto-klaras.gr**

KÝTHNOS Kalypso €€

Loutrá, 84006 **Tél.** *22810 31418* **Fax** *22810 31418* **Chambres** *12*

Au-dessus du village de Loutrá, de sa plage et de ses sources chaudes, le Kalypso offre des chambres à grand lit et à 2 lits, dans des bâtiments de style traditionnel en pierre, avec plâtres blancs et boiseries bleues. Certaines ont une kitchenette avec réchaud à 2 feux et réfrigérateur. Tavernes et cafés dans le village voisin. Ferm. oct.-avr.

MÍLOS Aeolis Hotel €

Adámas, 84801 **Tél.** *22870 23183* **Fax** *22870 21114* **Chambres** *12*

Les bungalows récents dans le style des Cyclades abritent des appartements dotés de balcons en bois et terrasses blanches avec vue sur le village et la mer. Les chambres individuelles ou doubles et les appartements familiaux ont une kitchenette entièrement équipée. À 100 m de la plage de Lagada. Ferm. oct.-avr. **www.hotel-aeolis.com**

MÍLOS Studios Hélios €€

Adámas, au-dessus du débarcadère, 84801 **Tél.** *22870 22258* **Fax** *22870 23974*

Ces beaux studios pour 2 à 4 personnes sont meublés avec une simplicité élégante, dans le style traditionnel des îles. Ils disposent d'une kitchenette et d'un balcon donnant sur la mer. Les locataires peuvent également profiter d'une superbe terrasse commune. Ferm. oct.-avr.

MÍLOS Popi's Windmill €€€

Près de la place principale, Trypití, 84801 **Tél.** *22870 22286* **Fax** *22870 22396* **Chambres** *8*

Ce moulin à vent luxueusement converti peut loger 5 personnes sur 3 niveaux, avec véranda et vue sur le port d'Adámas. Il comporte un séjour, une salle à manger et une cuisine privés, mais la douche et les toilettes sont communes (pas de baignoire). Le ménage est fait deux fois par semaine. Ferm. sept.-janv.

MÝKONOS Pension Matina €€€€

Chóra, 84600 **Tél.** *22890 23049* **Fax** *22890 26423* **Chambres** *40*

À l'orée de la ville de Mýkonos, ce petit complexe hôtelier dispose de tout le confort moderne, notamment d'une assez grande piscine et de chambres climatisées avec balcon. Construit dans un style pseudo-cycladique typique, il est à quelques minutes des restaurants et commerces de Chóra. Ferm. oct.-avr. **www.pension-matina.gr**

MÝKONOS Rochari €€€€

Rohari, Chóra, 84600 **Tél.** *22890 23107* **Fax** *22890 24307* **Chambres** *60*

Dans cet hôtel de taille moyenne des alentours de la ville de Mýkonos et à 1 km à peine de l'embarcadère de ferrys, les chambres claires et aérées donnent sur les toits blancs du village et sur le port. Elles sont relativement calmes malgré le bruit de la route principale. Ferm. nov.-mars. **www.rochari.com**

MÝKONOS Villa Konstantin €€€€

Agios Vassílios, Chóra, 84600 **Tél.** *22890 26204* **Fax** *22890 26205* **Chambres** *14*

Avec ses allées pavées et sa cour remplie de géraniums et de jasmins, l'hôtel occupe un emplacement au flanc d'une colline dominant la ville de Mýkonos. Les appartements et les chambres doubles et triples sont équipés d'un réfrigérateur, d'un réchaud et d'un balcon ou d'une petite terrasse. Ferm. oct.-mars. **www.villakonstantin.com**

MÝKONOS Zorzis €€€€

Kalogeras, Chóra, 84600 **Tél.** *22890 22167* **Fax** *22890 24169* **Chambres** *10*

Au centre-ville mais dans une rue piétonne calme, ce charmant petit hôtel a beaucoup de cachet. Les chambres ont des sanitaires privés luxueux avec douche vivifiante, des lits de style Louis XV, un plafond à poutres et un ventilateur de plafond. Petite terrasse sur la rue, une autre plus isolée à l'arrière. **www.zorzishotel.com**

MÝKONOS Belvedere €€€€€

Quartier de l'École des beaux-arts, Chóra, 84600 **Tél.** *22890 25122* **Fax** *22890 25126* **Chambres** *43*

Les chambres de cet agréable hôtel-boutique au service amical et professionnel occupent des bâtiments blancs aux volets verts. À l'avant, elles donnent sur les toits de la ville et sur la mer. Bon restaurant-bar et équipements modernes comme la télévision par satellite. Calme la nuit, mais on entend un peu la circulation à l'arrière. **www.belvederehotel.com**

MÝKONOS Cavo Tagoo €€€€€

Chóra, 84600 **Tél.** *22890 20100* **Fax** *22890 20150* **Chambres** *80*

À flanc de colline à environ 2 km du centre-ville, cet hôtel aux murs blancs et boiseries bleues dans le style égéen est totalement isolé de l'agitation de la capitale mais à une courte distance des commerces, restaurants et de la vie nocturne. À l'ombre des eucalyptus, il offre de belles vues. Ferm. nov.-mars. **www.cavotagoo.gr**

MÝKONOS Mykonos Theoxenia €€€€€

Kátó Míli, 84600 **Tél.** *22890 22230* **Fax** *22890 23008* **Chambres** *52*

Proche de la fameuse rangée de moulins à vent de Mýkonos, à 5 min à pied du centre, cet hôtel élégant et coloré est géré par le groupe Louis. Les chambres design avec salle de bains luxueuse et balcon donnent sur la baie ou sur l'immense piscine. Excellent service, bonne cuisine et ambiance agréable. Ferm. nov.-mars. **www.mykonostheoxenia.com**

MÝKONOS Princess of Mýkonos €€€€€

Agios Stéfanos, 84600 **Tél.** *22890 23806* **Fax** *22890 23031* **Chambres** *38*

Cet hôtel chic et élégant, qui reproduit le style des Cyclades, est situé sur l'une des plages les plus sélectes de l'île, à 4 km de la ville de Mýkonos. Grâce à sa petite taille, il offre un service personnel et attentionné. La piscine n'est pas grande, mais la plage est à deux pas. Ferm. nov.-mars. **www.princessofmykonos.gr**

Catégories de prix *p. 302* **Légende des symboles,** *voir le rabat arrière de couverture*

MÝKONOS Semeli €€€€

Rohari, Chóra, 84600 ***Tél.*** *22890 27466* ***Fax*** *22890 27467* ***Chambres*** *62*

On se croit dans un manoir privé. Les chambres et les parties communes, très lumineuses, sont décorées dans les tons blanc cassé et vert pâle. Certaines chambres ont des lits à baldaquin. Grande piscine dans une cour close pleine d'arbustes et de pots de fleurs. À 500 m de la plage. Ferm. oct.-avr. **www.semelihotel.gr**

MÝKONOS Mýkonos Grand €€€€€

Agios Ioánnis, 84600 ***Tél.*** *22890 25555* ***Fax*** *22890 25111* ***Chambres*** *107*

Cet hôtel qui est l'un des meilleurs de l'île domine la baie d'Agios Ioánnis. Le bâtiment de style égéen aux murs blancs, orné d'arcs et de pots de terre cuite pleins d'arbustes à fleurs, abrite sur 2 étages des chambres claires et aérées, très bien meublées. Le service et la cuisine sont excellents. Ferm. nov.-mars. **www.mykonosgrand.gr**

NÁXOS Castro €€

Kástro, Chóra, 84300 ***Tél.*** *22850 25201* ***Fax*** *22850 25200* ***Chambres*** *2*

Il faut réserver très tôt pour séjourner dans l'un des 2 appartements de ce vieux bâtiment blanchi à la chaux à l'intérieur des remparts de la vieille ville vénitienne. Chacun dispose d'une cuisine basique et de meubles d'époque. Terrasse ensoleillée commune et vue sur les toits de la vieille ville. Ferm. nov.-avr. **www.naxostownhotels.com**

NÁXOS Chateau Zevgoli €€€

Bourgos, Chóra, 84300 ***Tél.*** *22850 25201* ***Fax*** *22850 25200* ***Chambres*** *9*

La vieille demeure insulaire très évocatrice qui donne sur une minuscule cour fleurie abrite les chambres blanchies à la chaux, petites mais douillettes et meublées d'antiquités locales – tapis à rayures et vieux lits en bois. Le toit-terrasse offre une vue superbe sur le port. Ferm. nov.-mars.

NÁXOS Grotta €€€

Ville de Náxos, 84300 ***Tél.*** *22850 22101* ***Fax*** *22850 22000* ***Chambres*** *40*

Superbement situé sur un promontoire au nord du *kástro* vénitien, cet hôtel bâti dans le style du château médiéval jouit de belles vues sur la ville blanche et la mer. Les chambres au décor sobre ont des tapis et des dessus-de-lit rayés traditionnels, la télévision par satellite et un réfrigérateur. **www.hotelgrotta.gr**

NÁXOS Kavos €€€€

Agios Prokopios, 84300 ***Tél.*** *22850 23355* ***Fax*** *22850 26031* ***Chambres*** *19*

Sur l'une des meilleures plages de la mer Égée, le Kavos offre des studios, appartements et suites avec cuisine d'un excellent rapport qualité/prix. Les chambres sont logées dans des petits bungalows blancs noyés de verdure qui disposent tous d'une terrasse. Magnifique piscine. Ferm. nov.-mars **www.kavos-naxos.com**

PÁROS Dina €€

Dans la principale rue commerçante, Paroikiá, 84400 ***Tél.*** *22840 21325* ***Fax*** *22840 23525* ***Chambres*** *8*

Dans une rue animée au cœur de Paroikiá, ce petit établissement convivial et central offre des chambres simples et propres, avec balcon en fer forgé et réfrigérateur. Certaines donnent sur les toits du village ou sur la vieille église d'Agía Tríada. Bon confort à un prix abordable. Ferm. nov.-avr. **www.hoteldina.com**

PÁROS Anthippi €€€

Paroikiá, 84400 ***Tél.*** *22840 21601* ***Fax*** *22840 21601* ***Chambres*** *9*

Avec ses peintures murales et ses plafonds à poutres, cette jolie pension est une affaire. Les chambres sont décorées dans le style marin, avec coquillages, maquettes de bateaux, bois flottants et autres objets rejetés par la mer. La terrasse est noyée sous la verdure et un petit bar complète la piscine. Ferm. oct.-avr. **www.anthippi.com**

PÁROS Heaven Naoussa €€€€

Náousa, 84401 ***Tél.*** *22840 51549* ***Fax*** *22840 51575* ***Chambres*** *9 (5 suites, 4 chambres)*

Non loin du centre de Náousa, ces maisonnettes traditionnelles en pierre sont disposées autour d'une piscine entourée de murs. Les chambres claires et aérées sont joliment décorées et meublées. Deux appartements indépendants se louent à la semaine. Commerces et restaurants du port non loin. Ferm. sept.-mai. **www.heaven-naoussa.com**

PÁROS Petres €€€€

Agios Andréas, Náousa, 84401 ***Tél.*** *22840 52467* ***Fax*** *22840 52759* ***Chambres*** *16*

Ici, les chambres ont un plafond haut à poutres, des murs blancs, de grands lits en cuivre et des armoires d'époque. À l'avant, elles donnent sur la baie, sinon sur les jardins luxuriants ou sur la grande piscine noyée de verdure. Snack-bar, court de tennis et salle de sport. Ferm. oct.-avr. **www.petres.gr**

PÁROS Astir of Páros €€€€€

Kolympíthres, 84400 ***Tél.*** *22840 51976* ***Fax*** *22840 51985* ***Chambres*** *57*

Proche de l'une des meilleures plages de Páros, ce complexe de style égéen est très luxeux. Il est situé dans un domaine tropical au milieu des bougainvillées et des palmiers. Il offre piscine pour les enfants, sauna, golf, tennis, bars et restaurants, galerie d'art, navette pour Paroikiá et même héliport. Ferm. oct.-avr. **www.astirofparos.gr**

PÁROS Léfkes Village €€€€€

Léfkes, 84400 ***Tél.*** *22840 41827* ***Fax*** *22840 42398* ***Chambres*** *20*

Très bien situé dans les collines de Páros, cet hôtel un peu éloigné de la plage offre en contrepartie une superbe piscine et des vues magnifiques. Dans les villas de style néoclassique, les chambres spacieuses ont un balcon et des lits à baldaquin. Le jardin tropical abrite un curieux musée de la Vie dans les îles. Ferm. oct.-avr. **www.lefkesvillage.gr**

SANTORIN Keti €€€

Thíra, 84700 ***Tél.*** *22860 22324* ***Fax*** *22860 22380* ***Chambres*** *9*

Proche de l'escalier abrupt qui relie la ville de Thíra au port en contrebas, cet hôtel jouit des mêmes vues imprenables sur le cratère que d'autres hôtels de l'île beaucoup plus chers. Les chambres blanchies à la chaux, avec plafond voûté et sol de marbre, sont meublées et décorées avec simplicité. Ferm. nov.-mars. **www.hotelketi.gr**

SANTORIN Chelidonia Villas €€€€

Oía, 84702 ***Tél.*** *22860 71287* ***Fax*** *22860 71649* ***Chambres*** *8*

Ces 8 maisons troglodytiques traditionnelles restaurées par leurs propriétaires depuis le début des années 1980 abritent 8 studios-maisons pour 4 personnes, tous avec balcon particulier. Les chambres d'un blanc immaculé s'ornent de boiseries bleues avec quelques touches de jaune. Elles offrent des vues inégalées à Oía. **www.chelidonia.com**

SANTORIN Katikies €€€€

Oía, 84702 ***Tél.*** *22860 71401* ***Fax*** *22860 71129* ***Chambres*** *27*

Avec ses vues époustouflantes depuis la piscine à débordement, c'est le meilleur hôtel de Santorin. Les chambres troglodytiques traditionnelles, élégamment aménagées et blanchies à la chaux, ont toutes une terrasse privée, certaines avec Jacuzzi. Bon restaurant et service attentionné. Ferm. nov.-avr. **www.katikies.com**

SANTORIN Chromata €€€€€

Imerovígli, 84700 ***Tél.*** *22860 24850* ***Fax*** *22860 23278* ***Chambres*** *26*

Dans cet hôtel très coloré, les chambres roses ou turquoise sont décorées d'imprimés de style fauve. Avec leurs petites terrasses, elles sont disposées sur plusieurs niveaux. Le plateau de Plexiglas qui recouvre la piscine peut recevoir une table pour dîner aux chandelles. Même direction que le Katikies à Oía. **www.chromata-santorini.com**

SANTORIN Artemis Villas €€€€€

Imerovígli, 84700 ***Tél.*** *22860 22712* ***Fax*** *22860 23638* ***Chambres*** *10*

Ce complexe convivial et abordable de *skaftes* (maisons troglodytiques) au bord de la fameuse caldeira jouit d'une vue panoramique sur le cratère et ses îles. Les chambres blanchies à la chaux ont un balcon privé. La vue au coucher du soleil reste inégalée à Santorin. Nombreuses marches, à déconseiller aux personnes âgées. **www.artemisvillas.gr**

SANTORIN Esperas €€€€€

Oía, 84702 ***Tél.*** *22860 71088* ***Fax*** *22860 71613* ***Chambres*** *20*

Ces merveilleux studios, suites et villas à 2 chambres creusés dans la falaise jouissent d'une vue magnifique au crépuscule. Ils sont dotés d'un réfrigérateur, d'une petite cuisine et d'une salle de bains, mais les douches sont exiguës. Les appartements ont des lits en mezzanine. Très belle piscine. Ferm. nov.-mars. **www.esperas.gr**

SANTORIN Notos Therme and Spa €€€€€

Vlychháda, 84703 ***Tél.*** *22860 81115* ***Fax*** *22860 81266* ***Chambres*** *28*

Merveilleusement situé sur une colline avec vue sur les vignobles de Santorin et le cratère spectaculaire, cet hôtel offre des chambres luxueuses mais meublées avec simplicité : chambres à grand lit, à 2 lits, supérieures, petites suites et grandes suites. Charmant bar de piscine et excellent choix de soins de santé et de beauté. Ferm. oct.-mai. **www.snotos.com**

SANTORIN Perivolas €€€€€

Oía, 84702 ***Tél.*** *22860 71308* ***Fax*** *22860 71309* ***Chambres*** *20*

L'hôtel-boutique Perivolas est un établissement élégant et raffiné. Impeccablement conçu et décoré, il offre des prestations d'une grande qualité. Certaines chambres ont un Jacuzzi ou une petite piscine privée, et une superbe piscine à débordement domine la caldeira. Restaurant gastronomique. Ferm. nov.-mars. **www.perivolas.gr**

SANTORIN Sun Rocks €€€€€

Firostefani, 84700 ***Tél.*** *22860 23241* ***Fax*** *22860 23991* ***Chambres*** *17*

Strictement réservé aux couples romantiques, c'est l'un des établissements les plus chic de Santorin : lits à baldaquin, chambres aux voûtes blanches, jolie piscine avec vue imprenable, bar panoramique et deux excellents restaurants. Attention, il faut grimper 150 marches jusqu'au parking. Service excellent. Ferm. nov.-mars. **www.sunrocks.gr**

SANTORIN Zannos Melathron €€€€€

Pýrgos, 84700 ***Tél.*** *22860 28220* ***Fax*** *22860 28229* ***Chambres*** *19*

Cet hôtel somptueux aux chambres et suites spacieuses est logé dans une demeure du XIXe siècle dont il a conservé les belles fresques et les plafonds peints d'origine. Situé dans le village calme de Pýrgos, il donne sur les vignobles environnants. Caviar au menu, excellents cigares et crus au bar. Ferm. nov.-avr. **www.zannos.gr**

SÍFNOS Noble Apartments €

Kástro, Sífnos, 84003 ***Chambre*** *1*

Authentique demeure villageoise aux murs de pierre blanchis à la chaux, dotée d'un mobilier en bois d'olivier, de tissus rayés des îles et d'une petite cuisine bien équipée, accueillant au maximum trois personnes. Séjour à la semaine seulement mais l'expérience offre un bon rapport qualité/prix. Réservez très à l'avance. **www.nobleapartments.com**

SÍFNOS Aperanto €€

Fáros, Sífnos, 84003 ***Tél.*** *22840 71473* ***Fax*** *22840 71473* ***Chambres*** *9*

Cette pension sensationnelle et abordable jouit d'un emplacement exceptionnel dans un charmant village calme avec quelques tavernes. Les chambres sont joliment meublées avec lits en fer forgé ou banquettes-lits et décorées de céramiques des îles et de quelques meubles d'époque. À quelques pas de la plage d'Apokoftos. Ferm. oct.-avr.

SÍFNOS Petali Village €€€

Ano Petali, Apollonía, 84003 ***Tél.*** *22840 33024* ***Fax*** *22840 33391* ***Chambres*** *23*

L'intérieur étonnamment moderne tranche avec l'architecture de style local. Les bungalows simples, blanchis à la chaux, abritent des chambres dotées de salles de bains luxueuses et d'un ameublement moderne sobre. Télévision par satellite et agréable restaurant en terrasse. Situé tout près d'Apollonía, à quelque distance de la plage. **www.hotelpetali.gr**

SÝROS Xenon Apóllonos €€€€

Apóllonos 8, Ermoúpoli, 84100 ***Tél.*** *22810 81387 / 69 777 46300* ***Fax*** *22810 83082* ***Chambres*** *3*

Cet hôtel somptueux est logé dans une charmante demeure dont les balcons en fer forgé donnent directement sur le port. Beaux plafonds peints, lustres étincelants, parquet ciré et buffets d'époque évoquent le XIXe siècle, lorsqu'Ermoúpoli était la ville la plus riche des îles. Réservez très à l'avance. **www.xenonapollonos.gr**

TÍNOS Voreades €€

Foskolou 7, Chóra, 84200 ***Tél.*** *22830 25416* ***Chambres*** *12*

Avec ses murs blanchis à la chaux, ses portails voûtés, ses maçonneries apparentes et ses sols dallés, cette petite pension est typique de Tínos. Elle offre des chambres individuelles et à grand lit ainsi qu'une suite de 2 chambres, toutes avec réfrigérateur et balcon privé. Petit bar-café et vue sur la mer et les îles voisines. Ferm. nov.-fév. **www.voreades.gr**

TÍNOS Carlo €€€

Agios Ioánnis, 84200 ***Tél.*** *22830 24159* ***Fax*** *22830 24169* ***Chambres*** *24*

Au flanc d'une colline offrant de belles vues, ce joli petit ensemble de bungalows correspond au style typique des Cyclades. Les chambres ont tout le confort moderne avec réfrigérateur et balcon jouissant d'une belle vue. Connexion Internet haut débit et navette pour le port. Ferm. nov.-mars. **www.carlobungalows.com**

LA CRÈTE

AGÍA ROUMÉLI Tara-Calypso €

Agía Rouméli, 73011 ***Tél.*** *28250 91231* ***Fax*** *28250 91431* ***Chambres*** *30*

Le plus souvent, on ne fait que traverser ce village après la randonnée dans les gorges de Samariá, mais si l'on veut s'y attarder, ce petit hôtel proche de la plage est une véritable affaire. Les chambres sont simples et propres ; certaines donnent sur la mer. Ferm. nov.-mars. **tarra-calypso@cha.forthnet.gr**

AGIOS NIKÓLAOS Minos Beach Art'Otel €€€€€

Ammoudi, 72100 ***Tél.*** *28410 22345* ***Fax*** *28410 22548* ***Chambres*** *180*

En bordure de la ville, ce complexe de taille moyenne composé de chambres et de bungalows possède une grande piscine, des plages semi-privées et un parc luxuriant parsemé de sculptures. Superbes vues sur le joli golfe de Mirabello. Les suites en bord de mer ont une piscine privée. Bon restaurant. Ferm. nov.-mars. **www.bluegr.com**

AGIOS NIKÓLAOS St Nicolas Bay €€€€€

Agios Nikólaos, 72100 ***Tél.*** *28410 25041* ***Fax*** *28410 24556* ***Chambres*** *108*

Ce magnifique ensemble de bungalows et de suites de luxe – certaines avec piscine privée – occupe un site de bord de mer enviable à l'orée d'Agios Nikólaos, au milieu de jardins paysagers plantés de citronniers et d'oliviers. Plage quasiment privée, sports nautiques et choix de 8 bars et restaurants. Ferm. nov.-mars. **www.stnicolasbay.gr**

AGÍA GALÍNI Hôtel Petra €€

En descendant vers le port, 70100 ***Tél.*** *28320 91155* ***Fax*** *28320 91175* ***Chambres*** *35*

Cet hôtel familial propose des chambres agréables avec balcon ou terrasse, climatisation et télévision par satellite. La piscine, construite récemment, permet de se rafraîchir. Le petit déjeuner est servi sous forme de buffet dans une agréable salle à manger. Le personnel est chaleureux et serviable

CANÉE (LA) Casa di Pietra €€

37, odos Théotokopoulou, 73100 ***Tél.*** *28210 88541* ***Fax*** *28210 58338* ***Chambres*** *4*

Dans une rue pittoresque du vieux port, cette très ancienne maison abrite 4 chambres spacieuses et rénovées avec goût. Elles disposent des équipements modernes : salle de bains, climatisation, réfrigérateur et télévision, ainsi que d'un balcon. Le personnel chaleureux et serviable contribuera à la réussite de votre séjour. **www.casadipietra.gr**

CANÉE (LA) Nostos €€€

Zamnbeliou 46, 73113 ***Tél.*** *28210 94743* ***Fax*** *28210 94740* ***Chambres*** *12*

Ce charmant petit hôtel aux couleurs vives se trouve dans une ruelle piétonne au cœur du vieux quartier de La Canée, à une rue du port. Le toit-terrasse ombragé offre de belles vues sur la mer et les sommets des montagnes Blanches. Les chambres des studios ont des balcons et des lits en mezzanine. **www.nostos-hotel.com**

CANÉE (LA) Pandora Suites €€€

Lithinon 27-29, 73132 ***Tél.*** *28210 43588* ***Fax*** *28210 57864* ***Chambres*** *8 – 4 appartements*

Ces 8 chambres, à grand lit ou 2 lits, et 4 appartements perchés au-dessus du port de La Canée offrent une vue panoramique sur les montagnes Blanches. Toit-terrasse, jolie cour intérieure avec plantes tropicales, personnel serviable et attentif. À proximité des cafés et restaurants du port. Ferm. janv.-mars. **www.pandorahotel.gr**

CANÉE (LA) Amfora €€€€

Parodos Theotokopoulou 20, 73131 **Tél.** *28210 93224* **Fax** *28210 93226* **Chambres** *21*

Dans cette demeure vénitienne du XIIIe siècle, les chambres sont aménagées avec goût et un charmant toit-terrasse donne sur le port de La Canée. L'hôtel se trouve au cœur du vieux quartier, dans une rue en grande partie piétonne, à quelques pas du front de mer avec ses nombreux bars et commerces. **www.amphora.gr**

CANÉE (LA) Casa Delfino €€€€€

Theofanou 9, 73100 **Tél.** *28210 87400* **Fax** *28210 96500* **Chambres** *22*

Installé dans une ancienne demeure aristocratique aux sols de marbre étincelants, c'est l'un des hôtels-boutiques les plus élégants et luxueux de Crète. Les chambres et les suites superbement conçues et décorées sont disposées autour d'une cour où l'on sert d'excellents petits déjeuners buffets. La suite sur le toit donne sur le port. **www.casadelfino.com**

CANÉE (LA) Metohi Kindelis €€€€€

Perivólia, 73100 **Tél.** *28210 41321* **Fax** *28210 43930* **Chambres** *3 (appartements)*

Dans une grande ferme vénitienne, ces superbes appartements ont tous une piscine privée entourée d'immenses jardins luxuriants. À l'intérieur, sols de marbre, cheminées pour feu de bois en cas de soirée fraîche, cuisines entièrement équipées et salles de bains luxueuses, mais aussi télévision par satellite et lecteur de DVD. **www.metohi-kindelis.gr**

CANÉE (LA) La Perle Resort Hotel and Health Spa Marine €€€€€

Stavrós, Akoritíri, 73100 **Tél.** *28210 39400* **Fax** *28210 39650* **Chambres** *126*

L'hôtel offre un éventail de soins de santé et de beauté, de bons équipements pour les enfants, des chambres et des suites confortables, des bars, un bon restaurant, une piscine intérieure chauffée et une piscine extérieure. La plage la plus proche est à Stavrós, à 4 km. Ferm. mi-oct.-mars. **www.perle-spa.com**

CANÉE (LA) Villa Andromeda €€€€€

Venizelou 150, 73133 **Tél.** *28210 28300* **Fax** *28210 28303* **Chambres** *8*

À 2 km du port, ce majestueux bâtiment du XIXe siècle abritait jadis le consulat d'Allemagne. Les 8 suites meublées avec simplicité tranchent sur les salons grandioses aux stucs jaunes étincelants. Grande piscine et terrasse extérieure. Ferm. nov.-mars. **www.villandromeda.gr**

CHERSÓNISOS Galaxy Villas €€€

Agiou Konstantínou, Koutouloufari, 70014 **Tél.** *28970 22910* **Fax** *28102 11211* **Chambres** *53*

À 1 km de Chersónisos, ce complexe bas d'appartements construits dans le style du pays avec des matériaux naturels est entouré de pelouses et de palmiers. Chaque villa a une véranda ou une terrasse privée avec vue sur la mer ou la montagne. Aire de jeux pour les enfants, billard et salle de télévision. Ferm. nov.-mars. **www.galaxy-villas.com.gr**

CHERSÓNISOS Creta Maris €€€€€

Chersónisos, 70014 **Tél.** *28970 27000* **Fax** *28970 22130* **Chambres** *180*

Ce complexe de luxe, l'un des plus anciens de la région, se compose de bungalows confortables au cœur d'un parc bien entretenu. Il offre d'excellentes prestations et services au niveau des bars, restaurants et activités. Il possède même son théâtre et son cinéma en plein air. Bons équipements pour les enfants. Ferm. nov.-mars. **www.maris.gr**

ELOÚNTA Eloúnda Island Villas €€

Kolokytha, 72053 **Tél.** *28410 41274* **Fax** *28410 41276* **Chambres** *30 dans 10 appartements*

Ces appartements modernes sur 2 niveaux occupent chacun une île particulière reliée à Eloúnta par un pont. Le complexe dispose de jolies terrasses offrant des vues de la mer, d'une minuscule plage quasiment privée et d'un court de tennis. Les bars et tavernes d'Eloúnta ne sont qu'à 5-10 min à pied. Ferm. nov.-mars. **www.eloundaisland.gr**

ELOÚNTA Eloúnda Beach Hotel €€€€€

Eloúnta, 72053 **Tél.** *28410 63000* **Fax** *28410 41373* **Chambres** *258*

Le fleuron des complexes balnéaires grecs se compose de villas luxueuses, certaines avec piscine privée, dispersées sur un promontoire pittoresque autour d'une plage privée. Il offre à ses clients d'excellents sports nautiques, une bonne cuisine et un service très attentionné. Ferm. nov.-mars. **www.eloundabeach.gr**

ELOÚNTA Eloúnda Mare Hotel €€€€€

Eloúnta, 72053 **Tél.** *28410 41102* **Fax** *28410 41307* **Chambres** *215 suites et villas*

Ce complexe hôtelier, l'un des plus luxueux de Grèce, propose suites et villas entourées de jardins luxuriants. Il offre des prestations telles que bars et restaurants, sports nautiques, et, dans les chambres, télévision par satellite et lecteur de DVD. Golf et autres activités à proximité. Excellent service. Ferm. nov.-mars. **www.eloundamare.gr**

HÉRAKLION Lato Hotel €€€€

Epimenidou 15, 71202 **Tél.** *28102 28103* **Fax** *28103 34955* **Chambres** *58*

Jadis confortable mais quelconque, le Lato est aujourd'hui le premier hôtel-boutique d'Héraklion. Au centre de la vieille ville, il propose des chambres élégantes avec balcon, terrasse ou véranda, télévision par satellite et accès Internet. Les résidents disposent d'un jardin sur le toit, d'une petite salle de sport et d'un sauna. **www.lato.gr**

HÉRAKLION Out of the Blue Capsis Elite Resort €€€€€

Agía Pelagía, 71000 **Tél.** *28108 11112* **Fax** *28018 11314* **Chambres** *465*

Sur son propre promontoire, cet immense complexe de luxe se compose de 2 hôtels et d'un centre de conférences. Il offre un grand choix de sports nautiques et de prestations telles que zoo et plage privés. L'éventail des chambres va de la double standard à la grande suite avec piscine privée, majordome et femme de chambre. Ferm. nov.-mars. **www.capsis.gr**

Catégories de prix *p. 302* **Légende des symboles,** *voir le rabat arrière de couverture*

HÉRAKLION Villa Helidona €€€€€

Episkopi, 70008 ***Tél.*** *69726 23671* ***Chambres*** *4*

À l'orée d'un petit bourg au milieu des champs et des vignes, non loin de la capitale de la Crète, des commerces et des restaurants, c'est l'une des rares villas avec piscine qui se loue indépendamment à la semaine. Elle possède une grande piscine et une cuisine entièrement équipée. Ferm. nov.-mars. **www.villahelidona.com**

IERÁPETRA Eden Rock €€€

Agia Fotiá, 72200 ***Tél.*** *28420 61723* ***Fax*** *28420 61734* ***Chambres*** *100*

Cet hôtel milieu de gamme très confortable est à quelques pas d'une plage tranquille proche du village de Galini et à 15 km à l'ouest de la ville d'Ierápetra. Il se compose de chambres avec balcon, de studios, d'appartements indépendants et d'une villa somptueuse. Les chambres ont la télévision par satellite. **www.edenrock.gr**

KASTÉLLI KISSÁMOU Mirtilos €€

Kastélli, 73400 ***Tél.*** *28220 23079* ***Fax*** *28220 23079* ***Chambres*** *35*

Confortable bien qu'un peu terne, cet hôtel offre des suites et des appartements indépendants aux chambres bien aménagées, avec télévision par satellite et balcon ou véranda donnant sur la mer, la montagne ou le jardin. La grande piscine est entourée de pelouses et de palmiers. Accès Internet. Ferm. nov.-mars. **www.mirtilos.com**

LASSÍTHI Zeus's House €€€€

Agios Konstantínos, 72052 ***Tél.*** *28102 22218* ***Fax*** *28102 88240* ***Villa*** *1*

Au cœur du plateau du Lassíthi, cette belle maison traditionnelle restaurée aux sols dallés et aux voûtes de pierre se compose de 2 chambres décorées d'antiquités locales pouvant accueillir 4 personnes maximum. La jolie piscine est entourée d'un grand jardin verdoyant. Ferm. nov.-mars. **www.cretanvillas.gr**

LOUTRÓ Hôtel Porto Loutró €

Loutró, 73011 ***Tél.*** *28250 91433* ***Fax*** *28250 91091* ***Chambres*** *45*

Cet hôtel se trouve au centre d'un minuscule village accessible seulement en bateau. Les chambres d'une simplicité élégante mais très confortables ont toutes une terrasse ou un balcon, et certaines donnent sur la baie. C'est une base idéale pour explorer les montagnes Blanches. Ferm. nov.-mars. **www.hotelportoloutro.com**

LOUTRÓ The Blue House €

Loutró, 73011 ***Tél.*** *28250 91337* ***Fax*** *28250 91127* ***Chambres*** *15*

Cette modeste pension joliment décorée avec bar-taverne se prête parfaitement à un séjour abordable à Loutró et elle est très commode pour une nuit de transit. La plupart des chambres ont un balcon donnant sur la baie et les montagnes Blanches. Ferm. nov.-mars.

MAKRÝGIALOS Aspros Potamós €

Aspros Potamós, 72055 ***Tél.*** *28430 51694* ***Fax*** *28430 52292* ***Chambres*** *10*

Dans la pittoresque gorge d'Aspros Potamós, juste derrière la plage de Makrýgialos, ces charmants bungalows simples en pierre sont équipés d'énergie solaire et de cheminées de pierre. Les kitchenettes sont basiques mais restaurants et tavernes sont nombreux aux alentours. Parfait pour des vacances au calme **www.asprospotamos.com**

MAKRÝGIALOS White River Cottages €€€

Aspros Potamós, 72055 ***Tél.*** *28430 51120* ***Fax*** *28430 51120* ***Chambres*** *13*

À 15 min à pied de la plage, des bars et des restaurants de Makrýgialos, ce village de maisonnettes en pierre avec cuisine entoure une petite piscine au milieu des oliviers, des pins et des coteaux accidentés. L'ensemble est simple, élégant et tranquille. Ferm. nov.-mars. **wriver@otenet.gr**

MÁLIA Mália Studios €€

Sur la route côtière de Stalida, 70007 ***Tél.*** *28970 31655* ***Fax*** *28102 13378* ***Chambres*** *9*

Ce petit hôtel confortable avec snack-bar offre des studios, des appartements d'une chambre et de plus grands appartements sur 2 niveaux, tous équipés d'une kitchenette. Il est proche d'une supérette, de la vie nocturne et des sports nautiques de Mália, et à 150 m de la plage. Ferm. nov.-mars. **www.maliastudioshotel.com**

PALÉOCHORA Hôtel Rea €€

Antoníou Peraki, 73001 ***Tél.*** *28230 41307* ***Fax*** *28230 41605* ***Chambres*** *14*

Ce petit hôtel amical et sans prétention est tenu par une famille, au centre du paisible village de Paléochora et à 5 min de marche environ de la longue plage de sable. Il offre un bon rapport qualité/prix. Des appartements attenant à l'hôtel sont également à louer. Ferm. nov.-mars. **apap@cha.forthnet.gr**

RÉTHYMNON Footscapes Studios Villas €€

Kastellos, 74100 ***Tél.*** *28310 41569* ***Chambres*** *3*

Ces studios situés sur une hauteur bénéficient d'une vue superbe. L'environnement rural est idéal pour les randonnées. Les studios sont également bien placés pour profiter des plages de la côte sud, et Réthymnon est seulement à 12 km. **www.footscapesofcrete.com**

RÉTHYMNON Mythos Suites Hotel €€€

Plateía Karáoli 12, 74100 ***Tél.*** *28310 53917* ***Fax*** *28310 51036* ***Chambres*** *15*

Blotti dans une minuscule ruelle, c'est le petit havre le plus calme de la ville. Les propriétaires amicaux et serviables ont converti des bâtiments anciens en hôtel charmant. Les chambres fraîches, élégamment meublées, entourent une jolie cour et une toute petite piscine. Ferm. mi-nov.-mi-mars. **www.mythos-crete.gr**

RÉTHYMNON Palazzino di Corina €€€€

Dambergi 7-9, 74100 ***Tél.*** *28310 21205* ***Fax*** *28310 21204* ***Chambres*** *29*

Cet excellent hôtel récent est logé dans un bâtiment vénitien converti qui abrite des suites élégantes et climatisées, certaines sur 2 niveaux et la plupart avec balcon. Les parties communes sont ornées de voûtes en pierre, de colonnes et de meubles d'époque. La cour est agrémentée d'une piscine. **www.corina.gr**

RÉTHYMNON Palazzo Vecchio €€€€

Iroon Polytechníou/Melissinou, 74100 ***Tél.*** *28310 35351* ***Fax*** *28310 25479* ***Chambres*** *23*

Cette demeure du XVe siècle convertie en hôtel moderne et élégant allie l'ancien et le nouveau. Les chambres sont équipées de la télévision par satellite, ont une petite cuisine et une grande salle de bains (rare dans la plupart des hôtels historiques de Réthymno). Le bar est agréable et le service attentionné. Ferm. nov.-mars. **www.palazzovecchio.gr**

RÉTHYMNON Avli Suites Hotel €€

Xanthoudidou 22, 74100 ***Tél.*** *28310 58250* ***Fax*** *28310 58255* ***Chambres*** *7*

Sept suites aménagées autour d'une couleur sont logées dans une vieille demeure vénitienne au-dessus d'un bon restaurant. L'hôtel ayant ouvert en 2005, les chambres ont des équipements modernes comme la télévision par satellite et l'accès à Internet. Le toit-terrasse avec Jacuzzi à 10 places offre des vues superbes. Ferm. nov.-mars. **www.avli.gr**

SPÍLI Green Hotel €€

Spili, 74100 ***Tél./ Fax****28320 22056* ***Chambres*** *11*

Ce petit hôtel simple au centre de Spíli offre des chambres basiques à 2 lits avec douche et toilettes particulières, et des balcons qui donnent sur la place principale du village. En été, il croule sous d'énormes bacs de géraniums. Parmi les prestations proposées, sauna, massages et aromathérapie. Ferm. nov.-mars. **www.maravelspili.gr**

STALÍDA Villa Anna €

PO Box 29, Stalida, 70014 ***Tél.*** *28970 31506* ***Fax*** *28970 31985* ***Chambres*** *14*

Avec sa grande piscine et ses chambres équipées d'un minibar, d'un coffre-fort et d'un réfrigérateur, ce petit complexe offre un excellent rapport qualité/prix. Il comporte un snack-bar, un bar au bord de la piscine et une salle pour le petit déjeuner. Les chambres donnent sur la mer, la montagne ou le jardin. Ferm. mi-oct.-avr. **www.villamary-anna.gr**

VLÁTOS Hameau restauré de Milia €€

Vlátos, 73012 ***Tél.*** *28210 46774* ***Fax*** *28220 51569* ***Chambres*** *14*

Haut perché dans les montagnes sauvages de l'ouest de la Crète, ce village de maisons paysannes en pierre offre un séjour confortable dans ses chambres simples au sol en pierre et aux meubles anciens en bois. Le restaurant sert d'excellents plats traditionnels et des vins locaux. Le paysage environnant est étonnant. **www.milia.gr**

ATHÈNES

AÉROPORT Sofitel Athens Airport €€€€€

Aéroport international, 19019 ***Tél.*** *21035 44000* ***Fax*** *20135 44444* ***Chambres*** *345*

Fréquenté surtout par les voyageurs d'affaires mais avantageux pour la clientèle de tourisme, l'hôtel est très pratique pour une nuit de transit en cas d'arrivée tardive ou de départ matinal. Piscine couverte, salle de sport, restaurants, bar et centre d'affaires, accès Internet dans toutes les chambres. Trois étages « non-fumeurs ». **www.sofitel.com**

ILISIA Ilisia Hilton €€€€€

Vas Sofias 46, 11528 ***Tél.*** *21062 81000* ***Fax*** *21072 81111* ***Chambres*** *306*

Ce superbe hôtel situé en face de la Pinacothèque nationale dispose de deux grandes piscines, d'un Spa et de plusieurs restaurants. Les chambres des étages supérieurs et le bar Galaxy sur le toit jouissent d'une vue imprenable sur l'Acropole ou le Lycabette. Service 24 h sur 24. **www.hiltonathens.gr**

KIFISSIA Kefalari Suites €€€€€

Pendelis 1, 14562 ***Tél.*** *21062 33333* ***Fax*** *21062 33330* ***Chambres*** *13*

Cette demeure du XIXe siècle insolite, originale, colorée et luxueuse se compose de suites à thème avec kitchenette, salle de bains confortable et équipements modernes, tels que l'accès Wi-Fi. La plupart ont un balcon ou une véranda. La terrasse commune sur le toit est dotée d'un Jacuzzi. **www.yeshotels.gr**

KIFISSIA Pentelikon €€€€€

Deligianni 66, 14562 ***Tél.*** *21062 30650* ***Fax*** *21080 9223* ***Chambres*** *44*

Cet hôtel opulent logé dans un imposant palais néoclassique au milieu de jardins luxuriants se trouve dans l'élégante Kefalari, à l'orée de Kifissia. Les chambres possèdent ordinateur et fax, accès Internet, télévision par satellite et minibar. Vardis est l'un des rares restaurants de Grèce étoilés au *Guide Michelin*. **www.hotelpentelikon.gr**

KOLONÁKI Saint George Lycabettus €€€€€

Kleomenous 2, 10675 ***Tél.*** *21072 90711* ***Fax*** *21072 90439* ***Chambres*** *157*

Cette excellente adresse confidentielle offre un bon rapport qualité/prix en basse saison. Au pied du mont Lycabette, tout en haut de Kolonáki, son toit-terrasse avec piscine offre une vue superbe, de même que le restaurant Le Grand Balcon. Le service à l'ancienne est attentionné. On peut se rendre à pied aux principaux sites.

Catégories de prix *p. 302* **Légende des symboles,** *voir le rabat arrière de couverture*

LAGONISSI Grand Resort Lagonissi €€€€€

Au km 40, sur la nationale Athènes-Sounion, 19010 ***Tél.*** *22910 76000* ***Fax*** *22910 24534* ***Chambres*** *346*

Plus de 60 ha de plage et de jardins entourent ce luxueux complexe qui propose des chambres, des suites avec accès direct à la plage, et des villas avec piscine chauffée. Bons équipements tels que Jacuzzi, lecteur de DVD et 9 restaurants et bars. Services de limousine, yacht et avion privé. Ferm. nov.-mars. **www.grandresort.gr**

MONASTIRAKI Athens Center Square Hotel €€€€€

Aristogitonos 15, 10552 ***Tél.*** *211032 22706* ***Fax*** *211032 11800* ***Chambres*** *54*

L'hôtel à la décoration très colorée, rehaussée des œuvres de l'artiste Corinna O'Brien, veut se distinguer des établissements 3-étoiles traditionnels. Vous pouvez réserver une chambre de votre couleur préférée ! La vue sur l'Acropole et sur Athènes de la terrasse sur le toit est à couper le souffle. **www.athenscentersquarehotel.gr**

OMÓNOIA The Alassia (City Boutique Hotel) €€€

Sokràtous 50, place Omónoia ***Tél.*** *21052 23940* ***Fax*** *21052 74029* ***Chambres*** *82*

Conçu dans le style italien, avec colonnes et murs en marbre, l'Alassia est idéal pour découvrir la ville à pied. Sa situation est très pratique, à deux pas du métro et de tous les points d'intérêt d'Athènes. L'Acropole, Syntágma et Pláka ne sont qu'à une courte distance en marchant. **www.alassiahotel.com**

PLÁKA Kimon €€

Apóllonos 27, 10556 ***Tél.*** *21033 14658* ***Fax*** *21032 14203* ***Chambres*** *14*

De loin le moins cher de ce secteur de Pláka, cet hôtel est parfait si l'on choisit d'ignorer l'absence totale d'équipements collectifs. Les chambres, toutes avec salle de bains privée, télévision et téléphone, sont peintes de couleurs gaies et meublées à l'ancienne (lits de fer, par exemple). **www.kimonhotelathens.com**

PLÁKA Acropolis View €€€

Webster 10, 11742 ***Tél.*** *21092 17303* ***Fax*** *21092 30705* ***Chambres*** *32*

Cet hôtel confortable est commode car il échappe au bruit nocturne tout en étant proche de l'Acropole et de Pláka. Certaines chambres donnent sur l'Acropole et la plupart ont un balcon. Abordable et très bien géré, l'hôtel est agrémenté d'un jardin sur le toit. **www.acropolisview.gr**

PLÁKA Art Gallery €€€€

Erechthiou 5 à Koukaki, 11742 ***Tél.*** *21092 38376* ***Fax*** *21092 33025* ***Chambres*** *21*

Cette pension agréable tenue par une famille se trouve dans une rue calme à proximité de l'Acropole et de Pláka. Elle offre des chambres à un, deux et trois lits dont certaines ont un balcon avec vue sur le Parthénon. Les parties communes sont décorées de peintures originales. **www.artallerghotel.gr**

PLÁKA Central Hotel €€€€

Apóllonos 21, 10557 ***Tél.*** *21032 34357* ***Fax*** *21032 25244* ***Chambres*** *84*

Avec son intérieur en marbre et en verre et ses touches design, c'est l'un des hôtels les plus élégants d'Athènes. Le toit-terrasse avec Jacuzzi et bar offre une vue superbe de l'Acropole. Les chambres à l'arrière donnent aussi sur l'Acropole. Celles des étages supérieurs sont plus calmes. **www.centralhotel.gr**

PLÁKA Magna Grecia €€€€

Mitropoleos 54, 10563 ***Tél.*** *21032 40314* ***Fax*** *21032 40317* ***Chambres*** *10*

Cet hôtel-boutique 4-étoiles d'un bon rapport qualité/prix est idéalement situé pour explorer Athènes. Le mobilier est simple et la décoration aux tons neutres attrayante. Le sol en bois et les peintures originales dans toutes les chambres apportent une touche accueillante. Réception et service dans les chambres 24 h sur 24. **www.magnagreciahotel.com**

PLÁKA Parthénon €€€€

Makri 6, 11742 ***Tél.*** *21092 34594* ***Fax*** *21092 35797* ***Chambres*** *79*

Proche du métro Acropolis, c'est l'un des hôtels les plus avantageux et les plus commodes du centre d'Athènes. Il possède un bar-restaurant, mais cafés et tavernes sont nombreux dans le quartier. Les chambres sont dotées de la télévision par satellite, d'un minibar, et de quoi se préparer un café. **www.airotel.gr**

PSYRRÍ Arion €€€€

Agíou Dimitríou 18, 10554 ***Tél.*** *21032 40415* ***Fax*** *21032 40419* ***Chambres*** *51*

Dans le quartier en vogue de Psyrrí, cet hôtel élégant et convivial offre des chambres soigneusement conçues avec salle de bains particulière. Celles de devant aux étages supérieurs avec vue sur l'Acropole sont très demandées. Le bar du toit-terrasse offre aussi une belle vue de l'Acropole. **www.arionhotel.gr**

SYNTÁGMA Grande-Bretagne €€€€€

Vassoléos Georgiou 1, Plateía Syntágmatos, 10564 ***Tél.*** *21033 30000* ***Fax*** *21033 28034* ***Chambres*** *321*

Ce vieil hôtel majestueux à la façade néoclassique se dresse en face du Parlement sur la place Syntágma. Parties communes et chambres sont dotées de belles antiquités, de marbres abondants et de boiseries dorées et cirées. Piscines intérieure et extérieure, Spa et bon restaurant. Vue magnifique depuis le jardin sur le toit. **www.grandebretagne.gr**

VOULIAGMENI The Margi €€€€€

Litous 11, 16671 ***Tél.*** *21089 29000* ***Fax*** *21089 29143* ***Chambres*** *90*

Cet hôtel chic, plein de cachet, est idéalement situé entre le centre d'Athènes et l'élégante station balnéaire de Vouliagmeni. Les chambres claires et aérées ont de somptueuses salles de bains en marbre, accès à Internet, télévision par satellite et minibar. Certaines donnent sur le golfe Saronique. Excellent restaurant. **www.themargi.gr**

RESTAURANTS, TAVERNES ET CAFÉS

Se restaurer en Grèce est une affaire de tradition. Riches ou pauvres, jeunes ou vieux, les Grecs adorent se retrouver dans leurs restaurants, tavernes et cafés favoris. À leurs yeux, les meilleures adresses ne sont pas forcément les mieux situées ni celles qui leur proposent la cuisine la plus originale, mais celles où la nourriture est fraîche, copieuse et savoureuse. Huile d'olive, yaourts, légumes et viande constituent la base de cette cuisine saine et simple. Dans les îles, les déjeuners interminables suivis de l'inévitable sieste rythment les journées, entre le café noir du matin et l'apéritif du soir, prélude à des dîners tardifs qui s'éternisent souvent autour d'une bonne bouteille. Les inconditionnels des repas « à l'Européenne » pourront satisfaire leur désir dans les sites touristiques où nombre de restaurants servent des petits déjeuners copieux, des déjeuners légers entre 13 h et 14 h 30, et des dîners de 19 h 30 jusqu'à 23 h.

Le *tsikoudiá*, un alcool fort crétois

RESTAURANTS

Parfois difficiles à trouver pour un étranger, les restaurants grecs traditionnels *(estiatório)* sont parmi les lieux de restauration les plus agréables au monde. Souvent installés dans le cadre ravissant d'une terrasse ou d'une tonnelle noyée sous la verdure, ils sont chaleureux, animés et offrent une variété alléchante de plats et de vins du pays.

La plupart du temps, les menus sont composés d'une douzaine de *mezédes* (« hors-d'œuvre » ou « en-cas »), suivis d'une dizaine de plats principaux avec une suggestion de quatre à cinq assiettes de légumes, puis d'un assortiment de fruits frais ou de pâtisseries pour le dessert. Le tout arrosé de vins connus et de crus régionaux.

En Grèce, où il est de tradition de venir dîner en famille et de faire durer le plaisir du repas après un détour à la cuisine pour y choisir son plat, beaucoup de restaurants traditionnels se sont spécialisés, les uns dans une cuisine régionale, les autres dans un savoir-faire ou un style culinaire. En Crète, par exemple, les *kapnistarió* – tenus par des Grecs venus d'Asie Mineure – servent des plats fumés ou cuits au barbecue. D'une manière générale, la gamme des prix est très étendue.

Des restaurants les plus chers situés dans les ports principaux aux établissements étonnamment bon marché, il y en a pour toutes les bourses. Les moins coûteux, les *mageiriá,* sont devenus rarissimes.

Le choix des vins en fût et des plats régionaux y est limité mais souvent compensé par une cuisine maison et des produits de première fraîcheur.

Dans les hôtels, de nombreux restaurants accueillent une clientèle extérieure. Les plus petits réservent parfois d'excellentes surprises et méritent le détour. Les plus importants offrent une cuisine internationale coûteuse avec, de temps à autre, des menus grecs traditionnels plus élaborés.

Enfin, est apparu dans les restaurants « *kultúra* » un nouveau type de chefs. Exploitant à merveille les couleurs, parfums et richesses de la Grèce, ils accompagnent leurs plats de nouveaux vins très attractifs.

Le Windmill, village de Skiáthos ***(voir p. 332)***

Un restaurant traditionnel à Pátmos

TAVERNES

Les tavernes, l'un des plus grands plaisirs de la Grèce, sont des restaurants traditionnels qui servent exclusivement de la cuisine grecque. Ouverte tard dans la nuit, parfois aussi à l'heure du déjeuner, la taverne est le lieu de rendez-vous pour qui veut boire et se restaurer, ou même grignoter. On y trouve des menus saisonniers, composés d'environ huit entrées et de quatre plats

Les tables à la terrasse d'une taverne de Plakiás, Crète

principaux cuisinés *tisóras* (à la commande), accompagnés de légumes, de salades, de fruits et de vins. À noter : tous les plats arrivent en même temps, en général dans les cinq minutes qui suivent votre commande. Comme la plupart des restaurants traditionnels, les tavernes servent les vins et les mets de leur région. Certaines se sont spécialisées. Les *psarotavérna* feront le bonheur des amateurs de poissons, notamment dans les petits villages de pêcheurs. Parfois attablés à deux pas du rivage, les amateurs se régaleront de rougets, bars et poulpes souvent pêchés le matin même et servis grillés avec un filet d'huile d'olive et de citron. Méfiez-vous des grands restaurants de poissons des sites touristiques. Non seulement ils sont chers, mais leurs produits risquent d'être surgelés ou importés. Pour les inconditionnels de la viande, les *psistariá,* tavernes spécialisées dans les grillades à la broche ou au barbecue *(sta kárvouna),* proposent un choix impressionnant : agneau, chevreau, porc, poulet, gibier, abats, et même des moutons entiers rôtis à la broche. Si vous préférez un repas simple, tel qu'une omelette/salade, tavernes familiales et cafés vous le serviront à n'importe quelle heure du jour, mais attention : à la campagne, beaucoup ferment tôt. Enfin, faites un détour après le repas dans le *zacharoplasteío* local *(p. 324)* afin d'y goûter sucreries et gâteaux.

Un accordéoniste dans une taverne de Sými

CAFÉS ET BARS

Vous en trouverez partout, même dans les plus petits hameaux. Véritables lieux de rencontre, les *kafeneía* jouent un rôle social très important. En y dégustant vin et café, les Grecs s'y retrouvent pour disséquer avec animation le contenu des journaux, téléphoner et même déposer leur courrier. Vous pourrez y goûter le fameux café grec, parfois *frappé* (café instantané glacé servi dans un grand verre), ainsi que toutes les boissons, des non alcoolisées jusqu'au traditionnel ouzo en passant par la bière et les vins régionaux. Le café est servi de plusieurs façons : *sketo* (sans sucre), *métrio* (moyennement sucré), *gliko* (sucré), *vari gliko* (fort et sucré), *elaphro gliko* (léger et sucré). Ces estaminets servent souvent des en-cas. Centre vital du village, ils ouvrent tôt, sept jours sur sept, et ferment tard dans la nuit. Dans les *galaktopoleía,* vous pourrez déguster, assis, yaourts et miel. Paradis des amateurs de vin, les *oinopoleía* attenantes à un café vous proposeront des productions régionales en fût mais aussi, et de plus en plus, en bouteille. Leurs propriétaires, généralement issus d'un village viticole ou d'une famille de vignerons, seront ravis de vous faire goûter leurs cuvées. Dans les *mezedopoleía,* ou *mezés,* les en-cas se dégustent en buvant les vins locaux, l'ouzo, mais aussi le raki, un alcool blanc redoutable.

Quant aux *ouzerís,* bars traditionnels, ils proposent d'excellents assortiments de hors-d'œuvre, à base de viande, poisson et légumes, et une variété impressionnante d'ouzos, servis dans de petites tasses et que vous boirez sec ou coupés avec de l'eau.

L'Artemónas à Sífnos ***(p. 338)***

Un restaurant sur le port de Skála Sykaminiás à Lesbos

MANGER SUR LE POUCE

Outre les snacks et les vendeurs de sucreries, cacahuètes, pains, maïs ou châtaignes, croisés à chaque coin de rue, les possibilités de satisfaire ses fringales sont nombreuses. Les *souvlatzídika* proposent surtout des plats à emporter, les *souvláki* – brochettes de viande, poisson et légumes grillés ou rôtis à la broche, servies avec du pain frais. Les *ovelistíria* vendent des *gyros* – morceaux de viande rôtie dans une galette de pain. La plupart des cafés préparent des en-cas et des salades copieuses. Dans les boulangeries, vous n'aurez que l'embarras du choix entre une multitude de pains et de tartes savoureuses. Enfin, les *zacharoplasteía* (littéralement, « boutiques du sculpteur de sucre »), où vous trouverez pains traditionnels sucrés, pâtisseries et de multiples gâteaux au miel, sont le paradis des amateurs de saveurs douces. Autant de raisons d'éviter les fast-foods américanisés des grands centres touristiques.

PETIT DÉJEUNER

Pour les Grecs, le petit déjeuner est le repas le moins important de la journée. Chez l'habitant et dans les *kafeneía*, il se compose généralement d'un café noir servi avec des *paximádia* (croquants), des *koulourákia* (petits pains en couronne ou en S, sucrés ou parsemés de graines de sésame) ou encore du quatre-quarts fourré à la confiture. Dans les endroits plus touristiques, la tasse de café (moins serré) s'accompagne de croissants ou de délicieux pains briochés. Pendant l'été, certains *kafeneía* servent des figues fraîches, des yaourts, du miel parfumé avec des petits pains aux raisins, mais aussi, et de façon à satisfaire les goûts de chacun, des petits déjeuners anglais et continentaux.

Un *baklavás*, gâteau au miel et aux noisettes

RÉSERVER UNE TABLE

Dans les îles, les restaurants sont souvent fréquentés et il est préférable de réserver à l'avance. Vous découvrirez avec plaisir l'atmosphère informelle de ces lieux où la coutume consiste à venir visiter la cuisine pour y choisir son plat. Si vous passez dans la journée, le chef se fera un plaisir de prendre votre commande et de vous la réserver.

VINS

La Grèce produit aujourd'hui des vins originaux d'excellente qualité. De plus en plus souvent mis en bouteilles, ils sont désormais conservés avec soin ; et si une carte propose les meilleurs crus, tels que le Ktima Merkoúri, le Seméli ou le Strofiliá, commandez-les sans crainte. Le restaurateur aura certainement appris à les choyer. Moins onéreux, les célèbres Kourtáki et Boutári sont parmi les meilleurs résinés. Dans les restaurants traditionnels et les tavernes, les vins sont tirés directement du tonneau et servis en carafe à des prix raisonnables. Ce sont la plupart du temps des productions locales. N'oubliez pas de goûter le fameux rosé grec, à la saveur particulière mais infiniment séduisante.

Vin de Lemnos

COMMENT PAYER

En Grèce, mieux vaut toujours avoir sur soi un minimum de liquide. La plupart des restaurants n'acceptent pas d'autres modes de paiement ; et si les chèques de voyages peuvent être les bienvenus, il n'en va pas de même pour les cartes bancaires. Beaucoup de restaurants, tavernes, *kafeneía* et bars les refusent, surtout à la campagne. La liste des pages 330 à 341 indique les établissements où vous pourrez les utiliser.

Le bar Kástro à Mýkonos *(voir p. 337)*

Vue de l'Acropole depuis la terrasse d'un restaurant chic d'Athènes

SERVICE ET POURBOIRE

Lorsque les Grecs sortent, ils aiment prendre leur temps et apprécient un service attentionné. En retour, ils offrent des pourboires généreux, pouvant aller jusqu'à 20 % de la note. Sachez toutefois qu'un pourboire de 10 à 15 % est considéré comme suffisant. Dans les établissements traditionnels, la note n'inclut généralement pas le service, mais parfois une taxe pour le couvert vous sera demandée. Souvent, le pain est facturé en plus. Enfin, dans certains restaurants touristiques, des installations telles que l'air conditionné ou le téléphone peuvent faire grimper les additions.

Panier de pains régionaux à Rhodes

COMMENT S'HABILLER

Pour sortir, les Grecs aiment s'habiller. Il n'y a pas de règle stricte si ce n'est celle d'éviter les tenues trop légères à l'écart des plages. Un établissement refusera rarement un client pour une question vestimentaire, mais certains exigeront une tenue correcte. La liste de ce guide vous les signale. En été, n'oubliez pas de prendre une veste ou un pull si vous dînez dehors : les soirées peuvent être fraîches, lorsque le vent souffle.

ENFANTS

Dès leur plus jeune âge, les petits Grecs fréquentent tavernes et restaurants. En conséquence, vos enfants seront généralement les bienvenus partout, à l'exception des bars et peut-être de certains restaurants élégants où leur sera demandée une attitude correcte. Sachez toutefois que ces derniers sont pratiquement les seuls à disposer d'équipements spécifiques tels que des chaises hautes. Pour un repas familial, préférez-leur les tavernes informelles et chaleureuses où personne ne s'étonnera de voir vos enfants jouer et profiter, comme vous, des longues soirées d'été.

FUMEURS – NON-FUMEURS

Fumer étant très courant en Grèce, il était difficile de trouver des établissements « non-fumeurs ». Mais, avec la nouvelle réglementation européenne, tous les restaurants devraient avoir des espaces réservés aux non-fumeurs. Il reste toutefois possible de manger dehors la majeure partie de l'année.

ACCÈS AUX FAUTEUILS ROULANTS

À la campagne, les restaurants souvent spacieux posent peu de problèmes d'accès. En revanche, faites attention aux établissements touristiques. Il faut aussi savoir que les rues des villages sont parfois mal pavées, les portes de nombreux restaurants étroites, et qu'il peut y avoir des marches. Les associations indiquées p. 301 et p. 353 fournissent les informations nécessaires aux personnes handicapées.

CUISINE VÉGÉTARIENNE

En Grèce, les végétariens seront gâtés. Restaurants, tavernes ou *kafeneía* proposent un choix considérable de plats copieux et peu onéreux. Par des préparations imaginatives, les cuisiniers ont su rehausser le goût de ces assiettes servies en hors-d'œuvre ou en plat principal. S'ils rencontrent plus de difficultés, les végétaliens pourront suivre leur régime eux aussi : la cuisine grecque utilise peu de produits laitiers.

PIQUE-NIQUES

Le printemps est la meilleure période pour pique-niquer. Sans souffrir de la chaleur, vous profiterez d'une campagne superbe pour savourer les plats de saison traditionnels : pains de carême à l'huile d'olive, pains pascals sucrés, tartes salées, fromage frais, le tout arrosé d'un jeune retsina. L'été, pêches, figues, yaourts, fromages à pâte dure, tomates, pains et olives composeront un panier de pique-nique idéal.

La terrasse du Liston à Corfou à l'heure du café

Saveurs grecques

Dans l'Antiquité, les Grecs considéraient la cuisine comme une science et un art, voire un sujet philosophique. Dans les îles les plus isolées, plats, ingrédients et styles culinaires sont restés inchangés. Ailleurs, la cuisine grecque a adopté les plats de viande épicés, les pâtes feuilletées et les légumes farcis sous l'influence ottomane. Il y a quelques années encore, la cuisine grecque était largement considérée comme rurale. Aujourd'hui, c'est précisément sa simplicité et son recours aux produits locaux de saison qui plaisent tant aux visiteurs.

Origan et thym

Un pêcheur des îles rentre au port avec la pêche du jour

ATHÈNES ET LE PÉLOPONNÈSE

Dans la capitale, la majorité de la population est originaire de la campagne, des îles et de la Méditerranée orientale, et cette diversité se retrouve dans les marchés et la cuisine. La cuisine de rue est inséparable de la vie athénienne. Dans le Péloponnèse, les ingrédients varient selon le terrain : la mer fournit le poisson ; la montagne le mouton, la chèvre et le gibier ; les collines produisent fromages, olives et miel.

LE CENTRE ET LE NORD DE LA GRÈCE

Avec sa longue histoire, la Grèce continentale fait coexister plusieurs traditions culinaires aux frontières floues. À Thessalonique, plats de viandes et de fruits sont influencés par la cuisine juive. À Ioannina, épices, saucisses et cuisson au four résultent de l'époque ottomane, et ce sont les bergers valaques qui ont introduit, à Metsovo et dans les montagnes de l'Épire, le fromage de brebis, les tourtes et les abats. Dans le Nord, les plats épicés sont dus aux immigrants grecs d'Asie Mineure en 1922, et pickles, noix et yaourts dénotent l'influence des Balkans.

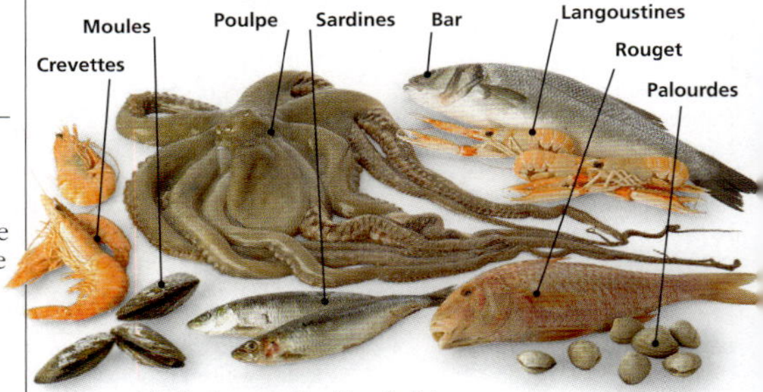

Poissons et fruits des eaux limpides de Grèce

PLATS RÉGIONAUX ET SPÉCIALITÉS

Olives

Vendues dans les petits magasins et sur les éventaires, les confiseries comme le nougat, le *pastéli* (bonbon au miel et au sésame), le *loukoúmia* (pâte sucrée aromatisée) et le *chalvás* (« halva ») font partie de la vie de rue depuis l'époque d'Aristote. Spécialité de l'Épire, à l'ouest, les *píttes,* ou tourtes, sont fourrées au gibier ou aux abats, au fromage ou aux légumes, et souvent associées au riz ou aux pâtes. En Thrace du Nord et en Macédoine, les *soutzoukákia* sont des bouchées de viande parfumées à la coriandre, au poivre et au cumin. En Crète, les *choirinó kritikó* sont d'épaisses côtes de porc au four et le *sýka me tyrí* est un *mezze* ou un dessert, composé de figues fraîches servies avec du *mizthýra,* fromage fait avec le petit-lait.

Le **fakés** *est une soupe aigre du Péloponnèse à base de lentilles vertes, citron ou vinaigre, tomates, herbes et huile d'olive.*

Marché grec typique

LES ÎLES

Chaque archipel possède une identité culinaire qui reflète aussi sa situation géographique et son histoire. Longtemps occupées par les Vénitiens, les îles Ioniennes affectionnent les plats à base de pâtes. Les spécialités des Cyclades sont très parfumées. La cuisine du nord-est de la mer Égée et du Dodécanèse tire ses bienfaits des richesses de la mer. Celle de la Crète est fortement épicée car elle a hérité des saveurs orientales léguées par l'occupant turc ; héritage de l'Antiquité, le porc y est plus consommé qu'ailleurs en Grèce. Les fouilles archéologiques ont livré de charmants ustensiles de cuisine et des ingrédients insolites de l'époque minoenne.

POISSONS ET FRUITS DE MER

Les eaux chaudes et abritées de la mer Égée sont sur la route migratoire des thons et des espadons et nourrissent anchois et sardines. Les criques et grottes des centaines d'îles rocheuses sont peuplées de rougets, de dentés à gros yeux et de poissons-perroquets très prisés. Le rivage est riche en coquillages et crustacés. La tête du poisson est considérée comme un morceau de choix.

Pain en train d'être cuit dans un four communal en plein air

AUTRES PRODUITS

La Grèce occupe le premier rang mondial pour la variété des olives. L'huile d'olive extra-vierge de premier choix est obtenue par simple pression d'olives mûres. La Grèce produit des fromages de brebis, de vache et de chèvre dont le nom dépend du goût et de la texture, et non du lieu d'origine.

BOISSONS EN GRÈCE

Le vin a toujours fait partie de la culture grecque. Les principales régions productrices sont l'Attique, la Macédoine et le Péloponnèse. Le *mavrodaphne* est un vin doux de dessert originaire de Patras. Le *tsipouro* est distillé à partir du résidu des raisins écrasés ; le retsina est un vin parfumé à la résine de pin *(p. 147)* et l'ouzo *(p. 140)* un alcool fort parfumé à l'anis. Servi dans les cafés et non dans les tavernes, le café se fait traditionnellement avec des grains très finement moulus, bouillis à l'eau dans une cafetière à long manche *(mpríki)*, et il se boit dans une tasse minuscule.

Les **spetzofáï** *de la Grèce centrale sont des tranches de saucisse épicée, sautées avec des herbes et des légumes.*

Le **barboúnia**, *ou rouget, est le poisson le plus prisé de Grèce depuis l'Antiquité. Il est le plus souvent simplement frit.*

Les **loukoumádes** *sont des petits beignets frits arrosés de miel et saupoudrés de cannelle qui se dégustent en en-cas.*

Menu grec classique

Les hors-d'œuvre se composent de *mezédes* ou « en-cas », servis toute la journée dans les *ouzerís* ou bars. Le plat principal, viande ou poisson, est en général accompagné d'une salade. La carte des vins est souvent limitée. Le dessert et le café se prennent dans une pâtisserie après le repas. À la campagne, on va choisir son plat directement à la cuisine. Le pain, considéré par les Grecs comme la nourriture de base, est servi à tous les repas. Les boulangers préparent chaque jour des pains variés, parfumés aux raisins secs, aux herbes ou au fromage. Des pains spéciaux sont liés à la célébration des fêtes orthodoxes.

Pain grec pita

Les **souvlákia** *sont des petites brochettes de porc parfumées au citron, aux herbes et à l'huile d'olive.*

La **choriátiki saláta** *est une salade de tomates, concombres, oignons, herbes, câpres et feta.*

Le **psária plakí** *est un poisson entier cuit au four avec des légumes, servi avec une sauce tomate à l'huile d'olive.*

ΜΕΖΕΣ
Mezés

Ελιές *Eliés* — **Olives**

Ταραμοσαλάτα *Taramosaláta* — **Purée d'œufs de mulet salés**

Τζατζίκι *Tzatzíki* — **Purée de yaourt au concombre**

Σουβλάκια *Souvlákia*

Ρεβυθοσαλάτα *Revythosaláta* — **Purée de pois chiches**

Μελιτζανοσαλάτα *Melitzanosaláta* — **Purée d'aubergines**

Ντολμάδες *Ntolmádes* — **Feuilles de vigne farcies au riz**

Μελιτζάνες ιμάμ μπαϊλντί *Melitzánes imám baïldí* — **Aubergines farcies au four**

Χωριάτικη σαλάτα *Choriátiki saláta*

ΨΑΡΙΑ
Psária — **Le poisson** n'est jamais meilleur que sur les côtes et dans les îles.

Πλακί *Plakí*

Σχάρας *Scháras*

Τηγανιτά καλαμάρια *Tiganitá kalamária* — **Calmars frits**

Le **scháras** *(« grillé ») peut être un plat de viande, poisson ou légumes. Ici, l'espadon grillé a été mariné au citron, à l'huile d'olive et aux herbes avant d'être rapidement grillé au feu de bois.*

MEZÉDES

Les *mezédes* sont servis en entrée ou en en-cas avec du vin ou d'autres boissons. Le tarama *(taramosaláta)* est une purée d'œufs de mulet salés et de mie de pain ou pommes de terre. Plat traditionnel de carême, il se déguste maintenant dans toutes les tavernes. La *melitzanosaláta* et la *revithosaláta* sont des purées de légumes. La première est un caviar d'aubergines grillées et d'herbes, la seconde un mélange de pois chiches, coriandre et ail. Les *melitzánes imám baïldí* sont des aubergines farcies aux oignons, tomates et herbes et les *ntolmádes* des feuilles de vigne farcies aux raisins secs, pignons et riz.

Quelques *mezédes* typiques

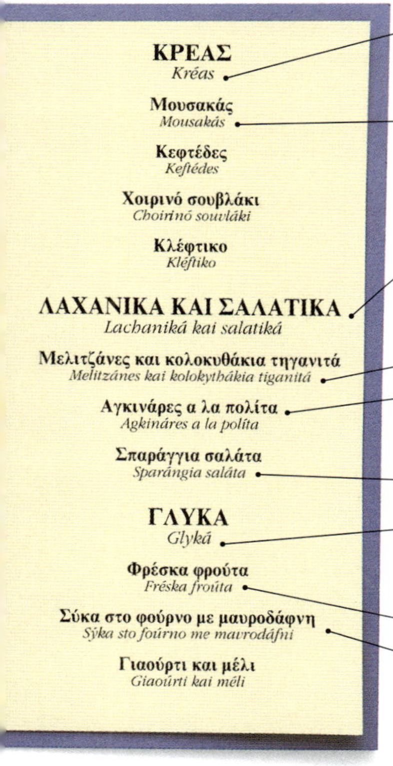

La viande est plus rare dans les îles que sur le continent.

Moussaka (couches alternées d'agneau haché et d'aubergines cuites au four)

Légumes et salades sont des produits du terroir.

Aubergines et courgettes frites

Artichauts avec pommes de terre, aneth, citron et huile

Asperges en salade

Les desserts sont composés de pâtisseries, fruits et yaourts.

Fruits frais

Figues cuites au four dans une sauce relevée au *mavrodaphne*, parfumée à l'eau de fleur d'oranger

Les **keftédes** *sont des boulettes de porc avec œufs et chapelure, parfumées aux herbes et au cumin et frites à l'huile d'olive.*

Le **kléftiko** *(chevreau) est cuit dans du papier sulfurisé pour conserver le jus de cuisson qui lui donne sa saveur.*

Les pâtisseries *aux noix et au miel, arrosées de sirop, les tartes, beignets et* glyká *(fruits confits) sont servis surtout dans les cafés. Les gâteaux les plus connus sont le* baklava, *fait de couches alternées de pâte feuilletée très fine et d'amandes, et le* kataïfi, *que les visiteurs comparent au vermicelle.*

Le **giaoúrt kai méli** *(« yaourt au miel ») se trouve dans les « laiteries », à déguster sur place ou à emporter.*

Choisir un restaurant

Les restaurants de ce guide ont été choisis dans un large éventail de prix pour leur bon rapport qualité/prix, les mérites de leur cuisine ou leur emplacement. Cette liste regroupe les établissements par région, en commençant par les îles Ioniennes, puis par ordre alphabétique dans chaque île ou région. Pour les *Saveurs grecques* et le *Menu grec classique*, reportez-vous aux pages 326 à 329.

CATÉGORIES DE PRIX
Les prix correspondent à un repas avec entrée, plat et dessert, une demi-bouteille de vin de la maison, taxes et service compris.

€ moins de 12 €
€€ 12-18 €
€€€ 18-24 €
€€€€ 24-32 €
€€€€€ plus de 32 €

LES ÎLES IONIENNES

CÉPHALONIE Kalafatis — €€

Sur le quai, Argostóli ***Tél.*** *26710 22627*

L'établissement, familial et fréquenté par les habitants, propose une cuisine ionniene de qualité. Vous savourerez votre repas sur une vaste terrasse couverte ou dans une salle aux tables joliment nappées de vichy bleu. Le rapport qualité/ prix est bon et les gros appétits seront comblés car les portions sont généreuses.

CÉPHALONIE Platanos — €€

Asos ***Tél.*** *26740 51381*

Comme son nom l'indique, cette petite taverne se trouve sous un platane au centre du joli village de pêcheurs préservé d'Asos. Elle sert des plats simples cuits au four, des viandes grillées et des salades à prix abordables. Si vous séjournez à Asos, vous y retournerez sans doute plusieurs fois. Ferm. oct.-avr.

CÉPHALONIE Tassia — €€€€

Limáni Fiskardou ***Tél.*** *26740 41205*

Directement situé sur le port, ce restaurant de renommée internationale offre une bonne carte des vins qui met en valeur certains crus locaux reconnus parmi les meilleurs de Grèce. La carte propose de bons produits de la mer, préparés simplement mais avec talent, des pâtes, salades, hors-d'œuvre et desserts. Ferm. oct.-avr.

CORFOU Rouvas — €€

St. Desillas 13, ville de Corfou ***Tél.*** *26610 31182*

Réputé de longue date pour ses excellents plats grecs, corfiotes et internationaux, ce restaurant traditionnel est l'un des plus abordables de la ville. Situé au centre de la ville de Corfou, près du principal marché d'alimentation, il utilise des produits de première fraîcheur. Ferm. le soir et le dim.

CORFOU Rex — €€€

Kapodistriou 66, ville de Corfou ***Tél.*** *26610 39649*

Dans un bâtiment du milieu du XIXe siècle, à une rue des arcades et des cafés de la Spianáda, ce restaurant très traditionnel qui sert les grands classiques corfiotes est une véritable institution. Spécialités comme le *bourthéto*, ragoût d'espadon épicé servi avec tomates, poivrons et pommes de terre. Service efficace et attentionné.

CORFOU Toula's Taverna — €€€

Agni, juste au sud de Kalámi ***Tél.*** *26630 91350*

Installé dans un ancien pressoir à olives du XIXe siècle, sur la plage au sud de Kalámi, ce restaurant propose des tables en terrasse. Spécialisé dans les produits de la mer et les plats corfiotes traditionnels, il a remporté un prix de gastronomie grecque dans sa catégorie. Il vend même son propre livre de cuisine. Ferm. nov.-avr.

CORFOU Eu-Lounge Café — €€€€

Kapodistriou 32, ville de Corfou ***Tél.*** *26610 80670*

Ce café-restaurant moderne et élégant propose, en salle et en terrasse, une carte internationale moderne style fusion avec un bon choix de plats de pâtes, hors-d'œuvre et salades. La carte des vins est étoffée. Idéal pour un déjeuner ou un en-cas en cours de visite, ou pour dîner dans un cadre élégant.

ITHAQUE Symposium — €€

Sur le port ***Tél.*** *26740 31729*

Cette taverne simple sert un bon assortiment de plats classiques présentés avec soin et originalité. Les noms qu'ils portent – « salade des Nymphes »– permettent de tester ses connaissances sur l'histoire d'Ulysse. Le service est chaleureux et efficace. Une adresse sans prétention mais d'un bon rapport qualité/prix.

LEUCADE Sto Molo — €€

Golemi 12, ville de Leucade ***Tél.*** *26450 24879*

Cet attrayant restaurant sert un éventail inventif de petits plats typiques – poisson, viande, saucisse, fromage, fruits et légumes – qui peuvent constituer un en-cas léger. On peut aussi s'attabler pour une longue dégustation arrosée d'ouzo, de bière ou de vin en fût.

Légende des symboles, *voir le rabat arrière de couverture*

PAXÓS Taka Taka €€€€
Gäïos ***Tél.*** *26620 32329*

Ce restaurant-grill authentique sert des plats sans prétention – surtout du poisson, mais aussi poulet, mouton, côtelettes de porc et croquettes de bœuf, ainsi que des salades et quelques légumes au four. C'est depuis longtemps le rendez-vous des gens du cru qui viennent dîner dans le ravissant jardin couvert de vignes. Ferm. à midi et oct.-fév.

PAXÓS Nassos €€€€€
Longós ***Tél.*** *26620 31604*

Sur la place principale, c'est l'un des meilleurs restaurants de Longós. La carte propose, en général, du poulpe (grillé en hors-d'œuvre ou en ragoût avec vin et oignons) et d'autres produits de la mer, des *souvláki* et des viandes grillées, ou encore des ragoûts, des salades et des pâtes. Ferm. oct.-avr.

ZANTE Zakanthi €€€
Kalamáki ***Tél.*** *26950 43586*

Que l'on préfère un en-cas léger avec boisson ou un repas plus substantiel, ce bar-restaurant animé est parfait pour passer la soirée. La carte éclectique propose un bon choix de plats classiques grecs ainsi que des pâtes, des hamburgers et d'autres plats internationaux.

LES ÎLES ARGO-SARONIQUES

CYTHÈRE To Korali €€
Avlémonas ***Tél.*** *27360 34173*

Ce petit restaurant d'Avlémonas, à 26 km de Chóra, est la taverne de poissons rêvée – minuscule, accueillante, avec des tables bancales à l'extérieur, des prix abordables et un choix de produits de la mer frais et grillés, mais aussi des plats au four, salades et vin tiré du fût. C'est un endroit idéal pour dejeuner ou dîner. Ferm. oct.-avr.

CYTHÈRE Sotiris €€€
Kapsáli ***Tél.*** *27360 33722*

Cette taverne traditionnelle du joli petit port d'Avlémonas est prisée à juste titre par les insulaires et les estivants. La carte propose des produits de la mer fraîchement pêchés et un choix honnête de plats de légumes. La soupe de poisson est la spécialité de la maison. Pour y dîner en juillet et août, il faut arriver tôt. Ouvert toute l'année.

ÉGINE Agora €€€
Marché aux poissons, ville d'Égine ***Tél.*** *22970 27308*

Cette excellente taverne de poissons à l'ancienne qui existe depuis plus de 40 ans est incontestablement la meilleure de la ville et mérite amplement le détour. Pas de fantaisies, mais des produits de la mer très frais – la carte dépend de la pêche du jour. Le vin est tiré du fût.

ÉGINE Antonis €€€€€
Pérdika ***Tél.*** *22970 61443*

Prisé des Athéniens le week-end – à juste titre –, Antonis est le meilleur et le plus cher des restaurants de poissons du front de mer dans ce très pittoresque village. Le poisson toujours frais est superbement accommodé et presenté. Ne le manquez sous aucun prétexte !

HYDRA Gitonikò €€
Ville d'Hydra ***Tél.*** *22980 53615*

Proche de l'église, cette taverne populaire tenue par Manólis et Christina, ses sympathiques propriétaires, est quasiment une institution. La carte traditionnelle propose des plats au four tels que *pastítsio* et moussaka, des viandes grillées, des produits de la mer locaux tout frais, ainsi que des spécialités d'Hydra. Agréable terrasse sur le toit. Ferm. déc.-fév.

HYDRA Kodylenia €€€
Kamíni, juste à l'ouest de la ville d'Hydra ***Tél.*** *22980 53520*

L'un des grands atouts de ce restaurant est la vue panoramique sur la mer et les montagnes du Péloponnèse. La carte, à la hauteur de la vue, propose des recettes intéressantes comme le ragoût d'épinard, calamars et crevettes, et de bons poissons frais grillés. Sans être exceptionnelle, la carte des vins est correcte. Ferm. oct.-mars.

PÓROS O Karavolos €€
Plage de Póros ***Tél.*** *22980 26158*

Cette taverne traditionnelle tenue par une famille propose une cuisine typique des îles Grecques et du poisson frais à des prix excellents. Elle doit son nom et sa renommée aux escargots qui figurent parmi les plats insolites. Beaucoup plus petits que les escargots français, ils ne sont servis qu'en saison. Ferm. à midi.

PÓROS Taverna Apagio €€
Au bout du front de mer, ville de Póros ***Tél.*** *22980 262[illegible]9*

Poissons et fruits de mer sont pêchés par le mari de la patronne – ce qui garantit des prix raisonnables et la fraîcheur des plats. Liz officie aux fournaux et concocte également de savoureuses entrées et des plats de viande pleins de saveurs. Ajoutez à cela un accueil chaleureux et un petit vin local et vous obtenez le bonheur à la grecque !

SPÉTSES Exedra Sidras €€€

Palió Limáni, ville de Spétses ***Tél.*** *22980 73497*

Sur le front de mer, cette taverne grecque traditionnelle propose de bons plats locaux comme les crevettes *saganáki* et le poisson à la *spetsiota* (au four avec sauce ail et tomate). L'établissement est d'un bon rapport qualité/prix bien que les plats de poisson fassent grimper l'addition. Ferm. nov.-fév.

LES SPORADES ET EUBÉE

ALÓNNISOS Bambis €€

Patitíri ***Tél.*** *24240 66184*

Cette petite taverne à l'orée du village de Patitíri jouit d'une vue panoramique sur les oliveraies et les collines boisées d'Alónissos, ainsi que sur les îles voisines. La carte offre le meilleur de la cuisine grecque traditionnelle de taverne agrémentée de viandes et poissons grillés, et de plats du jour substantiels au four. Ferm. à midi et oct.-juin.

EUBÉE Kavo d'Oro €€

Parodos Sachtouri, Kárystos ***Tél.*** *22240 22326*

Cette taverne à l'ancienne, simple et bon marché, sert une bonne cuisine familiale. La plupart des plats sont très copieux et substantiels. Ne manquez pas les riches ragoûts de viande et de légumes à l'huile d'olive locale, les feuilles de vigne farcies et les *papoutsákia* (aubergines au four avec fromage, oignons et tomates). Ferm. nov.-fév.

EUBÉE Vráhos €€€

Leofóros Makaríou 4, Chalkída ***Tél.*** *22210 87618*

Cette taverne traditionnelle jouit d'un emplacement de choix au bord de l'eau. La carte propose tous les classiques des cuisines grecque et méditerranéenne ainsi que des poissons frais comme le pageot et le maquereau, grillés en plein air. Salades, plats de légumes et bon choix de vins locaux.

EUBÉE Skýros €€€

Sur le port, Kými ***Tél.*** *22220 22624*

Dans cette excellente taverne du bord de l'eau, on sert avec le sourire crevettes locales grillées, poulpe et petit *barboúnia* (rouget) frits ainsi que des plats au four et des salades. On peut s'asseoir à l'extérieur ou dans la salle climatisée. Vins locaux et spectacles. Ferm. nov.-mai.

SKIÁTHOS Windmill €€€€€

Colline Kotroni, ville de Skiáthos ***Tél.*** *24270 24550*

Ce charmant restaurant installé dans un vieux moulin sur une colline jouit d'une vue magnifique sur le port et la ville de Skiáthos. On dîne sur une charmante terrasse-estrade, aux tables et chaises en bois traditionnelles. La carte propose surtout des plats méditerranéens. Ferm. à midi et oct.-avr.

SKIÁTHOS Anemos €€€€

Vieux port, ville de Skiáthos ***Tél.*** *24270 21003*

Restaurant typique au bord de l'eau avec vue sur le vieux port, l'îlot fortifié de Bourtzi et la baie. Malgré son aspect désuet, la carte est moderne et influencée par les autres cuisines méditerranéennes, mais la plupart des visiteurs préfèrent toujours les poissons grillés, excellents bien qu'assez chers. Ferm. à midi et nov.-avr.

SKIÁTHOS Karnagio €€€€

Paraliaki, ville de Skiáthos ***Tél.*** *24270 22868*

Ce restaurant régulièrement cité comme le plus exceptionnel de l'île attire une clientèle estivale et parfois quelques célébrités. Il offre un grand choix de plats grecs traditionnels très bien accommodés et les meilleurs produits de la mer de la région. Les tables sont dressées sur le front de mer et dans le jardin. Ferm. à midi et oct.-mai.

SKÓPELOS Molos €€

Vieux port de Skópelos ***Tél.*** *24240 22551*

Cette petite taverne proche de la jetée dans la ville de Skópelos sert du poisson frais, de bonnes salades et des plats plus originaux comme la chèvre aux artichauts. Les tables en terrasse offrent une jolie vue sur la mer, et les prix sont agréablement modérés. Ferm. nov.-fév.

SKÓPELOS Perivóli €€€

Ville de Skópelos ***Tél.*** *24240 23758*

Au centre de la ville, ce petit bar-restaurant animé sert boissons, en-cas légers et repas complets. La cuisine combine les influences locales et internationales, et la carte des vins étoffée propose quelques crus grecs récents, mais pas de retsina en fût en revanche. Ferm. à midi et oct.-mai.

SKÝROS O Pappous Ki Ego €€

Odos Agoras, ville de Skýros ***Tél.*** *22220 93200*

La terrasse ne compte que quatre tables mais, même si vous mangez dans la salle, vous apprécierez les spécialités de l'île comme les courgettes au yaourt et au poulet. L'ambiance est animée et bon enfant et l'accueil très chaleureux. Les repas sont servis en musique. Ouv. le soir, et à midi en août.

Catégories de prix *p. 330* **Légende des symboles,** *voir le rabat arrière de couverture*

LES ÎLES DU NORD-EST DE LA MER ÉGÉE

CHÍOS Hotzas — €€

Georgiou Kondili 3, ville de Chíos ***Tél.*** *22710 42787*

Au centre-ville, cette vénérable taverne tenue par une famille est entourée d'un grand jardin. Outre les viandes grillées, poissons et plats au four habituels, le chef prépare tout un éventail de légumes, purées froides, beignets et en-cas. Le propriétaire fabrique lui-même vin et ouzo tirés directement du tonneau. Ferm. à midi et dim.

CHÍOS Mesaionas — €€€

Plateía Meston ***Tél.*** *22710 76050*

Cette taverne chaudement recommandée est agréablement située sur la place principale du pittoresque village. Elle sert un choix intéressant de spécialités locales comme le pilaf à l'aubergine et la gamme habituelle de grillades et de ragoûts. Un endroit agréable pour dîner, apprécié par les insulaires comme par les visiteurs.

CHÍOS Pýrgos — €€€€

Kondari, à 2 km au nord de Karfás ***Tél.*** *22710 44740*

Ici, la carte marie les plats grecs et internationaux avec des hors-d'œuvre de la mer inventifs. Avec son orchestre traditionnel les mercredis soir, Pýrgos est un bon choix pour une grande occasion. Il est bien situé pour les vacanciers de Karfás, la plage la plus populaire de Chíos. Il est assez cher mais d'un bon rapport qualité/prix.

ICARIE Atsachas — €€

Mesakti, Armenistís ***Tél.*** *22750 71226*

Cette taverne simple tenue par une famille est perchée sur un promontoire entre deux plages. La carte sans prétention propose un bon choix de viandes et de légumes au four et quelques produits de la mer grillés (petite friture, calamar, poulpe, bar et pêche du jour). Vins locaux en fût. Ferm. oct.-mai.

ICARIE Anna — €€€

Nas ***Tél.*** *22750 71489*

C'est le meilleur des petits restaurants qui surplombent la crique de galets blancs de Nas, fréquentée par les naturistes. Le restaurant, qui loue aussi des chambres, sert du poisson, des viandes grillées et des plats au four, ainsi que des desserts, en-cas et vins locaux. Cadre tranquille et belles vues. Ferm. oct.-mai.

LEMNOS O Glaros — €€€

Limáni, ville de Mýrina ***Tél.*** *22540 22220*

Sur le port, cette taverne de poissons classique donne sur une flottille de bateaux qui pêchent les produits de la mer les meilleurs et les plus frais de la mer Égée. Elle offre un grand choix de poissons : gros mérou et *skathari* (brème) pour plusieurs ou petite friture, crevettes et langouste. Bon choix de hors-d'œuvre et de vins locaux.

LESBOS Coopérative agrotouristique des femmes de Pétra — €€

Place principale, village de Pétra ***Tél.*** *22530 41238*

La visite de cet établissement touristique durable créé par les femmes de la région permet de s'initier aux aliments et produits locaux. Outre les plats classiques, les cuisinières servent des plats substantiels que les touristes ont rarement l'occasion de découvrir. Beaucoup de légumes et de desserts très sucrés. Ferm. oct.-avr.

LESBOS I Skamniá — €€

Sur le port, Skála Sykaminiás ***Tél.*** *22530 55319*

Ce restaurant est prisé par les gens du cru. Assis à l'ombre d'un mûrier en été, on déguste des produits de la mer authentiques comme les sardines et les anchois du golfe de Plomári, le calamar, le poulpe, les fleurs de courgette farcies et les grillades.

LESBOS Vafios — €€€

Village de Vafios, sur la route de Sykaminiá ***Tél.*** *22530 71752*

Avec sa longue carte de plats locaux, ses prix raisonnables et sa charmante terrasse avec vue panoramique, ce restaurant est le préféré des insulaires et des vacanciers du bourg voisin de Mólyvos. La cuisine riche mettant l'accent sur les plats robustes au four, mieux vaut avoir un gros appétit. Ouv. seul. le w.-e. de nov. à avr.

SÁMOS I Psarades — €€€

Agios Nikólaos ***Tél.*** *22730 32489*

La grande variété de plats de poisson s'accompagne d'une sélection plus limitée de *mezédes* et de salades. On sert sur une jolie terrasse avec vue sur la mer. Le poisson provient surtout du port de Karlóvasi à 5 km à l'est du village et c'est en mai que le choix est le plus large. Ferm. oct.-avr.

SÁMOS Marina — €€€

Sur le front de mer, Kokkári ***Tél.*** *22730 92692*

Parmi les nombreux restaurants destinés presque exclusivement au tourisme estival, Marina est l'un des plus authentiques car il accueille les insulaires en basse saison. La cuisine est excellente et le choix de spécialités locales est plus étendu que chez les concurrents. Bon éventail de légumes et de viandes au four. Ferm. nov.-avr. : lun.-jeu.

SAMOTHRACE 1900 €€

Plateía, Chóra ***Tél.*** *25510 41224*

1900 est le meilleur des deux restaurants de la place principale de Chóra. La carte comporte des variations inventives sur les plats traditionnels comme la chèvre farcie et des spécialités du nord de l'Égée comme le *stamnàto* (veau aux champignons cuit au four). Vues sur la mer et les pentes boisées environnantes. Ferm. oct.-mars.

THÁSOS O Glaros €€

Baie d'Alykí ***Tél.*** *25930 31547*

C'est la plus ancienne des tavernes de ce joli hameau dominant la mer. On déguste poissons, viandes, grillades et salades sur la terrasse ombragée par les vignes avec vue sur les deux baies d'Alykí. Le cadre est agréable pour un repas près de la plage, servi avec le sourire. Les propriétaires ont aussi des chambres à louer. Ferm. oct.-mai.

THÁSOS Krambousa €€

Skála Potamiás ***Tél.*** *25930 62312*

Entourée de jardins, cette taverne traditionnelle tenue par une famille flatte surtout le palais des touristes du Nord de l'Europe en servant du poisson, de simples omelettes et des salades. Elle propose aussi les plats grecs classiques tels que moussaka, *stifádo* et *pastítsio* (macaronis au gratin).

LE DODÉCANÈSE

ASTYPÁLAIA Australia €

Péra Gialós, Chóra ***Tél.*** *22430 61275*

Cette taverne typique du port sert une foule de plats des Cyclades, des courgettes frites au poisson grillé le plus frais – viande et légumes proviennent de sa propre ferme. Populaire à juste titre, elle est très courue le soir en été et il faut réserver. Repas abordables et endroit idéal pour observer la circulation des bateaux de pêche. Ferm. nov.-avr.

CHÁLKI Althemenis €€

Kamiros, Nimporió, 85110 ***Tél.*** *22460 31303*

Cette taverne populaire du port de Chálki est une adresse fiable dont la carte propose les plats habituels de produits de la mer, poulet grillé, porc et agneau, moussaka, *pastítsio* (macaronis au gratin) et autres plats au four. Elle est parfois bondée le soir en haute saison.

CHÁLKI Liros €€

Kamiros Skala, Nimporió, 85110 ***Tél.*** *22460 31264*

Tenu par une famille, ce restaurant bon marché et gai, proche du quai à Nimporió, est un bon choix pour déjeuner ou dîner. Il faut dire aussi qu'il y a peu de concurrence dans le coin. Dans un cadre agréable, la carte propose les grands classiques grecs émaillés de plats internationaux. Ferm. oct.-mai.

KÁLYMNOS Drossia €€

Limanáki Melitsacha, Myrtiès ***Tél.*** *22430 48745*

Près d'un port minuscule et pittoresque, ce restaurant de poissons sert des hors-d'œuvre de la mer : petite friture, calamars, crevettes et poulpe fraîchement pêchés. En plat principal, les poissons tels qu'espadon, bar, rouget et homard (sur commande) sont servis grillés, accompagnés de sauces froides. Vin local, ouzo et retsina.

KÁLYMNOS To Limanáki tou Vathý €€

Rína ***Tél.*** *22430 31333*

Ce petit restaurant au-dessus du quai à Rína, calme pour déjeuner ou dîner, sert les classiques des tavernes tels que ragoûts au four, viandes grillées et poissons grillés et frits. Un bon choix qui vaut autant par son emplacement calme et sa vue que par la qualité de la cuisine et des boissons.

KÁRPATHOS Aniksis €€

Diafáni ***Tél.*** *22450 51226*

Cette taverne estivale classique sert une cuisine insulaire à l'ancienne : viandes et légumes au four, salades et viandes grillées telles qu'agneau, côtes de porc et poulet. Elle propose parfois du poisson, des poivrons farcis et du chevreau à la sauce au vin rouge avec pommes de terre rôties. Cadre agréable près du port. Ferm. nov.-avr.

KASTELÓRIZO Lazarakis €€

Sur le port, Kastelórizo ***Tél.*** *22460 49370*

Ce restaurant amical installe ses tables sous la tonnelle ou sur une petite jetée du port de plaisance. Il sert poisson frais, crevettes et homards accommodés à la perfection, bonnes salades et mets délicats des îles comme les œufs d'oursin. Cette taverne traditionnelle est chaudement recommandée. Ferm. nov.-mars.

KOS Christiana €€

21 Bouboulinas, ville de Kos ***Tél.*** *22420 24394*

Ce restaurant traditionnel au cœur de la ville de Kosest très apprécié par les Grecs (ce qui est bon signe !). La carte, variée, propose de nombreux classiques grecs, préparés avec soin. Les portions sont généreuses et l'ambiance typiquement grecque. Une bonne adresse pour se restaurer à midi ou passer une agréable soirée.

Catégories de prix *p. 330* **Légende des symboles,** *voir le rabat arrière de couverture*

KOS O Makis €€

Mastichári ***Tél.*** *22420 59061*

Cette petite taverne de poissons, l'une des meilleures de l'île, se trouve près d'un joli petit port de pêche d'où provient l'essentiel de ses produits. Vous dégusterez *tsipoura* et *fagri* fraîchement pêchés ainsi que crevettes, calamars, poulpe et langouste (sur commande pour les grandes occasions). Ferm. à midi.

KOS Plátanos €€€

Plateía Platanou ***Tél.*** *22420 28991*

Sur la place voisine du château des chevaliers de Saint-Jean, ce café-restaurant donne sur l'agora antique. Plus tranquille que la série de restaurants qui borde le port dans la ville de Kos, il sert repas légers, en-cas et boissons, et pratique des prix raisonnables par rapport à ses confrères. Ferm. nov.-mai.

LÉROS Petrino €€

Lakkí ***Tél.*** *22470 24807*

Cette taverne étonnamment chic propose des tables en salle ou en terrasse. La carte traditionnelle met l'accent sur les plats au four et les viandes grillées mais ajoute un zeste d'imagination à certains classiques. Même les frites sont plus savoureuses qu'on ne pourrait l'imaginer.

LÉROS Taverna Neromylos €€€

Direction Alínda (à la sortie du village d'Agía Marína) ***Tél.*** *22470 24894*

Le restaurant, situé dans un moulin, possède une superbe piscine naturelle. Vous dégusterez de savoureux *mezze* et des classiques de la cuisine grecque tout en admirant la magnifique vue sur la forteresse et le port d'Agía Marína. Le restaurant a bonne réputation et il est conseillé de réserver le soir. Ferm. nov.-avr.

LIPSÍ Kalypso €€

Sur le front de mer, ville de Lipsí ***Tél.*** *22470 41242*

Poulpe grillé et chevreau farci et rôti (en saison) sont les meilleurs plats que propose ce restaurant animé aux tables ombragées par la treille côté port. On y trouve aussi la plupart des classiques grecs et quelques plats plus cosmopolites. La carte des vins est limitée.

PÁTMOS Aspri €€

Plage d'Aspris, Skála ***Tél.*** *22470 32240*

À l'orée de Skála, ce restaurant de fruits de mer raffiné propose un choix étoffé de poissons frais grillés (en fonction de la saison et de la pêche). Il offre aussi un bon assortiment de garnitures et de hors-d'œuvre et un excellent chariot de desserts. Ferm. à midi et oct.-mai.

PÁTMOS The Garden €€

Skála ***Tél.*** *22470 31884*

Les plats de ce sympathique restaurant – *mezze* et brochettes – sont exclusivement élaborés avec des légumes et des fruits du jardin – ce qui garantit leur saveur et leur fraîcheur. En outre, les portions sont copieuses. La grande terrasse permet de profiter de la douceur des soirées grecques.

RHODES Laganis €€

16, odos Alhadef, vieille ville de Rhodes ***Tél.*** *22410 3557*

Cette taverne traditionnelle, à l'écart de l'agitation de la vieille ville, est très appréciée des Grecs. Vous admirerez les fresques murales en relief de la salle à manger tout en savourant une cuisine grecque traditionnelle et généreuse. Le poisson *slouvaki* et les moules farcies au fromage sont recommandés.

RHODES La Casa €€

28 Mandilara, vieille ville de Rhodes

La Casa propose une bonne carte basique où pizzas et pâtes voisinent avec viandes grillées et quelques classiques grecs. On n'y vivra pas une expérience culinaire authentiquement grecque mais les portions et les prix sont raisonnables et le service est rapide et professionnel. Ferm. nov.-mars.

RHODES Alexis €€€€

Sokratous 18, ville nouvelle de Rhodes ***Tél.*** *22410 29347*

Inauguré en 1957, ce merveilleux restaurant sur 2 étages s'est toujours spécialisé dans les produits de la mer. De nombreuses célébrités sont venues y savourer le poisson frais grillé à la perfection et les bons vins servis avec professionnalisme. Malgré la terrasse ensoleillée, mieux vaut y aller au dîner que déjeuner. Ferm. nov.-mars.

RHODES Mavrikos €€€€€

Place principale, Líndos ***Tél.*** *22440 31232*

Sur la place principale de Líndos avec vue panoramique depuis la terrasse, ce restaurant primé tenu par deux frères attire une foule de célébrités. On y savoure calamar à la sauce safran, raie aux pignons, dés de poulpe à la muscade et au boulgour, ainsi que des glaces maison. Ferm. nov.-avr.

SÝMI Mylopetra €€€€€

Sými ***Tél.*** *22460 72333*

Ce restaurant gastronomique est passionné par la cuisine fusion méditerranéenne et les meilleurs vins grecs nouvelle vague. Il occupe une demeure élégamment restaurée avec une charmante cour. Le menu et la carte des vins sont remarquables. Il est cher mais mérite une visite. Ferm. à midi et nov.-avr.

TÍLOS Michalis €€

Dans une ruelle allant vers l'église ***Tél.*** *22460 44359*

Cette jolie taverne grecque dispose d'un agréable jardin où l'on peut manger au frais. Un soir par semaine, des musiciens viennent distraire les convives. Le ragoût de chèvre au citron fait partie des classiques grecs élaborés avec soin par le chef. Les carnivores apprécieront également les nombreuses viandes au gril.

LES CYCLADES

AMORGÓS Liotrivi €€

Chóra ***Tél.*** *22850 71700*

Ce charmant restaurant de la capitale de l'île sert des plats traditionnels au four et des spécialités locales comme les aubergines farcies au veau et au fromage, le *stifádo* de lapin (lapin aux oignons) et autres plats typiques. On peut s'attabler à l'intérieur pour être à l'ombre ou à l'extérieur sous les parasols.

AMORGÓS Mourágio €€€€

Katápola ***Tél.*** *22850 71011*

Fréquentée par les visiteurs et par les gens du cru, cette taverne accueillante ne désemplit pas depuis son ouverture en 1981. Située sur le port, elle sert de nombreux plats locaux à base de poisson frais. Les délicieux spaghettis au homard sont la spécialité de la maison. Ferm. janv.-fév.

ANDROS Nona €€

Plakoura, sur le vieux port, Chóra ***Tél.*** *22820 23577*

Cette taverne de poissons ouverte en saison est près du vieux port, en contrebas du village principal d'Andros. On y sert tous les plats classiques ainsi que des produits de la mer plus originaux comme la *fousta* (figue de mer) et les œufs d'oursin. Vu la proximité de la mer, le poisson est extrêmement frais. Ferm. oct.-avr.

ANDROS Cabo del Mar €€€

Nimborio, à l'extrémité de la baie ***Tél.*** *22820 25001*

Ce restaurant branché qui fait bar-club en fin de soirée possède une superbe terrasse donnant sur la mer. La décoration des tables est soignée et la cuisine locale savoureuse. Nous conseillons la tourte aux oignons et les plats de poisson. Une halte raffinée, emblématique de l'art de vivre à la grecque.

FOLÉGANDROS Kritikos €€

Sur la place principale, Chóra ***Tél.*** *22860 41219*

Au centre de la pittoresque ville principale de l'île, ce grill en plein air à l'ambiance joyeuse sert poulet grillé, côtes de porc, hamburgers de bœuf et d'agneau avec de grandes salades, *tsatsíki* (purée au yaourt et concombre) et vin en bouteille ou en fût. Simple et abordable pour tous les budgets. Ferm. oct.-mai.

FOLÉGANDROS I Melissa €€

Plateía Kontarini, Chóra ***Tél.*** *22860 41067*

Le restaurant le plus ancien de l'île existe depuis près de 50 ans. Il sert les plats typiques des tavernes : spécialités au four comme la moussaka et le *pastítsio*, chevreau sauce citron, salades et viandes frites et grillées. Omelettes et riz au lait sont servis le matin. Ferm. oct.-mai.

IOS Lord Byron €€

Chóra ***Tél.*** *22860 92125*

Dans la ville principale de l'île, cet *ouzeri-mezedopoleío* traditionnel propose un choix intéressant d'en-cas et de petits plats à déguster arrosés d'ouzo, de raki, de bière ou de retsina. La musique de fond enregistrée est le *rembétika* folklorique. Ferm. à midi et nov.-mars.

IOS Elpis €€€

Plage de Mylopótas ***Tél.*** *22860 91626*

Ce café-restaurant a ses fidèles clients. Inauguré en 1962, il est toujours incontournable pendant la saison estivale à Ios. Il sert des repas traditionnels, des en-cas et des plats de poisson. Dans la journée, c'est l'endroit idéal pour un déjeuner prolongé, à deux pas de la plage. Ferm. nov.-avr.

KÝTHNOS Katerini €€

Loutrá ***Tél.*** *22810 31418*

Un peu à l'ouest de Loutrá dans la baie voisine, la meilleure taverne de la station mérite le détour pour ses belles vues de la mer et ses savoureux plats au four tels que le chevreau braisé au vin rouge. Spécialités locales comme les *sfougata* (croquettes frites à l'œuf et au fromage). Bon rapport qualité/prix. Ferm. nov.-mars.

KÝTHNOS Byzantio €€

Au milieu du village, Mérichas

Cette excellente taverne, située sur la plage, sert une cuisine grecque soignée. Vous dégusterez notamment des spécialités locales telles que les *sfougata* (voir ci-dessus), le chevreau au citron ou le chou farci à la viande hachée. La terrasse ombragée est très agréable et le service chaleureux.

Catégories de prix *p. 330* **Légende des symboles,** *voir le rabat arrière de couverture*

MÍLOS Kapetan-Nikola €€€

Apollonía ***Tél.*** *22870 41212*

Cette taverne de poissons est chère mais son ambiance vous plaira. Elle propose une bonne carte de produits de la mer complétée par les plats de grillades habituels. Bon choix de légumes préparés avec imagination. Il faut réserver, surtout le week-end en été, car les visiteurs athéniens s'y pressent. Ferm. déc.

MÍLOS Aragosta €€€€€

Adámantas ***Tél.*** *22870 22292*

Considéré comme le meilleur restaurant de Mílos, Aragosta sert des produits de la mer de premier choix tels que homard, crabe et poissons grillés. La terrasse dévoile de superbes vues sur la baie d'Adámantas. Un agréable bar à cocktails sert apéritifs et digestifs. Ferm. à midi et oct.-avr.

MÝKONOS Kástro €€€

Quartier du Kástro, Petite Venise, ville de Mýkonos ***Tél.*** *22890 23072*

Dans ce bar gay mythique et décontracté qui donne sur le quartier du Kástro, on sirote un daiquiri à la fraise sur fond de musique classique. Détendu et populaire, c'est un bon endroit pour contempler les couchers de soleil spectaculaires depuis la Petite Venise. Ferm. à midi et mi-oct.-avr.

MÝKONOS Katrine's €€€€€

Drakopoulou 1 et odos Nikiou, ville de Mýkonos ***Tél.*** *22890 22169*

Ce restaurant est réputé de longue date pour sa bonne cuisine française et grecque. La carte des vins grecs et importés est exceptionnelle. Excellent choix de hors-d'œuvre grecs et de plats principaux plus sophistiqués, service attentionné et clientèle sur son trente et un. Réservation conseillée. Ferm. nov.-mars.

MÝKONOS Sea Satin Market €€€€€

Petite Venise, ville de Mýkonos ***Tél.*** *22890 24676*

Ce restaurant de poissons et grill traditionnel animé se trouve au bord de la mer et propose ses tables en plein air au pied des fameux moulins de la ville, avec vue sur la Petite Venise. Il séduit les amateurs de produits de la mer comme les carnivores car c'est l'un des rares endroits où l'on peut déguster un excellent steak. Ferm. à midi et oct.-avr.

NÁXOS Manolis €

Rue du Vieux-Marché, Chóra ***Tél.*** *22850 25168*

Cette taverne avec jardin au cœur de la vieille ville sert une cuisine grecque traditionnelle dans un cadre très plaisant. Spécialités telles que *melitzánes* (aubergines frites) et *skordaliá* (purée de pommes de terre à l'ail) entre autres, à des prix accessibles aux budgets les plus serrés. Ferm. à midi et nov.-mars.

NÁXOS The Old Inn €

Ville de Náxos ***Tél.*** *22850 26093*

Pour les amateurs d'originalité, ce restaurant du port de Náxos est une trouvaille insolite. Il s'agit d'un bar-restaurant allemand qui sert des en-cas et des plats typiquement allemands comme le *Wiener Schnitzel* (saucisse avec pain noir), et une cuisine internationale plus raffinée. Portions réduites pour les enfants. Ferm. à midi.

NÁXOS Il Girasole €€€€

Ville de Náxos ***Tél.*** *22850 23326*

« Le Tournesol » est un honnête restaurant italien qui offre une trentaine de pâtes et une quarantaine de pizzas différentes, sans oublier les desserts classiques comme le *tiramisu* et la *panacotta*. Situé à 50 m de la plage, il sert d'extraordinaires spaghettis aux fruits de mer. Bon choix de vins grecs et italiens. Ferm. nov.-fév.

PÁROS Porfyra €€€

Sur le front de mer, Paroikiá ***Tél.*** *22840 23410*

Cette taverne de poissons amicale tenue par une famille est l'une des meilleures affaires du port animé de Paroikiá. Elle sert l'éventail habituel de poissons courants comme le *barboúnia* (rouget) et la brème, mais aussi des produits de la mer plus originaux comme la *fouska* (figue de mer) multicolore et autres coquillages. Ferm. janv.-fév.

PÁROS Levantis €€€€

Paroikiá ***Tél.*** *22840 23613*

Ce restaurant élégant sert des plats internationaux et grecs contemporains à base d'ingrédients locaux de premier choix. La carte qui change avec les saisons pour garantir la fraîcheur met l'accent sur les plats légers et sains. Plats exotiques des rives de la Méditerranée, notamment d'Afrique du Nord comme le couscous. Ferm. oct.-avr.

SANTORIN Nikolas €€

Erithrou Stavrou, Firá ***Tél.*** *22860 24550*

Cette taverne traditionnelle établie de longue date au cœur de Firá propose une carte grecque authentique étrangère aux influences du XXIe siècle. Poissons, bon choix de fromages locaux et de salades, et vin des îles en fût. Les belles vues et la climatisation compensent l'absence de tables à l'extérieur. Ferm. dim. midi.

SANTORIN Iliovasilema €€€

Ammoudí, Oía ***Tél.*** *22860 71614*

Situé sur le quai à Oía, ce restaurant délicieux et simple sert des poissons qui passent directement du bateau au gril. La carte dépend en grande partie de la pêche du jour que l'on déguste sur des tables en bois bancales à côté d'une minuscule plage de galets. Très bon rapport qualité/prix. Ferm. nov.-avr.

SANTORIN 1800 €€€€€

Dans la rue principale, Oía ***Tél.*** *22860 71485*

Réservez à l'avance pour dîner au restaurant le plus huppé d'Oía dont la carte sophistiquée mêle les influences grecques et européennes. La carte des vins étoffée offre un bon choix de crus locaux. Sans être trop guindé, l'endroit n'est pas idéal pour les enfants. Ferm. à midi et nov.-avr.

SÉRIFOS Takis €€€

Sur le front de mer, Livádi ***Tél.*** *22810 51159*

Dans ce restaurant sophistiqué, la carte étoffée offre une profusion d'excellents produits de la mer, de salades et de plats végétariens bio. La carte des vins, également très longue, propose les meilleurs vins importés d'autres îles et de Grèce continentale ainsi qu'un bon vin local en fût. Ferm. déc.-fév.

SÍFNOS Lembesis €€

Artemónas ***Tél.*** *22840 31303*

Ce restaurant de l'hôtel Artemónas dans le village du même nom propose de bons plats maison à base de légumes bio. On peut dîner dans la charmante salle traditionnelle au mobilier de bois et aux nappes bleues et blanches ou s'attabler dans le paisible jardin. Ferm. nov.-avr.

SÍFNOS Odos Oneiron €€€€€

Apollonia ***Tél.*** *22840 33389*

Le restaurant le plus chic et le plus cher de Sífnos propose un grand choix de plats méditerranéens de style fusion ainsi qu'un assortiment de classiques grecs comme les produits de la mer grillés. Il est logé dans une demeure du XIXe siècle rénovée, charmante pour une soirée romantique. Ferm. à midi et oct.-avr.

SÝROS Archontariki €€

Emmanouil Roidi 8, Ermoúpoli ***Tél.*** *22810 86771*

Dans une petite rue proche de la place principale d'Ermoúpoli, cette taverne rustique animée par un orchestre est à juste titre prisée par les visiteurs et les insulaires. Elle offre une jolie terrasse ombragée sur le toit et un grand choix de plats traditionnels et de charcuteries locales *(louza)*. Bons vins locaux.

SÝROS Iliovasílema €€

Galissás ***Tél.*** *22810 43325*

À Galissás, à 9 km d'Ermoúpoli, cette taverne propose une carte étoffée où prédomine le poisson. Elle offre des recettes intéressantes de pâtes aux fruits de mer et des plats tels que calamar farci, mais elle propose aussi un bon choix de grillades et de plats traditionnels au four. Ferm. oct.-avr.

TÍNOS Paleá Pallláda €€

Kontogiorgi 1, ville de Tínos ***Tél.*** *22830 23516*

Avec ses tables en salle et en terrasse sur la place du marché, cette grande taverne à l'ancienne sert une cuisine traditionnelle : nombreux plats au four, grillades, salades et *loukánika* (saucisses). Le vin local tiré du fût est meilleur qu'ailleurs et les nombreux clients locaux apportent une touche d'authenticité à ce restaurant. Ferm. déc.-fin fév.

TÍNOS Metaxi Mas €€€€

Ville de Tínos ***Tél.*** *22830 25945*

Cet élégant *mezedopoleío* au décor traditionnel et au personnel accueillant propose un bon choix d'en-cas et de repas complets, un assortiment d'ouzos classiques et des vins en fût ou vendus au verre. Végétariens et amateurs de viande n'ont que l'embarras du choix dans une ambiance très animée, surtout le soir.

LA CRÈTE

AGÍA ROUMÉLI To Farangi €€

Sur la place principale ***Tél.*** *28250 91225*

Cette taverne tenue par une famille est le meilleur endroit pour se restaurer après une randonnée dans les gorges de Samariá. Spécialités telles que *sfakanies pítes* (pâtisserie nappée de miel appréciée dans la région de Sfakiá). La carte propose aussi légumes farcis, feuilles de vigne, viandes grillées et poisson frais pêché sur place.

AGIOS NIKÓLAOS Creta Embassy €€

5, odos Kondilaki ***Tél.*** *28410 83153*

Un accueil chaleureux et une décoration où les couleurs ont la part belle caractérisent ce restaurant traditionnel crétois, aménagé dans une belle maison du XIXe siècle. Les poissons et les viandes sont cuites au barbecue en plein air. La maison sert aussi de délicieux fruits de mer et des spécialités crétoises. Le jardin est très agréable.

AGIOS NIKÓLAOS Itanos €€

Plateía Venizélou ***Tél.*** *28410 25340*

Dans une ruelle proche de la place principale d'Agios Nikólaos, cette taverne populaire propose poulet, agneau et chèvre à la broche, plats au four et un choix de légumes farcis et à l'étouffée. Elle offre un bon rapport qualité/prix et un choix correct de vins locaux. Tables en salle et en terrasse.

Catégories de prix *p. 330* **Légende des symboles,** *voir le rabat arrière de couverture*

CANÉE (LA) Tholos €€

Agion Déka 36, 73100 ***Tél.*** *28210 46725*

Ce restaurant réputé et très couru en été pratique des prix raisonnables et utilise les meilleurs ingrédients locaux. Logé dans un bâtiment du XIVe siècle, il a installé ses tables dans une cour entourée de vieux murs en pierre. La carte des vins est étoffée. Ferm. nov.-mars.

CANÉE (LA) To Pigadi tou Tourkou (« Le Puits du Turc ») €€

1-3 Kallinikou Sarpaki, Splantzia, 73100 ***Tél.*** *28210 54547*

Dans ce restaurant intime, installé dans la cave voûtée d'une vieille demeure en pierre, on dîne à la lueur des chandelles sur fond de musique orientale. La carte qui utilise les produits locaux est très imaginative : goûtez les boulettes de viande à l'aubergine ou le calamar farci épicé. Ferm. à midi, mar. et mi-nov.-fév.

CANÉE (LA) Chalkina €€

29-30 Akti Topazi, 73100

Les tables de la terrasse font face au quai, mais le restaurant aménagé dans une maison ancienne compte aussi deux belles salles. Les nombreux plats proposés sur la carte sont savoureux et les portions copieuses. Poulpe grillé ou foie au romarin, vous découvrirez ici la générosité de la cuisine grecque. Musiciens et chanteurs certains soirs.

CANÉE (LA) To Karnagio €€€

8 Katehaki, 73100 ***Tél.*** *28210 53366*

Cette taverne à l'ancienne sur le port sert toujours de bons poissons et des spécialités traditionnelles consistantes telles que moussaka, *pastítsio*, agneau grillé, porc, poulet et grandes salades à la feta. Le vin est tiré du fût. Parfait pour un repas substantiel à bon rapport qualité-prix. Ferm. nov.-avr.

CANÉE (LA) Ela €€€€

42 Kondylaki, 73100 ***Tél.*** *28210 74128*

Ela se trouve dans la cour pavée d'une demeure vénitienne joliment restaurée, au centre du vieux quartier de La Canée. La carte étendue propose les plats grecs habituels et quelques plats crétois authentiques, ainsi qu'une gamme de mets adaptés à la clientèle cosmopolite.

CANÉE (LA) Tamam €€€€€

49 Zambeliou, 73100 ***Tél.*** *28210 96080*

On sert ici un grand éventail de plats traditionnels grecs, crétois et influencés par la Méditerranée orientale. Avec son choix important de purées froides (*houmous*, *fáva*, *tzatzíki*) et de légumes cuits (beignets de courgettes, boulettes de pois chiches frites), c'est l'un des rares restaurants avec de bons plats végétariens en Crète.

ELOÚNTA Argo €€€€€

Eloúnta Gulf Villas, Eloúnta ***Tél.*** *28410 90300*

L'élégant restaurant du complexe haut de gamme Eloúnta Gulf Villas sert des plats d'exception inventifs, d'esprit très méditerranéen comme le risotto homard-langoustines. Il propose aussi des plats plus traditionnels comme les pâtes feuilletées à la viande et au yaourt. Service professionnel et bonne carte des vins. Ferm. nov-mars.

ELOÚNTA The Old Mill €€€€€

Eloúnta Mare Hotel ***Tél.*** *28410 41102*

Dans l'un des hôtels les plus prestigieux de l'île, ce restaurant est le plus luxueux de la Crète orientale. La carte marie le meilleur des saveurs grecques et des produits des îles avec la cuisine internationale. La longue carte des vins permet de goûter les meilleurs crus crétois et grecs. Réservation indispensable. Ferm. nov-mars.

HÉRAKLION O Kyriákos €

Leofóros Dimokratías 53 ***Tél.*** *28102 22464*

Dans ce restaurant à l'ancienne, le client est invité à choisir ses plats à la cuisine dans les marmites bouillantes et les récipients de verre remplis de poissons, légumes et viandes. Cette véritable institution sans prétention est fréquentée par une clientèle locale fidèle. Vin tiré du fût. Ferm. dim.

HÉRAKLION Loukoulos €€€€

Korai 5 ***Tél.*** *28102 24435*

Ce restaurant propose une carte essentiellement italienne dans un cadre haut de gamme – nappes en tissu blanc, chandelles le soir et salle décorée de gravures et peintures anciennes. Avec son excellente cuisine, Loukoulos est considéré depuis longtemps comme l'un des meilleurs restaurants de la ville.

IERÁPETRA Odeion €

Lasthenous 18 ***Tél.*** *28420 27429*

Cet élégant *mezedopoleío* et café-bar est logé dans une demeure néoclassique chic. La jeunesse locale et les estivants apprécient les cocktails, les bières importées et les vins locaux, ainsi que le bon choix de *mezédes* et de plats légers. Tables en salle et en terrasse. Ferm. à midi et dim. en hiver.

MARÁTHI Pandelis €€

Sur la plage de Maráthi ***Tél.*** *22470 32609*

Un couple gréco-australien tient cette taverne de plage toute simple, proche d'une petite crique de sable. On y déguste, à l'ombre, des plats imaginatifs tels que poulpe aux feuilles de câprier, chèvre à la broche et beignets de légumes. Quelques chambres simples à louer. Service tous les jours matin, midi et soir. Ferm. nov.-avr.

PALÉOCHORA Oriental Bay €€

Anatoliko Paralía ***Tél.*** *28230 41322*

Ce petit restaurant familial se trouve sous les palmiers de la longue plage de sable orientale de Paléochora. La carte offre un bon choix de plats crétois, de classiques grecs et internationaux, le tout à des prix abordables. C'est un endroit idéal pour déjeuner au bord de la mer. Choix de vins crétois et grecs. Ferm. oct.-avr.

RÉTHYMNON Kyria Maria €€

20 Moschovitou, 74100 ***Tél.*** *28310 29078*

Cette petite taverne colorée dans une ruelle étroite du vieux quartier de Réthymnon offre une carte limitée de plats crétois villageois et simples. Elle est très courue le soir (il faut arriver tôt pour avoir une table), mais plus calme au déjeuner. Service amical, bonne cuisine et excellent rapport qualité/prix. Ferm. nov.-mars.

RÉTHYMNON Taverna Goules €€

Rue principale, Goulediana ***Tél.*** *28310 41001*

Dans le village de Goulediana, à 12 km au sud de Réthymnon, cette taverne traditionnelle occupe un vieil immeuble en bois et sert une authentique cuisine crétoise. Les spécialités comprennent le porc rôti à la casserole avec du miel et du vin. Le chef utilise des produits locaux. Feu de cheminée en hiver. Ferm. lun.

RÉTHYMNON Avlí €€€

22 Xanthoudidou, 74100 ***Tél.*** *28310 26213*

Dans ce charmant restaurant, on dîne dans des salles voûtées ou dans la cour d'une vieille demeure. La carte se compose essentiellement de viandes grillées et rôties, et la longue carte des vins propose les meilleurs crus grecs. Service attentionné et salle immaculée.

RÉTHYMNON Veneto €€€€

Epimenidou 4 ***Tél.*** *28310 56634*

Le beau restaurant d'un très élégant hôtel-boutique est idéal pour déguster les meilleurs vins de Grèce et des plats élégamment préparés tels qu'agneau en feuilles de vigne, pâtes à l'encre de seiche, crevettes sauce safran et boulettes de viande épicées. Tables dans la cave voûtée et fraîche ou dans la cour. Ferm. nov.-avr.

SITEÍA Zorbas €€

Sur le port, Siteía ***Tél.*** *28430 22689*

Cette taverne de style traditionnel sur le front de mer vaut autant par son emplacement attrayant que par sa cuisine. Elle offre l'assortiment habituel de viandes et poissons grillés, moussaka au four, haricots et salades, mais aussi des plats plus chers comme le homard grillé, le poulpe et le *barboúnia* (rouget). Bon choix de vins locaux.

VAMOS Sterna tou Bloumofisi €€

Vamos ***Tél.*** *28250 22932*

Cette taverne authentique du XIXe siècle est sans doute le meilleur restaurant de Crète pour s'initier au véritable régime crétois avec des plats tels qu'escargots, julienne de fèves, artichauts sauvages, seiche au fenouil, coq au vin et lapin, chèvre et poulet au four. Sélection raffinée de vins locaux. Ferm. déc.-fév.

ATHÈNES

EKALI Wine Gallery €€€€€

Thisseos 103, 14565 ***Tél.*** *21062 60400*

La cuisine moderne d'influence française est le point fort de ce restaurant branché situé dans l'hôtel Life Gallery au cœur du quartier en vogue d'Ekali. Les plats qui changent avec les saisons s'accompagnent d'un excellent choix de vins grecs et étrangers. Ferm. dim. et lun. soir.

GAZI Brothel €€€€

Orpheos 33 et Dekeleon, 11853 ***Tél.*** *21034 70505*

Ce bar-restaurant à la mode de l'ancien quartier industriel très vivant de Gazi (usine à gaz) attire une foule animée de jeunes Athéniens. Le décor à base de rouge et de noir est plutôt gothique. L'endroit est assez bruyant et réservé à ceux qui aiment l'animation et la foule. Carte imaginative. Ferm. juin-août.

KIFISSIÁ Vardis €€€€€

Pendelikón Hotel, Diligianni 66, Kifissiá, 14562 ***Tél.*** *21062 30650*

Vous voudrez sans doute vous habiller pour dîner dans ce somptueux restaurant d'hôtel du quartier huppé de Kifissiá ; c'est l'un des rares titulaires grecs d'une étoile au *Guide Michelin*. La carte axée sur la cuisine française contemporaine avec une note grecque utilise les meilleurs ingrédients locaux. Ferm. à midi et dim.

KOLONÁKI Le Grand Balcon €€€€€

St George Lycabettus Hotel, 10675 ***Tél.*** *21072 90712*

Le bar-restaurant sur le toit de l'hôtel St-George-Lycabettus mérite une visite, ne serait-ce que pour la vue magnifique sur Athènes le soir. La cuisine est à la hauteur – plusieurs plats de viande ainsi que des spécialités végétariennes – et la carte des vins comporte les meilleurs crus produits par les vignobles grecs ces dernières années. Bons cocktails.

Catégories de prix *p. 330* **Légende des symboles,** *voir le rabat arrière de couverture*

LYCABETTE Orizontes Lykavittou €€€€€

Mont Lycabette, 10675 ***Tél.*** *21072 27065*

Cet excellent restaurant est fréquenté par une clientèle essentiellement athénienne qui vient déguster la cuisine moderne et les bons vins. Le service est attentionné (et polyglotte), et la cuisine est méditerranéenne. On jouit de vues magnifiques sur la ville depuis sa situation sur le mont Lycabette.

MAKRIGIANNI Strofi €€€€

25 Rovertou Galli, 11742 ***Tél.*** *21092 14130*

Ici la vue est exceptionnelle, surtout la nuit, car les tables donnent sur les colonnes de l'Acropole illuminée. Ce restaurant propose de bons plats grecs traditionnels et robustes, et le service est rapide. Réservation recommandée, notamment pour dîner en été. Ferm. à midi et dim.

MONASTIRÁKI Ydria €€€

Andriannoú 68, angle d'Aiólou, 10555 ***Tél.*** *21032 51619*

À deux pas de la tour des Vents, ce grand café est le meilleur des nombreux établissements de la place. Les tables en terrasse, à l'ombre des mûriers, sont très agréables. La carte propose un vaste choix de grillades mais ce sont les excellents cafés, pâtisseries et cocktails qui en font le rendez-vous favori des jeunes Athéniens.

MONASTIRÁKI To Koutí €€€€

Adrianou 23, 10555 ***Tél.*** *21032 13229*

À quelques pas du marché aux puces, To Koutí est parfait pour un repas, un en-cas ou un simple café. Installé en terrasse ou dans le beau bâtiment ancien aux murs patinés et aux tables en marbre, on y savoure de bonnes salades et viandes grillées dans une ambiance décontractée pendant la journée.

OMÓNOIA Intreal €€€

Panepistemiou 46, 10678 ***Tél.*** *21033 03000*

Dans un somptueux cadre Art déco, ce restaurant sert des classiques de la cuisine grecque et internationale tels que veau de lait aux aubergines, courgettes farcies et artichauts au citron. L'établissement est très prisé depuis qu'il a ouvert ses portes en 1922. Ferm. dim.

PANGRATI Spondi €€€€€

Pyrronos 5, 11638 ***Tél.*** *21075 64021*

Ce très élégant restaurant étoilé au *Guide Michelin* marie influences grecque et française dans une carte fusion renouvelée au moins deux fois par an et accompagnée d'une remarquable carte des vins. Tables à l'extérieur dans la cour pavée en été, ou à l'intérieur dans la cave voûtée et fraîche. Réservation recommandée. Ouv. le soir seul.

PLÁKA Paradosiako Oinomageirio €

44a, odos Voulis, 10557 ***Tél.*** *21032 14121*

Ce petit restaurant sans prétention qui dispose quelques tables sous les arcades (la salle, climatisée, est minuscule) sert une cuisine savoureuse à tout petits prix. Les brochettes, accompagnées de légumes, sont particulièrement bonnes. Large choix de *mezédes* également.

PLÁKA Scholarchio €

Tripodon 14, 10558 ***Tél.*** *21032 47605*

Cet *ouzerí-mezedopoleío* bon marché et gai sur deux niveaux se trouve dans une rue piétonne au pied de l'Acropole. Les plats sans chichis sont servis de manière traditionnelle : on fait son choix sur le plateau du serveur. On peut s'attabler dans la salle ou sur la terrasse ombragée qui jouit d'une belle vue.

PLÁKA Klimataria €€

Klepsydras 5, 10557 ***Tél.*** *21067 43695*

Toute proche de l'Acropole, cette taverne grecque rustique et accueillante propose, dans un cadre authentique des années 1960, des plats typiques tels que moussaka, *tzatziki* et viandes mijotées, ainsi que des pains faits maison. Guitariste et accordéoniste le week-end. Ne soyez pas étonné si votre voisin se met à chanter.

PLÁKA O Damigos €€

Kydathinaion 41, 10557 ***Tél.*** *21032 25084*

Institution à Pláka, ce vénérable restaurant en sous-sol, niché sous un bar, est connu pour son cabillaud aux frites à l'athénienne, servi avec *skordaliá* (ail pilé) et arrosé de retsina piquant en fût. Dans la salle, des piliers de pierre antiques soutiennent le plafond. Ferm. à midi.

PLÁKA Daphne's €€€€€

Lysikratous 4, 10557 ***Tél.*** *21032 27971*

Ce restaurant somptueux et chamarré, aux murs ornés de fresques colorées, a reçu une foule de célébrités, y compris des chefs d'État. On peut s'attabler dans l'une des salles ou dans la cour. Mieux vaut s'en tenir aux plats simples comme le poisson ou la viande grillés. Longue carte de vins grecs. Ferm. à midi.

THISEÍO To Stéki tou Ilía €€€

5, odos Eptahalkou, 11851 ***Tél.*** *21034 58052*

Les Grecs viennent en nombre dans cette taverne-*psistaria* pour savourer les côtelettes d'agneau (*païdakia*) vendues au kilo. L'ambiance est typiquement grecque ! Vous trouverez une succursale de l'établissement *odos* Thessalonokis (n° 7), dans le prolongement d'*odos* Eptahalkou. Ouv. le soir seul.

FAIRE DES ACHATS EN GRÈCE

Il est très agréable de faire son shopping dans les îles, surtout si vous achetez directement auprès des artisans. Ce sera souvent le cas dans les villages où l'artisanat local représente l'une des sources majeures de revenus. Au gré des ruelles, vous découvrirez des brodeuses et des dentellières sur le pas de leur porte ou des potiers dans leur échoppe. En dehors de ces souvenirs typiques, tout ou presque est importé.

Miel d'Eubée

Saladiers en bois d'olivier et autres souvenirs à Corfou

TVA ET ACHATS DÉTAXÉS

Presque toujours incluse dans le prix, la FPA *(Fóros Prostithéminés Axías)*, équivalent de la TVA, est d'environ 18 %. Lors de séjours inférieurs à trois mois, les voyageurs extérieurs à l'Union européenne peuvent récupérer le montant de cette taxe si leurs achats excèdent 117 €. Pour cela, ils doivent remplir un formulaire, dont un double sera remis aux autorités douanières au moment de leur départ (un reçu ou l'article peut être demandé comme preuve d'achat).

HEURES D'OUVERTURE

En règle générale, les magasins et les boutiques sont ouverts le lundi, le mercredi et le samedi de 9 h à 14 h 30, le mardi, le jeudi et le vendredi de 9 h à 14 h puis de 17 h à 20 h. En dehors des plus petits villages, il existe des supermarchés partout (ouverts de 8 h ou 9 h à 21 h ou 22 h, du lundi au samedi). Ils appartiennent souvent à une famille locale. Le shopping dominical est réservé aux grands centres touristiques. Enfin, les kiosques ouvrent de 7 h à 23 h ou minuit et vendent de tout, de l'aspirine aux glaces.

MARCHÉS

La plupart des villages ont leur marché hebdomadaire *(laïki agorá)*. Sur les étals colorés, les produits les plus frais et les moins chers se côtoient : fruits, légumes, herbes, poissons, viandes et volailles, mais aussi articles pour la maison, chaussures, sous-vêtements et tissus. Dans les grandes villes, les marchés se tiennent chaque jour dans un quartier différent. Ouverts tôt, ils ferment vers 13 h 30, juste à temps pour la sieste. Les prix sont souvent moins élevés que dans les supermarchés et le marchandage est courant, du moins pour les marchandises non périssables.

Panier d'herbes et d'épices sur un étal de marché à Héraklion, Crète

NOURRITURE ET BOISSONS

Épiceries et marchés regorgent de produits locaux délicieux : miel, pistaches, olives, herbes, épices, fromages, notamment la feta et le *manoúri* (fromage doux crétois). Les magasins de friandises et gâteaux *(zacharoplasteía)* offrent une variété infinie de biscuits et pâtisseries. Vous pourrez les déguster en goûtant les fameux vins et alcools grecs ; les plus réputés sont l'ouzo (anis blanc), le retsina (vin résiné), le brandy et le raki (alcool blanc crétois).

CORRESPONDANCES DES TAILLES

Robes, manteaux et jupes pour femmes							
Grèce	38	40	42	44	46	48	
France	38	40	42	44	46	48	
Canada	8	10	12	14	16	18	
Costumes, chemises et pull-overs pour hommes							
Grèce	44	46	48	50	52	54	56
France	44	46	48	50	52	54	56
Canada	34	36	38	40	42	44	46
Chaussures pour femmes							
Grèce	36	37	38	39	40	41	
France	36	37	38	39	40	41	
Canada	5	6	7	8	9	10	
Chaussures pour hommes							
Grèce	40	41	42	43	44	45	
France	40	41	42	43	44	45	
Canada	7 1/2	8	8 1/2	9 1/2	10 1/2	11 1/2	

Qu'acheter en Grèce

L'artisanat local est aussi séduisant que varié et offre une multitude de souvenirs authentiques. En dépit de leur coût élevé, il est facile de se laisser tenter par les reproductions de bijoux minoens en or ciselé, les poteries traditionnelles, les objets en bois ou les sandales faites main. La Crète, notamment la ville de La Canée *(p. 252-253)* avec son célèbre marché, est réputée pour ses cuirs et ses céramiques. Ces dernières sont également les spécialités de Lesbos et Sífnos. Dans les villages, broderies et tentures murales aux couleurs vives sont souvent exposées sur le pas des portes. Si vous aimez les tapis tissés à la main, comme les *flokáti* (en laine épaisse de mouton ou de chevreau), vous les trouverez plus facilement dans les régions montagneuses du continent que sur les îles. Ces produits artisanaux permettent aux familles de recueillir pendant l'été une grande partie de leur revenu annuel. Ce qui n'exclut pas le marchandage, surtout dans les villages.

Tapis d'Anógeia, en Crète

Les bijoux en or *se vendent principalement en ville, l'orfèvrerie chez les bijoutiers, les reproductions de modèles anciens dans les boutiques des musées.*

Achetez vos **icônes** *(petits portraits ou même tableaux plus importants) dans les monastères et dans les boutiques spécialisées. Certaines, parmi les plus belles et les plus chères, sont travaillées selon des techniques traditionnelles avec des matériaux anciens.*

Les ustensiles décorés *se trouvent dans les boutiques d'artisanat traditionnel. Généralement taillés dans du bois d'olivier, ils sont souvent ornés de figures, comme, ici, ces manches de cuillères.*

Le chapelet (kombolói), *devenu objet profane, s'achète aussi bien chez les bijoutiers que dans les boutiques de souvenirs.*

La vaisselle *se vend sur les marchés et dans les magasins spécialisés. Ce pot à café en cuivre* (bríki) *s'utilise pour préparer le café grec.*

Les articles en cuir *se trouvent partout ; sacs, sacs à dos ou sandales font des souvenirs aussi utiles que raisonnables.*

Les céramiques ornementales *sont de formes et de finitions variées. Les poteries, souvent simples, fonctionnelles et non émaillées, se trouvent notamment autour d'Athènes et dans les grandes villes des îles.*

SÉJOURS À THÈME ET ACTIVITÉS DE PLEIN AIR

De nombreux circuits, séjours et stages s'adressent aux amateurs de vacances à thème dans les îles Grecques. Vous pouvez visiter les sites archéologiques avec un universitaire comme guide, améliorer vos talents d'écrivain, peindre les paysages, étudier la langue grecque, la cuisine grecque ou les vins grecs, ou encore développer votre vie spirituelle. Les îles offrent une gamme étendue de randonnées pédestres et d'expéditions botaniques ou ornithologiques. Vous pouvez pratiquer toutes sortes de sports comme le golf, le tennis, le vélo, la marche à pied, le kayak et l'équitation. Si vous préférez vous faire dorloter ou vous régénérer, les stations thermales grecques égalent les meilleures d'Europe, et en Crète un hôtel naturiste permet même le bronzage intégral. Pour plus d'informations sur les sports nautiques, vous pouvez consulter les pages 348-349.

Un scooter à Rhodes

Le théâtre antique de Délos *(p. 218-219)*

CIRCUITS ARCHÉOLOGIQUES

Les passionnés d'histoire ancienne passeront dans les îles Grecques des vacances inoubliables. Ils pourront découvrir, sous la houlette d'archéologues chevronnés, des forteresses vénitiennes, des églises byzantines, des musées archéologiques, des grottes ou des monastères.

Clio organise des croisières ainsi que des séjours culturels et historiques accompagnés par des historiens, notamment en Crète, à Santorin et dans le Dodécanèse (Rhodes, Kos et Pátmos).

L'**association Athéna** est spécialisée dans les voyages culturels vers les pays méditerranéens et propose des voyages en Crète, dans le Dodécanèse et à Sámos, et dans les Cyclades. L'association organise des promenades botaniques et archéologiques en compagnie d'un archéologue et d'un botaniste qui mêlent leurs approches.

Nouvelles Frontières propose de nombreux circuits, notamment en Crète, dans les Cyclades (Mýkonos, Délos, Páros, Náxos) et à Santorin, à la découverte de vestiges archéologiques, des églises et des monastères byzantins.

Visite des grottes près de Psychró en Crète

SÉJOURS CRÉATIFS

Les paysages somptueux et la luminosité des îles sont une source d'inspiration pour les activités artistiques. Des stages de création littéraire, de dessin et de peinture sont organisés. Ces stages ne sont mis en place que par des organismes anglophones – ce qui pose moins de problèmes pour la peinture, le dessin ou le yoga. Le Skýros Centre *(p. 116)*, sur l'île de Skýros propose dans deux lieux différents – d'une part dans la ville principale et d'autre part dans le village reculé d'Atsítsa – des stages de développement personnel centrés sur l'écriture, la peinture ou encore le yoga. **AegeanScapes** organise des stages de peinture et de poterie *raku* sur les îles de Pátmos et de Páros.

COURS DE GREC

L'immersion est la façon la plus agréable et la plus efficace d'apprendre une langue. L'**association Athéna** organise un séminaire de langue pour apprendre le grec moderne à Alónnisos et à Páros (sur l'une des deux îles en alternance une année sur deux) qui permet de s'initier ou de se perfectionner dans la pratique du grec moderne. La compagnie grecque **Omilo**, à Athènes, organise des stages linguistiques d'une durée de 2 à 8 semaines.

CIRCUITS « NATURE »

Vu la beauté naturelle des îles Grecques, il est inutile d'être un passionné de botanique ou d'ornithologie pour apprécier le monde fascinant des fleurs sauvages et des oiseaux. Découvrez-les de préférence au printemps, époque de l'éclosion des fleurs, surtout dans les îles luxuriantes comme Corfou et la Crète, et du passage des oiseaux migrateurs qui font étape en Grèce pour se nourrir sur leur parcours entre l'Afrique et l'Europe. La **Société hellénique d'ornithologie** donne des renseignements sur les oiseaux sauvages et leur habitat, ainsi que sur les activités et manifestations qui leur sont liées.

Un caméléon qui vit surtout en Crète

Les agences **Destination Nature** et **Nature et Terroir** proposent toutes deux une découverte de l'île de Lesbos qui allie l'intérêt archéologique et l'intérêt naturaliste ; on y trouve une grande variété d'oiseaux méditerranéens. Une autre manière originale et écologique de découvrir la nature est de pratiquer l'agrotourisme. Pour connaître les hébergements qui respectent la charte de l'agrotourisme, adressez-vous à la société **Agrotouristiki**, basée à Athènes.

RANDONNÉES PÉDESTRES

Les collines des îles Grecques sont un paradis pour les randonneurs, en particulier de mars à juin., époque où les fleurs sauvages abondent. **Terres d'aventure** est un spécialiste du voyage à pied. Des séjours de marche sont organisés en Crète dans les gorges de Samariá, les montagnes Blanches et sur les côtes, ainsi que sur l'île de Kárpathos (entre

Des randonneurs gravissent le mont Ida dans le centre de la Crète

Rhodes et la Crète), et enfin dans les Cyclades à Andros, Tínos, Náxos et Amorgós. **Club Aventure** propose un séjour de randonnée dans les Cyclades, à Andros et Tínos et sur l'île volcanique de Santorin. D'autres spécialistes des randonnées comme **Allibert Trekking** ou **Nomade Aventure** proposent des marches en Crète, dans les Cyclades, à Kárpathos et à Santorin. Les formules proposées indiquent le niveau de difficulté des randonnées et la durée de marche dans la journée.

Visages est une agence moins connue qui propose également de nombreuses randonnées dans les îles Grecques : en Crète, à Andros, Náxos, Amorgós, Santorin et Kárpathos.

Les randonneurs indépendants pourront consulter le précieux guide *Dans les montagnes de Grèce : Grèce continentale, Crète, Îles, Péloponnèse* (Éd. Olizane).

À part celui de Corfou qui est excellent, les sentiers en Grèce ne sont pas aussi bien balisés que dans les autres pays d'Europe. Les panneaux sont souvent remplacés par une tache de peinture rouge sur les rochers et les murs, mais le résultat n'est pas toujours satisfaisant. En revanche, de nombreuses îles publient des brochures financées par les organismes locaux de randonnée qu'on peut acheter dans les magasins ou obtenir gratuitement.

CROISIÈRES ET DÉCOUVERTE DES ÎLES EN BATEAU

Le mariage de la beauté naturelle et d'une histoire fascinante fait des îles Grecques une destination idéale pour une croisière reposante et stimulante. Entre avril et octobre, le choix proposé est très vaste, de la croisière de luxe à la courte promenade en bateau, en passant par une plus longue croisière en voilier.

Odyssey Sailing Greece propose des programmes très variés, de la croisière économique au yacht de luxe avec équipage.

Si vous préférez les voiles au moteur, l'agence **Nouvelles Frontières** a ce qu'il vous faut : au départ de Rhodes un voilier vous emmenera à la découverte des îles du Dodécanèse.

Promenade en bateau dans le port de Mandráki, à Rhodes

L'agence grecque **Cohili Tours** propose dans son catalogue une multitude de croisières qui durent entre 3 et 15 jours. De plus, les hôtesses qui répondent au téléphone parlent français. Vous pouvez aussi découvrir les îles à bord d'un caïque à voile de la mer Égée. Il est possible de louer une cabine ou le caïque entier. Pour une découverte toute en lenteur au rythme lent de la navigation à voile, contactez **Alexandre et Mickael Matsakis**. De nombreuses promenades en bateau, moins longues, relient aux îles ou aux sites intéressants des alentours. Elles sont organisées localement.

Une autre source très utile de renseignements est l'**Union des armateurs de navigation côtière** (EEA). Installée au Pirée, elle pourra vous être extrêmement utile pour organiser vos croisières. Cet organisme est recommandé par l'office de tourisme grec à Paris.

VÉLO ET MOTO

Les cyclistes indépendants peuvent louer un vélo dans les stations balnéaires, où ils trouveront notamment les VTT les plus récents. Les plus petites stations ont des agences de location de motos, de scooters et parfois de cyclomoteurs. Vérifiez que l'agence arbore le sigle de l'EOT et que le véhicule est bien assuré.

La moto est un moyen de transport commode et économique, mais il est conseillé de l'utiliser avec précaution, surtout si vous n'y êtes pas habitué chez vous. Certains voyagistes la déconseillent. Dans les îles, les routes comportent souvent des passages rocailleux avec des nids-de-poule ou des gravillons inattendus qui font déraper motos et scooters. Les Grecs sont assez agressifs au volant, et ils ne tiennent pas toujours compte des motocyclistes plus viulnérables. Les accidents sont si courants que scooters ou motos se louent à ses propres risques et périls.

Comptoir des voyages organise pour les sportifs un circuit en Crète qui allie le VTT et le kayak ! L'agence vous propose de composer votre voyage sur mesure.

La **Fédération** pourra vous recommander des agences de location localement.

BALADES À CHEVAL

Randocheval organise des randonnées en Crète et propose deux formules : la randonnée guidée et la randonnée sans guide pour les cavaliers expérimentés. Le circuit compte 160 km et les cavaliers sont sur leur monture 5 ou 6 heures par jour. Il est donc indispensable d'être entraîné et en bonne condition physique.

GOLF ET TENNIS

Le **golf de Corfou**, l'un des meilleurs parcours d'Europe, dans la plaine de Rópa, accueille les vacanciers de passage.

Dans les îles, les parcours de golf sont rares, mais **Afandou Golf Course**, à Afántou (Rhodes), possède un parcours de 18 trous. On trouvera deux parcours en Crète : le **Crete Golf Club** à Hersónisos et le **Porto Eloúnda Golf Course** au sein du Porto Eloúnda Resort. Ne manquez pas de vous renseigner sur ces golfs et ceux du continent auprès de la **Fédération hellénique de golf**. Il est conseillé aux joueurs de tennis de séjourner dans les grands hôtels qui ont souvent leurs propres courts. Il existe des courts privés ou municipaux, mais ils ne sont pas très satisfaisants. L'hôtel **Porto Myrina Palace** à Lemnos a trois courts et deux moniteurs de tennis. La **Fédération grecque de tennis** vous indiquera les hôtels qui disposent de courts de tennis et d'instructeurs.

NATURISME

Si le bain de soleil dans le plus simple appareil n'est autorisé que sur les plages de nudistes, il se pratique en réalité sans problème dans toutes les îles, sur les plages peu courues, raisonnablement isolées, où l'on ne choque pas la population locale. L'hôtel **Vritomartis**, près de Sfakiá, sur la côte sud de la Crète, est le seul hôtel naturiste autorisé des îles Grecques. Ce charmant hôtel reçoit tous les visiteurs car le naturisme n'est pratiqué qu'à la piscine et sur la plage, et non dans les salons.

STATIONS THERMALES

En raison de leur activité volcanique, plusieurs îles grecques possèdent de nombreuses sources chaudes naturelles et les stations thermales (proposant hydrothérapie, physiothérapie et hydromassage) se sont multipliées.

Les principales, indiquées dans la brochure d'information éditée par l'**Office national hellénique du tourisme**, se trouvent à Kos et Nísyros (Dodécanèse), Icarie, Lesbos et Lemnos (îles du nord-est de la mer Égée), Zante (îles Ioniennes) et Kýthnos (Cyclades). Certains grands complexes hôteliers ont d'excellents thermes, surtout autour d'Eloúnta *(p. 278)* en Crète et dans les îles haut de gamme comme Mýkonos et Santorin.

NOURRITURE ET VINS

La nourriture grecque est riche en saveurs et la découvrir ne manque pas de charme. Elle fera aussi bien le bonheur des végétariens que celui des amateurs de viande.

L'agrotourisme permet de découvrir les produits du terroir et la cuisine traditionnelle. **Agrotouristiki** vous fournira la liste des hébergements d'agrotourisme. Au Moyen Âge, la Grèce produisait le meilleur vin d'Europe et, après une longue pause – car le vin grec était à peine buvable –, les viticulteurs redécouvrent aujourd'hui cet art. L'agence **Pam Tours** propose un circuit intitulé « Route des vins » que vous pouvez personnaliser.

ADRESSES

CIRCUITS ARCHÉOLOGIQUES

Association Athéna
274, rue de Créqui,
69007 Lyon.
Tél. *04 50 10 93 24.*
www.athenavoyages.com

Clio
27, rue du Hameau,
75015 Paris.
Tél. *0826 10 10 82 (de France),*
Tél. *00 30 153 68 48 43 (en Grèce).*
www.clio.fr

Nouvelles Frontières
Tél. *0825 000 747.*
www.nouvelles-frontieres.fr

SÉJOURS CRÉATIFS

AegeanScapes
Karali 79, Papagou,
15669 Athènes.
Tél. *00 30 210 64 10 972.*
www.aegeanscapes.com

COURS DE GREC

Association Athéna
(voir « Circuits archéologiques »)

Omilo
PO Box 61070,
15101 Maroussi, Athènes.
Tél. *00 30 210 61 22 896.*
www.omilo.com

CIRCUITS NATURE

Agrotouristiki
2, rue Nikis, Syntagma,
10563 Athènes.
Tél. *00 30 210 33 14 117.*

Destination Nature
10, passage Lambard,
76130 Mont-Saint-Aignan.
Tél. *02 35 88 44 36.*
www.destinationnature-gt.com

Nature et Terroir
Place Communale 20A,
B 6230 Pont-à-Celles,
Belgique.
Tél. *071 84 54 80 (en Belgique),*
Tél. *00 32 71 84 54 80 (hors Belgique).*
www.nature-terroir.com

Société hellénique d'ornithologie
Vasileos Irakleiou 24,
10682 Athènes.
Tél. *00 30 210 822 7937.*
www.ornithologiki.gr

RANDONNÉES PÉDESTRES

Allibert Trekking
37, bd Beaumarchais,
75003 Paris.
Tél. *01 44 59 35 35.*
www.allibert-trekking.com

Club Aventure
18, rue Séguier,
75006 Paris.
Tél. *0826 88 20 80.*
www.clubaventure.fr

Nomade Aventure
40, rue de la Montagne-Ste-Geneviève, 75005 Paris.
Tél. *0825 701 702.*
www.nomade-aventure.com

Terres d'aventure
30, rue St-Augustin,
75002 Paris.
Tél. *0825 700 825.*
www.terdav.com

Visages
Visages « Le Campana »
05600 Mont-Dauphin.
Tél. *04 92 45 18 05.*
www.visages-trekking.com

CROISIÈRES

Alexandre et Mickael Matsakis
Palaiou Patron Germanou,
13, 84100 Ermoupolis,
Syros.
Tél. *00 30 210 38 40 261*
www.voiliergrece.com

Cohili Tours
3, rue Nikitara,
10678 Athènes.
Tél. *00 30 210 38 40 261*
www.cohili.gr

Nouvelles Frontières
(Voir « Circuits archéologiques »).

Odyssey Sailing Greece
Antonopoulo 158D,
38221 Volós.
Tél. *00 30 242 10 36 676 ou 00 30 242 10 58 116.*
www.odysseysailing.gr

Union des armateurs de navigation côtière
Aristidou 5,
18531 Le Pirée.
Tél. *00 30 210 42 20 820.*

Union des armateurs de navigation à passagers
Aktimiaouli 87,
18538 Le Pirée.
Tél. *00 30 210 42 91062.*

VÉLO ET MOTO

Comptoir des voyages
2-6-8-10, rue Saint-Victor,
75005 Paris.
344, rue Saint-Jacques,
75005 Paris.
Tél. *0892 239 339.*
www.comptoir.fr

Fédération des propriétaires d'agences de location de voitures et de deux-roues
Miliara 12, 71201
Héraklion, Crète.
Tél. *00 30 2810 28 09 14.*

BALADES À CHEVAL

Randocheval
Absolu Voyages
2, place Charles-de-Gaulle,
38200 Vienne.
Tél. *04 37 02 20 00.*
www.randocheval.com

GOLF ET TENNIS

Afandou Golf Course
Afántou Bay, Rhodes.
Tél. *00 30 224 10 51 451.*
www.afandougolfcourse.com

Crete Golf Club
PO Box 106, 70014
Hersonissos, Crète.
Tél. *00 30 289 70 26 000.*
www.crete-golf.gr

Fédération grecque de tennis
Ymittou 267, Pangrati,
11631 Athènes.
www.efoa.org.gr

Fédération hellénique de golf
www.hgf.gr

Golf de Corfou
Ropa Valley, 49100
Corfou.
Tél. *00 30 266 10 94 220.*
www.corfugolfclub.com

Porto Eloúnda Resort
Eloúnda, Crète 72053.
Tél. *00 30 284 10 68 00.*
www.portoelounda.com

Porto Myrina Palace
Tél. *00 30 281 03 90 330.*
www.ellada.net/portomyr

NATURISME

Hôtel Vitromartis
Chora Sfakion,
73011 Crète.
Tél. *00 30 282 50 91 112.*
www.vritomartis.gr

STATIONS THERMALES

Office national hellénique du tourisme (ONTH)
3, av. de l'Opéra,
75001 Paris.
Tél. *01 42 60 65 75.*
www.grece.infotourisme.com

NOURRITURE ET VINS

Agrotouristiki
(Voir « Circuits nature »).

Pam Tours
52, 28 Oktovriou,
10682 Athènes.
Tél. *00 30 210 92 29294.*
www.pamtours.gr

PLAGES ET SPORTS NAUTIQUES

Avec ses centaines d'îles, ses eaux transparentes et l'incroyable variété de ses plages et de ses paysages littoraux, la Grèce est une destination privilégiée pour les amoureux de la mer. Si les plus courageux se baignent presque toute l'année, la meilleure saison se situe entre fin mai et début novembre. Les sportifs peuvent alors satisfaire tous leurs goûts, surtout dans les îles les plus touristiques où les prix de location de matériel sont raisonnables. Les adeptes du farniente peuvent partir tranquilles : les îles sont émaillées de dizaines de plages qui séduiront les plus exigeants.

Parasol de plage

Drapeaux d'un club de vacances flottant sur la Golden Beach à Páros

PLAGES

Entre les plages de sable ou de galets, les plages volcaniques et rocheuses, vous n'aurez que l'embarras du choix. Les plus belles étendues de sable se trouvent dans les Cyclades, les îles Ioniennes (surtout sur les côtes sud) et la Crète. Les îles du nord de la mer Égée, les Sporades et le Dodécanèse offrent des rivages de sable et de galets. Sur certaines petites îles, comme Chálki et Kastelórizo, ne cherchez pas les plages : il y en a peu ou pas du tout. En revanche, l'eau d'une pureté exceptionnelle est un véritable paradis pour les amateurs de plongée en apnée. Les plages arborant le drapeau bleu (récompense annuelle décernée par la Société hellénique pour la protection de la nature en accord avec l'Union européenne) garantissent une eau propre et pure (testée tous les quinze jours). Ce sont généralement les plus belles et les plus sûres, notamment pour les enfants, mais aussi les plus fréquentées. N'hésitez pas à essayer les plages recommandées dans les en-têtes de ce guide. Les plus proches des ports principaux sont parfois privées (appartenant à l'ONHT, *p. 347*) et payantes. En contrepartie, elles sont entretenues et possèdent des douches. Si la mode du monokini est répandue, le nudisme est interdit et réservé à certaines plages (si vous voulez passer outre, évitez d'être en vue d'une église).

Nageurs à Rhodes profitant des joies du plongeoir

Enfin, soyez prudent. Les eaux grecques sont souvent synonymes de « baignade sûre et agréable », mais, la surveillance étant quasi inexistante, il y a des accidents tous les ans, dus principalement aux courants, les jours de grand vent. Quant aux rencontres sous-marines indésirables, elles sont rares. Les requins et les pastenagues viennent rarement près des plages ; les oursins et les méduses peuvent être gênants mais pas dangereux.

SPORTS NAUTIQUES

La Grèce, pays maritime par excellence, permet de pratiquer une multitude de sports nautiques, dont la planche à voile devenue très populaire, notamment à Corfou, Leucade et Zante (îles Ioniennes), Lesbos et Sámos (îles du nord-est de la mer Égée), Kos (Dodécanèse), Náxos (Cyclades) et sur les côtes crétoises. Hormis le ski nautique (pour information, contactez la **Fédération hellénique de ski nautique**), vous pourrez pratiquer, moyennant des coûts plus élevés, le jet-ski et le parachutisme ascensionnel dans les stations balnéaires importantes. Des cours sont proposés sur la plupart des sites de location de matériel.

Cours de planche à voile dans les eaux côtières

Location d'équipements pour sports nautiques

PLONGÉE SOUS-MARINE

Vous découvrirez dans les eaux transparentes une vision merveilleuse du monde aquatique et, parfois, des vestiges archéologiques. Si la plongée en apnée *(p. 24-25)* peut se pratiquer le long de toutes les côtes, la plongée avec bouteilles est sévèrement contrôlée. L'ONHT publie la liste complète des sites autorisés, situés en Crète, à Rhodes, Kálymnos, Mýkonos et autour de la plupart des îles Ioniennes. Disponible dans ses bureaux, elle peut également s'obtenir par courrier auprès du **Département d'archéologie sous-marine** à Athènes. Où que vous plongiez, avec ou sans bouteilles, il est formellement interdit de prendre et de photographier des pièces archéologiques.

VOILE

Si vous désirez louer un voilier, les agences en Grèce et à l'étranger ne manquent pas. La meilleure saison se situe entre avril et fin octobre (parfois début novembre) et les itinéraires sont illimités. Généralement, plusieurs types de prestations sont offerts, allant de la location de bateaux sans skipper ni équipage, pour les marins expérimentés (contactez l'**Association hellénique des propriétaires de bateaux professionnels**), aux bateaux avec équipage, du plus modeste jusqu'au yacht. **Moorings** propose des locations de voiliers à partir de ses trois bases en Grèce. Vous pouvez aussi vous adresser à **Sunsail** ou contacter l'ONHT à Paris N'hésitez pas à contacter directement ces compagnies longtemps à l'avance. La revue *Bateaux* fournit également une documentation sur Internet.

Cours de navigation à voile

Navigation sur un yacht dans les eaux grecques

ADRESSES

ORGANISATIONS UTILES

Département d'archéologie sous-marine
Kallispéri 30,
11742 Athènes.
Tél. 210 924 7249.

Association hellénique des courtiers et conseillers en yachts
Marina Zeas
18536 Le Pirée.
Tél. 210 453 3134.

Association hellénique des propriétaires de bateaux professionnels
Marina Zeas
18536 Le Pirée.
Tél. 210 452 6335 / 428 0465.

Fédération hellénique de ski nautique
Leofóros Possidónos,
16777 Athènes.
Tél. 210 994 4334.

Fédération hellénique de yachting
Possidónos 51,
Le Pirée.
Tél. 210 940 4828.

AGENCES DE LOCATION DE BATEAUX

Variety Cruises
Papada 2 11525 Athènes.
Tél. 210 691 9191.
www.varietycruises.com

Moorings Distribution
74, rue de Lagny,
93107 Montreuil.
Tél. 01 41 58 67 70.
www.moorings.com

Revue *Bateaux*
www.bateauxonline.fr

Sunsail
www.sunsail.com

RENSEIGNEMENTS PRATIQUES

LES ÎLES GRECQUES MODE D'EMPLOI

Plaisir et culture sont les deux attraits de la Grèce. La beauté de ses paysages, son climat ensoleillé, ses mers chaudes et la décontraction de ses habitants font de ce pays une destination de vacances idéale. Si les prix ne sont plus aussi avantageux qu'autrefois, les transports, les locations de véhicules, la nourriture et l'hébergement demeurent toutefois peu onéreux. Distractions, transports et achats se révèlent également intéressants. Vous trouverez dans ce chapitre des informations pratiques destinées à vous faire profiter au mieux de votre séjour. Pour les compléter, il vous suffira de vous rendre sur place dans l'un des nombreux bureaux de l'Office national hellénique du tourisme *(p. 353-354)*.

Soldat en habit de cérémonie

QUAND VISITER LES ÎLES

La haute saison touristique, située entre fin juin et début septembre, est la période la plus chaude *(p. 51)*, la plus chère et la plus fréquentée. Évitez les mois de décembre à mars. Le temps y est froid et humide, les moyens de transport sont réduits et de nombreux hôtels et restaurants fermés. Pour vous rendre dans les îles, la meilleure période demeure le printemps, en particulier entre fin avril et fin mai. Cette époque peu touristique bénéficie d'un climat idéal, propice à la découverte d'une campagne resplendissante sur fond de fleurs sauvages et de végétation verdoyante.

QUE FAUT-IL EMPORTER

Bien que l'on puisse pratiquement tout acheter sur place, il est préférable d'emporter une bonne carte de l'île où vous comptez résider, un adaptateur pour appareil électrique *(p. 355)*, des lunettes de soleil, un chapeau, un produit anti-moustiques et une crème solaire haute protection.

La majeure partie de l'année, maillot de bain et vêtements légers vous suffiront, mais prévoyez un pull ou une veste pour les soirées – accessoire fort utile en mai et en octobre. Pour les séjours hivernaux et printaniers, imperméables et habits chauds sont indispensables. Enfin, de nombreux lieux de culte imposent des règles vestimentaires à respecter *(p. 355)*.

Signalisation pour le contrôle des passeports à l'aéroport d'Athènes

VISA

Pour les ressortissants de l'Union européenne (UE), une carte d'identité suffit (un passeport pour les Suisses). Aucun visa n'est requis pour un séjour inférieur à trois mois. Au-delà, demandez un permis de résident auprès du **Bureau de l'immigration** à Athènes ou dans les postes de police régionaux. Les visiteurs n'appartenant pas à l'UE et souhaitant résider en Grèce contacteront le consulat grec de leur ville afin d'obtenir un visa et un permis de travail.

DOUANES

Désormais, les ressortissants de l'UE n'ont plus à se plier aux contrôles douaniers et les limites d'achats hors taxes ont été assouplies (tout objet de valeur doit néanmoins être signalé). Les visiteurs n'appartenant pas à l'UE peuvent être sujets à un éventuel contrôle à leur arrivée en Grèce.

L'exportation non autorisée d'antiquités et d'œuvres d'art archéologiques est passible de poursuites, les peines encourues allant de l'amende lourde à la prison. Toute prescription de médicaments doit être accompagnée d'un double à l'attention des autorités douanières *(p. 357)*. Vous trouverez p. 358 les limitations concernant les sommes d'argent exportées et importées. Quant aux produits hors taxes, les quantités autorisées sont les suivantes pour les ressortissants et les non-ressortissants de l'UE : 200 cigarettes ou 100 cigarillos ou 50 cigares ou 250 g de tabac (à partir de 18 ans) ; 1 l d'alcool et 2 l de vins ou liqueurs (à partir de 18 ans) ; 50 g de parfum ou 250 ml d'eau de toilette.

Touristes sur une plage en plein été

◁ **Pêcheur à Skála Sykaminiás, Lesbos**

Arrivée familiale à l'aéroport d'Athènes

VOYAGER AVEC DES ENFANTS

La Grèce est une destination idéale pour les enfants qui y sont le plus souvent bien accueillis. Renseignez-vous lors de votre réservation d'hôtel : la plupart des établissements proposent un service de baby-sitting. Dans la plupart des transports, les enfants âgés de moins de huit ou dix ans bénéficient de réductions pouvant aller jusqu'à 50 %. La baignade est généralement sans danger, mais la surveillance des plages étant rare, restez vigilant. Enfin et surtout, méfiez-vous du soleil et de la déshydratation.

FEMMES VOYAGEANT SEULES

Pour les femmes seules, la Grèce est un pays à la fois sûr et accueillant. Elles seront d'autant plus respectées qu'elles adopteront une tenue correcte *(p. 355)*. L'auto-stop, comme partout, comporte des risques et n'est donc pas recommandé.

ÉTUDIANTS ET JEUNES

Ils ne bénéficient pas de réductions sur les ferrys, les bus et les trains, à moins de poursuivre leurs études en Grèce. Toutefois, il est souvent possible d'obtenir des baisses de tarif, en particulier en basse saison. Bien que la carte de membre de la **FUAJ** (Fédération unie des auberges de jeunesse) soit rarement demandée dans les hôtels, il est préférable de l'emporter. Beaucoup de musées nationaux et archéologiques sont gratuits pour les étudiants titulaires de la carte d'identité internationale d'étudiant (ISIC) en cours de validité. Les étudiants n'appartenant pas à l'UE et la possédant peuvent généralement bénéficier d'une réduction de 50 %. Des tarifs préférentiels sont parfois accordés aux moins de 26 ans. N'hésitez pas à les demander, car ils ne sont pas toujours indiqués. Pour cela, il est nécessaire d'avoir la carte Jeune, délivrée aux moins de 26 ans par l'USIT.

Carte internationale d'étudiant

ACCÈS AUX HANDICAPÉS

Il existe peu d'équipements spécialisés en Grèce ; aussi est-il préférable d'organiser son voyage. Les sites dotés d'un accès pour fauteuils roulants sont indiqués au début de chaque descriptif. Vous pouvez contacter l'**Association des Paralysés de France** *(p. 301)*, le **Comité national pour la réadaptation des handicapés** à Paris et des agences de voyages comme **Access Tourisme**.

Panneau désignant l'accès pour les fauteuils roulants à l'aéroport d'Athènes

ADRESSES

OFFICES DE TOURISME GREC

Office national hellénique du tourisme (ONHT)
www.gnto.gr

France
3, av. de l'Opéra, 75001 Paris
***Tél.** 01 42 60 65 75.*
www.grece.infotourisme.com

Athènes
Tsocha 24, Ambelokipi, 11521.
***Tél.** 210 870 7000.*

Belgique
Av. Louise-Louizalaan 172,
1050 Bruxelles.
***Tél.** 02 647 57 70.*
@ gnto@skynet.be

Canada
1500 Don Mills Rd, suite 102,
Toronto (Ontario) M3B-3K4.
***Tél.** (416) 968-2220.*
@ grnto.tor@on.aibn.com

Suisse
Löewenstrasse 25, CH 8001,
Zurich. ***Tél.** 01 221 0105.*
@ eot@bluewin.ch

ADRESSES UTILES

Bureau de l'immigration
Leofóros Alexándras 173, Athènes.
***Tél.** 210 647 6000.*

Comité national pour la réadaptation des handicapés
236 bis, rue de Tolbiac,
75013 Paris.
***Tél.** 01 53 80 66 85.*

FUAJ (Fédération unie des auberges de jeunesse)
27, rue Pajol, 75018 Paris.
***Tél.** 01 44 89 87 27.*
www.fuaj.org

APF (Association des paralysés de France)
17, bd Auguste-Blanqui,
75013 Paris.
***Tél.** 01 40 78 69 00.*
www.apf.asso.fr

Access Tourisme
8, rue Saint-Loup,
45130 Charsonville.
***Tél.** 02 38 74 28 40.*
www.access-tourisme.com

Ce qu'il faut savoir

L'emblème de EOT, l'Office de tourisme grec

Pour un séjour réussi dans les îles, adoptez la philosophie locale : *sigá, sigá,* qui signifie « doucement, doucement ». Point d'orgue de cette philosophie, le rituel de la sieste. Vous ne pourrez pas y échapper, surtout pendant les mois d'été caniculaires. Durant quelques heures la vie s'arrête, pour ne reprendre qu'en fin d'après-midi, lorsque l'air se rafraîchit enfin. Les magasins rouvrent alors leurs portes, les restaurants se remplissent et les Grecs s'adonnent à une coutume exquise : la *vólta,* promenade du soir sur le front de mer. Vous l'adopterez très vite.

INFORMATION TOURISTIQUE

Les îles possèdent de nombreux points d'information : les syndicats d'initiative et les bureaux de l'**ONHT** *(Ellinikós Organismós Tourismoú, p. 353),* présents dans la plupart des villes et des villages, les antennes de la police touristique *(p. 356)* et les agences de voyages privées. L'ONHT édite des cartes ainsi que des brochures et des dépliants offrant des informations sur les transports et le logement. Il faut être conscient que tout le contenu n'est pas parfaitement fiable et mis à jour.

HEURE LOCALE

La Grèce est en avance d'une heure sur la France, la Suisse ou la Belgique, et de sept heures sur le Canada (Québec et Montréal). La Grèce, qui fait partie de l'Union européenne, se plie aux changements d'heure communs à tous les pays de l'Union : le passage à l'heure d'hiver ou d'été se produit partout le même jour, évitant aux voyageurs toute erreur de correspondance.

HORAIRES D'OUVERTURE

En Grèce, les horaires d'ouverture peuvent varier selon le jour, la saison ou même le lieu. Il est donc

Ticket d'entrée pour un site archéologique

préférable de vérifier les heures indiquées dans ce guide auprès des syndicats d'initiative locaux. En outre, en raison du plan d'austérité du gouvernement grec, de nombreux employés de services publics culturels ont été licenciés – ce qui a des conséquences sur les jours et horaires d'ouverture des musées et sites.
En règle générale, les musées nationaux et les sites archéologiques sont ouverts de 8 h à 15 h (19 h, l'été, pour les plus importants) et leurs jours habituels de fermeture sont le lundi et les jours fériés *(voir p. 50)*. Attention ! les musées privés sont parfois fermés les jours de fêtes locales. Vous trouverez leurs dates dans la rubrique *Mode d'emploi* de chaque ville. Il arrive que les monastères et les couvents, ouverts du lever au coucher du soleil, respectent une pause au cours de l'après-midi. Enfin, en dehors des grands sites touristiques, la plupart des magasins et des bureaux ferment les jours fériés.
Les horaires d'ouverture des boutiques sont indiqués p. 342, ceux des pharmacies p. 357, des banques p. 358, des postes p. 361, et des bureaux de l'OTE (téléphone) p. 360.

PRIX D'ENTRÉE

Le prix d'entrée de la plupart des musées nationaux et des sites archéologiques oscille entre 1,5 et 6 €. Des réductions, allant de 25 % pour les ressortissants de l'Union européenne âgés de 60 ans et plus (sur présentation du passeport) à 50 % pour les étudiants n'appartenant pas à l'UE mais titulaires de la carte internationale d'étudiant *(p. 353),* y sont accordées. Notez que les musées et les sites archéologiques ouverts les jours fériés sont gratuits.

INFORMATIONS SUR LES MANIFESTATIONS CULTURELLES

Si vous lisez l'anglais, le journal grec *Athens News* (une page en français) et l'hebdomadaire *Greek Time* constituent une bonne source d'informations sur les diverses manifestations culturelles. *Greek Time* offre un descriptif des événements ayant lieu sur tout le territoire, ainsi que sur les spectacles présentant un intérêt particulier pour les enfants.
Sont disponibles *Time Out,* l'*Athenscope* et l'*Athenian* proposant une liste des festivals et des événements culturels *(p. 46-50)*. Toutefois, les bureaux de l'office de tourisme disposent de toutes les informations. L'une des distractions préférées des Grecs est le cinéma en plein air. Beaucoup de films sont en langue anglaise et sous-

Kiosque offrant un large choix de journaux et de périodiques

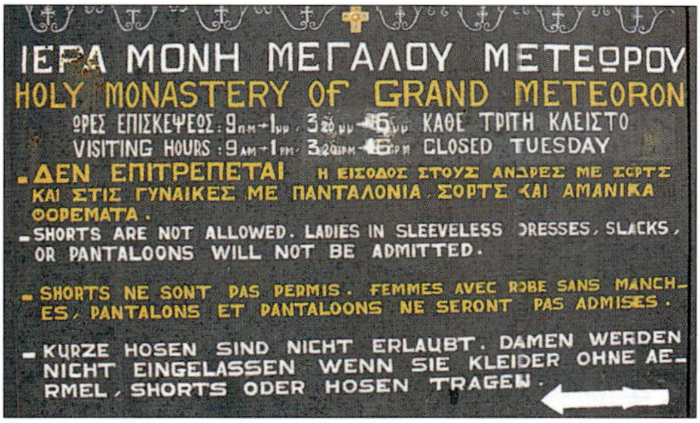

Panneau indiquant le code vestimentaire pour visiter un monastère

titrés en grec. Quant aux bars et aux discothèques, vous les trouverez surtout dans les stations balnéaires.

RELIGION

Les Grecs sont à plus de 95 % de confession orthodoxe. Les rites religieux, profondément ancrés dans la culture, sont visibles dans leur vie quotidienne, et les fêtes se célèbrent à travers tout le pays *(p. 50)*. La minorité religieuse la plus importante est constituée par les musulmans de Thrace, dans le Nord de la Grèce, mais elle représente à peine 2 % de la population locale. C'est à Athènes que se trouvent la plupart des lieux de culte des autres religions.

USAGES

Même si votre vocabulaire est limité *(p. 404-408)*, faites un effort pour communiquer dans la langue du pays. Les Grecs l'apprécieront. Comme ils apprécieront la courtoisie et le respect de leurs coutumes. Dans les églises et les monastères, adoptez une tenue décente : un pantalon pour les hommes et une jupe pas trop courte ou un pantalon pour les femmes. Sur les plages, la mode du monokini est passée dans les mœurs, mais le nudisme reste limité à certains sites (généralement signalés).

Enfin, il est d'usage de laisser un pourboire au restaurant (entre 10 et 15 % de la note) et dans les toilettes publiques, et d'en donner un aux chauffeurs de taxi, portiers d'hôtel et femmes de chambre, bien que ces derniers ne les réclament jamais.

PHOTOGRAPHIES ET FILMS

Un prêtre grec

Dans les musées, les lieux de culte et les sites archéologiques, il est préférable de demander au préalable l'autorisation de filmer et de photographier à la personne qui vend les billets. Il est officiellement interdit de prendre des photos à l'intérieur des églises ou des monastères. L'usage des appareils est en revanche la plupart du temps permis dans les musées (sans flash ni pied). Cependant une taxe peut être réclamée pour l'utilisation d'une caméra.

APPAREILS ÉLECTRIQUES

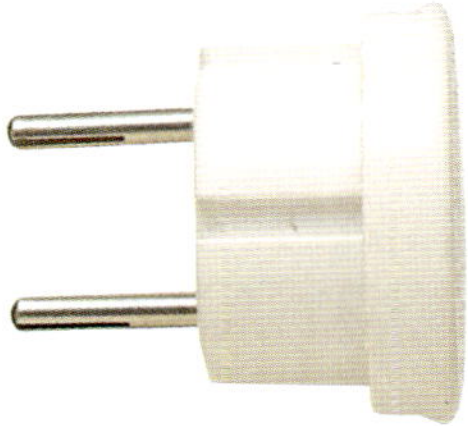

Prise à broche ronde standard, utilisée dans tout le pays

En Grèce, comme dans les autres pays européens, les prises sont alimentées en 220 volts. Elles acceptent des prises à deux broches rondes, trois pour les appareils nécessitant une prise de terre. Pour les appareils électriques à grosses fiches ou fiches plates, il est possible de se procurer des adaptateurs dans la plupart des supermarchés.

TOILETTES

Sur le continent aussi bien que dans les îles, il n'existe pas de toilettes publiques dans la rue, sauf dans certains ports et dans les marinas. Il faut alors entrer dans un café ou un restaurant et demander « *I toiletta parakalo ?* » (« Les toilettes s'il vous plaît ? »). À moins de tomber sur un serveur peu aimable, personne ne vous dira rien si vous utilisez les toilettes sans consommer. Il faut dire toutefois qu'elles sont bien souvent d'une propreté douteuse, surtout en fin de journée. Une fois sur deux, il n'y a pas d'abattant. La coutume de jeter le papier dans une corbeille en plastique persiste dans les tavernes et dans les petits cafés de village.

ADRESSES

AMBASSADES EN GRÈCE

France
7, odos Vassilissis Sofias, 10671 Athènes. ***Tél.*** *210 339 1000.*

Belgique
3, odos Sekeri, 10671 Athènes. ***Tél.*** *210 361 7887.*

Suisse
2, odos Iassiou, 11521 Athènes. ***Tél.*** 210 *723 0364.*

Canada
Gennadíou 4, 11521 Athènes. ***Tél.*** *210 727 3400.*

AMBASSADES ET CONSULATS

France
Consulat général de Grèce
23, rue Galilée, 75016 Paris. ***Tél.*** *01 47 23 72 23.*

Belgique
Ambassade de Grèce
Rue des Petits-Carmes 10, Bruxelles 1050. ***Tél.*** *02 545 5500.*

Santé et sécurité

Emblème des pompiers

L'afflux des touristes n'a pas altéré la tradition d'honnêteté ancestrale de la Grèce, qui demeure une destination sûre. Néanmoins, la crise créant des problèmes importants dans le pays, renseignez-vous avant de partir. Il est recommandé, comme pour tout séjour à l'étranger, de prendre une assurance, en particulier pour la route, qui constitue un danger majeur. La Grèce détient le taux d'accidents le plus élevé en Europe. Piétons comme conducteurs se doivent d'être vigilants.

SÉCURITÉ DES PERSONNES

Comparé à d'autres pays européens, le taux de criminalité en Grèce est très bas. Il est toutefois utile de prendre certaines précautions, comme de laisser vos voitures et vos chambres d'hôtel fermées, de surveiller vos sacs dans les lieux publics et de ne jamais garder tous vos papiers au même endroit. En cas de vol, contactez la police municipale ou la police touristique.

POLICE

La police grecque se divise en trois sections : municipale, portuaire et touristique. Cette dernière s'avère précieuse pour tous les vacanciers, ses agents alliant les fonctions de policier et de conseiller (notamment en matière de logement). En cas de vol ou de litige dans un magasin, un restaurant, avec un guide ou un chauffeur de taxi, adressez-vous directement à eux. La plupart parlent une langue étrangère, principalement l'anglais, et peuvent vous servir d'interprètes auprès des autorités locales. Cartes, brochures et dépliants touristiques sont disponibles dans leurs bureaux.

ASSISTANCE LÉGALE POUR TOURISTES

Créé par l'Association des consommateurs européens et la Commission européenne, l'**EKPIZO** est un programme destiné à informer les

Un policier donnant des indications à des visiteurs

touristes sur leurs droits. Son but consiste essentiellement à venir en aide à ceux qui sont confrontés à un problème dans un hôtel, un camping ou une agence de voyages, et si nécessaire à les mettre en relation avec des avocats parlant français, anglais ou allemand. Pour obtenir leurs numéros de téléphone dans les îles, contactez l'antenne athénienne.

SOINS MÉDICAUX ET ASSURANCES

Les ressortissants de l'Union européenne peuvent se procurer une carte européenne d'assurance-maladie auprès de leur caisse d'assurance-maladie (en France), valable un an. Chez le médecin, le pharmacien et dans les hôpitaux du service public, présentez votre carte et vos frais médicaux seront pris en charge dans les mêmes conditions que pour les assurés du pays qui vous accueille. Pour vous couvrir contre la perte ou le vol de vos biens personnels, il est conseillé de contracter une assurance particulière. Lisez attentivement vos polices d'assurance ; certaines activités à risques telles que la moto ou le trekking, le rapatriement et les ambulances ne sont pas forcément pris en charge. Sachez qu'en payant un billet d'avion avec la carte Visa ou American Express, vous bénéficierez d'une assistance médicale avec rapatriement et d'une assurance donnant droit à un remboursement de ce billet en cas de faillite de l'agence.

QUELQUES PRÉCAUTIONS

Il est utile de prendre certaines précautions simples, surtout si vous partez au plus fort de l'été. Pour commencer, évitez les trop longues expositions au soleil. Chapeau, lunettes et crème solaire haute protection sont indispensables. Une insolation représentant un risque réel, il est impératif de consulter un médecin dès les premiers symptômes. Les coups de chaleur et la déshydratation, qu'aggrave la consommation d'alcool, sont également à prendre au sérieux. Buvez beaucoup d'eau, même si vous n'avez pas soif, et, en cas de doute, prenez des cachets de potassium, sel et glucose.

Agent de police du port

Uniforme de la police municipale

Ambulance avec le numéro d'urgence inscrit sur sa portière

Véhicule de pompiers

Voiture de police

Si vous suivez un traitement, prévoyez une réserve de médicaments, ainsi qu'un double de l'ordonnance comportant leurs noms génériques. Elle vous sera utile non seulement pour vous en procurer de nouveaux, mais aussi pour le passage de la douane. Sachez que la codéine, un calmant communément utilisé, est interdite en Grèce. Si l'eau du robinet est le plus souvent potable, ne la buvez pas inconsidérément, surtout dans les endroits perdus. Des bouteilles d'eau minérale sont en vente pratiquement partout. Évitez également de vous baigner trop tôt après le repas, surtout s'il a été copieux, et méfiez-vous des vives, des méduses et des oursins. Ces derniers, fréquents, occasionnent des piqûres douloureuses. Retirez l'épine avec de l'huile d'olive et une aiguille stérilisée. Il existe de nombreuses crèmes pour soulager les brûlures de méduses, mais si vous vous trouvez loin de toute pharmacie, utilisez du vinaigre ou du bicarbonate de soude. Dernier conseil : si vous vous faites piquer par une vive (plus rare), plongez la blessure dans de l'eau très chaude. Celle-ci diminue la puissance du poison et atténue la douleur. Enfin, une bonne crème répulsive vous protégera efficacement contre les piqûres de moustiques. Aucun vaccin n'est exigé, mais une injection de DT Polio peut être recommandée.

PHARMACIES

Les pharmaciens grecs sont compétents. Ils peuvent vous donner des conseils pour soulager des maux mineurs et prescrire des médicaments s'ils l'estiment nécessaire. Vous reconnaîtrez les officines (*farmakeía*) à leurs croix rouges ou vertes sur fond blanc. Ouvertes de 8 h 30 à 14 h, elles sont généralement fermées l'après-midi et le samedi matin. Dans les grandes villes, un système de rotation garantit un service permanent de 7 h 30 à 14 h, puis de 17 h 30 à 22 h. Les horaires sont affichés sur les vitrines en grec et en anglais.

Enseigne de pharmacie

SERVICES D'URGENCE

En cas d'accident ou de toute autre urgence médicale, appelez les numéros indiqués ci-dessous. Si la ville d'Athènes dispose d'un service d'ambulances fonctionnant 24 h sur 24, il en est rarement de même dans les îles. Les cas nécessitant des soins importants sont généralement transportés de l'ESY local (Service de santé national grec) vers un hôpital d'Athènes par ambulance, ferry ou hélicoptère. Une liste complète des hôpitaux de l'ESY, des hôpitaux et des cliniques privés est disponible auprès des bureaux de la police touristique.

NUMÉROS NATIONAUX

NUMÉROS D'URGENCE

Police
***Tél.** 100.*

Ambulance
***Tél.** 166.*

Pompiers
***Tél.** 199.*

Assistance routière
***Tél.** 10400.*

Garde-côtes
***Tél.** 108.*

Numéros à Athènes

Police touristique
***Tél.** 171.*

Médecins
***Tél.** 1016.*

Pharmacies
Pour obtenir les numéros des pharmacies ouvertes 24 h sur 24 : 14944.

Centre antipoison
***Tél.** 01 779 3777.*

BUREAU DE L'EKPIZO

Antenne athénienne
Valtetsíou 43-45, 10681 Athènes.
***Tél.** 210 330 4444.*
***Fax** 210 330 0591.*

Banques et monnaie

La Grèce a adopté l'euro qui a remplacé la drachme depuis 2002. Il faut savoir qu'assez peu de restaurants acceptent les cartes de crédit. C'est également le cas pour un certain nombre d'hôtels. Il vaut donc mieux toujours avoir de l'argent liquide sur soi. Il est d'ailleurs à noter qu'il y a de plus en plus de distributeurs automatiques dans les villes de taille moyenne, les stations balnéaires et dans les centres touristiques des îles Grecques. À Athènes, vous en trouverez bien sûr très facilement.

HEURES D'OUVERTURE

Ouvertes de 8 h à 14 h du lundi au jeudi et de 8 h à 13 h 30 le vendredi, les banques ferment les jours fériés *(p. 50)* et parfois les jours de fêtes locales. Dans les grandes villes et les centres touristiques, pendant la haute saison, il est fréquent qu'une agence rouvre son bureau de change quelques heures dans la soirée et le samedi matin. Si vous souhaitez retirer de l'argent, les distributeurs fonctionnent 24 h sur 24, mais ils sont rares en dehors des villes et des stations balnéaires.

BANQUES ET BUREAUX DE CHANGE

Il existe des banques dans toutes les grandes villes et les lieux touristiques. Les principales banques pratiquant le change sont la Banque nationale de Grèce, la Banque commerciale de la Grèce et la Banque ionienne. Cependant, il est également possible de changer son argent dans les postes, les agences de voyages et de location de voitures, les hôtels et les offices de tourisme. Ces deux derniers s'octroyant de confortables pourcentages, mieux vaut les éviter.

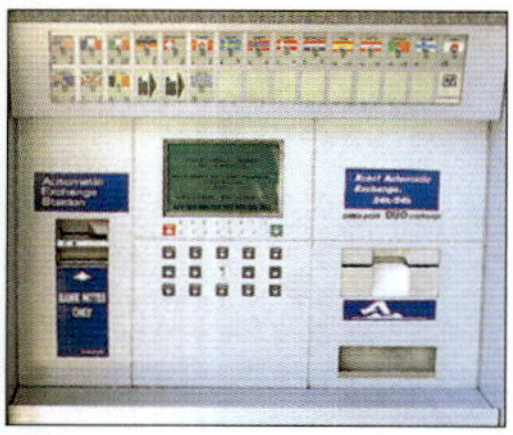

Changeur automatique

Pour changer des chèques de voyage, n'oubliez pas votre passeport et surveillez les taux et les commissions, extrêmement variables. Dans les grandes villes, enfin, les changeurs automatiques (opérant en plusieurs langues) vous permettent de changer votre argent de jour comme de nuit.

CARTES DE CRÉDIT, CHÈQUES DE VOYAGE ET EUROCHÈQUES

Les cartes **Visa**, **Mastercard** (Access), **American Express** et **Diner's Club** sont acceptées couramment en Grèce. C'est le moyen le plus simple de régler les billets d'avion et de ferry, les locations de voiture, les hôtels et les achats. Les tavernes, boutiques et hôtels bon marché les refusent systématiquement. Dans certaines banques, vous pourrez retirer de l'argent avec une carte bancaire pour un montant minimum de 44 €. Pour les voyageurs français et belges, le retrait à un distributeur dans la zone euro est généralement gratuit. Il est cependant toujours possible que votre banque facture l'opération, exactement comme en France, si le distributeur n'est pas affilié au même réseau.

Si vous désirez emporter de fortes sommes d'argent, préférez les chèques de voyage, remboursables en cas de perte et de vol. Ceux qu'émettent **American Express** et **Travelex** sont parmi les plus connus ; deux commissions sont prélevées : la première (1 à 1,5 %) à l'achat, la seconde au moment du

Touristes changeant de l'argent dans un bureau de change

change. Comparez les taux, qui varient considérablement d'un endroit à l'autre. Dernier avantage : il est possible de les changer dans n'importe quel bureau de poste.

Les Eurochèques, disponibles uniquement pour les détenteurs de compte dans une banque européenne, peuvent être retirés sous forme de carnet et sont utilisables, sans commission, dans les banques et les postes, ainsi que dans de nombreux hôtels, magasins et agences de voyages. Une petite commission et une autre de 2 % par chèque sont prélevées directement sur le compte bancaire.

NUMÉROS UTILES

En cas de perte ou de vol de carte bancaire :

Visa
Tél. *00 800 11 638 0304.)*

Diner's Club
Tél. *00 33 1 49 06 17 76.*

Mastercard
Tél. *00 800 11 887 0303.*
(PCV accepté).

American Express
Tél. *00 33 1 47 77 72 00*
(PCV accepté

En cas de perte de chèques de voyage

American Express
Tél. *00 800 44 127 569.*

Travelex
Tél. *00 800 44 127 569.*
(PCV accepté).

L'EURO

Dix-sept États membres de l'UE ont remplacé leur monnaie par la monnaie unique européenne, l'euro. Ce sont l'Allemagne, l'Autriche, la Belgique, Chypre, l'Espagne, l'Estonie, la Finlande, la France, la Grèce, l'Irlande, l'Italie, le Luxembourg, Malte, les Pays-Bas, le Portugal, la Slovaquie et la Slovénie. La Grande-Bretagne, le Danemark et la Suède ont préféré la conserver, avec la possibilité de revenir sur leur décision. Dans la plupart de ces pays, l'euro a été introduit dès le 1er janvier 1999 avec une période de transition. Pour sa part, la Grèce l'a adopté le 1er janvier 2000. En Grèce, les pièces et les billets en euros ont été mis en circulation le 1er janvier 2002 et la drachme a été retirée fin mars 2002.

Les billets

Les billets existent en sept coupures. Le billet de 5 € (de couleur grise) est le plus petit, suivi de ceux de 10 € (rouge), 20 € (bleu), 50 € (orange), 100 € (vert), 200 € (brun-jaune) et 500 € (violet). Tous les billets arborent les douze étoiles de l'Union européenne.

5 euros

10 euros

20 euros

50 euros

100 euros

200 euros

500 euros

2 euros

1 euro

50 cents

20 cents

10 cents

Les pièces

Il existe huit pièces en euros et en cents : 1 € et 2 €, 50 cents, 20 cents, 10 cents, 5 cents, 2 cents et 1 cent. Les pièces de 1 et de 2 € sont de couleur argent et or. Le revers des pièces est le même dans tous les pays de la zone euro, leur face est différente dans chaque État.

5 cents

2 cents

1 cent

Les communications

Logo des postes

En Grèce, le téléphone est géré par la compagnie nationale OTE *(Organisamós Tilepikoinonión Eplládos)*. Les communications sont bonnes et les téléphones publics nombreux. Si les communications locales sont bon marché, les tarifs des appels pour l'étranger figurent parmi les plus hauts d'Europe. Le réseau de téléphonie mobile est excellent même dans les lieux les plus reculés. La poste est généralement efficace et il est devenu facile d'envoyer et de recevoir des télécopies. Parmi l'abondante presse nationale – les Grecs en sont friands –, vous pourrez trouver des journaux et des magazines en français.

TÉLÉPHONES ET TÉLÉCOPIES

Vous trouverez des téléphones publics un peu partout : halls d'hôtels, kiosques, cabines et bureaux de l'OTE. Pour un appel longue distance, préférez une cabine (des cartes de 100, 500 et 1 000 unités sont en vente dans tous les kiosques) ou un téléphone à compteur d'un bureau de l'OTE (vous pourrez également y passer des appels en PCV).
Ces bureaux sont ouverts tous les jours de 7 h à 15 h dans les villages, 22 h ou minuit dans les grandes villes. Les prix des communications sont variables : les appels locaux sont généralement bon marché, les appels intérieurs chers et les appels internationaux hors de prix (appelez l'opérateur pour connaître les possibilités de réduction). Le plus simple est encore de se procurer la carte France Telecom qui permet de téléphoner, d'une cabine ou de chez un particulier, dans le monde entier.
Il suffit de composer le numéro France Direct et un interlocuteur français établit votre communication dont le montant est ensuite débité sur votre compte téléphonique. La filière normale pour envoyer et recevoir des télécopies (facile mais onéreux) consiste à passer par les hôtels, les bureaux de l'OTE, la poste ou les agences de voyages et de location de voitures ; le meilleur moyen (et le plus économique) étant de sympathiser avec les représentants de ces dernières. Enfin, les appels mer/terre et terre/mer peuvent se faire par l'INMARSAT ; pour plus d'information, composez le 158, en Grèce.

ACCÈS INTERNET

Téléphone public

La plupart des grands hôtels proposent un accès Internet à leurs clients et certains d'entre eux l'accès Wi-Fi. Toutes les stations balnéaires des îles comptent des cybercafés. Il vous en coûtera entre 3 et 6 € pour une heure. Quelques agences de voyages mettent Internet à votre disposition pour une somme modique.

RADIO ET TÉLÉVISION

Avec trois stations d'État et une multitude de stations locales, les ondes sont surchargées et la réception en subit parfois les conséquences. Pour les amateurs de musique classique, ETA 3, l'une des trois stations d'État, émet sur 95.6 FM. Des flashs d'information sont diffusés quotidiennement en français, anglais et allemand. Il est possible de capter Radio France internationale sur les ondes courtes (la fréquence varie). La télévision grecque compte deux chaînes d'État et plusieurs chaînes privées, qui diffusent principalement des feuilletons (pour la plupart

Carte téléphonique grecque

MODE D'EMPLOI D'UN TÉLÉPHONE À CARTE

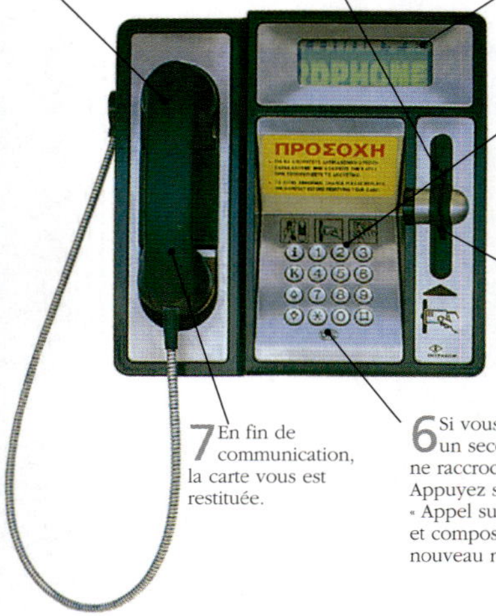

La traditionnelle boîte aux lettres jaune vif

américains), des émissions sportives, des jeux et des films (les films étrangers sont nombreux et généralement sous-titrés). Pour qui sait l'anglais, ET1, l'une des deux chaînes d'État, diffuse un flash d'information tous les matins à 6 heures et CNN un programme continu d'informations. Parmi les chaînes étrangères transmises par câble ou satellite, TV5 Europe propose tous les soirs le *Journal* de France 2, à 22 heures, et TV Junior des dessins animés.

JOURNAUX ET MAGAZINES

Vous trouverez des journaux en langue française dans les *períptera* (« kiosques »), notamment ceux des places Syntágma et Omonoía à Athènes, et dans les librairies françaises. Dans les stations balnéaires, essayez les boutiques pour touristes. Mis en vente en moyenne 48 heures après leur parution, les journaux et magazines étrangers sont évidemment chers. À Athènes, parmi les journaux publiés en langue anglaise, l'*Athens News,* qui paraît le lundi, a une page en français. Le mensuel *Athenian,* également disponible dans la plupart des sites touristiques, est une excellente source d'informations sur les événements culturels locaux, les festivals et les nouvelles, aussi bien nationales qu'internationales.
Les journaux grecs les plus populaires sont *Eleftherotypía, Eléftheros Týpos, Kathemeriní* et *Ta Nea.*

POSTE

Les bureaux de poste *(tachydromeía)* ouvrent généralement de 7 h 30 à 14 h du lundi au vendredi et ferment les week-ends et les jours fériés *(p. 50).* Dans les grandes villes, les plus importants assurent fréquemment un service jusqu'à 20 heures et parfois quelques heures le week-end.

Sur les boîtes aux lettres, la fente « *Esoterikó* » est destinée au courrier intérieur, la fente « *Exoterikó* », au courrier pour l'étranger. Utilisez les boîtes jaune vif pour le courrier normal, les rouges pour le courrier express. Ce dernier mode d'acheminement, plus onéreux, est aussi nettement plus rapide. Si vous achetez vos timbres *(grammatósima)* dans un kiosque, ils vous coûteront 10 % de plus qu'à la poste. Généralement, une lettre par avion postée dans les îles à destination d'un pays européen met entre trois et six jours. Pour l'Amérique du Nord, comptez entre cinq jours et une bonne semaine. Pour les cartes postales, prévoyez deux jours supplémentaires.

La poste restante est une pratique courante. Faites envoyer votre courrier avec la mention « Poste Restante », suivie du nom de la ville et de votre nom, bien lisible et souligné. Lorsque vous irez récupérer vos lettres (qui sont gardées un mois avant d'être renvoyées à l'expéditeur), n'oubliez pas votre passeport ou votre carte d'identité. Enfin, évitez de fermer les paquets à destination des pays non membres de l'UE avant de vous rendre à la poste : ils seraient ouverts pour contrôle pour des raisons de sécurité.

Journaux accrochés à un fil dans un kiosque de rue

TÉLÉPHONES

Appels interurbains
Tél. *129 (renseignements pour les appels locaux).*
Tél. *11888 (renseignements pour les appels nationaux).*

Appels internationaux
Tél. *139 (opérateur et renseignements téléphoniques).*

Appels internationaux depuis Grèce
Composez le 00 (ou + sur un portable), puis le code du pays (une liste est indiquée ci-dessous), suivi de l'indicatif régional (sans le 0) et du numéro de votre correspondant :

France *33.* **Canada** *1.*
Belgique *32.* **Suisse** *41.*

Appels internationaux de l'étranger vers la Grèce
Composez le code international (une liste est indiquée ci-dessous) et le code de la Grèce (30), suivi de l'indicatif régional et du numéro de votre correspondant :

France *00.* **Canada** *011.*
Belgique *00.* **Suisse** *00.*

ALLER EN GRÈCE

Le soleil et la chaleur font de la Grèce une destination de villégiature particulièrement recherchée. Pendant les plus beaux mois, qui sont aussi les plus chauds (de mai à octobre), les avions déversent les touristes par milliers. D'autres, moins pressés, arrivent par la route ou le train, avant de poursuivre leur chemin vers les îles en bateau. S'il existe des aéroports sur les plus importantes, le ferry reste le meilleur moyen de rejoindre les sites les plus éloignés. De nombreux villages au sein des îles sont desservis par un service de bus de bonne qualité. Toutefois, louer une voiture ou une moto permet de découvrir des lieux inaccessibles en transports en commun tout en offrant une plus grande mobilité. Les routes étant souvent difficiles voire dangereuses *(p. 370)*, mieux vaut être prudent. Reste enfin la solution de circuler en taxi. Ils sont nombreux et bon marché. Beaucoup d'îles ont d'ailleurs créé des services de bateaux-taxis efficaces à destination des touristes et proposant de multiples arrêts le long des côtes.

Un avion commercial d'Olympic Air

LA GRÈCE EN AVION

Les principales compagnies desservant directement Athènes au départ de la France par des vols réguliers sont **Air France**, **KLM** et **Lufthansa**. **Aegean Airlines** assure des liaisons au départ d'Athènes vers les îles (Chíos, Corfou, Kos, Mýkonos, Lesbos, Sámos, Rhodes et Santorin). **Olympic Air** est la compagnie grecque principale. Il existe une vingtaine d'aéroports internationaux accueillant des vols en provenance des grandes villes européennes. Seuls les aéroports d'Athènes et de Thessalonique, sur le continent, et ceux de Crète, Rhodes et Corfou, dans les îles, reçoivent à la fois des vols charters et des vols réguliers ; les autres aéroports internationaux sont uniquement desservis par des charters. L'aéroport d'Athènes est Elefthérios-Venizélos, qui gère tous les vols. Il existe des vols directs sur toutes les grandes compagnies européennes : **Brussels Airlines**, **Swiss**. Mais seules quelques compagnies proposent des vols directs depuis le continent nord-américain (**Olympic Air** depuis Montréal). **Voyages-sncf.com** propose ses meilleurs prix sur les billets d'avion, hôtels, locations de voitures, séjours clé en main ou Alacarte®. Vous avez également accès à des services exclusifs : l'envoi gratuit des billets à domicile, Alerte Résa qui signale l'ouverture des réservations, le calendrier des meilleurs prix, les offres de dernière minute et promotions.

Touristes avec leurs achats hors taxes

Bureau d'enregistrement au nouvel aéroport Elefthérios-Venizélos

Nouvel aéroport international à Athènes

CHARTERS ET LOW-COSTS

Les charters ou low-costs pour la Grèce fonctionnent principalement entre mai et octobre, et les vols pour Athènes sont très nombreux. **EasyJet** dessert ainsi la capitale grecque depuis Orly tous les jours. En juillet et en août, certaines liaisons sont directes pour les grandes îles. La filiale low-cost d'Air France **Transavia** dessert par exemple Mýkonos, Santorin, Héraklion et La Canée (Crète) ainsi que Chíos depuis Orly. Les tarifs des compagnies low-costs sont très compétitifs mais présentent des inconvénients : il est difficile voire impossible de modifier la date de son

Agence de réservations à Athènes

départ ou le nom du passager ou alors les frais de modification sont très élevés. Le prix du billet n'inclut souvent aucun service et les suppléments sont nombreux, pour les bagages notamment, dont le poids est en outre très limité. Le mieux est d'utiliser un comparateur de vols sur Internet.

HEURES DE VOL

Il faut compter environ trois heures si vous venez de Paris et Berlin, trois heures et demi de Bruxelles ou d'Amsterdam, un peu plus de quatre heures de Madrid et un peu moins de deux heures de Rome. Un vol direct Montréal-Athènes dure environ dix heures, douze heures si vous avez un changement.

Portes d'embarquement

TARIFS AÉRIENS

Les prix les plus élevés se pratiquent entre juin et septembre. Si les vols charters paraissent les plus avantageux, sachez que les compagnies régulières proposent aussi des prix très attractifs pour de longs séjours ou durant la basse saison en réservant à l'avance. Prendre un billet en APEX (à l'avance et avec certaines restrictions telles que le temps de séjour limité) revient moins cher qu'un billet normal mais plus cher qu'une promotion. Pour des billets de dernière minute (souvent les plus compétitifs), consultez la presse et les sites Internet. Any Way possède également une formule de dernière minute. Quelle que soit la compagnie avec laquelle vous voyagez, assurez-vous qu'elle possède une licence IATA. Celle-ci garantit le rapatriement en cas de faillite de la compagnie pendant votre séjour ainsi qu'une compensation financière. Les vols intérieurs sont soumis à des taxes d'aéroport *(p. 364)*.

AÉROPORT D'ATHÈNES

Projet d'infrastructure le plus prestigieux du millénaire naissant, l'aéroport d'Athènes a ouvert ses portes en 2001. Situé à Spáta, à 27 km au nord-est du centre-ville, il gère tous les vols, cargos et passagers. Il est doté de deux terrains d'atterrissage fonctionnant simultanément 24 h sur 24, et un terminal unique regroupe les halls d'arrivée et de départ, le premier au rez-de-chaussée (niveau 1), le second à l'étage (niveau 2). Un bâtiment satellite plus petit est relié en sous-sol par des tapis roulants. Le tout est conçu pour réduire le temps de correspondance entre deux vols réguliers à 45 minutes. Le bâtiment principal est doté d'une galerie marchande ultramoderne, de restaurants et de cafés, et le complexe de l'aéroport comprend un hôtel 4-étoiles, ainsi que des services de location automobile, des banques, bureaux de change et agences de voyages situés à proximité du hall d'arrivée.

TRANSPORTS DEPUIS L'AÉROPORT D'ATHÈNES

Une autoroute à six voies relie l'aéroport au périphérique de la capitale. De l'aéroport, le bus E95 (départs toutes les 15 minutes) rejoint la Plateía Syntágmatos, au centre-ville,

L'ultramoderne aéroport d'Athènes Elefthérios-Venizélos

en à peu près une heure ; le E96 (départs toutes les 20 minutes) rallie Le Pirée en 1 h 40 environ. Le ticket valable pour ces deux destinations coûte à peu près 3 €. C'est en réalité une carte d'une journée qui peut aussi servir pour se déplacer en ville *(p. 295)*. Le taxi entre l'aéroport et le centre-ville coûte environ 35 €. Le métro d'Athènes et le réseau principal de chemins de fer ont été prolongés depuis les JO de 2004.

Un avion navette inter-îles d'Olympic Aviation

Le nouvel aéroport d'Athènes, en bleu et blanc, les couleurs nationales

CORRESPONDANCES AÉRIENNES EN GRÈCE

Athènes concentre la majorité des vols internationaux et la plupart des correspondances intérieures. Ces deux types de trafics circulent à partir du terminal principal de l'aéroport d'Elefthérios-Venizélos. Thessalonique gère des vols réguliers, mais seulement européens. Les autres aéroports internationaux du pays n'accueillent que les vols charters, pour la plupart en provenance ou à destination de l'Europe.

VOLS INTÉRIEURS

Olympic Air dessert une vingtaine d'îles en vol direct depuis Athènes, une dizaine depuis Thessalonique. **Aegean Airways** relie quant à elle une dizaine d'îles à la capitale, comme Corfou, Santorin ou Kos.

Les vols intérieurs reviennent environ deux fois plus chers que leurs équivalents en ferry (classe « touriste »). Et il faut absolument réserver assez à l'avance si vous voyagez durant l'été.

Pendant la haute saison, il existe des vols inter-îles (certains sont maintenus à l'année), comme entre Rhodes et Mýkonos ou entre Santorin et Héraklion en Crète par exemple, ainsi que le proposent Olympic Air et Aegean Airways. La compagnie **Sky Express** relie de très nombreuses îles entre elles, comme Lesbos à Chíos, Icarie à Lemnos, Corfou à d'autres îles Ioniennes et à la Crète, etc.

Vous acquitterez une petite taxe d'aéroport sur les vols domestiques de 62 à 466 miles aériens, et le double pour les vols internationaux (au-delà de 466 miles).

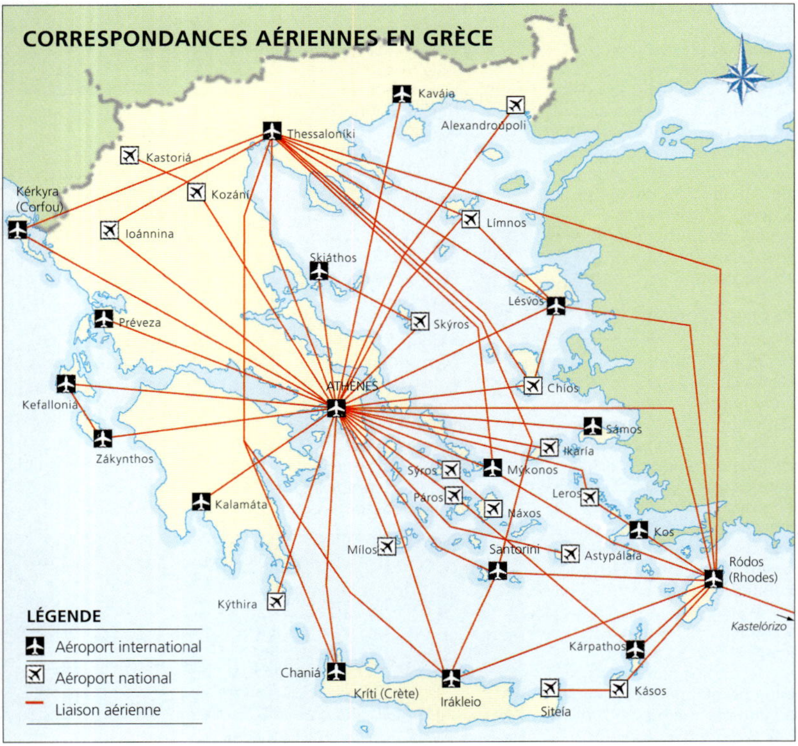

ÎLE	DISTANCE	TEMPS DE VOL	ÎLE	DISTANCE	TEMPS DE VOL
Corfou	381 km	40 min	Crète (La Canée)	318 km	45 min
Rhodes	426 km	45 min	Santorin	228 km	40 min
Skýros	128 km	40 min	Kos	324 km	45 min
Skiáthos	135 km	30 min	Mýkonos	153 km	30 min
Lemnos	252 km	45 min	Páros	157 km	35 min

ADRESSES

AÉROPORT D'ATHÈNES

Elefthérios-Venizélos – Aéroport international d'Athènes
à 5 km Spáta-Loutsa Av., 10904 Spáta.
Tél. *210 353 0000.*
Fax *210 353 0001.*
www.aia.gr

OLYMPIC AIR

www.olympicair.com

France
Tél. *01 74 37 14 60.*

Belgique
Tél. *271 204 92.*

Canada
Tél. *(416) 964 27 20.*

Suisse
Tél. *022 319 64 70.*

Arrivées et départs
Tél. *210 353 0000.*
1440.
Tel *801 11 44444*
(réservations).

Bureau d'Athènes
Syngroú 96, 11741 Athènes.
Tél. *210 926 9111.*

Bureau de Crète
Plateía Eleftherías, Héraklion.
Tél. *2810 288073.*

Bureau de Rhodes
Tél. *22410 24571-5.*

Bureau de Thessalonique
Kountouriótou 3.
Tél. *2310 368 311.*

AUTRES COMPAGNIES

Aegean Airways
Pas d'agence en France.
Viltanioti 31, 14564 Athènes.
Tél. *210 626 1700 (depuis l'étranger) ; 801 112 0000 (en Grèce).*
www.aegeanair.com

Air France
Tél. *36 54.*
www.airfrance.com
Megalou Alexandrou 7, 16451 Argyropoli.
Tél. *210 997 0700.*

Air Canada
Syngroú 5, 11741 Athènes.
Tél. *210 900 6081.*
www.aircanada.ca

Brussels Airlines
Tél. *0892 64 00 30.*
www.brusselsairlines.com
Aéroport Elefthérios Venizélos
Tél. *2103 5303 76*

Delta Airlines
Tél. *01 48 62 04 71.*
www.delta.com

EasyJet
Tél. *0826 103 320.*
www.easyjet.com

KLM
Tél. *0892 702 608.*
www.klm.com

Lufthansa
Tél. *01 74 25 23 23.*
www.lufthansa.com
10 odos Ziridi, 15124 Maroussi.
Tél. *210 617 5200.*

Swiss
Aéroport Elefthérios-Venizélos.
Tél. *2103 530382*
www.swiss.com

Transavia
Tél. *0892 05 88 88*
www.transavia.com

COMPAGNIES POUR LES VOLS INTÉRIEURS

Voir Olympic Air et Aegean Airways

Sky Express
Tél. *281 022 3800.*
www.skyexpress.gr

Interjet
(pour des vols en hélicoptère par exemple)
40,2 km Attiki Odos, 19002 Peania.
Tél. *212 212 3535.*
www.interjet.gr

AGENCES DE VOYAGES À ATHÈNES

Blue Star Ferries
123-125 Syngroú Av., Athènes.
Tél. *210 891 9800.*

Dolphin Hellas Travel
Syngroú 16, 11742 Athènes.
Tél. *210 922 7772/3.*
www.dolphin-hellas.gr

Ginis Vacances
3e étage, Ermoú 23-25, 10563 Athènes.
Tél. *210 325 0401.*

Oxygen Travel
Eslin 4, Athènes.
Tél. *210 641 0881.*
info@oxygentravel.gr

Profil Voyages
36 odos Mitropoleos 10563 Athènes.
Tél. *210 3239482.*
www.profilvoyages.gr

ORGANISMES DE VOYAGES

Voir aussi p. 347 et p. 349.

Comptoir de la Grèce
10, rue Saint-Victor, 75005 Paris
43, rue Peyrolières, 31000 Toulouse
Tél. *0892 230 467.*
www.comptoir.fr

Héliades
9, rue de l'Échelle, 75001 Paris
53, av. Jean-Laurès, 69007 Lyon
10, rue de l'Arche-Sèche, 44000 Nantes
3, rue Baour Lormian, 31000 Toulouse
Tél. *0892 23 15 23.*
www.héliades.fr

Voyager en bateau

Avec ses centaines d'îles et ses milliers de kilomètres de côtes, la Grèce est depuis toujours une nation de marins. La mer, qui n'a jamais cessé de jouer un rôle primordial dans son histoire, est devenue l'une de ses principales sources de revenus. Chaque année, des milliers de visiteurs choisissent ses îles comme lieu de villégiature. Les nombreuses lignes de ferrys, qui constituent un lien vital pour les insulaires, permettent de rejoindre toutes les destinations de façon agréable.

ARRIVER EN GRÈCE EN BATEAU

Il n'existe pas de ferry au départ de la France pour la Grèce. Il faut d'abord rejoindre la côte orientale de l'Italie. Plusieurs compagnies relient à l'année les ports italiens de Venise, d'Ancône, de Bari et de Brindisi aux ports grecs d'Igoumenítsa (Épire) et de Pátra (Péloponnèse). Certaines compagnies de ferrys d'arrêtent aussi à Corfou et Céphalonie. La durée des traversées et les tarifs varient considérablement selon la saison, le lieu d'embarquement, la compagnie et le type de billet. Par exemple, le trajet entre Ancône et Patras prend environ 21 heures.

Des réductions sont accordées aux étudiants, aux jeunes de moins de 26 ans et parfois aux familles.

Il est impératif de réserver si vous effectuez la traversée avec votre voiture et mieux vaut s'y prendre bien à l'avance si vous voyagez en haute saison ; munissez-vous de la carte grise du véhicule. Vous trouverez p. 369 les adresses et les numéros de téléphone d'agences de réservations fiables, Navifrance et Euromer.

Un ferry quittant le port du Mandráki, à Nísyros

FERRYS

À la suite du naufrage d'un ferry en septembre 2000, où plus de 80 passagers se sont noyés au large de Páros, le gouvernement a renforcé les contrôles pour garantir la sécurité et restaurer la confiance dans les compagnies grecques.

Les petits ports assurent un service limité : vérifiez bien les horaires et la destination du ferry de votre choix. Les grands ports gèrent une multiplicité de lignes, notamment celui d'Athènes (Le Pirée), qui regroupe les bateaux en partance pour toutes les îles.

Le cœur de son activité se situe Plateía Karaïskáki (avec la plupart des agences maritimes et la police du port). Les bateaux appartenant à des compagnies différentes, personne ne vous renseignera sur son concurrent. À vous de vous débrouiller.

Pour connaître les horaires, qui changent parfois à la dernière minute, rendez-vous dans les agences représentant les compagnies. Les bateaux sont regroupés dans le port selon leur destination, mais, en période d'affluence, ils accostent là où un quai se libère. Si vous êtes perdu, il vaut mieux consulter le tableau d'information de chaque agence ou faire un tour à la capitainerie *(limenarcheío)*.

Dans ce guide, les itinéraires sont fournis à titre indicatif pour la haute saison (entre juin et août). En basse saison, les liaisons sont réduites, voire suspendues. Renseignez-vous sur place juste avant le départ dans les offices de tourisme, les agences de voyages locales et l'hebdomadaire *Greek Times*. Vous pouvez aussi aller sur le site www.gtp.gr pour avoir des informations. Sachez enfin qu'il existe, en complément du réseau de ferrys, des hydroglisseurs, des catamarans et des caïques. Pour plus de précision sur ces modes de transport, reportez-vous aux pages 368-369.

BILLETS DE FERRY

Vous pouvez les acheter dans les bureaux des compagnies ou les agences de voyages. Les prix sont soumis au contrôle du ministère des Transports, à l'exception des tarifs de première classe.

L'attente des motocyclistes à l'embarquement au Pirée

Un bateau de croisière naviguant vers le port de Zante

C'est pourquoi vous trouverez les mêmes tarifs appliqués sur toutes les lignes quelle que soit la compagnie choisie. L'été, il est essentiel de réserver à l'avance pour le passage d'un véhicule. Prévoir un supplément pour les voitures (équivalent à quatre fois le montant du billet « passager ») et les motos. Les enfants de moins de deux ans ne paient pas ; de deux à neuf ans ils bénéficient de 50 % de réduction. À partir de dix ans, les enfants paient le tarif « adulte ». Sur les itinéraires principaux, il existe trois classes de réservation allant de la classe « touriste » (troisième classe) à la première classe (aussi chère que l'avion). Les cabines de première classe comportent deux lits, un hublot et des sanitaires privés. Un billet de deuxième classe revient 25 % moins cher et donne droit à une cabine pour trois ou quatre personnes avec un lavabo. Les cabines de deuxième classe sont situées à l'intérieur du bateau. Elles sont donc généralement sans hublot. Un billet de troisième classe offre l'accès à tout le bateau, notamment à un salon avec sièges inclinables, où l'on peut dormir.

LES COMPAGNIES DE FERRYS

Leur emblème, peint de couleurs vives sur les cheminées des navires, est un excellent guide pour les voyageurs à la recherche de leur bateau. En effet, au Pirée, les ferries s'amarrent là où il y a de la place et, même durant la haute saison, il n'y a jamais plus de deux ou trois bateaux de la même compagnie à quai. Trouver l'emblème est donc le meilleur moyen de trouver son ferry.

Ventouris Sea Lines

ANEK Lines

G.A. Ferries

Minoan Lines

NEL Lines

PLAN DU PIRÉE

Sur ce plan du port principal sont indiqués les quais et les destinations.

Autorités portuaires du Pirée
Tél. *14541.*
Horaires des services côtiers
Tél. *14541.*

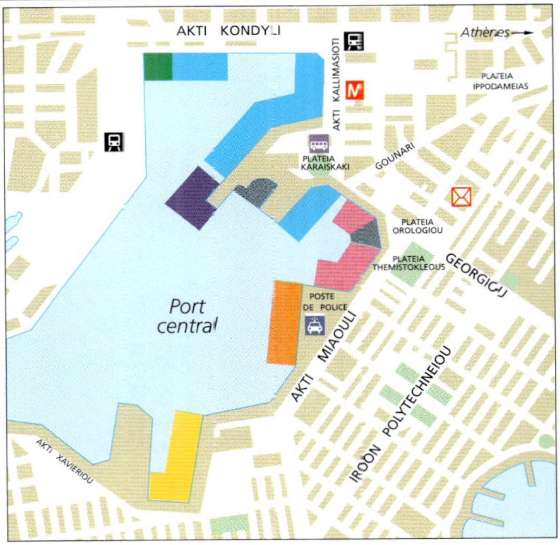

POINT DE DÉPART

- Les îles Argo-Saroniques
- Les îles du NE de la mer Égée
- Le Dodécanèse
- Les Cyclades
- La Crète
- Ferrys internationaux
- Hydroglisseurs et catamarans

Symboles, voir le rabat arrière

Un hydroglisseur, connu sous le nom de « Flying Dolphin »

HYDROGLISSEURS ET CATAMARANS

Une soixantaine d'hydroglisseurs relient le continent aux îles. Les compagnies les plus importantes sont **Hellenic Seaways** et **Blue Star Ferries**, bien qu'il y ait de nombreuses autres compagnies plus petites qui gèrent les « Flying Dolphins » comme on les appelle là-bas. Deux fois plus rapides que les ferrys, les hydroglisseurs sont aussi deux fois plus chers. Ne fonctionnant pour la plupart qu'à la haute saison, ils restent fréquemment à quai si les conditions climatiques sont mauvaises. Ils peuvent embarquer jusqu'à 140 passagers (sans voiture ni moto). Les billets s'achètent dans les agences de voyages ou les bureaux des compagnies, rarement sur les bateaux eux-mêmes. Leurs itinéraires suivent les côtes du continent et du Péloponnèse ; il existe également des liaisons pour les îles Argo-Saroniques, Eubée, les Sporades et certaines îles des Cyclades, ainsi qu'entre Rhodes (Dodécanèse) et Sámos (au sud des îles du nord-est de la mer Égée).

Catamaran

L'été, il vaut mieux réserver longtemps à l'avance. Les catamarans, plus récents, offrent un bon confort (sièges, bar et télévision). Ce sont les mieux conçus pour les personnes handicapées. Ils desservent les îles Ioniennes et les îles d'Andros, Tínos et Mýkonos (depuis le port de Rafína, non loin d'Athènes).

Les prix sont les mêmes que pour les hydroglisseurs, et les billets s'achètent dans les agences, si possible plusieurs jours avant le départ. Les dernières places disponibles peuvent s'acheter à bord. De nombreux sites Internet permettent l'achat de billets en ligne, comme Hellenic Seaways.

Panneau indicateur

EXCURSIONS

La plupart des stations balnéaires organisent des excursions en bateau. Pour une journée ou quelques heures, vous pourrez découvrir des plages tranquilles, visiter des grottes ou pique-niquer. Les itinéraires et les horaires dépendant très fréquemment des conditions locales, renseignez-vous (et réservez) sur place dans les offices de tourisme et les agences de voyages.

Des passagers sur un ferry

Un caïque dans les îles Argo-Saroniques

FERRYS INTER-ÎLES

L'été, en complément des ferrys naviguant sur les axes principaux, il existe une multitude de ferrys locaux assurant les liaisons inter-îles – ce qui permet d'éviter les détours par les ports principaux. Consultez les liaisons et les horaires sur www.gtp.gr et sur www.aferry.fr

Un bateau-taxi, côtes de Spétses

BATEAUX-TAXIS

Les bateaux-taxis, ou caïques, sont le moyen le plus pratique de caboter le long des côtes et de naviguer entre deux îles proches. Fonctionnant uniquement pendant la haute saison, ils dépendent, comme tous les petits bateaux, des conditions climatiques. Souvent plus chers que les ferrys (étant donné les courtes distances qu'ils couvrent), ils permettent en revanche de se rendre là où personne ne va. Les itinéraires sont à la discrétion de leurs propriétaires. Pour les rencontrer, rendez-vous directement sur les quais !

ADRESSES

AGENCES DE VOYAGES EN FRANCE

Navifrance
4, rue de Clichy, 75009 Paris.
Tél. *01 42 80 94 87.*
www.navifrance.net.

Euromer
5-7, quai des Sauvages, 34000 Montpellier.
Tél. *04 67 65 95 14.*
www.euromer.com

HYDROGLISSEURS ET CATAMARANS EN GRÈCE

Blue Star Ferries
123-125 Syngroú, Athènes.
Tél. *210 891 9800.*
www.bluestarferries.com

Agoudimos Lines
www.agoudimoslines.com

Hellenic Seaways
6 Astiggos, place Karaiskaki, Le Pirée. ***Tél.*** *210 4199000.*
www.hellenicseaways.gr

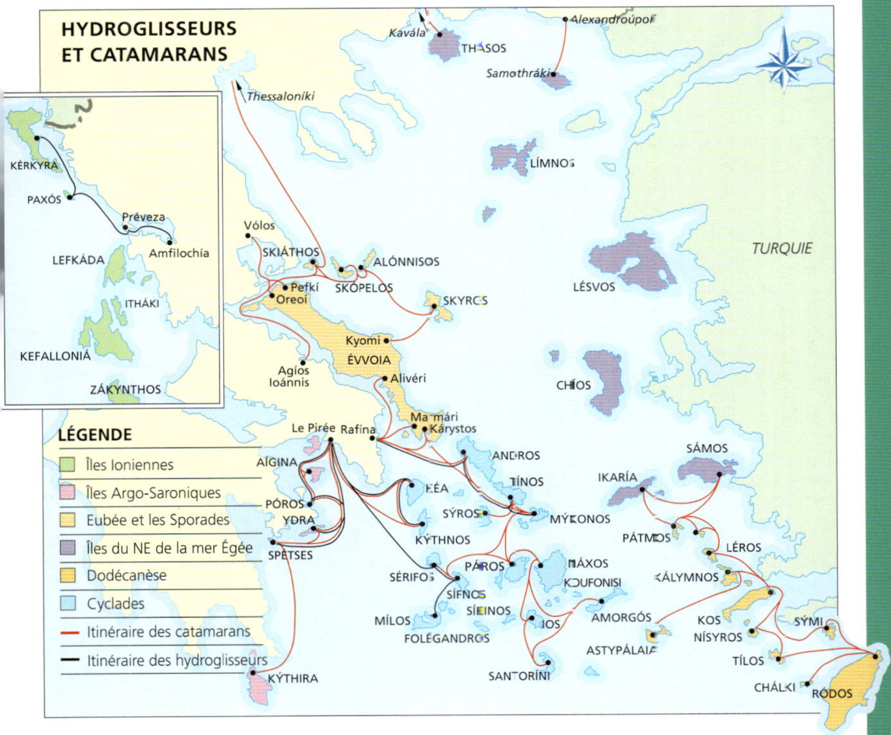

Voyager en voiture ou en train

Dans les îles, l'état des routes s'est beaucoup amélioré, même si certains axes, notamment dans les contrées les plus éloignées, restent d'accès difficile, à tel point que l'usage d'un véhicule à quatre roues motrices peut parfois s'avérer indispensable. La plupart du temps, il est facile de louer voitures et motos, mais, si vous préférez vous en passer, le réseau de cars est étendu et les taxis sont nombreux.

Vous avez la priorité

Vous êtes sur une voie prioritaire

Interdiction de klaxonner

Traversée d'animaux

Virage dangereux

Rond-point

SE RENDRE EN GRÈCE EN VOITURE

La route la plus directe passe par l'ex-Yougoslavie mais le voyage dure deux jours. L'autre possibilité consiste à se rendre en Italie et, de là, à embarquer sur un ferry à destination de la Grèce. Des associations telles que l'**ELPA** (l'Automobile et Touring-Club de Grèce) fournissent des conseils sur les routes. N'oubliez pas d'emporter la carte verte d'assurance internationale, les papiers du véhicule et… votre permis de conduire.

CODE DE LA ROUTE

Les Grecs conduisent à droite et, à l'exception de certaines routes communales, la signalisation est conforme aux normes européennes. Sur les nationales, la vitesse est limitée à 120 km/h, sur les routes de campagne à 90 km/h et dans les villes à 50 km/h. Le port de la ceinture est obligatoire, et les enfants de moins de dix ans ne peuvent pas s'asseoir à l'avant.

LOCATION DE VOITURES

Les agences de location proposent un éventail de véhicules allant des plus petites voitures aux minibus. Les concurrentes locales des compagnies internationales (comme **Budget** et **Avis**) sont le plus souvent tout aussi fiables et beaucoup moins chères. Seule l'assurance au tiers est obligatoire, mais il est recommandé de la compléter par une assurance individuelle accident. Vous devez être titulaire du permis de conduire depuis un an et avoir au moins 21 ans (25 ans dans certaines régions).

MOTOS, SCOOTERS ET BICYCLETTES

Dans les îles, motos et scooters se louent très facilement. Pour les petites distances et les terrains plats, le scooter est idéal, mais, en montagne, préférez la moto ! Assurez-vous avant de quitter l'agence que le véhicule est en bon état et que le prix de la location inclut une assurance (vérifiez que la vôtre couvre les accidents de moto). Sur les nationales, la vitesse est limitée à 70 km/h jusqu'à 100 cm³, 90 km/h au-delà. Le port du casque est obligatoire. Dans certaines stations balnéaires, il est possible de louer des bicyclettes, mais armez-vous de courage : les pentes sont raides et le soleil implacable. Un bon point : le transport gratuit des vélos dans les bus et les ferrys. À noter : les cartes routières étant peu fiables, il vous est conseillé d'emporter les vôtres.

Panneau de signalisation en deux langues

STATIONS-SERVICE

Nombreuses en ville, plus rares à la campagne (prévoyez un jerrycan), elles ouvrent le plus souvent sept jours sur sept et de 7 h ou 8 h à 19 h, voire 22 h. Le carburant est vendu au litre. Le super, le sans-plomb et le diesel sont disponibles presque partout.

Panneau indicateur

Bicyclettes à louer sur la plage de Kos

Des passagers à bord d'un taxi sur l'île de Lipsí

TAXIS

Leurs prix sont raisonnables, mais soyez vigilant. Pour de longs parcours ou une excursion, ils se négocient à la journée ou au trajet. Les chauffeurs vous déposent puis vous reprennent quelques heures plus tard. Il y a au moins un taxi par village, et le meilleur endroit où rencontrer son propriétaire reste le *kafeneío*. Les taxis-bus prennent souvent plusieurs passagers.

BUS ET CARS

Des cars internationaux relient la Grèce au reste de l'Europe, mais leurs prix ne sont souvent pas plus intéressants que ceux des vols charters.

Le réseau de bus est géré par KTEl *(Koinó Tameío Eispráxeon Leoforeíon)*, un syndicat de compagnies privées qui équipe tous les villages. Les plus éloignés voient passer le bus une ou deux fois par jour (arrêt au *kafeneío*). Les liaisons entre les grands centres sont fréquentes et efficaces. Il en existe presque toujours entre le port et la ville principale de l'île, si celle-ci est située à l'intérieur. Dans les îles importantes, les agences de voyages proposent de nombreuses excursions en car climatisé. Vous pourrez ainsi découvrir les plus grands sites archéologiques et historiques, villes et villages, plages réputées et lieux de randonnée connus, telles les gorges de Samariá (Crète), avant de finir la soirée dans une taverne.

VOYAGER PAR LE TRAIN

Le trajet entre la France et la Grèce dure entre deux et trois jours (réductions pour les moins de 26 ans avec la carte Inter-Rail et les billets

Un bus local sur l'île de Nísyros

BIJ). Il passe par la Suisse et l'Italie, où vous emprunterez un ferry pour Corfou, puis le port de Pátra, sur le continent. Le réseau ferroviaire est géré par l'**OSE** *(Organismós Sidiridrómon Elládos)*. Limité au continent, il assure des liaisons entre la capitale grecque et Pátra, Vólos (point de départ des ferrys pour Skiáthos et Skópelos) et la côte de l'Attique (pour rejoindre Eubée).

Le profil reconnaissable d'un train express

ADRESSES

AUTOMOBILES-CLUBS

Automobile et Touring-Club de Grèce
Rez-de-chaussée, tour d'Athènes, Mesogeíon 2-4, 11527 Athènes.
Tél. *210 606 8800.*

ELPA (Elliniki Léschi Periigíseon kai Aftokinítou)
Mesogeíon 395, 15343 Athènes.
Tél. *210 606 8800.*
Tél. *10400 (assistance routière).*

AGENCES DE LOCATION DE VOITURES

Avis
Tél. *0821 230 760.*
www.avis.fr
Leofóros Amalías 48, 10558 Athènes.
Tél. *210 687 9600.*

Budget
Tél. *0825 00 35 64.*
www.budget.fr
50A King George Av., Halandri, 15233 Athènes.
Tél. *210 687 9647.*

BUS ET CARS

Eurolines
BP 313, 28, av. du Général-de-Gaulle, 93541 Bagnolet Cedex.
Tél. *08 92 89 90 91.*
www.eurolines.fr

Terminal de bus à Athènes
Terminal A : Kifisoú 100.
Tél. *210 512 4914.*
Terminal B : Liosíon 260.
Tél. *210 832 9585.*
14505.
www.ktel.org

TRAINS

SNCF
Tél. *36 35.*
www.voyages-sncf.com

OSE (information et réservations)
Karólou 1, Athènes.
Tél. *210 529 7002.*
www.ose.gr

Gare d'Athènes
Gare de Lárissis.
Tél. *210 5298829 / 8298842.*

Index

Les numéros de page en **gras** renvoient aux principales entrées.

A

D

E

F

M

Remerciements

L'éditeur remercie les organismes, les institutions et les particuliers suivants dont la collaboration a permis la préparation de cet ouvrage.

Auteurs

MARC DUBIN est américain. Il partage son temps ente Londres et Sámos. Depuis 1978, il a travaillé dans toutes les régions de Grèce et a écrit ou participé à plusieurs guides sur la Grèce couvrant des sujets aussi divers que le trekking ou la musique grecque contemporaine.

STÉPHANIE FERGUSON, journaliste indépendante et auteur de guides, a été séduite par la Grèce, il y a vingt ans, au cours de vacances. Depuis lors, elle a apporté sa contribution à huit guides et écrit plusieurs articles sur la Grèce pour des publications nationales, et visité près de cinquante îles grecques.

MIKE GERRARD, auteur de guides et radioreporter, a écrit plusieurs guides sur la Grèce, qu'il visite tous les ans depuis 1964.

ANDY HARRIS, journaliste, écrit des articles sur le voyage et la cuisine. Il est l'auteur notamment de *A Taste of Aegean*.

TANYA TSIKAS, écrivain canadien et éditrice de guides de voyage, est mariée à un Grec. Après avoir vécu en Crète, elle réside actuellement à Oxford.

Illustrations d'appoint

Richard Bonson, Louise Boulton, Gary Cross, Kevin Goold, Roger Hutchins, Claire Littlejohn.

Collaboration artistique et éditoriale

Emma Anacoote, Claire Baranovski, Sonal Bhatt, Hilary Bird, Tony Clark, Elspeth Collier, Michelle Crane, Michele Crawford, Catherine Day, Mariana Evmolpidou, Jim Evoy, Robin Gauldie, Emily Green, Lydia Halliday, Emily Hatchwell, Leanne Hogbin, Kim Inglis, Maria Kelesidi, Lorien Kite, Priya Kukadia, Esther Labi, Felicity Laughton, Nicola Malone, Paul Marsden, Andreas Michael, Ella Milroy, Lisa Minsky, Robert Mitchell, Adam Moore, Jennifer Mussett, Tamsin Pender, Eva Petrou, Marianne Petrou, Pollyanna Poulter, Jake Reimann, Ellen Root, Simon Ryder, Collette Sadler, Rita Selvaggio, Liz Sharp, Ellie Smith, Claire Stewart, Claire Tennant-Scull, Amanda Tomeh, Dora Whitaker, Andy Wilkinson.

L'éditeur remercie pour leur aide les organismes suivants : The Greek Wine Bureau, Odysea.

Recherche d'appoint

Anna Antoniou, Garifalia Boussiopoulou, Anastasia Caramanis, Michele Crawford, Magda Dimouti, Shirley Durant, Panos Gotsi, Zoi Groummouti, Peter Millett, Tasos Schizas, Garifalia Tsiola, Veronica Wood.

Agences photographiques

Ideal Photo S.A., The Image Bank, Melissa Publishing House, Tony Stone Worldwide.

Photographies d'appoint

Jane Burton, Frank Greenaway, Derek Hall, Nigel Hicks, Dave King, Neil Lucas, National History Museum, Ian O'Leary, Stephen Oliver, Roger Philips, Kim Sayer, Clive Steeter, Harry Taylor, Kim Taylor, Mathew Ward, Jerry Young.

Autorisation de photographier

L'éditeur remercie les organismes suivants d'avoir accordé leur autorisation de photographier :
Nelly Dimoglou du théâtre de Danse traditionnelle, Rhodes ; musée d'Art populaire, Athènes ; musée de Kárpathos ; musée Markos-Vamvakáris, Sýros ; musée d'Art populaire de Kými, Evvoia ; maison Stavros Kois, Sýros. Et tous les autres sites, musées, cathédrales, églises, hôtels, restaurants, boutiques et galeries, trop nombreux pour être cités individuellement.

Crédits photographiques

h = en haut, hg = en haut à gauche, hc = en haut au centre, hd = en haut à droite, c = centre, cg = au centre à gauche, cd = au centre à droite, ch = au centre en haut, chd = au centre en haut à droite, chg = au centre en haut à gauche, cbg = au centre en bas à gauche, cbd = au centre en bas à droite, cgh = au centre à gauche en haut, cgb = au centre à gauche en bas, cdb = au centre à droite en bas, cdh = au centre à droite en haut, b = en bas, bc = en bas au centre, bg = en bas à gauche, bd = en bas à droite, bdh = en bas à droite en haut, bgh = en bas à gauche en haut, (d) = détail.

Les œuvres d'art ont été reproduites avec l'aimable autorisation des détenteurs de droits suivants : © ADAGP, Paris et DACS, Londres 1997, *Le Baiser,* Constantin Brancusi, 211bd. L'œuvre *Trois Figures debout,* Henry Moore (1947) 211bg a été reproduite avec l'autorisation de la Fondation Henry-Moore.

L'éditeur remercie les personnes, les bibliothèques et les organismes qui ont autorisé la publication de leurs photographies :

AISA ARCHIVO ICONGRAFICO, Barcelone : Musée archéologique, Bari 59hd ; Musée archéologique, Florence 56hg ; AKG, Londres : 190b, 324h ; Antiquario Palatino 55bg ; British Museum 289b ; Erich Lessing Akademie der Bildenden Künste, Vienne 56c ; musée du Louvre 55hg ; Musée archéologique, Naples 145b ; Musée archéologique national, Athènes 28-29 (d), 29h ; Staatliche Kunstsammlungen, Albertinum, Dresden 33cdb, Liebighaus, Frankfort/Main 35c ; Staatliche Antikensammlungen und Glyptotek, Münich 54b ; musée de Mýkonos 57h ; ALAMY IMAGES : Jan Baks 10hc ; Peter Horree 327hg ; Imagebroker / Egmont Strigl 10br ; IML Image Group Ltd 10cg, 11bd ; naglestock.com 11cd ; Robert Harding World Imagery 327c ; Terry Harris just greece photo library 12bg ; ANCIENT ART AND ARCHITECTURE : 31ch, 32h, 36h, 36ch, 37cg, 39h, 58cb, 58b(d), 99b ; ANTIKENMUSEUM BASEL UND SAMMLUNG LUDWIG : 62-63 ; APERION : John Hios 47c ; ARGYROPOULOS PHOTO PRESS : 47h, 49cd, 50h, 50cb ; aéroport international d'Athènes : 362cd/b, 363cd, 364 ; ORGANISATION DES TRANSPORTS URBAINS D'ATHÈNES (OASA) : 292cgh, 293c.

MUSÉE BENAKI : 27b, 38ch, 41h, 41c, 43ch, 291b ; PAUL BERNARD : 35h ; BIBLIOTHÈQUE NATIONALE, Paris : Caoursin folio 175 4c (d), 40-41 (d), Caoursin folio 33 189bg, Caoursin folio 79 189bd ; BODLEIAN LIBRARY, Oxford : MS Canon Misc 378 170v 36cb BRIDGEMAN ART LIBRARY, Londres : Birmingham City Museums and Art Galleries, *Phidias sculptant la frise du Parthénon,* Sir Lawrence Alma-Tadema 60h ; Bibliothèque nationale, Paris *L'auteur Guillaume Caoursin, vice-chancelier de l'ordre de Saint-Jean, dédie son livre à Pierre d'Aubusson, grand maître de l'ordre de Saint-Jean, qui est représenté entouré des hauts dignitaires de l'ordre* (1483), illustré par le maître Cardinal de Bourbon Lat 6067 f 3v 26 (d) ; British Museum, Londres, coupe représentant le *Retour du chasseur* 31cb, vase grec représentant une *Scène de pêche à l'éponge* (v. 500 av. J.-C.) 169bd ; Fitzwilliam Museum, université de Cambridge, céramique glaçurée au plomb, Enoch Wood de Burslem, *Figurine de Démosthène* (v. 1790) 59hg, *péliké* de l'Attique à figurines rouges représentant la *Rencontre d'Ulysse et de son fidèle porcher, Eumée* (470-460 av. J.-C.) 87bg ; Freud Museum, Londres, *Figure d'Artémis provenant de Mýrina,* période hellénistique (IIe siècle av. J.-C.) 213hg ; Giraudon/ Louvre, Paris, buste de marbre représentant *Alexandre le Grand* (IIe siècle av. J.-C.) 34hd ; maison des Masques, Délos, mosaïque de *Dionysos chevauchant un léopard* (180 apr. J.-C.) 37h ; Kunsthistorisches Museum, Vienne, *Élisabeth de Bavière, épouse de l'empereur François-Joseph d'Autriche,* Franz Xavier Winterhalter 83c (d) ; Lauros-Giraudon/ Louvre, Paris, Rhodes *Victoire de Samothrace,* marbre hellénistique (début du IIe siècle av. J.-C.) 132c ; musée du Louvre, Paris, buste double représentant *Aristophane et Sophocle* (XVe siècle) 58h ; Musée archéologique national, Athènes, sculpture de bronze de *Poséidon* (v. 460-450 av. J.-C.), photo Bernard Cox 54c ; collection privée, icône de la *Vierge à l'Enfant accompagnée de deux saints,* école crétoise (XVe siècle) 40cg ; Victoria and Albert Museum, Londres, *Corfou,* Edward Lear 81b ; © THE BRITISH MUSEUM : 28cgb, 29cb, 30hg, 32cb, 33cgb, 55hd (d), 55bd, 57c (d), 62hg, 63hg, 63hd, 139cdh.

CAMERA PRESS, Londres : ANAG 45hg, 45bg Christopher Simon Sykes 77h ; Wim Swaan 219h ; BRUCE COLEMAN LTD. : Philip van de Berg 247cg ; Luiz Claudio Marigo 91h ; Natalie Feneck 115ch ; Gordon Langsbury 247bg ; Andrew J. Purcell 24ch ; Kim Taylor 115bg ; World Wildlife Fund for Nature 115h ; Konrad Wothe 247bd ;

CORBIS : John Heseltine 326cg ; Gail Mooney 11hg.
C.M. DIXON PHOTO RESOURCES : 29ch ; Glyptotek, Munich 34hd ; MARC DUBIN : 22h, 23bgh, 23bdh, 48hg, 174h, 199h, 199b, 223b, 233c, 235b, 252b.

ÉCOLE FRANÇAISE D'ATHÈNES : 218hd ; ÉCOLE NATIONALE SUPÉRIEURE DES BEAUX-ARTS, Paris : *Reconstitution du sanctuaire de Delphes,* Tournaire (1894) 32-33 ; EKDOTIKI ATHINON : 3, 28cdb, 164b, 187b (d), 188bg (d) ; ELIA : 109b ; JANICE ENGLISH : 192h, 193h, 193b, 194c, 194b ; ET ARCHIVES : Musée archéologique national, Naples, 34ch ; COMMISSION EUROPÉENNE : 359 ; MARY EVANS PICTURE LIBRARY : 87cd, 87bc, 87bd, 133b, 156b.

FERENS ART GALLERY : Hull City Museums and Art Galleries and Archives *Électre pleure la mort de son père Agamemnon sur sa tombe* (1869), Lord Frederick Leighton 57b.

GIRAUDON, Paris : château d'Écouen, *Retour d'Ulysse,* école siennoise 87cg ; musée du Louvre, Paris 62c, *Scènes des Massacres de Chíos,* Eugène Delacroix 42ch (d), 147b (d) ; Musée national Gustave-Moreau, *Hésiode et les Muses,* Gustave Moreau 58ch ; musée d'Art catalan, Barcelone 289cb ; FONDATION NICHOLAS-P.-GOULANDRIS DU MUSÉE D'ART CYCLADIQUE ET D'ART GREC ANTIQUE : 211hg, 211hc, 211hd, 211cg, 211cd, 284b, 291h ; ARCHIVES RONALD GRANT : *Zorba le Grec,* 20th Century Fox 276b.

OFFICE NATIONAL HELLÉNIQUE DU TOURISME : 354hg.

ROBERT HARDING PICTURE LIBRARY : David Beatty 46bd ; Tony Gervis 46ch, 46bg ; Adam Woolfitt 48c ; HELIO PHOTO : 98ch ; POSTE GRECQUE : 45cgh, 360hg, 361hg ; MUSÉE MILITAIRE GREC, ATHÈNES : 251h ; MUSÉE HISTORIQUE DE CRÈTE, HÉRAKLION : *Vues du mont Sinaï,* Le Greco 269hd ; MICHAEL HOLFORD : British Museum 34cb, 54h ; HULTON GETTY COLLECTION : 43cb (d) ; Central Press Photo 44cgb (d).

IDEAL PHOTO S.A. : T. Dassios 301c ; A. Pappas 235h ; C. Vergas 47cgb, 47bd, 48hd, 83b, 117b, 161h ; IMAGES COLOUR LIBRARY : 94h, 270bg ; IMPACT PHOTOS : Jeremy Nicholl 344b ; Caroline Penn 47bg.
CAROL KANE : 198bd ; GULIA KLIMI : 49h ; KOSTOS KONTOS : 28cd, 44cdh, 44cgh, 47cdb, 50ch, 163b, 164c, 188bd, 293b, 349c, 357h, .

FRANK LANE PICTURES : Eric et David Hoskings 246bg ; ILIAS LALAOUNIS : 343cgh.

MAGNUM PHOTOS LTD. : Constantine Manos 46h ; MANSELL COLLECTION : 54-55.

NATIONAL GALLERY OF VICTORIA, Melbourne : poterie grecque au vu des inscriptions, peintre chaldéen, legs Alfred Felton (1956) 56b ; MUSÉE HISTORIQUE NATIONAL : 40h, 42h, 42-43 (d), 43h, 44b ; NATURAL IMAGE : Bob Gibbons 247hg ; Peter Wilson 254hg ; NATURE PHOTOGRAPHERS : Brinsley Burbridge 247hd ; Robin Bush 247cd ; Michael J. Hammett 24hd ; Paul Sterry 115bd, 247hc ; ANTONIS NICOLOPOULOS : 348c, 349b.

OLYMPIC AIRWAYS : 362h ; ORONOZ ARCHIVO FOTOGRAFICO : Biblioteca National, Madrid, 38cb (d) ; Charlottenberg, Berlin 56hd ; El Escorial, Madrid, *Bataille de Lépante,* Cambiaso Luca 40cd (d) ; Museo Julia 55c (d) ; musée du Louvre 62b ; Museo Vaticano 59b, 63bg ; OXFORD SCIENTIFIC FILMS : Paul Kay 25hd.

ROMYLOS PARISIS : musée de la Ville, Athènes 42cb ; PICTOR INTERNATIONAL : 48b ; PICTURES : 46cdb, 348br ; PLANET EARTH PICTURES : Wendy Dennis 246c ; Jim Greenfield 25cb ; Ken Lucas 115cb ; Marty Snyderman 25hg ; COLLECTION PRIVÉE : 281c ; POPPERFOTO : 44cdb, 45cdh, 45bd.

REX FEATURES : Sipa Press / C Brown 45hd.

SCALA, Florence : galerie des Offices 30cb ; Musée archéologique, Florence 31h ; musée Mandralisca, Cefalù 32ch ; Musée national, Tarquinia 63bd ; musée de la Villa Giulia 30-31, 62hd ; SPECTRUM COLOUR LIBRARY : 254hg ; MARIA STEFOSSI : 20bg.

CAISSE DES MONUMENTS ARCHÉOLOGIQUES (TAP), MINISTÈRE GREC DE LA CULTURE :

1er éphore (Directeur de circonscription archéologique) des Antiquités 44cb, 60bd, 288cb, 288b, 289h, 289ch ; musée de l'Acropole 290hg, 290hd ; Musée archéologique, Andros 208cg ; Musée archéologique, Agios Nikólaos 278c ; 2e éphore des Antiquités 66bg, 98h, 98cb, 98b, 99h, 99c ; Musée archéologique, Chalkída 120c ; Musée archéologique, Chaniá 253c ; Musée archéologique, Corfou 69h, 79c ; Musée archéologique, Erétreia 5h, 119b, 121c ; 5e éphore des Antiquités byzantines 39c ; 14e éphore des Antiquités byzantines 137h, 140h, 144b ; 4e éphore des Antiquités byzantines 18c, 165hd, 165c, 165b, 199c ; 18e éphore des Antiquités 128h, 129h, 129b ; 19e éphore des Antiquités 132b, 133ch, 133cb ; Ikia Varelizidenas 125c ; Musée archéologique, Irákleio 266bg, 270h, 270ch, 270cb, 271h, 271c, 272bd ; 20e éphore des Antiquités 135b ; 21e éphore des Antiquités 67h, 156h, 156c, 218b, 219ch, 219bg, 219bd, 227c, 230cg, 240cb, 241c, 344ch ; 22e éphore des Antiquités 171b, 172h, 172c, 180h, 186hg, 186hd, 186c, 186b, 187h, 187c, 196h, 196cd ; 23e éphore des Antiquités 249h, 263c, 264c, 264b, 265 toutes, 266h, 266c, 266bd, 267 toutes, 272h, 272c, 272bg, 273hg, 273hd, 273b, 274h, 274c, 274b, 275b, 221h ; 24e éphore des Antiquités 277c ; Musée archéologique, Kos 172b ; Musée archéologique, Mílos 236h ; Musée archéologique, Mýkonos 214hd ; Musée archéologique national, Athènes 28h, 30hd, 241b, 286c ; Musée archéologique, Náxos 230h ; Musée archéologique, Néa Moní 67ch ; musée de Numismatique, Athènes 275c ; Musée archéologique, Rhodes 184cb ; Musée archéologique de Vathý, Sámos 154cd ; 2e éphore des Antiquités byzantines 213c, 221h 224h, 227b, 251c ; 7e éphore des Antiquités byzantines 109h ; 6e éphore des Antiquités byzantines 89c ; Musée archéologique, Thessaloníki 33h ; Musée archéologique, Thíra 238hg ; 3e éphore des Antiquités byzantines 144b, 152hg 153c, 155b ; 13e éphore des Antiquités byzantines 150-151 toutes, 261cdh, 277b, 279h ; Musée archéologique, Tínos 212h ; 3e éphore des Antiquités 287b ; MUSÉE TÉRIADE : *Daphnis et Chloé,* Marc Chagall ©ADAGP, Paris et DACS, Londres 1997 138bd ; TRAVEL INK : Nigel Bowen-Morris 242-243 ; TRAVEL LIBRARY : musée Fáltaïts 116hd ; FONDATION YANNIS-TSAROUCHIS : collection privée, *Échoppe de barbier à Marousi,* Yannis Tsarouchis (1947) 44hd.

ARCHIVES WERNER FORMAN : Musée archéologique, Thessaloníki 38h ; LORRAINE WILSON : 66bd ; PETER WILSON : 20c, 61bg, 67b, 238ch ; BRIAN WOODYATT : 18b.

COUVERTURE
Première de couverture : Ellen Rooney/AGE Fotostock (Visuel principal et dos) ; Stukkey/Shutterstock (détourage).
Quatrième de couverture : Stockbyte/Thinkstock (hg) ; Angelo Cavalli/Tips/Photononstop (cg) ; Superstock/AGE Fotostock (bg).

Toutes les autres photos :
© Dorling Kindersley.
Pour plus d'informations :
www.dkimages.com

Lexique

Il n'existe pas de système de translittération universel de la langue grecque moderne dans l'alphabet romain. Le mode adopté dans ce guide est celui qu'utilise aujourd'hui l'État grec. Son application, encore inégale, se généralise, notamment dans la transcription des noms de rues et de localités. Dans ce guide, les noms en grec ancien ont été orthographiés selon le système de translittération en vigueur *(k, os, on, f)* et ne possèdent pas d'accent. Certains noms, comme celui de Socrate, sont indiqués sous leur forme latine, plus familière ; d'autres sous leur forme française courante, tels Athènes ou Corfou. Vous trouverez dans l'index les différentes variantes orthographiques des noms propres avec un renvoi à l'entrée principale.

GUIDE DE PRONONCIATION

L'accent sur le mot grec et sa transcription marquent la syllabe accentuée. Dans ce guide, l'accent n'est pas indiqué sur les lettres majuscules et les monosyllabes, à l'exception des mots interrogatifs et de la conjonction ή, qui signifie « ou ». Dans la colonne correspondant à la prononciation, située ci-dessous à droite, la syllabe portant l'accent tonique est signalée par un caractère gras.

Dans le lexique, la colonne de gauche indique le mot ou la phrase en français, celle du milieu sa translittération en grec et celle de droite sa translittération phonétique. La syllabe accentuée est également signalée par un caractère gras.

L'ALPHABET GREC

Α α	A a	**ar**me
Β β	V v	**v**ote
Γ γ	G g	*g* aspiré devant *a, o, u* et devant les consonnes *y* devant *i, e)*
Δ δ	D d	comme dans l'anglais « **th**at »
Ε ε	E e	**É**gine
Ζ ζ	Z z	**z**oo
Η η	I i	
Θ θ	Th th	comme dans l'anglais « **th**ink »
Ι ι	I i	l**i**èvre
Κ κ	K k	**c**as
Λ λ	L l	**l**ion
Μ μ	M m	**m**ain
Ν ν	N n	**n**on
Ξ ξ	X x	ta**x**i
Ο ο	O o	p**o**ste
Π π	P p	**p**ort
Ρ ρ	R r	**r**este
Σ σ	S s	**s**oin
ς	s	en fin de mot
Τ τ	T t	**t**hé
Υ υ	Y y	**i**ci
Φ φ	F f	**f**aim
Χ χ	Ch ch	comme dans l'allemand « a**ch** »
Ψ ψ	Ps ps	**ps**ychologue
Ω ω	O o	f**o**x-terrier

COMBINAISONS DE LETTRES

Certaines voyelles composées se prononcent comme des voyelles simples (son unique) :

Αι αι	Ai ai	m**è**che
Ει ει	Ei ei	b**i**che
Οι οι	Oi oi	b**i**che
Ου ου	Ou ou	m**ou**che

Il en va de même pour certaines consonnes composées :

Μπ μπ	Mp mp	**b**ut
Ντ ντ	Nt nt	**d**oute
Γκ γκ	Gk gk	**g**oûter
Γξ γξ	nx	**ng**
Τζ τζ	Tz tz	**ds**
Τσ τσ	Ts ts	**ts**ar
Γγ γγ	Gg gg	bin**g**o

En cas d'urgence

Au secours !	Βοήθεια! Voítheia	vo-**i**-thi-a
Arrêtez !	Σταματήστε! Stamatíste	sta-ma-**tis**-té
Appelez un médecin!	Φωνάξτε ένα γιατρό Fonáxte éna giatró	fo-**nak**-sté **e**-na ya-tr**o**
Appelez une ambulance/la police/les pompiers !	Καλέστε το ασθενοφόρο/την αστυνομία/την πυροσβεστική Kaléste to asthenofóro/tin astynomía/tin pyrosvestikí	ka-**lé**-sté to as-thé-no-f**o**-ro/tine a-sti-no-m**i**-a/tine pi-ro-zvé-sti-k**i**
Où est le téléphone / l'hôpital le plus proche ? Où est la pharmacie la plus proche ?	Πού είναι το πλησιέστερο τήλεφωνο/νοσοκο-μείο/φαρμακείο; Poú eínai to plisiés-tero tiléfono/ nosoko-meío/farmakeío?	**pou** **i**-né to pli-si-**é**-sté-ro ti-**lé**-fo-no/no-so-ko-mi-o/far-ma-k**i**-o?

L'essentiel

Oui	Ναι Nai	né
Non	Οχι Ochi	**o**-chi
S'il vous plaît	Παρακαλώ Parakaló	pa-ra-ka-l**o**
Merci	Ευχαριστώ Efcharistó	ef-xha-ris-t**o**
Je vous en prie	Παρακαλώ Parakaló	pa-ra-ka-l**o**
D'accord	Εντάξει Entáxei	enne-d**a**k-si
Excusez-moi	Με συγχωρείτε Me synchoreíte	mé sine-xho-r**i**-té
Salut	Γειά σας Geiá sas	yia sas
Au revoir	Αντίο Antío	ane-d**i**-o
Bonjour	Καλημέρα Kaliméra	ka-li-m**é**-ra
Bonne nuit	Καληνύχτα Kalinýchta	ka-li n**i**ch-ta
Le matin	Πρωί Proí	pro-**i**
L'après-midi	Απόγευμα Apógevma	a-p**o**-yev-ma
Le soir	Βράδυ Vrádi	vr**a**-dhi
Ce matin	Σήμερα το πρωί Símera to proí	s**i**-mé-ra to pro-**i**
Hier	Χθές Chthés	xhthès
Aujourd'hui	Σήμερα Símera	s**i**-mé-ra
Demain	Αύριο Avrio	**a**-vri-o
Ici	Εδώ Edó	é-dh**o**
Là	Εκεί Ekeí	é-k**i**
Quoi?	Τί; Tí?	t**i**?
Pourquoi ?	Γιατί; Giatí?	ya-t**i**?
Où ?	Πού; Poú?	p**ou**?
Comment ?	Πώς; Pós?	p**o**sse?
Attendez !	Περίμενε! Perímene!	pé-r**i**-mé-né

Quelques phrases utiles

Comment vas-tu ?	Τί κάνεις; Tí káaneis ?	**ti ka**-nisse
Très bien, merci.	Πολύ καλά, ευχαριστώ Poly kalá, efcharistó	po-li ka-**la**, ef-xha-ri-st**o**
Comment allez-vous?	Πώς είστε ; Pós eíste?	p**o**sse **is**-té
Ravi de faire votre connaissance	Χαίρω πολύ Chaíro polý	ch**é**-ro po-**li**
Comment vous appelez-vous ?	Πώς λέγεστε; Pós légeste ?	p**o**sse **lé**-yé-sté
Où est/sont... ?	Πού είναι; Poú eínai ?	**pou i**-né?
À quelle distance se trouve... ?	Πόσο απέχει...; Póso apéchei... ?	p**o**sso a-**pé**-chi
Comment aller à...?	Πώς μπορώ να πάω....; Pós mporó na páo... ?	p**o**sse bo-**ro**-na **pa**-o
Parlez-vous français ?	Μιλάτε Αγγλικά; Miláte Galiká ?	mi-**la**-té ga-li-**ka**
Je comprends	Καταλαβαίνω Katalavaíno	ka-ta-la-v**é**-no
Je ne comprends pas	Δεν καταλαβαίνω Den katalavaíno	dhène ka-ta-la-v**é**-no
Pouvez-vous parler plus lentement ?	Μιλάτε λίγο πιο αργά παρακαλώ; Miláte lígo pio argá parakaló ?	mi-**la**-té **li**-go pio ar-**ga** pa-ra-ka-lo
Excusez-moi.	Με συγχωρείτε Me synchoreíte	mé sine-xho-**ri** té
Quelqu'un a-t-il une clé ?	Εχει κανένας κλειδί ; Echei kanénas kleidí?	**é**-chi ka-né-nasse kli-dhi

Quelques mots utiles

grand	Μεγάλο Megálo	mé-**ga**-lo
petit	Μικρό Mikró	mi-cr**o**
chaud	Ζεστό Zestó	zes-t**o**
froid	Κρύο Krýo	kr**i**-o
bon	Καλό Kaló	ka-**lo**
mauvais	Κακό Kakó	ka-k**o**
assez	Αρκετά Arketá	ar-ké-**ta**
bien	Καλά Kalá	ka-**la**
ouvert	Ανοιχτά Anoichtá	a-nich-**ta**
fermé	Κλειστά Kleistá	klis-**ta**
gauche	Αριστερά Aristerá	a-ris-té-**ra**
droite	Δεξιά Dexiá	dhek-si-**a**
tout droit	Ευθεία Eftheía	ef-th**i**-a
entre	Ανάμεσα / Μεταξύ Anámesa / Metaxý	a-**na**-mé-sa **si**
à l'angle de...	Στη γωνία του... Sti gonía tou...	sti go-**ni**-a tou
près	Κοντά Kontá	konne-**da**
loin	Μακριά Makriá	ma-kri-**a**
en haut	Επάνω Epáno	é-**pa**-no
en bas	Κάτω Káto	**ka**-to
tôt	Νωρίς Norís	no-**r**isse
tard	Αργά Argá	ar-**ga**
entrée	Η είσοδος I eísodos	i **is**so-dhos
sortie	Η έξοδος I éxodos	i **ék**-so-dhos
toilettes	Οι τουαλέτες /WC Oi toualétes / WC	i-tou-a-**lé**-tés
occupé	Κατειλημμένη Kateiliméni	ka-ti-**li**-**mé**-ni

Libre	Ελεύθερη Eléftheri	é-**lef**-thé-ri
Gratuit	Δωρεάν Doreán	dho-ré-**ane**
Dedans/dehors	Μέσα/Εξω Mésa/Exo	**mé**-sa/**ek**-so

Au téléphone

Où est le téléphone public le plus proche?	Πού βρίσκεται ο πλησιέστερος τηλεφωνικός θάλαμος; Poú vrísketai o plisiéstero tilefonikós thálamos?	**pou** vr**is**-ké-té o pli-si-**é**-sté-ros ti-lé-fo-ni-k**o**sse th**a**-la-mos
Je voudrais passer un coup de fil longue distance	Θα ήθελα να κάνω ένα υπεραστικό τηλεφώνημα Tha íthela na káno éna yperastikó tilefónima	tha **i**-thé-la na **ka**-no **é**-na i-pé-ras-ti-**ko** ti-lé-**fo**-ni-ma
Je voudrais téléphoner en PCV	Αα ήθελα να χρεώσω το τηλεφώνημα στον παραλήπτη Tha íthela na chreóso to tilefónima ston paralípti	tha **i**-thé-la na chré-**o**-so to ti-**lé**-**fo**-ni-ma stone pa-ra-lep-ti
Je rappellerai plus tard	Θα ξανατηλεφωνήσω αργότερα Tha xanatilefoníso argótera	tha ksa-na-ti-lé-fo-**ni**-so ar-g**o**-té-ra
Puis-je laisser un message ?	Μπορείτε να του αφήσετε ένα μήνυμα; Mporeíte na tou afísete éna mínyma?	bo-**ri**-té na tou a-**fi**-sé-té **é**-na **mi**-ni-ma
Pourriez-vous parler plus fort s'il vous plaît ?	Μιλάτε δυνατότερα, παρακαλώ; Miláte dynatótera, parakaló	mi-**la**-té dh**i**-na-**to**-té-ra, pa-ra-ka-**lo**
appel local	Τοπικό τηλεφώνημα Topikó tilefónima	to-pi-**ko** ti-lé-**fo**-ni-ma
Ne quittez pas	Περιμένετε Periménete	pé-ri-**mé**-né-té
bureau de l'OTE	Ο ΟΤΕ / Το τηλεφωνείο O OTE / To tilefoneío	OT**E** / to ti-lé-fo-**ni**-o
cabine	Ο τηλεφωνικός θάλαμος O tilefonikós thálamos	o ti-lé-fo-ni-**kos** th**a**-la-mos
carte de téléphone	Η τηλεκάρτα I tilekárta	i ti-lé-**kar**-ta

Le shopping

Combien cela coûte-t-il ?	Πόσο κάνει; Póso káne?	p**o**sso ka-**ni**?
J'aimerais...	Αα ήθελα... Tha íthela...	tha **i**-thé-la...
Avez-vous... ?	Εχετε...; Echete...?	**é**-ché-té
Je ne fais que regarder	Απλώς κοιτάω Aplós koitáo	a-pl**os** ki-t**a**-o
Acceptez-vous les cartes bancaires/les traveller's cheques?	Δέχεστε πιστωτικές κάρτες/ travellers' cheques ; Décheste pistotikés kártes/travellers' cheques ?	dh**e**-ches-té pis-to-ti-k**ès** kar-tesse/ travellers' cheques
À quelle heure ouvrez-vous/fermez-vous ?	Ποτέ ανοίγετε/ κλείνετε; Póte anoígete/ kleínete?	p**o**-té a-**ni**-yé-té/ kl**i**-né-té?
Pouvez-vous expédier ceci à l'étranger ?	Μπορείτε να το στείλετε στο εξωτερικό; Mporeíte na to steílete sto exoterikó?	bo-**ri**-té na to st**i**-lé-té sto é-xo-té-ri k**o**?
ceci	Αυτό εδώ Aftó edó	af-**to** é-dh**o**
cela	Εκείνο Ekeíno	é-k**i**-no

cher	Ακριβό Akrivó	a-kri-v**o**
bon marché	Φθηνό Fthinó	fthi-n**o**
la taille	Το μέγεθος To mégethos	to m**é**-gué-thosse
blanc	Λευκό Lefkó	lef-k**o**
noir	Μαύρο Mávro	m**a**-vro
rouge	Κόκκινο Kókkino	k**o**-ki-no
jaune	Κίτρινο Kítrino	k**i**-tri-no
vert	Πράσινο Prásino	pr**a**-ssi-no
bleu	Μπλε Mple	bl**é**

Les magasins

L'agence de voyages	Το ταξειδιωτικό γραφείο To taxeidiotikó grafeío	to ta-xi-dhi-o-ti-k**o** gra-f**i**-o
L'antiquaire	Μαγαζί με αντίκες Magazí me antíkes	ma-ga-z**i** mé ane-d**i**-kès
La banque	Η τράπεζα I trápeza	i tr**a**-pé-za
Le bazar	Το παζάρι To pazári	to pa-z**a**-ri
Le boucher	Το κρεοπωλείο To kreopoleío	to kré-o-po-l**i**-o
La boulangerie	Ο φούρνος O foúrnos	o f**ou**r-nosse
La boutique de souvenirs	Μαγαζί με "souvenir" Magazí me "souvenir"	ma-ga-z**i** mé "souvenir"
Le coiffeur	Το κομμωτήριο To kommotírio	to ko-mo-t**i**-ri-o
Le débit de tabac	Είδη καπνιστού Eídi kapnistoú	**i**-dhi kap-nis
L'épicerie	Μαγαζί με αλλαντικά Magazí me allantiká	ma-ga-z**i** mé a-lanne-di-k**a**
Le grand magasin	Πολυκάταστημα Polykatástima	po-li-ka-t**a**-sti-ma
Le kiosque	Το περίπτερο To períptero	to pé-r**i**p-té-ro
La librairie	Το βιβλιοπωλείο To vivliopoleío	to vi-vli-o-po-l**i**-o
Le marchand de chaussures	Κατάστημα υποδημάτων Katástima ypodimáton	ka-t**a**s-ti-ma i-po-dhi-m**a**-tone
Le marchand de journaux	Ο εφημεριδοπώλης O efimeridopólis	o é-fi-mé-ri-dho-p**o**-lisse
Le marchand de légumes	Το μανάβικο To manáviko	to ma-n**a**-vi-ko
Le marché	Η λαϊκή αγορά I laïkí agorá	i la-**i**-k**i** a-go-r**a**
La maroquinerie	Μαγαζί με δερμάτινα είδη Magazí me dermátina eídi	ma-ga-zi mé dher-m**a**-ti-na **i**-dhi
La pâtisserie	Το ζαχαροπλαστείο To zacharoplasteío	to za-cha-ro-pla-st**i**-o
La pharmacie	Το φαρμακείο To farmakeío	to f**a**r-ma-ki-o
La poissonnerie	Το ιχθυοπωλείο/ ψαράδικο To ichthyopoleío/ psarádiko	to ixh-thi-o-po-l**i**- o /psa-rá-di-ko
La poste	Το ταχυδρομείο To tachydromeío	to ta-chi-dhro-m**i**-o
Le supermarché	Σουπερμάρκετ/ Υπεραγορά "Supermarket"/ Yperagorá	"Supermarket" / i-per-a-go-r**a**

Le tourisme

L'office de tourisme	Ο ΕΟΤ O EOT	o E-OT
La police touristique	Η τουριστική αστυνομία I touristikí astynomía	i tou-ris-ti-k**i** a-sti-no-m**i**-a
Archéologique	αρχαιολογικός archaiologikós	ar-ché-o-lo-yi-k**o**s
La galerie d'art	Η γκαλερί I gkalerí	i ga-lé-r**i**
La plage	Η παραλία I paralía	i pa-ra-l**i**-a
Byzantin	βυζαντινός vyzantinós	vi-zane-ti-n**o**s
La forteresse	Το κάστρο To kástro	to k**a**s-tro
La cathédrale	Η μητρόπολη I mitrópoli	i mi-tr**o**-po-li
La grotte	Το σπήλαιο To spílaio	to sp**i**-lé-o
L'église	Η εκκλησία I ekklisía	i é-kli-s**i**-a
L'artisanat	λαϊκή τέχνη laïkí téchni	la-i-k**i** t**e**ch-ni
La fontaine	Το συντριβάνι To syntriváni	to sine-dri-v**a**-ni
La colline	Ο λόφος O lófos	o l**o**-fosse
Historique	ιστορικός istorikós	is-to-ri-k**o**sse
L'île	Το νησί To nisí	to ni-s**i**
Le lac	Η λίμνη I límni	i l**i**m-ni
La bibliothèque	Η βιβλιοθήκη I vivliothíki	i vi-vli-o-th**i**-ki
La demeure	Η έπαυλις I épavlis	i **é**-pav-lisse
Le monastère	Μονή moní	mo-n**i**
La montagne	Το βουνό To vounó	to vou-n**o**
Municipal	δημοτικός dimotikós	dhi-mo-ti-k**o**sse
Le musée	Το μουσείο To mouseío	to mou-s**i**-o
National	εθνικός ethnikós	eth-ni-k**o**sse
Le parc	Το πάρκο To párko	to p**a**r-ko
Le jardin	Ο κήπος O kípos	o k**i**-posse
La gorge	Το φαράγγι To farángi	to fa-r**a**n-gui
La tombe de…	Ο τάφος του… O táfos tou…	o t**a**-fos tou
La rivière	Το ποτάμι To potámi	to po-t**a**-mi
La route, la rue	Ο δρόμος O drómos	o dhr**o**-mosse
Saint/Saints/Sainte/ Saintes	άγιος/άγιοι/αγία /αγίες ágios/ágioi/agía/agíes	**a**-yi-os/**a**-yi-i/a-y**i**-a/a-y**i**-esse
La source	Η πηγή I pigí	i pi-y**i**
La place	Η πλατεία I plateía	i pla-t**i**-a
Le stade	Το στάδιο To stádio	to st**a**-dhi-o
La statue	Το άγαλμα To ágalma	to **a**-gal-ma
Le théâtre	Το θέατρο To théatro	to th**é**-a-tro
La mairie	Το δημαρχείο To dimarcheío	To dhi-mar-ch**i**-o
Fermé les jours fériés	κλειστό τις αργίες kleistó tis argíes	klis-to tis a-ri-**esse**

Les transports

Quand part le… ?	Πότε φεύγει το ….; Póte févgei to…?	p**o**-té f**e**v-yi to…?
Où est l'arrêt du bus?	Πού είναι η στάση του λεωφορείο υ; Poú eínai i stási tou leoforeíou?	p**ou** **i**-né i st**a**-si tou lé-o-fo-ri-ou?
Y a-t-il un bus pour… ?	Υπάρχει λεωφορείο για….; Ypárchei leoforeío gia…?	i-p**a**r-chi lé-o-fo-r**i**-o yia…?
Guichet	Εκδοτήρια εισιτηρίων Ekdotíria eisitiríon	ek-dho-t**i**-ri-a i-si-ti-r**i**-one
Le billet aller-retour	Εισιτήριο με επιστροφή Eisitírio me epistrofí	i-si-ti-r**i**-o mé é-pis-tro-f**i**
Un aller simple	Απλό εισιτήριο Apló eisitírio	a-pl**o** i-si-t**i**-ri-o

L'arrêt de bus	Ο σταθμός λεωφορείων O stathmós leoforeíon	o stath-**mos** lé-o-fo-**ri**-one
Le ticket de bus	Εισιτήριο λεωφορείου Eisitírio leoforeíou	i-si-**ti**-ri-o lé-o-fo-**ri**-ou
Le trolleybus	Το τρόλλεϋ To trólley	to **tro**-lé-i
Le port	Το λιμάνι To limáni	to li-**ma**-ni
Le train/métro	Το τρένο To tréno	to **tré**-no
La gare	σιδηροδρομικός σταθμός sidirodromikós stathmós	si-dhi-ro-dhro-mi-**kos** stath-**mosse**
Le cyclomoteur	Το μοτοποδήλατο / το μηχανάκι To motopodílato / To michanáki	to mo-to-po-dh**i**-la-to/to mi-cha-**ni**-ki
La bicyclette	Το ποδήλατο To podílato	to po-dh**i**-la-to
Le taxi	Το ταξί To taxí	to ta-**xi**
L'aéroport	Το αεροδρόμιο To aerodrómio	to a-é-ro-dhr**o**-mi-o
Le ferry	Το φερυμπότ To "ferry-boat"	to fe-ri-**bote**
L'hydroglisseur	Το δελφίνι / Το υδροπτέρυγο To delfíni / To ydroptérygo	to dhel-**fi**-ni / to i-dhrop-**té**-ri-go
Le catamaran	Το καταμαράν To katamarán	to ca-ta-ma-**rane**
À louer	Ενοικιάζονται Enoikiázontai	é-ni-**kia**-zone-dé

À l'hôtel

Avez-vous une chambre libre?	Εχετε δωμάτια; Echete domátia?	**é**-ché-té dho-**ma**-ti-a?
Une chambre double avec un grand lit	Δίκλινο με διπλό κρεβάτι Díklino me dipló kreváti	dhi-kli-no mé dhi-**plo** kré-**va**-ti
Une chambre à deux lits	Δίκλινο με μονά κρεβάτια Díklino me moná krevátia	dh**i**-kli-no mé mo-**na** kré-**va**-tia
Une chambre individuelle	Μονόκλινο Monóklino	mo-**no**-kli-no
Une chambre avec salle de bains	Δωμάτιο με μπάνιο Domátio me mpánio	dho-**ma**-tio mé **ba**-nio
La douche	Το ντους To douz	to douz
Le portier	Ο πορτιέρης O portiéris	o por-**tié**-ris
La clé	Το κλειδί To kleidí	to kli-dh**i**
J'ai réservé	Εχω κάνει κράτηση Echo kánei krátisi	**é**-xho **ka**-ni kr**a**-ti-si
Une chambre avec vue sur la mer/avec balcon	Δωμάτιο με θέα στη θάλασσα/μπαλκόνι Domátio me théa sti thálassa/mpalkóni	dho-**ma**-tio mé th**é**-a sti th**a**-la-sa/bal- k**o**-ni
Le prix comprend-il le petit déjeuner?	Το πρωινό συμπεριλαμβάνεται στην τιμή; To proïnó symperilamvánetai stin timí?	to pro-**i**-**no** sim-bé-ri-lam-**va**-né-**té** stine ti-m**i**?

Au restaurant

Avez-vous une table?	Εχετε τραπέζι; Echete trapézi?	**é**-ché-té tra-**pé**-zi?
Je voudrais réserver une table	Θέλω να κρατήσω ένα τραπέζι Thélo na kratíso éna trapézi	th**é**-lo na kra-**ti**-so **é**-na tra-**pé**-zi
L'addition, s'il vous plaît	Τον λογαριασμό, παρακαλώ Ton logariazmó parakaló	tonne lo-ga-rias-**mo** pa-ra-ka-**lo**
Je suis végérarien	Είμαι χορτοφάγος Eímai chortofágos	**i**-mé xhor-to-**fa**-gos
Quel est le plat du jour?	Τί φρέσκο έχετε σήμερα; Tí frésko échete símera?	**ti** fres-ko **é**-ché-té **si**-mé-ra?
Garçon!/Mademoiselle!	Κύριε / Γκαρσόν / Κυρία (female) Kýrie/Garson/Kyría	K**i**-ri-é/gar-**sone**/ki-**ri**-a
Le menu	Ο κατάλογος O katálogos	o ka-**ta**-lo-gos
Le supplément couvert	Το κουβέρ To "couvert"	to cou-**ver**
La carte des vins	Ο κατάλογος με τα οινοπνευματώδη O katálogos me ta oinopnevmatódi	o ka-**ta**-lo-gos mé ta i-nop-nev-**ma**-**to**-dhi
Le verre	Το ποτήρι To potíri	to po-**ti**-ri
La bouteille	Το μπουκάλι To mpoukáli	to bou-**ka**-li
Le couteau	Το μαχαίρι To machaíri	to ma-ch**é**-ri
La fourchette	Το πηρούνι To piroúni	to pi-**rou**-ni
La cuillère	Το κουτάλι To koutáli	to kou-**ta**-li
Le petit déjeuner	Το πρωινό To proïnó	to pro-**i**-**no**
Le déjeuner	Το μεσημεριανό To mesimerianó	to mé-si-mé-ria-**no**
Le dîner	Το δείπνο To deípno	to dh**e**p-no
Le plat principal	Το κυρίως γεύμα To kyríos gévma	to ki-**ri**-os yev-ma
L'entrée	Τα ορεκτικά Ta orektiká	ta o-rek-ti-**ka**
Le dessert	Το γλυκό To glykó	to gli-**ko**
Le plat du jour	Το πιάτο της ημέρας To piáto tis iméras	to pi**a**-to tis i-mé-ras
Le bar	Το μπαρ To "bar"	to bar
La taverne	Η ταβέρνα I tavérna	i ta-**ver**-na
Le café	Το καφενείο To kafeneío	to ka-fé-**ni**-o
La taverne de poissons	Η ψαροταβέρνα I psarotavérna	i psa-ro-ta-**ver**-na
Le restaurant de grillades	Η ψησταριά I psistariá	i psi-sta-**ria**
Le marchand de vin	Το οινοπωλείο To oinopoleío	to i-no-po-**li**-o
Le crémier	Το γαλακτοπωλείο To galaktopoleío	to ga-lak-to-po-**li**-o
Le restaurant	Το εστιατόριο To estiatório	to es-ti-a-**to**-ri-o
L'ouzerí	Το ουζερί To ouzerí	to ou-zé-**ri**
Le mezedopoleío	Το μεζεδοπωλείο To mezedopoleío	to mé-zé-dho-po-**li**-o
Brochettes à emporter	Το σουβλατζίδικο To souvlatzídiko	to souv-lat-**zi**-dhi-ko
Saignant	Ελάχιστα ψημένο Eláchista psiméno	é-**la**-chis-ta psi-**mé**-no
À point	Μέτρια ψημένο Métria psiméno	met-ri-a psi-**mé**-no
Bien cuit	Καλοψημένο Kalopsiméno	ka-lo-psi-**mé**-no

Nourriture et boissons

Le café	Ο καφές O Kafés	o ka-**fés**
Au lait	με γάλα me gála	mé ga-**la**
Café noir	σκέτος skétos	sk**é**-tos
Sans sucre	χωρίς ζάχαρη chorís záchari	xho-**ris** za-xha-ri
Légèrement sucré	μέτριος métrios	mé-tri-os
Très sucré	γλυκύς glykýs	gli-**kis**
Thé	τσάι tsái	tsaï
Chocolat chaud	ζεστή σοκολάτα zestí sokoláta	zes-**ti** so-ko-**la**-ta
Vin	κρασί krasí	kra-**si**
Rouge	κόκκινο kokkino	**ko**-ki-no
Blanc	λευκό lefkó	lef-**ko**
Rosé	ροζέ rozé	ro-**zé**

Le raki	Το ρακί To rakí	to ra-k**i**
L'ouzo	Το ούζο To oúzo	to **oo**-zo
La retsina	Η ρετσίνα I retsína	i ret-s**i**-na
L'eau	Το νερό To neró	to né-r**o**
Le poulpe	Το χταπόδι To chtapódi	to xhta-p**o**-dhi
Le poisson	Το ψάρι To psári	to ps**a**-ri
Le fromage	Το τυρί To tyrí	to ti-r**i**
L'*balloumi*	Το χαλούμι To chaloúmi	to xha-l**ou**-mi
La feta	Η φέτα I féta	i f**é**-ta
Le pain	Το ψωμί To psomí	to pso-m**i**
La soupe de haricots	Η φασολάδα I fasoláda	i fa-so-l**a**-dha
L'*houmous*	Το χούμους To houmous	to xh**ou**-mous
L'halva	Ο χαλβάς O chalvás	o xhal-v**a**s
La brochette de viande	Ο γύρος O gýros	o y**i**-ros
Le loukoum	Το λουκούμι To loukoúmi	to lou-k**ou**-mi
Le baklava	Ο μπακλαβάς O mpaklavás	o bak-la-v**a**s
Le *klephtiko*	Το κλέφτικο To kléftiko	to kl**e**f-ti-ko

Les nombres

1	ένα éna	**é**-na
2	δύο dýo	dh**i**-o
3	τρία tría	tr**i**-a
4	τέσσερα téssera	t**é**-sé-ra
5	πέντε pénte	p**e**nne-dé
6	έξι éxi	**e**k-si
7	επτά eptá	ep-t**a**
8	οχτώ ochtó	oxh-t**o**
9	εννέα ennéa	é-né-a
10	δέκα déka	dh**é**-ka
11	έντεκα énteka	**è**ne-dé-ka
12	δώδεκα dódeka	th**o**-thé-ka
13	δεκατρία dekatría	dhé-ka-tr**i**-a
14	δεκατέσσερα dekatéssera	dhé-ka-t**é**-sé-ra
15	δεκαπέντε dekapénte	dhé-ka-p**e**nne-dé
16	δεκαέξι dekaéxi	dhé-ka-**e**k-si
17	δεκαεπτά dekaeptá	dhé-ka-ep-t**a**
18	δεκαοχτώ dekaochtó	dhé-ka-oxh-t**o**
19	δεκαεννέα dekaennéa	dhé-ka-é-n**é**-a
20	είκοσι eíkosi	**i**-ko-see
21	εικοσιένα eikosiéna	i-ko-si-**é**-na
30	τριάντα triánta	tri-**a**ne-da
40	σαράντα saránta	sa-r**a**ne-da
50	πενήντα penínta	pé-n**i**ne-da
60	εξήντα exínta	ek-s**i**ne-da
70	εβδομήντα evdomínta	ev-dho-m**i**ne-da
80	ογδόντα ogdónta	og-dh**o**ne-da
90	ενενήντα enenínta	é-né-n**i**ne-da
100	εκατό ekató	é-ka-t**o**
200	διακόσια diakósia	dhi-a-k**o**-sia
1000	χίλια chília	ch**i**l-lia
2000	δύο χιλιάδες dýo chiliádes	dhi-o chi-li**a**-dhès
1000000	ένα εκατομμύριο	**é**-na é-ka-to-m**i**-ri-o

L'heure, le jour et la date

Une minute	ένα λεπτό éna leptó	**é**-na lep-t**o**
Une heure	μία ώρα mía óra	mi-a **o**-ra
Une demi-heure	μισή ώρα misí óra	mi-s**i** **o**-ra
Un quart d'heure	ένα τέταρτο éna tétarto	**é**-na t**é**-tar-to
Une heure et demie	μία και μισή mía kai misí	mi-a ké mi-s**i**
Une heure et quart	μία και τέταρτο mía kai tétarto	mi-a ké t**é**-tar-to
Une heure dix	μία και δέκα mía kai déka	m**i**-a ké dh**é**-ka
Deux heures moins le quart	δύο παρά τέταρτο dýo pará tétarto	dhi-o pa-r**a** t**é**-tar-to
Deux heures moins dix	δύο παρά δέκα dýo pará déka	dh**i**-o pa-r**a** dh**é**-ka
Un jour	μία μέρα mía méra	mi-a m**é**-ra
Une semaine	μία εβδομάδα mía evdomáda	mi-a ev-dho-m**a**-dha
Un mois	ένας μήναςénas mínas	**é**-nas m**i**-nas
Une année	ένας χρόνος énas chrónos	**é**-nas xh**o**-nos
Lundi	Δευτέρα Deftéra	dhef-t**é**-ra
Mardi	Τρίτη Tríti	tr**i**-ti
Mercredi	Τετάρτη Tetárti	té-t**a**r-ti
Jeudi	Πέμπτη Pémpti	pème-pti
Vendredi	Παρασκευή Paraskeví	pa-ras-ké-v**i**
Samedi	Σάαββατο Sávvato	sa-v**a**-to
Dimanche	Κυριακή Kyriakí	ki-ri-a-k**i**
Janvier	Ιανουάριος Ianouários	ia-nou-**a**-ri-os
Février	Φεβρουάριος Fevrouários	fev-rou-**a**-ri-os
Mars	Μάρτιος Mártios	m**a**r-tee-os
Avril	Απρίλιος Aprílios	a-pr**i**-li-os
Mai	Μάιος Máios	m**a**-i-os
Juin	Ιούνιος Ioúnios	i-**ou**-ni-os
Juillet	Ιούλιος Ioúlios	i-**ou**-li-os
Août	Αύγουστος Avgoustos	av-gous-tos
Septembre	Σεπτέμβριος Septémvrios	sep-t**è**me-vri-os
Octobre	Οκτώβριος Októvrios	ok-t**o**-vri-os
Novembre	Νοέμβριος Noémvrios	no-**è**me-vri-os
Décembre	Δεκέμβριος Dekémvrios	dhé-k**è**me-vri-os

« ON SE CROIRAIT À MARNE-LA-VALLÉE. »

Itinéraire des ferrys autour des îles Grecques

LÉGENDE

— Itinéraire des ferrys en haute saison

• Port

Voir aussi chaque groupe d'îles